# 明代汉江文化史

潘世东 著

九州出版社
JIUZHOUPRESS

图书在版编目（CIP）数据

明代汉江文化史／潘世东著．—北京：九州出版
社，2018.11
ISBN 978-7-5108-7637-0

Ⅰ．①明… Ⅱ．①潘… Ⅲ．①汉水－流域－文化史－
研究－明代 Ⅳ．①K296

中国版本图书馆 CIP 数据核字（2018）第 281196 号

# 明代汉江文化史

| | | |
|---|---|---|
| 作　　者 | 潘世东　著 | |
| 出版发行 | 九州出版社 | |
| 地　　址 | 北京市西城区阜外大街甲 35 号（100037） | |
| 发行电话 | （010）68992190/3/5/6 | |
| 网　　址 | www. jiuzhoupress. com | |
| 电子信箱 | jiuzhou@ jiuzhoupress. com | |
| 印　　刷 | 北京市金星印务有限公司 | |
| 开　　本 | 710 毫米×1000 毫米　16 开 | |
| 印　　张 | 35. 25 | |
| 字　　数 | 671 千字 | |
| 版　　次 | 2019 年 4 月第 1 版 | |
| 印　　次 | 2019 年 4 月第 1 次印刷 | |
| 书　　号 | ISBN 978-7-5108-7637-0 | |
| 定　　价 | 128. 00 元 | |

本书属湖北省社会科学基金资助项目和汉江师范学院湖北省高校人文社科重点研究基地汉水文化研究基地专项基金的资助项目

## 一、本书系顾问名单

王生铁　湖北省前政协主席

周洪宇　湖北省人大常委会副主任

张维国　湖北省政协副主席　中共十堰市委书记　十堰市人大常委会主任

陈新武　中共十堰市委副书记　十堰市人民政府市长

师永学　十堰市政协主席

张歌莺　十堰市人大常委会常务副主任

刘玉堂　湖北省社会科学院副院长

## 二、本书系组委会、编委会名单

**主　任：**

纪光录　汉江师范学院党委书记

杨鲜兰　汉江师范学院党委副书记、校长、博导

周　峰　中共十堰市委常委　常务副市长

刘荣山　中共十堰市委常委　市委组织部长　宣传部长（代）

**副主任：**

潘世东　十堰市政协副主席　汉江师范学院校领导

王雪峰　十堰市委宣传部常务副部长

欧阳山　十堰市社科联主席

刘立辉　十堰市科学技术协会主席

杨广智　十堰市文联主席

杨宝昌　十堰市地方志编纂委员会办公室主任

王太宁　十堰市南水北调办主任

郭卫东　十堰市文化体育新闻出版广电局（版权局）局长

# 序

张维国

在东西方世界中都有一条银河，而且，令人不胜惊异的是她们都与"乳汁"密不可分。在古希腊的神话中，主神宙斯背着夫人赫拉生养了一个私生子。宙斯期盼这个儿子能够长生不老，便偷偷地把婴儿放在熟睡的夫人赫拉身旁，让他吮吸赫拉的乳汁，不料孩子把赫拉惊醒，一看吃奶的孩子并不是自己的亲生儿子，赫拉便一把推开，使得孩子含在口中的乳汁溅洒在空中。神奇的乳汁滑过浩瀚的太空，星光闪闪、波光粼粼，立刻在宇宙之间铺开一条乳白色的大河，这便是银河在西方传说中的起源。而在中国的古老传说中，银河也叫云汉、银汉，是牛郎和织女相会的地方，而且，这条天河实际上与大地相连，《诗经》中有云，"维天有汉"，唯一与银河相连的地上河流，便在中国，便是汉江。汉水又叫沔水。沔、妳古音同声转注，沔可读为嬭（mi），嬭即"咪咪"，"咪咪"就是"妈妈儿"的意思，而"妈妈儿"在汉水流域指的就是乳房，故沔水即奶水，意即沔水浇灌哺育一方苍生，是中国的母亲河。沧海桑田，万古如斯。汉水行诗走歌、流金淌银，不仅是一条绿色生态之河、商旅黄金之河、文化大河、历史大河和魅力大河，更是华夏文明的重要发源地和中华民族的母亲河，被世界文化学家誉为东方的"莱茵河"。

汉水是中国最古老的大河，比长江黄河还要早七亿多年，堪称中国的"祖母河"。在战国《禹贡》九州导山导水示意图和北宋沈括的《禹迹图》中，黄河与长江的流向都与如今所见并不相同，中途几经改道，唯有汉江，在这两幅地图上描绘得与今天的地图几乎一样。人类在 2500 年前就认识了汉江，在 1137 年认识了黄河，在 400 年前还不知道长江源头在青海省。人类对于汉江的认识，要早于长江与黄河，直至春秋时期，汉江都保持着古中国第一大水的地位。

汉水流域既是地球上古老生命的发祥地之一，更是人类重要发祥地。这里既有世界上规模最大、数量最多、分布最广、龙蛋共生的恐龙蛋化石群，它们距离今天大约 6500 万年；而且也是东方从距今 200 万年到五万年的古人类演变完整链条化石群的所在地。这里出土的郧县人化石大致距今 80 万年至 200 万年之间，距今 75 万年的是梅铺猿人牙齿化石，白龙洞猿人距今 10—20 万年，而黄龙洞猿人则距今 5 万年。汉水流域古人类演变完整链条化石群的发现，彻底改写了人类起源于非洲的历史，使汉水流域升格为人类的老家，成为人类当之无愧的摇篮。

汉水流域是中华民族和中华文明的重要发祥地。在地球的版图上，有一条神秘的北纬三十度线，许多古老的河流文明正是沿着这条纬线，开始了自己跨越千年的文明旅程。公元前 3000 年，两河流域出现了十几个城邦，由此进入了早期的国家状态；尼罗河三角洲一带，也因为土地肥沃，人口密集，成为古代"地中海沿岸的粮仓"，也是古埃及文明的发源地。汉江，正好处在这条黄金般的北纬三十度文明线之上。据吕思勉和钱穆的观点看，古代民族的得名往往是他们居住的地区。古老的华夏民族主干最早就是生活在汉水流域。他们认为，华夏族就是生活在华山以南、夏水两岸的民族。而古代华山就是现在的河南嵩山，夏水就是今天的汉水。这说明，汉水流域是中华民族最古老族源的发祥地。也正因为如此，汉江还是中国唯一一条被国外（韩国）系统复制迁移了名称、风俗文化和流域地名的大江，她同时也成了远古移民海外韩国人的祖先之河。

2003 年前后，武汉大学考古学家王然教授带领自己的学生来到了汉水之滨的郧县柳陂镇。这里是南水北调的淹没区。他们的任务是抢救性发掘即将被淹没的文物。在一个叫辽瓦梁子的地方，他们被发掘地点的奇异景象惊呆了。此处的文物从明清开始依次纵深掘进，1 到 2 米不等，就代表一个朝代的文物层，层层叠压，一个朝代压着另一个朝代，中间从未间断，竟然连续开挖出了夏商时代的文物。这是在世界文物考古发掘史上都少见的奇观！它雄辩地说明，地处发掘地的汉江流域古老文明一脉长流，历经悠悠五千年从未断绝。因此，他们理直气壮地将遗址所在地辽瓦梁子命名为"中华文明通史遗址"。与此可以相得益彰的是，三皇在这里留下了"伏羲画八卦""女娲补天""神农尝百草"的神话。中国最美丽、最古老、最有影响力的神话传说"牛郎织女""嫦娥奔月""汉水女神""大禹治水"等在这里诞生，商洛阳墟山发现了仓颉发明的最早文字，钟祥发现了中国最早的稻作遗址，汉口发现了中国最早的盘龙城，随州发现了春秋时代世界上最先进的乐器编钟……

作为兴龙之地，在汉代，从汉水走出了西汉和东汉两朝的开国帝王刘邦和刘秀。由于他们对西汉和东汉王朝的开辟和建立，使一个历史上唯一可以与大唐王朝兴盛强大并驾齐驱的帝国从汉水兴起，使汉水与汉朝、汉人、汉语、汉字、汉族、汉服、汉字、汉学等有着密不可分的直接联系，使汉水流域成为华夏文明的发祥地之一，也成为世界各地华夏子孙和汉民族祖居圣地。

自古以来，汉水流域缔造了伟大的文明。据现代学者考证，在远古，汉水流域生活的是炎帝的子孙——主要是巴族、苗族和后来的楚族。著名的"西土八国"不仅是当年掌握了先进生产力、助周倒商的强大军事劲旅，而且代表了春秋以前神州大地大西南和华南的最高文明。中国文学的两大源头《诗经》和《楚辞》均发源交汇于汉水流域，《诗经·汉广》描写的汉水神女是中国文学史上最早的江河女神形象。诗祖尹吉甫在这里创造了中国最早的个人署名诗篇，并且采编了中国诗歌元典《诗经》；爱国诗人屈原是中国最伟大的浪漫主义诗人之一，也是我国已知最早的著名诗人和伟大的政治家。他创立了"楚辞"这种文体，也开创了"香草美人"的传统。《离骚》和《诗经》开创了中国文学现实主义和浪漫主义的伟大先河和光辉传统，成为中国文学的渊薮。

出现在曾侯乙墓中的二十八宿天象图，拉开了中国最早天文学之序幕，而《甘石星经》的作者之一甘德是楚人，远远早于印度发现彗星，更比伽利略早1300多年。张衡诞生于南阳郡汉水流域白河之畔的西鄂县（今河南南阳市石桥镇），是我国东汉时期伟大的天文学家、地震学家和发明家。他提出浑天说，发明浑天仪，开启我国航天遥测技术；他探索地震起因，发明了世界上最早的地动仪。

西汉时期的外交家张骞从汉水边的城固踏出了第一条通向世界的丝绸之路。东汉的蔡伦封侯于汉水边的龙亭铺，发明了造纸术。"医圣"张仲景是东汉南郡涅阳县（今属河南省南阳市）人，为我国古代伟大的医学家，因其具有仁心仁德，后人尊称他为"医宗之圣"或"医圣"。他所著述的《伤寒杂病论》是我国最早的理论联系实际的临床诊疗专书，是继《黄帝内经》之后一部最有影响的光辉的医学典籍，被后世医家誉为"万世宝典"。"千古良相"诸葛亮"鞠躬尽瘁，死而后已"的献身精神，择才使用、任人唯贤的用人之道，忠诚无私的高尚品格，开拓创新的进取意识，千百年来一直为人们所敬仰、称道和怀念。其手摇羽扇，运筹帷幄的潇洒形象，千百年来已成为人们心中"智慧"的代名词。习凿齿是东晋人物志史学家，他所著作的《襄阳耆旧记》是中国最早的人物志之一……"宰相之杰"张居正世人称其为"张江陵"，他是中国历史上最优秀的内阁首辅，明代最伟大的政治家、改革家。"茶圣"陆羽擅长品茗，为中国茶业和世界茶业发展做出了卓越贡献，被誉为"茶仙"，尊为"茶圣"，祀为"茶神"。

汉水流域物华天宝，人杰地灵。这里不仅文化伟人英雄辈出、撼动天下、扛鼎历史，而且更富跨代绝响、超世贡献。无论政治历史、经济社会、农业医药、科学技术、军事外交、文学艺术、语言文字等方面，都在不同历史时期，谱写了中华文明不同发展阶段上的绝顶奇迹，对人类文明做出了巨大贡献，留下了不可磨灭的丰功伟绩，泽被千秋，影响深远，为古今中外的文化历史学家所景仰、所赞叹。

汉水流域拥有丰富璀璨的著名文化品牌。汉水流域不仅享有古人类、中华民族、中华文明三大发祥地之誉，更是一座国内少有、世界罕见的文化资源宝库。这里有世界独一无二的野考基地神农架，有世界文化遗产武当山和明显陵，有世界最大的流放地古房陵，有世界民间故事村伍家沟村，还有中国七大历史文化名城和二十大国家级文化品牌，它们分别是三皇品牌、汉民族史诗《黑暗传》、汉民族第一民歌村吕家河、中华文明的第四源头古巴域、中国最古老的大江汉水、中国第一诗人和第一诗人的故乡尹吉甫和房陵、中国郧县人、中国楚文化的发祥地、中国孝文化的摇篮孝感、中国最古老的城堡盘龙城、中国古代最先进的乐器曾侯乙墓古编钟、拥有最宽的人工护城河和最完备古城的中华第一城池襄阳城、中国最有影响的布衣山水田园诗人孟浩然的故居所在地和隐居地鹿门山、中国智圣诸葛亮的隐居地与耕读地古隆中、在宋元之战号称铁打的襄阳、沿用时间最长的私家园林鼻祖和郊野园林典范习家池、"牛郎织女"与七夕节起源地、被誉为古代土木工程的第三大奇迹的襄斜石门古隧道、太极湖和中国最早的楚长城。此外，这里聚集了 68 处国家文化遗产保护单位、49 处国家非物质文化遗产，还有大量的文化遗址正在论证、申报之中，而省级文化保护单位和非物质文化遗产则比比皆是，据初步统计，已达 1100 余处。这些宝贵的文化资源，有的填补了人类文化的空白，有的代表了中华文明所处历史时代发展的高峰，有的昭示了人类无法测度、永无止境的高贵智慧，有的则是取之不尽、用之不竭的精神宝藏。它们闪烁着中华文明的璀璨光华，散发着强烈的东方智慧神奇魅力，是中华民族骄傲、自豪和无上光荣之所在，也是汉水流域永续发展的信心和福祉所在！

汉水文化是中国传统文化重大特大题材与主题。汉水流域是人类的古老发祥地之一，是以华夏民族为主干的汉民族重要发祥地，更是古老伟大中华文明的重要发祥地。600 年前，因为明朝北修故宫、南修武当使汉水武当与北京建立起神秘的连接而异军突起，一跃成为圣山、仙山，600 年后的今天，随着南水北调工程的实施和完成，汉水与汉水文化又将再一次与北京缔结神秘的联系，将会成为横空出世、举世瞩目的圣河和文化宝藏。

正是在这个意义上，如果说，大唐文化在西安，大宋文化在开封，那么，我们也有充分的理由说，大汉文化、汉文化就在汉水！汉水文化不仅属于汉水、汉水流域、汉民族，而且更属于神州大地，属于中华民族，属于人类和世界。而汉水文化内含的价值和高度，不仅具有流域文化的地标性，更富于民族特性和国家高度，是我们伟大民族和伟大国家应该倍加珍惜和保护、大力弘扬和传承、科学发掘和开发的无上宝藏。

习近平总书记指出，历史和现实都证明，中华民族有着强大的文化创造力。每到重大历史关头，文化都能感国运之变化、立时代之潮头、发时代之先声，为亿万人民、为伟大祖国鼓与呼。没有中华文化的繁荣昌盛，就没有中华民族的伟大复兴。中华优秀传统文化是中华民族的突出优势，中华民族伟大复兴需要以中华文化发展繁荣为条件，必须大力弘扬中华优秀传统文化。要对传统文化进行创造性转化、创新性发展，让收藏在禁宫里的文物、陈列在广阔大地上的遗产、书写在古籍里的文字都活起来。正是基于这种认识，汉江师范学院立足于文化历史学、文化社会学、文化哲学和文化地理学等学科背景，着眼于历史性、时代性、全面性、典型性、学术性和普及性等学术定位，运用现代学术规范，从全流域的角度，系统地梳理了汉江流域经济社会、历史文化发展的辉煌历程，汉水文化的形成和发展的古今概貌，揭示了汉水文化的基本内涵和特征，全面地描绘了汉水流域具有典型意义、五彩纷呈的文化事象和民风民俗，形成了《汉水文化研究书系》这部独具特色的地域文化研究、流域与河流文化研究的系列丛书。丛书的出版，既是汉水流域文化研究的喜事、盛事和要事，也是汉江师范学院学科建设、教育教学改革转型发展的重要成果，更是地方高校践行政产学研企融合、努力传承发展地方历史文化、强力服务地方经济社会发展的突出表现，值得社会各界的点赞和欢迎。

汉水是古代"江河淮汉"四大名渎之一，在中国流域文化中，其文化的兼容性、开放性、固执性和创新性都非常典型。汉水文化是特异型的流域文化。汉水流域历史上基本形成了整体性的文化系统和文化结构，构成了相对独立的文化区；汉水流域的历史发展和文化变迁是中华文明历史演变的一个缩影。汉水流域以两大平原（江汉平原和伊洛平原）和三大盆地（汉中盆地、南阳盆地和襄阳盆地）为地理环境条件，以四大流域文化（秦陇文化、巴蜀文化、荆楚文化和中原文化）为人文语境条件，形成上游、中游、下游三个区系，它是甘、陕、鄂、豫、川、渝交界地区，是承东启西、连接南北的枢纽地带，形成内陆性的文化走廊和黄金文化带。作为特异型的流域文化，汉水文化在自身的历史进程中处于南北文化激荡交锋的锋面，融合黄河文化和长江文化的优长，具有兼容会通的特色，独树一帜，别具一格，是得天独厚、不可代替的流域文化范型。对汉水文化的观照和审视，从某种意义上说，就是对中华文化的重心和关节点的观照和审视。我坚信，随着《汉水文化研究书系》的问世，关于汉水文化赋存资源现代转型的研究和开发，对于中西部地区的先进文化建设与和谐文化建设，对于流域文化、城市文化和文化学的学科建设，对于进一步振兴中华民族传统文化，具有重要的理论意义和现实意义；对于全流域地区的文化资源优势转化为文化产业优势，对于推进文化强省建设和文化产业跨越式发展，对于南水北调中线工程实施和文化生态保护，具有重要的促进和推动作用。我们期望，随着《汉水文化研究书系》的出版，一个更大范围、更大力度的保护和传承、研究和发展汉水文化的高潮会尽快到来。

是为序。

（序作者为湖北省政协副主席、中共十堰市委书记、人大常委会主任）

2017 年 5 月

# 目 录

# 第二编　明代汉江流域的经济社会发展与生态水利文化

# 第三编　明代汉江流域的文化教育、文学艺术与宗教风习

# 第四编　明代汉江流域著名的历史英杰

# 引　论

　　《明代汉江文化史》属于 2014 年湖北省社科基金申报项目《课题指南》"文化专题研究"中的"长江流域古代文明进程研究"方向和范围，是中国古代历史和中国传统文化的重要组成部分。

## 一

　　明代汉水流域历史文化历来是学界关注的热点。早在 1956 年，赖家度撰写《明代郧阳农民起义》就从土地兼并和流民生计问题论证流民起义的原因。20 世纪 90 年代以来，关于该领域的研究异彩纷呈。王光德与杨立志著有《武当道教史略》，对中国道教在汉水中游的武当山异军突起作了全面系统的梳理，成为研究汉水文化历史较早的史学专著。张国雄通过大量族谱资料完成名为《明清时期的两湖移民》的毕业论文，对持续数百年的"江西填湖广"、"湖广填四川"作了初步梳理。牛建强的《明代人口流动与社会变迁》对汉水上游的地理、物产和人口概况作了详细的介绍，总结流民在该地区的活动以及朝廷由暴力到安抚的策略变化过程，指出其作为内陆型移民代表的典型意义。葛剑雄主编的《中国移民史·第五卷》按府级政区对汉水下游的洪武大移民和中上游的荆襄流民运动过程和人口作了初步估算，可以看作对 20 世纪该领域的研究的系统总结。这一时期关于明代汉水流域经济开发的研究也已起步。具有代表性的著作有吕卓民的《明代陕南地区农业经济开发》、张国雄的《江汉平原垸田的特征及其在明清时期的发展演变》等。21 世纪以来，跨学科研究方法被广泛运用到对该领域的研究上。受年鉴学派影响，武汉大学的一批学者不再把移民、经济、社会看成独立的研究单元，而是以长时段，多学科相结合的方式综合研究。2000 年，鲁西奇的《区域历史地理研究：对象与方法——汉水流域的个案考察》出版，为区域历史地理创立了全新的研究范式。晏昌贵的《丹江口水库区域历史地理研究》将历史时期该地的政区、人口、聚落、经济研究结合起来，全面展示古代社会的生存状态。2007 年，张建民的《明清长江流域山区资源开发与环境演变：以秦岭—大巴山区为中心》出版。刘清河的《汉水文化史》、柳长毅、匡裕从主编的《郧阳文化论纲》和拙著《汉水文化论纲》等著作则是从大文化史观的角度对汉水文化进行纵横梳理的务实探索。

目前该领域的研究虽成果丰硕，但仍然存在一些问题。从史料收集上看，正史方志资料利用比较充分，但族谱、契约、文人笔记等民间史料的发掘不够。从研究对象上看，对移民分布、农业垦殖、经济发展的研究较多，对国家治理和官民互动的关注较少，不利于发挥社会历史学资政、教化功能；从经世功能看，对经济基础研究较多，而对教育、文化，宗教等上层建筑的研究较少，更没有深入揭示两者之间的关系。受现实因素的影响，有些观点明显有失偏颇。

《明代汉江文化史》的研究具有较为重要的学术价值和多方面的现实意义。第一，可以丰富明代汉水流域社会史、地方史研究内容，拓宽研究范围，纠正前人研究的部分偏见。本课题在全面收集官方、民间资料的基础上，全面总结和检讨了已有研究成果，综合考察了历史传统、经济社会、教育文化、移民开发、国家治理、文化建树之间的关系，力图将明代汉水流域社会历史研究引向深入。

第二，总结历史经验教训，为当今推进国家治理能力现代化和"汉江生态经济带"建设提供借鉴。10 月 13 日，习近平在主持学习时强调："对古代的成功经验，我们要本着择其善者而从之、其不善者而去之的科学态度，牢记历史经验、牢记历史教训、牢记历史警示，为推进国家治理体系和治理能力现代化提供有益借鉴。"明代对汉水流域的国家治理，为我们提供了许多经验教训。如原杰结合实际，制定弹性务实的移民政策，不仅解决了旷日持久的山区暴动，也促成了明朝政府移民政策的转变。吴道宏大力打通交通瓶颈、王世贞礼法并用解决用水争端，都是今日国家治理可资借鉴的历史经验。

第三，将汉水流域的"历史流域学"推向繁荣，参与创设新的研究范式，推进人文社科重点研究基地建设。近来以流域为研究对象的"历史流域学"方兴未艾，本课题将全面参与这种全新研究范式的创建，以汉水为例丰富"历史流域学"的理论与方法。

第四，当代实际应用价值在于：本选题重点研究了明代汉江流域的社会、移民、农业、水利、生态环境等方面的历史经验与教训，对于南水北调中线工程实施和完成之后的自然生态的修复、水利设施的建设、利用与保护，现代农业的适度开发，核心水源区的保护，乃至对于鄂西生态文化旅游圈的开发和建设，具有直接的启发、借鉴作用；大而广之，对于此起彼伏的流域开发具有经验播撒、教训规避、理论引导和方法借鉴意义。

# 二

明朝是汉水流域区域发展最关键的时期。元末明初的农民战争，让汉水流域的人口消耗殆尽，明代初年的"江西填湖广""湖广填四川（陕南）"移民运动让这片沃土重现生机。明代中叶，在"北庄田，南乡官"的土地兼并背景下，大量失地农民涌入汉江上游，完成了汉水流域的人口重建。无序的移民带来了包括暴动在内一系列问题，威胁到整个大明王朝的稳定。在武力镇压均告失败的情况下，原杰采用就地附籍、设立郧阳抚治的方法，基本解决了流民问题。明朝的布政使司辖区设置奠定了汉水流域行政区划的基本格局，为后代留下了宝贵的制度财富和治理经验。明代中叶，以农业垦殖为中心的山区开发使汉水上游面貌大为改观，伴随着垸田的发展，汉江下游农业经济跃居全国首位，有"两湖熟、天下足"之称。在粮食产量剧增的同时，以茶叶、菌类为代表的土特产品行销海内，成为当时的"著名商标"。在经济作物的销售环节，汉江航运发挥了重要作用，以官督民办的方式新修水利成为热潮。明代汉水流域的水利建设成果丰硕，无论建设技术还是工程管理都取得重大突破，明代的农业发展和工程建设在为后世留下物质财富的同时也创造了许多宝贵的经验。

明代武当山是明皇室认定的"天下第一名山"，其政治地位和文化影响明显地高于中国其他名山胜境。明皇室北修故宫、南修武当，使武当山脱胎换骨，一下子变成了闻名遐迩的道教中心，使武当道教呈现出空前而持久的鼎盛局面。在此后的200多年中，由于明皇室的大力扶植和精心管理，武当山道教的名号地位显著提高，道士人数不断增加，宫观建筑规模宏伟，像器设施富丽堂皇，成为明代全国最大的道教教团。与此同时，武当道教的社会影响也日益扩大，不仅慕名而来的达官显贵、文人骚客多如过江之鲫，而且它还吸引了大半个中国的朝拜香火，促进了武当进香民俗的发展。

明代汉江流域的教育事业发展迅猛，这不仅体现在学校等教育机构的数量上，而且也体现在学生与培养出来的人才上。其中，较为明显的是学校教育方面。由于明初就已制定"治国以教化为先，教化以学校为本"的国策，因此大力发展学校教育。汉江流域此阶段所建立的各级学校为数众多，各府、州、县皆建有相应的官学。受朝廷政策影响，社学也是星罗棋布，蓬勃发展。得天独厚的地理位置和南船北马的水陆交通，再加上气候宜人，汉江流域的经济取得快速发展，随之而来的是求学人数的不断增多，官学的定额使得他们求学无门，在有识之士广建书院、振兴学术的大潮中，他们很多投身书院，积极向学。

明朝历史上有很多特殊事物，藩王便是一朵奇葩。有明一代封于汉水流域的亲王共计13个，占藩王总数的26%。其中兴王朱厚熜在因缘际会中一步登天，把汉水流域中强烈的孝道文化和道教信仰带到中央，引发了一系列政治冲突。藩王是寄生在地方社会上的毒瘤，但藩王消费又刺激了部分商业的畸形繁荣，奢侈品消费一定程度上带来手工业繁荣。有些藩王在文化上颇有建树，其乐舞、出版大大促进了地方文化发展。

在明朝历史上，汉水流域不仅出现了震动文坛、影响深远的"公安三袁"和竟陵派，而且涌现出很多彪炳史册、流芳千古的学术大师，如文学大师李维桢、穷经巨擘郝敬，提倡经世致用的陈士元以及影响了整个晚明政治走向的宰相之杰张居正等等。从文化名人的时空分布上看，汉水流域的文化建树集中在明王朝由盛转衰的中后期，这种格局似乎与整体国运走势相悖离，但仔细分析便可发现，这正是经济基础决定上层建筑的具体表现。明代前期，土著外逃在带来人口损失的同时造成严重的文化断裂，来自四面八方的移民落居以后，不同的地域文化碰撞融合，才催生全新的地域文化。在文化碰撞过程中也产生了很多问题，如多次发生的流民起义，多与白莲教、弥勒教等邪教横行有很大关系。

在中国历史上，明代汉江流域社会经济、科技文化高度发达，政治历史地位异峰突起，走向了全面鼎盛辉煌。从这里先后走出了两位帝王——渔民皇帝陈友谅和嘉靖皇帝朱厚熜，一位改革巨匠——宰相张居正，创造建设了两处世界文化遗产——武当山和明显陵，成立了历史上内陆首个维稳特区——郧阳抚治，江汉平原大粮仓和鄂西北丘陵地带随着农业水利技术的发达和浪潮般移民的涌入得到空前开发，藩王府衙沿江散列，歌舞升平、星罗棋布，教育文化随着一大批书院如雨后春笋般的涌现走向极盛，文学艺术上公安三袁和竟陵派先后驰骋文坛……社会历史转折关头风云突变，李自成九进九出汉江，最终推翻了明王朝。明代汉江，系乎一方文化废立，关乎一代国运兴衰。

# 三

　　本课题属首次从断代史的角度研究发掘明代汉江历史文化。在研究的基本思路和方法上，《明代汉江文化史》研究置于史论一体、宏观微观结合的纵横坐标上，进行立体透视和系统把握，主要是采用史论结合即历史与逻辑相结合、理论思辨与实证分析相结合、宏观研究与微观研究相结合的方法和比较研究方法，采取思想发展逻辑与社会文化语境相统一、理论分析与田野调查相统一、真理诉求与价值评判相统一的视角和研究路向，融原典阐述和现代阐发于一体，讲求研究方法的科学性和实效性。

　　《明代汉江文化史》企求实现的研究目标是：在以往研究的基础之上，本着长时段、整体性的原则，从流域因果性、系统性、链条性视角，开展多学科、长时段交叉研究，将历史事件还原到具体的地理空间当中。

# 第一编　明代汉江流域的辖治与社会治理

# 第一章　明代汉水流域的行政区划

## 一、明代行政区划制度概况

1368 年，朱元璋建立明朝。在总结前代经验和教训的基础上，朱元璋设计了一套对后世影响深远的地方行政体系。明朝在一级（省级）政区设置承宣布政使司（以下简称布政使司）管理政务；提刑按察使司（以下简称按察使司）管理司法和监察；都指挥使司（以下简称都司）管理军务。布政使司下辖府或直隶州、县或属州，构成地方行政体系；按察使司下辖监察分道构成地方监察体系；都司与行都司下辖留守司、卫、所构成地方军政体系。三司互不隶属，辖区也不完全重叠，有效防止了地方割据。为方便读者对后文的理解，特将三司的职能与演变介绍如下：

承宣布政使司。明代的三司中以布政使司为正式政区，通常简称为"省"。关于"省"的概念，元朝和明朝有很大的区别。元朝的"省"指的是"行中书省"，是中央派驻地方的管理机构。而明朝的"省"，是在元代行省制度的基础上改革发展而成的布政使辖区。朱元璋发布的《承宣布政使诰》中这样解释承宣布政使司："朕有天下，更行省为承宣布政使司，所以承者，朕命也；宣者，代言之也；布者，张陈之也；所以政者，军民休戚、国之利病；所以使者，必去民之恶，而导民之善。"① 明朝的布政使司有很大的权力，它"掌一省之政，朝廷有德泽、禁令，承流宣播，以下于有司。凡僚属满秩，廉其称职不称职，上下其考，报抚、按以达于吏部、都察院。（每）三年率其府州县正官朝觐京师，以听察典。（每）十年，会户版（籍）以登民数、田数。宾兴贡、合省之士而提调之。宗室、官吏、师生、军伍，以时班其禄俸、

①　《明太祖文集》卷4《承宣布政使诰》

廪粮。祀典神神祇，谨其时祀。民鳏寡孤独者养之，孝悌贞烈者表扬之，水旱疾疫灾裖则请于上蠲赈之。凡贡赋役，视府州县土地人民丰瘠多寡而均其数。凡有大兴革及诸政务，会都、按议，经画定而请于抚、按若总督。其国庆国哀，遣僚贰朝贺吊祭于京师。天子即位，则左布政使亲至。参政、参议分守各道，及派管粮储、屯田、清军、驿传、水利、抚民等事，并分司协管京畿"。① 以明制规定，每个布政使司设从二品左右布政使各一人，主管民政、财政以及对下属官员的考核，是一省最高行政长官。在明代历史上共出现过15 个布政使司，其中洪武时期设置了 13 个，永乐元年（1403 年）改北平布政使司为京师（或称北直隶），永乐十二年设置贵州布政使司，永乐五年至宣德二年（1427 年）一度设置有交趾布政使司，宣德三年至明末则一直稳定为13 个布政使司。② 我们经常说的明朝"两京十三省"，实际上就是直隶中央的南北两京和分布全国的十三个承宣布政使司。

提刑按察使司。按察使司是掌管一省刑狱和监察的最高机关。具体职责是"纠官邪、域奸暴、平狱讼、雪冤抑、以振扬风纪，而澄清其吏治"。③ 除了复核府州县的案件，按察使司还监察地方行政的权力。"凡国家政令得失，军民利病，一切兴利除害等事，并听监察御史，按察使司官各陈所见，直言无隐。"④ 每个按察使司设按察使一人，官秩正三品。在明代中后期，朝廷又赋予按察使司许多临时性权力，如安抚流民、监理科举考试等等。在汉水流域，按察使司辖区与布政使司辖区基本重合，故下文所述布政使司辖区，即有相应的按察使司辖区。

都指挥使司。为了防范外敌入侵和贼匪作乱，明王朝在全国各地设置卫、所并派兵驻守。"大率五千六百人为卫，千一百二十人为千户所，百十有二人为百户所。"⑤ 统率卫所的单位，称都指挥使司或行都指挥使司。洪武十三年（1380 年），朱元璋设五军都督府分别统领都司卫所，使都司卫所体系作为明代基本军事制度固定下来。都司卫所有一套完整的管理体系，同时作为一种与驻扎地域紧密结合的军事组织形式，是军事制度与地方行政管理制度在地理上相结合的产物，在明朝历史上不仅有军事镇守的功能，还和地方上的行政管理、文化与经济的发展存在着千丝万缕的联系。⑥ 都司卫所制度与军户制

---

① 《明史》卷 75

② 郭红，靳润成. 中国行政区划通史　明代卷，复旦大学出版社，2007.08，第 9 页

③ 《明史》卷 75

④ 《大明会典》卷 209

⑤ 《明史·兵志二·卫所》

⑥ 郭红，靳润成著，中国行政区划通史　明代卷，复旦大学出版社，2007.08，第 249 页

度紧密结合，士兵们世守一地，屯垦自给，随着人口增加，拥有实土的卫所还要兼管驻地的百姓。渐渐发展成一种与布政使司辖区对应的军管型政区。

朱元璋设置三司制度，以分权的手段达到集权的目的，基本解决了地方权力过于集中的问题，但三司互不统属，又产生了很多弊端，最明显的是行政效率低下，难以应付突发事件。"自宣德以后，或因边防有警，或因地方不靖"①，朝廷不得不向全国各地派出总督、巡抚统驭三司，代表中央行使管理地方的最高职权。督抚集辖区内的行政、监察、军事三权于一身，逐步演变为一种实际的政区。明代前期，督抚只是一种临时排除的类似钦差的官职，但到了明朝后期，为了应付内忧外患的困局，原本临时设置的总督、巡抚变为长期设置，有了固定的管辖区域，职权上既治军又理民，总督巡抚辖区成为三司之外的另一种高层政区。终明一代，督抚辖区始终未成为正式政区，但在明朝后期，它的确起着行政区划的作用。②

明代划分行政区划界线，基本依照"山川形便"的原则，兼顾方言与风俗。合理的区域界线为有效的社会治理提供了极大的方便。明代的行政区域划界基本奠定了清代乃至今日的边界基础。位于天下之中的汉水流域尤其如此。在下文中，笔者将重点介绍明代正式政区——布政使司下辖的府州县，同时论及明代中后期逐步地方化的巡抚辖区。按察使司辖区和都司卫所辖区对社会治理和文化构建影响有限，姑不具论。

## 二、明代汉水流域的布政使司及府、州、县

1364 年，陈友谅之子陈理在武昌投降，汉水下游基本纳入朱元璋的统治范围。1368 年，常遇春、邓愈先后占领安陆、襄阳、谷城、竹山、随州、均州、房州等地，将今天的十堰、襄阳、荆门纳入明朝版图。在占领襄阳以后，明军乘胜挥师北上，同年攻克南阳。1370 年，徐达部将傅友德、金兴旺合攻兴元府，明玉珍属下官兵开城投降。经过 7 年的战争，朱元璋的军队基本依照自下而上的顺序依次占领汉水流域。

元末明初，朱元璋曾依照元朝旧制设立湖广行中书省。洪武九年，天下悉平，朱元璋下令改行中书省为承宣布政使司。当时的汉水流域，分别隶属湖广、河南、陕西三个布政使司。辖区与今天的行政区划无太大区别。明代

---

① 谭其骧：《中国历代政区概述》《文史知识》1987 年第 8 期

② 郭红，靳润成著：《中国行政区划通史》（明代卷），复旦大学出版社，2007.08，第 2 页

的行政区划分"布政使司——府（州）——（州）——县（州）"三级半制，其中州分直隶州、属州、散州三种。直隶州直接由布政使司管辖，层级相当于府；属州介于府县之间，下辖有县；散州是隶属于府而不辖县的州，地位与县相当。由于流域界线不像行政区划界线那么明确，且汉水下游江汉一体，更难分清流域范围，更有些县地跨两个流域。① 笔者只能根据当时的行政区划和流域界线大略勾勒出明代汉水流域的行政区划。

| 布政使司 | 汉水及其支流流经的府 | 汉水及其支流流经的县 |
|---|---|---|
| 河南 | 南阳府 | 南阳、镇平、唐县、泌阳②、内乡、新野、淅川、桐柏、南召 |
| 陕西 | 西安府 | 商州、镇安、商南、山阳 |
| | 汉中府 | 南郑、褒城、城固、洋县、西乡、凤县、沔县、宁羌州、略阳 |
| | 金州 | 平利、石泉、洵阳、汉阴、白河、紫阳 |
| 湖北 | 郧阳府 | 郧县、房县、竹山、郧西、竹溪、保康③、上津 |
| | 襄阳府 | 襄阳、宜城、南漳、枣阳、谷城、光化、均州④ |
| | 德安府 | 安陆、云梦、应城、孝感、随州、应山 |
| | 承天府 | 钟祥、京山、潜江、荆门、当阳、沔阳、景陵、显陵 |
| | 武昌府 | 江夏 |
| | 汉阳府 | 汉阳、汉川 |

以上列举的政区，只是较长时间存在的政区。明代汉水流域的行政区划常有变动，以洪武和成化两个时期最为频繁。洪武年间政权初创，行政区划设置处于摸索阶段。洪武二十四年（1391年），朱元璋曾将襄阳、德安、安陆3府划归河南，但很快又回归湖广。成化年间，随着移民的涌入，汉水流域的政区屡次变动。成化十二年（1476年）陕西西安府新置山阳县，成化十三年（1477年）又新置商南县，并复升商县为商州，以山阳、商南和景泰三年（1452年）设置的镇安县隶之。这次复设商州，基本奠定了今商洛市的格局。在河南南阳，成化六年（1470年）增设隶属邓州的淅川县，成化十二年

① 明代陕西汉中的略阳、宁羌州、凤县绝大部分地区属于嘉陵江流域；陕西西安府洛南县属于黄河流域，但在今日的行政区划中被划入商洛市，成为商洛唯一一个属于黄河流域的县。河南南阳东部的方城、桐柏均有部分地区属于淮河流域。汉水下游的江汉平原界线难明

② 泌阳今属驻马店市

③ 保康今属襄阳市

④ 均州今属十堰市

（1476 年）新置桐柏、南召二县。湖广地区变化更大，成化十二年，朝廷割襄阳府西部设郧阳府，并析竹山之尹店设竹溪县，析郧县之南门堡设郧西县，并在陕西汉中府洵阳之白石河设白河县，改属湖广郧阳府。（次年又改回陕西）此后的郧阳府拥有郧县、房县、竹山、郧西、竹溪、保康、上津七县，基本奠定了今日十堰的行政区划格局。

为方便后文的阅读，笔者参见《明史》《明实录》《明代政区沿革综表》《中国行政区划通史》明代汉水流域各府、县的沿革介绍如下。

**南阳府：**洪武元年依元代旧制设南阳府，治所在今南阳市。成化十二年（1476 年）后领州 2 县 11。其中裕州所属的舞阳县、叶县属淮河流域，其余 1 府 9 县沿革如下：

邓州：属直隶州，原领穰、内乡、新野 3 县。洪武二年（1369 年）省穰县入州。十三年（1380 年）复置穰县，十四年（1381 年）再革。成化六年（1470 年）增设淅川县，此后州领 3 县。州治在今河南省南阳市邓州市。

内乡县：即今河南省内乡县。

新野县：即今河南省新野县。

淅川县：成化六年（公元 1470 年）析内乡西部而置，县城初设马蹬镇，成化七年（公元 1471 年），淅川县城由马蹬镇迁入老淅川城。丹江口水库建成后老城淹没，新县城移入现址。

南阳县：属附郭县，治所在今南阳市区。

镇平县：洪武十二年（1379 年）一度并入镇平，洪武十三年复置。治今河南省镇平县。

唐县：洪武三年置，起初隶属唐州，洪武十三年（1380 年）撤销唐州，唐县直隶南阳府。治今河南省唐河县，并非今河北保定之唐县。

泌阳县：元为南阳府唐州附郭县，洪武二年并于唐州。洪武十三年唐州废，复置泌阳县，直隶于府。治所在今河南泌阳县。

桐柏县：成化十二年分唐县桐柏镇地置，治所在今河南桐柏县。

南召县：成化十二年分南阳县地置，治所在今河南南召县东云阳。

**西安府商州：**洪武二年（1369 年）设，下辖 6 府、10 府辖县、16 州辖县。其中属于汉水流域的大约是今天除洛南县以外的商洛市。洪武二年（1369 年）西安府属下有商州建制，洪武七年（1374 年）降格商州为商县。成化十三年（1477 年）又升商县为商州。领洛南、镇安、商南、山阳四县。州治所在今陕西省商洛市

商南县：成化十三年（1477 年）置，治于层峰驿，在今陕西商南县南。

不久迁治沭河西，即今商南县城。

山阳县：成化十二年（1476 年）置，直隶西安府，成化十三年改属商州。治在今陕西山阳县。

镇安县：景泰三年（1452 年）置，直隶西安府，治在今陕西柞水县南夜珠坪，天顺七年（1463 年）二月迁治谢家湾，即今陕西镇安县城。成化十三年改属商州。

**汉中府：**洪武三年（1370 年）年改元代兴元路为兴元府。大概是考虑到该地名有兴盛元朝之意，洪武六年又改名汉中府。下辖略阳、洋县、南郑、城固、褒城、西乡 6 县和凤州、金州、沔州三州。洪武七年（1374 年）沔、凤二州皆降为县，此后直到成化年间汉中府基本维持 8 县一州的格局。此后汉中府行政区划发生两次较大变化，一是成化二十二年（1486 年）新置宁羌州，二是万历二十三年（1595 年）兴安州改为直隶州，脱离汉中单独建制。

褒城县，洪武十年（1377 年）一度并入南郑县，后复置。治在今勉县褒城镇。

南郑县，倚汉中府，治在今汉中市。

城固县，治在今陕西城固县。

洋县，即元代洋州，洪武三年（1370 年）降为县，洪武十年（1377 年）省入西乡县，不久复置。治在今陕西洋县。

沔县，洪武三年（1370 年）置沔州，七年（1377 年）降为县，十年省（1377 年）沔县并入略阳县，后复置。成化二十二年（1486 年）改属汉中府宁羌州，嘉靖三十八年（1559 年）复直隶于府。治在今陕西勉县西北老城。

西乡县，治在今陕西西乡县。

凤县，元代兴元路凤州，洪武三年（1370 年）改为汉中府属州，洪武七年改为县。治在今陕西凤县凤州乡。

宁羌州，洪武三十年（1397 年）于沔县之羊鹿坪开设宁羌卫，隶陕西都司。成化二十二年（1486 年），设州治于宁羌卫之南，嘉靖三十八年（1559 年）改直隶于汉中府。领沔县和略阳县。治在今宁强县。

略阳县，洪武三年（1370 年）由隶沔州改直隶汉中府。成化二十二年（1486 年）改属宁羌州，治在今陕西略阳县。

**金州（兴安直隶州）：**元代兴元路设金州，明初金州为散州，隶属于汉中府。万历十一年（1583 年）改名兴安州，万历二十三年（1595 年）升为直隶州。万历十一年（1583 年）后领六县。

平利县，洪武三年（1370 年）置，原属四川大宁州，洪武五年（1372

年）改属汉中府金州。洪武十年（1977 年）一度并入金州，不久复置。治在今陕西平利县老城。

石泉县，洪武三年（1370 年）置，原属四川大宁州，洪武五年（1372 年）改属汉中府金州。嘉靖三十八年（1559 年）改直隶汉中府。万历十一年（1583 年）还属兴安州。治在今陕西石泉县。

洵阳县，洪武三年（1370 年）置，原属四川大宁州，洪武五年（1372 年）改属汉中府金州。治在今陕西旬阳县太极城。

汉阴县，洪武三年（1370 年）置，原属四川大宁州，洪武五年（1372 年）改属汉中府金州。洪武十年（1377 年）并入石泉县，寻复置。嘉靖三十八年（1559 年）改直隶汉中府。万历十一年（1583 年）还属兴安州。治在今陕西汉阴县。

白河县，成化十二年（1476 年）分洵阳县地置，一度属湖广郧阳府，成化十三年（1477 年）改属汉中府金州。治在今陕西白河县。

紫阳县，洪武三年（1370 年）置，洪武十年（1377 年）并入石泉县，正德五年（1510 年）设立紫阳堡；正德七年（1512 年）升为县，隶于金州。治在今陕西紫阳县。

**郧阳府：**为加强对荆襄流民的控制，成化十二年（1476 年）将襄阳府西部的上津、房县、竹山、郧县析出，设置郧阳府。同时增设郧西、竹溪、白河 3 县。成化十三年（1477 年），白河县改属陕西金州，弘治十年（1497 年）新设保康县，从此郧阳府领 7 县。治所在今湖北十堰郧阳区，1969 年丹江口水库蓄水后淹没。

郧县，郧阳府附郭。1365 年设，隶襄阳府均州。成化十二年（1476 年）改属郧阳府。治在今湖北十堰郧阳区。

房县，元有襄阳路房州，1365 年起隶襄阳府，领房陵、竹山 2 县。洪武十年（1377 年）撤销房陵县建制，又改房州为房县，省竹山县入房县。房县直隶于襄阳府，成化十二年（1476 年）改属郧阳府。治在今湖北房县。

竹山县，1365 年起隶襄阳府房州。洪武十年（1377 年）省入房县，洪武十三年（1380 年）复置，直隶襄阳府。成化十二年（1476 年）改属郧阳府。治在今湖北竹山县。

竹溪县，成化十二年（1476 年）析竹山之尹店置。治在今湖北竹溪县。

上津县，洪武八年（1375 年）置，属襄阳府，洪武十年（1377 年）省入郧县，洪武十三年（1380 年）复置。成化十二年（1476 年）改隶郧阳府。治在今湖北郧西县上津镇。

郧西县，成化十二年（1476年）分郧县之南门堡置。治在今郧西县。

保康县，弘治十年（1497年）分房县地置。治在今湖北保康县。

**襄阳府**：1365年设，下辖襄阳、宜城、南漳、枣阳、谷城、光化6直辖县和均州、房州二属州。其中均州领武当、郧县；房州领房陵、竹山。府治在今湖北襄阳市。洪武二年（1369年）撤销均州附郭武当县。洪武八年（1375年）置上津县。洪武二十四年（139年）一度改属河南布政使司。成化十二年（1476年）郧阳府设置后，郧县、房陵、竹山、上津划归郧阳府。此后襄阳府下辖6直1州。

襄阳，襄阳府附郭县。治所在今襄阳市襄城区。

宜城，即今湖北宜城市。

南漳，即今湖北南漳县。

枣阳，洪武十年（1377年）一度并入宜城县，同年复置治在今湖北枣阳市。

谷城，即今湖北谷城县。

光化，洪武十年（1377年）一度并入谷城县。洪武十三年（1380年）复设。治所在今湖北老河口市光化镇附近。

均州，1365年设，洪武二年（1369年）将武当县并入，州下只辖郧县。成化十二年（1476年）郧县改隶郧阳府。州治在今湖北丹江口市西北关门岸。

**德安府**：洪武元年（1368年）设，下辖安陆、云梦、孝感、应城四直辖县和随州。随州领随县和应山县。洪武二年（1369年）撤销随县，洪武九年（1376年）德安府一度降为黄州府属州，四年后恢复。洪武二十四（1391年）年，德安府曾一度改属河南布政使司。但建文朝以后，德安府建制再未改变。

安陆，洪武元年（1368年）设，洪武九年（1376年）废，洪武十三年（1380年）年复置，治今安陆市。

云梦，建制变化与安陆雷同。治今湖北云梦县。李自成一度改云梦县为固州。

孝感，治今湖北孝感市。

应城，洪武十年（1377年）到洪武十三年（1380年）一度并入云梦县。治今应城县。

随县，洪武元年（1368年）设隶属德安府的随州，辖随县、应山。洪武二年（1369年）并随县于随州。洪武九年（1376年）改随州为随县，与应山县一起改直隶黄州府。洪武十年（1377年）省随县入应山县。洪武十三年

（1380 年）重设随州，属德安府，领应山一县。

应山，治在今湖北广水市。

**承天府：**1365 年，朱元璋依元代旧制设安陆府，下辖京山一县。洪武三年（1370 年）设长寿县。洪武九年（1376 年）废长寿县，降安陆府为安陆直隶州。弘治四年（1491 年），兴王朱祐杬就藩安陆，正德十六年（1521 年），明武宗驾崩，朱佑杬之子朱厚熜即皇帝位，是为嘉靖皇帝。嘉靖十年（1531 年），朱厚熜改安陆州为承天府，新设钟祥县为附郭县，同时增设显陵县，并将原属荆州府的荆门州及其下辖的当阳县、沔阳州及其下辖的景陵县、以及直属荆州府的潜江县划归承天府。

钟祥县，洪武三年（1370 年）置，洪武九年（1376 年）废。嘉靖十年复置，改名钟祥。治在今钟祥市。

京山县，洪武二十四年（1391 年）一度改属河南行省。嘉靖十年（1531 年）安陆州改为承天府，京山县随属。治在今湖北京山县。

潜江县，本属荆州府，嘉靖十年（1531 年）改属承天府。治在今湖北潜江市。

显陵县，嘉靖十年（1531 年）置，明末废除。治在今钟祥东北。

荆门州，1364 年朱元璋设荆门直隶州，领长林、当阳 2 县。洪武九年（1376 年）改州为县，撤销长林县建制，荆门县与当阳县俱改直隶于荆州府。洪武十三年（1380 年）升荆门县为荆州府属州，领当阳县。嘉靖十年（1531 年）改属承天府，仍领当阳县。治在今湖北荆门市。

当阳县，1364 年至 1376 年属荆门直隶州，1376 年至 1380 年直隶荆州府。1380 年后隶于荆州府荆门州。1531 年后隶属承天府。治在今湖北当阳市。其辖地大部分属沮漳河流域。

沔阳州，明初设沔阳府，下辖玉沙、景陵二县。洪武九年（1376 年）革玉沙县，并改沔阳府为沔阳直隶州，领景陵县。嘉靖十年（1531 年）改隶承天府。天启元年（1621 年），沔阳州降为散州，无领县。治在今湖北仙桃市西南沔城。

景陵县，明代初期，景陵县为景陵卫。洪武三年（1370 年）撤卫改县，隶属沔阳。天启年间，改由承天府直辖。治在今湖北天门市。

**武昌府：**该府是湖广布政使司治所所在地，位于汉江和长江交汇处。元朝末年，朱元璋打败陈友谅，即有武昌府建制。治在今湖北武昌。武昌府统辖的区域多在今武汉市区以东，属于汉水流域的只有江夏一县。

江夏县，附郭武昌府，治在今湖北武昌。

**汉阳府**：1364 年朱元璋占领湖广地区后所设，下辖汉阳、汉川 2 县。洪武九年（1376 年）一度降为武昌府属州，洪武十三年（1308 年）五月恢复。治所在今武汉市汉阳区。

汉阳县，治在今武汉市汉阳区。

汉川县，即今湖北省汉川市。

## 三、明代汉水流域的巡抚辖区

"巡抚"之名，源于洪武二十四年（1391 年），朱元璋派遣太子朱标巡抚陕西。但此时的"巡抚"只是一个动词，并不具有官名意义。永乐十九年（1421 年），朱棣派尚书蹇义等 26 人"巡行天下，安抚军民"[1]。洪武、永乐年间的巡抚因事而设，旋置旋罢，职能与钦差类似。洪熙、宣德以后，由于三司之间相互推诿的弊端日益突出，明宣宗向各省派驻巡抚，"巡抚"自宣德以后，或因边防有警，或因地方不靖，又陆续在全国各地派出备有中央政府一二品大员职衔的"总督"、"巡抚"，集所督所抚地区内的军务、察吏、治民大权于一身，遂成为最高级的封疆大吏。[2] 嘉靖以后，督抚逐渐成为实际上的地方最高军政长官，所以至明后期，最高一级地方行政区划事实上已不是两京十三布政司，而是几十个总督、巡抚辖区。从本质上讲，督抚辖区是一种处于向正式政区过渡阶段的"准政区"。[3] 这种制度不仅延续到明朝灭亡，还开启了清朝以督抚为地方最高长官的制度。

明代中后期的巡抚大体分为以下四种：一是分布于十三布政使司的巡抚，如湖广巡抚、河南巡抚、陕西巡抚等；二是两京的巡抚，其中北直隶有顺天巡抚、保定巡抚、宣府巡抚，南直隶有应天巡抚、凤阳巡抚；三是为维护边疆安全而专设的巡抚，如辽东巡抚、甘肃巡抚、宁夏巡抚、延绥巡抚；四是为解决移民和治安问题，在多省边界内陆地区设置的巡抚，即郧阳巡抚、南赣巡抚、松潘巡抚、偏沅巡抚。

在明代的正式行政区划中，汉水流域地跨三省，宣德年间，三省都设置与布政使司同名的巡抚。[4] 此后旋设旋罢，成化、弘治之后渐成定制。成化元

---

[1] 《明史》（卷73）《督察院》

[2] 谭其骧著：《中国历代政区概述》，《文史知识》1987 年第 8 期

[3] 郭红，靳润成著：《中国行政区划通史》（明代卷），复旦大学出版社，2007.08，第720 页

[4] 其中陕西巡抚设于宣德二年（1427 年），湖广、河南巡抚设于宣德五年（1430 年）

年（1465 年），为解决流民问题，朝廷设置荆襄抚治，成化十二年（1476 年）更名为郧阳抚治，其辖区不仅涵盖整个汉水流域。还向外延伸。据《郧台志》记载，郧阳抚治辖区包括湖广府凡三：郧县、房县、竹山、上津、竹溪、郧西、保康七县，俱郧阳府；襄阳、宜城、南漳、枣阳、谷城、光化、均州七州县，俱襄阳府；江陵、公安、石首、监利、松滋、枝江、夷陵、长阳、宜都、远安、归州、巴东、兴山十三州县，俱荆州府。河南府一：南阳、镇平、唐县、泌阳、南召、桐柏、邓州、内乡、新野、淅川、裕州、舞阳、叶县十三州县，俱南阳府。陕西府一：南郑、褒城、城固、洋县、西乡、凤县、兴安、平利、石泉、洵阳、汉阴、白河、紫阳、宁羌、沔县、略阳十六州县，俱汉中府。并西安府属商州、洛南、商南、山阳、镇安四县，同时敕归督属。① 辖区督属之地，“东至德安府随州界，西至四川广元县界，南至四川巫山县界，北至河南灵宝县界。东西二千五百里，南北一千四百里。”②

　　需要特别说明的是，虽然郧阳抚治在明代汉水流域的社会治理中发挥了重要作用，但它自始至终都不是正式政区。郧阳巡抚也不是辖区内唯一的最高行政长官。晚明清初，省域巡抚与区域巡抚的辖区是互相重叠，而不是此盈彼缩，出现了较为普遍的“一地两属”现象。③ 汉水流域基本属于这种情况。依明代惯例，巡抚一般不能直接指挥三司，其统治主要是通过三司所辖的道员来实现。郧阳抚治所辖道有九：郧、襄为下荆南道，荆州为上荆南道，河南南阳为汝南道，陕西汉中为关南道，各设分守、分巡一名。商州为商洛道，只设分守道。④ 在实际政务运作中，道员会同时向省域巡抚、区域巡抚请示、汇报政务，接受双重领导。由此可见，郧阳巡抚的职能更像一个协调机构，而不是正式的地方长官。

　　① 《郧台志》“郡县”条
　　② 《郧台志》“疆域”条
　　③ 傅林祥：《晚明清初督抚辖区的“两属”与“兼辖”》，《安徽大学学报（哲学社会科学版）》2010 年第 5 期
　　④ 《郧台志》“分道”条

# 第二章　明代藩王与汉江流域的治理

## 一、明代宗藩制度及其演变

作为中国最古老的政治制度，分封制源远流长。《左传》就有"禹合诸侯于涂山，执玉帛者万国"① 的记载。真正意义上的分封制度始于周朝，周公分封诸侯以拱王室，但事与愿违，最终形成春秋五霸、战国七雄的混乱局面。秦统一六国，废分封而行郡县，这种中央集权的地方管理制度基本被历朝历代所沿用。西汉裂土封王，诸王觊觎神器，最终引起"七国之乱"；西晋广行分封，宗室权力炙手可热，"八王之乱"又起，王国分崩离析。后世诸朝多引以为戒，虽封王但不授土，宗室虽有王侯之名，却只能衣食租税，没有实际政治权力。但明朝却是一个例外。

明朝立国伊始，朱元璋考察历代宗室制度，认为"先王封建，所以庇民，周行之而久远，秦废之而速亡。汉晋以来，莫不皆然，特顾施为何如耳。"② 这位生性多疑的帝王对文臣武将皆不信任，他认为只有血缘纽带可保朱明王朝万世太平，甚至想当然地认为"天下之大，必建藩屏，上卫国家，下安生民"。③ 朱元璋梦想建立一种既能解决诸王拥兵自重、尾大不掉之弊端，又能使之成为拱卫京师、藩屏皇室的中坚力量的宗室制度。于是他"择名城大都，诸子待其壮，遣就藩服"。④ "使其岁操练军马，造作军器，欲为防边御寇，以保社稷，使帝业万世固"。⑤ 朱元璋所封的藩王，王府都设有指挥使司，每

---

① 《左传·哀公七年》

② （明）娄性：《皇明政要》（卷二十），"固封守第三十九"，载于《续修四库全书·四二四·史部·杂史类》，上海古籍出版社，2003 年

③ 《明太祖实录》（卷五一），洪武三年四月辛酉

④ （清）夏燮：《明通鉴》（卷三），《太祖高皇帝》，续修四库，史部 364 册，第 404 页

⑤ 吕邲：《明朝小史》（卷四）《报父仇书》，四库禁毁书丛刊，史部第 19 册，第 514 页

府设三护卫。约一万六千人。若遇战事，亲王不但有权调动王府护卫，还能节制地方军队。燕王、晋王常率领北部边防军与游牧民族作战，当时的确起到了抵御外患、镇守边防的作用。在给予宗室崇高政治地位的同时，朱元璋又赏赐特别丰厚的俸禄，使他们衣食无忧，一心拱卫皇室，起到"外卫边陲，内资夹辅"①的作用。朱元璋煞费苦心地安排，本以为可以彻底解决棘手的宗室问题。可惜事与愿违，他刚刚去世，朱允炆眼见皇叔们个个拥兵自重，野心勃勃，便采用齐泰、黄子澄之议厉行削藩。燕王朱棣身感自己地位岌岌可危，干脆孤注一掷，以"靖难"之名起兵，历时四年从侄儿手中夺得皇位。藩王出身的朱棣深知王权对皇权的威胁，称帝不久就继续执行建文帝未完成的削藩事业，全面禁止藩王干预地方事务，规定"自今王府非得朝命，不许擅役一军一民及敛一钱一物，不听从者有罚"。②对诸王严加管束。他还收缴王府护卫军，削弱了藩王叛乱的经济和军事基础。朱棣对藩王的违法行为严惩不贷，还借机增立藩禁，各藩迫于形势，纷纷献土自保。然而朱棣虽对自己的兄弟刻薄寡恩，但依旧依照《皇明祖训》分封自己的儿子朱高煦（汉王）、朱高隧（赵王），为新的内乱埋下了伏笔。1426 年，朱高煦趁哥哥仁宗病故，侄儿朱瞻基立足未稳之际，欲效仿父亲故伎重演，但很快被宣宗歼灭。经过几次皇族内战，藩王制度的弊端暴露无遗，但封藩是朱元璋制定的法度，谁也不敢贸然废弃，宣宗朱瞻基也只能在保留藩国形式的前提下，进一步限制和削夺诸王的权力。他收回了亲王的兵权，使宗藩基本丧失了叛乱的军事实力。为了杜绝藩王叛乱，宣宗制定了更加烦琐的"藩禁"政策，规定"出城省墓，请而后许，二王不得相见，藩禁严密，一至于此"。③从此这些王室子孙困守藩地，不习四民之业，坐食宗禄，动辄被纠。经过宣宗的改革，分封制度发生了根本性的转变，时人张岱指出："我明自靖难之后，待宗室，其制愈严愈刻。在诸王之中，乐善好书者，固百不得一；而即有好饮醇酒、近妇人，便称贤王，遂加奖励矣"。④到宣宗时期，削藩基本完成，藩王最终演变成为一个经济上依附国家供养，政治上没有任何权力，不劳而获、无所事事的寄生阶层。这不仅与朱元璋初衷背道而驰，更给明代的地方经济、地方社会带来诸多灾难。毫不夸张地说，失败的宗藩制度是明朝覆亡重要原因。

---

① 龙文彬：《明会要》（卷四）《帝系》，中华书局点校本，1956. 第 50 页
② 《明太宗实录》（卷一九），永乐元年夏四月丁卯条
③ 《明史》（卷一二〇），《列传第八》
④ （明）张岱：《石匮堂后集》（卷五）《明末无王世家总论》续修四库全书第 320 册，第 450 页

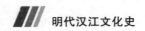

## 二、汉水流域的藩王及时空分布

汉水流域位于天下之中，气候适宜，物产丰富，是皇子皇孙们的理想封藩地区。自洪武十四年（1381年）楚王朱桢就藩武昌到天启七年（1627年）瑞王朱常浩、惠王朱常润分别就藩汉中和荆州，有明一代就藩汉水流域的亲王共计13人，占亲王总数的26%。

| 初封亲王 | 身份 | 受封地 | 就藩时间 | 封除时间 | 备注 |
|---|---|---|---|---|---|
| 楚王朱桢 | 太祖第六子 | 武昌府 | 洪武十四年（1381年） | 崇祯十六年（1643年） | 传九代，末王华奎，被李自成部沉于长江 |
| 湘王朱柏 | 太祖第十二子 | 荆州府 | 洪武十八年（1385年） | 建文元年（1399年） | 仅一代，被人诬告谋反，惧而自焚，国除 |
| 辽王朱植 | 太祖第十五子 | 荆州府 | 永乐二年（1404年） | 隆庆二年（1568年） | 朱植本封于广宁洲，后徙藩荆州府，传七代，末王朱宪㸅被张居正废为庶人，国除 |
| 唐王朱桱 | 太祖二十三子 | 南阳府 | 永乐六年（1408年） | 崇祯十七年（1644年） | 传九代，末王朱聿键在南明时称帝，被清军执，绝食而崩。 |
| 郢王朱栋 | 太祖二十四子 | 安陆州 | 永乐六年（1408年） | 永乐十二年（1414年） | 仅一代，无嗣国除 |
| 襄王朱瞻墡 | 仁宗第五子 | 襄阳府 | 正统元年（1436年） | 崇祯十四年（1641年） | 朱瞻墡本封于长沙，后徙藩襄阳府，传八代，末王朱翊铭为农民军所杀。 |
| 梁王朱瞻垍 | 仁宗第九子 | 安陆州 | 宣德四年（1429年） | 正统六年（1441年） | 仅一代，无嗣国除 |
| 兴王朱祐杬 | 宪宗第四子 | 安陆州 | 弘治七年（1494年） | 正德十六年（1521年） | 世子朱厚熜入嗣为帝，藩不复存，但王府建制仍在，后改为承天府，直到明末 |
| 岐王朱祐楮 | 宪宗第五子 | 德安府 | 弘治八年（1495年） | 弘治十四年（1501年） | 仅一代，无嗣国除 |

续表

| 初封亲王 | 身份 | 受封地 | 就藩时间 | 封除时间 | 备注 |
|---|---|---|---|---|---|
| 寿王朱祐榰 | 宪宗第九子 | 德安府 | 正德元年（1506年） | 嘉靖二十四年（1545年） | 朱祐榰本封于保宁府，后徙藩德安府，仅一代，无嗣国除 |
| 景王朱载圳 | 世宗第四子 | 德安府 | 嘉靖四十年（1561年） | 嘉靖四十四年（1565年） | 仅一代，无嗣国除 |
| 瑞王朱常浩 | 神宗第五子 | 汉中府 | 天启七年（1627年） | 崇祯十七年（1644年） | 农民军进逼汉中时外逃，后被执杀于重庆，仅一代 |
| 惠王朱常润 | 神宗第六子 | 荆州府 | 天启七年（1627年） | 崇祯十五年（1642年） | 农民军进逼荆州时外逃，后被执杀，仅一代 |

资料来源：《明史·诸王列传》及《明实录》

从汉水流域第一代藩王的时间和代际分布看，13 位藩王只有 5 代，分别是太祖 5 子、仁宗 2 子、宪宗 3 子、世宗 1 子、神宗 2 子。从空间分布看，这十三位亲王的封地都在交通便利、沃野千里的平原地区。其中安陆（德安府）6 位、荆州 3 位、武昌、南阳、襄阳、汉中各一位。其中楚王、唐王两藩存在的时间最长，几乎与大明王朝相始终，其次是襄王和辽王。封于安陆（德安府）的 6 位亲王除朱厚熜入嗣为帝外，其余 5 位都因绝后而除封。因此安陆（德安府）封王虽多，宗室人口却很少。但朱厚熜入嗣称帝，安陆摇身一变为"兴都"，世宗皇帝在家乡大兴土木扩建王府和王陵，产生的实际影响远远大于其他大藩。

## 三、明代宗室对汉水流域经济的影响及对城建的刺激

明朝的宗藩制度是一套依据宗法制建立的完整分封继承体系，根据与皇帝血缘关系的远近，太祖子孙被分为 8 个等级：

明制，皇子封亲王，授金册金宝，岁禄万石，府置官属。护卫甲士少者三千人，多者至万九千人，隶籍兵部。冕服车旗邸第，下天子一等。公侯大臣伏而拜谒，无敢钧礼。亲王嫡长子，年及十岁，则授金册金宝，立为王世子，长孙立为世孙，冠服视一品。诸子年十岁，则授涂金银册银宝，封为郡王。嫡长子为郡王世子，嫡长孙则授长孙，冠服视二品。诸子授镇国将军，

孙辅国将军，曾孙奉国将军，四世孙镇国中尉，五世孙辅国中尉，六世以下皆奉国中尉。其生也请名，其长也请婚，禄之终身，丧葬予费，亲亲之谊笃矣。①

按明朝的宗室制度，宗室不得习四民之业，只能坐食宗禄，出生时要报生、请名；成年之后要请封、请婚；去世后还要请葬。从生到死的一切事情均由中央和地方官府操办。汉水流域宗藩星罗棋布，以各亲王为首，与郡王以下王府宗室共同构成一个个宗藩支派。如楚王系共有郡王 15 个，辽王系有郡王 20 个，襄王系有郡王 9 个。自永乐、宣德以后，针对宗室的"藩禁"越来越严格，宗室子弟不得参政，不得出仕、不得结交朝臣，不得自置官吏，就藩之后，同为藩王的亲兄弟至死不得相见。这些严苛的限制让朱元璋的皇子皇孙在政治上无所作为，只能转移注意力，凭借他人无可比拟的权势和地位，在经济大肆掠夺。他们广布王庄，侵占平民土地；大量消耗禄米，拖垮地方财政；无休止的王府供应与徭役，更使得人民苦不堪言；他们还公然越制，凭借身份特权染指商业。宗室的所作所为，对于汉水流域地方经济的影响可以以"灾难"来形容。尤其是楚王、唐王、襄王、辽王等宗藩，由于其存在时间长，繁衍人口多，分封的郡王、将军更多，对地方经济的破坏自然也更大。

藩王对地方经济的影响首先体现在王府庄田上，明朝的藩王都坐拥为数不等的庄田，是名副其实的大地主。藩王们获得庄田的途径主要有钦赐、奏讨、受献、夺占等多种。其中钦赐与奏讨往往同时进行，是藩王获取土地的主要形式。诸王受封之时，都可获得数量不等的庄田，以襄王府为例，正统二年（1437 年），"赐湖广襄阳府所属襄阳各县的'无税田'396 顷并山 2 所"②，景泰三年（1452 年）又"赐湖广襄阳等五县无粮空闲山地 100 顷"③。天顺元年（1457 年），再次"赐山地 5000 余顷"④。郡王也是如此，按洪武九年（1376 年）定额："郡王诸子年及十五，每位拨给赐田六十顷，以为永业，并除租税"⑤。皇帝所赐田地已经不少，但这些王子王孙个个欲壑难填，如景王载圳于嘉靖四十年（1561 年）就藩湖广德安府，嘉靖皇帝在下诏赐给他庄

① 《明史列传第四》，中华书局，1972
② 《明英宗实录》（卷三六），正统二年十一月丙申
③ 《明英宗实录》（卷二二三），景泰三年十一月乙丑
④ （明）吴道迩纂修：《稀见地方志汇刊·襄阳府志》（卷三），"郡纪下"，万历刻本
⑤ 《明太祖实录》（卷一〇四），洪武九年二月丙戌

房7处、水租房地4处达900余顷，这还未包括分布于河南的土地，据说总数达40000顷①，但景王仍然"奏讨无厌"，地方官员碍于"帝王爱子"，也是"悉从其请"。更为恶劣的是有些藩王还经常将一些民田妄指为废地、河滩、无税田，奏请皇帝批准据为己有。奏讨往往变成了合法兼并。不仅藩王如此，就连当了皇帝的朱厚熜也参与其中。《明史·食货一》有言："初，世宗时，承天六庄二湖地八千三百余顷，领以中官，又听校舍兼并，增八百八十顷，分为三十六庄。"王府庄田迅速扩张，上层宗室依靠不计其数的庄田过着锦衣玉食的生活，而广大的贫苦农民却失去田地沦为王庄的佃户。这一切直接激化了阶级矛盾，造成了社会动荡。虽然明中期后，统治者对日益增长的兼并之风有所警觉，想方设法地给予制裁，但无奈积重难返，许多限制兼并的政策沦为一纸空文。

宗室人口剧增形成的禄米负担使明末地方财政入不敷出，造成一系列社会问题。朱元璋确立藩封制度之初，就给予宗藩优厚的岁禄，亲王各五万石。洪武二十八年（1395年），考虑到子孙众多，"俸给弥广"，量减各王岁禄，按宗室的八个等级调整为亲王10000石、郡王2000石、镇国将军1000石、辅国将军800石、奉国将军600石、镇国中尉400石、辅国中尉300石、奉国中尉200石。朱棣剥夺了藩王的政治权力，起子宣宗即位，就以增加禄米的方式给予经济补偿。这些禄米负担被分摊到地方州县，成为当地民众的沉重负担。汉水流域宗藩众多，负担较其他地区更加沉重。明朝初期，宗室人数有限，地方尚能承受一定数额的岁禄支出，但这些被剥夺政治权力的朱明宗室终日无所事事、衣足饭饱之余，以广播皇种、繁衍后代为能事，"百姓税粮有限，而宗枝蕃衍无穷"。②到明中后期，在宗室人口迅速增加、国家财政日益窘困的情况下，宗藩禄米数量急剧上升，朝廷不得不采用减少宗室岁禄的方法来维持。

大约从成化朝开始，宗室岁禄成为严重财政问题。朝廷无法摆脱这种困境，只能一味扩大剥削范围压榨更多民脂民膏，这种敲骨吸髓的剥削方式只会让宗室缺禄程度更为严重。嘉靖四十四年（1565年），朝廷号召各王府奏减禄米，但这种治标不治本的政策根本无济于事，新增宗室人口所形成的新负担使地方财政赤字进一步扩大。天启以后，宗室人口继续繁衍，宗禄需求早已超出地方财政的支付能力，在别无选择的情况下，地方官府只得年年拖欠。等级差别本来就让宗室间存在非常严重的贫富分化，而拖欠宗禄，在部

---

① 王毓铨《莱芜集》，中华书局，1983年，第136页
② 陈子龙《明经世文编》（卷一百三），梁材《会议王禄军粮及内府收纳疏》第921页

分宗室花天酒地的同时，下层宗室只能在衣食不继中艰难度日。霍韬在《天戒疏》中说："太祖皇帝初定天下，封建亲藩，禄制有差，固欲世世共享太平也。百六十年，宗支日广，禄粮不给。郡王以上，受享多禄。将军、中尉而下，奏告不得禄粮者屡至矣。有晨朝进食，仅一面饼，腹不充饥者矣；有假息蓬窝，无室屋以栖者矣；有不幸物故，无棺敛者矣；有女年四十，不得适人者矣。"① 这些皇室宗亲如同寄生在大明王朝体内的癌细胞，不断呈几何级数增长，如吸血鬼一般吞噬着国家财富，直到大明王朝油尽灯枯，才随明王朝一起走入历史。

明中期以后商品经济快速发展，汉水流域位于天下之中，南船北马汇聚之地，宗室为了满足生活需求和对财富的追求，大量参与到经济商业活动中，嘉靖四十二年（1563 年），景王眼红于荆州的沙市地处交通要道，商业繁华，派出王府鹰犬"强收为业"，荆州知府徐学谟无力阻止，"佃农渔户因利属本府，往往弃业以逃"②，藩王们凭借自己的特权控制市场，垄断物价，严重妨碍了正常的商业活动。

朱明宗藩除侵占民田、索要禄米之外，无休止的供应、役使也使地方百姓疲于奔命。按宗藩制度，王府修建宫室府第、陵墓祠寺，送往迎来，婚丧嫁娶等等，都要驻地民众出钱出力。亲王就藩封地，都要择地建造王府。为彰显威严及地位，诸王相互攀比，王府规模越来越大。张仁熙在《高观山行》中描述楚府遗址："前有屏山侧有湖，宫城仿佛是留都。滋阳桥下鱼龙见，猎马场中鸟兽呼。宫前十里为城郭，城砖都是郡县作。"明朝前期，王府兴建尚有定制，中后期之后，诸王无视祖制，肆意扩建宫室，不少亲王甚至郡王、将军都把宫殿修得富丽堂皇。正统三年（1438 年），襄王觉得旧王府气派不足，要求重修王府，朝廷在襄阳屡经旱涝，军民工力、物料均不足的情况下依然下令"附近卫所州县发军夫工匠三千人往助之，物料取诸官，不足宜市于民，而官酬以直"③，这项工程一直持续到弘治二年（1489 年），襄阳官民苦不堪言。宗藩们不仅喜欢修建宫殿，也同样热衷于兴建坟墓，汉水流域最豪华的藩王陵墓当数兴献王的显陵工程，史称"显陵营造，计费可十余万而足，而当事者云必六十万"④。如此巨额的工程费用被摊派到湖广、南直隶、河南、浙江、江西、福建、广东等省，负担最重、受害最深的无疑还是当地

---

① 霍韬：《自陈不职疏》，《明经世文编》（卷一八七）
② 徐学聚：《国朝典汇》（卷十三），台北：学生书局 1965 年版，第 314 页
③ 《明英宗实录》（卷四十八），正统三年十一月癸未条
④ 《明世宗实录》（卷八十七），嘉靖七年四月庚午条

百姓。诸王就藩，随行宫眷、官属、军校浩浩荡荡，沿途的铺设、供应耗费无度。天启年间，惠、桂、瑞三王先后之国，沿途铺设费用累计需要 17 万两，湖广、陕西、河南三省一起遭殃。瑞王就藩汉中，沿途经过襄阳、郧阳等地，郧阳地瘠民贫，实在无力承担如此巨额的迎送任务，只得要求南阳、西安协济。王府官校仗势欺人沿途勒索，众小民敢怒不敢言，藩王对地方的扰害，由此可见一斑。

在部分宗室横行霸道，为虎作伥的同时，也有一些藩王能够体恤民情，对于困难的民众伸出援手；同时积极关注地方建设，维护地方的长治久安。这些"贤王"主要集中在明朝前期。如第一代楚王朱桢，他"鉴前古藩王之失，府中官属，皆出廷授，未尝外通宾客。爱恤国人，恒恐伤之。地产之利，率推畀民。不受贡献。岁歉，尝减禄米之半以抚民。军校遵奉戒约，毋敢侵越。国中怀德，如戴父母"①。嘉靖皇帝的父亲兴献王朱祐杬灾荒之年赈济灾民，汉江泛滥之时雇人驾舟沿江搜救。"其后又出资粮命官筑堤四十余里，自是水患乃绝，而军民濒水之田，皆恃以安。"② 还有一些藩王从自身利益出发奏请朝廷开展城市和水利建设，客观上有利于地方社会经济发展。如荆州的湘王虽因自焚一世而除，但正因为他就藩荆州，直接促成了荆州城的兴建。襄王瞻墡是水利建设方面的杰出代表，景泰、天顺年间，襄阳多次发生洪涝灾害，瞻墡奏称："襄阳城逼汉江，自昔有堤，号曰老龙环，护城郭岁久，为水冲激，己渐坍决，及城南有救生桥，水大人可度桥登山以免水患，今亦损坏，非大起工匠修筑，不足捍灾御患，请敕附近府州县并本处有司军卫为之事"③。经朝廷勘察核实，下令修筑堤桥。使襄阳城从此免于水患，无独有偶，弘治十三年（1500 年），分封于荆州的辽王宠涭亦上奏："荆州府旧有护城堤岸，长五十里，近堤坏岸崩，致江水冲坏城门、桥楼、房屋，为患甚急，请命官修筑"，朝廷复查之后令工部派人前往修复，使荆州不再遭受洪水的威胁。但这样的贤王毕竟是凤毛麟角，作用微乎其微，根本无法改变宗藩祸害地方的本质。

① 张高荣主编，新编灵泉志，武汉出版社，2006 年，第 309 页
② 《明武宗实录》（卷一七五），正德十四年六月己卯
③ 《明英宗实录》（卷三百五十二），天顺七年五月于辰条

## 四、明代宗室对汉水流域政治及社会治安的影响

明代宗室政策分为三个阶段，第一时期是洪武朝，诸王手握重兵，坐镇一方；第二时期是自建文朝至天顺朝，藩禁渐密，藩王逐步丧失政治权力；第三时期是自成化至崇祯朝，藩王彻底沦落为寄生阶层，随明王朝的结束而消亡。这三个阶段有明显的区别。从汉水流域宗室对地方政治的影响也能得到体现。

汉水流域虽非边塞，但位居天下之中。武昌为南京上游重镇，是拱卫京师的战略重地，地位非比寻常。朱元璋封六子朱桢为楚王，十二子朱柏为湘王，分别镇守武昌和荆州。洪武十八年（1385 年）湘西地区土司作乱，朱桢主动请缨，朝廷命朱桢为统帅，率楚藩护卫兵校六千五百人，会同信国公汤和等追剿贼首吴面儿。冬十月，楚王"率兵过铜鼓，次十万坪，分四道约期会古州，湖耳诸蛮至者千五百余人，遂遣诸将乘夜捣其巢。旦日，王至铜鼓督战，尽毁其栅砦，杀获四千余人，至屈团顿寨而还，既而搜伏匿发窖藏，诱吴面儿及其子孙，悉送京师"①。此战大获全胜，与楚王朱桢运筹帷幄，指挥得当密不可分，连开国大将汤和都称赞其有勇有谋。捷报传至南京，朱元璋喜出望外，大赞儿子朱桢"真吾子也"②。封地在荆州的第一代湘王朱柏也有卓越军事才能，他"喜谈兵，臂力过人，善弓矢刀槊，驰马若飞"③。明朝初年，一支蒙元降兵欲在常德起事，朱柏闻讯后当机立断，出奇制胜，将叛乱扼杀于局部，得到了朝廷的高度赞誉。洪武三十年（1397 年），古州蛮族再次叛乱。一路攻城略地。太祖启用楚王朱桢为主帅，湘王朱柏为副将，率军二十万击破敌军，诛杀匪首林宽。两位藩王的赫赫战功，为巩固朱家王朝，维护地方稳定做出了巨大的贡献。朱元璋在位时期，藩王确实起到了拱卫中央的作用。

朱元璋死后，皇孙建文帝即位，为巩固自己的皇位，朱允炆不断设法限制手握重兵的皇叔们的权力。骁勇善战的楚王朱桢再也没有带兵出征的机会。文武双全的湘王朱柏被告谋反，无以自明，被迫自焚，年仅二十八岁。削藩

---

① （明）郭子章：《黔记》（卷三十五），《信国公汤和列传》，北京图书馆古籍珍本丛刊第 43 册，第 687 页

② 廖道南：《楚纪》（卷六），北京图书馆古籍珍本丛刊，史部·杂史类第 7 册，第 82 页

③ 张廷玉：《明史》（卷一百一十七），《诸王二》，北京中华书局 1974 年，第 3581 页

严重损害了藩王的权益，在燕王进攻南京之时，驻扎武昌负有藩屏南京责任的楚王本应顺流而下抵御燕军，但楚王按兵不动，坐山观虎斗，直到朱棣取代建文帝。也许正是第一代楚王在靖难之役中保持中立，朱棣以后的历代帝王都对楚系器重有加，给予无数赏赐，使楚系成为汉水流域人口最多、势力最强的宗藩。

藩王出身的朱棣深谙诸王拥兵自重对帝位的威胁，表面上恢复诸王的权力，暗中采取移藩、夺兵等措施，逼迫藩王自己交出实际权力。在这种形势下，第二代楚王孟烷专注于修身养性以图明哲保身。"宣德甲寅，武昌大饥，王发粮为糜粥以济之，多所全活。近城有虎为民患，王射毙之。① 这种普度众生，超然世外的贤明姿态并没有摆脱朝廷的猜忌。宣德五年，平江伯陈瑄遣其子向朝廷密奏楚藩兵多将广、粮饷充足，位居战略要地，一旦发难难以制驭。建议朝廷采取果断措施剪除楚王羽翼。楚庄王朱孟烷本无谋逆之心，闻讯赶紧奏请朝廷，将自己的三支护卫队中的两支交给朝廷。从此以后，汉水诸藩再无拥重兵者。明朝初年，公侯大臣见藩王都要"伏而拜谒"，可是到万历年间，张居正回乡服丧经过襄阳府，襄王"出郊谒，具宾主，及答拜留款，张坐南面，王相向讲敌礼。② 明末魏忠贤专权，楚王朱华奎"疏颂魏忠贤，捐资一千两请建祠于武昌城内高观山凤凰窝之阳"。③ 堂堂亲王最后沦落为权阉修生祠的地步，真是滑天下之大稽。宗室丧失政治权力，无所事事，直接带来两个后果，一是以开枝散叶为能事，导致宗禄剧增，二是刺激了宗室对经济利益的追求，他们奏请赐田、强夺民产、激化宗室和人民的矛盾，是汉水流域农民起义频繁发生的原因之一；三是无所事事的无聊生活刺激了部分宗藩的变态心理，不仅倚仗特殊身份欺压良善，横行乡里，甚至亲亲相残，内部倾轧不已，对地方治安和社会风气带来无可挽回的损失。

终明一代，汉水流域宗藩中对地方危害最大的当数荆州的辽王一系，第二代辽王朱贵焰，"先是与江陵、泸溪二郡主乱（二郡主均为贵焰姐妹），又通千户曹广等妻女数十余人，非理奸死者十余人，杖死长史杜述，擅笞荆州知府刘永，择强壮三百余人强买货物，侵占办课湖港，强网学舍池鱼；每年假以进贡，于夷陵等州、江陵等县夺军柑橘，起州县人夫递送，逼死者三十人"。④ 这位藐视律法，殴打朝廷命官，滥杀无辜，形同土匪的亲王最终被废

---

① （明）徐学谟：《徐氏海隅集》（卷之三十九），"同姓诸王世家"
② （明）沈德符：《万历野获编》（卷四），"宗藩"
③ 《明熹宗实录》（卷八七），天启七年八月辛亥
④ 《明英宗实录》（卷五十一三），正统四年三月庚申条

为庶人，但并没有除封。也许是因果报应，百年之后，辽王府又出了一个朱宪㸅㸅，此人"喜方术，性淫虐"①，被有同样爱好的嘉靖皇帝封为"清微忠孝真人"，并赐金印及法衣法冠。他常常穿着这套行头擅入民宅，借"斋醮"之名索取巨额钱财。最令人发指的是此人曾"以符咒妖术，欲得生人首，适街有醉民顾长保者，被割丧元，一城惊怪"②。这位暴戾恣睢的王爷时滥杀无辜往往能够逍遥法外，最后却因为嘉靖十九年（1540 年）害死一个叫张镇的护卫招来大祸，隆庆二年（1568 年）被废为庶人，关押高墙永远圈禁。这倒不是张镇有多大能耐，而是因为他有一个叫张居正的孙子。

朱元璋的皇子皇孙不仅对外为虎作伥、残害百姓，家庭内部也时常上演同室操戈的惨剧。其中以嘉靖二十四年（1545 年）楚王显榕为其世子英燿所弑一事最为骇人。英燿生性残暴，荒淫无耻，使宫女怀孕。显榕闻讯大怒，开始疏远这个败坏门风的儿子。而英燿依旧我行我素，甚至变本加厉，把妓女带进王府与之同居。显榕欲予以严惩，并有废立世子的打算。英燿心生怨恨，与楚府群小"谋以次年上元邀王赏灯，因举事，及期乃集其党田尧、谢六儿、张贵等歃血而盟，分执铜爪、木梃，蒙以面具，伏缉熙堂后，约举炮为号"③。楚王显榕就这样惨死在自己儿子的魔爪之下。楚王死后，英燿又鞭尸泄恨。最后事情败露，举国震动。朝廷以将英燿"斩之于市，焚弃其尸，不许收葬"④。堂堂皇家血脉，竟发生这种忤逆人伦的恶性杀人案，不仅让宗庙蒙羞，也严重败坏社会风气。

万历年间，楚王府又发生了一起旷日持久，波及甚广，影响极大的内争。史称"假王事件"。事起于明隆庆五年（1571 年），楚恭王朱英㷿去世，宫人胡氏于次年生遗腹孪生子朱华奎、朱华璧。万历八年（1580 年），明神宗封朱华奎为楚王，朱华璧为宣化王。然而到了万历三十一年（1603 年），楚宗人辅国中尉朱华越递上奏疏，谓朱华奎、朱华璧皆非楚恭王子，实为王太妃之兄王如言的侍妾尤金梅所生。华璧则是王氏族人王玉之子，华越有其妻王氏（王如言之女）言证。

万历皇帝接到奏疏后交礼部处理。礼部尚书郭正域是东林党人，力主查勘虚实，并得到次辅沈鲤支持；而首辅沈一贯则以"宫闱暧昧"、"年月久

① 沈德符：《万历野获编》（卷四）《宗藩》，"辽王封真人"条，北京，中华书局，1959 年，第121 页

② 沈德符：《万历野获编》（卷四）《宗藩》，"辽王封真人"条，北京，中华书局，1959 年，第121 页

③ 《明世宗实录》（卷三百三），嘉靖二十四年九月丁丑条

④ 《明世宗实录》（三百三十），嘉靖二十四年九月丁丑条

远"、"事体重大"为由，主张缓办。可是郭正域依旧坚持己见，将案件发往湖广地方办理。巡抚赵可怀会同巡按应朝卿对王府有关员役七十多人加以刑讯，都未获得能够证明华奎不是恭王所生的证据。只有朱华越的妻子王氏依旧一口咬定朱华奎是"伪王"。地方把勘问结果申报入朝，万历皇帝命各部院大臣，会同有关官员复查，可此事已过去三十余年，在当时的科技水平下谁能说清？地方官员只好申报朝廷，称伪王之事毫无根据，神宗为了早日息事宁人，说"（楚王）嗣位二十余年，何至今始发，且夫讦妻证，不足凭，遂罢楚事勿按"。① 将华越降为庶人，禁锢于凤阳；附和他的宗人朱蕴钫等多人，或罚减俸禄，或革爵幽禁。

宗室内部矛盾没有解决，事情自然不会结束，三个月后，"真假楚王案"演变成一桩冲击抚衙，殴死巡抚的"逆宗谋反案"：

万历中，楚宗人讦其王，业奉旨处分矣。王备物谢恩，因谢当事者。宗人欲申前说，三十二年闰九月三日，相率过汉阳府公馆，夺其私书并解京银四攫焉。本府闭城，黄典史走报分巡道，分巡副使周应治，鄞人也，仓皇请于赵巡抚可怀，带领军人捕焚其书，捉获宗人三十余人，裸其体，加桎梏而鸣金鼓以入于会城。诸宗人见之，愤甚，初五日縻至抚院，遇应治并学院窦某，共击之，应治窜伏赵内衙神橱，赵出谕，语复不伦，登时打死，碎尸，应治乘间弃敕印逃。②

楚宗怀疑华奎行贿朝中官员蒙混过关，行劫的目的本为获取楚王行贿的私书证据，殴杀巡抚纯属一时冲动。然而湖广巡按吴楷及内阁首辅沈一贯却向万历报告"逆宗反形大著"③。一时间郧阳、江西、河南等地都整兵待发，举国上下如临大敌。闹事诸宗见大军压境，只好束手就擒。审讯完毕，"斩两人，勒四人自尽，锢高墙及禁闲宅者复四十五人，自是无敢言楚事者"。④

楚府宗人或杀或禁，举国震惊，但部分大臣觉得此案处理过于草率，武昌一带甚至传言行刑之时，楚宗祖陵地震，祖宗在天之灵为子孙鸣冤。一时冤案之说甚嚣尘上。神宗也逐渐意识到此案颇多可疑之处，一纸书文将诸宗释放，一起冤案就这样宣告结束。⑤

宗藩作为皇室在地方的代表，一举一动都本应彰显皇家风范，做地方百

① （清）张廷玉：《明史》（卷二百二十六），《郭正域传》，北京：中华书局，1975年，第5946页
② 洪良品：《湖北通志余》第1册。参见陈诗《湖北旧闻录》第4册，第947—948页
③ 《明神宗实录》（第402卷），万历三十二年十月庚戌
④ （清）张廷玉：《明史》（卷一百十六），《诸王一》，北京：中华书局，1975年，第3573页
⑤ 参见张建民：《湖北通史·明清卷》，武汉：华中师范大学出版社，1999：74—77页

姓的道德楷模。可是汉水流域的宗藩们大多凭借与生俱来的特殊身份，不仅在地方上为虎作伥，胡作非为，甚至宫室内部父子、兄弟自相残杀之事也时有发生。究其原因，首先是严密的"藩禁"政策让宗室无所事事。随着政治权力的丧失，绝大部分宗室在经济上又逐渐陷入困境，故作奸犯科之事层出不穷。对于宗室的不法行为，地方官府碍于皇族身份，大多不敢正面交锋，皇帝也碍于宗亲之谊姑息纵容，让宗室更加肆无忌惮。加之明朝中后期宗藩普遍缺乏教育，部分宗室沉迷于荒淫腐朽的生活，严重败坏社会风气，影响极度恶劣。人民对宗室的不满情绪日积月累，数百年的血债最终在明末农民大起义爆发后遭到彻底的清算。农民军所到之处，大肆屠杀地方宗室，平时深受宗室之害的愤恨在短时间内被全部发泄，这些平日横行乡里的皇亲贵胄几乎被屠戮殆尽。

## 五、明代宗室对汉水流域文化建设的贡献

在明朝前期，宗藩是朝廷在地方的代表，享有崇高的政治地位。但自宣德之后，严密的"藩禁"使他们彻底沦为无所事事的寄生阶层。部分宗室凭借皇亲贵族的特殊身份巧取豪夺，成为地方的一大公害，以至于顾炎武在总结明亡教训时说："宗属者大抵皆溺于富贵，妄自骄矜，不知礼义，至其贫者则游手逐食，靡事不为。名曰天枝，实为弃物。"① 宗藩虽然是腐朽势力的代表，直接加速了明王朝的灭亡，然而也不是所有宗室子弟都一无是处。他们当中也有很多人不甘沉沦，勤奋学习，著书立说，在文化领域取得了令人瞩目的成就。

朱元璋虽出身草莽，但对教育的重要性还是有比较清醒的认识。他曾对大臣们说："朕诸子日知务学，必择端谨文学之臣兼官僚之职，日与之居，讲说经史，蓄养德性，博通古今，庶可以承藉天下国家之重。"② 为提高子孙的文化水平，朱元璋在宫中设立大本堂，"聚古今图书，延四方名士教太子、诸王，分番夜直（值），才俊之士充伴读。时时赐宴赋诗，商榷古今，评论文字

---

① （清）顾炎武著，黄汝成集释：《日知录集释》（上），上海：上海古籍出版社2006年版，第552页

② （明）余继登：《典故纪闻》（卷三），北京：中华书局1981年版，第41页；吕本：《皇明宝训》第118页

无虚日"。① 当时的名流硕儒宋镰等都在宫中担任教习。诸王就藩时，朝廷不仅特意选派饱学之士担任王府辅导官员，还赐予大量图书。明末清初大学者钱谦益称："海内藏书之富，莫先于诸藩。"② 良好的教育条件使广大的宗室们有机会朝夕聆听名家大儒的教诲，遍览历代先贤宏著。在朱元璋的关注下，皇室形成了良好的学习风气。藩王中嗜书好学者甚多，如荆州的湘王朱柏"性嗜学，读书每至夜分"③。即使在带兵征讨蛮族的军旅生涯中，也要用丝囊装满书籍与身相随。楚王朱桢"倦倦奉祖训，率礼度，留心典籍，靡他嗜好"。④ 第二代楚王朱孟烷发现自己已经成为皇帝猜忌防范的对象，为求自保藏身书斋，不问世事，著有《勤有堂诗文集》，成为汉水流域第一个出版著作的藩王。即使在明朝中后期，汉水流域的宗室中也不乏潜心学术，勤奋好学的例子，如枝江王致楎"喜读书，虽寝食时不废书，过目辄成诵，工晋唐楷书及诗画靡不精诣"。⑤ 就连那个欺官压民、作恶多端终致废国的辽王宪㸁，在音乐上也有独到的造诣。他"雅工诗赋，尤嗜宫商。其自制小词、艳曲、杂剧、传奇，最称独步。有《春风小调》、《唾窗绒》、《误归期》、《玉阑千金儿弄丸记》，皆极婉丽才情。寻后安置凤阳，又编《卖花声词》数百阙，流传江表，含思凄楚，不减南唐后主'春意阑珊'"。⑥

由于明代严密的"藩禁"政策，地方宗藩的作品对政局及国家治理丝毫不敢涉及。他们的文化成果多集中在经史、音乐、律历等纯学术领域。此外多为吟风弄月，粉饰太平的文学作品。楚王一系的庄王孟烷著有《勤有堂诗集》以及《勤有堂文集》；宪王季埨著有《毓秀轩诗集》《维藩清暇录》《东平河间图赞》；端王荣诚著有《正心诗集》；楚系郡王中的武冈王显槐，自号少鹤山人，有《少鹤文集》传世。据《千顷堂书目》辑录，第一代辽王朱植生前酷爱诗文，死后后人整理成《辽简王遗稿》五卷。襄王一系的亲王中爱好诗文者不多，但郡王中的枣阳王朱祐楒涉猎极广、无所不览，有《朱仲子集》三卷、《式好传》若干卷流传于世。嘉靖皇帝之父兴王朱祐杬，在诗文和医学等方面都有所成就，著有《恩纪诗集》七卷。南阳唐藩较为著名的文学作品有唐恭王朱弥钳所撰之《秋江词》《谦光堂集》，此外还有独具特色的家

---

① （明）郑晓：《今言》（卷四），北京：中华书局1984年版，第184页
② （清）钱谦益：《有学集》（卷二十六），《黄氏千顷斋藏书记》，上海古籍出版社，1995年版，第995页
③ （清）张廷玉：《明史》（卷一百十六），《诸王二》，北京：中华书局1974年版，第3581页
④ 《楚昭王碑》，载于《历代石刻资料汇编·明清》，湖北通志卷九十五，金石八"
⑤ （明）徐学漠：《徐氏海隅集》（卷之十九），"明故枝江王墓表"
⑥ 钱希言《辽邸纪闻》辑自陶宗仪等编《说郛三种》上海古籍出版社1988年版

训著作《家教》《宗训直言》。唐藩还聘请医术高明的郎中编写了《神妙秘方》及《保生备录》四卷。汉水流域也有藩王长于音律，除辽藩末王朱宪㸁外，据《千顷堂书目》收录，楚王撰有《雍熙乐府》二十卷，辽简王著有《莲词》二卷、樊山王著有《三径词》一卷，这些无不对传统音乐的发展大有贡献。[1] 宗藩中也有热衷于藏书和出版事业者。汉水流域较有代表性的是楚藩和辽藩。楚落所刻《刘向新序》《大明仁孝皇后内训》《兴献皇后内训》《说苑》等质量较高。辽藩虽屡出不肖子孙，名声极差，但也不乏博学好文者，其刻书数量也达 18 种之多，《元诗体要》《东垣十书》《后山诗注》《昭明太子文集》等都被誉为佳刻。

　　明王朝的宗室政策是宗藩文化事业发达的基本原因。宗藩被禁锢在封地之中，不许从事四民之业，二王不得相见，甚至出城省墓都要请求批准而后许，名曰皇亲，实为囚徒。衣食无忧却无聊封闭的宗室生活使皇家子弟两极分化，大部分穷奢极欲、玩乐终生，更有甚者以胡作非为、扰害地方为能事；但也有人或闭门读书、吟诗绘画，或藏书刻书、勤于著述，在文化事业中实现自我人生价值。皇帝出于宗室内部和地方社会稳定考虑，多乐观其成，赐予宗藩大量书籍，为他们的文化事业提供了良好的条件。但是不管怎么说，勤奋好学的贵族在众多王室子弟中毕竟是凤毛麟角，他们并不能代表汉水流域宗藩群体，他们的文化成就也不能更不能掩盖宗藩为害地方的事实。

## 六、汉水流域的藩王与明末农民战争

　　朱元璋建立封藩制度的初衷，是分派子孙驻守各地，世袭罔替，以期朱氏子孙"操练军马，造作军器，欲为防边御寇，以保社稷，使帝业万世固"。[2] 但两百多年的奢靡生活和严密的"藩禁"政策，使朱氏子孙大多堕落成纨绔子弟，在农民军摧枯拉朽般的攻势下，他们或望风而逃，或坐以待毙，非但没能保家卫国，宗藩贵族自身也遭到毁灭性打击。

　　汉水流域是明末农民起义的主战场之一，张献忠、李自成的部队都曾在这里纵横驰骋。藩府既是皇室在地方的象征性代表，又是最显赫的富户，自然成为农民军的重点打击对象。汉水流域 13 个藩府中持续到明末的几大藩系无一例外全部毁于农民战争。楚系末王朱华奎、襄系末王朱翊铭，还有就藩

---

① 章旋，邱昌文：《浅论明代湖广宗藩的文化成就》，《许昌学院学报》2010 年第 6 期
② 吕毖：《明朝小史》（卷四），《报父仇书》，四库禁毁书丛刊，史部第 19 册，第 514 页

不久的瑞王朱常浩、惠王朱常润都死于农民军之手。

襄系末王朱翊铭是汉水流域也是全国第一个被农民军杀害的藩王。1637
年，张献忠在谷城诈降，一年以后重举义旗，在房县击败左良玉，转战四川。
朝廷派兵部尚书杨嗣昌围攻张献忠。崇祯十四年（1641 年），张献忠得知襄
阳兵力空虚，立即带兵离开四川，一天一夜急行三四百里，途经兴山、当阳、
荆门、宜城，很快重返襄阳。行军途中，张献忠偶然截杀杨嗣昌使者，夺其
军符，伪为官差，夜以数十骑混入襄阳城。农民军里应外合，襄阳城很快被
攻破。襄王朱翊铭被俘。临刑前张献忠还不忘羞辱他一番"吾欲断杨嗣昌头，
而嗣昌远在蜀，今当借王头，使嗣昌以陷藩伏法。王其努力，尽此一杯
酒！"①。朱翊铭死后，尸体被投入火中焚烧。

襄王死前曾大骂张献忠，总算未失气节。汉水流域其他诸王的下场则更
为凄惨耻辱。据《明季北略·三藩贼祸》载：

> 他处藩祸，闻而未见，旧年至岳州，则惠王播迁于民舍矣。过临湘，则
> 唐王漂流于江上矣。今往州北，见瑞王颠连情状，不忍言说。自西安既陷，
> 汉中风鹤，有赵总镇标下兵，乘机抢劫，先掠民家，遂及王府。王积帑金八
> 十万，一时俱尽。宫中眷属，不知存亡。瑞王仅与一妃逃出，王无车辇，将
> 桌作轿，两人肩之。妃乘马奔至保宁，保宁闭关不纳，乃暂住舟中，驻泊河
> 上，头戴小帽，身着青布箭衣，口喃喃惟诵阿弥陀佛。他无所言。闻惠、唐
> 两王亦然，为贼穷追，狼狈入粤，其光景必更有可怜者。三藩皆神宗皇帝子
> 也，遂至此哉。②

瑞王朱常浩一生爱财如命，到了二十五岁还未选婚，这种情况在明代诸
王中非常罕见。但他几乎每天都向户部索要结婚费用，先后领取白银共计十
八万两。他将这些白银藏在宫中，还说这点钱买冠服都不够。1637 年王斌在
瑞王封地汉中发动起义，朱常浩积攒的万贯家财损失殆尽。面对农民军咄咄
逼人的进攻，这位养尊处优的王爷望风而逃，一路上除了"喃喃惟诵阿弥陀
佛"，就是祈求崇祯"臣肺腑至亲，藩封最僻，而于寇盗至迫，惟陛下哀
怜"③。全然不顾藩王的职责与朝廷的尊严。为逃避追捕，他南逃四川避难，
受到总兵侯良柱援助到了重庆。崇祯十六年（1643 年）张献忠攻破重庆，走

---

① 《平寇志》（卷四）

② （明）计六奇：《明季北略》（卷十九），崇祯十六年癸未

③ 《明史》（卷 120）

投无路的朱常浩最终死在农民军的屠刀之下。惠王朱常润与瑞王朱常浩俱为神宗之子，兄弟二人在危难关头的表现如出一辙，下场也极为相似。李自成破荆门，占领其封地荆州，朱常润先奔湘潭，在吉王朱慈煊处暂住。崇祯十五年末（约1643年），张献忠攻陷长沙，他再走衡州，寄桂王朱常瀛篱下。后来衡州失陷，又逃至永州。直到1647年朱常润被清兵俘杀在广州，这位王爷颠沛流离的流浪生活才宣告结束。

在明末农民战争的特殊时期，许多目光短浅的藩王家资巨万却一毛不拔，最为典型的莫过于被李自成做成"福禄宴"，死无全尸的福王朱常洵。汉水流域也有这样的"糊涂王爷"：武昌的楚王府内钱财堆积如山，值张献忠大兵压境之际，湖北地方大员齐聚楚王府，跪求楚王朱华奎捐资助饷，朱华奎指着洪武朝朱元璋赏赐的裹金交椅，说道："此可佐军，他无有！"①令楚中大员失望至极。可是农民军攻入武昌，"尽取宫中金银各百万，辇载数百车不尽"②，朱华奎的万贯家财宁可资敌也不犒军，下场是被张献忠投入长江活活淹死。

相比这些或疲于奔命或束手就擒但最终身死国灭的可悲藩王，南阳唐藩的朱聿键则显得深明大义，卓尔不凡。朱聿键是朱元璋第二十二子唐王朱桱的八世孙，生于明万历三十年（1602年），其父为朱器墭，是唐端王朱硕熿长子。朱器墭本已被立为唐王世子，但朱硕熿欲立宠妾所生之子为世子，借故将朱器墭囚禁。时年仅12岁的朱聿键便随着父母过了16年的囚禁生活。崇祯二年（1629年），朱器墭被异母弟毒死，朱硕熿为防事情败露，不得不册立朱聿键为世孙。崇祯五年（1632年）朱硕熿去世，朱聿键正式受皇封为唐王。

长达十六年的囚禁生活磨砺了朱聿键坚忍不拔的坚强意志，也塑造了他有仇必报，敢于担当的鲜明性格。崇祯九年（1636年），朱聿键杀死杀害父亲的叔叔，报了杀父之仇。同年八月，清兵攻占永平、迁安，京师危在旦夕。朱聿键愤而起兵，北上勤王。可是生性多疑的崇祯皇帝从未放松对宗室的猜忌，对藩王掌兵尤为忌惮，以"越关（擅离封国，举兵勤王）擅毙（杀叔）"之罪，将朱聿键废为庶人，关进凤阳高墙。可怜朱聿键的爱国举动非但没有得到朝廷的奖赏，反而让自己再次身陷囹圄。又是八年冤狱，朱聿键受尽凌辱。直到南明弘光朝立，始得出狱，徙居广西平乐府。1645年，朱聿键行至杭州，遇到了镇江总兵郑鸿逵、郑彩，户部郎中苏观生。此时正值弘光覆灭，

① 吴伟业《绥寇纪略》（卷10）《盐亭诛》
② 《平寇志》（卷六）

潞王降清的危急关头，"逵、彩与王语及国难，沾泣襟袂，奇之"①。一番长谈，他们认为唐王可济大业，便一同劝说朱聿键："清兵渡清江，金陵不守；若以浙西为门户，立国于闽，大业可图也。"② 朱聿键本就是位雄心勃勃的人物，一心想着恢复大明江山，自然不会放过如此良机。就这样因缘际会，朱聿键被郑芝龙、黄道周、张肯堂等迎请监国于福州，并于 1645 年即皇帝位，建元隆武。③ 唐王朱聿键摇身一变，成了南明隆武皇帝。

朱聿键是南明小朝廷唯一一位奋发有为的君主。为恢复大明江山，隆武帝求贤若渴，一即帝位，便"设储贤馆，定十二科取士"④，为了达到选拔贤才的目的，他还身体力行，亲自选拔。隆武帝知人善任可与唐太宗媲美，民族英雄郑成功之名，早已家喻户晓，而最初识其为英雄并加以重用的正是隆武帝。郑成功年仅 22 岁即被委以重任，多次领军进出闽、赣与清军作战。后清军入闽，其父郑芝龙投降，隆武帝用人不疑，一如既往的加以重任。郑成功也视隆武帝为明主，为报知遇之恩，毅然以民族大义为重，举起"杀父报仇"大旗，奋起抗清，誓死卫国。后又驱逐荷兰殖民者，收复台湾，名垂青史，成为家喻户晓的民族英雄。

隆武帝非常重视吏治和安民，他认为："天下之坏，不坏于贼，而坏于兵，而坏于官。"他对官员贪污从不宽宥，明确规定"小贪必杖，大贪必杀"；针对南明官军随意杀戮被迫剃头的汉族士民时，特别下诏"有发为顺民，无发为难民"，严禁不分青红皂白地滥施屠戮。隆武治国，有功必赏，有过必罚。隆武二年"上因黄克辉（郑鸿逵部下）败绩，降郑鸿逵一级，改太师为少师。又以（郑）彩兵溃革职，令芝龙追缴永胜伯并大将军印黄钺敕剑"。⑤朱聿键能当上皇帝，完全是郑芝龙、郑鸿逵拥立的结果，他不可能不知道要想皇位永固必须依靠郑氏集团的支持，但他并不因此而对郑氏有丝毫偏袒。足见其赏罚分明的决心和胆量。

朱聿键称帝之后，通过汲取弘光朝覆亡和朱常涝降清的教训，清醒地认识到朝廷的真正敌人乃是满洲贵族建立的清朝，因此一改弘光朝以"平寇"为主的方针，果断地竖起"御房"大旗，以民族大义积极联合昔日的敌人——农民起义军共赴国难。由于隆武帝积极联合农民军抗清，使两湖抗清形

①　孟森：《明史讲义》[M]．上海：上海古籍出版社，2002 年 352 页

②　孟森：《明史讲义》[M]．上海：上海古籍出版社，2002 年 682 页

③　参见战继发《论隆武帝》，《学术交流》1993 年第 3 期

④　（清）温睿临《南疆逸史》（卷二）《绍宗纪略》

⑤　（清）徐鼒《小腆纪传》（卷三）《隆武纪》

势大为改观，一时颇有恢复之势。清军曾飞檄告急说："我皇上若不急发大兵南下，恐两王已定之疆土，非复朝廷之有也"。① 朱聿键在大敌当前情况下，以民族大义为重与农民化敌为友，不愧是深谋远虑、远见卓识的政治家。

隆武帝一生节俭，史赞其"恭己俭约"，身居皇位却"不御酒肉"，不备金玉，只用磁瓦、铜锡之类。宫中除了皇后之外，没有妃嫔。隆武二年（1696 年）四月初五是皇帝诞辰，诸臣先一日请贺，朱聿键坚辞不受，他说"朕奉大统，已近十月，孝陵不见，百姓不安。文因循于内，武扰害于外，中兴事业茫无端绪，蔬菜自勉，岂可晏然自居，以听群工贺也?"② 在他的心目中，中兴大业比什么都重要。但是隆武朝偏安一隅，经济濒临崩溃，军事实力无法与满清铁骑相抗衡。而隆武帝外掣肘于鲁王，内受制于郑氏，纵有文韬武略，满腔热血也无法施展。因此隆武政权仅维持一年零三个月便告终。隆武帝朱聿键的一生，充满了坎坷与悲情。他出生宗室之家，本来应尽享富贵荣华，可是祖父的冷酷无情，崇祯皇帝的刻薄寡恩，让他 44 年的人生经历中竟有 24 载的牢狱生涯。但是他"遭逢患难，磨砺愈坚"③，在短暂的从政期间内，为中兴大业而呕心沥血，勤于政务，"批阅章奏辄夙夜不休"④。其克己奉公，勤政爱民的高尚品质，非但不是同为藩王的众多纨绔子弟所能相比，就连被奉为明君的弘治、崇祯也望尘莫及。

隆武皇帝既是明代宗藩中的一朵奇葩，他恰似明末社会漫漫黑夜中的一颗流星，尽管一闪即逝，仍然释放出夺目的光辉；虽最终未能挽救明朝的灭亡，但他表现出的矢志不渝的爱国精神、坚贞不屈的高尚气节以及勇猛无畏的英雄气概，上无愧于朱明王朝列祖列宗，下无愧于普天之下大汉黎庶。从这一意义上讲，他的动人事迹不会随着岁月的逝去而湮没，而是将以耐人回味的遐思而获得永恒。

---

① 《明清史料》丙编第六
② 《思文大纪》（卷五）
③ 《南疆逸史》（卷二）《绍宗纪略》
④ （明）钱澄之《所知录》（卷一）

# 第三章　郧阳抚治的建置与职官概述

## 一、明代巡抚制度与荆襄抚治

### 1. 明代巡抚制度

都察院是明清两朝的中央监察机构。巡抚、总督是明清两代特殊的职官制度。

明初，朱元璋因前朝制度，在中央设置御史台作为国家最高监察机构。洪武十三年（1380 年），因丞相胡惟庸谋反案，朱元璋"罢御史台"。洪武十五年（1382 年），更御史台设都察院。洪武十六年（1383 年）升都察院为三品衙门。洪武十七年（1384 年）又升都察院为二品衙门，升左、右都御史为二品官，左、右副都御史三品，左、右佥都御史为四品官。十二道（后为十三道）监察御史为正七品官。至此，都察院与六部平级，都御史与六部尚书合为七卿。都察院的职责是"职专纠劾百司，明辨冤枉，提督各道，为天子耳目风纪之司"。①

明代的巡抚制度可以追溯到西汉初年。《史记·淮阴侯列传》文谓："因立张耳为赵王，以镇抚其国。"可视为地方置抚治之先例。明朝朱元璋定鼎，在一定区域建立都指挥使司、布政使司、按察使司，使三权分立，地方事权难于统一，往往与中央不协调，于是产生了巡抚之制。其初，派出巡抚之官，假中央名义，调和三司。这时的朝廷派官巡抚某地，主要职责是"宣德意，抚民人，扶植良善"和区处税粮，提督水利，或解决某一重大问题，事毕回朝复命。随着时间的延续，事实证明巡抚这种机制非常适合当时的政治体制，于是便逐渐形成定制，成为朝廷设在地方的常设官职，成为地方领导三司的

---

① 赖家度：《明代郧阳农民起义》，湖北人民出版社，1956，5

最高长官。其所划抚治区域，即原定南北直隶和十三个布政使司的辖区。但在这十五个抚区之外，又别增抚区，荆襄抚治即其中之一。①

明代设立巡抚，起源于洪武时懿文太子朱标巡抚陕西。永乐十八年（1420 年），命右都御史王彰巡抚河南。永乐十九年，又派尚书蹇义等 26 人"巡行天下，安抚军民"。宣德五年（1430 年），朝廷派赵新、赵伦、吴政、于谦、周忱等分别巡抚江西、浙江、湖广、河南、南直隶（今南京）等地。巡抚开始专抚一地，成为地方行政长官。②

《明史·职官志》共记载明代巡抚 33 个。从设置上可以分为四类。第一类是在十三布政司（行省）设置巡抚。第二类是需对边境地区统治加强或解决两直隶（北京、南京）管理混乱而设置巡抚。第三类是在数省交界的山区或少数民族居住区设置巡抚，这类巡抚全国只有四个：即南赣（今江西赣州市）巡抚、郧阳（今郧县）巡抚、松潘（今四川松潘）巡抚、偏沅（此巡抚驻地先在贵州省偏桥镇，后时而迁驻湖南的沅州，因此称偏沅巡抚）巡抚。郧阳巡抚因解决农民起义和流民问题而设置，辖鄂、豫、陕、川八府、九道、九州、六十五个县，到清康熙十九年置镇，存在 205 年。第四类巡抚是组成战区而置的。无论从哪一个职位上改任巡抚，都要挂一个都察院的都御史（副、佥都御史）的衔。郧阳巡抚中就有许多人都是布政使或其他朝廷官员改任。巡抚的衙门也称都察院。③

总督。明朝的总督起初系因事临时设置，具有监察（考核地方官）和提督军务的职权，名称也不固定，有"总督"、"总理"、"提督"、"经略"、"总制"等名称。总督和巡抚一样，往往也以都御史充任，最初具有文臣监督武臣的性质，以后的职权不断扩大，包括军务、民政、盐政、河道、漕运、农桑等。总督所管辖的地区也由边关扩大到内地，从一省扩大到数省。明崇祯年间有管辖五省或七省的总督，被尊称为督师。明朝总督的设置比巡抚要少，最多只有 10 多个。④

都察院、巡抚、总督的建制被后来的清朝所沿用，并成为定制。

### 2. 荆襄流民起义与郧阳抚治的设立

明朝初年，朱元璋对秦巴山区实行封禁政策，这一区域北至终南山、熊耳山，东到河南泌阳的桐柏山，东南到湖广随州境内的大洪山，西南毗连秦、

① 林乾《论明代的总督巡抚制度》，《社会科学辑刊》，1988，2
② 林乾《论明代的总督巡抚制度》，《社会科学辑刊》，1988，2
③ 徐永安《郧阳抚治形成时期的三位一体结构及历史地位》，《湖北大学学报》，2011，4
④ 潘彦文《明代都察院、巡抚与总督制度》，《十堰周刊》，2011，8

蜀、楚三省的大巴山，包括长江三峡、巫山十二峰以及荆山、武当山、神农架，可谓是一个最大的封禁之区。然而封禁并没有成功阻止流民的流入，随着土地兼并，赋役加重，再添上天灾人祸，濒于绝境的农民便不顾禁令，相率逃亡入内。这一带既有可开之矿，又有可耕之地，入者视之如乐土，民渐聚多，经景泰（1450—1456 年）到天顺之末（1464 年），已达一百七八十万。朝廷深以为忧①。掩耳盗铃式的社会治理使得这一地区长期处于无政府状态，更加加剧了社会动荡。成化元年，刘通、石龙在房县爆发；成化六年，又发生李原、小王洪起义。虽然两次起义均被镇压，但明王朝的统治因此受到沉重打击。

流民问题已经严重威胁到明王朝的统治秩序，朝廷不得不予以重视。成化初年两次流民起义期间，朝廷对待流民的主要措施是发兵围剿。尤其是第二次起义期间，项忠对荆襄流民展开了血腥的屠杀。原屯集竹山县官渡的李原所部 600 人、驻扎均州龙潭沟的小王洪所部百人均被斩首示众。其余流民一概逐回原籍，甚至有明初即已取得本地户籍的守法良民，亦在驱逐之列，"兵刃之加，无分玉石，驱迫不前，即草薙之，死者枕藉山谷"。那些被发配他乡的流民，命运也极其悲惨："其解去湖、贵充军者，舟行多疫死，弃尸江浒，臭不可闻，怨毒之气上冲于天。"② 项忠的恶行遭到正直官员的严厉弹劾，朝廷也渐渐意识到强行驱逐不能从根本上解决社会矛盾，不仅有违人道，也是治标不治本的权宜之策。

成化十二年（1476 年）二月，监察御史冯贯等上言："流民啸聚荆襄，朝廷已诛其元恶而驱逐出境。然其地连络陕西之汉中，河南之南阳，旷远肥饶，趋利者易往，守隘者难为防，万一屯结如前，患害非细。乞敕才干大臣一员，驰驿往视，无惮深入，设人众势大，即博访舆情，区划长策以闻。"为了寻找解决问题的有效途径，国子监祭酒周洪谟特撰《流民说》，认为仿效东晋侨置郡县是处置荆襄流民问题的良方，建议朝廷"听其近诸县者附籍，远诸县者设州县以抚之，置官吏，编里甲，宽徭役，使安生业"。③ 成化十二年，明宪宗恢复原设于成化元年的荆襄抚治，命左副都御史原杰赴南阳、荆襄抚定流民。原杰"遍历诸郡县，深山穷谷，无不亲至。至则宣朝廷德意，问民疾苦，诸父老皆忻然愿附版籍为良民"。④ 原杰在部署移民附籍的同时，努力

① 赖家度《明代郧阳农民起义》，湖北人民出版社，1956，5
② 《明宪宗实录》（卷九十八），成化七年十一月己未
③ 《明史纪事本末》（卷三十八）《平郧阳盗》
④ 《明史纪事本末》（卷三十八）《平郧阳盗》

寻求治本之策。一方面建议朝廷设置郧阳府，改革行政建制，一方面力举将荆襄抚治治所移于位于秦巴山区中心的郧阳。于是乎，郧阳抚治应运而生。

## 二、《郧台志》的发现及明代设立郧阳抚治的动因

### 1.《郧台志》的发现

明代以来，五百多年间，在全国设置的巡抚衙门不少，而专门为抚治修纂志书的只有明代万历年间刻印的《郧台志》。2003 年 6 月，有台湾籍郧人在岛上发现了明万历十八年（1590 年）刻板本《郧台志》，即影印赠予十堰市地方志办公室。万历《郧台志》是在郧阳抚治114 年后由第 83 任巡抚裴应章组织，彭遵古负责具体编纂的。全书近 20 万字，现在仅存台湾一本，为海内外孤本，极其珍贵。市志办如获至宝，在潘彦文主任的组织下对其进行了句读、注释和文字考证，经过近一年的编校后由长江出版社出版了校注本万历《郧台志》，及时抢救了这一珍贵的历史文化遗产，目前，由十堰市地方志办公室主任潘彦文等人在原著基础上编校的《郧台志》校注本已由长江出版社公开出版发行，为人们利用这一历史文化遗产提供了便利。①

《郧台志》的重新问世，揭开了郧阳抚治的神秘面纱。

《郧台志》记述了从 1476（明成化十二年）到 1590 年（万历十八年）在郧县设立郧阳抚治的史实。抚治管辖范围包括鄂、豫、川、陕毗邻地区的荆州、襄阳、南阳、汉中、郧阳等八府，上下荆南道、关南道、汝南道、商洛道等五道，商州、金州（安康）、裕州、夷陵州、归州等九州，以辖六十五个县。志书记载了八十四任郧阳巡抚，兵部尚书原杰、凌云翼，工部尚书潘旦、王以旗，吏部尚书王学夔，刑部尚书王世贞等著名人物曾经在郧阳抚治任职。②

《郧台志》的分目体例比较独特，志书分建置、舆地、宪体、宦迹、官属、版籍、兵防、储饷、奏议、著述等十大类。

《郧台志》的整理者、十堰市地方志办公室主任潘彦文认为，《郧台志》记载巡抚制度的有价值之处有以下几点：一是记载了明代特殊的巡抚职官制度。来到抚治地任职的巡抚都带着朝廷中央部院的官衔，一般都挂都察院左、右副都御史或金都御史的职衔，少数也有挂大理寺卿职衔的。巡抚长官俗称

① 潘彦文《中国唯一的巡抚志：〈郧台志〉抢救整理出版》，《十堰周刊》，2006，8
② （清）张廷玉等：《明史》，中华书局，1974 年 4 月

风宪大臣和中台大臣。① 二是保存不少有价值的皇帝敕谕和大臣的疏奏。《郧台志》中记载了皇帝的敕谕 25 道，中台大臣的疏奏 35 篇，兵部、礼部等部的勘札（文函）9 篇。皇帝与臣子、中央部院与巡抚的文移交流，反映了当时中国的重大事件和封建王朝治国安邦的谋略与理念。三是记载了明代中期以后推行"一条鞭法"的经济制度，记载了明代压在人民头上的"岁办、均徭、里甲"三大徭役的实施情况。其中记载的明代计量钱物的十多个度量单位让当今的人们感到不可思议。四是《郧台志》在记载本区域山川的同时也记录了本地域从古到今发生的历史事件和人文遗迹，保存了许多鲜为当代人所知的古代历史文化和许多鲜为当代人所知的古代习俗，成为我们今天抢救和发掘优秀传统文化的线索和依据。②

郧阳抚治从 1476 年（成化十二年）开始到 1680 年（清康熙十九年）置镇，共历时 205 年。《郧台志》记载止于 1590 年。新版的校注本《郧台志》还收录了 1590 年至 1680 年间来郧任巡抚的 37 名抚臣。至此，郧阳抚治 205 年中共有 120 名朝廷重臣来郧任职。据查证，其中有 50 多人在《明史》中有传。

可以与《郧台志》相互印证、珠联璧合的是郧阳师范高等专科学校冷遇春父子的《郧阳抚治两百年》一书。郧阳抚治撤裁 300 多年以来，郧阳大地上的居民早已经动荡流徙，对于抚治的印象已经越来越模糊。1947 年底，国民党政府从郧阳撤退时，把档案资料装船准备运往襄阳，在途中翻船沉入江底，一下子让郧阳的历史经过了一次清洗，变得越加扑朔迷离。

冷遇春先生，于 20 世纪 90 年代从故纸堆里发现了郧阳抚治的线索，就与儿子冷小平教授联合，在《明史》《清史稿》《明实录》《清实录》《湖广通志》《细说明朝》《楚文化志》《中外历史年表》《中国历代名人辞典》《明朝总督巡抚辖区研究》《五千年野史》《万历野史编》《清代野史》《水经注疏》等几十本专著中顺藤摸瓜地进行整理。经过十余年的努力，于 2003 年完成《郧阳抚治史实类纂》，并分发给相关人士征求意见。2004 年，冷氏父子在湖北人民出版社正式出版《郧阳抚治两百年》一书，郧阳抚治的历史始末才真正大白于天下。③

《郧台志》的发现，与冷氏父子的《郧阳抚治两百年》得以相互印证和补充。经过对比，《郧阳抚治两百年》里的史实基本可靠，甚至有许多《郧台

---

① 潘彦文《中国唯一的巡抚志：〈郧台志〉抢救整理出版》，《十堰周刊》，2006，8
② 潘彦文《中国唯一的巡抚志：〈郧台志〉抢救整理出版》，《十堰周刊》，2006，8
③ 黄忠富，《明清郧阳抚治二百年》，《世纪行》，湖北省人民政协委员会，2012

志》里没有的细节。《郧阳抚治两百年》的价值更在于它向我们描述了《郧台志》以后90年间的抚治概况，让人们对郧阳抚治有了全方位的了解。

### 2. 明代设立郧阳抚治的主要动因

在数省交界的山区或少数民族居住区设置巡抚，这类巡抚明代全国只有四个：即南赣（今江西赣州市）巡抚、郧阳（今郧县）巡抚、松潘（今四川松潘）巡抚、偏沅（此巡抚驻地先在贵州省偏桥镇，后时而迁驻湖南的沅州，因此称偏沅巡抚）巡抚。为什么要在郧阳设立抚治呢？主要原因恐怕在于以下三个方面：

一是郧阳便于流民的生存和逃匿。郧阳地处汉江中游，为汉江从秦巴腹地冲出江汉平原的最后一道屏障，其江北有秦岭余脉，江南有大巴山余峰，气候宜人，土地肥沃，有大面积的山林可供开荒，既不向朝廷纳赋税，也不用再服徭役。而且这里有水陆之利，南方人到此可以水耕，北方人到此可以陆种，加之这里长期封禁，山大人稀，成了流民求生的好去处。明代中叶后，土地兼并日益严重，地权逐渐集中到了官绅大户手中。而赋税徭役仍以户为基本单位，按丁、粮多寡分为三等九则编征。所谓丁，指十六至六十岁的男子。所谓粮，指田赋，但摊派于田亩所占的比重很小。无土地的农民却要承担大幅度的税徭，负担越来越重，举家逃徙的越来越多。荆襄之郧阳就成为全国农民出逃的首选目的地。[①]

正统十四年（1449年）的"土木之变"使大量农民失去了土地，有200多万户农民举家逃亡，其中数十万难民在已是朝廷封禁的鄂西北荆襄山区落户；接着，天顺八年（1464年）因王室、宗藩和门阀强占土地，失去土地的流民又涌向荆襄山区，在很短的时间里，流民的人数达到了百万之众；成化年间，因土地兼并、赋税徭役，中原和华东等地150多万流民再次进入荆襄山区。[②] 早在西晋时期因"八王之乱"曾有10多万北方流民进入荆襄山区；宋末金初宋金交战，造成的流民潮一直持续到元朝，流民涌入荆襄连年不断。因此荆襄山区已经积聚了大量的流民后裔，这里几乎就是流民的天下。尤其在成化前后20几年间有3次数批共计260多万流民麇集在本是封禁之地的荆襄山区，引起朝廷的极大恐慌。[③]

二是郧阳所处的交通区位具有非同寻常的经济、社会、军事等战略意义。明初朝廷对郧阳实行封禁，人口管理极其严格，实行只出不进的政策。封禁

---

① 赖家度《明代郧阳农民起义》，湖北人民出版社，1956，5

② 葛剑雄主编，曹树基：《中国人口史·明时期》，复旦大学出版社，2000年9月

③ 范文澜《中国通史简编》，《农民大起义》，人民出版社，1952，6

的目的是为了一个不宜公开但又关乎国家命运的大课题。当时的大运河已经严重淤塞，运力十分有限。沿海倭寇骚扰，不得不实行海禁，海运既被阻断。国家的南北交通命脉就指望着汉江了。[①]

郧阳的地理位置极其特殊，它不仅是汉江从山地到平原处的最后一道屏障，更是丹江、堵河、金钱河等汉江支流的咽喉，几乎可以控制整个中国的经济命脉。汉江是唯一一条能够拉近长江与黄河距离的金纽带，是我国历史上北方政治中心控制南方和南方物资进入北方的一条重要传输带。从汉口到汉中大型船只可以畅通无阻，但无论如何都绕不开郧阳。

郧阳还控制着丹江下游的一些重要码头。作为汉江的重要支流，丹江是我国江南进入中原的一条重要通道，除水运可以直达秦岭主峰下外，丹江上的荆紫关码头，距离河南卢氏县的洛河不远，是到达洛阳进入黄河的一条捷径。[②]

郧阳境内的堵河是汉江上最大的支流，是一条发源于大巴山向北流淌的大河，虽然从长江三峡的大宁河到达堵河源的山路非常难走，但距离很近，自古就是中原商贾入川的重要通道之一。

金钱河是汉江上游的另外一条重要支流，其上津码头已经深入到了秦岭脚下，是关中与江南之间的一个重要节点。

不难看出，如果郧阳稳定，则整个国家稳定；如果郧阳不宁，则整个国家不宁。这就是明廷封禁郧阳的主要原因。也是后来设立郧阳抚治，把抚治范围划定为整个汉江流域和大宁河、清江流域的主要原因。

三是大量流民已经啸聚山林，造成明朝廷国家财政上的巨大损失和社会稳定的重大隐患。大量流民进入郧阳，朝廷感觉到了威胁。大批农民脱离户籍逃亡不仅造成财税上的大量流失，使国力日益吃紧，更主要的是，如果这些流民造反，势必阻断汉江通道，对国家将是致命的打击。看来，朝廷派员抚治汉江上下势在必行。[③]

流民造反果然发生了，首发之地在房县。明天顺五年（1461年）四月，湖广三司向朝廷奏报："房县贼高成等劫掠民财，已委都指挥陈昶等抚捕。"得兵部回复："如不服抚捕，宜移文总兵官李震等，就令所在都指挥调附近卫分官设法擒剿，以靖地方。"此后，郧阳一带的盗匪屡禁屡起，历史上称之为荆襄之乱。当时的荆襄道州县众多，而发生匪祸的只有郧县、上津县、房县、

① 赖家度《明代郧阳农民起义》，湖北人民出版社，1956，5
② 葛剑雄主编，曹树基：《中国人口史·明时期》，复旦大学出版社，2000年9月
③ （清）张廷玉等：《明史》，中华书局，1974年4月

竹山县、均县、谷城县、南漳县等，所以后来又有人把这次动乱称之为"郧阳之乱"。当时的抚，就是把流民押遣回原籍；当时的治，就是派兵镇压那些聚啸山林拒不接受遣送的流民。由于山大林密的原因，这样的抚治不仅收效甚微，反而造成蔓延之势，成为朝廷的心腹大患。①

## 三、明代郧阳抚治人物举略

自明成化十二年（1476 年）到康熙十九年（1681 年），郧阳抚治长达205 年之久，先后有 120 位朝廷重臣出任郧阳巡抚；这些封疆大吏学识渊博，方略出众，为官勤政，处事果断。在处治流民化乱为靖；助民拓荒，耕者有田；布军征剿，安邦治乱、修筑城池、抵御外患、关乎民生、修堰灌田、兴教办学、治愚威扬善等方面功勋卓著，业绩斐然。现选叙几位以飨诸君鉴赏。

### 1. 首任巡抚原杰

原杰，字子英，山西阳城人，正统十年（1445 年）进士。十二年（1447年）任南京监察御史，主管纠察刑狱、巡按地方，后遣北京。原杰以关心民众疾苦、方略出众、处事果敢，颇受朝廷赏识。再命巡按江西，复按顺天诸府，俱有政绩。景泰年间，因水灾影响，民不聊生，原杰上书朝廷恳请开中盐引入米粮赈济，为户部阻挠，而代宗朱祁钰则认为原杰所奏极是，即从要议行之。既而擢升江西按察使，主管该省司法。成化二年（1466 年），任右副都御史巡抚山东，正逢灾年，因施赈及时，举措得力，民无外流。因其政绩卓著，诏为户部左侍郎，掌管全国土地、户籍、赋税、财政等事务。原杰在户部任职期间黄河迁决无常，屡有淤地出现，不法之徒往往以之献于藩府邀赏，助长藩王扩充庄田之势，为民所怨，原杰因而奏准执法者，遂遏其乱。又奉命往江西治盗，后因治盗有功，改任左副都御史，主理都察院事务。②

成化四年（1468 年），荆、襄流民数十万，并与邻境南阳寇盗多有往来，而不服管制，难以防御。上命户部右侍郎杨璇为都察院右副都御史，抚治荆、襄等处，流民虽有六万三千余户附籍，但未附籍者尚不知有多少，且遇饥寒不能救济，又多四散或窜聚，前所驱之，后又复来，无法安置。六年（1470年）五月杨璇奏："请令均州千户所征兵操练，以备不虞。"但仍有刘通余部李原等再起，乃由总督军务都御史项忠及镇守湖广右都御使李震奉旨平之。

① 徐永安《明朝郧阳抚治对郧阳府区域文明的历史贡献与启示》，《湖北社会科学》，2011，12
② （清）张廷玉等：《明史》，中华书局，1974 年 4 月

项忠兵刃相见，无分玉石，至死者纵横山谷，充军者亦多疫死，尽弃尸江浒，臭不可闻，即使有如此之惨象，而荆、襄流民仍守居山谷。项忠欲请除之，仍令遣还，所以怨声载道，朝野多有谴责。

成化十二年（1476 年）五月，原杰以左副都御史之衔出抚荆襄流民。原杰为长治久安之计，遍审地势，以襄阳所辖之郧县位居竹、房、上津、商洛诸县之中，道路四通八达为由，奏准朝廷开设湖广郧阳府，即其地设湖广行都司、卫所，移荆襄都御使驻此，其学校、巡检司、邮传各有所制。于是开拓郧县古城，置郧阳府，割襄阳领地之郧县、上津、竹山、房县，并新置郧西、竹溪，俱隶郧阳府。原杰推荐邓州知州吴远为郧阳第一任知府，并在所属县中尽选良吏，委以文武守长、佐贰等职。

郧阳府既为抚治中心，设都御史提督驻之，遂增兵设防，按部就班开展抚局。抚区计割四省之边，得八郡之地，即以陕西之汉中、商州，河南之南阳、唐邓，四川之夔洲，湖广之荆、襄、安沔，俱属郧阳抚区。疏上，诏悉如议行之。

成化十三年，原杰任满升右都御史，仍推荐吴文博接抚郧阳。按其本意，希望还京，适逢南京兵部尚书缺员，有人上奏："南京为国之要地，必择佳人，宜以命杰。"遂改南京兵部尚书。原杰抚郧期间，积劳成疾，闻命郁郁不乐，奏本请辞，皇上不允，带病赴任，于是年六月三十日卒于南阳驿舍，享年六十一岁。诏赐祭葬，赠太子少保。原杰猝然病逝，郧民因感其恩，无不流涕，且为之立祠，春秋祀之。

后人长阳拔谭大勋在《郧中杂访》中写道："南汝金商割郡州，三边控制小诸侯。百年节钺谁名宦？万古荆襄此上游。"由此可见，原杰功勋卓著不为后人所遗忘。①

**2. 德政巡抚戴珊**

戴珊，字廷珍，江西浮梁（今江西景德镇）人。自幼好学上进。天顺末年（1464 年）进士，数年未仕，不乞不求。后被授予御史衔，督南畿学政，士多淳化。成化十四年（1478 年）升陕西副使，仍督学政。因其向重正身率教，在陕西学界极为仰慕，培养之士诸多成才。随后，历任浙江按察使、福建布政使，俱老成持重，廉洁奉公，从不取非分之物，每遇馈赠，必婉言拒之。

弘治二年（1489 年），戴珊由王恕推荐擢升右副都御使，抚治郧阳。戴

---

① 徐永安《郧阳抚治》，《郧阳文化论纲》，湖北人民出版社，2012

珊到任前，蜀盗王刚率众匪进犯竹山、平利等处，居民不堪骚扰之苦，相继外逃。戴珊会合川、陕诸兵，并令副使朱汉等征讨，生擒魁首及其从众，按大明律例俱应处死，而戴珊则惩其首犯，其余以胁从论处，赦免了众多兵卒刑罚，被誉为德政。弘治三年（1490年）五月，遵旨复设湖广荆州府兴山县。按该县自洪武初设置，后并入归州，但因民言不便远役，故复置之。又以房县地阔，从东到西逾千里之遥，且山深林密，屡有匪寇出没，县令鞭长莫及，地方难靖，遂奏请割房之修文、宜阳二里置保康县，仍隶郧阳府，但此奏请，直到戴珊离职后，数年才成为事实。

戴珊抚治郧阳期间，地方稳定，民众安居，政绩卓著。弘治四年（1491年）三月奉旨任刑部尚书，进而擢升为左都御史，掌管国家的法律、刑狱事务。山西宁化王朱钟鈉奸淫妇女，暴虐百姓，不孝敬父母，调查没有得到证据，上命戴珊再查之，经核实奏闻，遂夺其爵位。五年（1492年），荆王朱见潚与其长子朱佑柄作伪证，也经戴珊核实奏闻，皇上召见朱见潚进京，并其长子俱降为庶人。弘治十七年（1540年），朝廷考察京官，戴珊廉介不苟合，给事中吴舜、王盖连疏抵毁兵部尚书马文升，并诬陷戴珊纵妻子纳贿，戴珊不与争辩，奏乞罢官。御史冯允中等进奏云："文升与戴珊，历事累朝，清德素著，不可因浮词废计典。"皇上慰留，事白，遂黜吴、王二人。

弘治末，戴珊以年老多病，子尚年幼，数次请退，而每次总是诏挽留。于是戴珊恳请当年同榜进士刘大夏向皇上进言。大夏以戴珊病实上告，乞听其归。孝宗朱佑樘云："彼属卿言耶？主人留客坚，客则强辞，戴珊不能为朕留耶？且朕以天下事付卿辈，犹家人父子，今太平未兆，何忍言归？"大夏出，以帝言告之。珊泣云："臣死是官矣！"没过多长时间，孝宗驾崩，武宗朱厚照继位，改年号为正德。戴珊以新君始立，不忍言去，带疾视事，疾不能治，遂卒。戴珊的死讯传出之后，陕籍在京御史杨仪等及数十国子生惊悉，同具疏称："戴珊学行履历无可疵指，其督学应天、陕西，因材施教、以务实为主，所至人才辈出，士论归之。"又述及抚治郧阳所施之德政，谓"人无冤称"，又谓"彼掌管都察院事，正身率属，风纪肃然"。上是其奏，谥"恭简"赐太子太保。

戴珊不仅文学功底丰厚，而且胸怀胸大志，腹有良谋。他在诗词《刘岭》中写道："凿开石窍路方通，万木森阴翳太空。洞水飞花流不尽，峰峦耸翠望无穷。玄猿夜啸山间月，猛虎时生岭外风。更有松杉兼桧柏，大材空老万山中。"由此可见他的人品与吏治的理念。①

### 3. 惠民巡抚沈晖

沈晖，字时旸，直隶宜兴人。明代天顺四年（1460 年）进士，授南京户部主事，升员外郎，郎中。成化十四年（1478 年），改南京礼部寻升陕西布政司参议。弘治三年（1490 年），升广西右布政使，次年转任江西左布政使。

弘治七年（1494 年）四月，升都察院右副都御史抚治郧阳。沈晖操履清约，立法严整。他赴任后，即下令充许无田百姓，开荒种地，免租三年。召之农事，行经年余，颇见成效。郧阳抚区增粮田数千顷，民生也有所好转，衣食无忧。为防患于未然，沈晖随命加固城池，抵御侵犯，以永保疆土无虞。奏改唐德观为"迎恩观"，为举行盛大仪典开辟了活动场所。

沈晖抚郧时，郧城中有旧井四口，仅可供官府、司卫饮用。而居民饮水，必须到城外一里多路的汉江去挑，往返甚为疾苦，饮之者多生瘿疾，加之城门按规定的时间开关，百姓出入多有不便。沈晖组织官民新凿水井六口，以供城居民饮用，免除了百姓奔波之劳、瘿疾之苦。又见郧襄往来的汉江上无桥，令造船八十艘，连成浮桥渡人。遂致人民往来方便。

沈晖抚郧期间，有言必行，行必有果，政绩卓著，颇得民心。诏改沈晖巡抚湖广兼理军务。当时武冈知州刘逊坐裁抑藩府被诬，沈晖得知有冤情，即为之纠正。十一年（1498 年）调为南京工部侍郎。逾年，以言官论劾，力求去，遂至仕。十三年（1500 年）逝世。

沈晖在官近四十年，但从不失职。去世以后，相继为官者，当阅旧牍，感其所行，颇以沈晖办事风格为镜子，力求把利民之事办实办好。沈晖在《郧阳十井记》中写道："圣人治天下，将使菽粟如水火焉，有水之至足而反缺乏者乎？此虽为人日用之常，亦为政者所宜究心也。"可见，他把民众的疾苦时刻挂在心上。②

### 4. 兴教巡抚王鉴之

王鉴之，字明仲，浙江山阴人，明成化晚年进士。初以御史提学南畿。弘治十四年（1501 年）为大理寺左少卿，是年十一月升为都察院右副都御史，提督军务，代樊莹之职抚治郧阳等处。

初莅郧时，郧阳抚区尚不安宁，因前抚樊莹任内，有何淮者称荆平王，率众攻劫荆、襄等地，未及平息，首重治乱。即布军征剿，何淮被擒，地方

① 徐永安《郧阳抚治》，《郧阳文化论纲》，湖北人民出版社，2012
② 徐永安《郧阳抚治》，《郧阳文化论纲》，湖北人民出版社，2012

化乱为靖。王鉴之抚郧期间，颇重视地方建设。郧阳郡守胡伦，拟重修武阳、盛水二堰，以此事奏请郧阳巡抚。王鉴之察其举措及其规模，认为是举确有利于民，当即赞许。并告诫要慎重办理。旋得分守提督太岳太和山内宫太监李麟及参议华山资助，遂命都指挥甄昂组织劳工修筑，又命指挥徐琬、推官周训督办工程质量。两堰修筑后，受益民众不再担忧旱涝之事。王鉴之在《重修郧阳武阳、盛水三堰记》中写道："水居五行，得生气为最先，其在天地间，犹元气之在人身，得其平，则利用济物；失其平，则汤汤方割，荡荡怀襄，必有良医如扁鹊起而治之，则患可弭利兴。""先代有以郡治之东、灵泉之西凿石为渠，斩河为堰，引以溉田者二，曰武阳'盛水'，为利甚溥。"既重修，又谓："当今之务，孰有大于水利者乎？今计其所费廉而利大，故乐为之记。"这一篇记文，对后世颇有影响，不仅对武阳、盛水二堰屡有修复，而且又筑起了虎尾、久经坪等处新堰。

郧阳旧有学宫，成化十二年（1476年）开府，随之升为儒学，其规模学制较之他地极为逊色，其地狭小，出入不便。王鉴之莅郧就任后，遂起重建府学宫之意；但因政令尚未得到民众接受，且财力又不充裕，未敢贸然从事。弘治十六年（1602年），王鉴之以府库有盈蓄，地方有余力，遂奏准其事，遂令郡守胡伦督建，限期完成。府学宫为正堂九间，雕梁画栋，左右两侧建有偏房，配列有先贤之尊位，雅范可敬，俨然圣明之居。大学士李东阳作《重修郧阳府学宫记》云："虽然圣人远矣，道之可求在乎六经，而散见于日用之间，苟不尽其实，徒于文焉求之，则所谓经者，亦糟粕耳。王公举进士，初提学南畿，兴学立教乃其所志，修废举坠，具有成绩。而其于学舍修饬尤谨，盖庙其重且大者也。"

弘治早年，戴珊抚郧之际，曾经奏请割房县以东之地置保康县，延至弘治十年（1497年）六月，始有旨下："开设湖广郧阳府保康县。"但其时该县虽已行政，可县治尚未筑城。王鉴之抚郧，始于保康筑起新城，此举在当时亦属巩固城防之需。至此，府属七县，皆有城池。

弘治十八年（1505年）三月，王鉴之乞求辞职，皇上不允；六月，改任巡抚湖广，赞理军务，累升刑部尚书。是时孝宗朱佑樘驾崩，武宗朱厚昭继位，刘谨擅权。王鉴之因得赐玉带，及至归，又得驰驿及月俸岁隶之典。王鉴之在《冬梅花复开》一诗中写道："去年曾咏八梅诗，今岁梅开正及时，对面相看如旧识，洗心闲坐有余思。"可见他对事业的无限追求之心。[1]

---

[1] 徐永安《郧阳抚治》,《郧阳文化论纲》,湖北人民出版社，2012

### 5. 文治巡抚王世贞

王世贞，字元美，号凤洲，籍属太仓（今江苏太仓市）人，生性聪明，有过目不忘之天性。嘉靖二十六年（1547 年）进士。他好诗文在文坛上声誉卓著，被誉为明后文化七子之首。万历二年（1574 年）九月，他由太仆寺卿擢升为右副都御史，遵旨接孙应鳌之职，以提督军务兼抚治郧阳。王世贞深知抚治离不开武功作后盾，而武功之力，又在于有劲旅扼守，而扼守则欲求军心稳定，当赖于足够的军需、粮饷，不然造成军队哗变，则兵患更胜于匪患。他环顾郧土，地瘠民贫，国家又多有战事，府治经费及军需粮饷绝不可能完全依赖于朝廷筹措。王世贞莅任后，先条陈了地方职守事宜，涉及体统、举荐、成绩、提升等问题。继而，又疏奏屯田、戍守、兵食等数条，一一据理备述。因其陈奏涉及国家长远的发展方略，先后被朝廷采纳。万历三年（1575 年）五月初，襄阳、郧阳及河南等地区连续发生多处地震，王世贞以其责任所在，经过查证核实，便疏奏朝廷，恳请抚恤。又因当月久旱无雨，民心如焚，从俗应合民情著文祈雨，并"日夜待雨以为命"，以之稳定民心。六月中旬，幸降甘霖，解除了民忧，自己也如释重负，又著《谢雨文》以表感谢上苍之情。

王世贞抚郧前，因曾趋于安宁，故驻军亦有调往戍边之举。而在辖区内，匿有兵刃相见迹象，即使无忧，亦当防患于未然。王世贞莅任后的次年四月，鉴于"荆州都城之内，人流集中而复杂，更为严重是经常有盗贼出没，且城防单薄"，诚恐突然哗变难以应付，于是报请将郧阳戍边军队撤回五百以卫荆州，而兵部则因郧军在广西，多山岩险阻，一旦裁撤，形成空虚，不无可虞，此事可与湖广、广西协商解决，但其结果仍由郧阳巡抚筹措防事。

王世贞抚治期间，不愿"以民众上诉所扰困"，又以成化年间项忠"主讨戮杀"为戒，所以很欣赏原杰奏请开设湖广郧阳府，即其地设行都司、卫所以及新设县治之举，并赞成他在不满两年的时间以抚治名义处置流民附籍之举，更知郧阳人民对原杰深怀有感激之情，勇敢上疏奏请神宗皇帝对已故兵部尚书原杰（赴任时病死于南阳驿站）赐以补谥，但未得到皇帝恩准。他也许认为在这一时期像原杰这样的重臣太少了，所以他在《改抚治为提督行台记》中不无感慨地说："距弘治元年（1488 年）于今未百年，而叛乱者十年就有三四次，一杀卒，二杀令，三杀尉，而屡杀不禁。"由此可见他对郧阳抚治是非常担心的，也是戒备不懈的。他对原杰这样的功绩是异常钦佩的，所以也就自然而然地关心民众疾苦。由于自己经历了这样的事实，所以对兴修水利也就有了一些认识。他在《房县澈澥斗门堰碑记》的铭文中提醒后来者云：“房南穰穰，民靡虞岁，爰戒来者，无怠剧事。”

王世贞抚郧期间，毕竟不是多事之秋。他作为明后文化七子的领袖，自应关心地方文化生活，并且可以腾出一些时间来写诗著文。在这方面，则是前后巡抚所不及的。他在郧阳辟“清美堂”，筑“牡丹亭”，题“春雪楼”，并捐俸从埠外购回数百种书籍置于清美堂，极力提倡读书，开创一代文风。他留给郧阳府的诗有《郧阳道中》《题清美堂》《登春雪楼诗》几首，散文有《改抚治为提督行台记》《保厘堂题名碑续记》《祈雨文》《谢雨文》《房县澥溆斗门堰碑记》《温如玉墓志铭》等。经王世贞改建的春雪楼，在初春时节，可览茫茫白雪掩城，绿水环绕，使人赏心悦目，加上他的题诗，便成了郧城的一大景观。

他留给襄阳府的诗文，吟颂武当山的诗竟达四十多篇，其中《武当歌》盛赞。散文有《元岳太和山赋》《自均州玉虚宫宿紫宵宫记》《由紫宵登太和绝顶记》《仲宣楼记》（此楼在襄阳）等。他大量写武当山的诗文，不仅使武当山作为旅游胜地更为生色，且加上其他文人之作而使武当山以“文景并茂”称著于世。

他尊重人才，也爱推荐人才，但他并不是为自己拉帮结派，而是为了他所忠于的明代封建王朝。不过他在这方面却未受到褒奖，相反却遭到吏部的反对，弹劾他“举荐凡庸”，贻误了朝政，受到罚俸处分。不过官运还算亨通，虽受小挫，但未殃及仕途的发展，后来竟作了南京刑部尚书。王世贞在《送吴士游》的诗中写道：“蹙足未朝食，原尝代其饥.千载士夫职，鼎镬私所悲。”从这些诗句也可看出王世贞情系郧阳，关注民众疾苦的一片赤心。①

## 6. 平乱巡抚卢象升

卢象升，字建斗，江苏宜兴人。自幼好学，才若天赋。天启二年（1622年），会考进士，因父亲南康辞世，循礼奔丧，未入仕途。天启四年（1624年）授户部主事，晋员外郎中，以其尚廉，又具吏才，升任大名府太守。其地向来淫乱之事频繁，又多冤狱，实属难治之地。卢象升莅任，采取得力措施，严加治理，终于化乱为靖，政声日高。

崇祯二年（1629年），清兵逼近京师，卢象升以大名府太守的身份募兵万人入京守卫。次年升任右参政兼副使，整顿大名、广平、顺德三府兵备。他所训练之兵皆精锐，号称“天雄军”，始展其将才崇祯四年（1631年），卢象升升任按察使。继任后，他组织军民依险立寨，凿沟设障，资粮备械，耕

---

① 徐永安《郧阳抚治》，《郧阳文化论纲》，湖北人民出版社，2012

牧其中，巩固地方。崇祯六年（1633 年），山西流贼入畿辅，卢象升指挥若定，设伏于石城，歼敌于青龙岗、武安等地，身先士卒与贼格斗，连斩贼魁十一人。其先受挫者相戒后来者："勿犯卢公之境。"

崇祯七年（1634 年）三月，诏命卢象升为都察院右佥都御史、提督军务，代蒋允仪抚治郧阳。卢象升受命，单骑起行，日夜兼程赴任。时逢蜀寇返楚者入驻郧县之黄龙滩，均州之老营宫。卢象升闻报，即领军策马而驰；与总督陈奇瑜分道夹击。自乌林关、七家沟、石泉坝、康宁坪、狮子山、太平河、竹木砭、箐口等地连战皆胜，斩馘五千六百有余，汉南寇殆尽。战乱之后，他立即采取措施，减税赋，修城廓，贷邻郡仓谷，募商采铜铸钱，郧阳得以安定。

崇祯八年（1635 年）五月，卢象升擢升都察院右副都御史，兼提督军务，代唐晖巡抚湖广。八月卢象升著以巡抚职衔，总理河北、河南、山东、四川、湖广军务，统领各兵。诏下："洪承畴督剿西北，卢象升督剿东南，合围剿患。"卢象升自思难以胜任，特上疏恳辞总理五省军务重任，但皇上不许。十月到任，继而誓师，亲督进剿，因自身吃苦在前，能为将士表率，倍受拥戴。是年，义军自河南荥阳大会以后，继分东西。闯将高迎祥、闯王李自成、八大王张献忠侵犯华东，陷凤阳，焚皇陵，明廷为之震惊。九年（1636 年）正月，卢象升会战诸将于凤阳，继而转战于河南，连战皆捷。卢象升原想乘胜追击一鼓作气歼灭义军，即遣使告知湖广巡抚王梦尹、郧阳巡抚宋祖舜，令布兵阻于汉江，二抚竟放弃抵御，致使义军逃往山中与明军周旋。

此时中原之乱未靖，既而外患又生。九月，清兵从喜峰口入京，京师戒严。卢象升奉诏守卫，迁升兵部左侍郎，总督宣、大、山西等处军务，兼理粮饷。十月初，出居庸关，巡察边防，旋自宣、大挑选标营兵马，修筑工事，订立军纪，急筹战守之事，经过整顿，实有标兵五千。卢象升奏请增兵，皇上批准，再赠五千。计划召募足额，并筹得饷银，即大兴屯致。因举措有成，皇上遂谕九边，仿效此举行事。

崇祯十年（1637 年）春，乞炭犯边，卢象升先使敌疲惫而后击之，乞炭遂遁。九月，清兵入京，诏宣、大、山西三总兵杨国柱、王朴、虎大威入京守卫，赐卢象升尚方宝剑，督天下援兵抗清。其时兵部尚书杨嗣昌与总监高起潜主和，卢象升则主战。十一年（1638 年），清兵分三路南下，杨嗣昌多方阻挠卢象升迎战，分兵二万归属高起潜指挥。卢象升拥兵不过五千，所谓督天下援兵实则有名无实。卢象升行军所经之地，因杨嗣昌告诫不许助战，不给粮饷。清兵分路进兵，卢象升兵至巨鹿贾庄与清兵奋战时，高起潜屯兵仅相距五十里，竟拒绝救援。清兵数万，来势汹汹，重重包围，自朝至暮，杀声震天。卢象升以孤军作战，内无粮饷，外无援兵，弹尽粮绝，死伤惨重，他身中四箭三刀，惨死敌手。此役，全军除虎大威、杨国柱突围脱险，其他将士皆战死沙场。卢象升以身殉国，时年三十九岁。卢象升战死之后，高起潜不报忠烈，杨嗣昌阻止抚恤。事隔多年，南明福王朱由崧追认卢象升为忠烈，赠太子少师，兵部尚书，赐祭葬，世阴锦衣千户。①

### 7. 两朝巡抚徐启元

徐启元，字贞复，别号望仁，江南合肥人，明代举人。崇祯十二年（1639 年）授郧阳同知，官至郧阳府知府。

崇祯时，流贼张献忠自陕来楚，徐启元与按察使高斗枢招降贼渠王光恩，奋起御之，屡战皆捷，贼不敢犯。崇祯十五年（1462 年）十二月，李自成率部从白马洞渡江攻陷襄阳，而南阳、承天、荆州等地俱望风瓦解，唯郧阳独存。贼轻郧，遣骑万余直抵城北安营扎寨，料定郧城可在旦夕攻下。徐启元亲率壮士、奋起抗击，出其不意，直捣敌营，杀敌将士三千余，溃贼宵遁。崇祯十六年（1463 年）二月，贼将刘宗敏统兵五万攻城，三面夹攻，来势凶猛。徐启元约众歃血盟誓曰："今日战事，有死无二，且历数顺贼者将士被惨杀。"将士为之感动，皆泣下如雨，无不以一当百。他部署诸将，分兵迎敌，终日对阵，枕戈擐甲七十余日，贼死伤过半，逃归襄阳。同年四月，刘贼率部卷土重来，夜间在距城百步的地方，用麦秸杂土筑起四十五座与城墙齐平的麦台，架炮击城，城内人望而生畏，郧城危在旦夕。徐启元对诸将曰："郧之存亡，在此一举，与其婴城兀守，不若以战为守，守而乃固"。五月二日，全城倾兵出战，用火罐、火箭燔烧麦台，顷刻立烬。李自成闻之，亲督精锐来援，行至淅川知火器精利，且将士皆殊死奋战，度弗能敌，因转邓州，回襄阳。崇祯十七年（1644 年）正月，李自成复令骁将路应标带兵来攻，计四十九昼夜。徐启元身先士卒，奋勇御敌，斩贼无数，贼将孤身逃盾。十二月，路应标再犯。徐启元率精锐迎战，并密派暗探入敌营为内应，半夜开战，内外夹击，贼大窘，关东门逃窜。徐率部乘胜追击杀敌殆尽，贼帅路应标被歼。

清顺治二年（1645 年）二月，徐启元投清，为清朝郧阳巡抚。时值英亲王阿济格追剿流贼于陕西，将至楚，徐启元遣王光恩歼灭襄阳贼众。收复均州、光化、谷城、南漳，准备船只接济大兵，投诚。英亲王疏言：以王光恩

---

① 徐永安《郧阳抚治》，《郧阳文化论纲》，湖北人民出版社，2012

署总兵官，徐啟元仍以原官抚治郧阳。二年月六月，徐啟元驻襄阳，遣参将刘世安驻南漳，副将王光泰驻宜城，以遏贼降。十二月，贼党刘体纯犯襄阳，徐啟元同王光恩鏖战三日，杀伤甚众，敌弃战逃跑。

三年（1646年），徐啟元进京面见皇上，被授予都察院右副都御史。五年（1648年），迁升左都御史。六年，加太子太保。八年三月，甄别部院大臣，上以徐啟元官不称职，着候调用。顺治十年（1653年）二月，又有旨下，降补啟元为大理寺卿加太子太保衔。不久因年迈致仕，驿归故里。十五年（1658年）逝世。①

---

①　徐永安《郧阳抚治》，《郧阳文化论纲》，湖北人民出版社，2012

# 第四章　郧阳抚治的社会治理和制度文化

　　明朝前期，朱元璋对以十堰为中心的荆襄山区实行封禁，这一政策的推行使山区拥有大量无主闲置土地，反而吸引大量破产农民。从永乐年间开始，流民陆续突破封禁进入山区，景泰、成化时期达到高潮。为平息流民聚集引发的社会动荡，朝廷先后派王恕、项忠入山驱逐。在多次军事行动均告失败的情况下，明宪宗命左副都御史原杰赴山区抚定流民。成化十二年（1476年），朝廷正式采用原杰的建议"开设湖广郧阳府，即其地设湖广行都司"，[①]并"专设郧阳抚臣，兼制三省"。[②] 于是乎，郧县县城由一个偏僻县城一跃成为郧阳抚治、下荆南道守道、湖广行都司及郧阳知府衙门的治所，"三省官僚之往来，四方客商之辏集，视昔加数倍"。[③] 今十堰地区得"居中控制"[④] 之利，社会经济和文化教育事业蓬勃发展。关于郧阳抚治与其辖区社会治理的研究，冷遇春、冷小平父子的《郧阳抚治二百年》曾有所提及，湖北汽车工业学院徐永安先生申请了湖北省教育厅人文社科基金重点资助项目"明朝郧阳府历史研究"（2005z156）对这一问题做了系统研究。武汉大学贾勇博士及华中师范大学马桂菊则对郧阳抚治与辖区教育作了专题研究。中国地域文化研究会主任、湖北省民间文艺家协会主席傅广典对郧阳抚治在中国制度史上的地位作了详细论述。试将已有成果综述如下，以飨读者。

## 一、明代郧阳抚治管辖区域及变迁

　　早在天顺年间，朝廷就注意到荆襄流民问题的重要性。"天顺八年十一月

---

① 《明宪宗实录》（卷一六二）（成化十二年十二月己丑）
② 《明会典》（卷131）《各镇分例》
③ 万历《郧台志》（卷十）《著述·文记》
④ 《郧阳府四省交会图记碑（嘉靖十八年）》，嘉庆《湖北通志》（卷九十五）《金石》。嘉庆九年刻本

癸丑，升工部员外郎刘子鐘为湖广布政司左参议，专抚治荆、襄、汉阳流民。"① 这是朝廷第一次派专官处理汉水流域的流民问题。成化元年，刘通、石龙发动流民起义，朝廷派王恕前来镇压，王恕的身份是"都察院右副都御史"，职责也是"抚治南阳、荆、襄三府流民"。成化四年（1468 年），朝廷又"改户部左侍郎杨璿为都察院右副都御史，抚治荆襄等处流民"。② 直到原杰就任郧阳巡抚并移治所于郧阳，郧阳抚治才初成定制。此后的两百多年，除了两次短暂的撤销，郧阳抚治一直是一个辖四省之域八府九州六十五县的大特区。

郧阳特区特大，辖湖广、河南、陕西和四川等四省的八府九州六十五县。八府为郧阳府、襄阳府、荆州府、安陆府、南阳府、西安府、汉中府和夔州府；九州为均州、裕州、邓州、商州、金州、归州、荆门州、夷陵州和宁羌州。最大地域范围东起河南漯河、湖北簰州湾、湖南岳阳一线，西到甘肃与陕西交界处；南起湖南岳阳至重庆云阳一线，北到陕西洛南至河南漯河一线。辖域涵盖了大巴山主脉以北部分、秦岭主脉以南部分、江汉平原大部、整个南阳平原和几乎整条汉江，辖域面积 20 多万平方千米，人口约 120 万。③

郧阳抚治的属地在不同的时期大小有所不同，变化均为安陆和夔州两府的往来去留。在郧阳人的口中，习惯称最大范围时的郧阳为 9 府 71 州县。④它们是：

郧阳府：郧县、郧西县、上津县、房县、竹山县、竹溪县、保康县。

襄阳府：襄阳县、宜城县、南漳县、枣阳县、谷城县、光化县、均县。

荆州府：江陵县、公安县、石首县、监利县、松滋县、枝江县、长阳县、宜都县、远安县、兴山县、巴东县、夷陵州和归州。

夔州府：奉节县、巫山县、大昌县、大宁县和建始县。

承天府（安陆）：钟祥县、京山县、潜江县、荆门州、当阳县、景陵县和沔阳州。

南阳府：南阳县、镇平县、唐县、泌阳县、南召县、桐柏县、内乡县、新野县、淅川县、舞阳县、叶县、邓州和裕州。

汉中府：南郑县、褒城县、城固县、洋县、西乡县、凤县、沔县、略阳

---

① 谢贵安《明实录类纂（湖北史料卷）》，武汉出版社 1991 年版，第 85 页

② 谢贵安《明实录类纂（湖北史料卷）》，武汉出版社 1991 年版，第 471 页

③ 徐永安《郧阳抚治》，《郧阳文化论纲》，湖北人民出版社，2012 页

④ 黄忠富，《明清郧阳抚治二百年》，《世纪行》，湖北省人民政协委员会，2012 页

县和宁羌州。

兴安府：平利县、洵阳县、白河县、紫阳县、石泉县和汉阴县。

商州府：洛南县、商南县、山阳县和镇安县。

郧阳抚治设置于明成化十二年（1476 年），于清康熙十九年（1680 年）裁撤，共延续了 204 年。在这 204 年的历史上，朝廷曾经对它三次"罢镇"。第一次起自明正德二年十一月至五年八月，第二次从明万历九年四月至十一年正月，第三次在清康熙三年四月至十二年。虽然郧阳巡抚与其他省的巡抚级别相同，但郧阳这所城市却没有升为省城，而只是一个副省级的镇。所谓罢镇就是朝廷召回巡抚而没有再委派。罢镇后的所属机构并不会一下子全部撤销，大多仍然要按惯性运作一段时间。

郧阳抚治之所以三次"罢镇"，是因为有很大的朝廷直属成分，是朝廷特设的一个行政区划，故而称台。巡抚制度对于明朝而言是一种崭新的制度，虽然类似巡抚的做法在明代之前的唐初甚至北周就已经有过，但那都是临时性的差遣。洪武二十四年（1391 年）朱元璋派遣皇太子朱标巡抚陕西，也属于临时差遣。既是临时差遣，也就不是既定制度，带有很浓的临时动议色彩，这与御史出巡在形式上有相同之处，当然使命不同。御史出巡重在监察，事毕复命；而巡抚的使命是"巡行天下、安抚军民"。特别是巡抚作为制度和官职确定下来之后，情况就完全不同了。朱元璋派遣朱标巡抚江西，最初也没有更深刻的思考和长远的谋略。此时之后，朱元璋也许悟到了什么或是想到了什么，但是没有见到他在巡抚问题上有什么明显的举动和表示。直到宣德五年（1430 年）朝廷陆续在浙江、湖广、江西和河南等省专设巡抚，巡抚才由临时差遣成为常设封疆大吏，巡抚衙门也成为新的相当于省级的权力机构。郧阳第 76 任巡抚王世贞认为，这是巡抚制正式确立之始。巡抚制度正式确立之后，巡抚成为地方的军政大员，其主要职责是督理粮税、抚治流民和整饬边关等事宜。弘治、正德以后，巡抚统辖省的承宣布政使司、提刑按察使司和都指挥使司等三司，全国十三布政使司均设定员巡抚，设有巡抚衙门。巡抚衙门也叫都察院或抚台，抚治地方、考察属吏、提督军务。时至嘉靖时期，巡抚的地方化和制度化已经完成，大致有 4 种模式：一、专抚一地，作为省级最高权力机构，统管"三司"；二、强化边境管制，创建新的管制区；三、特事特办的特别区；四、强化边境战区。郧阳抚治属于第 3 种模式，是针对流民问题而设立的特事特办的特别区。①

　　郧阳抚治设于明成化十二年（1476 年）。与此同时，为了郧阳抚治而设立郧阳府，在郧阳府设立巡抚衙门，并由相当于现在省军区的湖广行都司进驻。郧阳府的辖境和今天的十堰市大致相当，首府设在郧县。郧县地处汉江、丹江和堵河三大河流交汇处，水上交通便利，特别是当时陆路交通极端不发达，水陆是主要的交通通道，经堵河可达巴蜀，由丹江可入商洛，而汉江则上可直达汉中，下可直达荆襄及武昌以至南京，可谓六省通衢。于是，郧县城本来是一个非常普通的小县城，一朝成了知府衙门、巡抚衙门和行都司驻地，城池大规模地扩建，城区大面积地重建，修葺屋宇、修浚水道、展宽街道、城貌焕然。抚衙、行都司、府衙、县衙同驻一城，郧县小城一跃成了雄藩巨镇。同时，也成为汉江上最大商埠。商铺、会馆，酒肆、学宫、校场……林林总总，郧阳之名，风靡全国。

　　郧阳抚治存在了 204 年，跨越明清两个朝代。而郧阳府存在了近 500 年，新中国成立后改为郧阳专署。时至 1994 年郧阳专署被十堰市取代。② 即使如此，由于郧阳这一地理名称在深厚的历史积淀中早已深入人心，许多十堰居民尤其是居于郧阳治所的郧县居民依旧称自己为郧阳人。著名作家梅洁、浙江大学博士郭晓等文化学者甚至在郧阳政区建制已经不存在的情况下坚持在发表文章时以"郧阳人"自居。20 年中，恢复郧阳地名的呼声一直没有停止。在社会各界努力下，2014 年 9 月 9 日，国务院正式批复撤销郧县，设立十堰市郧阳区，以原郧县的行政区域为郧阳区的行政区域，作为行政区划的"郧阳"再次复活。

## 二、郧阳抚治与鄂西北地区的经济文化发展

　　郧阳抚治的设置，受益最大的当然是的"居中控制"之利的鄂西北地区。这二百多年，是今十堰地区人口重建、山区开发，文化重构的关键时期。为清代至今的经济社会发展打下坚实的基础。

　　明代前期，今十堰地区归襄阳管辖，失败的封禁政策，使这里逐渐沦为流民渊薮。郧阳抚治的设置，为流民提供了安身立命之所，也使朝廷收赋税之利。抚治设置的前五十年，安置流民始终是巡抚的首要工作。设抚之初，

---

① （清）张廷玉等：《明史》，中华书局，1974 年 4 月
② 冷遇春《郧阳抚治两百年论略》，《郧阳师范高等专科学校学报》，2007，4

原杰会镇守太监韦贵及湖广、河南、陕西抚、按官等，安置"流民之数，户凡一十一万三千三百一十七，口四十三万八千六百四十四"①，其中大部分落户于郧阳府。正德元年（1506 年），郧阳巡抚何鉴"清查过荆、襄、南阳、汉中等处流民二十三万五千六百余户，七十三万九千六百余口。其愿附籍者，请各给户由，收入版籍；愿还乡者，量宽赋役……"② 在历任巡抚的努力下，郧阳府各县人口和田亩数都有不同程度的增长。徐永安先生根据嘉靖年间的《湖广图经志书》，将郧阳府成化八年与正德七年田赋数统计如下：

| | 成化八年（1472 年） | | | | 正德七年（1512 年） | | | |
|---|---|---|---|---|---|---|---|---|
| | 户 | 口 | 田（亩） | 赋（石） | 户 | 口 | 田（亩） | 赋（石） |
| 郧县 | 2481 | 9327 | 40957 | 5006 | 2984 | 36843 | 185326 | 5434 |
| 上津 | 2086 | 7312 | 17683 | 690 | 1390 | 16131 | 20148 | 1075 |
| 竹山 | 1340 | 6348 | 13722 | 1608 | 2120 | 14253 | 19857 | 1869 |
| 房县 | 1207 | 5030 | 48538 | 3281 | 1467 | 11317 | 43373 | 3030 |
| 郧西 | 1198 | 3188 | 18141 | 1014 | 1657 | 12253 | 21037 | 1081 |
| 竹溪 | 1379 | 6744 | 12409 | 1256 | 1390 | 16130 | 25643 | 1791 |
| 保康 | 267 | 750 | 699 | 351 | 1257 | 9827 | 11096 | 555 |
| 合计 | 9868 | 38699 | 152149 | 13206 | 12265 | 116754 | 326480 | 14835 |

在四十年的时间里，郧阳山区的人口比建府之前增加了两倍，超过了十一万，所开发的土地面积也增加了一倍多，达到了三十二万多亩，而赋税只提高了百分之十二。③ 需要特别指出的是，这些数据仅仅是登记在册的人口数和田亩数，并不包括隐匿万山丛中的棚户。当时人口和田亩的实际数量，应该远远大于以上数字。

与山区开发相对应的，是农田水利的兴起。十堰位于秦巴山区东部，气候温和，降水丰沛，属亚热带气候区。但崇山峻岭的地形条件限制了农业的发展。在清朝人口压力骤然加剧以前，农耕土地多集中在山间盆地和河谷地带。粮食作物以稻、麦、粟为主，三者中以水稻为大宗。在秦巴山区，稻米生长旺盛期恰值伏旱季节，如果没有堰渠灌溉设施，水稻丰收几乎无望。因

---

① 谢贵安《明实录类纂（湖北史料卷）》，武汉出版社 1991 年版，第 481 页
② 谢贵安《明实录类纂（湖北史料卷）》，武汉出版社 1991 年版，第 488 页
③ 徐永安《明朝郧阳抚治对郧阳府区域文明的历史贡献与启示》，《湖北社会科学》2011 年第 12 期

此，农业发展与灌溉水利密切相关。古代劳动人民因地制宜，利用水资源改变和调节农业生产面貌，兴建了一些水利工程。随着移民潮的兴起和郧阳抚治的建立，十堰的农田水利事业在明朝中叶迎来了中兴。万历年间修纂的《郧阳府志》专门开辟《水利》一章，记载了郧阳府所属六县的农田水利工程：郧县的柳陂、盛水堰、武阳堰、十堰、九顷坪堰、白龙堰、横塘、方塘、甄家堰；房县的澈潀堰、化龙堰、高枧堰、马栏堰、东方堰、白窝堰、土溪堰、白土堰、穿山堰等；竹山的高峰堰、架枧堰、大梵堰、中堰、郭家堰、红岩堰、谢家堰、安河堰、东川堰、城子坪堰、礴口堰等；上津有五峪堰、愚谷堰、颡河堰、八里川堰、黄云洞堰、竹溪的官堰、头堰、二堰、三堰、陈家堰、白水堰、泽峪堰、杨家堰、老虎堰、石堰等；郧西有千工堰、五里河堰、马鞍山堰、火车堰、箭流堰、麦峪河堰、土门堰等；保康（今属襄阳）有王家堰、官庄堰、姚七堰、蛇渠堰、河步堰、梅子堰、秦家堰、方家堰、车家堰等等。当时属襄阳府均州，今十堰丹江口市有金陂塘、香炉堰、狮子沟堰、坪堰、土陂堰等。水利事业的兴起，为山区经济发展提供了重要保障。

在兴建农田水利的同时，生活与航运水利设施也有突破性发展。在郧阳抚治设立之前，郧阳百姓的生活尚处在原始状态，"郧在万山，自古无井，民惟饮江水"。对这种极不卫生的生活习惯，以流民为主的当地民众习以为常。但追求较高生活质量的官员们无法接受这种饮水习惯，于是"知府吴远始于府廨中凿一井，既而都司各就近凿凡三井，城人乃得井饮，至今赖之"。① 郧阳设抚以后，政治地位的提高必然带来城市规模的扩大和人口的增加，"官僚之往来，商贾之辏集，视昔加倍。汲者日多，四井不足以供饮用。又井在司、府官廨，江在城外，门禁启闭有时，军民出入不便，缺水或用钱三四文始得一二斛，甚至争汲殴斗、破面者有之。"② 已经形成饮用井水习惯的居民自然不愿再用江水，而井水不足不仅造成水价暴涨，还威胁到社会稳定。为解决日益尖锐的人水矛盾，郧阳巡抚沈晖"因檄有司，浚治旧井，使源泉清冽，不至汙泥。仍于各坊里衢，相地之宜，凿井六以便汲"。此后"居民皆得井饮，罔无不足，且免江汲之劳、瘿疾之忧③"。这项深得民心的水井建设为府城居民解决了饮水难题。

从洪武开国到成化十二年（1476 年）的百余年间，十堰地区的水利建设近乎停滞。郧阳设抚以后，水利事业迅猛发展，这主要得益于历代抚臣的行

① 裴应章，彭遵古《郧台志》（卷十）《著述》
② 裴应章，彭遵古《郧台志》（卷十）《著述》
③ 裴应章，彭遵古《郧台志》（卷十）《著述》

政督导和资金支持。郧阳抚治设置初期，巡抚并不直接领导水利建设。郧阳府城的捍江堤始建于成化十三年（1477年），首任都御史原杰只是"委官督民修筑，以防汉水之患"。① 弘治以后，情况渐渐发生变化，"武阳堰，（郧）县西北二十里。弘治中，都御史王鉴之穿。正德中，都御史刘琬檄府重修"。② 这两次修堰都是巡抚督导，知府主持。"嘉靖二十二年（1543年）八月，都御史王守…重修武阳、盛水二堰。③"到明朝中后期，由郧阳巡抚亲自主持修葺盛水、武阳二堰可能已经成为惯例。纵观郧阳抚治两百年，巡抚对水利建设由审批、督促到领导最后直接主持甚至亲自捐俸，关注程度总体呈步步上升之势。究其原因，对抚治初期的巡抚而言，平定匪患，招抚流民入籍是最紧迫的任务；弘治以后，安定社会，防止抚民再度流移成为巡抚的主要职能，水利建设无疑是改善生产、生活条件，促使附籍流民安居乐业的最佳途径。巡抚工作重点的转变促进了对水利关注程度的提高。

# 三、郧阳抚治与十堰地区的文教事业

《管子》曰："仓廪实而知礼节，衣食足而知荣辱。"郧阳设抚以后，随着社会经济的恢复和发展，兴学立教、移风易俗成为抚治官员关注的焦点。弘治十四年（1500年），巡抚王鉴之下车伊始，见郧阳府教学设施落后，立志重修学宫。但因财力不足，，只得暂且作罢。两年后，见"官有赢蓄，储有余财，庶可以不顿于民"，便马上开始学宫的重修工作，新建的学宫"梁栋峻耸，轮奂辉赫，庑陛轩级，层起叠见，渊乎神明之居"，堪称地标式建筑。除了瑰伟的气势，学宫的各项功能也相对完善："左右则庑舍环列……庑之前为门，为棂星门，其旁为宰牲之厨，藏器之库。"④ 经过此番修复，郧阳府学宫焕然一新。自王鉴之之后，学宫又几经迁修。其中以嘉靖三十六年（1557年）章焕住持的改建规模最大。新修的学宫面积扩充数倍，相应的功能也非常完善。时人记之曰："外为王道坊，为棂星门，其次为戟门。前为文庙，为两庑，文庙之后为启圣祠，祠之后为明伦堂，为尊经阁。最后为敬一亭，其左为杏坛亭，为博士衙，为名宦乡贤祠；其右为洙泗亭，为五贤祠，为时雨

---

① 张培玉：《郧阳志汇编》十堰：鄂十内图字2007年第001号，第213页
② 周绍稷：《万历郧阳府志》（卷十九）《水利》
③ 裴应章，彭遵古《郧台志》（卷四）《宦迹》
④ 吴葆仪，王严恭《同治郧阳府志》（卷2），《建置志·学校》

堂。凡广若干丈，深若干丈，为间者三百六十有奇，为楹者一千六百八十有奇。"① 郧阳府的学宫，无论规模还是师资，均为郧阳抚治诸城之最。

在抚治期间，还有多所书院得以设立。其中影响最大的当属黄纪贤创办的龙门书院。自万历三十三年（1605 年）起，黄纪贤治郧五年，功绩颇多，致力民生之外，还非常关心郧阳的教育事业。因见郧人"罕事诗书"，且受大比之年郧襄二郡仅一人中举的刺激，遂立志改变郧阳文教事业的落后局面。在财力不足的情况下，"捐餐钱五百金，与臬使者王公计之，王公亦捐餐钱四十金"②，择城中一地为书院。因治所靠近龙门山，故名"龙门书院"。为堂者二，前题曰"讲堂"，校艺其中；后曰"石室"，储书于内。两堂旁边有号房七十余间，以为生徒的起居、静修之所。不仅如此，他还广置学田，构建辅房，以此来确保书院有充足的修葺之资。万历三十五年（1607 年）书院建成，黄纪贤传檄三省（楚、豫、陕）之士肄业其中，郧阳学风从此大盛，人才辈出。

研究明代郧阳的文教事业，不能不提位列"后七子"之首的文坛领袖王世贞。王世贞于万历三年（1575 年）至四年任郧阳巡抚，郧阳之闭塞让其大为惊愕"走一郡数邑，问他本，亡论不得，即不能举其名。而其为诸生，自经学数种外，间与语子史百家，则大惊骇，以为欺我。……今天下号为同文，而郧以僻陋，故去嵩洛图书之国不千里，而邻于鹄形鸟言之民，抑何其不幸也"③。为开启民智，王世贞派人"北走燕，南走建业"，再到自己的家乡苏州购买书籍。这次采购所获颇丰，"得十三经，二十一史，衰周以至盛明诸文章"④ 共计三千余卷。王世贞"印识其首尾"，以示公有。并藏之于清美堂，由专人负责看管。清美堂具有相当大的开放性，一定程度上已经具有现代图书馆的性质。这座"图书馆"不仅可以让王世贞一释书瘾，更让当地学子获得了丰富的图书资源，有了开阔眼界的机会。王世贞抚郧期间，不仅建造了资料丰富的"图书馆"，还在一定程度上促进了郧阳府的"出版业"。王世贞在广购图书置之清美堂以供众阅外，于万历三年（1575 年），经过不断增删修改，历时数月编定《文论》《表策选》《四书文选》各一部。三书付梓后，他颁给三省，以盼能够启迪诸生。刊印数量，应该不在少数。编订文书，刻

---

① 裴应章，彭遵古：《郧台志》，长江出版社 2006 年版，第 452 页
② 吴葆仪，王严恭《同治郧阳府志》（卷 1）《古迹》
③ 王世贞《弇州山人四部稿》（卷一百五），明万历五年世经堂刻本
④ 王世贞《弇州山人四部稿》（卷一百五），明万历五年世经堂刻本

印图书，这对当地的文化教育事业具有重大的意义。①

郧阳抚治的历任巡抚，均为三品大员，不仅个人具有相当的文化素养，也大多醉心于文教事业。他们广储书以阔视野，兴教化以美风俗，育人才以应科举，极大促进了郧阳的文教事业。抚臣们不仅注重对于学宫、书院的筹建，更参与到其教学、日常管理当中，甚至亲自到到书院讲学。如黄纪贤，每当政余，往往至龙门书院，与诸生讨论四书五经、诸子百家等。这种反复讨论、相互问答的教学活动，在学士子自然获益匪浅。科举成绩是一地文教发展程度的标志。万历丙午科（1606 年），郧、襄二府只有一人中举。龙门书院建成后仅两年的万历己酉科乡试，郧阳就有刘大受、梁雷两人中举，再加上襄阳的刘奕芳、方岳朝、贾论，人数提高到五人。在翌年的会试中，竹溪人欧阳照更是高中进士。这些数据较文明开化之地显然过少，但对于穷乡僻壤的郧阳而言，已经是很大的进步了。

## 四、明代郧阳抚治的制度文化

### 1. 郧阳抚治的名称演变

郧阳抚治的名称从提出到定型经过了数十年时间，而其名称的不断变化，则反映出明朝廷针对不断变化的新的社会状况而迅速作出的政策调整和对制度文化的不断探索与创新。

如前所述，"郧阳抚治"从暂设时期的"抚治荆襄"过渡而来。宏观地看，郧阳抚治的名称始终处于探索之中。

从成化十五年到弘治十七年（1504 年）的二十六年间，郧阳抚治基本上以"抚治郧阳"、"抚治郧阳等处"名之。从名称上看，此机构的职责主要是在安抚治理问题上。弘治十八年（1505 年）六月，出现了"提督抚治郧阳"的称谓，从名称上看，此机构的职责增加了对军事力量的提领和督查。从正德元年（1506 年）到嘉靖时期"提督抚治郧阳"一名使用较为频繁，多达近三十多处，但仍以"抚治郧阳"最常见。正德六年（1511 年）十一月，又有"巡抚郧阳"之称。嘉靖年偶尔用之。直到隆庆六年（1572 年）八月才出现了名词性的"郧阳巡抚"之称。万历二年（1574 年），两任抚治郧阳都察院右佥都御史孙应鳌，奏请朝廷将"提督抚治"请更玺书为"提督军务兼抚

---

① 贾勇《郧阳抚治与明代十堰的文教发展》，《郧阳师范高等专科学校学报》，2015 年第 4 期

治"，节制荆襄、南阳、金州、商州、汉中等地官军，是年三月癸卯（1574年4月19日），"改提督抚治郧阳等处都御史为提督军务，兼抚治郧阳等处"。① 于是有"提督军务兼抚治郧阳"、"提督军务，兼抚治那阳等处地方"等称呼。其后任者、提督郧阳军务都察院右副都御史王世贞指出：郧阳建府时之抚治，"其指乃在抚而不在督……今天下……无乱形有乱端，其用不得不改而督"。② 在这里，王世贞较清楚地阐述了此一官职名称变化的社会原因和现实需要。

到万历年间，郧阳抚治的称呼比较混乱。一是"巡抚郧阳"与"郧阳巡抚"的称谓大量出现，竟多达十余处。二是出现了"郧阳督抚"的提法，如万历九年八月丁酉（1581年9月3日）吏科给事中秦燿等奏"郧阳督抚原辖……"③三是有时针对一人几种称呼都用，如"万历三十三年十二月丙午（1606年1月14日），升右通政黄纪贤为右佥都御史，提督军务，兼抚治郧阳等处地方"。④ 万历三十八年八月戊寅（1610年9月22日），郧阳巡抚右佥都御史黄纪贤引疾乞归，不允。"万历三十九年四月乙酉（1611年5月27日），准抚治郧阳都御史黄纪贤回籍"⑤。不过，但相比较还是"抚治郧阳"最为常见。

徐永安先生认为，这种称呼混乱现象的出现，反映出开始暂定的"抚治郧阳"名称，经过一段时间，逐步变为习惯性的用法，到万历年间，"抚治"与"巡抚"的经常互用，说明人们对抚治作为巡抚的形式之一，已经完全认同了，但名词性的"郧阳抚治"称呼在人事任免中很少出现。"郧阳抚治"名称和实际官员派出的暂设性是局部性的，在当时督抚制度基本定型的背景下，一旦明确认识到郧阳抚治需要转化为定设，这一套制度的各个方面及其实践经验就很自然地被套用或借鉴，因此，成化十五年后，郧阳抚治就融入了督抚制度发展成熟的过程中，并表现出许多共性的特征。⑥

### 2. 郧阳抚治的官阶变化

总体上看，郧阳抚治挂都察院右副都御史身份者为最多（少数为左副都御史），其次是挂右佥都御史者，少数为其他职务。根据都察院官阶品级相定，前者为正三品，后者为正四品。然而从具体的时段分布上，又可看出一

① 《神宗实录》（卷二十三）
② 王世贞《重建提督行台军务记》，万历《郧阳府志．艺文》
③ 《神宗实录》》（卷115）
④ 《神宗实录》（卷416）
⑤ 《神宗实录》（卷482）
⑥ 徐永安《郧阳抚治》，《郧阳文化论纲》，湖北人民出版社，2012

些规律，即在郧阳抚治这个特殊职位上，从时间分布上表现出前高后低、前重后轻的趋势。从成化十五年（1479 年）经弘治、正德到嘉靖九年（1530 年），共五十二年中，有三十六位郧阳抚治（不算兼理者），只有成化十八年（1482 年）、正德十一（1516 年）、十五年（1520 年）是右金都御史身份，其他绝大部分是右副都御史。正德六年（1511 年）的李士实、十四年（1519 年）的文贵甚至是右都御史正二品的身份。然而从嘉靖十年（1531 年）起到四十五年（1566 年）的三十六年中，有三十一位抚治，有十九位是右金都御史身份。从隆庆元年（1567 年）到天启七年（1627 年），其中万历朝有四十八年，总共六十一年，三十二位抚治，十四人是右金都御史身份，降到不足一半。说明嘉靖十年以前，郧阳抚治的地位受到重视，多以一省巡抚官的宪职派出。随着荆襄地区社会、政治、经济等进入平稳发展时期，其地位有所下降，以至于万历九年裁革抚治。自郧阳抚治复设以后，尤其是万历年中晚期直到崇祯末年，其官职基本上都是右金都御史。①

### 3. 郧阳抚治的任职、离职与任期

明代督抚制度发展到嘉靖、天启年间的"稳定期"，其表现之一是督抚任职制度的完备，任命后的赴任时间也有具体规定。具体分述如下：

一是前后任之间强调无缝交接。如"嘉靖三年令：各巡抚都御史，遇有迁秩或以忧去者，必候代离任，代者亦宜亟往。如违，言官劾奏"。二是限期立即赴任。凡新任之督抚，要求立即赴任，限期极为短促。"隆庆二年题准：凡遇推补督抚员缺，吏部移咨兵部，差人赍文前去，如以别官升迁巡抚及在原籍起用者，限文到五日，以巡抚升总督者，限交代次日，即各起程赴任。仍将起程日期，于所在衙门申报各巡按具奏，如咨文已到，不即起程；……并参治"。② 三是前任一旦交接完毕，立即离任，超期问责。"或已交代，未便离任；或未交代，擅自回籍者，并参治"。③ 这种官职交接制度，对明代的行政效率有着较大的提高。考察嘉靖年开始到以后郧阳抚治任命离任与任命上任的具体时间可以发现，在交通极为不便利的情况下，当时官员们的离职就职，时间间隔多在在 5 天到 15 天之间。其中，亦有因赴任迟滞而受到弹劾的。隆庆三年闰六月癸亥（1569 年 8 月 3 日），"陕西盗何勉等杀百户鲁卿、巡检王鸾，事闻，给事中张卤因论陕西巡抚张师载、郧阳巡抚武

---

① 徐永安《郧阳抚治》，《郧阳文化论纲》，湖北人民出版社，2012
② 《大明会典》（卷 209），"督抚建置"条
③ 《大明会典》（卷 209），"督抚建置"条

金久不赴任，逗留观变，不畏简书，非人臣敬事之礼……"① （武金得到任命在隆庆三年二月）。

四是从"在任期限"数据看，短期有 1 月至数月者，长期有 1 年至数年者，说明其没有固定的任期，以辖区事务的实际需要而定。不同于巡按御史——"凡巡按御史，一年已满，差官更代"②，有明确的任期时间。这种情形又反映了督抚制度早期的特点，即因地、因时制宜，具有一定的灵活性。从成化十五年（1479 年）的吴道宏到崇祯四年（1631 年）的梁应泽，153 年中（包括罢设的时间），有 98 位抚治（其中孙应鳌一人两任），任期在 1 年以上者 64 人次，1 年以下者 34 人次，分别占 65.3%，34.7%。任期短者中，在某些时段甚至连续出现数任不足一年即相继更换任者，如：正德十四年七月壬辰朔（1519 年 7 月 26 日）至嘉靖元年二月庚辰（1522 年 2 月 28 日），2 年 8 个月内，更换 5 任抚治；又嘉靖三十九年四月甲辰（1560 年 5 月 3 日）至嘉靖四十二年六月辛酉（1563 年 7 月 4 日），3 年 2 个月内，更换 6 任抚治。

"出现这一现象的原因，或原任命者不合适，或任命后不久即改他任，或暂时任命以待更调等，但其中一个重要的原因是抚治辖区内社会稳定，没有大的突发事件，各府州、县官员发挥正常的管理职能，抚治的频繁更替不会影响辖区社会的正常运行，朝廷对有关官员的调用因此可以从大局考虑而无后顾之忧。"③

### 4. 权力层级与管理体制

郧阳抚治又下设各"道"。各"道"设有巡道和守道二职，又称分巡、分守。郧阳巡抚管理职能的实施主要依靠所抚地区的"道"来实现。"洪武二十九年十月甲寅（1396 年 11 月 31 日），改置天下按察分司为四十一道。……湖广四道：曰武昌道，治黄州、德安、武昌、汉阳四府；曰荆南道，治荆州、岳州、襄阳三府，河阳、安陆二州；曰湖南道，治长沙、衡阳、宝庆、永州四府，桂阳、郴二州；曰湖北道，治常德、辰州二府，靖、沅二州"。④

根据《郧台志》"分道"条，郧阳抚治所辖道有九：即襄为下荆南道，荆州为上荆南道，河南南阳为汝南道，陕西汉中为关南道，各设分守、分巡一名。商州为商洛道，只设分守道。故所辖九道为分守道五，分巡道四。其

---

① 《穆宗实录》（卷 34），P633
② 《大明会典》（卷 210），"奏请点差"条
③ 徐永安《郧阳抚治》，《郧阳文化论纲》，湖北人民出版社，2012
④ 《太祖实录》（卷 247）

中，分守下荆南道于永乐初年，专为提督太和山而设，驻均州①，自设郧阳抚治起，又兼抚民分守之职责。起初以布政司参议领职，万历九年罢郧阳抚治，改驻郧阳府，遂以布政司参政兼佥事领兵备，兼管汉、南（汉中、汝南）。郧阳抚治复设后又还其原职。上荆南道驻澧州以控湖湘，得兼兵备。最后设汝南，驻南阳。

对三省各道分工，在《郧台志》"文职"条中记载得分外详明。"湖广布政司，分守下荆南道参政，或参议提督太岳兼管抚民②；分守上荆南道参政，或参议抚治荆襄兼九永等处兵备。按察司分巡下荆南道副使，或佥事抚民兼郧襄兵备；分巡上荆南道副使，或佥事抚民兼施归兵备。河南布政司，分守汝南道参政，或参议抚民；分巡汝南副使，或佥事见兼兵备。陕西布政司，分守关南道参议，或参政兼抚民；分守商洛道参议，或参政兼抚民。分巡关南道佥事，或副使整饬汉羌兵备兼抚民盐法。"

这里特别需要说明的是郧阳抚治与武当山提督内臣的关系。徐永安先生指出，在这个特别权力层级中，以郧阳抚治与武当山提督内臣的关系最为特殊。成化十三年（1477 年）四月，朝廷敕谕武当山提督内臣韦贵，"今特命尔不妨原管事务，兼分守荆、襄二府所属州县并卫所，各该山场哨堡巡司，兼管附近淅川、内乡二县。……"成化十五年（1479 年）正月敕谕韦贵，"兼分守湖广行都司，并荆州、襄阳、郧阳三府所属州县并卫所，及河南附近淅川、内乡二县，各该山场哨堡巡司，……"成化十六年（1480 年）五月的敕谕，增加了"陕西汉中府之白河县，西安府之商州，及洛南、商南、山阳县"等，将分守范围扩大到整个郧阳抚治辖区。敕谕也提出处理好提督内臣与抚治官员关系的要求，如成化十五年五月敕谕韦贵，"今升巡按御史吴道宏大理寺右少卿，仍在彼专一提督，抚治军民。凡尔应行事宜，须公同俱照节次禁约事例，督同各该守备、都指挥并布、按二司抚民官员，从长计议，斟酌停当而行。不许互相矛盾，有乖事体"。③武当山提督内臣兼分守湖广行都司等处地方遂成定制，且自吴道宏任郧阳抚治，"后凡有新命，必立敕太和中官知会"。④

内臣、外臣同领武当山，利弊参半。一方面，它可以更加紧密沟通郧阳

---

① 参见《太宗实录》（卷 218）

② 万历十五年十二月癸亥〔1587 年 1 月 6 日〕以湖广右参政兼佥事詹贞吉调补本司右参政，提督大岳太和山兼管抚民及分守下荆南道……《神宗实录》（卷 193）

③ （明）任自垣，卢重华原著，杨立志点校《明代武当山志二种》，湖北人民出版社，1999

④ 徐永安《郧阳抚治》，《郧阳文化论纲》，湖北人民出版社，2012

抚治与朝廷的联系，带来朝廷对抚治辖区的关注和重视，另一方面，也带来权责不分、宦官专权滋事的弊端。从成化十二年（1476 年）开始，提督内臣积极参与抚治辖区内的流民安置、治安保障以及经济建设等事项，为郧阳抚治完成有关社会目标做出了积极贡献，其中以韦贵最为突出。其对立则表现在人们对宦官专权普遍持否定态度的心理惯性，同时后来的提督内臣也多有擅权滋事的行为，故朝臣多希望削弱内臣的力量和特权。隆庆元年（1567年）七月，"巡按湖广御史陈省劾太和山守备太监吕祥罪七，乞征祥还并罢守备官……上是之，命改给（柳）朝提督太和山关防，毋兼分守"。①

陈省的弹劾引起了朝廷的高度重视。据《郧台志》记载，"正德五年，蓝、鄢盗起，……命刘公琬督抚郧阳，内臣亦兼分守如故。历嘉靖抵隆庆二年（1568 年），按臣陈省始疏罢太监吕祥，不复得与军民事。而太监谭彦以后，所领敕书业已删去郧台，转敕亦裁'会同该监'等语"。② 提督内臣的权限在这里被削弱了不少。到了万历年间，其权限又基本恢复原状。万历十一年七月甲申（1583 年 8 月 21 日），朝廷敕谕兵部司礼监太监田玉调内官监太监提督大岳太和山兼分守湖广行都司等处地方。大学士申时行等言："先年柳朝、谭彦敕稿俱止提督本山事务，今奉明旨添入分守湖广行都司等处事宜，已经撰稿进呈。……已于稿内增入分守事权，有会同抚治都御史、督令军卫有司、量调官军民快等项，皆近年稿内所未有者。盖比于吕祥之敕，职任吏简而易遵，比于柳朝等敕，体统已尊而不褒，既不违皇上特令分守之旨，又不失皇考所以更定之意。"③ 由此可见，对提督内臣地位和权力的设定，朝堂内外都存有异议，但最终的取舍更多取决于现实的需要和皇帝的态度。④

### 5. 郧阳抚治的礼仪制度

历时 200 多年，郧阳抚治在制度建设方面，留下了一笔不菲的财富。这些制度对于我们了解汉水流域明代的历史和文明，提供了可靠的参考和翔实的史料。这里仅依《郧台志·宪体》之"仪节"条收录为据，特列举如下：

上任。本院驻节公署，有司择吉请期，届期鼓吹。前导礼生引至本院下车，易公服。露台东北向预设香案，望阙谢恩，行五拜三叩头礼，毕，易吉服升堂，开视关防（即关印）。阖院吏役以次叩见，毕，督属序进莅属，守、巡道同都司进见；出，知府率各官进，行庭参礼，驿丞逐次禀报。先知府四

---

① 《穆宗实录》（卷 10），p914
② 《郧台志卷一·建置》，"总镇"条。见《郧阳志汇编》，上册，第 12 页
③ 《神宗实录》（卷 139），p524
④ 顾诚：《谈明代的卫籍》，《北京师范大学学报》，1989 年第 5 期

拜，次同知、通判、推官、守备二拜，次都司首领官二拜，次指挥免拜，次知县二拜，次府卫首领，次镇抚、千百户俱免拜；次儒学教官二拜，次主簿，次典史，次仓、驿、阴、医、僧、道、杂职等官俱叩见；次生员，次监生俱二拜，次武生免拜；次省祭官，次吏承，次阴阳生、医生、乡约里老、僧、道人等各叩见毕；出，乡官进见，次举人进见。（如此庄严隆重，气派堂皇，可见郧阳抚治地位超出三司官员的事实，以及它和下属各级、各部门的权力关系结构。）

拜命。本院恭接敕诰等类，黎明具吉服送于馆驿，行五拜三叩头礼。率属先导诣本院露台东北，望阙谢恩，仍行五拜三叩头礼。诣龙亭前跪受敕诰，伏俯礼毕。

迎诏。本院具朝服，率属迎于驿馆龙亭前，行五拜三叩头礼。鼓乐导至本院门外，众官先入，文武官东西立候龙亭至公庭中，捧诏官立于龙亭东，本院率众官就班乐作赞，四拜；捧诏官奉诏授展读官，展读官跪受，诣开读案宣读。本院北向跪，众官皆跪；读讫，展读官奉诏授捧诏宫，捧诏官奉诏于龙亭中俯伏，兴四拜，舞蹈山呼；俯伏兴四拜毕，本院诣龙亭前，问候圣躬万福，毕，复具鼓乐送诏于官庭，捧诏官庭诵，行两拜礼。

庆贺。凡遇万寿圣节，正旦冬至，先期一日习仪。本院黎明具吉服，① 诣迎恩观〔加〕左丹犀，面西向，鸣赞唱，行出使礼。引至露台下左旁，五拜三叩头，毕，复位鹄立，视众官行礼山呼。次日，漏下五鼓，拜牌于行都司，如前仪。

敕护。本院露台上随日月向设香案，日食朝服，月食素服，行四拜礼。鸣赞唱，击鼓三声。鼓毕，敕护，阴阳官历报初亏、食甚、复圆、生光等，仍行四拜礼毕。

谒庙。本院上任后三日，谒先师庙。守、巡道、都司陪，行四拜礼毕，都司回避。该道随同本院升明伦堂，各官序参。命教官挈签，生员讲书，府正佐官、县正官、两学教官，俱赐坐听讲。讫，赏赉笔札。仍另期考校文艺、品第。优赏，以示作兴。谒文庙毕，次原、吴二公祠，次本院土地祠，各二拜礼。遇旱、溢，于迎恩观祈谢，行四拜礼。丁祭，先一日及长至元旦拜牌毕，各诣文庙行四拜礼。（其中拜谒原、吴二公祠，原是指原杰；吴是指吴道宏。原杰首任郧阳抚治，吴道宏是原杰的继任者，他们二人承前启后地开辟了郧阳抚治早期的良好政声。抚治辖区的人们为之立祠，表明二人具有高风

_____

① 嘉靖《郧阳府志专辑·寺观》中"迎恩观"注：成化间，以其地为府，迁本观府治山后，旧名唐德观。弘治间，都御史沈晖因势于在观，奏请更名"迎恩"，设道纪司

亮节、懿德美行，是历任郧阳抚治的楷模。此外，一旦地方遭遇水、旱灾害的时候，抚治大人还负有与神灵沟通、为百姓祈福攘灾的职责，临时承担着宗教和巫师的职责。）

阅武。本院阅操，司、卫官先期呈请赏格。至期黎明，鼓吹旌旄前导，诣武场进辕门，都司迎于露台下；升演武厅，守、巡道迎参毕，都司暂避；府、县各官参毕，中军官宣军令，列营剿杀；报捷讫，设的校射委府正佐官分校杂艺，赏罚有差，复合营彻队受赏；各官前导回院，次日阅视城池。

公移。本院一应额报事件，年终具本及一应区处地方等项事宜，随事具本，各差人赴京奏闻。咨呈五府，平咨六部并都察院。案仰各按察司转呈巡抚衙门，各都司转呈总兵府，各按察司经历转呈巡按衙门。案仰或牌仰各布、按、都三司，各分守、分巡、兵备等道，各参、游守备，各府卫牌，仰各州、县，各守御千户所，其余杂职衙门及行委官，具牌、案仰本衙门转行。（从此条可以看到督抚一类官员的特点，如其具有的与中央的直接关系，权力又在地方三司之上，对军队的掌控权及有关程序等。）《郧台志》不仅记载了郧阳抚治的制度文化，也是研究明朝督抚制度的一份宝贵的文献资料。①

### 6. 郧阳抚治公署

抚台衙门为郧阳抚治办公所在地，为原杰在任时所建。在嘉靖《郧阳府志·公署》中，名为"都察院"，从志前所附"郧县之图"，可以看清其在郧县县城中的相对位置：都察院处于城南两门之间，偏西，向东邻布政分司，再东为儒学，西隔南北大街与预备仓相望，再西为府君庙；都察院隔东西大街，北对申明亭，北偏东对湖广行都司，北偏西对郧县县衙，隔南北大街西北向、预备仓与府君庙正北为郧阳府治。到万历《郧阳府志》布局大致相沿。从中不仅可以看到郧阳抚治设置时的"三位一体"、"一府四衙"（加上郧县县衙）的布局，这一多种机构配置共存的情况，在当时的各个州府是十分特殊的。

万历《郧台志》前有"镇署图"，展示了抚治衙门的空间布局以及内部结构，但是各个细分空间没有标上名称，而《郧台志》"公署"条中的详细地描述，弥补了这个遗憾，使得我们可以窥见各个建筑空间的文化内涵。其纪云，"成化十三年（1477年）春，都御史原杰至郧，经理底绩，乃于城中卜宅，经营逾月而成。中为正堂，匾曰：帅正。嘉靖辛卯，都御史潘公旦更曰：保釐。万历丙子癸未（万历四年六月，1576年），张公国彦复更曰：绥

---

① 徐永安《郧阳抚治》，《郧阳文化论纲》，湖北人民出版社，2012

靖。前曰：文武总宪，则匾自都御史孙公应鳌云。堂东为题名碑，都御史胡公宗皋立，大宗伯湛公若水记；西为提督行台碑，都御史王公世贞立，并自撰文；堂东南为贴书房、门房；西南为吏书房。前为仪门，内曰：三藩总镇，外曰：提督军务。仪门外东为土地祠，西为抄案房；又前为大门，匾曰：督察院，殿正堂而北者为后堂，匾二：一曰集思广益，一曰步思。北为内堂，匾二：一曰持廉秉公，一曰正大光明。左斋曰勤政轩，右斋曰仕学斋，徐公学谟记。穿堂，西为官厨，东为迎宾馆，匾曰：清美堂。后为中厅寝室。寝室后为卷蓬，为内书室，室东为内书房，前有园亭，稍北为内厨，内厨后有井，王公新凿为之铭。室西为案房，为两荛。大门外树坊二，东曰抚安，西曰肃清。丙寅（嘉靖四十五年，1566 年）都御史陈公志改题东坊曰控制上游，西曰抚镇三省。万历八年（1580 年），杨公俊民复改题曰：抚绥辽旷，三藩风纪。院门外西南为行都司官厅，凡各省三司有事来参台者皆憩焉。西北为守备厅，东南为府厅，南为卫县所官厅各一，以为各属官候见之所。隆庆四年（1570 年）冬毁于火，都御史汪公道昆重建，规制视旧益饬，至匾额则多新设焉。"可见，公署的建设先后倾注了多位抚治官员的心血，它是郧阳抚治文韬武略之精神的物质表现。

此外，抚治张国彦任职期间，郧阳抚治被赐予关防、令旗、令牌等，也属于制度文化中的部分，这些设施的配备使郧阳抚治的地位和影响得到了加强。

# 五、明代郧阳抚治的历史文化意义

## 1. 明代郧阳抚治的政治文化价值

郧阳抚治是中国制度史上的创举。205 年抚治制度的产生、施行与终结，为历史留下了许多珍贵的启示。中国地域文化研究会主任、湖北省民间文艺家协会主席傅广典先生认为，郧阳抚治为中国的政治行政文化提供了三个方面的重大启示：

第一，特例特治、特事特办，依情而法、依法而治，是治国安邦应有的制度机理。设立郧阳抚治无论在当时的国家制度里还是在后来的社会发展中都是一个特例。特就特在针对流民而且是集聚在荆襄山区这个特定地域里的特定的 260 万流民设立的抚治。20 年里由 3 次大的流民潮集聚在荆襄的流民，基本上只是一个原因：土地问题。导致土地问题的直接原因是社会腐败、官吏弄权。对事情原因并没有作具体分析和全面研究的朝廷，采取了惯用的驱赶和杀戮的做法，导致矛盾总爆发，流民揭竿而起，矛头直指当朝，造成了重大社会危机。

朝廷里的君臣们在通常场合也强调"事秉于权，道因于法"。但是在荆襄流民的问题上，则长时间处于穷于应付的被动状态，只习惯于用新的事实套用已有的法规和制度，而不习惯于用新的事实检验已有的法规和制度的完备性。虽然主动出击、主动清剿，但这种主动的结果是越主动就越被动。原因就在于道未因于法。这里的道是行为准则，这里的法是事物的本来法则。行动准则因于事物法则，违背了事物本来的法则、事物的自然规律，自然是道而无法，事与愿违。倒是原杰在深入到流民之中走访、调查，与流民沟通，具体情况具体分析，特殊情况特殊对待，用特别的方法解决特别的问题，找到了问题的解决办法。郧阳抚治设立的成功之处不单单在于解决了流民问题，还在于探索出特例特治、特事特办，依情而法、依法而治的理域安邦的新途径，创造出国家制度的新机理，在理论和实践上都是前所未有的突破。①

第二，以民为本是治国安邦的根本法则

阶级社会出现，民处于被统治的地位。在一般意义上统治和管理是相同的内涵和外延，但是由于最初发现权力效能的统治者过分地相信权力、依赖权力，极端化地掌握权力，极端化地使用权力，使管理变成极权化的统治。奴隶制社会是将管理妖魔化为极权统治的始作俑者。在这种社会制度里，奴隶主有着与生俱来的狭隘的非常实际的一己主义私欲，权力成为利己的罪恶手段和谋私的合法外衣。这使权力从一开始就带着浓郁的长长的阴影出现在社会制度和意识形态中。

春秋战国时期是社会文明发展具有划时代意义的历史时期。封土建国使天子和诸侯开始以社会视觉和国家视觉来审视他们的庶民。皮之不存毛将焉附？民的社会地位和历史地位渐渐凸显出来。民为邦本渐渐成为帝王们的统治共识。到了明朝，这种民为邦本的思想，几乎是深入到国家的各种制度和文献中了。如：成化帝有"众以为是，虽已废之法，在所当行；众以为非，虽已行之事，在所当革"的敕谕，弘治帝有"为治之道，莫切于养军恤民，民惟邦本，而军所以卫民也。军民安，则天下安"的敕谕。可是，这些帝王们在处置具体问题的时候，又常常带着奴隶制社会的劣根性。成化帝对荆襄

---

① 傅广典《中国历史上的第一个特区：郧阳抚治》，《十堰周刊》，2010，8

流民实施高压政策，将流民统统看作蟊贼而杀人无数就是一例。

郧阳抚治的设立，既解决了流民问题也使明帝在民为邦本的认识上又深化了一步。在后来处理民生问题时，朝廷变得非常开明。弘治帝曾敕谕第6任郧阳巡抚郑时，曰："民苦于征科，贫者，终岁勤动，妻子冻馁；富者，劝货频仍，家世空虚。一遇水旱灾伤，不免转徙流离，死亡枕藉。"责令勉修职务，以期绩效于方来。第20任郧阳巡抚任汉奏疏，以汉中府为例乞免国家在正税正差之外额外派办，说："近年既遭兵荒，又罹水旱，掘取草树根皮、栗橡等物煮食度命。官府既乏抚字又鲜赈恤，却乃事事剥削，物物搜求，柁木甫完而柴炭继至，炸块方了而车辆又来，挎木、散木之叠派，羯羊、尾羊之并征，财尽民穷，岂胜科索？""正谓财已竭而敛不休，民愈穷而赋愈急。"建议："如事可缓，暂且停止。……若系急用，业已施行，不可停减，亦须从长议处。"正德帝准奏。

万历十一年（1583年）4月20日至25日，郧县连降暴雨，江水暴涨，沿江住户房屋、货物被大水冲走。25日半夜里，洪水从东门冲进县城，城内水深三丈，城墙大半倒塌，城内仓廪粮食及居民的房舍与家产被"一洗而罄，溺死者无算"。时任第79任巡抚的张国彦奏疏赈灾，"恳乞天恩俯赐，破格赈恤，以保遗黎，以安地方"。万历帝准奏。同年6月，张国彦再次为汉中府和金州（安康）因洪水灾害奏疏赈恤，万历帝再次准奏。①

第三，治国重在治吏

考察人类历史可以发现，国家最原始的雏形在氏族部落里。氏族部落的管理是没有中间环节的，部落头领直接对部落成员，管理形式是互动、双向的两个密切相连的端点。如果也可以称其为一种管理模式，应该叫做双环双向模式。到了方国初期出现中间管理职员，形成了三环单向模式的雏形。到了封建国，逐渐形成了庞大的中间权力阶层。国家管理出现中间环节，是社会和历史发展的必然。但是中间环节的出现，阻断了君王与黎民最初的直接双向对话与互动。或许此后的全部问题就出现在这里。依据文字记载，三环模式的雏形最早出现在古巴比伦。古巴比伦出于管理的需要，将一些不能稼穑、放牧、狩猎和征战的人等安排做做事务管理，职责也就是跑跑腿、动动嘴、传传话、当当耳目，管管物件而已，地位最为卑下。后来这部分人开始利用管理之便私自占有所看管的物件。这是最早的"贪管"。之后有职有权有了官职了，"贪管"也就成了贪官。治国即治民这是从原始部落里带来的原始

---

① 傅广典《中国历史上的第一个特区：郧阳抚治》，《十堰周刊》，2010.8

概念，是原始的双环双向模式理念，在三环模式里运用这种概念、坚持这种理念，显然易疏忽对中间权力阶层的监管与制约，造成中间权力阶层行为失范。由于中间环承上启下，联结着君与民两端，所以在特定的意义上，治吏比治民更为重要。官吏弄权祸国殃民，这已经是被历史反反复复证明的事实。治国重在治吏，明朝郧阳抚治从正反两个方面给了足够的启示。①

郧阳抚治之所以能在地方和国家的治乱兴废中使其行政效率立竿见影，其关键之一就在于对于吏治的高度认识和严抓狠治。仅就《明史实录》中所列案例即可见出一斑。

### 2. 明代郧阳抚治的历史文化意义

十堰市民间文艺家协会主席明安生从历史坐标轴上给郧阳抚治历史文化贡献作了清晰客观的定位。他认为，站到历史坐标轴上去纵横经纬地考量这段历史，就会发现，郧阳抚治对包括十堰在内的秦巴地区人文历史产生了四个方面的重大而深远的影响。

第一，郧阳抚治的设置加强了明清王朝对秦巴地区的控制，是解决流民问题的根本举措。我们知道，明朝初年，明成祖朱棣就在"北修故宫"的同时"南建武当"，以宗教的方式长期经略秦巴地区，并派20万军人以修武当的名义屯兵郧阳。50多年后，朱棣的预感成为现实，荆襄地区果然出事了，百万流民蜂拥进入荆襄秦巴。成化年间，刘通、石龙、李原、小王洪相继起义，大规模的流民起义成了皇帝的心病。明朝政府决定成立郧阳提督抚治都御史行台，简称"郧台"，巡抚又称抚台、抚军或抚院，其驻地称行台。按明制，郧阳抚治当初为临时差遣，其抚治区域，也不依省区职权界限，其管辖的区域范围均临时敕书，辖区依据敕书旨意时有变更，但基本辖区始终未变更。最大时辖鄂豫川陕九州65县，一个省级建置楔入秦巴山地，可以监控这一地区的任何风吹草动。我们可以这么假想，如果没有郧阳抚治，发生在陕北的明末农民大起义，很可能会发生在秦巴地区。

郧阳抚治的设置确保了明朝和清初荆襄秦巴地区的安宁。明末清初，郧阳抚治的存在，对于对抗李自成起义军和起义军余部产生了重要作用。清朝撤销了郧阳抚治后，在这一地区最终又酿成了强大的白莲教起义，这不能不说与撤销郧阳抚治没有关系。②

第二，郧阳抚治的设置进一步显现了秦巴地区的战略支点地位。从郧阳抚治的管辖范围来看，它实际上是一个中央直属的跨地区的省级行政军事机

---

① 傅广典《中国历史上的第一个特区：郧阳抚治》，《十堰周刊》，2010.8
② 明安生《历史坐标轴上的郧阳抚治》，《十堰周刊》，2006.8

构，并设立湖广行都指挥使司，郧阳巡抚拥有军事职能，加提督官衔。提督军务，节制总兵，统兵作战。明朝在武当山以宗教的方式实行"文治"，以郧阳抚治加强武备，形成文武之道。

从历史上看，这里埋藏着一部"人类文明的通史"。从古老的"郧县人"，到古代方国，经三国、唐代，文明在这里延续。不论中国政治中心是在长安与洛阳一线，还是转移到南京与北京一线，统治者都不敢小觑这一地区，在历次政治、军事的"博弈"中，其战略地位进一步凸现，枕秦巴，控川陕，橇豫鄂，西进东出、不东不西、既南又北的边缘化地带不断被中心化。[1]

第三，郧阳抚治的设置带来了整个区域的大联合、大开发、大繁荣。从地理学意义上说，郧阳抚治区域本是一个地壳板块。但长期以来，被行政区划分割成不同区域，人民不相往来，甚至分庭抗礼，人为地阻挡了彼此的交流与合作。郧阳抚治的设置第一次使秦巴荆襄被卯榫成一个建置完整的行政板块，形成以郧阳城为中心的行政点，号令九州（府），并形成以武当山为中心的宗教精神支撑点。[2] 其直接的经济社会效益在于：

一是关注民生，狠抓农业生产和水利建设，促进了明代经济社会的和谐稳定。在明政府解除封禁、减轻赋役、鼓励生产的政策之下，农民的生产积极性空前高涨，推动了以农业为主的山区经济的迅速发展。以建府前成化八年（1472 年）与正德七年（1512 年）比照为例，这一时期，是郧阳山区社会人口增长最快的时期。这时的人口增长，主要表现为劳动人口的猛增，加上官府从生产资料等方面给予支持，从而为郧阳山区经济的开发和快速增长提供了保障。崇祯年间，由于长期战乱的影响，郧阳府的人口锐减。但在郧阳抚治设置之后四十年的时间里，郧阳山区的人口比建府之前增加了两倍，超过了十一万，所开发的土地面积也增加了一倍多，达到了三十二万多亩，而赋税只提高了百分之十二。[3]

经济的发展，使山区的面貌有了变化。明人韩粥有《十堰春耕》一诗："布谷声里水满溪，南畴北垄把锄犁。勤农不费田官力，腰鼓一声人自齐"。[4]诗歌描绘出一幅秦巴山区特有的春耕图：青山秀水，鸟语花香，农民们敲打着春耕锣鼓，在春天的原野上开始了快乐热闹的劳作。远离府县的十堰农村尚且如此，各县近城之地的春耕生产肯定又是一片更加繁忙热闹的景象。明

① 明安生《历史坐标轴上的郧阳抚治》，《十堰周刊》，2006.8
② 明安生《历史坐标轴上的郧阳抚治》，《十堰周刊》，2006.8
③ 徐永安《郧阳抚治》，《郧阳文化论纲》，湖北人民出版社，2012
④ 嘉靖《郧阳府志专辑·郧阳府诗类》，《郧阳志汇编》（上册），p229

末徐霞客在《游太和山日记》中写下了他经郧县入均州境内的见闻："十一日登仙猿岭。十余里，有枯溪小桥，为郧县境，乃河南、湖广界……，登土地岭，岭南则均州境。自此连逾山岭，桃李缤纷，山花夹道，幽艳异常。山坞之中，居庐相望，沿流稻畦，高下鳞次，不似山、陕间矣……"从中可见地处深山的武当山已是初步繁荣，平川地带景象如何就可想而知了。这证明学者的观点：明朝时，对整个湘、鄂西山区的开发，就是先由郧阳开始的，自此至明末，郧阳的经济水平在西部山区当属最高。①

二是教育与文化事业空前发展。郧阳原无府学，只有县学。成化十二年，开设湖广郧阳府，抚治荆襄都御史原杰奏升郧县学为郧阳府学。成化十八年（1482年），知府余盖维修之。弘治二年（1489年）后都御史戴珊、王鉴之和胡伦维修扩建，建成"为殿九间，崇四丈，深加其一，广三倍之。梁栋竦峻，轮奂辉赫，廉陛轩级，层起叠见"的辉煌建筑，并配制了"南都乐舞之仪节度数"。② 正德年间进行了两次重修。嘉靖年间，郧阳府学有过三次移建，先后迁于城北、城西、城东。"嘉靖三年，抚治章拯移建府治北"，"三十六年，抚治章焕改建城东门外"（经后任抚治吴桂芳完工，"其区画布置，悉出心计，更厘定其祭器、乐器"。③ "四十五年，抚治刘秉仁重茸"。"万历间，抚治裴应章复修"④。在短短的不足百年时间，竟然对府学重建三次，数次维修，足见郧阳抚治对教育的高度重视和良苦用心。

明中叶弘治年到万历年间（1488—1620年），伴随着全国书院建设高潮的到来，郧阳府先后建立了三座书院。它们分别是正德十年（1515年）知府王震在府治北创立了五贤书院，明嘉靖二十六年（1547年）抚治于湛在府治东北建设的郧山书院，万历三十五年（1607年）正月，抚治黄纪贤与王嗣美等人捐资所建设的龙门书院。从龙门书院的结构中我们大略可以看到当时书院的一般概貌，其内"为堂者二，题曰讲堂、校艺。其中后曰石室，聚书于内，旁列号房十余间，以为藏修之所。又置学田、建铺房，以为久远修葺之资"。⑤

由于历史原因，郧阳府学和书院缺少教师，尤其缺少经明行修，学有所长者的博学之士。府学、书院、县学和社学的大量开辟，客观上促使各级官

① 张国雄《明清时期的两湖移民》，陕西人民教育出版社1995年版，p176－177
② （清）李东阳《修建郧阳府学记》，康熙《湖广郧阳府志·艺文》，《郧阳志汇编》（中册），p660
③ 康熙《郧阳府志·宦绩》，《郧阳志汇编》（中册），p597
④ 同治《郧阳志·学校》，《郧阳志汇编》（下册），p1092－1093
⑤ 郭正域《龙门书院记》，《郧阳志汇编》（中册），p659

员大量引进人才，聘请"荆襄、汉中、南阳饱学之士，讲习课业"。弘治十年，黎福由御史抚郧时，"流民习尚不一，公求吴楚士，得五六人，礼而训之，教以案牍。旬月之间，粗有可观，流人亦遣子孙读书，风俗为之丕变"。①生员在校学习的内容"所诵法者，先王礼乐教化之言，圣贤仁义道德之训；所究绎者，君臣父子忠孝之规，长幼尊卑事使之节；所目接者，大夫师长揖逊之容冠裳冕佩等威之饬；所耳聆者，钟磬管箫清越之音，琴瑟雅颂和平之奏；所游而衍者，六书五驭九数之文，大射宾射序贤序能之等等"。② 据（清）汪阁《亟表先贤》记载，黄纪贤建龙门书院，"招郧、荆、襄、汉中、南阳多士肄业其中，一时人材最盛。如陕西解元罗士济，襄阳给事汪士亨，南阳翰林马之奇、马之俊，皆出其门"。③

　　三是郧阳的历史学术出现一时之盛。盛世修志是中华文明的古老传统。据知第一部《郧阳府志》始修于明正德初年，府与县分载，后有嘉靖《湖广图经志书·郧阳府志专辑》。"（徐学谟）万历时抚治郧阳。郧志创于正德之初（1506 年），甚荒略，公聘周绍稷纂修，因为改观"④。[现存万历六年（1578 年）刻本问]。嘉靖二十六年（1547 年），即阳抚治叶照主持编修《郧台志略》。万历年间裴应章抚治郧阳期间，在《郧台志略》的基础上，主持编修《郧台志》，为后世留下了一部研究明朝督抚制度的珍贵历史文献。⑤

　　历代郧阳抚治中，多有读书治学、著书立说颇负盛名者。"其文教最著，同于黄公者，得江南黟县汪公道昆，字伯玉，隆庆庚午四年（1570 年），抚治郧阳，以奖励人才为先，一时家传户诵，公实启之。有太函集行世。江南太仓王公世贞，宇元美，万历甲戌（1574 年）抚治郧阳，购书数百卷，辟清美堂贮其中，以诱后进。有四部稿史料著书行世。……（徐学谟）有文集百余卷，见钱牧斋诗选小序"⑥ 等等。王世贞初到那阳，感慨道"今天下号为同文，而郧以僻陋故，去嵩洛图书之国不千里，而邻于鹊形鸟言之民，抑何其不幸也！"感慨之下，用自筹经费在燕、赵、吴、越等地购回十三经、二十一史、衰周以至盛明诸文章计三千余卷，"印识其首尾，而归之郡"⑦，这可以说是郧阳地区最早的图书馆了。在历任郧阳抚治中，许多人就是当时有影

① 康熙《湖广郧阳府志·宦绩》，《郧阳志汇编》（中册），p598
② 吴桂芳《改建郧阳府儒学记》，同治《郧阳府志》，《郧阳志汇编》（下册），p1092
③ （清）汪阁《亟表先贤》，康熙《湖广郧阳府志补》，《郧阳志汇编》，（中册），p673
④ 郭正域《龙门书院记》，《郧阳志汇编》（中册），p659
⑤ 徐永安《郧阳抚治》，《郧阳文化论纲》，湖北人民出版社，2012
⑥ 郭正域《龙门书院记》，《郧阳志汇编》（中册），p659
⑦ （明）王世贞《郧阳藏书记》，万历《郧阳府志》，《郧阳志汇编》（上册），p468

响的文人，甚至是文学史上的重要人物，如王世贞、汪道昆等。他们在文化教育活动中，往往借助个人的影响和社会关系，邀请当朝著名的官员、文人如周洪谟、李东阳、赵贞吉、湛若水、郭正域、薛刚等（这些人物在《明史》中有传）参与其中，他们或游历山水，留下许多文章、诗歌，提高了郧阳府的声望和影响，也为郧阳留下许多宝贵的文化遗产。①

四是人才数量出现了较大的增加。据《郧阳府志》统计，以举人为例，成化年前各县属襄阳府时期，有 23 位举人，主要集中在永乐年间，计郧县 6 人，房县 6 人，上津 4 人，竹山 2 人。其他为房县宣德年 1 人，上津景泰年 1 人，郧县成化年 1 人。另竹山、房县分别有 5 人、2 人直接由贡监任官。成化后属郧阳府时期各县举人数量是：郧县 21 人，房县 5 人，竹山 6 人，郧西 6 人，竹溪 2 人。可见成化年后，总数比过去有较大增加，特别是郧县举人的数量上远大于其他各县，表明郧县文化教育事业的建设成效最为显著，这显然与它处于郧阳府文化中心的地位有关。②

五是开化地方，移风易俗成效显著。（嘉靖）二十三年（1544 年）夏，都御史欧阳必进为涵育民风，德治教化，还颁布了"劝民六事榜文"，"一曰勤俭以治生业，则不致饥寒；二曰孝顺以事亲长，则不取怒辱；三曰防闲以别内外，则不招丑秽；四曰严切以教子弟，则不贻忧患；五曰和睦以处乡邻，则不生争讼；六曰谨畏以守法度，则不干刑宪"。③ 据康熙《郧阳府志·风俗》记载，郧阳府"昔多劲悍决裂之习，迄知礼义廉耻之风"，"民多秦音，俗尚楚歌，男力于耕，女力于织，有古淳朴风，但信鬼不药，惟知务农，渐因流寓鳞集，以至风俗侈靡。自创府以来，礼乐兴行，士风丕变（出旧志）"；郧县"四方寓处，纯梗相半，迩则人知向学，科目渐盛……自经郡治文化，习有文物之风"；竹溪县从过去"民务农而少学，依山而居，绩纺而衣"，也变得"迩来风气渐开，咸知敦本积学，儒风日盛"；保康县亦是"迩来朴而秀，野而文，豪杰慕义之辈如日之升"。

第四，郧阳抚治的设置是秦巴文化的一次大融合、大接力、大梳理。郧阳抚治的设置第一次对四省边界的政治、经济、军事、人文进行了一次大整合，为四省边缘地区的人们交流找到了一个理由和一种情结纽带。两百年间文化积淀深厚，特别是一大批高官文人云集郧阳，对挖掘、整理这一地区的文化资源具有可贵的意义，120 位三品、四品抚台对地方历史文化产生了巨大

---

①　徐永安《郧阳抚治》，《郧阳文化论纲》，湖北人民出版社，2012

②　徐永安《郧阳抚治》，《郧阳文化论纲》，湖北人民出版社，2012

③　《郧台志·宦迹》，"政事"条

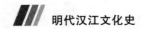
的影响，他们带来了先进的理念，教化深山风气，赋诗作文，涵养了浓郁的文化气息，传承和延续了文化的记忆，特别是明代"后七子"之一的王世贞、汪道昆等人在郧阳抚治任上，创作了大量的诗文，丰富了郧阳文化。①

---

① 明安生《历史坐标轴上的郧阳抚治》，《十堰周刊》，2006.8

# 第五章　明代汉江流域的社会动荡

明朝统治 270 余年间，汉江流域先后发生了两次较大的社会动荡，一次是明中叶荆襄山区的流民起义，一次是明末大规模的农民起义。除此之外，小规模的、零星的社会动荡却不断发生，有明一朝，几乎一直处于动荡之中。"不同性质、不同规模的社会动荡，不同程度地反映着各个社会领域、阶层、集团间的矛盾与冲突，也分别从不同的侧面、不同程度地影响到湖北地方的政治、经济、社会的变迁和发展。从总体上讲，湖北地方社会的动荡与全国是一致的，时而亦表现出湖北的地方特征。"①

## 一、明早期汉江流域的社会动荡

明王朝建立早期，汉江流域就发生了多次社会波动。明王朝建立后，民间仍时有借助明教等宗教聚众起事者。洪武四年（1371 年）九月，襄阳府郧县人易文通聚众起事，很快集有战船 50 艘，并建立旗号，劫掠地方。卫国公邓愈调襄阳卫军队前往镇压，斩其所立参政王某，事态才逐渐平息。

洪武六年（1373 年）五月，房州（今房县）人段文秀自称参政，并设官吏，置机构，聚众起事，占据鲤鱼山一带，被卫国公邓愈镇压。② 洪武十二年（1379 年），陈友谅旧部官校孙谅等在荆州谋划起事，事泄被捕杀。③

宣德八年（1433 年）五月兵部报告：在湖北、陕西、四川交界的荆襄山区有地名细水洞又名水帘洞者，有自号赵大王的人聚众二千余人，据险为寨，与官府作对。④

---

①　张建民著．湖北通史·明清卷．华中师范大学出版社，1999.06
②　《明太祖实录》（第 17、68、78、79、81、82 卷）
③　《明太祖实录》第 125 卷
④　《明宣宗实录》（第 102 卷）

正统八年（1443 年），河南汝州人张端卜流寓均州（今均县），更名清古潭，假借佛法惑众煽乱。妄说兵卒张清为紫薇星降生，推为盟主，其余皆为青衣童子，可为将军。计划于正统九年（1444 年）在光化县九龙冈举事，先占泌阳、枣阳、舞阳，再占襄阳、汴梁诸地，推翻明王朝统治。事泄，被巡抚、左少卿于谦镇压。①

总之，"明前期特别是明初的矛盾与冲突，有一部分属于元末冲突的继续。新朝初建，统治地位不甚稳固。不过，明前期的矛盾冲突及其引起的社会动荡一般规模较小，影响亦较轻"。②

# 二、明中叶的流民起义

## 1. 荆襄流民起义的背景与原因

到明中叶，明王朝统治已近百年，各种社会矛盾趋于尖锐。最为集中的是土地兼并日益加剧，"而为民厉者，莫如皇庄及诸王、勋戚、中官庄田为甚"③。由于土地的集中及赋役、地租的苛重，使破产失业的流民大量出现，社会动荡不安。此外，赋税差役亦不断加重且负担不均，豪强地主利用"奏乞"、"投献"诸名目百般舞弊，加剧着贫富不均、分化的进程，社会矛盾日趋激化。在明中期延续一百多年的时间里，农民起义连绵不断，不仅起义的次数多，涉及的地区广泛，几乎遍及全国各个省区，而且往往是一个高潮平息不久，又有新的高潮到来，高潮之间间隔也很短，其中以正统、成化、正德时期最为集中。

人民为了逃避丧失土地的贫穷和不断增加的沉重赋税，纷纷逃离原籍，于是，大量的流民不断产生。约自宣德年间始，流民问题已经引起有识之士的关注。正统以后，问题进一步暴露，人民流亡之势愈来愈猛，呈不可遏止之势。有的地方"千里一空，良民逃避，田地抛弃，租税无征"④。正统三年（1438 年），山西繁峙县农民逃亡达 1/2 以上⑤。山东仅诸城一县，逃亡者即

---

① 《明英宗实录》（第 110 卷），正统八年十一月辛未

② 张建民著．湖北通史·明清卷．华中师范大学出版社，1999.06

③ 《明史》（卷七七）《食货志一》

④ 《明英宗实录》（第 175 卷）

⑤ 《明英宗实录》（第 45 卷）

达 12800 余户①。景泰时，南直隶 6 府流民有 103.5 万余户，362 万余口②，全国 13 个布政使司都不同程度地存在人民流亡的现象。尽管明政府采取了许多防止人民流亡的政策措施，但收效甚微③。黄册的编造也在来自各方面的弊端冲击下日渐失实，甚至成为虚应故事，出现了"固有族繁千丁而户悬数口，又有家无子遗而册载几丁"④ 的现象。

湖北地区并不例外，人民逃亡现象同样存在。正统二年（1437 年）六月，四川马湖府同知杨礼奏称："湖广黄州等府连年亢旱，人民流移。其子女或为人奴，或被略卖，深为可悯。"⑤ 在汉江流域承天府，"土著之民，贫者或逋窜转徙"⑥。甚至竹山、巴东等僻远州县，亦有人民流徙问题存在。

地处四川、陕西、河南、湖北数省交边地带的荆襄山区，"川陵延蔓，环数千里，山深地广"⑦。长期以来，许多失去土地的农民流亡到这里垦荒开矿，官府难以禁止。是明代流民集聚最为集中地区。到成化年间，这里集聚的流民总数达 200 万之众。荆襄山区在明初就被严厉封禁，"禁流民不得入"，因此，荆襄山区的流民一开始就是作为明朝统治的对立面而存在的，二者的矛盾冲突激化到一定程度就要爆发，主要体现为成化（1465—1487 年）、弘治（1488—1505 年）、正德（1506—1521 年）、嘉靖（1522—1566 年）时期不断的流民起义。

**2. 荆襄流民军起义的经过**

据张建民先生研究，荆襄山区第一次流民起义爆发于天顺八年（1464 年）冬天，地点在房县城西北一百多里的大木厂。刘通在这里树起黄旗，自称汉王，年号"德胜"，以梅溪寺为宫殿，封石和尚为谋主，另设有将军、元帅、国师、总兵诸官号，很快集众至数十万。刘通，河南西华人。据说他能用单手掀翻千斤巨石，故又称刘千斤。正统年间流亡到房县山中，后与和尚尹天峰等结识，传弥勒佛降生之说，谋划推翻明朝统治。其他重要人物除石和尚（又名石龙）外，还有国老刘长子（原名冯喜），先锋苗龙、苗虎，国师常通，给事中王靖以及刘通的儿子刘聪等。流民聚众起义，震动了朝野上下。成化元年（1465 年）五月，朝廷命抚宁伯朱永佩靖虏将军印充总兵官，

① 《明英宗实录》（第 152 卷）
② 《明英宗实录》（第 153 卷）
③ 《明英宗实录》（第 31 卷）
④ 万历《慈利县志》（第 8 卷）
⑤ 顾炎武：《天下郡国利病书》（第 75 卷）
⑥ 顾炎武：《天下郡国利病书》（第 75 卷）
⑦ 查继佐：《罪惟录》列传卷十一上《项忠传》

都督同知喜信充左参将，都督金事鲍政充右参将，由工部尚书白圭提督军务，加上太监唐慎、右少监林贵奉监军，统率京营及山东下班官军开赴荆襄，与湖广总兵官李震部抚河南副都御史王恕部三路会师于襄阳前线，准备对刘通流民军进行大举围剿。双方先后在房县城下、隘门关、梯儿崖、梅溪寺，夷陵州（今宜昌）的金竹坪、南漳县城、司空山、沙子岭、界山，保康县的大市坪、古路山，房县格兜山、后岩山等地展开激战。在第一阶段，双方互有胜负。至成化二年（1466年）闰三月，官军在房县后岩山击败了流民军。流民军战死1万多人，刘通等首领3 500余人被擒，流民军家属及子女亦有11 600余人被掳。一部分流民军在石龙、刘长子的率领下突围西走，转入四川境内。当年六月，刘通、苗龙等首领40余人被绞杀，大批被俘流民军亦被斩首。①

与此同时，突围的石龙等率领的流民军一部继续转战在四川东北部及川鄂交边的大昌、巫山、奉节、巴东、秭归、竹山、通明、巴山、东乡（今四川宣汉县）以及陕南的镇平、紫阳、镇巴等地，曾攻破大昌和巫山县城，在广大的秦岭大巴山区与官军周旋。坚持到成化二年（1466年）十月，这支流民军被官军瓦解。据文献记载："石和尚、刘长子以计脱走，深入险阻，抚宁（抚宁伯朱永）病愈，自领兵搜剿。有襄阳艾总旗者，隶都督喜信、指挥张英部下。一日，忽与刘长子遇，长子欲杀之，艾曰：'官军即寻石和尚，于你无干，你若能擒石和尚，必重有升赏。'约与同见张指挥，张备酒食慰劳，长子信以为然。遂入，乃擒石和尚出诣军前。"②

由于刘长子的出卖，石和尚被诱捕惨遭杀害。非常滑稽的是，身为叛徒的刘长子竟然在张英与诸将间相互猜忌、争功的斗争中，也被作为官军的俘获物，与石和尚一起行刑于市。

此后不久，群龙无首的流民军遭到官军的突然袭击，战死1万余人，包括刘通的妻子连氏、国师常通、给事中王靖、都司张石英等首领在内的数百人被俘。就这样，荆襄山区第一次流民起义便被官军镇压下去了。"荆襄山区第一次流民起义虽然失败了，但社会矛盾并未因此而消除，流民问题依然存在，流民仍在不断进入荆襄山区"。③

### 3. 荆襄流民第二次起义

时隔四年，就在成化六年（1470年），荆襄山区又爆发了第二次流民起

---

① 张建民著．湖北通史·明清卷．华中师范大学出版社，1999.06
② 彭时《彭文宪公笔记》
③ 张建民著．湖北通史·明清卷．华中师范大学出版社，1999.06

义。此次流民起义的首领是李原（绰号李胡子）、蒋虎、小王洪、王彪等人。李原本是河南新郑县农民，流亡荆襄，曾参加过刘通、石和尚领导的流民军。刘通、石和尚相继失败后，李原等人继续在山区流民间进行秘密活动，往来于湖北的南漳、房县，河南的内乡，陕西的渭南一带。另一头领王彪是陕西蒲城人，早年就曾经参与刘通部流民军，主要在陕南山区一带不间断进行小规模造反活动。

对于这次流民军的造反活动，历史上有较为清晰的记载："白圭既平刘通，荆襄间流民屯结如故，通党李胡子者名原，伪称太平王，与小王洪、王彪等掠南漳、房、内乡、渭南诸县，流民附贼者至百万。"① 另一记载指出："李胡子，新郑人，刘千斤余党也。千斤败，与其党王彪走免。纠合余党小王洪、石歪膊往来南漳、内乡、渭南间，复倡流民为乱，伪称太平王，立一条蛇、坐山虎等号，官军累捕不获，荆、襄、南阳为之骚然。"② 由此可知，这次起义的规模是相当大的，影响亦颇大。与前相同，汉江流域的河南的南阳，陕南的商州、南漳、竹山等地，依然是此次大规模流民军活动的中心地带。

就在成化六年（1470 年）十一月，明朝任命项忠为右都御史总督河南、湖广荆襄军务，调动京营等精锐部队及神枪火器等先进武器，特别是专门抽调永顺、保靖两地土司的苗兵来对付荆襄流民军。特别值得一提的是，在布置军事进攻的同时，项忠亦行分化瓦解流民的策略，以威胁、劝谕等手段促使流民离开山区，实际上是想以釜底抽薪之法，彻底解决流民起义问题。史载，在项忠的软硬兼施之下，到成化七年（1471 年）三月，"流民扶携老幼出山，昼夜不绝，计四十余万"③。至成化七年秋七月，山中流民"其有贯址姓氏者，谨依诏旨省谕遣散出山复业，陆续共九十三万八千余人，混处贼巢无籍检查四散奔走出山者，又莫知其数"④。

在另一方面，项忠有效调集官军、土兵共计 25 万，分 8 路进攻流民军。项忠等人奏称："其贼首小王洪有众五百，屯于均州龙潭沟；李胡子有众六百，屯于竹山官渡。官军分道首擒二贼，余多散亡，及诸军前后共斩首千级，并入山俘获胁附之党与族属老幼共二万八千七百余人……"⑤

在此之后，项忠与湖广总兵官李震等以为"余孽未尽"，再次率军进入山

① 《明史》（第 178 卷），"项忠传"
② 谷应泰：《明史纪事本末》（第 38 卷），中华书局，1977 年，第 564 页
③ 《明宪宗实录》（第 89 卷）
④ 《明宪宗实录》（第 93 卷）
⑤ 《明宪宗实录》（第 93 卷）

区深处竹山等地，分兵多路进行围剿，史称："凡省谕出山复业流民刘兴等五十万七千七百，擒获贼首王安、王通等二百八十六，斩首枭令者六百四十，减死充军并家属张凯等三万三百，夺获器仗共二千三百五十，马、骡、牛一千八百五十。"① 到成化七年（1471 年）年底，流民军首领李原等 23 人以谋反罪被凌迟处死，另有鄂福等 53 人问斩，家属配发功臣之家为奴。历时一年多的第二次荆襄山区流民起义亦以失败告终。②

与历次流民起义引发的社会矛盾不同，此次造成的动荡相当激烈。从前揭诸记载看，起义波及地区广大，影响人员众多，仅见诸项忠报告中被驱遣出山的流民人口即达 150 万左右，而未经官军检查、四散奔逃出山的不知其数，还有驱遣过程中以及战斗中被杀而死者，数量亦不容忽视。史载项忠等人行动过程中，"兵刃之加，无分玉石，驱迫不前，即草薙之，死者枕藉山谷。其解去湖、贵充军者，舟行多疫死，弃尸江浒，臭不可闻"③。

关于此次镇压流民军起义的烈度，可以在成化七年（1471 年）十二月吏部尚书姚夔等上疏弹劾项忠残酷行动的奏疏中见出："荆襄等处流民连被逐死者，无虑千万，甚伤和气，况所奏招出一百五十余万，已皆无家可归，不过逃死四散而已。"④ 由于历史上空前惨烈，前所未有地触及了人们对人性的反思和感怀，直到次年四月，兵科都给事中梁琛还在弹劾项忠等人的残忍滥杀行为，说项忠偏听检讨张宽、御史刘洁、总兵官李震等人，贪功要利，"所过州县，既捕无籍及为盗者，而见在附籍者不论久近，亦概逐之"；"又纵兵驱逼，略无纪律，以致怨声震天，肝脑涂地"⑤。死亡的人数不可低估。而为数巨大的出山流民无论去哪里，都将对地方社会经济造成不同程度的冲击；至于山区生产的破坏、开发的停滞，更在不言之中。⑥

贪官污吏们视战乱为自己发财的良机，而对于广大劳动人民来说，则无疑是一场浩劫。前揭梁璟劾疏中指出："刘洁贪婪素著，一善无闻，为（项）忠所诱。且其归时以所获人口、财物，枉道送家。及在叶县寄收男女三四十口，而所带子女财物尤多，议者纷纷，欲食其肉而后为快。"⑦

明中期发生的社会动荡远不止上述两次，仅荆襄山区就还有弘治三年

① 《明宪宗实录》（第 98 卷）
② 张建民著．湖北通史·明清卷．华中师范大学出版社，1999.06
③ 《明宪宗实录》（第 98 卷），成化七年十一月己未
④ 《明宪宗实录》（第 99 卷）
⑤ 《明宪宗实录》（第 103 卷）
⑥ 张建民著．湖北通史·明清卷．华中师范大学出版社，1999.06
⑦ 关于荆襄流民起义，参见赖家度《明代郧阳农民起义》，湖北人民出版社，1956

（1490 年），野王刚起事于竹山一带。正德三年（1508 年），蓝廷瑞、鄢本恕、刘烈、廖麻子等起事于川东北保宁，很快波及荆襄山区，持续 6 年之久。嘉靖八年（1529 年），杨文政等起事于陕南商南、湖北上津一带。嘉靖十九年（1540 年），竹山、竹溪等地流民又起，杀竹溪主簿张文英等，"猖獗一时"。隆庆元年（1567 年），保康县又被"流贼"洗劫，杀知县张士勋等。其他还有正德十一年（1516 年）贺璋、罗大洪聚众起事于嘉鱼、蒲圻等地；嘉靖三年（1524 年）麻城县万民福等伪造妖书惑众，招纳亡叛，谋划推翻明朝统治；嘉靖三年公安县"强贼"熊振昂等数百人流劫石首等县；嘉靖四年（1525 年）荆州府"流贼"邢文宪起事，等等。

另外，正德年间发生于河北的刘六、刘七领导的农民起义，也对湖北产生了广泛的影响。农民军多次来往、转战于湖北境内，特别是鄂东地区。如正德六年（1511 年）五月，河南盗乘舟入湖广，由应山破云梦，掠黄州。次年三月，刘六等又率部"攻焚蕲、黄等州县"①，　"由团风夺船溯流至夏口……既而贼焚劫汉口"②。闰五月，"贼自河南入罗田，转掠黄陂"。"流贼皆西北人刘六、刘七之党也，由兖豫历荆襄深入罗田劫掠，民逃深山，县治如洗。"③"盗越黄陂扰阳逻，执宪臣"，"刘七等驾船十三艘，自黄州下九江，经安庆、太平、仪真以达镇江，所过残掠"④。

# 三、反对矿监税使的斗争

"万历年间湖广发生的另一次值得一书的民变，是以城镇居民为主的民众反对税监的斗争。万历二十四年（1596 年）初，明神宗因三殿二宫所费不赀，向全国各地派遣了大批矿监税使，以征商开矿为名，大肆搜刮民间财富。矿监税使所到之处，横征暴敛，无恶不作，一开始就受到各地的抵制和反对。"⑤

万历二十七年（1599 年）初，内官陈奉被派到湖北荆州等地征收市税。

---

① 《明武宗实录》（第 75、85 卷）

② 《明武宗实录》（第 87 卷）

③ 《明武宗实录》（第 88 卷）；嘉靖《罗田县志》（第 7 卷）

④ 《明武宗实录》（第 88 卷）；嘉靖《罗田县志》（第 7 卷）

⑤ 张建民著．湖北通史·明清卷．华中师范大学出版社，1999.06

他假皇帝诏谕，"水陆车船，搜肉见骨，下至鸡豚蔬果之属皆遭攘夺"①，甚至网罗民间恶少为羽翼，到处敲诈勒索，奸淫妇女。或指某家墓地有金可采，或诬某家藏有非法御用之物，迫使其倾家荡产行贿税监，以求免祸。除荆州、武昌、汉阳等地外，其他各地亦大多类似。"又于诸郡邑布列征税官，虽小市亦有五六人。其曹数十人，朝为慵屠，夕即冠进贤冠，建高车黄盖，出入里闸，轩轩然直撞入郡县，建鼓至堂皇，稍与抗即告之奉，奉上疏以抗旨逮"。②

据张建民先生分析，因为有皇帝为他们撑腰，所以陈奉等税使矿监所以敢横行无忌。对于矿监税使们的恶行，不少官员曾经从稳固王朝统治的立场出发，上疏请求万历皇帝加以制止，甚至对他们采取软抵硬抗态度。万历二十八年（1600年）初，湖广巡抚支可大鉴于"楚地辽阔，民情犷悍，易动难安。近自采木派饷，又益抽税开矿，追取黄金，搜括积羡，小民赔累不堪，嚣然思乱"③ 的局面，请求将荆州、襄阳 2 府税银仍听税监征收，而其余 13 府 2 州税银，照山东、河南所行近例，委托地方有司代征而后解送税监，将税监有关参随人员全部撤回。当年七月，湖广巡按王立贤上疏参劾陈奉贪纵暴虐，激变地方，"乞皇上俯念根本重地，亟召还（陈）奉，别选中官老成谨厚者以代其任"④。其结果皆是"不报"。

此等行径，无不令有识之士拍案而起。万历二十九年（1601年）初，兵备金事冯应京上疏参劾陈奉肆行不法九大罪状。但油滑世故的陈奉反参冯应京故违明旨，阻挠税务。结果，冯应京被逮系狱 4 年，放归后不久去世。当冯应京被劾去任之日，"小民家家痛哭，追送应京"⑤，民心所向甚明。遗憾的是，万历皇帝及陈奉等人仍一意孤行。

对此，张建民先生深入研究指出，冯应京并非第一个，更非唯一因参劾陈奉、反对矿税而获罪的湖广官员。此前，万历二十七年（1599年）八月，"以湖广税监陈奉奏，切责按臣曹楷阻挠，降知府李商耕、赵文焕、知州高则巽各一级，逮推官华钰、经历车任，从重究问"。万历二十九年（1601年）二月，陈奉又奏参"楚臣上下朋谋，措勒清查钱粮，乞行严究"。结果，力阻开矿的枣阳知县王之翰和襄阳府通判邸宅被革职为民。后来，王之翰竟被下狱拷打致死。襄阳府推官何栋如着锦衣卫星夜扭解来京治罪，且颁谕旨云：

---

① 《明神宗实录》（第206—208卷）。参见朱国桢《溺幢小品》及陈诗《湖北旧闻录》（第24卷），第944—945页

② 《道听录》，转见洪良品《湖北通志余》第3册

③ 《明神宗实录》（第349卷），万历二十八年七月戊午

④ 《明神宗实录》（第358卷），万历二十九年六月壬午

⑤ 《明神宗实录》（第358卷），万历二十九年六月壬午

"如再有不遵的，参来重治不饶。"接着，又有武昌府同知卞孔时于矿税事务抗违怠玩，被降一级调任；吏科都给事中郭如星等因参劾湖广巡抚支可大、赵可怀纵容、庇护陈奉而被降调边方杂职，不许朦胧推升①。

对于陈奉等税官在各地的恶行，湖北官民上下，几乎众口一词，连不无庇护之意的巡抚支可大亦不得不承认"（陈）奉肆行已极，民怨日深"②。大学士沈一贯也深知湖广地方"不独省城，即通省无不怨奉"③。与陈奉同为御马监监丞的李道，在江西湖口等地督理征税事务，对陈奉在楚省的所作所为的评价是：奉之在楚也，水则阻塞舟商，陆则拦截贩贾，所辖十五府，官尽与为寇仇，周历数千里，民咸剥其肤肉。④ 万历二十九年（1601年）六月，"武（昌）汉（阳）黄（州）等府州县耆老李之用等言：'冯应京之忠节，陈奉之贪墨，皆不可枚举。应京遭诬被逮，百姓如失慈母，万身难赎，不远四千里哀呼奔随，乞命于皇上之前，乞宥应京而重处奉。'"⑤

让人特别不解的是，对于地方官民对陈奉的弹劾，万历皇帝一概不予理睬。相反，如前所述，陈奉对不阿附于己的地方官之参劾，却每次都很快准允，信之不疑。遭陈奉诬陷而被逮问的襄阳府推官何栋如曾上疏奏辩，结果遭到更重的处罚。万历皇帝以为"何栋如既奉旨拿问，自当席藁待罪，静听处分，乃敢逞臆饰词强辩，好生可恶。本当轻处，还拿送镇抚司好生着实打问了来说，不许疑畏卖法"。冯应京邸宅等都曾得到万历皇帝的如此待遇。值得注意的是，似乎在内官李道前揭关于陈奉恶行的报告之后，陈奉就被谕旨召回听候处分了。

与官方的步伐几乎同时，民间反对陈奉等矿监税使的斗争，自万历二十七年（1599年）就已经开始了。据《道听录》记载："万历二十七年十二月，武昌、汉阳民变，击伤税使陈奉。"《明神宗实录》对此亦有反映。湖广巡抚支可大的奏报中提到，因不堪矿税搜括，"武昌、汉阳土民数百奔赴抚按，击鼓声冤，旋噪税监门，拥众攻打"。⑥ 只是没有言明陈奉受伤与否。

万历二十八年（1600年）二月，内阁大学士沈一贯题本指出："陈奉入楚，始而武昌一变，继之汉口，继之黄州，继之襄阳之光化县，又青山镇，阳逻镇，又武昌县，仙桃镇，又宝庆，又德安，又湘潭，又巴河镇，变经十

---

① 《明神宗实录》（第338、356、357、362卷）

② 《明神宗实录》（第357卷），万历二十九年三月甲子

③ 《明神宗实》（第358卷），万历二十九年四月壬午

④ 《明神宗实录》（第358卷），万历二十九年四月乙酉

⑤ 《明神宗实录》（第360卷）

⑥ 《明神宗实录》（第360卷）

起，几成大乱。"① 由此可知，在万历二十八年（1600年）二月之前，湖广就发生过公开反对矿监税使的民变十数次，其中在今汉江流域者有数次之多。这表明当时矿税一事在汉江流域贻害至深、为害之广，同时也遭到了民间的普遍反对。

令人发指的是，万历二十九年（1601年）正月，陈奉宴请地方官员，用甲士上千人自卫，并发射火箭焚烧民居，激起民愤，民众群集陈奉门前抗议。陈奉却派人袭击人群，打死多人，且碎尸抛掷于道。冯应京上疏参劾陈奉十大罪状（或云九大罪状），请依法严惩。陈奉反诬奏冯应京违抗圣旨，阻挠税务。冯应京先被降杂职调用边方，后因科道官如给事中田大益、御史李以唐、都给事中杨应文等交章参劾陈奉，疏救冯应京，万历皇帝老羞成怒，命令将冯应京与襄阳府通判邸宅、枣阳知县王之翰等一并逮京问罪。

"万历年间发生的朝廷纵使矿监税使四出搜刮及各地反对矿监税使的斗争，在一个层面上反映出明王朝统治的腐朽和没落，也在一定程度上显示出明王朝行将衰亡的命运。正如当时吏部尚书李戴等针对矿监税使之害所指出的：'今闾阎空矣，山泽空矣，郡县空矣，部帑空矣，国之空虚如秋木脉液将干，遇风则速落。民之穷困如衰人血气已极，遇病则难支。'"②

① 《明神宗实录》（第350卷）
② 张建民著. 湖北通史·明清卷. 华中师范大学出版社，1999.06

# 第六章　李自成转战汉江之滨

　　明朝末年，政治腐败，灾害频繁，民不聊生，各地的起义、暴动此伏彼起，最后形成了各自以李自成、张献忠为首领的两支农民起义军。这两支起义军分别建立了大顺、大西两个农民起义政权，在全国范围内掀起了一场轰轰烈烈的反对明王朝统治的斗争，而在汉江流域则掀起了波澜汹涌的起义狂涛。

## 一、明末李自成农民起义始末

### 1. 李自成的家世与早年坎坷

　　李自成，万历三十四年（1606 年）八月出生在米脂河西 200 里的李继迁寨，距他的老家长峁鄢 60 多里（两地现均为横山地）。李自成的祖籍是米脂县李家站，在米脂县殿市镇有个村落，名叫李继迁村，当地人也叫做李家站，村里的人代代口口相传，是李继迁的后人。

　　李自成先祖由甘肃太安迁入陕西省米脂县李家站（西夏李继迁兵站）居住。其祖父李海因生活所逼，迁至原米脂地长峁村。人们所说李自成"生在李继迁寨，长在长峁村"，即指的是这段事。《米脂县·李自成族裔考》中记载到："自成籍本县太安里二甲，世居北乡，距城七十里海会寺沟之李家站。"

　　《米脂县志》记载："米脂李姓，分太安里二甲李氏和永和石楼李氏。一支是太安里二甲，李自成家庭属太安里二甲，明代前由甘肃太安里迁徙来。而另一支李氏是由山西永和石楼县迁移到米脂的，二支李氏不属于同宗同室。太安里二甲的李氏，是一大族，遍及米脂城乡各处。"李自成家庭属太安里二甲，明代前由甘肃太安里迁徙来到李家站。而这个李家站正是当年党项拓拔平夏部从甘肃东迁后居住的地方。

　　青壮年时期的李自成命运多舛，处处遭遇坎坷。李自成少年喜好枪马棍棒。父亲死后他去了明朝负责传递朝廷公文的驿站当驿卒。明朝末年的驿站制度有很多弊端，明思宗在崇祯元年（1628 年）对驿站进行了改革，精简驿站。李自成因丢失公文被裁撤，失业回家，并欠了债。同年冬季，李自成因缴不起举人艾诏的欠债，被艾举人告到米脂县衙。县令晏子宾将他"械而游于市，将置至死"，后由亲友救出。当年年底，李自成杀死债主艾诏。不久，因妻子韩金儿和村上名叫盖虎的通奸，李自成又杀了妻子。由于两条人命在身，官府不能不问，吃官司不能不死，于是就同侄儿李过于崇祯二年（1629年）二月到甘肃甘州（今张掖市甘州区）投军。当时，杨肇基任甘州总兵，王国任参将。李自成不久便被王国提升为军中的把总。同年在榆中（今甘肃兰州榆中县）因欠饷问题杀死参将王国和当地县令，发动兵变。①

**2. 李自成辗转征战，百折不挠**

崇祯三年（1630 年），李自成率众投农民军首领不沾泥，继投高迎祥，号八队闯将。崇祯六年，在农民军首领王自用病卒后，收其遗部 2 万余人。后与农民军首领张献忠等合兵，在河南林县（今林州）击败明总兵邓玘，杀其部将杨遇春，随后转战山西，陕西各地。

崇祯七年，连克陕西澄城，甘肃乾州（今乾县）等地，后于高陵，富平间为明总兵左光先击败。崇祯八年，李自成率部与各路农民军首领聚会河南荥阳，共商分兵定向之策。遂转战江北，河南，又入陕西，在宁州（今甘肃宁县）击杀明副总兵艾万年等。随即又在真宁（今正宁西南）打败明军，迫使总兵曹文诏自杀。

崇祯九年，高迎祥被俘遭明军杀害后，李自成被推为闯王。他率领义军"以走致敌"，采取声东击西，避实击虚的战法，连续攻下阶州（今甘肃武都），陇州（今陕西陇县），宁羌（今宁强）。旋兵分三路入川，于昭化（今广元西南），剑州（今剑阁），绵州（今绵阳）屡败明军，击杀明总兵侯良柱。

崇祯十年冬，李自成围攻成都多日未克，后折师梓潼，迎战明总兵左光先、曹变蛟失利。于是分道返陕，移师潼关，途中遭明军伏击，将卒伤亡散失甚众，李自成率部将刘宗敏、田见秀等 18 骑隐伏于陕西商洛山中。不久，亲赴湖北谷城，鼓动已经被明廷招抚的张献忠参加义军，使起义军力量大增，声势大振。

崇祯十二年，李自成与复起的张献忠合兵攻破竹溪，移师截断明军粮道。

---

① 范文澜《中国通史简编》，《农民大起义》，人民出版社，1952，6

随后又协助罗汝才于香油坪击败明总兵杨世恩部。

崇祯十三年，由于被明总兵左良玉重创于房县，李自成又重入河南，攻破永宁（今洛宁），斩杀万安王朱采㙉。同时又与当地农民军首领一斗谷合兵，兵众达数十万之多，旋即攻克宜阳。大军前进到达卢氏县，俘获当时高士牛金星，李自成接受属下献策，礼贤下士将牛金星用为谋士。同时，顺应时势，又坚决果断地采纳了李岩均田免赋的策略，深得民众拥护，所到之处，人民欢欣鼓舞，竞相高歌歌谣"迎闯王，不纳粮"①。

崇祯十四年春，李自成率领义军移师围洛阳，得到明朝守军策应攻破城防，杀死万历皇帝的儿子福王朱常洵，从后园弄出几头鹿，与福王的肉一起共煮，名为"福禄宴"，与将士们共享，并号称"奉天倡义文武大元帅"。之后李自成乘胜挥师，在一年半之内三围省城开封未果，最后一次1642年黄河决堤冲毁开封。然后便向南奔袭邓州，并在邓州与脱离张献忠的罗汝才合军，兵众号称百万。乘着明军四路向河南新蔡、项城调集，李自成派遣精兵在中途伏击，致使明军阵乱败逃，明总督傅宗龙在项城被活捉处死。10月在河南郏县败明陕西巡抚孙传庭。②

### 3. 李自成一路北上，称王称帝

1643年1月李自成在襄阳称"新顺王"。3月，杀与之合军的农民领袖罗汝才。4月杀叛将袁时中。5月张献忠克武昌建立"大西"政权。10月，李自成攻破潼关，杀死明军督师孙传庭，占领陕西全省。1644年1月李自成在西安称帝，以李继迁为太祖，建国号"大顺"。

崇祯十七年（1644年）1月李自成东征北京，突破宁武关，杀守关总兵周遇吉，攻克太原、大同、宣府等地，明朝官吏姜瑞、王承胤纷纷来降，又连下居庸关、昌平，三月十七日半夜，守城太监曹化淳率先打开外城西侧的广宁门，农民军由此进入今复兴门南郊一带。三月十八日，李自成派在昌平投降的太监杜勋入城与崇祯秘密谈判。据载，李自成提出的条件为："闯人马强众，议割西北一带分国王并犒赏军百万，退守河南……闯既受封，愿为朝廷内遏群寇，尤能以劲兵助剿辽藩。但不奉诏与觐耳。"③ 双方谈判破裂。三月十九日清晨，兵部尚书张缙彦主动打开正阳门，迎接刘宗敏率领的大军，崇祯皇帝闻讯之后，在景山煤堆自缢，李自成下令予以"礼葬"，在东华门外设厂公祭，后移入佛寺。二十七日，葬于田贵妃墓中。李自成入住紫禁城，

① 《明史·李自成传》
② 范文澜《中国通史简编》，《农民大起义》，人民出版社，1952，6
③ 《小腆纪年附考》（卷4）

封宫女窦美仪为妃。大顺军进城之初京城秩序尚好，店铺营业如常。但从二十七日起，大顺军开始拷掠明官，四处抄家，规定助饷额为"中堂十万，部院京堂锦衣七万或五万三万，道科吏部五万三万，翰林三万二万一万，部属而下则各以千计"，① 刘宗敏制作了五千具夹棍，"木皆生棱，用钉相连，以夹人无不骨碎"。城中恐怖气氛逐渐凝重，人心惶惶，"凡拷夹百官，大抵家资万金者，过逼二三万，数稍不满，再行严比，夹打炮烙，备极惨毒，不死不休"，谈迁《枣林杂俎》称死者有 1600 余人。李自成手下士卒抢掠，臣将骄奢，"杀人无虚日，大抵兵丁掠抢民财者也"。② 四月十四日，西长安街出现告示："明朝天数未尽，人思效忠，定于本月二十日立东宫为皇帝，改元义兴元年。"③ 十三日，由李自成亲率十万大军奔赴山海关征讨吴三桂。

### 4. 李自成失手吴三桂，败亡通城山

1644 年四月二十一日，李自成与驻守山海关将领吴三桂进行一片石战役。战至四月二十二日，吴军渐渐不支。吴三桂乃降于清朝摄政王多尔衮，两军联手击溃李自成，主将刘宗敏受伤，李自成急令撤退。二十六日李自成逃到京城，仅三万余人，二十九日李自成在北京称帝，怒杀吴三桂家大小 34 口，次日逃往西安，由山西、河南两路撤退。临行前火烧紫禁城和北京的部分建筑，七月渡黄河败归西安，不久，弃西安，经蓝田，商州，走武关。由于南明弘光帝朝廷的建立和大顺军的节节败退，很多投降大顺的原明朝将领复投南明或清朝，李自成于是疑心日盛，终于妄杀李岩等人，致使人心离散。④

顺治元年（1644 年）十二月，清军出击潼关，大顺军列阵迎战，清军因主力及大炮尚未到达，坚守不战。顺治二年（1645 年）清军以红衣大炮攻破潼关，李自成采避战的方式流窜，经襄阳入湖北，试图与武昌的明朝总兵左良玉联合抗清，左良玉东进南京去南明朝廷"清君侧"征讨马士英病死途中。4 月李自成入武昌，但被清军一击即溃。5 月在江西再败，于 1645 年在湖北通城山遭遇当地地方民团武装伏击，神秘消失。一说李自成辗转到湖北石门县夹山寺隐居为僧，号"奉天玉和尚"，69 岁圆寂。李自成退出大顺历史舞台后，30 万余部先后在李过、李来亨等人的领导下，继续李自成的事业，与南明抗清将领何腾蛟等联合，坚持抗清斗争 18 年，直至 1665 年在清朝统治者的镇压下才彻底失败。

---

① 《明史·李自成传》
② 谈迁《枣林杂俎》
③ 《明史·李自成传》
④ 范文澜《中国通史简编》，《农民大起义》，人民出版社，1952，6

## 二、闯王李自成七进七出商洛山

在举世闻名的明末农民起义领袖李自成南征北战、坎坷峥嵘的起义历程中，汉水流域都占有重要的政治、军事地位，与其结下了难分难解的复杂关系。

据徐新荣先生研究，李自成先后"八进八出"转战隐伏商洛山，屯兵整军，操戈秣马，振奋军威，汉水流域的商洛成了他推翻明王朝隐伏复兴之地。

### 1. 一进一出商洛山

明崇祯六年（公元1633年）十二月初，李自成率农民军十万余众，破河南伊阳、卢氏、洛阳、新野等州县之后，乘势前进，遍达新安、陕州、灵宝、信阳、淅川、内乡等州县。当月下旬又进击湖广的郧阳地区，破上津。紧接着分兵五路进军商洛，经山阳漫川、中村，直扣武关（今丹凤县辖）迤西屯集百余里，连克山阳、商南、商州，俘商州防守阎调化。阎调化被扣押三日后死亡。自成又进景村（洛南县辖）直逼洛南县城，沿路战杀南河司巡检段文采，大有入秦入蜀之势。明川、秦、楚三省告急。陕西巡抚练国事急发商州都司解文英、游击郑嘉栋等星夜驰援，又着原任守备弥孕远、标兵中将守备史大勋统领韩城、合阳营兵七千余人，自西安赶赴商洛。起义军一部舍洛南，取卢氏，经汝州至光化。自成率军与其侄李过（一只虎）及顾君恩、高杰遂弃商洛入湖北郧阳。[1]

### 2. 二进二出商洛山

明崇祯七年（公元1634年）五月，明王朝五省总督陈奇瑜，从郧阳飞马奔驰到达均州，着眼各省明军节节布防的部署。六月，陈奇瑜与郧阳抚治卢象升在郧西上津会师，对李自成率领的义军进行凶猛围剿。明王朝大军压境，气焰凶悍，为避开明军的锋芒，义军于是实施了主动的战略转移，全部撤退到商洛山中。随后又迅速撤出商洛，途经汉中栈道，随后千里远驰，进入陕西凤翔、宝鸡一带，粉碎了明王朝大军的又一次围剿。[2]

### 3. 三进三出商洛山

明崇祯八年（公元1635年）正月，高迎祥、李自成农民军发展迅猛，声

① 《商州志》（卷14），《纪事》

② 《明史·李自成传》

势浩大，在战场上由战略防御转入强劲反攻，在河南连克上蔡、氾水、固始、荥阳等地，威名大震。正当此时，明王朝命总督洪承畴出潼关，会同山东巡抚朱大典东西夹击汇集在河南地区的义军。高迎祥、李自成、张献忠、罗汝才等率领的义军部将聚会于荥阳，商讨对敌作战方案。李自成提出"联合作战、分兵迎敌"的主张，得到大家的赞同，于是义军决定分兵四路进攻明军，进展顺利。但不久，张献忠与李自成因意见不合而导致分裂，两支大军分道扬镳，各奔东西。高迎祥、李自成率领义军由河南进入陕西洛南，经过商州，西出镇安，然后进入汉中。这是李自成三进三出商洛山。①

### 4. 四进四出商洛山

明崇祯九年（公元 1636 年）三月初，闯王李自成率闯塌天、蝎子块等五千余人马在光化的羊皮滩渡过汉江，自江北进入河南，再经过归德到达新野，一路转战到了商州。不久，就与驻守在商州城东的爬楼山（今东龙山）的明军发生激战，义军交战失利。在撤退到洛南途中，又再次遭遇明军四川总兵杨玉振。双方在梁原展开大战，杨玉振被打死，杨玉振所带来的三千蜀兵被李自成消灭。为了避免明王朝大军的报复，李自成迅速带领大军翻越秦岭经蓝田去延安。这是李自成四进四出商洛山。②

### 5. 五进五出商洛山

崇祯十一年（1638 年）十月初，李自成率领义军在汉中休整数月。为了打开局面，绕道至潼关南原，准备扫荡中原。途中遭遇明王朝三边总督洪承畴和陕西巡抚孙传庭伏击。在义军没有任何防备的情况下，明王朝大军伏兵突然尽起，被洪承畴和孙传庭的部队前后合围，义军兵马损失惨重，被打得大败。激战中，李自成与其妻女失散，仅率刘宗敏、田见秀、高一功、李过、满天星（尹世才、周清、高汝励）、过天星（惠登相）、袁宗弟、扫地王（张一川）、郝摇旗、白鸠鹤、蝎子块（拓养坤）、刘体纯、蔺养成、闯塌天（刘国能）、一斗谷等十八骑突出重围，飞奔数百里，退隐到商洛山。③

李自成等人先在洛南石门杜家寨栖息休整后，便聚集部分溃散将士到商州野人沟、麻街、马莲峪、熊耳山一带隐匿。在隐伏商洛山期间，李自成终日修文习武，总结经验，观察风云，等待时机，东山再起。在谭吉璁撰《延绥志》中记载了李自成当年的生活情景和精神状况："自成在商洛山中，昼则射猎，夜则读书。"他曾经勉慰部将高一功说："西汉沛公百战百败而得天下，

---

① 《商州志》（卷 14），《纪事》

② 《明史·李自成传》

③ 《商州志》（卷 14），《纪事》

尔亦知之乎！"① 希望以此安抚军心，鼓舞将士志气。著名作家姚雪垠在《李自成》一书中收录了一首据称是李自成当时抒发抱负的军旅七绝："收拾残破费经营，暂住商洛苦练兵。月夜贪看击剑晚，星辰风送马蹄轻。" 期间既有对李自成商洛整军艰苦岁月的生动写照，又表现出他并不因受失败惨重而灰心丧气，意志愈坚，决心与明王朝血战到底的英雄气概。②

　　不久，李自成得知张献忠在谷城再次发动起义，罗汝才等闻风而动，群起响应，便重整旗鼓，公开打出旗号，招兵买马，占据麻街岭东侧"鼎龙山"修筑寨栅，把"鼎龙山"，构筑修建得坚固异常，壁垒森严，做防御准备。自此以后，这里便成为李自成隐伏商洛山安营扎寨的寨堡，成为一块进可攻、退可守的战略要地。后来人们称"鼎龙山"为"闯王寨"。③

　　崇祯十二年（1639 年）六月，李自成经过整军，练兵数月，队伍不断壮大，不久便开始同明军官府再起战火，对明官府进行大反击，并旗开得胜，连战连捷，军威大振。此年冬，明王朝参将郑国栋、都司艾文彬合兵夹击义军，同李自成在商州军岭川展开大战。由于双方兵力悬殊，义军不支，李自成遂撤军东进。途经棣花镇（今丹凤县辖），烧毁了一家地主庄院，并在烧毁的残垣上大笔挥下："偌大的院子，偌大的房，为啥不给闯王留升颗之粮，解气烧了你的房。李自成。"然后李自成继续退军直到商南，驻扎富水镇南"九里十三寨"，指挥部设在主寨"金钟山"。其余各寨设"铁匠营"、"将军营"、"后营"和"擂鼓营"。驻扎该寨期间，李自成娶寨西王家楼村王氏女为妻，众将尊称王娘娘，并在寨上生得一子。后人便把"金钟山"改为"生龙寨"。现有一尊石碑流传至今。王娘娘后被明军所杀。《商南县志》亦有"入寨生龙，李自成妄称诞子"的记载。其间，李自成计收"李三蛮"（原丹凤棣花镇人，因官司迁住商南清油河居住）弟兄三人（三思，三靠、三让）为部将。"三蛮"跟随闯王征战，屡建战功。闯王进京推翻明王朝登基之后，为其封官，"三蛮"不应，辞别回商种田。次年春，李自成从商洛出征东下，进河南入内乡、淅川一带。这是李自成五进五出商洛山。④

## 6. 六进六出商洛山

　　崇祯十三年（1640 年）七月初，李自成从湖广胡其里落败后，于十三日进抵安康洵阳，游弋往返于安康平利一线。明王朝巡抚杨嗣昌火速命令秦陕

①　谭吉璁《延绥志》
②　《商州志》（卷14），《纪事》
③　《商州志》（卷14），《纪事》
④　《商南县志》

巡抚丁启睿进击李自成。经过多日的往来拉锯交战，李自成率军于八月初转入镇安一带。这时，明王朝秦陕巡抚丁启睿在北边据险而待，一代名将左良玉在南边牢牢地控扼着武关（今丹凤县辖），李自成前后受阻，只得整军以待。直到当年十一月，张献忠、罗汝才联军自川北折还，杨嗣昌防其袭击走川东一路，便檄令左良玉西行追击。左良玉为了应付起见，只能做做姿态。李自成乘左军略为移动之际，遂于十一月十七日率五百余骑衔枚疾走，经过商州，飞奔到棣花，然后闯过龙驹寨，突破武关，绕道商南突破重围而出，前哨至淅川，二十二日全部撤出商洛到内乡一带。这是李自成六进六出商洛山。①

### 7. 七进七出商洛山

崇祯十六年（公元1643年）十月，李自成在巴西鱼腹山被明王朝大军围困受挫，轻骑突出重围，一路奔逃经郧县进入山阳、镇安。十月八日分遣右营制将军锦侯袁宗第、果毅将军光山伯刘体纯以及白鸠鹤、蔺养成，由宛邓抵商州。当月十二日，前锋达商，在城西闯王寨安营扎寨。当月十三日，大兵尽至围州城三日，城内官军炮矢俱尽，陕西布政司右参议兼理商州道黄世清命城中归女取街道铺路石为武器，负隅顽抗，最终无济于事。当月十五日中午，义军一举拿下州城。黄世清退至州衙门，被义军擒获杀死。署州事同知周文炜、学正杨条、训导王猷、中军守备王烈等拒降，也一起被杀。当义军将领袁宗弟巡游到城内东背街一家官宦邵公坤家时，逼邵投降，邵家兄弟邵公巽、公齐、公量等，同声谩骂拒绝投降；义军举刀威吓，全家骂不绝口，义军一怒之下，杀邵公坤一家十八口（事过之后，邵家亲族收拾遗骨合葬，并勒石碑作念。现有石碑尚存）。② 商州城破后，义军势如破竹，向北又进攻洛南，不久再破临潼。明王朝关中州县无不土崩瓦解。义军以破竹之势一时席卷河南省黄河以南五府七十八州县，同时又攻取荆襄诸府，与河南联成一片，直到崇祯十七年（公元1644年）正月初一，李自成在西安称王、国号大顺，建元永昌。二月，自成统兵从西安出发，东渡黄河入山西，克太原，长驱直入居庸关。这是李自成七进七出商洛山。③

### 8. 八进八出商洛山

李自成进入北京后，一些将领以为大功告成，昏昏然不可终日，纵色情，乱军纪。当时，明将吴三桂据守山海关，勾结清军，引狼入室。李自成不听

---

① 《明史·李自成传》
② 《商州志》（卷14），《纪事》
③ 《明史·李自成传》

忠言谏阻，率军东征战斗失利，返回北京，仓忙登基武英殿，仅四十二天，因清兵袭击不得已而退出北京，撤离南下至西安。直到顺治二年（公元1645年）正月，因战局不利，李自成又不得不退出西安，又经蓝田，走商州，过龙驹寨，出武关，入襄阳，奔往湖广、武昌。这是李自成八进八出商洛山。①

# 三、李自成在汉江上下的起伏跌宕

## 1. 起义军的汉中诈降突围

崇祯七年（1634年）春，陈奇瑜凭借五省军务总督的身份，下令调集各路官军在河南陕州（今陕县）会师，然后移师南下，向湖北均县、竹山一带的李自成起义军进剿。为了避其锋芒，李自成、张献忠率部向西进入陕西。陈奇瑜由于在河南、湖广地区打了几次胜仗，又见义军纷纷向陕西、四川转移，就以为起义军已经溃不成军，不是自己的对手了。当他得到李自成、张献忠等部转移到陕西的消息以后，就尾随而来，打算一举消灭这股农民武装。起义军走到汉中栈道地区时，误入险地。这里山高路陡，居民稀少，峡谷两岸山势险峻，两壁矗立，长约四十里，加之当时天气反常，连阴雨四十余日不晴，道路泥泞难行，弓矢胶弦俱脱，"弩解刀蚀，衣甲浸，马蹄穿，数日不能一食"。②加之出口被明军把守得严严密密，义军供给不济，粮草几尽，一时间大军疲惫不堪，人马伤亡减员过半，又有官兵追赶，首尾不能相顾，难以应战。李自成、张献忠等部数万人几乎面临绝境。在万分危急情况之下，为了摆脱这种困难局面，起义军首领李自成等决定采取伪降手段。他们下令把军中缴获所得金银财物集中起来，派人"入奇瑜营，遍贿左右"。官军本来就贪生怕死，不愿与义军打硬仗；得了贿赂以后就更加极力主张招抚。陈奇瑜也判断义军是在走投无路情况下才真的投降，自己不费吹灰之力就可大功告成，因此也同意招抚义军。他的这个报告也得到了朝廷兵部尚书张凤翼的支持。经崇祯皇帝亲自批准，这年六月，陈奇瑜代表政府同义军达成了招安协议：由陈奇瑜按起义军战士数目，每一百人派一名安抚官加以监视，负责遣返原籍安置；所过府县由当地政府供应粮草；同时下令官军停止进兵，以免发生冲突。③

---

① 《明史·李自成传》
② 《明史·李自成传》
③ 郭鹏《李自成张献忠起义军转战汉中》，《汉中志》

史料记载，当时义军开报的受抚人数有四万多名。于是义军"乃整旅出栈，与奇瑜兵揖让酗饮，易马而乘，抵足而眠。贼之无衣甲者皆整矣，无弓矢者皆砺矣，数日不食者皆饱腹矣"。[①] 义军将士用这种办法巧妙地渡过了难关，就在一天夜间，义军秘密串通，一起行动，"尽缚诸安抚官，或杀、或割耳、或杖责、或缚而掷之道旁。攻掠宝鸡、麟游等处，始纵横不可制矣"。[②] 陈奇瑜这时才如梦初醒，自知闯下了大祸，但已悔之晚矣。他先推罪于宝鸡知县李嘉彦，说他阻挠抚局，杀降激变；然后又把责任推给陕西巡抚练国事。朱由检不了解实际情况，又因这次招抚是自己批准的，出于护短的心理，先后下令逮捕了李嘉彦、练国事等人，命李乔接任陕西巡抚。不久，由于给事中顾国宝和陕西巡按傅永淳等人，纷纷上疏指责陈奇瑜主抚误了大事，朱由检才决定将陈奇瑜革职拿问。

汉中诈降突围，是明末农民起义多次诈降中的一次较大的诈降。在这次诈降之前，发生在崇祯六年冬的河北武安的诈降，使起义军得以偷渡黄河，实现了千里跃进；而在崇祯七年的汉中诈降，则使一支以李自成为首的农民武装的主力挫败了陈奇瑜部署的围剿，避免了覆灭的命运。可见，学术界某些把起义农民作为斗争策略的诈降，一概说成是"动摇"、"叛变"、"投降"的做法是不足取的。

汉中也是李自成、张自忠所率义军的龙腾虎跃之地。明崇祯七年（1634年）二月，陕北农民起义军张献忠部进入汉中，歼灭明将杨芳所部，然后转战于西乡南山一带。

同年，陕北农民起义军的另一支人马，进入四川后又北渡利州河（今四川广元），转回汉中，屯兵在阳平关、白水关等险要关隘，同时数万大军进驻宁羌州。明王朝三边总督洪承畴经汉中北行到褒城青桥驿（今留坝县境）得知军情后，率领大军向西行进，增援汉中官军，义军随之向巩昌转战（今甘肃陇西）。次年二月，张献忠部攻克宁羌州杀死了知州周应泰、指挥同知王履泰、镇抚曹云梯，全歼守军之后，义军立即向陇南转战，让随后赶到的洪承畴捕风捉影、望尘莫及。

崇祯九年，义军高迎祥部，号"一条龙"，统兵围攻西乡县城，历时三月，未克而去。同年五月，明三边总督洪承畴遣总兵柳绍宗自徽州往略阳进剿李自成。九月，李自成、"过天星"、"混天星"等十几支义军自秦州（今

---

① 《明史·李自成传》
② 《明史·李自成传》

天水）出发，取道徽州、略阳，向汉中进军，一路声势震天。①

崇祯十年（1637年），"闯王、过天星等与官兵相持于甘肃阶州、成县山中七八个月。至九月，李自成、过天星、混天星等十几支起义军从秦州出发，取道徽州、略阳，向汉中进军。朝廷急调总兵曹变蛟赶赴汉中，于夜间进入汉中府城。九月二十六日，义军不知官军增援部队已赶到，以为汉中府守御单薄，贸然攻城。曹变蛟不动声色，等到义军冲到城濠附近时，突然雷鼓喧天，旌旗山立，矢石如雨而下。"② 义军措手不及，大败。汉中失利后，李自成、过天星等首领决定率部南下四川。十月，李自成、"过天星"、惠登相率张天琳、郭汝盘、高汝砺、高迎恩等组成九部联军先破陕西通往四川的咽喉宁羌（今宁强县城），处死明王朝指挥徐大行，然后兵分三路进入四川，一路由黄坝驿七盘关攻朝天；一路由黎子口入麦子坪；一路由阳平关袭青坪、土门塔，转入白水。三路大军，声势浩大，让住守明军神魂不安。义军进川后如入无人之境，明地方官吏望风而逃。明四川总兵侯良柱被击毙于梓潼县。短短一个月内，李自成等部连克昭化、剑州、什邡、汉州等州县县城30多座。

崇祯十一年（1638年）二月，起义军分路突破官军阻截，又出川北上。李自成部"争世王"、"过天星"、"混天星"等取道汉中阳平关、略阳、北经平凉、庆阳，折回陕西。

崇祯十三年（1640年），张献忠部过剑门关，经广元，直趋汉中阳平关，蜀总兵赵光远防守甚严，义军攻而不克，复入西川。

崇祯十六年（1643年），李自成部田见秀由秦岭南冲出汉中，先是攻破城固县城，杀死司五教。据《汉中府志》载："司五教，直隶内黄人。时李孽田见秀至邑，索印，五教坚志求死不与，急索之，五教抗骂不屈，贼寸磔于街。后奏闻，荫祀名宦。"接着，又攻破汉中城，并留下韩文、贺珍共同防守汉中城。③ 至清顺治二年（1645年），兵部郎中胡全才诱胁贺珍投降。贺珍只是表面周旋，实则是又一次诈降。次年正月贺珍又高举义旗反抗大清，后在汉中、兴安（今安康）一带活动达数年之久。

李自成、张献忠起义军在汉中活动先后达20年之久，此间，不仅汉中社会长期动荡不安，民不聊生，同时更沉重地动摇了明朝的统治基础。④

① 《汉中府志》
② 《明史·李自成传》
③ 《明史·司五教传》
④ 范文澜《中国通史简编》，《农民大起义》，人民出版社，1952，6

### 2．李自成横扫江汉、称王襄阳

崇祯十一年（1638 年）初，张献忠部与明朝总兵左良玉等战于郧西，失利后曾受抚于明兵部尚书、总督军务的熊文灿，率部先后屯于郧西、谷城，自称能使郧阳、襄阳、荆州、承天（今钟祥）诸府数百里内无一农民军。其实是假受抚而实休整，屯其部曲于谷城四境，并无降意，亦不从明将征调，并暗中与农民军各部联络。当年就抚的还有罗汝才部，被熊文灿安置于房县、竹山一带，与百姓错壤而处，暗中与张献忠互为声援。

张献忠在谷城，得谷城举人王秉真、诸生徐以显等人出谋划策，演练阵法，补造器械，于崇祯十二年（1639 年）五月再次举兵，杀谷城知县阮之钿、御史林鸣球等。罗汝才在房县、竹山起而应之。二部合兵，在房县西罗喉山大败明军左良玉部。左部仅余残卒数百逃回房县，左良玉、熊文灿均因此被革职，后熊文灿被明廷处死。此后一二年中，张献忠部活动于鄂西、川东一带山区，曾在四川太平县玛瑙山被明军击败。

崇祯十四年（1641 年），张献忠、罗汝才部自川东再入鄂西，过兴山、房县、当阳、宜城等地，于二月攻占鄂北重镇襄阳，杀明兵备副使张克俭、推官邝日广，焚襄王府，执杀襄王朱翊铭及贵阳郡王朱常法，得军资器械山积。发银 15 万两赈济饥民，深受欢迎。接着，相继攻克樊城、当阳、应山、随州，在南阳受到左良玉军袭击，兵败西走，围攻郧阳，攻克郧西，获马骡器甲甚众，声势大张，众至数十万。[①]

崇祯十五年（1642 年）十一月，李自成率部攻下了汝宁城（今汝南）。至此，河南黄河以南地区全部被攻陷。朝廷实际上已无法控制这一地区，也不再设官，而百姓们则纷纷结寨自保，或降农民军，或受朝命，并互相吞并。中原祸乱，至此为极！

李自成在横扫河南后，于（1642 年）闰十一月率部众 40 万人，由河南南阳进入湖广，向襄阳（今湖北襄樊）进军。

当时据守襄阳的是左良玉部。左良玉在朱仙镇被李自成、罗汝才大败后，逃回襄阳。经一段时间的恢复后，此时又有部众 20 万，号称 30 万。不过朝廷只给饷 2 万 5 千人，其余的粮饷只能靠自筹。说是自筹，实际上就是搜刮甚至抢劫，因此给襄阳地区造成了极大的灾难。军民关系自然是形同水火，十分紧张。

此时的左良玉已非昔比，他再也不敢与李自成打硬仗。当他得知李自成、

---

① 张建民著．湖北通史·明清卷．华中师范大学出版社，1999.06

罗汝才大兵压境时，便于樊城造船，准备随时顺汉水退走东南。不料襄阳百姓对他已恨之入骨，竟放火烧毁了他的船只。左良玉闻讯大怒，下令抢掠民船，载运军资、家眷先走，自己则率部屯兵樊城高地，设阵布防，准备阻击。

李自成部抵达城下，先遭左良玉部火铳阻击，后经当地百姓指点，绕过左良玉部防线，渡过汉水，攻击樊城。左良玉见势不妙，于十二月初三日拔营东遁，樊城随即沦陷，襄阳也于次日被攻占。郧阳巡抚王永祚护送襄、唐二王之子弃城而走。樊城、襄阳之战，充分显示了人心向背对战争所起的巨大作用。当时的百姓，已对朝廷失去信心，甚至是痛恨万分，人心思乱，一见风吹草动，便纷纷闻风而动，反过来支持农民军。

十二月十四日，农民军占领荆门州（今荆门），偏沅巡抚陈睿谟此前已护送惠王朱常润等弃城而走荆州。

荆门之战，是李自成率领农民起义军进入湖北后第一场激战。卢学古、沈方对起义军缺乏了解，负隅顽抗，成了明王朝的陪葬品，也让荆门人民付出了惨重代价。荆门城垣被毁达三分之一，城内的建筑如凤凰台、守备署、游击署、大小校场、土门文明楼被夷为平地。起义军在攻打荆门城的战斗中损失数千士兵，谱写了一场反抗压迫的壮歌。战后，明统治者把卢学古、沈方树为忠君典型，在龙泉书院右侧建了一座规模宏大的"全忠祠"。于是后来有了"纸糊的承天，铁打的荆门"之说。①

十六日，农民军占领荆州（今江陵），执杀湘阴王全家。陈睿谟则护送惠王逃往岳州（今湖南岳阳）。荆州被占前，豪绅陆师贽曾主张抵抗，却无人响应，只得自杀。当时荆州城内的士绅百姓都纷纷迎接农民军入城。后人有人感叹道："荆州有兵，有炮，有坚城，生齿百万，但无人固守，拱手让贼！"②在荆州得手后，农民军又攻击承天府（今钟祥）。承天府在明代有特殊地位。嘉靖皇帝的父亲兴献王朱祐杬的封地就在这里。当时因武宗无子，兴献王之子朱厚熜得以入继大统，做了皇帝。从此，钟祥就被视作龙潜之地，加上兴献王墓地（即献陵）在此，于是被升格为承天府，并设有 2 卫防守。当时，湖广巡抚宋一鹤、巡按御史李振声、总兵钱中选等都在此驻防。

左良玉率部从襄、樊撤退后，也曾到过承天。饥兵抢掠，左良玉便向巡抚宋一鹤请饷。巡按御史李振声便说：左兵太多，何以给之？即使有粮，也不如养承天之民自守！宋一鹤于是拒绝供饷，闭门不纳。左良玉大怒，下令抢劫后率部扬长而去。如果左良玉部能呆在承天，情况或许会有所不同。

---

① 范文澜《中国通史简编》，《农民大起义》，人民出版社，1952，6
② 《明史·李自成传》

崇祯十六年（1645 年）正月初一日，农民军攻克承天府。巡抚宋一鹤自杀，巡按李振声被俘，总兵钱中选战死，钦天监博士杨永裕投降。李自成令改承天府为扬武州。

巡按李振声也是米脂人。由于与李自成同姓同乡，被俘后颇受优待。李自成把他留在营中，称其为大哥，百般劝降，并授其为兵政府侍郎。但李振声始终不为所动，甚至还想有所图谋，最终被处死。[①]

承天被占后，农民军想发掘献陵地宫，图谋财宝，不想突然雷雨大作，并击死数人，只好作罢。据说罗汝才知道此事后，认为天命依然未改，于是便与李自成起了二心。

农民军攻克承天后，继续东进，连克潜山、京山，并于正月十五日占领汉川县。此地离省会武昌只有 100 余里，且可由汉水顺流直达。

武昌大震！当时左良玉部已在武昌。由于兵饷缺乏，左良玉曾去见过楚王，并说只要给我 10 万人饷，我就可保武昌无忧。楚王不肯答应。此时见李自成大军逼近，左良玉开始抢掠大量民船，于十八日向九江撤退。从此以后，左良玉部便没有与李自成交过手。

正月十八日，农民军攻占汉阳府城，并随即发动渡江，攻打武昌。由于风急浪大，农民军又多为北方人，不习水性，渡江失败。二十一日，李自成经云梦返回襄阳。当时武昌实力空虚，根本抵挡不住，幸好李自成主动撤兵，否则必陷无疑。

没想到这一撤，倒让张献忠捡了个大便宜。到五月，张献忠未费多大气力便攻占了武昌。

李自成自十五年（1642 年）闰十一月进兵湖广，至此只用了 3 个月，便把湖广长江之北的襄阳、荆州、承天、汉阳、德安、黄州等府统统攻陷，仅剩下郧阳一府。郧阳府守将王光恩，原也是陕北的农民军首领，后降朝廷。此时他死心塌地守城，誓不投降，弄得攻城的刘宗敏也没有办法，最后只好不了了之。

李自成回到襄阳后，便开始组建政权。据说当时有人向李自成劝进，牛金星认为不可，于是，李自成改襄阳为襄京，设奉天倡义文武大元帅府，自任文武大元帅，并分设官职：设丞相 1 人，由牛金星担任。下设吏、户、礼、兵、刑、工六部，分别由喻上猷（进士、原御史）、萧应坤（进士、原江西布政使）、杨永裕（进士、原钦天监博士）、李振声（进士、原巡按御史，李振

---

① 《明史·李自成传》

声实际上未降，其职后由丘之陶接任）、邓岩忠（贡士）、姚锡胤任侍郎。外官则设防御史、府尹、州牧、县令等职。当时李自成设官的地区，大致有河南的开封府（改称扬平府，治在禹州，今禹县）、南阳府、信阳府、汝宁府，湖广的承天府（改称扬武州）、荆州府、德安府（改称安陆府）、襄阳府等。后来其势力又扩大到长江之南。

李自成同时对军队进行了整顿和改革。他把部队划分成两种：一是攻城略地的"五营"，一是镇守之地方军。"五营"设权将军2人，即田见秀、刘宗敏。田见秀负责提督诸营，刘宗敏则负责中权亲军。刘宗敏所辖的中权亲军设有：帅标正威武将军张鼐（有人称张鼐就是李双喜的本名），威武将军党守素副之；帅标左威武将军辛思忠，果毅将军谷可成副之；帅标右威武将军李友；帅标前果毅将军任继荣；帅标后果毅将军吴汝义。

田见秀提督的诸营设置分别为：左营：制将军刘芳亮，左果毅将军马世耀，右威武将军刘汝魁。右营：制将军刘希尧，左果毅将军白九鹤（一作白鸠鹤），右果毅将军刘体纯。前营：制将军袁宗第，左果毅将军谢君友，右果毅将军田虎。

后营：制将军李过，左果毅将军张能，右果毅将军马重僖。除"五营"以外，李自成还建立一支分镇各地的守卫部队。他依据先守襄阳，次及承天、德安，再渐及汝宁的宗旨，设卫置帅，分驻各地。主要有：襄阳卫，由左、右威武将军高一功、冯雄驻守襄阳；通达卫，由制将军任光荣，左、右威严将军蔺养成、牛万才驻守荆州等地；杨武卫，以果毅将军白旺、威武将军谢应龙等驻守安陆、汉川等地；汝宁卫，由威武将军韩华美驻守信阳；均平卫，由果毅将军周凤梧驻守郑禹二州。

在政权建设的同时，李自成用血腥手段清除异己，以独揽大权，建立起自己的绝对权威。首当其冲的是曹操罗汝才、革里眼贺一龙。曹操罗汝才是最早的陕北农民领袖之一，实力较强。在李自成陕西大败而躲入山中不敢露面时，罗汝才却与张献忠一起，正闹得红火。后因与张献忠合不来，罗汝才便与李自成合营，横扫河南，又下湖广，其贡献和实力并不比李自成逊色。李自成自封"奉天倡义营文武大元帅"时，也给罗汝才封了一个"代天抚民德威大将军"，但罗汝才无权向全军发布号令。

革里眼贺一龙，则是"革、左五营"的领头人物。他与回民马守应一起，领导"革、左五营"长期活动在安徽。即使在李自成被击溃、张献忠、罗汝才投降这一最艰苦的时期，他们也从未动摇。"革、左五营"基本上是独立作战的，曾与张献忠联过手，后见李自成在河南打得顺手，便移师河南与他联手，直至湖广。"革、左五营"的实力仅次于当时的李自成、罗汝才。

李自成要独揽大权，必须除掉罗汝才、贺一龙等人，因为罗、贺等人也是实力强劲的竞争者。当时的形势是，要么3支力量散伙，重新各自为战，要么决出胜者，统率全军。于是李自成便先下手为强，抢先动了手。

具体详情，不得而知。据说在此年的三月初，李自成在安排妥当后，邀罗汝才、贺一龙到老营赴宴。罗汝才借故未去。而贺一龙却应邀而至，被乱刀杀死。第二天一早，李自成亲率精骑百人，谎称有事相商，杀罗汝才于其卧室，随即宣布其罪状（自然是通敌），安抚其部众。

罗、贺的部众虽有不少叛逃的，但大部仍在，被收编进李自成营中。回民马守应当时正在率兵攻打澧州（今湖南澧县），闻讯大惊，不敢再回到李自成的身边。李自成百般拉拢，授其"永辅营英武将军"之号，并送他一颗重48两的金印，却都被拒绝。马守应最后病死，其部众大多归了张献忠。革、左五营的其他3位首领，即左金王贺锦、治世王刘希尧、争世王蔺养成，则乖乖地做了李自成的部下。①

至此，李自成已是大权独揽的农民领袖了。他也拥有了争天下的实力了。

李自成一生中，在襄阳活动时间不是太长，自崇祯十五年秋至崇祯十六年秋，只有两个年头，但是，他在襄阳采取的措施，却对农民军建立自己的政权，推翻朱明王朝的统治，得到群众广泛拥护和支持，则起到了极为重要的作用。

其一，李自成在襄阳，整顿军队，严明军纪，刻意加强军队的组织性和纪律性，保护人民的利益，甚得民心。②

其二，李自成在襄阳，一改过去流寇主义倾向，初步建立了农民自己的革命政权。他改襄阳为"襄京"，自立为新顺王，创官爵，名号大行署。任将军、上相、左辅、右弼，委各地官员为侍郎、侍中、从事等。这种政权建设，为大顺政权西安建制及北京定制，打下了良好的基础。

其三，李自成在襄阳召集大会，筹划方略，选择路线，进军北京，为及时推翻朱明王朝的统治，奠定了成功的基础。

至此，李自成拥兵百万，形成以荆襄为中心的根据地，并着手建立自己的政权，明末农民起义达到新高潮。③

---

① 《明史·李自成传》

② 《历史研究》，1954，5

③ 范文澜《中国通史简编》，《农民大起义》，人民出版社，1952，6

### 3. 李自成在郧阳的顿挫失意

在历史上，郧阳很长时间以来是湮没无闻的。郧阳的异军突起是在明成化十二年以后。自明成化十二年（1476年）明朝设郧阳府及湖广行都司（郧阳抚台），郧阳便突破了历史上的湮没无闻和近百年封禁造成的蛮荒，逐渐融入封建大一统社会；而为安置流民就地附籍所设郧阳府，在人脉渊源上牵涉中国20多个省，为靖绥鄂豫川陕毗连的广大地域所设的湖广行都司（郧阳抚台），明清两百余年间极盛时期曾辖鄂、豫、川、陕四省八府九州六十五县！明清于此设抚台衙门的205年间，先后在此任职的一百多位郧阳巡抚、提督，大多是具有全国影响的文武全才，封疆大吏！兼之荆襄大移民就地附籍安置的全国二十个省的流民中，多的是能工巧匠，经营高手，郧阳便如火如荼地迅猛发展起来，成为明中期流民安居乐业的一方净土，繁荣富庶、欣欣向荣的一块热土。明代中期这一方水土曾接纳天下万方流民于此安身立命，开拓发展。

在地理上，郧阳地处汉江中上游之交，属军事交通要地，西通巴蜀奥壤，东连江汉大平原，北接秦陇高地，南达沃野中原。其崇山耸立，大河中流；物产繁茂，百业繁盛。退则山大林密，可生存，可与敌周旋；进则可借黄金水道汉江迅速杀向全国！所以自春秋战国以至后世，郧阳历来为兵家所必争而灾难深重，屡兴屡衰者再三再四！到了明末李自成、张献忠义军初起时，郧阳及周边便成为农民起义军与官兵搏杀的主战场。郧阳设府以来所创造的和平、宁静、富庶在连天战火中毁灭殆净！

历史上向有"铁打的襄阳、纸糊的郧阳"之说。其实，在明代后期李自成农民起义中，这种说法恰恰应该颠倒过来：襄阳最终被李自成攻破，拥城称王；而郧阳则让李自成连连败北，顿挫失意。

明朝灭亡前夕，崇祯十四年（1641年），三月张献忠攻陷襄阳，七月张献忠率部围攻郧阳城三日未下，自行撤兵而去。①

崇祯十五年（1642年），李自成率数万起义军攻陷襄阳，明朝著名军事家左良玉败退。此时朝廷先后派往郧阳抚台担任抚治的李乾德、郭景昌皆因道路被义军阻断而未能赴任。朝廷以为郧阳已经沦陷，实际上郧阳城则由知府徐启元率众坚守，依然屹立。

崇祯十六年（1643年），李自成部自三月开始围攻郧城，逾时两月之久攻而未下。由于城中时时反击，义军败退自行撤去。五月，朝廷始知郧城犹

———————

① 《明史·李自成传》

存，擢拔守城有功的知府徐启元为右佥都御史，提督军务兼抚治郧阳（郧阳巡抚）。这年冬季，李自成部再度围攻郧阳城至次年春夏之交，前后历 5 个月而久攻未下。

崇祯十七年（1644 年），明亡清兴。李自成围攻郧城的部队被离间分化自行撤去。此际郧阳府城仍是明朝旗号。①

---

① 赖家度《明代郧阳农民起义》，湖北人民出版社，1956，5

# 第二编 明代汉江流域的经济社会发展与生态水利文化

# 第七章　外来移民在汉水流域的集聚和落居

明朝是汉水流域人口急剧膨胀的时代，大量外来移民在这里集聚和落居。明朝初年，以山西籍为主的大槐树移民迁往南阳盆地，部分进入秦巴山区。在汉水中下游，大量江西移民涌入湖北中东部，形成浩浩荡荡的"江西填湖广"移民运动。汉水中上游则一直是流民集聚的中心区域。荆襄流民运动几乎与明朝的统治相始终。明朝汉水流域的移民，总体上呈现由外到内，由东到西，由平原到山区的历史趋势。

## 一、元末战乱与汉水流域的人口损失

元末农民起义使汉水流域陷入了空前的浩劫。至正十一年（1351 年），韩山童、刘福通等人在颍州（安徽颍上）发动起义，南北各地民众纷纷起兵响应。颍州起义后不久，邓州的王权（布王三）、方城的张春在南阳一带起义响应，起义军首先占领了邓州（今河南邓州）城。他们以此为据点，分头出击，先后攻克了唐州（今河南唐河）、南阳（今河南南阳市）。并迅速向周围地区渗透，攻占嵩州、汝州和河南府。至正十二年（1352 年）正月，孟海马等人领导被称为"南琐红军"的起义军攻取襄阳后，又相继攻陷房州、归州、均州、荆门等地。一时间，布王三和孟海马领导的"北琐红军"和"南琐红军"威名大震，使汉水流域很快成为红巾军活动的中心区域之一。这两支活跃在汉水流域的起义军使元政府陷入巨大恐慌，元顺帝先后派四川、陕西两行省长官率几路大军多次前往围剿。襄阳、荆门被元宣政院同知桑哥率领的畏兀儿军夺去，南琐红军败走秦巴山区。与此同时，北琐红军在王权的率领下南向攻占襄阳。元朝廷命令答失八都鲁会同亦都护月鲁帖木儿、豫王阿剌忒纳失里、知枢密院事老章等进攻荆襄一带的红巾军。双方在襄阳城南展开决战。义军在损失 30 多名将领的情况下被迫退到襄阳城内据险坚守，历时数月，终因寡不敌众，被迫撤出。襄阳第二次陷落。1352 年，南阳、唐河、邓州等被起义军占领的城池相继失陷。北琐红军被血腥镇压。至正十三年（1353 年），答失八都鲁攻陷南琐红军在均州、房州、谷城的多处寨堡，彻底打败了南琐红军。

"北琐红军"和"南琐红军"的抗元斗争，有力地保护了汉江下游红巾军的发展壮大。至正十二年（1352 年），徐寿辉、邹普胜领导的起义军攻克武昌，兵锋直指江西。曾法兴部溯汉江而上，攻占沔阳、安陆、荆州，一路势如破竹。汉水中下游大部分地区为红巾军所控制。不过，与中上游的两支起义军一样，红巾军在汉江中下游的胜利很不巩固，不少地方得而复失，从1351 年开始，起义军和元军在汉水流域反复拉锯战。襄阳、荆门、荆州、武昌都曾多次易手。

历经多次浩劫，汉水流域人口遭受了重大损失。从至正二十年（1360年）开始的陈友谅与朱元璋的争霸战争，又多次波及汉水下游各地，使原已严重减少的人口再次受到沉重打击。正德《应山县志》"序"称："应山为楚之穷邑，当南山厄塞之孔道，昔经元末之战，此盖战场也。戎马蹂踏，化为兵火之墟，而无复畛畦之迹。"德安府，"元季之乱，民匿山寨仅数十家，五方杂集，地广民稀"①。襄阳在宋元战争中已经遭受毁灭性打击，几十年的短暂恢复后，在元末农民战争中数次易手，人口经济遭受的严重破坏可想而知。隶属中原的南阳盆地历经多次拉锯战更是赤地千里，人烟稀少。洪武元年，连朱元璋都说："今丧乱之后，中原草莽，人民稀少。"② 汉水上游开发较早的汉中府沔县直到宣德初年还向朝廷报告："本县原有在编民户三百，后相继死亡、充军、逃徙，仅剩九十四户，共一百五十丁。而生员、吏典、水夫诸役皆是常额，且路当冲要，递送之役繁重，民不堪命。"请求朝廷"以罪当迁徙者补旧编民之数"③。以流放罪犯充实人口，地方官如此要求，实在是万般无奈之举。总之，汉水流域在元末明初遭受的人口损失，远远大于其他地区。

在自然经济条件下，人口数量的多少往往是一个地区社会经济发展状况的集中体现，而府州县的建立和撤废则是一个地区人口数量变化的晴雨表。明初南阳府由于人口锐减，所属州县户粮多不及数，所辖州县多有撤废。洪武元年，以方城省入裕州；洪武二年，省泌阳入唐州，又将唐州改为县；洪武十年，将镇平县并入南阳县。在湖北省，洪武二年（1369 年）七月，并武

---

① 光绪《德安府志》（第 3 卷）"风俗"

② 《明太祖实录》（卷三七），洪武元年十二月辛卯

③ 《明宣宗实录》（卷 71）

当县入均州，隶襄阳府。洪武九年（1376 年）四月，革汉阳府，以所属的汉阳、汉川二县隶武昌府；改兴国府为兴国州，隶武昌府，并革所属永兴县；改德安府为德安州，隶黄州府；改随州为随县，隶黄州府；降沔阳府为沔阳直隶州，省并玉沙县。十一月，以德安州改隶武昌府。洪武十年（1377 年）五月，并黄州府随县入应山县，应城县入云梦县，孝感县入德安州；并襄阳府光化县入谷城县，枣阳县入宜城县，上津县入郧县；改房州为房县，将竹山县并入；又并当阳县入荆门县。大量州县的撤并，无非是因为人口稀少，粮赋不足，说明在元末明初汉水流域人口损失非常严重。即使在没有撤销建制的地区，人口也十分稀少。朱国祯在《涌幢小品》中记述编户情况时写道：县有编户一里者，金州之平利县是也。然东至湖广郧阳府竹山县三百里，南至四川夔州府大宁县一千里，西南至达县一千三百里，北至金州九十里，东北至旬阳二百四十里，中间辽阔乃尔，大约溪山胶结而居民稀少也。"其实汉水上游编户一里的远不止平利一县，仅秦巴山区就还有略阳、兴县，远安县编户亦仅一里半，先秦时代就已建制的竹山县，编户也只有二里。汉中府所属十三州县，也仅有四十七里，民少役繁，闲田众多，地方官不得不请求迁徙附近州县丁多之民以实其地。

## 二、"山西大槐树" 与汉水中上游的移民

经过元末明初的长期战乱，明初汉水流域经济凋敝，人口锐减。隶属中原地区的唐白河、丹江流域经历多次拉锯战更是赤地千里。朱元璋多次提到中原地区人口稀少的情况。如洪武十八年，他在诏谕中称："中原诸州，元季战争，受祸最惨，集骸成丘，居民鲜少。"[1] 南阳和襄阳交界处的邓州，元季"民流成破，阖境数百里，草昧于荆棘者二十余年。"[2] 可见遭受战争严重破坏的地区，人口和经济迟迟未能恢复。

洪武元年（1368 年）八月初二，以徐达、常遇春为首的北伐军攻克了大都，宣告了元朝统治的结束。十一日，朱元璋发布"大赦天下诏"。其中第八条和第十条均涉及垦荒政策。第八条云："各处荒闲田地，许令人开垦，永为己业，与免杂泛差役，三年依民田起科税粮。"第十条说："各处人民曩因兵燹，抛下田土已被有力之家开荒成熟者，听为己业。其业主回还，仰有司于

① 《明太祖实录》（卷一七六），洪武十八年十一月乙亥
② （嘉靖）《邓州志·沿革》（卷二）

附近荒田内验数拨付耕作。坟墓、房舍不在此限。"① 政府承认开垦者对所垦土地拥有产权，并享受免于承担杂役、三年后起科缴纳赋税的优惠条件。第十条规定实际上是对第八条的补充，为避免土地所有权纠纷，政府以明确的法令取消了原业主对荒田的所有权，将之转让与那些垦田者。当原业主返回时，地方有司可在附近荒田中按其原来数量拨与耕种。但原业主的坟墓地和房舍不在荒田之列，仍归其所有。上述垦荒政策，切中实际，既便于无地者取得土地，又可迫使流徙者还乡复业。

洪武三年（1370年），开封府郑州知州苏琦上奏称：

自辛卯（元至正十一年）河南兵起，天下骚然，兼以元政衰微，将帅凌暴，十年之间，耕桑之地变为草莽。方今命将出师，廓清天下，若不设法招徕耕种以实中原，虑恐日久国用虚竭。为今之计，莫若计复业之民垦田外，其余荒芜土田，宜责之守令召诱流移未入籍之民，官给牛、种，及时播种。除官种外，与之置仓，中分收受。若遇水旱灾伤，踏验优免。其守令正官召诱，户口有增，开田有成，从巡历御史、按察司申举。若田不加辟、民不加多，则核其罪。如此，则中原渐致殷实，少苏转运之劳，流移之民亦得以永安田野矣。②

如果说"大赦天下诏"为明初耕垦荒政策确定了基调，那么苏琦"垦田以实中原"的奏疏则为垦荒政策提供了完善的实施方案。这些由政府提供耕牛、种子等基本生产资料的优惠政策对一无所有的流民无疑具有很强的吸引力。为招抚流民复业，政府专门设员管理。如嘉靖年版《邓州志·郡纪》卷二载："洪武二年，命金吾卫镇抚孔显至邓，招抚流民。""洪武二年，遣神策千户秦艺招抚流散，开设府卫。"③ 洪武年间政府采取多项优惠政策吸了许多流民返乡复业，但是由于长期的战争破坏，大量人口死于战火，荒芜的土地实在太多，单靠自愿复业的流民无法完成规模巨大的垦荒工作。洪武十五年（1382年），晋府长史杜彦良仍在《太平治要疏》中说："中原为天下腹心，号膏腴之地，因人力不至，旧致荒芜。近虽令诸军屯种，垦辟未广。"他建议"莫若于四方地瘠民贫、户口众处，令有司募民开耕。愿应募者，资以物力，宽其徭赋，使之乐于趋事。及犯罪者，亦谪之屯田。使荒闲之田，无不农桑，

---

① 《皇明诏令》（卷一），《太祖高皇帝上》，初元大赦天下诏（洪武元年八月十一日）
② 《明太祖实录》（卷50），洪武三年三月丁酉
③ （嘉靖）《南阳府志》卷一《建制沿革》

三五年间，中州富庶，则用半足矣。"① 这说明至迟在这一时期，朝廷仍未强制良民迁移。洪武末年，为了进一步充实旷区人口，朝廷开始采取强制措施。洪武"二十一年八月，徙泽、潞民无业者垦河南、北田，赐钞备家具，复二年"②。洪武"二十二年九月甲戌，时上以山西民稠，下令许其民分丁于北平、山东、河南旷土耕种"③。但是荒芜的土地实在太多，直到永乐元年，南阳人少地多的情况仍未得到根本改观，以至于裕州地方官仍然上书要求向该地迁移人口："本州地广民稀，山西泽、潞等州县地狭民稠，乞于彼无田之家，分丁来耕"。上命户部如所言行之。④

不论是自愿还是强制，大量移民在洪武、永乐年间进入唐白河、丹江流域却是不争的事实。这种现象不仅方志中有相关记载，族谱等宗族文献也可提供印证：

南阳唐河桐河镇《惠氏家谱》：洪武元年，惠伯通从山西洪洞大槐树迁唐河。

南阳唐河桐河镇《申氏族谱》：洪武二年，申流从山西洪洞县迁唐河。

南阳邓州《孙氏族谱》：洪武二年，孙璞由山西洪洞迁邓州。

南阳构林镇《马氏列祖碑》：洪武二年，马武由山西洪洞迁邓州。

南阳小店乡《杜氏家谱》：永乐二年，杜玮由山西平阳府迁南阳。

南阳桐柏《二槐堂王　淮源宗支族谱》：洪武二年，王八老由江西吉水同水乡泥田徙居桐柏砂子岗。

南阳唐河源潭镇《杨氏宗谱》：洪武十四年，杨澄由山西弘农迁至唐河。

邓州赵集镇《崔家寨人六百年历史回眸》：洪武二十二年，崔成由山西洪洞迁邓州。

南阳勾家滩《勾氏族谱》：明初，勾凤由山西洪洞迁入南阳。

南阳市卧龙区英庄乡《贾氏宗谱》：明初，贾文举由山西洪洞大槐树迁入南阳。

新野土集镇《白氏族谱》：明初，白敬甫由山西洪洞迁新野。

南阳《李氏族谱》：明初，李文绎由山西洪洞大槐树迁南阳。

南阳《赵氏家谱》：明初，赵子敬由山西洪洞迁南阳。

---

① 《明太祖实录》（卷148），洪武十五年九月癸亥

② 《明史》（卷三），《太祖本纪》

③ 《明太祖实录》（卷197），洪武二十二年九月甲戌

④ 《明太宗实录》（卷18），永乐元年三月乙未

邓州习氏祖居江西省临江府新淦县（今新干县），据《习氏家族谱》记载，习氏始太祖习思敬配夫人赵氏。明代洪武二年（公元 1369 年），习思敬因生活窘迫，携家带口逃荒到河南省南阳府邓县（今邓州市）西堰子老营（大习营村）定居落户，以农为业，繁衍生息。后代人丁兴旺，今定居此地者仍有数千人之多。光绪八年，一个叫习永盛的第七世族人为生活所迫，携妻儿逃荒到陕西富平。他的孙子就是习仲勋。[①] 邓州市地名志办公室编写的《邓州市地名志》也通过走访、调查收集记载了大量明初移民资料，如：

> 高台庙陈氏：据碑载，明洪武二年陈兴由南京水西门外陈家沟迁来。
> 后张楼张氏：据祠堂碑，明洪武二年张忠良自南京府剪子巷至邓。
> 孔楼孔氏：据家谱载，孔显，南京凤阳府灵璧县人，明洪武二年知邓州事，于此建村。
> 丁家营丁氏：据家谱载，明洪武二年丁从善由江西南昌府迁邓。
> 周洼周氏：据家谱载，明洪武三年，周保官由陕西关中迁此。
> 花园王氏：据家谱载，明洪武二年，土道富由湖北麻城迁此。[②]

以上资料多称祖先迁居到此是在洪武二年，可能是数百年口耳相传，相互影响以致以讹传讹的结果。其实际指代的应该是整个明初时期。移民的本籍以山西居多，江西、湖北次之。明初移民进入南阳盆地时，在一般情况下会首先选择土质肥沃且易于开垦的平原地带。随着移民源源不断进入，当平原土地被开垦殆尽时，人们才选择相对容易开垦的平原到山地的过渡地区。当过渡地带也开发殆尽时，流民为生存只能进入当时正被政府封禁的荆襄山地乃至秦巴山区。所有明朝中期的荆襄流民运动一定程度上是平原、盆地开发殆尽，流民却继续涌入的结果。如今秦巴山区中也有许多家族自称是山西大槐树移民的后裔。如陕西汉中龙江闫家营有一块记载闫氏迁徙历史的石碑云："始迁祖山西洪洞县人也，自明初隐居襄谷，结庐青桥之侧。"湖北十堰宣统年间所编《崇先堂·孙氏宗谱》云："尝闻前辈传有始祖自山西洪洞大槐树，因奉旨东迁南楚，暂居夹河关（今郧西县夹河镇），安居数载，弟兄一分三支，一支插草于对峙河（今湖北竹山县），标地至今如是矣。想我先祖兄弟，更插里仁于西瓜坝（今竹山城关桥东村），上下标地顷百亩，落业定居数

---

① 参见《习仲勋传》编委会编．习仲勋传（上卷）．中央文献出版社，2008 年 04 月第 1 版第 5 页
② 《邓州市地名志》，陕西人民出版社 1991 年 12 月，第 41、283、32、41、79、326 页

百年矣。"该谱还录前辈传闻：山西洪洞县城北二里贾村西侧，有一古槐，"树身数围，荫蔽数亩"。树上群聚汾河滩上老鸹，树下为阳光大道，旁有广济寺。每年秋后，由官府监督，强制移民，惟古槐屹立寒风中送行，真是"秋来朔风寒，广济古槐前，移民别故乡，老鸹道平安"。新编《山阳县志》亦载"明洪武后期及永乐年间，先后有山西移民进入商州之山阳县。"据田野调查：商州商南县的富水、曹营、清油河、白玉一带就定居有大量的山西大槐树移民。从目前所能发现的家谱、墓碑来看，清油河的李氏家族，梁家湾的魏氏家族、段氏家族，县城西关的余氏家族，东关的王氏家族等 20 余个姓氏或家族，都是明初的移民。他们在县城西南角还专门建起了"山西会馆"。据对陕南旬阳县小河口、观音、尖山等乡抽样调查，仅小河口乡平槐村 23 户人家，就有 8 户人家以家谱或口头流传为山西"大槐树下"人氏。[1] 湖北十堰郧县的左、王、蓝、董、尚、冷、余、陈诸姓，丹江的郭、李等姓也都自称是大槐树后裔。更有意思的是，今十堰、襄阳等地流传着祖先迁自陕西大槐树的传说。众所周知，大槐树在山西洪桐县，"陕西大槐树"显然是历代口耳相传变异的结果。究其原因，一来荆襄山区的方言往往"山""陕"不分，年长日久混为一谈。二来陕西和山西人常合建"山陕会馆"，造成人们记忆的混淆。鄂西北出现"陕西大槐树"之说，是陕西籍移民借用大槐树喻其故土的产物。也可能这些陕西人中实际上有些来自山西，山西因人数少而淹没在陕西籍移民之中，其移民文化借此保留了下来。从另一个侧面看，这恰恰反映出大槐树已经异化为一个文化符号，成为约定俗成的北方移民的标志。

从家谱资料和民间传说看，明朝初期确有大批人口移入南阳和汉水上游其他地区。这个结论也可以从当时的官方文献中得到印证。为什么如此众多的移民会自称来自山西洪洞大槐树呢？葛剑雄、安介生是这样解释的：首先，洪洞县所属的平阳府是明代山西输出移民最多的地区；其次，自金元以来，平阳的经济文化地位一直居山西之冠，而洪洞在府属各县中又居领先位置。明代外迁的山西移民基本都是无地、少地的底层贫民，既无社会地位，更无文化，既没有煊赫的祖先和高贵的门第值得炫耀，又没有以文字记载故乡家世的能力，所以留给他们印象最深、并由他们的子孙口耳相传的就是繁华的洪洞县和他们出发时告别的那棵郁郁葱葱的大槐树了。等到他们的子孙繁衍为人丁兴旺、富裕体面的大家族时，再要追溯祖宗迁出山西以前的踪迹和世系已不可能，所以只能以洪洞大槐树为故乡了。那些来自山西其他地区的移

---

① 　陈良学：《明清川陕大移民》28 页，北京：中国文联出版社 2009

民，在经过若干年代以后，他们的后代已不知道祖先的具体来历了，既然自己的祖先来自山西，其他山西移民的后代又都说是洪洞大槐树人，自然也应该以大槐树为故乡。随着大槐树移民后裔的增加，这种文化上的认同和从众心理也会越来越强烈，以致明知自己祖先来自山西其他地方的人也会认同于大槐树。从这一意义上说，大槐树的确成了全体山西移民后代心灵上的根，不管他们的先人来自山西何处。①

洪武、永乐年间，大量人口或自愿或被强制移入唐白河、丹江流域，由于史料的缺乏，具体数量已经难以考证。但我们可以从州县、里甲数量的变化管窥人口的激增。以南阳为例，成化十二年新置的县有淅川、南召、宝丰、伊阳、唐县。原来设置的县份也因流民的附籍落户，人口增加，县属行政区划不断扩大：如盆地中部的南阳县，原来只有 8 保，成化中增加 13 保，成为 21 保。邓州洪武二年编审只有 1 里，景泰前增至 7 保，景泰三年至成化十二年增加了 31 里，共计 38 里。新野县原有户 8 里，明中期增加到 18 里。这些新增加的里、乡、保等，大多都是附籍山坡丘陵地带的流民。盆地四周几个山区县情况大致相同。淅川县增设时只有 10 保，后陆续增加到 15 保。舞阳县原有 20 保，成化中增至 44 保。叶县原有 25 图，后增至 33 里。镇平县原有 4 图，后又增加 2 图 2 保 9 里。泌阳县原有 5 保，后增加到 36 保。内乡县有 16 保，后增至 39 保。② 终明一代，南阳一直是移民的理想目的地。

国初的移民由朝廷主导，自宣德以后，虽然朝廷不再组织和鼓励移民，但仍有大量人口涌入这一地区，这些未经朝廷许可的外来人口，在事实上已经成为非法的"流民"。当平原地带被垦殖殆尽，后期到达的流民为生存只能进入被政府封禁的荆襄山地乃至秦巴山区，因此荆襄流民运动一定程度上可以被视作"大槐树移民"的延续。如今大量来自大槐树的移民后裔，其祖先必不可能仅来自洪洞一县，而是涉及山西至华北的许多地方，在后期的历史话语建构过程中，洪洞或者说大槐树成为移民们共同的记忆，最终作为这次移民的文化象征和民众传承历史记忆的符号，根植于移民的历史记忆中，而传承至今。

① 安介生、葛剑雄：《洪洞大槐树——中国历史上的移民发源地之六》，《寻根》1997 年第 8 期
② 参见嘉靖《南阳府志》（卷3）《保里》

## 三、"江西填湖广"与汉水中下游的移民

在汉水下游的许多县市，到处流传着"江西填湖广"的传说。当地居民多称自己的祖先来自江西。地方史志、家族宗谱、碑刻中也充斥着类似的记载。20 世纪末，张国雄先生根据其收集的 339 个湖北家族的家谱统计发现，其中 279 族属外来移民。而从元末至明初，即元末红巾军起义到朱元璋立国治国之间，又是"江西填湖广"移民运动的高潮所在。迁自此时的家族达到162 族（元末 26 族，明初 136 族，整个明朝合计 196 族），约占总数 279 族的58%。① 虽然张国雄先生的研究以湖北为单位，部分资料来自不属于汉水流域的鄂东地区，但我们仍可在打折扣的前提下管窥汉水下游移民的大致情况。据其书后所附《移民档案》，汉水下游地区迁自明代的移民家族达 43 族，占明代湖北移民（196 族）的 22%。天门县（今天门市）的 26 族中有 16 族迁自明代，沔阳县（今仙桃市和洪湖市）18 族中也有 12 族迁自明代。汉水下游的一些民间习俗也与"江西填湖广"有紧密联系。据张国雄调查："文革"前，随州城乡每年祭祖，富者用全猪，次用猪头，再次用猪脖子肉，最穷的用一块豆腐，上面插一根筷子，头对东南方，表示祖籍江西，筷子喻迁自江西"大栎"。这种习俗在鄂东北的今大悟、红安和江汉平原的云梦、黄陂等县也很盛行。② 可见"江西填湖广"移民运动不仅持续时间很长，人口移民规模庞大，地域分布广泛，而且对汉水流域的文化产生了深刻影响。

战乱等人为造成的社会动荡是制造移民的温床。中国人素来安土重迁，丢下几辈人创立的家业背井离乡，实在是为了保全性命的无奈之举。湖北是红巾军的重要策略地，随州明玉珍、罗田徐寿辉、沔阳陈友谅为红巾军三大主力。徐寿辉曾建都汉阳，"焚江陵，破襄阳，陷长沙，溃武昌，以窥江西，江、康、临、筠皆狼狈失守，至正壬辰闰三月乙酉，长驱吉安"。③ 陈友谅杀徐寿辉后，"尽有江西、湖广之地"。④ 在鄂东、赣北一带先后与元朝及朱元璋的军队反复厮杀。战火所及，居民逃散，势必形成庞大的难民队伍。

一些族谱中对这个阶段的人口迁移有很生动的反映。如民国二年江陵

① 张国雄：《明清时期的两湖移民》
② 张国雄：《明清时期的两湖移民》，陕西人民教育出版社 1995 年版，第 41 页
③ 同治《庐陵县志》（卷 52）《艺文志》，圃闻义《义士罗明远庙碑》
④ 《明史》（卷 123）《陈友谅传》

《胡氏族谱》卷一《五分合修谱·总序》言："洎乎元明革命，赣省兵燹迭见，人民不遑宁处。其由江右而播迁荆楚者，几如江出西陵，其奔流放肆大，南合湘、沅，北会汉沔，其势益涨。而其源则同发于岷山也。"嘉庆大冶《左氏宗谱》云："左氏祖居江右，山水钟灵，代出贤达。"民国二十四年《喻氏宗谱》："徐寿辉之乱，楚地榛莽千里，虚无人迹。"康熙《云梦县志》称，洪武元年置云梦县，"是时土著丁户歼戮几尽"。孝感《董氏族谱》载："元末刘福通之乱，孝邑人民从军人蜀，井里萧条。"说明战乱除了造成大量人员伤亡，也迫使部分土著居民背井离乡，迁徙他地，这也是造成汉水下游大量人口流失的重要原因。

有些家谱记录了江西籍先祖移民的原因。如民国三十四年《陈氏宗谱》卷首："至元季，寇贼蜂起，环海兵戈，我祖万七公偕兄弟六人避徐寿辉之乱，由吴之楚，始居武昌新桥。"《萧氏宗谱》卷二《春祭文》曰："迄元末与明初，遭兵燹之强虏，每扰攘于洪都，遂播迁予吾祖，离江西之故土，择嘉南之乐土。"民国十六年《横洲涧丁氏五修族谱》卷一《旧序》载："吾族所自来，从豫章由南昌之邑建，始祖必隆公，讳国才，避元末之乱，迁遂荆楚，卜居上湘。"总之，元末的战乱使逃难成为江西、湖北人民普遍的生活方式，在当时的通讯条件下，人民感觉到家乡的战乱严重危及人身安全，视外乡的乐土。湖北人多随明玉珍入蜀，江西人多向战乱相对较少的湖北迁移。这些难民中的幸存者战后有的返回家乡，有的定居下来繁衍子嗣，几百年传宗接代，才有了今日的移民后裔。

经济因素也是江西人外移的重要原因。在元明以前，江西是全国经济、文化最为发达的地区之一。北宋时期，江西人口曾居各路之首，经济开发在南方属于先进地区。及至明代，虽然江西人口较浙江稍逊一等，居全国十三布政司的第二位，但每年所纳税粮有时甚至要超过浙江。但从总体趋势上看，当时东南沿江、沿海区域经济已日趋多元化，相形之下，地处内地的江西，以农业为主的单一经济结构，不断增长的人口数量，注定当地百姓的生活水准只能是每况愈下。因此，在明人眼里，江西人的节俭是出了名的。在江西的一些地方，摆在日常宴席上的劝酒果品，只有时果一样可以食用，其他的都是用木头雕刻、上涂彩色装饰而成，称为"子孙果盒"，意思是可以传之子孙后代。此外，其他各事也多有节制之法。譬如吃饭，约定俗成第一碗不许夹菜，到第二碗才允许以菜佐餐，美其名曰"斋打底"；撰品喜好购买猪的内脏、杂碎，称之为"狗静坐"，因为这些东西吃后没有骨头可吐，实在毋须劳动在旁摇头摆尾的家犬；为了节省开支，献神的牲品，都是从食店中租来的，祭祀结束后就马上归还店中，名曰"人没分"。对此，明人谢肇淛在总结各地人群性格时指出："天下推纤啬者必推新安与江右，然新安（徽州）多富，而江右多贫。"① 由于地瘠人稠，他们只能选择外徙谋生。明人张瀚就曾指出：（江西）地产窄而生齿繁，人无积聚，质俭勤苦而多贫，多设智巧挟技艺经营四方，至老死不归。② 这种现象，给稍后的王士性也留下了深刻的印象：江、浙、闽三处，人稠地狭，总之不足以当中原一省。故身不有技则口不糊，足不出外则技不售。惟江右尤甚，故作客莫如江右。③ 经过洪武大移民之后的江西尚且如此，明初的景象就可想而知了。在地瘠民贫、生产方式单一的江西，伴随着人口的日益增长，人地矛盾日趋突出，外徙谋生成为当地人的必然选择。江西人口外移的另一原因是逃避租税。民国二十年枝江董事的《董氏家谱》卷首《总系》记载了始迁祖董居一的一段回忆；"荆襄上游自元末为流寇巢穴、明祖定鼎，以兵空之。厥后，流民麇集、至成化十二年，命御史原杰招抚之，听其附籍受田。适逢当咐江西催料甚急，逃赋者或窜入荆襄一带，原杰招抚，枝必与焉。"明朝租税负担之重为学界所周知，时人已对江西人民外移原因有精妙的总结："物粮夫差，百端催迫，至不能存，而窜徙于他乡．或商贩于别省，或投入势要为家奴佃仆。民之巡亡，此其故也。"④ 为了躲避官府和地主的压榨，不少无地或少地的贫苦农民宁做流民。

在传统社会，土地是最重要的生产资料，可是在汉水下游，时人竟以"插草为标"来标识土地所有权。据康熙《孝感县志》记载："（元至正）十六年（明）玉珍率兵袭重庆，称夏主，孝感人多随之人蜀。是时寿辉兵皆襄红巾。至今土人言红巾军作反，人杀尽，各处人来插草为标者，盖玉珍等事也。"京山县也有类似的情况发生："元末天下大乱。盗寇蜂起，京山杀戮最惨，邑民仅存七十余家……是时田土旷芜无主，流徙侨寓者悉插草为识，据为己业。"⑤ 这充分反映出当时占田认耕的随意性，也反映了人口的稀少和土地的空旷。明朝初期的一段时间，湖北无主荒地随处可见，对寻找土地安身立命的移民无疑具有很大的吸引力。由于湖北、江西人口密度悬殊，国家对移民也持鼓励态度。邱浚《江右民迁荆湖议》云：以今言之，荆湖之地，田多而人少；江右之地，田少而人多。江右之人，大半侨寓于荆湖。盖江右之

① 谢肇淛《五杂俎》（卷四）《地部二》
② 张瀚：《松窗梦语》（卷四）《商贾纪》
③ 王士性《广志绎》（卷四）《江南诸省》
④ 《明经世文编》（卷236）钱琦《东畲先生集·建县三条》
⑤ 光绪八年《京山县志》

地力所出，不足以给其人，必资荆湖之粟以为养也。①"老百姓权衡利弊，许多人积极响应号召。民国四年《许氏宗谱》卷首《始祖序》云："明定鼎初，始命徙江西大姓实江汉之地，吾祖遂依国令，偕妣李氏，同兄清浦公、妣，迁居楚黄。"民国三十六年黄冈《孙氏族谱》卷首《始祖传》曰："以元末汹汹，湖广正当其冲，蹂躏特甚，其存留老户止残余逃匿之万一耳，地广民稀。前明定鼎，下诏抽迁江右士庶以实兹土。"《黄氏族谱》卷首曰："明初，楚北户口凋伤殆尽，洪武二年徙江西居民实之。"为增加税收，政府采取招民垦荒措施，"江西填湖广"移民中有相当一部分属于政策性移民。

湖北地近江西，是长江中下游移民西迁的必经之途，又无山川阻隔，土地肥沃，交通便利，自然被移民视为理想的创业地。因此顺理成章地成为江西移民的首入之区。大批江西等省移民进入湖北当首先立足相距较近的鄂东，然后再渐次向西扩展，进入汉水流域。当江汉平原随其开发程度加深，接纳移民的空间缩小之后，后来的移民只好溯流而上，向汉水中游地区寻求发展。今汉水中下游地区人口，多为江西移民后裔。如钟祥"地多异省之民，而江右为最。"②沔阳（今仙桃市和洪湖市）郑场、陈场、西流河、杨林尾四区民众大都称自己为"江西种"。天门县皂角市明代有三千户，"土著十之一，自豫章徙者七之，自新都徙者二之。……自豫章徙者盖盛于吉之永丰。"③河南南阳也有江西移民的踪迹。如桐柏《三槐堂王淮源宗支族谱》载：王八老洪武二年由江西吉水同水乡泥田徙居桐柏砂子岗。《邓州市地名志》也有大量江西人洪武年间迁居邓州的记载。如乾庙乾氏：据碑载，明洪武二年，乾姓由江西抚州府金溪县迁此。小河曾氏：据碑载，明洪武二年，曾子成由江西吉安府永丰县迁此。大丁营丁氏：据家谱载，明洪武二年，始祖丁从善白江西南昌迁邓州。④在明朝前期，荆襄地区实行封禁，但这里仍有江西移民进入。同治《郧阳志》卷一《风俗》所引《旧志》对郧阳山区的人口构成有一个总体论述："陕西之民四，江西之民三，山东、河南之民一，土著一。"这里的江西移民可能有相当一部分是郧阳建府之后从汉水下游再次迁入，相比于汉水下游，江西移民的比例已经大大减少了。总体看来，江西移民在汉水流域的分布呈现自东向西，自下游向上游逐渐递减的趋势，有一个明显的由鄂东——江汉平原——鄂西北——陕南逐渐拓展的过程。移民大部分

---

① 《明经世文编》（卷七十二）

② 万历《承天府志》（卷6）《风俗》

③ 李维桢《大泌山房集》（明刊本）（卷87）《刘处士墓志铭》

④ 邓州市地名志办公室：《邓州市地名志》，陕西人民出版社1991年12月，第221，222，222页

在汉水下游落居，进入荆襄地区的已经不多，秦巴山区的分布自然更少。秦巴山区移民以陕西居多，正统十年（1445 年）镇守陕西右都御史陈镒等奏："陕西安、凤翔、扶风、咸阳、临撞等府州县旱伤，人民饥窘，携妻挈子出湖广、河南处趋食，数以万计"①，这里的"湖广、河南"等处，当指两省交界的区域，也可能包含陕南，而二十多年后的成化初年，陕西布政司右参政朱英奏曰：

> 陕西地方灾重民饥，视他处尤甚。民业久废，仓廪尽虚。东北邻境山西、河南皆无可仰之地，所可求活者，惟南山汉中与四川、湖广边境耳。民之有识有力者，挈家先往，采山求食，或幸过活。②

朱英的奏议所说是"陕西"实际指关中地区。此奏描述了陕西移民的基本路径。"湖广边境"的郧阳与陕西距离较远也不属同一个行政区，尚且"陕西之民四"，那么与关中相邻且同省的陕南，关中移民的比例就可想而知了。

"江西填湖广"移民运动对汉水流域尤其是下游地区产生了重要影响。时过境迁，我们已经无法获知移民人口的具体数据，只能依照遗留下来的感性材料做合理推测。这些移民的辛勤劳动，使汉水中下游开发范围迅速扩大、开发程度不断提高，明朝中叶，"苏湖熟，天下足"的谚语变成"两湖熟，天下足"，此中虽有夸张成分，但一定程度上反映出江汉平原经济实力逐步呈现出超越江浙的强劲势头。元明时期江西以文化发达著称，素有"翰林多吉水，朝士半江西"的美誉，江西移民的进入极大丰富了汉水下游和鄂东地区的文化，为该地区的全面繁荣和文化崛起注入了新的活力。移民始迁祖吃苦耐劳、顽强创业的精神，往往成为教育激励后人的精神财富，从而逐步形成了汉水文化"首创首发，敢为人先"③ 的文化特征。

# 四、荆襄流民运动与秦巴山区的移民

汉水上游的荆襄地区和秦巴山地是典型的山地地形区。这里崇山峻岭，

---

① 《明英宗实录》（卷 132）
② （明）朱英：《救荒疏》，见乾隆《桂阳县志》（卷 12）《艺文》
③ 潘世东：《汉水文化论纲》，湖北人民出版社 2008 年版，第 636 页

老林密箐，处处"皆怪石嵯岈，谷深山阻，号称天险"①，在行政区划上分属鄂豫陕川四省，"地均犬牙相错，其长林深谷往往跨连两三省，难以界划，故一隅有事，边徼悉警"。② 这一地带既是秦楚门户，又是巴蜀咽喉，南临荆楚，东望江汉，古今用武之地；其内又"郡邑辽远，有尽日之行而不与人遇者，监司不能以时巡历，故流逋屡狙，虽设官分治之，乃其体统分裂，莫能相制，苟图逭责于己者，正以邻国为壑而已"。③ 可见这里历来就是"山高皇帝远"朝廷控制力量相对薄弱的地区。元至正年间，北琐红军、南琐红军曾以此为根据地发动起义，波及唐、邓、均、房、襄、荆等地。使本来就人烟稀少、经济落后的山区再次受到毁灭性打击。

明朝建立后，仍有散兵流匪隐匿在汉水上游的万山丛中，阴谋作乱。据《明太祖实录》记载：洪武元年（1368年）七月，新寨麻张等叛，邓愈遣安陆卫指挥同知吴复率兵讨平之；洪武四年（1371年）九月，郧县民易文通聚众作乱，集船五十艘，建官职，立旗号，劫掠地方。卫国公邓愈调襄阳卫兵征讨，斩其伪参政王某等人。洪武六年（1373年）二月，兴山县仵某自称参政，拥立伪大王刘保保，劫众烧县治，杀主簿范某。同年五月，房州人段文秀自称参政，设置官属，聚众作乱，以鲤鱼山为根据地，亦被卫国公邓愈发兵讨平。针对这一数省交界，不易控制的山区的持续动乱，朱元璋"命邓愈以大兵剿除之，空其地，禁流民不得入"。④ 该地区遂成为明朝的重点封禁区域。成化初年，项忠在驱遣流民出山以后的《善后十事疏》中称："荆州、襄阳、河南、南阳、西安、汉中、夔州七郡所属州邑，在山谷中者三十三，介山地间者十四，国初禁不许入，自禁弛致流民啸聚。"明初封禁的范围包括整个汉水上游流域及其周围地区。由于封禁政策的实行，这里始终"居民鲜少，郊野荒芜"。⑤ 据《天顺襄阳郡志》对襄阳府（当时尚未设立郧阳府）永乐十年（1412年）的户口统计，当时襄阳县2625户、枣阳县670户、宜城县849户、谷城县2203户、南漳县2162户、光化县768户、房县845户、竹山县257户、上津县259户、均州1437户、郧县983户。襄阳乃天下腰膂，但此时整个襄阳府在籍人口只有7万多，仅相当于有些地区一县的户口数。虽然这个数据没有包含隐匿的人口，但即使扩大数倍，也不能改变地旷人稀的事

① 严如煜：《三省边防备览·艺文》下，《平定教匪总论》
② 《三省边防备览·策略》
③ 《天下郡国利病书》（卷七二）《湖广》一
④ 高岱《鸿猷录·开设郧阳》
⑤ 《明英宗实录》（卷16），正统元年四月甲子

实。因为这一区域涵盖了今襄阳、十堰两市，即使将官方统计数据扩大十倍，人口密度依然低于其他地区。

　　虽然明初的封禁政策十分严厉，但是地形因素决定了政策执行的难度。封禁政策不仅没有阻止流民的进入，反而使山区自然资源更加丰富，闲置土地更多，因此对流民更具吸引力。众所周知，明朝洪武二十四年（1391 年）以后的人口数据，已经不是实际的人口数，只是承担国家赋役的人口①。实际上这一地区存在为数不少的黑户。这些无籍人口大约分为两种，一是战后散居山中的溃兵"散贼"；二是为躲避赋税、徭役而逃避注册户籍的"流民"。由于明朝赋役沉重，为躲避户口清查，他们宁愿选择穴居也不在政府容易控制的河谷、山间平地生活。如安陆一带，"洪武初大索土著不得，惟城东有老户湾屋数楹而无其人，乌兔山阴穴土以处者几人而无其庐舍"。② 汉阴县"其居民星散在万山中，石多土少，刀耕火种，兼猎兽而食"。③ 这种情况在兼有山区和盆地的汉中更为明显。洪武八年，陕西按察司金事虞以文巡视汉中，发现这里"民多居深山，少处平地。其膏腴水田，除守御官军及南郑等县民开种外，余皆灌莽弥望，虎豹所伏，暮夜则出伤人。……所种山地，皆深山穷谷，迁徙无常，故于赋税，官不能必其尽实，遇有差徭，则鼠窜蛇匿。若使移居平地，开种水田，则须买牛具，修筑堤堰，较之山地，用力多而劳。又亩征其租一斗，地既莫隐，赋亦繁重，以是不欲下山"。④ 当时汉水上游像这样"潜遁山谷间，不供征徭，不惧法度"⑤ 的化外之民应该不在少数。他们既不纳粮当差，还是社会稳定的潜在威胁。洪武末年，汉中勉县发生了以高福兴为首的"山贼作乱"，明政府派兵三万余人进山围剿，"宥其胁从者为军凡四千余人"。⑥ 当时勉县在籍人口仅三百余户，能够组织起如此庞大的起义队伍，既说明秦巴山区的实际人口大大超过在籍人口，也说明此时已有数量可观的流民进入山区。总而言之，明朝的封禁政策是失败的，从明初开始，秦巴山区已经聚集了为数不少的流民。

　　明朝中期以后，社会经济因素发生了急剧变动，和平年代人口快速增长使人地矛盾日益突出，随着土地兼并的日益严重，小农经济受到严重破坏，大量自耕农沦为佃户，在繁重的赋役之外，还要受到地主的残酷剥削。使本

①　何炳棣：《1368—1953 年中国人口研究》。上海古籍出版社 1989 年版
②　道光《安陆县志》（卷 3），引旧志语
③　（明）张大纶：《重修县治记》，乾隆《兴安府志》卷 25
④　《明太祖实录》（卷 100）
⑤　《明太祖实录》（卷 252）
⑥　《明太祖实录》（卷 255）

已十分脆弱的经济基础变得更加脆弱。而此时又是中国历史上自然灾害频繁发生的一个时期。据邓云特先生统计，有明一朝的灾荒次数多达 1011 次。"其中水灾 196 次、旱灾 174 次、蝗灾 94 次、雹灾 112 次，风灾 97 次，疫灾 64 次、地震 1265 次、霜雪 16 次、歉饥 93 次"[1] 汉水流域以北的山西、陕西、河南等省自然灾害尤其频繁。灾荒迫使越来越多的人离开故土，逃流他地。华北流民的首选之地是明初政府鼓励移民的南阳盆地，但宣德以后，南阳盆地已经没有了开发的空间，流民只能继续向西南挺进，进入山高林密的荆襄地区和秦巴山地。

汉水上游的荆襄地区和秦巴山地山林深险，地貌复杂，属于亚热带季风气候区，山川相间的地方拥有富含矿物质的肥沃土壤，为流民活动提供了天然丰厚的物质条件。这里"多崇岗丰箐，川险林深，中间仍多平旷田地，可屋可佃；更产银矿砂金，可淘可采"。[2] 既可渔猎采集以解燃眉之急，亦可垦殖开矿以备长久之需，对食不果腹、流离失所的流民无疑具有极强的吸引力。更重要的是地界湖广、河南、陕西、四川四省之间，政府控制较弱，"平时则政令以远不易及，有事则军马以远卒难到"。[3] 是流民躲避苛捐杂税，安居乐业的理想"世外桃源"。武当山皇家宗庙的修建使这一地区知名度大大提高，慕名而来的流民越来越多。从永乐到万历的近两百年中，这里的流民聚集从未间断。为了讨论的方便，先将有关流民史料列表如下：[4]

| 时间 | 纪事 | 资料来源 |
| --- | --- | --- |
| 永乐十六年二月癸巳 | 湖广随州及枣阳各处逃民 500 余户潜住 | 《太宗实录》卷 198 |
| 宣德三年闰四月甲辰 | 山西饥民流徙至南阳等地不下 10 万余口 | 《宣宗实录》卷 42 |
| 正统八年十一月辛未 | 河南汝州 100 余人寓住均州 | 《英宗实录》卷 110 |
| 正统十年八月壬戌 | 陕西等地饥民出湖广、河南等处趁食，动以万计 | 《英宗实录》卷 132 |
| 正统十年十月庚申 | 山东、山西、陕西饥民 70000 户流徙湖广、河南 | 《英宗实录》卷 134 |

---

① 邓云特《中国救荒史》台北：台湾商务印书馆，1987，第 55 页
② 顾炎武：《天下郡国利病书》（卷 720）
③ 陈子龙：《明经世文编》（卷 81），徐恪：《议处郧阳地方疏》
④ 转引自晏昌贵著：《丹江口水库区域历史地理研究》，科学出版社，2007，73、74 页

续表

| 时间 | 纪事 | 资料来源 |
|---|---|---|
| 正统十年十月壬戌 | 湖广上津、陕西金州洵阳县山内流民3000余户 | 《英宗实录》卷134 |
| 正统十二年三月戊子 | 山东、山西流民350余户逃至邓州 | 《英宗实录》卷151 |
| 正统十二年五月壬子 | 山东、山西、南直隶20万流民徙河南 | 《英宗实录》卷154 |
| 景泰五年十一月辛酉 | 河南逃民20余万户转徙南阳唐、邓、湖广樊、沔之间 | 《英宗实录》卷247 |
| 成化元年七月辛未 | 南阳、荆襄等处流民不下10万 | 《宪宗实录》卷19 |
| 成化四年正月甲申 | 四方流民屯聚荆襄已达20万～30万之众 | 《宪宗实录》卷50 |
| 成化四年三月庚辰 | 平凉、延庆、庆阳等府居民十有七八逃往河南、湖广、四川 | 《宪宗实录》卷52 |
| 成化四年四月乙卯 | 河南、荆襄附籍流民63000余户，未附籍者犹不知数 | 《宪宗实录》卷53 |
| 成化四年十二月丁酉 | 荆襄安沔之间流民不下百万 | 《宪宗实录》卷61 |
| 成化六年二月辛未 | 荆襄流民动以数十万计 | 《宪宗实录》卷76 |
| 成化六年四月壬戌 | 四方流民汇聚汉中，不下数万 | 《宪宗实录》卷78 |
| 成化六年十一月 | 时值大饥，流民入山者90余万人 | 《明通鉴》卷31 |
| 成化七年三月壬辰 | 流民扶老携幼出山者40余万 | 《宪宗实录》卷89 |
| 成化七年七月甲午 | 荆襄流民二百余万；陆续出山复业者938000余人。四散奔走者51万余人；死于途中90余万人 | 《宪宗实录》卷93，《明经世文编》卷44、46 |
| 成化七年十一月己未 | 复业流民507700余人 | 《宪宗实录》卷98 |
| 成化十二年十二月己丑 | 原杰奏称：流民之数113317户；438644口。俱系山东、山西陕西、江西、四川、河南、湖广及南北直隶府、卫军民籍 | 《明经世文编》卷93 |
| 成化十三年六月丙申 | 招抚荆襄流民190170人有奇 | 《宪宗实录》卷167 |
| 弘治二年七月癸亥 | 流民在湖广荆、襄、郧三府已成家业愿附籍者57824人；未成家业回原籍者13546人；在行都司附籍者2111人；未附籍者1622人；在汉中府愿附籍者5246人 | 《孝宗实录》卷28 |

续表

| 时间 | 纪事 | 资料来源 |
|------|------|----------|
| 弘治十八年四月 | 清查出荆、襄、南阳、汉中流民 235600 余户，739600 余口 | 《续文献通考》卷 13 |
| 正德元年十月戊申 | 清查出荆、襄、郧阳、南阳、汉中、商洛等府州县流民计 118971 户；愿附籍 92370 户 | 《武宗实录》卷 18 |
| 嘉靖十年五月甲辰 | 郧阳巡抚清查流逋之民，或应附籍，或应发遣 | 《世宗实录》卷 125 |
| 万历七年七月己酉 | 商南小邑，路夹郧、陕，逃户遗产尽属流民 | 《神宗实录》卷 89 |

从上表可见，明初的封禁政策从来都没有有效执行过。正统年间，巡抚陕西行在户部右侍郎李新奏称：

> 河南南阳府邓州、内乡等州县及附近湖广均州、光化等县。居民鲜少，郊野荒芜。各处客商有自洪武、永乐间潜居于此。娶妻生予成家业者。丛聚乡村，号为"客朋"，不当差役，无所钤辖。虑其为非，乞命都布按三司躬亲验丁入籍，拨与绝户荒田耕种，纳粮当差。仍移文原籍勘实，有系逃军逃匠者，即便拘解。①

荆襄流民早在洪武、永乐年间即已发生。宣德以后呈激增趋势。由于山区面积广阔，一直没有引起朝廷的重视。以至于当宣德八年（1433 年）兵部奏报"近有言四川、湖广、陕西接境有细水洞，一名水帘洞，有号赵大王者，聚众二千余人，据险为寨"，并要求派官兵围捕时，朱瞻基还将信将疑："言者亦未可遽信，再令体勘得实，方可裁处"②。

明英宗统治时期，随着流民的不断涌入，社会矛盾日趋复杂。正统八年（1443 年），河南流民张端卜在均州借佛法扇惑众人，阴谋起事；天顺元年（1457 年）正月，镇守陕西内官王庄儿奏："汉中府洋县有寇聚众欲攻县治，烧栈道，占据汉中，已与守备官军设法擒其数人，解送按察司。皆本府地方

---

① 《明英宗实录》（卷 16）"正统元年四月甲子"
② 《明宣宗实录》（卷 102）

广阔，逃民数多，恐乘机蜂起"。① 天顺八年（1464 年），巡抚河南的王恕在河南内乡境内的金斗山擒拿争矿杀人强徒汪四等二十余人，安抚流民二万二千户；这几起事件仍没有引起了政府的警觉。

天顺八年（1464 年），刘通、石龙领导的房县大木厂起义，使流民问题彻底暴露。虽然起义最终被兵部尚书白圭镇压下去，但问题仍未根本解决。针对流民户籍问题，白圭建议在荆襄流民中推行附籍与发还原籍相结合的政策：愿附籍者，必须纳粮当差，成为编户；不肯附籍者，发回原籍，纳粮当差。这本是一条完全合乎实际的建议，但这一政策尚未贯彻执行，第二次流民起义又爆发了。"白圭既平刘通，荆襄间流民屯结如故。通党李胡子者，名原，伪称太平王，与小王洪、王彪等掠南漳、房、内乡、渭南诸县，流民附贼者至百万"。② 这次起义发生在成化六、七两年，其实早在两年前的成化四年初，分守荆襄左参将王信就曾报告："四方流民屯聚荆襄者已二三十万"。③ 同年年底，巡抚荆襄右副都御史杨漩又奏称："荆襄安沔之间，流民亦不下百万。"④ 镇压这次起义的是有"刽子手"之称的项忠。据其《报捷疏》《抚流民疏》等统计，被驱遣出山的流民前后计 150 余万，谪成者 1.02 万及其随居家属 5.9 万，斩首袅示等数百上千。仅此有数可稽者即达 160 万人以上，尚不包括"其余混处贼巢，无籍检查，四散奔走出山者，又莫知其数"⑤ 这一部分；更有"俱刃所加，无分玉石。驱迫不前，既草薙之，死者枕借山谷"⑥ 那一部分。估计至成化七年，秦巴山区集聚过的流移之民曾达 200 万之众。⑦

项忠的大规模清山、驱遣、屠杀举动，给荆襄流民造成沉重的灾难。被其驱赶、杀戮的有相当一部分属于在册土著。据《明宪宗实录》记载"房县编户初不过四里，自永乐以来，仕官侨居流移附籍者增至四十余里，各安生业，而忠等逐之，十不存一。其余州县，率皆类此"。⑧ 祭酒周洪谟弹劾他造成 90 万流民非正常死亡。血腥屠杀仍然没有解决流民问题。"成化十二年，流民集复如前"。⑨ 于是宪宗派右副都御史原杰前往荆襄招抚。原杰在《处置

① 《明英宗实录》（卷 274）
② 《明史·项忠传》
③ 《明宪宗实录》（卷 50）
④ 《明宪宗实录》（卷 61）
⑤ 项忠：《报捷疏》，见《明经世文编》（卷 46）
⑥ 《明宪宗实录》（卷 98）
⑦ 张建民：《明代秦巴山区的封禁与流民集聚》，《中南民族学院学报》1998 年第 2 期
⑧ 《明宪宗实录》（卷 103）
⑨ 高岱《开设郧阳》

流民疏》一文中记载了这次清理流民的过程和结果：

> 查照宣德、正统年间以来，官司行过事迹，或编户籍，或驱遣复业，严立禁约……陕西、汉州等府、金州、商洛等县，俱与荆襄接境，系流民新聚处所，选委湖广、河南、陕西都布按三司官员王用等遍历山谷，取勘流民共十一万三千三百十七户，男妇共四十三万八千六百四十四丁口，审系山东、山西、陕西、江西、四川并本省军民等籍。随同镇守等官查得前项流民先因原籍粮差浩繁及畏罪弃家偷生，置有田土，盖有房屋，贩有土产货物，亦不过养赡家口而已，别无非为事端，若依前例一概逐遣，尚恐去而复来。或各处顽民，闻知地土空闲，纠集趋往，不数年必有甚如今日之众，执难尽遣。合将近年逃来，不曾置有产业，原籍田产尚存流民戴广等一万六千六百六十三户，男妇共四万五千八百九十二丁口，并平昔凶恶，断发原籍者，照例遣回。其本分营生张清等共九万六千六百五十四户，男妇共三十九万二千七百五十二丁口，仰遵圣谕编附各该州县户籍，应当粮差，仍严立禁条，用杜将来流移。此非一时之安，亦有久远之计。

原杰的抚治措施无疑是十分成功的。据其《处置流民疏》和《明宪宗实录》成化十二年十二月己丑条载，共清出流民 113317 户，438644 人。其中湖广襄阳、荆州、德安和新设的郧阳共查出流民 24039 户，其中允许附籍的有 20187 户；陕西西安（当时商州属西安府）、汉中两府流民 18718 户，附籍 16083 户；南阳府和汝宁两府的流民数为 75052 户，附籍 60384 户。三地附籍移民比例均在 8 成以上。经过这次大规模附籍，汉水上游的在册人口大大增加。

经过原杰的努力，荆襄流民问题一度得到解决。但由于产生流民的经济基础依然存在，此后流民涌入的情况仍时有发生。郧阳设抚六年后的成化十八年（1482 年），郧阳抚台吴道宏等奏："自去冬以来，河南、陕西、山西、北直隶流民，扶老携幼入荆襄境内，潜奔入山。"[1] 二十一年，"陕西、山西、河南等处饥民流亡多入汉中、郧阳、荆襄山林之间"。[2] 弘治元年（1488 年）"各处报灾伤者络绎不绝，而湖广、四川尤甚。各处饥民多流移荆襄等处"。[3] 正德元年（1506 年），先后担任郧阳抚治都御使的孙需和何鉴清查出荆襄、

---

① 《明宪宗实录》（卷226）"成化十八年四月壬子"条
② 《明宪宗实录》（卷260）"成化二十一年正月己丑"条
③ 《明孝宗实录》（卷19）"弘治元年十月戊申"条

南阳、汉中等处流民 235600 余户①，半年后又续清出 118971 户，总计超过百万之巨；直到嘉靖十年（1531 年）、万历七年（1579 年）仍有流民事例报道。但历代郧阳抚台处置流民的举措，基本依照原杰的既定政策，直到明朝灭亡，虽不断有流民涌入，也有多次流民起义发生，但始终没有酿成影响全局的动乱。

## 五、汉水流域移民所折射的文化现象和制度缺失

明代的几次为人们熟知的大规模移民都与汉水流域密切相关。当我们把汉水流域作为整体来研究就会发现，"山西大槐树"、"江西填湖广"、"湖广填四川""荆襄流民运动"四大移民运动并非各自独立的个案，它们之间无论在时间还是空间上都存在传承和因果联系：正因为"湖广填四川"造成的人口流失，才有"江西填湖广"移民运动。正因为"山西大槐树"、"江西填湖广"持续数年，平原地区开发殆尽，土著对赋税负担苦不堪言，才有了"荆襄流民运动"。总结明朝汉水流域的移民历史，还有几个有趣的现象值得深思。

第一，几次大移民留下了十分相似的群体记忆和文化符号。山西移民后裔多自称来自"洪洞大槐树"；江西移民多自称来自"鄱阳瓦屑坝"；"湖广填四川"移民更把成化八年（1472 年）就已经消失的"麻城孝感乡"当成自己的故乡。这三个地方可能都曾是移民集散中心，因年代久远，移民后代随着传说的递减，逐渐淡忘了具体祖居地，将记忆的思路集中定格于某一地区，这个地方就成为移民思乡情结的归宿，在历史话语构建过程中浓缩成一个特定的文化符号。同时，这也反映出移民中可能存在为融入人多势众的移民群而"冒籍"的现象。此外，这三次移民的后裔都把"解手"一词说成是自己祖先的发明。具体孰真孰伪，如今已难以考证。正如赵世瑜所说："这表明不同地区的人民结合本地印象最为深刻的历史记忆，为同一传说创造历史背景。"② 这种现象也共同说明明初多次移民运动由国家强制执行，因为此事有损朝廷的光辉形象，被从国家史籍中抹去。

第二，汉水流域移民运动总体呈现自由下游到上游，由平原到山区的历

① 《明世宗实录》（卷 125）"嘉靖十年五月甲辰"条
② 赵世瑜：《祖先记忆、家园象征与族群历史——山西洪洞大槐树传说解析》载《历史研究》2006 年 1 期

史趋势。按常理推测，平原地区的自然条件和开发难度明显优于山区，老百姓为何要舍易就难？其实这一方面说明经过一段时间的移民，原本人烟稀少的平原开发殆尽，出现新的人口压力，迫使后来的移民和部分土著继续迁徙。另一方面也反映出明朝赋役制度的失败。明朝前期的逃离人口政策是"发还原籍"，但山区有为数不少的寨堡和山洞，稽查户口尚且十分困难，更不用说抓捕遣返了。不附籍就没有赋役负担，对普通百姓而言，流民比齐民拥有更高的生活质量。汉水流域的方志中就经常出现"主贫客富"的记载。正因为这个原因，明初汉中"民多居深山，少处平地"①，大量平原沃土被荒废。流民即使被遣返或附籍，也有免税若干年的优待。巨大的诱惑力造成部分贫民舍弃平原的家业进入山区。在遭遇项忠血腥屠杀的情况下仍"屯结如故"。而那些安土重迁的良民不但得不到赋役优惠，反而要为逃户承担遗留的钱粮和徭役。当时就有人意识到这种制度的不合理性，"新收逃户既得赈恤，复业流民又免粮差，惟安土重迁、始终不逃者，每代逃户赔粮服役，反不能存"。②沔阳人在分析主贫客富的情况时指出："客常浮于主，然客无定籍，而湖田又不税亩，故有强壮盈室而不入版图，阡陌遍野而不出租耤者。"③失败的赋役政策使得"存者被累，亦欲思逃。"④即使在没有自然灾害的年份，也有产生大量"逃户"，进而形成人户普遍迁徙、反复迁徙甚至不同区域相互迁徙的奇怪现象。

第三，相比其他移民地区，汉水流域的土地矛盾并不突出，却经常出现鸠占鹊巢，反客为主的奇怪现象。如邓州："迩岁以来，客户集而土著徙。"⑤沔阳"他方之民聚焉。而江右为甚，强者侵产，弱者就食，故客常浮于主"。⑥潜江"占田多者，皆流寓豪恣之民"。⑦土著和移民的争端无论何时都不可避免，在流移众多且政府控制力微弱的汉水流域，决定争端胜负的不是国法公理，而是实力强弱，弱肉强食的森林法则就是解决矛盾的基本原则。当时汉水流域客民的比例普遍高于土著，且有自下游到上游比例依次增高的趋势。监利："他方之民聚焉，而江右为甚"，谷城"土四而客六"，⑧郧阳

---

① 《明太祖实录》（卷100）
② 《明宪宗实录》（卷53），成化四年四月乙卯
③ （卷9）《食货志》
④ 《明宪宗实录》（卷52）
⑤ 嘉靖《邓州志》（卷11）《陂堰志》
⑥ 嘉靖《沔阳志》（卷9）《货殖》
⑦ 万历《湖广总志》（卷35）《风俗》
⑧ 万历《襄阳府志》（卷26）《风俗》

"陕西之民四，江西之民三，山东、河南之民一，土著一"。① 这些客民往往
又是举族迁徙"亲戚族党，因缘接踵，聚族于斯"。② 即使在不同籍贯的客民
之间，也很容易形成"同是天涯沦落人"的心理依附感，进而形成合力对付
土著。而脆弱的生存基础造就的亡命心态在流民中普遍存在，还曾多次诱发
暴乱，更使得这群"官吏不收科征，里甲不敢差遣"③ 的亡命之徒在气势上
压过土著。在这些因素的共同作用下，土著被迫"以逃窜为良图"，成为新的
流民。如此年复一年，便陷入"以流寓而累土著，久之，而土著转为流寓"④
的恶性循环。

---

① 万历《郧阳府志》（卷14）《风俗》
② 同治《竹溪县志》（卷14）《风俗》
③ 光绪《沔阳州志》（卷4）《食货志·户口》
④ 光绪《沔阳州志》（卷4）《食货志·户口》

# 第八章 明代秦巴山区的生态环境

环境史是当代史学研究的热点领域。关于汉水流域生态环境的研究，虽起步较晚，但如今已经硕果累累。[①] 这些研究有一个共同的特点，即把明清两朝置于同一时段，纷纷指出当时的移民垦殖活动造成秦岭、大巴山区森林植被的严重破坏，水土流失明显加剧，物种资源大量减少，生态环境全面恶化、甚至影响到汉江的灌溉、防洪和航运。然而这些成果所引用的史料多为成书于嘉庆、道光年间的《三省边防备览》《秦疆治略》及乾隆以后的地方史志，明清两朝时间跨度长达五百余年，这些史料成书距明朝灭亡已达百余年，根本不能反映明朝的生态状况。因此这些成果有意无意地给读者造成一种明代汉水流域生态状况已经十分恶劣的假象。其实，明代的秦巴山区流民聚集，农业开发变林地为农田，虽对环境有所破坏，但并没有达到恶化的地步。且汉水流域位于亚热带季风气候区，环境自我修复能力较强，从当时的文献看，环境恶化是局部而非整体，移民开发并未对环境造成不可修复的影响。

## 一、明清文献所见之明代汉水流域生态环境

张建民教授所著《明清长江流域山区资源开发与环境演变：以秦岭—大巴山区为中心》是明清秦巴山区经济社会史研究的集大成之作。此书在介绍移民、农业生产、手工业及矿产资源开发时都将明清两朝分开论述，显然注

---

① 已有的研究成果有：邹逸麟《明清流民与川陕鄂豫交界地区的环境问题》，载《复旦学报》（社会科学版）1998 年第 4 期；宋传银《历史时期湖北人口与环境》载《华中师范大学学报》（自然科学版）2000 年第 3 期；梁中效《历史时期秦巴山区自然环境的变迁》载《中国历史地理论丛》2002 年第 3 辑；蔡苏龙，牛秋实《流民对生态环境的破坏与明代农业生产的衰变》载《中国农史》2002 年第 1 期；吴宾《明清时期陕南移民农业开发及其对生态环境的影响》载《内蒙古农业大学学报》（社会科学版）2005 年第 4 期；黄永昌《明清时期汉水流域环境变迁及其影响》载《湖北经济学院学报》（人文社会科学版）2012 年第 7 期

意到了时间跨度问题。然而论及资源开发与环境演变的第十一章，却将明清两朝合并。可能是受明代环境史料缺失的限制。诚然，明朝移民对汉水流域的垦殖，的确极大改变了自然景观，如嘉靖年间远安、兴山一带，由于"河洛秦楚流民之集殆倍蓗"，以致"生息渐繁，流寓亦聚，遂更竭力于农事，虽穷崖绝谷，人迹罕到之处，悉为桑麻之区矣"。① 桑、麻等农作物不会破坏植被，因此自然景观的改变不至于影响到生态环境。嘉靖年间尚有人作诗赞颂兴山"坞长四十里，树老几千年；石骨肥流髓，山筋断竹泉；虽晴不见日，未雨忽生烟；莫遣金旌动，休惊虎豹眠"。② 再说远安、兴山位于荆襄山区最东与襄宜平原结合部，是流民入山的门户，这里局部地区即使存在生态破坏也不足以代表整个秦巴山区。当然有些特殊行业如大宁的井盐业需要耗费大量木材以供柴薪，大规模长时间的砍伐造成涝峪水附近"两岸林木，芟刈童然"，③ 但秦巴山区的井盐业仅限大宁盐场一处，这里的情况同样缺乏代表性。流民进山自然是为了生存，田园风光才是汉水上游最普遍的景观，明朝末年徐霞客游历武当，以著名的《游太和山日记》记录山间的景象：

> 登仙猿岭。十余里，有枯溪小桥，为郧县境，乃河南、湖广界。东五里，有池一泓，曰青泉，上源不见所自来，而下流淙淙，地又属淅川。……自此连逾山岭，桃李缤纷，山花夹道，幽艳异常。山坞之中，居庐相望，沿流稻畦，高下鳞次，不似山、陕间矣。但途中蹊径狭，行人稀，且闻虎暴叫，日方下舂，竟止坞中曹家店。

徐霞客笔下的武当山处处泉水淙淙，梯田鳞次栉比，好一副桃源景象。这里植被茂密，风景优美，"满山乔木夹道，密布上下，如行绿幕中"。然而茂密的森林并非太和山所独有：

> 太和则四山环抱，百里内密树森罗，蔽日参天；至近山数十里内，则异杉老柏合三人抱者，连络山坞，盖国禁也。嵩、少之间，平麓上至绝顶，樵伐无遗，独三将军树巍然杰出耳。

武当山宫观兴建于永乐年间，仙山附近自然是秦巴山区开发较早、聚居

---

①　嘉靖《湖广图经志书》（卷6）
②　嘉靖《归州志》卷五《艺文志》
③　嘉靖《云阳县志》卷上

流民较多，开发程度较高的地区之一。然而移民因地制宜开辟梯田的垦殖方式不但没有毁坏植被，也没有影响自然水系，徐霞客所经指出，处处都有涓涓细流，文中五次提到泉水，尤其是"竹笆桥"下流，"两崖蓊葱蔽日，清流延回"。让旅行家感慨这里的植被和环境远胜于过度樵采的嵩山和少室山。徐霞客还记录了当时汉水的景象：

行五里，上火龙岭。下岭随流出峡，四十里，下行头冈。十五里，抵红粉渡，汉水汪然西来，涯下苍壁悬空，清流绕面。循汉东行，抵均州。①

河流的含沙量最能集中体现流域内的水土流失和植被覆盖情况。徐霞客所经的"清流绕面"的红粉渡，当在今丹江口附近。关于汉江的水质，明代诗歌亦有许多记载。"汉江俗称神河，其异于诸水者，当夏秋涨发中，有跑沙突起洪涛之中，出没无常，跑沙在老河口、襄阳一带尚有，襄阳以下则依次稀少，推原其故，缘汉水流最劲疾，拥沙而行。"② 以南船北马的襄阳为例，明初俞吉士的《汉江鸭绿》云："落日行大堤，爱此春江绿。谁云可染衣，华我襄民服。谁云可作醋，取我襄民足。临流不敢唾，聊以鉴眉目。"薛瑄《泛汉江》："城下扁舟发，江清宿雾销。"在移民大量涌入前，汉江水是十分清澈。经过天顺、成化、弘治三朝的开发，汉江水质发生了多大变化呢？"前七子"之一的李梦阳《浮汉》诗云："杳杳向前行，扬船浮汉行。水闻天上转，色出雨中明。已近鸣鶪月，长看浓雾升。陈诗叹秣马，风浪独含情。"此诗写于盛夏水涨之时，可汉江并非浊浪滔天，反而仍是水天一色的景象。嘉靖年间杨时作《登岘山阻雨四首》有："欲问荆人寻旧事，一江青泚自东流。""江浮云影抱层栏，云外青山一水间。"即使在大雨滂沱无法登山的日子，汉江还是"一江青泚"。万历年间李言恭"灯火深林里，星河流水中"。李本固"江空云影动，棹起浪花开"。吴廷用"汉江雪后水初生，鸭绿粼粼万顷平"。③ 从这些反映时人环境体验的诗歌可以看出，终明朝二百余年，徐霞客"清流绕面"的胜景在水流由湍急转向平缓的均州至襄阳段处处可见。汉江水质和含沙量没有因为上游的移民开发而发生太大变化。

《徐霞客游记》还提到在武当山间"闻虎暴叫"，秦巴山区自古就是华南虎的栖息地之一。类似记载在其他州县也大量存在。万历年间汉中褒城"乔

---

① 朱惠荣：徐霞客游记校注（上），云南人民出版社，1985
② （清）严如熤：《三省山内风土杂识》
③ 以上诗句均引自李元明编：《历代咏襄阳诗集注》，长江文艺出版社，2011

木夹道，中多虎豹"，① "自沔山峡白额恣噬，初掠牛羊于旷野，渐窥犬豕于樊落，底今益横，屡报残人……以致山居者门户昼扃，食力者耕樵路绝，置邮莫必其命，商贾为之不通"。② 为平息恐慌，恢复正常生活秩序，知府崔应科只得重金招募猎户上山打虎。明清之际，由于人口锐减，老虎愈加猖狂，巴东县仅自崇祯十五年（1642 年）至顺治九年（1652 年）的 10 年间，"百姓死于虎至万余人"。③ 康熙年间，西乡县"不特虎迹交于四郊，而且午夜入城，伤害人民，殃及牲畜"。④ 清初聂焘出任镇安知县，其父聂继模以《诫子书》相赠，书中特别嘱咐儿子："山路崎岖，历多虎患，涉水尤险，因公出门须多带壮役，持鸟枪夹护。"老虎位于食物链的顶端，严重的虎患说明直到清朝早期，秦巴山区的野生动物数量是十分可观的。郧阳府属于开发较早，垦殖程度较高的地区，同治《郧阳府志·物产》载：昔年林丛箐密，家畜而外，禽兽，凡锦鸡、白鹇、虎、豹、毛羽之属种类甚繁。同时代府属各县也有类似记载。如竹溪县"昔荒山丛杂，兽类颇多"；⑤ 竹山县"从前林木盛而禽兽多，农隙之时，居民猎取鲜肥，臂鹰搏兔"。⑥ 乾隆《竹山县志》亦载："林木之盛，禽兽之多，农隙时居民率多弋猎鲜肥，臂鹰搏兔。"可见同治新志所言之"昔年"、"从前"为乾隆年间。可见直到清朝中期，郧阳地区仍是野生动植物的乐园。

　　野生动物的生存须以大面积的森林资源为前提。大量野生动物说明明代秦巴山区的植被覆盖率总体上是不错的。成化年间，汉中新建庙学缺乏大木，却得天降祥瑞"维时六月，大雨连日，汉水暴溢，漂流巨木，蔽江而下，抵岸遽止，奚啻数千，皆硕材也"。⑦ 嘉靖年间皇宫失火三殿被焚，朝廷将皇木采办的任务分派山区各地。光化知县廖希夔只好翻山越岭到处搜寻。终于在今竹溪境内的慈孝沟发现了大片天然楠木林。完成这项艰巨的政治任务，廖希夔欣喜不已，当即作诗刻于崖上："采采皇木，入此幽谷，求之未得，于焉踯躅；采采皇木，入此幽谷，求之既得，奉之如玉；木既得矣，材既美矣，皇堂成矣，皇图巩矣。"楠木生长十分缓慢，价格高昂，嘉靖年间尚能发现如此大面积高质量的楠木林，说明当时秦巴腹地还有大量人迹罕至的原始森林。

　　① 张瀚：《松窗梦语》（卷 2）《西游记》，中华书局 1985 年版，第 41 页

　　② 崔应科：《捕虎文》见嘉庆《汉南续修府志》（卷 26）《艺文中》

　　③ 康熙《巴东县志》（卷 2）《物产》

　　④ 王穆：《射虎亭记》，见道光《西乡县志》

　　⑤ 同治《竹溪县志》（卷 15）《物产》

　　⑥ 同治《竹山县志·风俗》

　　⑦ 陈显远编：汉中碑石，三秦出版社 1996，148 页

清代的地方史志也有大量森林的记载：

商洛（乾隆年间）："树益荟蔚丛密，仰不见天日，深红、浅绛、微黄、浓绿，俨一幅锦绣步障。"①

宁陕厅（乾隆四十八年）："层峦叠嶂，密菁深林历四百八十里。"②

留坝厅（明末）："青山夹驰，绿水中贯，丰林前拥，叠嶂后随，去来杳无其迹，倘非孔道，真隐居之适矣。"③

留坝厅（乾隆以前）："幽篁丛木，蒙茸数十里不见山巅，行人与虎豹蛇虺争一线"。④

房县："房居万山中，林木阴森，刚卤交错。自国初以来，日渐开垦。"⑤

陕南："宝鸡、眉县、周至、宁陕、孝义、洋县、凤县、老林皆纵横分布数百里。"⑥

通过对明清历史文献的分析可以发现，直到明朝灭亡，汉水上游的森林植被依然比较完整，汉江的水质、含沙量也没有明显的变化，从而说明水土流失仍在可控的范围内。野生动植物无论品种还是数量都比较可观。总而言之，明代秦巴山区的移民垦殖虽对局部地区生态环境造成了一定影响，但并没有影响到全流域的生态平衡，汉水流域生态环境状况总体良好。

## 二、自然因素所反映的秦巴山区环境状况

汉水流域内地质情况十分复杂，从震旦纪到近代，几乎各时期的地层都露头。尤以古生代变质岩系的分布为最广。其次为新生代第三纪的红色岩系和第四纪的疏松沉积物。古生代及其以前的地层主要分布在上游，构成秦岭、大巴山和武当山等崇山峻岭。新生代和中生代地层多分布在山间盆地、地堑及下游低洼地区，成为中低山地及丘陵。具体到秦巴山区，地质构造主要为发育疏松的片岩、板岩和变质灰岩。这种岩石由黏土岩、粉砂岩和中酸性凝

① 王昶：《商洛行程记》
② 道光《宁陕厅志》（卷4）《艺文》
③ 王士性：《五岳游草》（卷5）《蜀游上》
④ 《留坝厅足征录》（卷一）《文征》
⑤ 同治《房县志》（卷4）《赋役》
⑥ 严如煜：三省边防备览·（卷十四）·艺文下·老林说

灰岩经轻微变质作用所形成，极易风化成为黏土。秦巴山区崇山峻岭，有利于地形雨的形成，降水量明显多于汉水下游的江汉平原。亚热带气候为山区提供了充足的光照和热量，这些自然条件共同造就了山区强大的生态调节能力，只要不遭遇强烈持久的生态破坏，山区内的生态平衡很难被打破。

科学研究表明，自然灾害与生态环境呈正相关。赵景波先生将明代陕南洪灾可分为 3 个阶段，第 1 阶段在 1369—1435 年之间，为洪灾频发阶段；第 2 阶段在 1436—1550 年之间，为洪灾多发阶段；第 3 阶段在 1551—1644 年之间，为洪灾较少阶段。对于灾害发生的原因，首先是气候异常与降水季节分布不均；其次是两山夹一川的地势结构；再次才是人为因素。[①] 第 1 阶段期间陕南尚出于封禁状态，人烟稀少，即使发生了洪涝灾害，由于未造成重大损失，很难引起当政者的关注，故此阶段"洪灾贫发"很可能是记载缺失。故总体上讲，开发后的秦巴山区洪涝灾害并未超过开发前。汉江下游的江汉平原，明代发生大水灾 7 次，特大水灾 2 次，而清朝这两项数据分别是 27 次和36 次。[②] 明代汉水流域的旱涝灾害无论从次数还是强度上讲都远远低于清朝。与同时代的周边地区横向比较，也不占优势。周边流民源源不断地向山区聚集，也说明这里的灾害少于周边，自然条件相对优越。

# 三、人类活动与秦巴山区自然环境

## （一）明代移民人口尚未超过环境承载力

明朝初年，朝廷对秦巴山区实现封禁政策。封禁政策非但没能阻止流民的进入，反而使山区地广人稀、物产丰富，对流民更具吸引力。从明初开始就陆续有流民进入秦巴山区，到成化年间达到顶峰，人口峰值一度达到 200 万之众。[③] 但这个数值相对于广阔的山区来说并不算多，远远没有超出山区环境承载力。况且这 200 万人口的主体是居无定所的流民，他们的生活要求仅仅停留在生存层面，对自然的索取远远低于常人。接连不断的农民起义正是

---

① 赵景波，马莉：《明代陕南地区洪涝灾害研究》，《地球科学与环境学报》2009 年第 2 期

② 参见鲁西奇，蔡述明：《汉江流域开发史上的环境问题》，《长江流域资源与环境》1997 年第 3 期

③ 参见张建民《明清长江流域山区资源开发与环境演变：以秦岭—大巴山区为中心》103 页，武汉大学出版社 2007 年版

流民生活水平极其低下的反映。陈良学先生的《明清川陕大移民》收集的大量家谱资料表明 80% 以上的家族都是清朝迁入，且多发生在康熙、雍正朝之后，包括笔者在内的至少 80% 秦巴山民都是清朝移民的后裔。鲁西奇先生通过数据统计指出清朝汉水流域总人口一度达到 2250 万，[①] 秦巴山区的人口峰值保守估计也达千万之巨。产生这种差距的原因有三：一是明朝的人口压力远不及清朝；二是明清两朝的移民政策截然相反，明朝自始至终反复重申封禁政策，而清朝则设置专门机构"招来馆"鼓励向山区移民；三是苞谷、洋芋、红薯等美洲作物的推广使有限的土地能够养活更多的人口。这才是造成山区生态失衡的罪魁祸首。明代流民问题被时人广泛关注并留下大量国史资料不是因为其人口规模，而是因为流民起义严重威胁到王朝的统治，相反，清朝移民人数虽远远大于明朝，因为其进程缓慢而平和，没有引起剧烈动荡，受到当时政权和当今学界的关注反而较少。

## （二）明代农作物品种难以造成大面积水土流失

汉水上游地区以山地为主，面积占 86% 以上，平原（平坝、小盆地与河谷地）则不到 10%。明朝前期的移民自然会选择居住在自然条件优越、交通方便的汉水河谷其支流的一连串小盆地中，随着人口密度的增加才慢慢向山区扩散。秦巴山地山高谷深，山地坡度多在 40 度以上，坡地的土地又比较贫瘠，对一般农作物而言没有开发的价值。玉米、甘薯、马铃薯在明朝中后期传入中国，也得到了以徐光启为代表的经世派官员的大力推广，也许是因为战乱的原因，汉水流域的明代文献中没有这些高产作物传入的记载。这说明直到明朝灭亡，这些作物至少不可能规模化种植。明末清初的顾炎武总结鄂西农业特点时说，"山石硗确，地无平衍，农不宜谷，蚕不宜桑，仅资桐、茶、黍、粟、漆、蕨以为生理"。[②] 有些地方直到严如熤生活的嘉庆年间，仍然是"山内秋收以粟谷为大庄"[③]。明朝秦巴山区的主要农作物是水稻、粟和小麦，水稻只能在水田生长，粟和小麦也对土壤水分和肥力有较高的要求，且明代自嘉靖以后进入于"明清小冰期"阶段，全年平均气温比现在低 5 度—6 度，海拔较高，坡度较大的高山地区不具备开发的价值，流民自然不会垦殖。对于山间河谷和小盆地地带，流民在生存压力的驱使下积极修建水利工程，起到了灌溉和防洪的双重作用，有效阻止了水土流失。秦巴山区生

---

① 鲁西奇：《区域历史地理研究：对象与方法》，广西人民出版社 2000 年版，435 页
② 顾炎武：《天下郡国利病书》（卷 75）
③ 严如熤：《三省边防备览》（卷 11）《策略》

态环境遭到真正破坏发生在清朝美洲高产耐旱作物传入以后。适应性强、产量高的玉米、甘薯被大量种植，使原来不适合耕种的坡地被大面积开垦以养活更多人口。新增加的人口为了生存继续开垦荒地，逐步陷入恶性循环。而山区的生态环境就在这种恶性循环中逐渐失衡以致全面破坏。

### （三）人民朴素的环保意识有助于生态环境的恢复

森林植被具有保持水土、涵养水源、保护生物多样性等多重功能。秦巴山区位于汉水上游，其植被覆盖率不仅影响到本地区水利设施的存废，农业生产的发展，还直接影响下游平原地区的河湖淤积程度，从而直接作用于农田灌溉和人民生命财产安全。传统社会国家政权没有生态保护职能，但人们处于保护农田水利、培育木材、保护风水的需要，仍有朴素的环境保护意识。一些远见卓识的有识之士甚至将这种朴素的思想付诸实践，客观上达到了防止水土流失，保护生态环境的作用。此处仅以郧阳府上津县为例，以求管中窥豹。

上津位于汉水支流夹河（今金钱河）下游东岸，上津城三面环山（至今尚存），由于土质疏松，近城地区时常发生地质灾害，知县胡岗调查发现：

津邑东山，近城一带旧有水道，宽广称之……近城东山，颇为高广，一经涨涌，水势甚大。先是山有林木，及时疏浚，居民安堵。其后因民图利，陆续开垦，锄种麦黍。骤雨淋冲，则石泥滚壅，年复一年，失于浚导，以税（致）漫没，为害匪细。

这位胡知县对地质灾害的认识是相当正确的。老百姓贪图小利而盲目毁林垦荒造成水土流失，流失的水土淤塞水道，以致漫没为灾，影响到城池的安全。为了彻底解决问题，胡岗"令业主冯激等各自歇荒，多蓄树木以供致（税）粮，是亦弭患塞源之要也"。胡氏的做法与今日的退耕还林毫无差别，他也认识到退耕还林并非一朝一夕之功，"今与尔民约，苟有壅坍，居民各随地界用土（工）挑浚。如此则水道疏通，城池完固，生民可免沉溺之患"。胡知县的做法立足当下，放眼长远，以社会契约和政府强制相结合的方式解决生态灾害问题，在当时的时代背景下无疑是有远见卓识的举措。

众所周知，城池位于行政区域的核心位置，其人口密度远远大于处于边缘地位的周边地区。因此上津城周围的过度垦殖在秦巴山区不具有代表性。而这个身处偏僻小城的胡知县在能够具有与今日环保思维十分相似的生态理念并付诸实践，说明明代先民的生态意识并非我们想象的那么缺乏，只不过未形成完备的理论体系而已。

综上所述，明代是汉水流域接纳外来移民，开垦荒地的重要时期，但当时的移民数量尚未超过环境承载力，汉水流域的地质构造，气候条件使之具有强大的自我调节能力，以及人民朴素的生态保护意识，明朝移民垦殖对汉水流域的生态环境虽有影响，但无严重破坏，汉水流域的生态恶化始于清朝移民大量涌入，苞谷、红薯、洋芋等高山耐旱作物广泛种植之后。而明代汉水流域的生态环境整体上是比较和谐的。

# 第九章 明代汉水流域的经济发展

明代是汉水流域经济发展的重要时期。随着移民的涌入，秦巴山区得到充分开发，粮食产量显著增加，经济作物广泛种植。木材、茶叶等土特产渐成规模。汉江下游的垸田蔚为大观，成为天下粮仓。并因此获得"苏湖熟，天下熟"之美誉。渔业经济虽不及江浙发达，但已经成为各种经济成分的重要组成部分。农业的发展带动了手工业、商业的繁荣以及市镇的兴起，交通运输条件也较前代有了很大改善。关于明代汉水流域经济的研究，武汉大学张建民教授、张国雄博士着力颇多，张建民的《湖北通史·明代卷》《明清长江流域山区资源开发与环境演变：以秦岭—大巴山区为中心》更是集大成之著作。明代汉水流域的充分开发，为清代至今汉水流域的经济繁荣奠定了重要基础。

## 一、荆襄流民与汉水上游的资源开发

汉水上游山区在元末明初长达二十余年的时间里，一直处于剧烈的动荡状态，几乎所有的州县都饱受战火，人民或逃或死，社会经济遭受严重的破坏。明朝初年，统治者对荆襄山区和秦巴山地采取封禁政策。这种政策保护了汉水上游地区的生态环境，也严重阻碍了区域经济的恢复和发展。明人赵贞吉曾谓："予尝浮汉江横郧而东者屡矣。其地枕秦跨楚，包络险阻，幅员数千里。元季弃之为荒，国初歼之为墟，间置数县，以领其遗民，而在三省之傲，司燎击柝，弃而不守者殆数十年。"① 从他的记载判断，明初汉水上游土地荒芜，人烟稀少，如无人之境。但是，"自终南一带东至荆襄，其地肥饶闲旷，物产天然之利，贫无育者亦合招安，不得弃诸无用"。② 宣德以后，大量

---

① 赵贞吉：《郧阳追祀抚治大理少卿吴公记》，见万历《郧台志·著述下》，明万历十九年刻本
② （明）章潢：《图书编》（卷49）《郧阳流贼》

失地农民涌入山区，在政府尚未觉察的情况下开发朝廷控制力量薄弱的山林土地。成化年间，郧阳地区两次发生流民起义，包括在籍居民在内的山区人民遭到血腥屠杀。成化十二年，朝廷设郧阳抚治，从此"流离之民，俱为土著，生有产业，死有坟墓，男婚女配，各遂所愿，安土重迁，绝无他慕。即今抚民等官，俱在闲散，故间阎小民有'天上仙人，地下抚民'之嘲。"①

自郧阳设抚以后，封禁令名存实亡，破产的农民不断地进入山区，到了弘治十八年（1505 年），山区的人口已增至二十三万五千多户，七十三万五千多口。从成化十二年以后，直到明末农民战争以前，山区没有进行过战争，加以人口的增加，农业稍有发展。明末著名的旅行家徐霞客曾经过山区，在他的游记中写道："十一日登仙猿岭。十里余，有枯溪、小桥，为郧县境，乃河南、湖广界，……自此连逾山岭，桃李缤纷，山花夹道，幽艳异常。山坞之中，居庐相望。沿流稻畦，高下鳞次，不似山陕间矣。但途中蹊径狭，行人稀，且闻虎暴"。② 从上面记载的描述来判断，郧阳一带的山间小盆地中，居民是比较稠密，在河谷的坡地上，也开辟了梯田，说明山区的农业已经获得长足的发展。

荆襄流民主要来自南北直隶、山东、山西、陕西、河南、江西、四川等社会经济比较先进的地区，因此，这些流民带去的不仅仅是劳动力资源，还有先进的耕种经验和手工业技术，这些都极大地促进了荆襄山区的开发。明代中期流民对荆襄山区的开发主要表现在以下几个方面：

### 1. 耕地数量和粮食产量显著增加

移民带来了大量劳动力，为本区经济开发提供了必不可少的人力资源，并在一定程度上缓和了外省的人口紧张状况，对陕南乃至全国的经济发展起了很大促进作用。

流民的汇聚加速了山区的综合开发。流民入山后或结聚屯耕，或单独营生，或依附土著充当承佃户。他们辛勤劳作，开荒辟地，使山区垦殖面积迅速增加。万历《郧阳府志》称："郧固遐僻，然自列郡以来，生齿日繁，开辟日滋，礼教日兴，驳骏乎富庶之邦矣。"③ 因为是新设之府，时人多有关注，透过一些记叙性的诗文，约略可以想见其时山野垦辟的情况。如知府王采珍

---

① 徐恪：《议处郧阳地方疏》，见陈子龙等《皇明经世文编》卷81

② 《徐霞客游记·游太和山日记》见朱惠荣《徐霞客游记校注》上，云南人民出版社 1985 年版，第 65 页

③ 万历《郧阳府志》（卷11）《食货》

《展修县学襦星门泮池记》称："郧处万山中，山地日垦辟，民赖以安。"① 明指挥阮刚《题郧西县》诗称："暴客销兵皆犊佩，逋民乐业尽刀耕。"② 在此前后又有杨琚《上津即事》诗云：

> 一城斗大在穷陬，鸡犬寥寥树木稠。
> 江路南来通汉水，天桥西去逼商州。
> 民生朴野多秦语，俗务农耕好楚讴。
> 喜见岗峦尽开辟，流逋乐业永无忧。③

新设的郧阳府人民安居乐业，闲置土地大量开垦。其他地区的情况也可与郧阳媲美：如与之毗邻的襄阳府："（隆庆年间）襄阳郡属生聚日蕃，土地颇辟。"④ 南阳府淅川县："（明）盛时人浮于地，坡岭沙滩无不种植，故地无旷土，赋籍亦多。"⑤ 陕南汉阴县："明季盛时，烟火万家，桑田绣错，富庶甲诸邑。"⑥ 陕南平利县："我朝开设之初，土旷人稀……逮成化纪元，圣皇御极，生齿日繁，利源大兴。"⑦ 荆州府远安县："军民杂处，生息渐繁，流寓亦聚，遂更竭力于农事，虽穷崖绝谷，人迹罕到之处，悉为桑麻之区矣。"⑧

秦巴山区土地垦辟的扩张，在耕地面积的统计中也有相应体现。从各地方志的土地数据记载看，弘治十七年（1504 年）较之洪武二十四年（1391 年）襄阳府属耕地面积增加 75480 亩，但是，万历元年与洪武二十四年相较，郧阳府册载耕地面积仅增加 39708 亩，这两项记载于当时文人的描述有较大的差距，远未反映出当时土地垦辟的真实状况，可能是记载失误的缘故。南阳的附籍流民人口占荆襄流民的六成之多，其耕地垦辟情况也十分可观。从洪武二十四年（1391 年）到万历三十一年（1603 年）两百多年中，耕地面积由 1452400 亩增加到 18674000 亩，增长幅度近 12 倍。在陕南地区，汉中府明末较之嘉靖年间增长 829381 亩，其中金州一州增加 105945 亩。商州属洛南、

① 同治《郧县志》（卷 10）《艺文》
② 万历《郧阳府志》（卷 31），《艺文》
③ （明）杨琚：《上津即事》载嘉靖《湖广图经志书》（卷 9）
④ （明）王应辰：《丈地均粮记》，载光绪《襄阳府志》（卷 10）《食货志》
⑤ 咸丰《淅川厅志》（卷 1）《赋役》
⑥ 许又将：《汉阴近代盛衰述略》，载嘉庆《汉阴厅志》（卷 9）《艺文》
⑦ （明）刘博：《重修平利县治记》，载乾隆《兴安府志》（卷 25）《艺文》
⑧ （明）朱宗岳：《文庙全祭记》，载嘉靖《湖广图经志书》（卷 5）《德安府》

山阳二县万历年间较之嘉靖年间增长了 271646 亩。① 可见汉水上游各地的土地面积都有大幅度的增加。耕地面积的增加必然促使粮食产量的增长，汉水上游各地经济发展十分迅速。

**2. 经济作物的种植和多种经营的发展**

汉水上游山区幅员辽阔，地形复杂多样，气候资源也很丰富，以山林为基础的林特产品品种多，质量优，具有较高的经济开发价值。山区大部分地区在粮食作物之外，多种类经济作物、经济林木的种植、经营相当兴盛，有的地方甚至有压倒粮食作物种植的倾向。

秦巴山区自古是中国重要的产茶区之一，明朝初年，在继承前代遗法的基础上建立了"茶马制度"，在川陕设置茶马司，以内地之茶易西番之马，盛时每次用茶百万斤，得马 14000 余匹。汉中、兴安、保宁、夔州等府州所产茶叶，成为易马茶叶的主要来源之一。始初定制缜密，严禁私茶。据洪武四五年间（1371—1372 年）统计，陕西汉中府金州、石泉、汉阴、平利、西乡县产茶，有茶园 4572 亩，茶树 864058 株。四川巴茶产地 427 处，有茶 2386943 株，民茶官取十分之一为课，官屯茶取十分之八。② 纳课茶之外，余茶亦须卖与官府，不得私相买卖，违者茶园入官。其后，私茶盛行，屡禁不止。正因种茶有利可图，茶叶生产获较快发展。"产茶处所竟以细茶货卖，而以粗茶纳官"，以致不得不在汉中、保宁、夔州等地设官巡茶，又在紫阳建置茶坊，为盘验课茶总汇，后来干脆以汉中府等地民纳茶叶及巡获私茶为易马茶源而不及其他。③

若从茶课推算，远在成化年间以前，汉中地方的茶叶生产已有较大发展。前引洪武四年（1371 年）有茶树 80 余万株，课茶在 6000 斤左右。后来，仅金州一地生产茶之七铺一里即定课茶 6220 斤，而西乡一县产茶之云停、归仁、游仙三里之课茶更高达 18568 斤，加汉阴县之 1308 斤，石泉县之 192 斤，共计 26290 斤，已是原课额的四倍左右。到成化年间，金州又增 3872 斤有零，西乡县增 5651 斤，汉阴县增 723 斤，石泉县增 669 斤，计增茶课 10906 斤有零，总计课茶 37196 斤。弘治、正德中，汉中府课茶分别解纳洮州茶马司 10190 余斤，河州茶马司 18370 余斤，西安茶马司 25600 余斤，共计 54160

---

① 参见张建民：《明清长江流域山区资源开发与环境演变：以秦岭—大巴山区为中心》第 174—178 页

② 《明太祖实录》（卷 70、卷 72）

③ 《明英宗实录》（卷 163）；《明宪宗实录》（卷 121）；《明孝宗实录》（卷 194）等

斤，已是洪武初年的九倍。①

杨一清在疏中又特地举出了汉阴厅之例："汉中府金州并西乡、石泉、汉阴三县俱系产茶地方，如汉阴一县，原设在廍、新安二里，后因招抚流民，增添九里，近因大造黄册，又添一里，今以十里之民止纳二里之课，况自招抚之后，其延安、庆阳、西安等府人民流移到彼，不可胜纪。见今开垦日繁，栽种日盛。其沿江一带茶园，多不起课，乞行严督各该州县官员查理。"② 从这些报告中我们不难看出，陕南汉中一带的茶种植业较之明初有了显著发展，"新开茶园，日新月盛"，"连山接陇"，茶叶生产量相当可观。同时，个体茶园的规模已很惊人，三五日程历不能遍，至少有数十百顷之广。要知道，洪武初年汉中地方包括"无户茶园"在内，总共茶园面积不过四十余顷。陕南茶种植业所以取得如此的发展，是与大量流移的到来分不开的，是"各省流移人民聚集，栽植茶株"，"开垦日繁，栽种日盛"的结果。据乾隆《汉阴县志》卷4记载，唐希介曾于弘治八年（1495年）出任汉阴县令，所述汉阴流移开垦、种茶之发展情况当为可信。流移之经营茶种植业亦不外两种途径：佃买老户茶园和开垦地土栽种。所谓"有百余户所佃茶园止帮一户茶课"，这百余户中当有相当部分为外来流移。我们还看到，茶种植较粮食种植更为有利，"其甚少者亦多赢余"，但亦不能不受到市场因素之外的限制，梁材针对明政府茶业政策限制生产发展的问题曾经指出："山人治茶，犹农人治菽粟，勤力经理，俯仰所资。今商茶之外，严禁私卖；又以茶多阻滞，商人不得多中，则将使小民终岁收获置于何地？而衣食之资取办于何所耶？"这是专门种植茶树的茶农或称茶户的困境，而这种困境最终大多需要通过私茶的途径得到摆脱。因为，一方面是有商品；另一方面有消费市场，仅靠行政禁令难以完全阻止茶叶贸易的进行。

木材采伐是明代汉江流域经济发展的又一重要方面。秦巴山区素产材木，隋唐建都长安，都城建筑材料与生活用薪炭主要依赖山内提供。宋元以后，都城迁移，秦岭林木资源的利用减少，大片茂林得到恢复、成长。明朝时，此地已是"深山大箐，穷谷茂林"③，形成绵亘八百余里的"老林"，是内地十分罕有的森林资源。由于得天独厚的气候优势，这里木材种类齐全。

山内老林面积广大，木材采伐是山区的重要经济活动，鄂西北竹溪县曾是明朝一个非常重要的皇木采伐点。同治《竹山县志》记载："慈孝沟，距城

---

① 杨一清：《为修复茶马旧制第二疏》，见陈子龙等《皇明经世文编》（卷115）
② 杨一清：《为修复茶马旧制第二疏》，见陈子龙等《皇明经世文编》（卷115）
③ 余子俊：《处理边防事》见《明经世文编》（卷六一），北京，中华书局1962年6月版

六十里……其地昔年多大木。前明修宫殿曾采皇木于此。"当年的慈孝沟皇木采伐地已被考古工作者发现,在今竹溪县鄂坪乡。崖上刻有嘉靖年间采伐皇木时留下的诗作,云:"采采皇木,入此幽谷,求之不得,于焉踯躅;采采皇木,入此幽谷,求之既得,奉之为玉;木既得矣,材既美矣,皇堂成矣,皇图巩矣。"落款为:"嘉靖戊午(三十七年,1558年)蒲月七日,光化知县福人廖希夔撰,典史华亭瞿华。"其地交通颇多险阻,即使今日仍不易接近,知当年采伐之难。郧阳地方流传的一则传说,当有助于我们对问题的理解:"赵氏,不知何许人。头着铜帽,重可三斤,冠唐巾其上。眉长五寸,辫而系之巾。不火食。或巢居,或岩栖,或宿人檐下。往来无定迹,初住一山,多古木。嘉靖丙辰(三十五年,1556年)忽移于竹之沧浪山。人问其故,答曰:此山将童矣。未几,三殿告灾,采木使者果童其山。"① 传说形式虽近荒诞,却反映了当年的历史存在。据成化十一年(1475年)刊立的《汉中新建庙学碑》记载:"工师度材,方以大木为忧,维时六月,大雨连日,汉水暴溢,漂流巨木,蔽江而下,抵岸遽止,奚啻数千,皆硕材也。宪副君暨守备都指挥李武率军民辇至,屹如山积,阖郡惊讶,皆谓天相斯文为有在……"②

蔽江而下的数千根巨木硕材显然是上游山中采伐所出,由于连日大雨被暴涨的河水冲漂到下游来的。如前所述,由于历代累积,森林采伐程度已高,至明清时期,商人采贩木材,需要"崎岖万里,深入险阻,劳筋惫力,砍锯板木,经年累月,守候山水泛涨,以渐推移,到于水次,编成排筏……"③ 上游山中所伐木材被下流收捞的情况,在秦巴山区并非少见。

生漆是明代汉江流域另一重要的经济作物。秦岭、大巴山、巫山、武当山是我国最重要的生漆分布区,历史上形成的著名的金(州)漆、平利漆、大宁漆等,即产于秦巴山区的安康、平利、竹山、兴山、巫溪、城口等地。李时珍《本草纲目》记载: "漆树,人多种之,以金州者为佳,故世称金漆。"④

① 雍正《湖广通志》
② 陈显远编:《汉中碑石》,三秦出版社1996年版,第148页
③ 徐恪:《修政弥灾疏》,见陈子龙等《皇明经世文编》(卷81)
④ 李时珍:《本草纲目》

## 二、从"湖广熟，天下足"看汉江下游的垸田大兴

"湖广熟，天下足"之谚始见于明代中叶嘉靖年间。这句谚语初始之时并非是从粮食角度而言的，而是从赋税角度而言的。其所谓"熟"不是指粮食收成而是指荒地开垦，其所谓"足"不是指食粮而是指赋税，其中心意义也不是指食有余粮而是指地有余利。直到万历初年，随着江汉洞庭湖平原垸田的开发，它才真正成为大量剩余粮食外运的代名词。

汉江流域幅员辽阔，土地肥美，但多旷闲未耕之土。崇祯时包汝揖说："襄江道中，沿堤上下，芦荡不知几千顷……此吾乡腴田也，不识何故，弃不树艺，竟作樵渔汤沐邑。海内旷土，总不如湖广之多，湖广真广哉！"①

明代万历末年以后，整个的社会经济在走向衰落，但江汉平原的垸田经济仍处于方兴未艾的阶段，记崇祯间事的《南中纪闻》说："楚魏间滨河处淤田，往往弥望无际，其开垦成畦者，动辄千亿，真天地间未辟之利也，但彼中治田，不若三吴之勤，岁不过一稔，以此收获，亦不甚奢，然楚中谷米之利，散给海内几遍矣。原大则饶，其然其然。"这里所说的"楚中谷米之利，散给海内几遍"，其实就是"湖广熟，天下足"的变语。②

汉江下游粮食产量的迅速增加，离不开广大移民对垸田的开发。所谓"垸田"（也叫院田）就是筑围堤、防御洪涝的水利田，嘉靖《沔阳志》卷8《河防》谓"沔居泽中"，地势低下，"江溢则没东南，汉溢则没西北，江汉并溢则洞庭沔湖汇为巨壑"，"故民田必因地高下修堤防障之，大者轮广数十里，小者十余里，谓之'院'"。据张国雄考证，两湖地区垸田的兴起，大致在南宋晚期，不迟于13世纪中期的南宋端平、嘉熙年间。南宋晚期与元代江汉平原的垸田主要集中在西部的江陵、荆门一带。明朝前朝，随着移民的大规模迁入，江汉平原的广大湖滩河滨很快得到开发。嘉靖《沔阳志》记沔阳州垸田之开发云："明兴，江汉既平，民稍垦田修堤，是时法禁明白，人力齐一，堤防坚厚，湖河深广，又垸少地旷，水至即漫衍，有所停泄。……故自洪武迄成化初，水患颇宁。其后佃民枯客日益萃聚，闲田隙土，易于购致，稍稍垦辟，岁月浸久，因攘为业。又湖田未尝税亩，或田连数十里而租不数斛，客民利之，多濒河为堤以自固，家富力强则又增修之。"

① 《南中纪闻》不分卷，丛书集成初编本

② 龚胜生著. 天人集：历史地理学论集. 中国社会科学出版社，2009.08

洪武至成化初是汉水下游平原垸田的初兴阶段；成化至正德中垸田发展十分迅速，形成了垸田兴建以来的第一次高潮。嘉靖以后，由于移民继续大批移入，垸田增长速度更快，其分布也进一步向沼泽化的湖区和淤塞河港扩展。在明清之际的动乱中，垸田受到破坏，绝大部分堤垸均被废弃，直到清朝才逐渐恢复。

汉水下游平原的垸田主要集中在沔阳、竟陵（天门）、潜江、监利、汉川和汉阳、应城、云梦等州县，其中沔阳、潜江、监利、天门、汉川地势低洼，湖泊相连，垸田开发最早也最为密集。嘉靖《沔阳志》卷6《堤防》录嘉靖三年（1524年）知州储询疏谓江水若自监利车木堤冲塌，"不惟其县受害，而河阳后泽茅埠凡一十六村、熊家旱潭凡四十余院、税粮八千余石高低淹没，尺寸不堪耕种"；若潜江排沙头、班家湾、新开便河及河阳石牌铺等处水口冲塌，"每遇襄汉水发，则潜江、景陵二县，河阳深江西范凡二十七村、莲河拓树凡七十余院、税粮一万五千余石亦无尺土耕种"，则到嘉靖初，河阳州至少已有110余垸。潜江县在成化、正德时已有48垸，到万历间增至百余垸。监利县在成化间由知县焦钦主持一次即修建堤垸25处，"田之名垸者，星罗棋布"。景陵县在宣德中（1426—1435年）也已出现垸田。嘉靖《湖广图经志书》卷11河阳州"山川"下记景陵县有古堤二，"一在县东北，长五里，以防义河水势，宣德间知县杨安修。一在县东北，上下有到，一名穴河，一名红花。遇旱则贮湖水以灌田，泛则开到以防潦，水势高则不开，成化间知县姜给重修，弘治间川襄洞庭水泛冲滔，知县周瑞重筑以杀水势，民甚利焉"。此二堤虽不以垸为称，但由其功能来看，显然是垸堤。

汉川县垸田之出现似较河阳、潜江、监利为晚，嘉靖《汉阳府志》与《湖广图经志书》所记汉阳府农田水利多为阪堰，垸堤较少。汉川堤垸之大兴大约是在隆庆（1567—1572年）、万历（1573—1619年）年间。白鱼垸原为汉江南河分流的一个支汉，"隆庆时，白鱼垸淤阜成陆，障堤成垸"。细鱼垸"本湖渠，明万历年间因淤筑垸"。南河垸"隆庆间民人于湖诸障堤为垸，延袤八十余里……天启四年（1624年），汉川县同时兴建了教子台、太实、永固3垸。尽管如此，汉川堤垸的数量与规模看来都远远比不上河阳、监利等州县。

以江西为主的下游人口大量西迁，为垸田大发展提供了充足的劳动力。垸田在江汉平原的空间分布表现为由江、河两岸高亢地带向中间低洼湖区逐渐推进的趋势。这是生产力水平提高、社会经济条件的成熟、开发经验的日益丰富与江汉平原的区域地理条件相结合的产物。地区开发不平衡的规律在江汉平原全面开发过程中也得到了充分验证。

一部垸田史就是一部江汉平原全面开发史。垸田经济的迅猛发展使江汉平原的地理面貌发生了深刻变化，昔日的夏秋洪水泛滥，冬春芦苇丛生的、无法开垦的大片湖荒变成了堤防与排灌水利工程配套的高产粮田，从而确立了江汉平原作为全国商品粮基地的历史地位。历史时期缺乏整体规划和宏观控制的无限制、盲目围垦，因违背江汉平原河湖交错地区的自然规律，又使垸田的发展不得不以水系紊乱、湖区调蓄功能削弱，生产不稳为代价，深深影响了近世江汉平原生产潜力的充分发挥。教训是深刻的。明代垸田的发展使我们看到，江汉平原的开发利用，"水"是核心问题。今后只要运用现代科学技术知识与装备，以综合利用为目标，做好"治水"的工作就可以使江汉平原的农田水利面貌全新，并导致本地区地理面貌进一步更深刻的变化。

## 三、明代汉水流域的渔业经济

汉水中下游的潜江、沔阳、安陆地区有数量众多的中小湖泊，河湖水系十分发达。这些水体大多为营养度较高，鱼类天然饵料基础丰富，具有养鱼的优越条件。明代该区域有大量专门从事渔业的渔户，官府在此设有数量众多的渔税征收机构——河泊所对其进行管理。

沔阳地区包括明前期之沔阳州辖境幅员广大。嘉靖《湖广图经志书》卷11 载沔阳州有24 湖。沔阳州辖景陵一县之地，不仅湖泊众多，且面积宽广，春夏水潦时各湖相连。大者数百里，小者不舍数十里，诸多小湖潦尚不在其内，长波巨浸，渺渺相望，何其之多。北面多属景陵，李老湖最大；西面多属监利，西湖最广；南面黄蓬湖称首；东面则太白湖最为广袤，诸湖皆注入太白，故两水为众水之汇，而太白湖又为沔水之汇。太白湖为沔之巨壑，周达二百余里，逸沌口注入长江。除上述诸湖外，本州还有阳名湖、沙湖、三阳湖、官港湖、赛港湖、千金湖、白螺湖、下五湖、直步湖、西港湖、鸟流湖、复池湖、白鹭湖、龟湖、白尾湖、百石湖，景陵县有禽台湖、青山湖、上帐湖、下帐湖、东湖、西湖。《湖广图经志书》卷1 载安陆州有城北、龙母、芦袱长河、赤马野猪4 湖，主要分布在南部。

沔阳州地势低洼，境内湖沼密集，江汉平原上的地表径流多通过两水汇入面积最大的太白湖，另有众多中小湖泊及河流汇集其中，湖东接汉阳府，广袤二百余里，然后由沌水经沌口流入长江。嘉靖《沔阳州志》卷6《提封志下》载该地风俗:"民足鱼度之饶","以渔署耕褥为业";沔阳八景中涉及水体及渔业的更达四处之多,如"三滋波光"、"沧浪渔唱"、"丙穴钓秋"、"东沼红莲";景陵十景中又有"三灌鱼歌"。明代前期文人之诗集对该区域的自然环境、渔业生产及销售、鱼税征收及管理等各方面都有生动形象的叙述,描绘了一幅渔业经济发展盛况的图画。现征引如下:"我闻两阳湘楚间,楚波浩荡湘徊环。春至遥连清宫泽,秋清远见湘君山。水边人家半渔户,唱歌捕鱼自朝暮。得鱼归来先报官,半售商船半输赋。君今再任苦不难,依先税法更宜宽。莫矢微禄养廉薄,凡父当为委吏官。"①

嘉靖《沔阳州志》的纂修者童承叙之《与余方伯论鱼牙书》一文从另一侧面说明了沔阳之渔业盛况,"沔洇柳之区、蓬苇之泽,诚鱼盛之所聚、网署之所集也",沔阳之民皆以捕鱼为业,"故鱿、绘、鲤、鲤、级、附、鳍、鳝,此沔之所服食而商贩之所贸也"。②童承叙曾为沔阳一方之父母官,对该地各方面的情形想必都十分了解,故其言肯定不虚。

明初安陆州共设城北湖、赤马野猪湖、芦袱湖三河泊所,嘉靖十年转隶承天府钟祥县。城北湖所位于州北5里,赤马野猪湖所位于州东南150里,芦袱湖所位于州南30里。明代前期该三河泊所鱼利颇丰,其鱼课早在孝宗弘治以前即已赐予兴王,弘治年间兴王又奏请欲于原赐赤马野猪、芦袱长河诸河泊所免设官吏,听其自管,以便大肆搜刮。后经"户部议以为天下河泊衙门定有额课,以所以防有司之过取也"③,未准才不果行。

正德末年以后,汉江下游水患渐趋严重,堤防时告溃决。承天府"属邑大半滨江,而受害甚者,北岸则钟祥之京山、景陵之红庙,南岸则荆门、潜江、沔阳之沙洋也,钟祥县境在郡治石城一带汉水洪峰,旧(嘉靖初年以前)有城北湖等之注蓄,今(万历前期)皆淤平,在红庙堤蔡家桥一带,旧有口通二圣套入湖杀汉势,又有流涟、金港二口通枝河达赤马野猪等湖大分汉流……今半湮塞"④。城北湖、赤马野猪湖、芦袱湖三湖在嘉靖年间淤塞均较严重,前两个河泊所均于嘉靖三十三年裁革,后一所也于嘉靖三十七年裁革。

前期奏请赐予鱼课的兴王此时则改为"分外奏乞湖广赤马野猪二湖淤地千三百余顷",内中已有军民人户一千七百余家居住耕种,经有司部门多年踏

---

① (明)谢晋《兰庭集》(卷上)《送杨水虞复官河阳》
② (明)童承叙《与余方伯论鱼牙书》,载嘉靖《河阳州志·艺文》
③ 《明孝宗实录》卷125,第2232页
④ 万历《湖广总志》(卷33)《承天府堤考略》

勘清丈明白后，世宗乃命将其淤地按照惯例每亩征银三分，各该有司仓库收贮"①。兴王这一前后戏剧性的不同奏请清晰有力地说明该区湖泊淤浅、淤废、鱼利减少、渔业经济衰落而农业大规模扩展的过程。

至明万历年间，由于湖泊淤浅、淤废严重，鱼利大为下降，钟祥县城北、芦袱、赤马三湖河泊所岁征鱼课各项料银共只 256 两，其课奉例改由守备大监征收。

综上所述，明代前期湖北荆州、沔阳、安陆地区湖泊众多、渔利丰厚，其中又以沔阳地区最为密集，安陆地区最少。官府在该区域设有大量河泊所对其进行税收管理，渔业课税成为政府财政税收的重要来源之一。渔课在课税总额中所占比例相当突出，渔业经济在总体经济结构中居于颇为重要的地位。与湖泊分布相一致，渔课比重也以两阳地区为最大，荆州次之，安陆最小。自明中叶以后，由于人口的迅速增长、土地压力的加大，围湖好垦的现象较为严重；河流湖泊逐渐淤浅、淤废，故明代后期渔利有所下降、渔业渐趋衰落，多处河泊所被裁革，但渔业在区域经济中仍居较重要的地位。

# 四、手工业、商业的发展和市镇的兴起

### 1. 矿业

明代的矿冶业，除了官营和民营两种形式外，还普遍存在着民间私采（盗矿）的现象。明中前期，由于大量流民涌入秦巴山区，致使民间私采活动成为十堰矿冶业的主要形式，规模大，延续时间长。元末，十堰山区为南锁红巾军的根据地，被朱元璋视为反政府力量易于藏匿和滋生之地。鄂西北遂成为明政府封禁的山区之一。但由于"荆襄长山大谷，物产富饶，寒易以衣，饥易为食，此天地自然之利也，利之所在，民必趋之"。②加上山区封建统治力量相对薄弱，因此四方流民冲破封禁进入山区，在那里自由垦荒，或从事其他采矿等其他维持生计的劳动。成化七年（1471 年）十一月，"总督军务右都御史项忠、镇守湖广都督李震等陈荆襄便宜十事：'湖广郧县、均州、上津诸州县山产银矿，多有奸民聚众以窃矿为业。巡矿官吏莫敢谁何，至有交通以分利者，亦宜榜谕，如有窃矿者，枷之三月，谪戍边卫。官吏贪贿故纵，问拟如律。三司抚民巡守官不亲历山场者，听巡抚、巡按奏治……上命悉如

---

① 《明孝宗实录》（卷 162），第 2920 页
② （明）曾熙：《创置竹溪县治记》，见康熙《郧阳府志·艺文》

所处行之，"① 从以上可以看出，一是民间私采（主要以银矿为主）和流民的大量涌入有直接关系，流民之中有不少专以采矿为生的人；二是民间私采从明初发展到明中叶已是相当普遍的现象，形成从采矿、冶炼到售卖的分工协作关系，即"有交通以分利者"，以至于"巡矿官吏莫敢谁何"。

为了打击民间私采活动，明政府批准并实施项忠等提出的"如有窃矿者枷之三月，谪戍边卫"的严厉处罚，但由于采矿比种田有着较大的收益，因此禁矿效果不佳，民间私采私冶仍屡禁不止，以至官府不得不又制定了更严厉和具体的惩治盗矿的条律。隆庆三年（1569年）陕西洛南县矿民何术等"聚众三千余人，窃白花岭诸洞十有八所，逐捕久之不获。至是就擒，抚治郧阳都御史武金案贼首术等八人论斩，其党施朝凤等一十九人、刘恩等二十四人发遣有差，余悉解散以闻。且请饬所司塞诸矿洞，严开凿之禁"。②

严刑竣法并不能从根本上制止民间采矿的活动，而只能激化社会矛盾，致使流民不断起义反抗。鉴此，明政府不得不改变策略，一是抚恤流民，以安其生，使他们不因过于饥寒而铤而走险进行盗矿；二是由官府介入和控制采矿活动，并加以组织和管理。万历二十四年（1596年）九月，"郧阳巡抚马鸣銮乞留上班官军防矿"。③ 万历二十五年（1597年）五月，"郧阳巡抚马鸣銮以采矿利薄，民困难堪，乞赐停止"。④ 但未被批准。从有"官军防矿"这一点来看，明中后期，十堰地区开始建立官矿。万历三十年（1602年），郧县"时有开矿采金之议。差档（即宦官）至郧，妄指百炉沟有金穴需淘金床千张，岁征郧白金三千，黄金三千，横索肆敛，民将不支，违之者获罪公（陈暹）极力曲承，得其欢心，遂得一切报罢"。⑤ 这是一条明政府派矿监在郧县征采金、银矿的珍贵记录。虽然事情颇为荒唐，当时宦官横行的状况从中可见一斑，但也足以说明郧县已存在官办金银矿的开采。

在官营矿业出现的同时，民营矿业也开始出现。到明末，官营的数量明显上升，占据了主要地位，但是很快走向衰败。

明代十堰地区矿冶业开采的种类除上述金银矿外，还有铁矿、铜矿、绿松石等。

铁矿的开采，万历元年（1573年），均州的岁贡数中有"熟铁四千九十

① 《明穆宗实录》（卷40）
② 《明神宗实录》（卷302）
③ 《明神宗实录》（卷310）
④ 《明宪宗实录》（卷98）
⑤ 康熙《郧阳府志·宦绩·陈暹传》

七斤"① 一项。从岁供的熟铁数量，按照"每三十分取其二"抽贡，可以大致推断生铁的年产量至少在 6.5 万斤（旧制每斤十六两，以此换算约合今 50 吨）以上，而说明当时均州铁的产量以达到一定规模。

同治《郧阳府志·物产》记，郧阳"金石之属则五色绿松产竹山，自昔著称，今不复贵。若铜若铁，矿苗不旺，亦禁开采"。这种现状说明绿松石、铜、铁等矿，在明朝经过了大规模的开采。

关于明朝本地区的铸造工艺和水平。从成化九年（1473 年）起至嘉靖年五年（1526 年），皇室相继为武当山主要宫殿添设了成套的真武神像、供器等设施，其工艺之精湛，造型之优美，集中体现了明朝铸造工艺的最高水平。但是这些圣像和各类器物以及金顶金殿铜质构件都是在北京制作完成，由太监专程护送，经过长途水、陆运输送抵武当山的。然而民间个人或集体捐资造像却是在本地完成的。武当山现存明代铜制模型（圆形，高 1.31 米，直径 0.53 米），其上铸有均州城捐资者姓名。上津县的清明寺历史古老，弘治六年（1493 年）三月，由清明寺僧侣主持，各方信善捐资铸造了重达两千多公斤的双龙衔顶八卦钟（铸铁），其上铸钟原由、捐资者姓名、佛教褐语和道教八卦图案同铸于一钟。此钟后运至郧阳府，悬于钟鼓楼。这两件器物可以代表明朝十堰地区铸造工艺水平和生产技术。②

南山的铁矿比较丰富，黑河的铁炉川、略阳的锅厂、定远的明洞子、宁羌的二郎坝、留坝的光化山、镇安的黑洞沟、洵阳的骆家河都是产铁地。明时在"内乡、卢氏之间，多有矿徒，长枪大矢，裹足缠头，专以凿山为业，……其开采在深山大谷之中，人迹不到，即今之官采，亦不敢及。"当时开采铁矿后，即在当地冶成铁块。（邹逸麟）

有明一代，除官府必需的开采外，对民间采冶金银诸矿的活动基本上是严厉禁止的，所以，明代秦巴山区地下矿藏的开采，大多以"窃矿"、"盗矿"的形式进行，开矿者也因此给人们留下了可怕的强盗形象。试看下列记载：

（河南）南召、卢氏之间，多有矿徒，长枪大矢，裹足缠头，专以凿山为业，杀人为生，号毛葫芦。其技最悍，其人千百为群，以角脑束之，角脑即头目之谓也。其开采在深山大谷之中，人迹不到，即今之官采，亦不敢及。③

---

① 《明宪宗实录》（卷 93）
② 徐永安，计毅波《明清时期十堰地区矿冶业综述》
③ 王士性：《广志绎》（卷 3）

陕西终南山接连河南卢氏、永宁等处，俱有银矿，常为本地奸民聚众窃取。虽封闭之固，守护之严，巡视之谨，而愚民重利，罔畏典刑，接踵徒流，略无忌惮。①

湖广之郧县、均州、上津诸州县山产银矿，多有奸民聚众，以窃矿为业，巡矿官吏莫敢谁何，至有灰通以分利者。②

秦徽等州有矿砂之利，盗窃常多，宜专委廉能军职一员领军巡视。③

明代万历年间发生的"矿监税使"之害，影响广泛深刻，也进一步波及人们对矿业的认识。乾隆《雒南县志·矿冶》有关明代矿冶的记载如下：

明初开采石青，置厂于邑东页山之洞岭。凿彻洛河，汹涌上溢，数百人溺死其中。每夜或阴雨，鬼哭声不绝。后建雷神庙镇之。

嘉靖八年（1529年），黄龙山矿盗发，极为民害。主簿童诚同防守指挥戴龙驱矿徒、填矿口，民赖以安。嘉靖二十九年（1550年），王家庵矿盗猖獗，黄守巨为之魁。潼关指挥使盛德往剿捕，为所戕，子愈谦誓必手刃此贼。后协擒守巨，即杀之。

嘉靖末年，土人何恕等聚众白花岭盗矿，至万有余人，且十年不可得制。后请于朝，会兵始剿平。

隆庆间，白花岭矿盗大哄，邑令徐旭往谕遣之，为贼所围困，民人奔救获免。

万历中，采榷四出，几遍郡邑。卢灵悍徒往来，日事攻夺。而恶珀横索课额积逋，邑中奸恶钻营总甲牟利，寻多破家亡身，而帮贴赔纳之害，波及于里戚……

万历末年，金堆城矿寇横起，令贺贡轻骑往视，被贼重围，赖僧兵捍护获免。④

有明一代的盗矿、禁矿斗争，也造就了一批地方循吏。仍以洛南县为例，乾隆《雒南县志》卷3《秩官志·循卓传》载：

---

① 《明宪宗实录》（卷2），成化元年（1465年）九月辛未
② 《明宪宗实录》（卷98），成化七年（1471年）十一月辛酉
③ 《明宪宗实录》（卷113），成化九年（1473年）二月庚午
④ 乾隆《雒南县志》（卷10）

洪其道，"万历中以进士除雒令……时方议采矿南阳，雒薄产金锡，其道恐遂及于雒，具揭帖痛陈利病，为十不便之议，缔缅千余言，深中肯綮，载艺文志。卒不听。后矿祸一如其言"。

杨鹤，"武陵进士，万历中令雒，距洪令日未久也。当采榷四出，争趋矿利，卢灵悍徒日相攻夺，居民皇皇如沸。而恶踏横索课额，破家流亡帮贴赔纳之害，往往波及于族里，官民困窘。鹤切描宰径，力质矿使，议减税额万金，往复数四，至以去就争，仅乃得之"。

徐旭，隆庆中任洛南县，"当邑西白花岭矿贼猖獗，依山为险，焰颇张，旭躬率捕卒讨之，为贼围困，百姓数十里内闻风相率趋救，得免，贼寻溃……"

李灿，万历末年任洛南县，"时矿徒争利相攻剽，杀伤日闻，灿严法禁捕，稍得敛戢"。贺贡继李灿任县令，"矿徒所在，以千百数，辄盘踞林箐间，恣为暴横，贡轻骑往谕谴之，不听，转鼓噪围贡，从隶格斗尽死，用相毫寺僧徒数百人具拳勇奔救，死战溃贼围，得脱，贼亦鸟兽散"。[1]

针对上述事实，《雒南县志》作出了如下论述："矿之为害，秦中在在有之，而雒为甚。东邻嵩、卢，北接蒲、解，诸奸宄环向窥伺，而邑中大猾复阴为之主，故其徒最易聚难散。往年白花岭之乱，乌合几万余人，而为之魁者，大抵皆土宄也。"[2] 万历知县洪其道更专门作《矿害揭帖》，从十个方面痛切陈述开矿之祸害，竭力反对开矿。其实，正是因为官府一刀切式的封禁，民间矿业不能正常进行，不得不采取"窃矿"的方式，而"窃矿"的活动又难免给地方社会带来相应的消极影响，这类影响势必激起地方和民间的反对，加之官府的刻意渲染，私开矿业的难度更大，少数执意求矿利者所用手段更加激烈，因此导致的后果更为严重，反对的呼声亦更加强烈。如此恶性循环，以致明代的矿业始终呈畸形发展状态。

## 2. 交通发展

除了允准流民附籍，并在承纳赋役方面给予相应优待的举措外，明政府为改善秦巴山区交通条件而在道路修建等方面所做出的努力，也有利于山区经济的发展。大者如成化后期巡按湖广御史吴道宏以郧阳为中心所修四条大道，一抵汉中，一抵西安，一抵南阳，一抵保宁、夔州；平阔地段宽 1.5 丈，险狭处亦宽六七尺。沿途"增置铺舍，疏凿险阻。今商旅络绎不绝，公文四

---

① 参见陈绶《雒南县乡土志》，光绪抄本
② 乾隆《雒南县志》（卷11）

达无留，居民乐业，政令流通"。① 虽不免夸张之意，其于山区开发促动的积极意义却不可否定。其余小者如弘治年间郧阳巡抚沈晖于"往来要津造浮梁八十艘，以便涉者"。②

嘉靖年间抚治商洛道郗元洪、万历七年（1579 年）商州知州王邦俊先后主持修整商州境内说法洞至石佛湾、五鬼窑至说法洞等地山道。③ 万历四十七年（1619 年）郧西知县黄翙鸠工修浚源出陕西山阳县、汇入汉江的天河，通舟以利货运。④ 云阳知县杨鸾捐俸激励百姓开凿洞口镇至云安场山路，"山势险碍……蝮岩绝堑，咸工凿易治，厘为大道，凡肩担背负者早暮通行，自是无患，其利溥矣"。⑤ 万历年间钟化民在略阳县所修白水路，"宋时架阁为道，久而倾圮，行人苦之"。钟化民开凿山路后，"舆马仆卒，履若坦途。自下望，恍然云霄之上"，⑥ 被百姓称为奇迹。景川侯曹震修贵州通保宁、达陕西之大道，普定侯修连通陕川的连云栈道等，皆与秦巴山区的交通相关联，规模亦很可观。山川阻隔、道路不通是制约山区经济发展的重大因素，至今论及山区的社会经济发展，仍以"要想富，先修路"为要旨，上述道路、浮梁的建设，对改变"深山穷谷，不通辙迹"的状况，促进山区内外流通、交流，显然具有重要意义。

### 3. 中药材的研制

汉江流域作为防己、雷丸、千年艾、黄精、厚朴、绿毛龟、白花蛇、贝母、穿山甲等动植物药材的地道产区，享有极高声誉；石解、枳实、鹿茸、麝香等常见药材在汉江流域地区亦有分布，荆三棱、葛蒲主要分布于汉江下游地区，地道性不甚明显。汉江主航道与丹江航道优良的水上运输条件使得大规模药材运输成为可能，然而地道药材不一定成为主要贸易商品，其数量受自然条件制约较大，有明一代虽有开发，但未成规模。

明代是药物学著作的多产时期，诸种古籍延续了汉中为防己主产区的论断。《本草蒙签》亦曰："防己，味辛、苦，气平、寒。阴也。无毒。多生汉中府。"《本经疏证》云："防己，味辛，苦平，温无毒……纹如车辐理解者

---

① 余子俊：《地方事》，见陈子龙等《皇明经世文编》（卷 61）。道光《褒城县志·疆域图考》载："明成化中，余子俊抚陕，开南山道直抵汉中，以便行旅。"
② 《明武宗实录》（卷 166）
③ 乾隆《直隶商州总志》（卷 5）《建置》
④ 梁大闰：《郧西开河记》，黄元吉：《郧西县新治天河记》，见万历《郧阳府志》（卷 30）《艺文》，参见乾隆《郧西县志》（卷 2）《疆域》
⑤ 嘉靖《云阳县志》（卷上）
⑥ 参见《汉中碑石》，三秦出版社 1996 年版，第 175 页

良，生汉中川谷，二月、八月采根阴干。"然而明代并非仅有汉中府出产防己，宣德《敕建太岳太和山志》亦有"苍术、桔梗……山药、防己"的记载，表明植被茂盛的武当山地区也是汉防己产区之一。

# 第十章 明代汉水上游的水利事业与水利文化

农业生产是国计民生的基础，水利则是农业生产顺利完成的根本保证。其成败兴废，不仅影响着社会经济发展和人民生活水平，更关系到整个国家的税收和稳定。因此，水利事业历来受到王朝国家、地方官员、民间社会的普遍重视。明朝汉水流域的水利事业不是对前代遗留工程的简单修复和改建，而是在工程技术和管理制度上的全面革新。明代中后期，汉水流域的民间冲突多因水利引起，地方社会构建也紧紧围绕水利事业开展。毫不夸张地说，在汉水流域，水利兴则百业兴，水利废则百业衰。

汉水流域的地形大致可分为以秦巴山区为代表的上游山地和以江汉平原为代表的下游平原，两者水利环境有根本区别，上游海拔高，山势陡峭难以储水，山区百姓多惜水如油；下游河湖纵横，水高于田，平原人民皆视堤为命。明人对治水已有比较成熟的认识："上流不浚，无以开其源；下流不浚，无以导其归。"① 基于地理环境的差异，山地和平原分别形成了堰渠和堤防两种不同的水利景观。

## 一、明代汉水上游的农田水利建设

汉水上游山区属亚热带气候区，气候温和，降水丰沛，但崇山峻岭的地形条件限制了农业的发展。在清朝人口压力骤然加剧以前，农耕地区多集中在山间盆地和河谷地带。粮食作物以稻、麦、粟为主，三者中以水稻为大宗。在秦巴山区，稻米生长旺盛期恰值伏旱季节，如果没有堰渠灌溉设施，水稻丰收几乎无望。因此，农业发展与灌溉水利密切相关。秦汉以来，劳动人民因地制宜，利用水资源改变和调节农业生产面貌，兴建了不少水利工程。这

---

① 嘉靖《南畿志》（卷15）《艺文志》

些工程在不同历史时期时兴时废，随着移民潮的兴起，汉水上游的水利工程在明朝迎来了中兴。

　　明朝前期，封禁政策制约了山区的农业发展，水利设施也随之荒废。成化以后，随着流民的涌入，秦巴山区迎来了一个兴建、修复水利工程的高潮。汉中无疑是汉水流域最重要的灌溉农业区，仅城固一县，就有六条规模较大的堰渠得以重修。据万历二十七年（1599 年）刻《重修六堰记》载："汉中为关陕雄郡，城固为汉中巨邑。县西北四十里有高堰，西四十里有上官堰；西北三十三里有百丈堰，三十里有五门堰，二十里有石硖堰；县北十五里有杨填堰。"① 其他各县也有为数不少的堰渠。据嘉靖《陕西通志》卷三十八《水利》记载：南郑有沙堰、羊头堰、石梯堰、石碑堰、山河堰等；洋县有溢水堰、二郎堰、土门堰、高堰、杨镇堰等；西乡有金厢堰、五渠堰、官庄堰、空渠堰、龙溪堰等；褒城有金花堰、鹿头堰、山河堰、石门堰、流珠堰等。沔县有马家堰、石崖堰、天分堰、金公堰、罗村堰等；今安康地区的金州有大积堰、长乐堰等；石泉有七里堰、长安堰等；汉阴有永兴、风亭堰等；洵阳有蜀河堰、汉镇堰等。就连灌溉农业不甚发达的商州，也有引丹水、乾佑河灌田百余顷的小型水利工程。湖广郧阳开发较晚，但水利工程也为数不少：如郧县的武阳堰、盛水堰；竹山的红岩堰、城子坪堰；竹溪的头堰、白水堰；上津的八里川堰，黄云洞堰；房县的潵澥堰、穿山堰；郧西的千工堰、马鞍山堰等等②。这些堰渠有的地连两县，如褒城、南郑共有的山河堰、流珠堰；城固、洋县两县共有的杨镇堰，有的甚至跨越两省，如千工堰在嘉靖《陕西通志》和万历《郧阳府志》中都有记载，金州和郧西地界犬牙交错，显然是两省共修共有的水利工程。南阳地区既有不少旧堰修复，亦有许多新堰不断建成，水利事业出现从河谷向山地延伸的苗头，故有的串联式陂渠和新兴的泉水灌溉工程共同发展，保持着这个地区水利事业的长盛不衰。总之，明朝汉江上游山区新建、修复的大小堰渠不计其数，因遗留资料限制，今天已经无法了解当时的全貌，只能将规模较大、资料保存较完整的代表性工程列举如下：

　　**山河堰**在汉中褒城县，相传为汉初名相萧何所造。③ 该堰以汉水支流褒水

---

　　①　陈显远《汉中碑石》35 页

　　②　万历《郧阳府志》（卷 19）《水利》

　　③　欧阳修《司封员外郎许公行状》中记载许逖任兴元知府，"大修山河堰。堰水旧溉民田四万余顷，世传汉萧何为所"。南宋绍熙五年（1194 年），南郑知县晏袤在所作《山河堰赋》中说："山河堰盖汉相国懿英侯曹公所肇创。"此二说均不足征信，但可以证明此堰之修筑必不晚于宋朝

为水源，分六级筑坝引水，南宋最多时灌溉汉中良田23万余亩①。元明之际近乎荒废。严如煜纂修的嘉庆《汉南续修郡志》卷二十《水利》记山河第一堰曰："相传以柏木为桩，在鸡头关下筑堰截水，东西分渠，溉褒城田。今堰久废，故址亦无可考。"据此推测山河堰在明朝确有整修，只是木质结构使用年限短，易于荒废而不见记载。但其他几堰发挥的作用是不容低估的。万历二十三年（1595年）汉中府推官（司理）宋一韩为第二堰上下坝定下四六分水制度，后人记之云：汉南水利之大者，无如山河堰。自高堰子迄三皇川，为洞口者四十有八，溉军民田四万四千八百二十有三。上坝与下坝利实共之。② 可见明朝中后期的山河堰，虽规模、效用不及南宋，但仍然是汉中最大的水利工程。

**百丈堰**在汉中城固县西北三十三里，是湑水五堰之一。万历二十七年所立《百丈堰新建高公桥碑》云："城固之北，有湑水河，经流境内，平洋沃壤。在昔留心民事者，相其高下之势，障石为堰，凿渠引水，灌溉稻田万余顷，城民之生养，永赖其利，泽匪浅鲜也。"百丈堰修建时采用垒石为堰的建造方式，渠口咽喉紧要之处与干沟为邻，常遭暴雨冲淤。万历年间，知县高登明为免百姓疏凿之苦，自愿捐资购置石材，并组织民工建造石桥。"桥拱三洞，每洞阔四尺许，高八尺许，仍于两岸筑堤数十丈，遇暴水，则用板闸洞口，庶洪流可御，而渠道无复冲淤之患。自是收成无失。"③ 百姓感其恩德，特立碑纪念。百丈堰在嘉庆年间仍灌田3720亩，可见明朝的这次修复是卓有成效的。

**五门堰**在汉中城固县北三十里的湑水上，因渠首并列五洞进水，故称五门堰。相传为汉代郡吏唐公昉所创，实际可能筑于五代或北宋。此堰有灌溉和为水磨提供动力的双重功能。元末至正七年（1347年），知县蒲庸力排众议，亲力亲为，在故渠的基础上主要是进一步开凿、疏理、加固斗山下的过水渠道，并凿穿斗山下的石嘴，使灌溉面积进一步扩大。明代的五门堰经历了三次大规模翻修。一次是弘治五年（1492年），在知县郝晟主持下，把以前"渠深广才以尺计，加以年久圮毁，始复如砥，水弥漫则仅能得一二"的废堰改造成"渠深几二丈，广倍之，延袤六七里。逾月而工告成，峡遂豁然一通，渠水荡荡于田亩，高下无不沾足"④，灌溉面积高达五万亩的大堰。八

---

① 参见鲁西奇、林昌丈：《汉中三堰》，中华书局2011年版，22页
② 道光《褒城县志》（卷二）《山川图考》
③ 陈显远《汉中碑石》36页
④ 康熙《城固县志》（卷九）《艺文》

十余年后，万历四年至七年间（1576—1579年），知县乔起凤又主持了一次全面维修。乔公"身先经理，不惮寒暑，分委责成，罔懈夙夜"①，时人比之以郑国、白起。万历二十六至二十七年间（1598—1599年），知县高登明在不动用官帑的前提下"捐俸金及赎锾，买办石灰六百余石，使工锻治石条八百余丈"。② 主持对五门堰第三次全面整修。此次整修使用石灰和石条，大大延长了使用寿命。这几次维修奠定了五门堰的基本格局，乔起凤、高登明所创设的维修制度也被后人编成《乔令、高令水册》，直到清朝仍被沿用和推广。

**杨镇堰**地跨汉中城固、洋县两县，一渠浇灌两县田亩。据康熙《城固县志》卷四《水利》载："杨填堰，县北一十五里，出湑水河，宋开国侯杨从义填成此堰，故名。"而《杨从仪墓志》曰："初，洋州有杨填等八堰，久废不治，公皆再葺之，溉田五千余顷，复税租五千余石。"③ 可见在杨从义之前，此堰已经存在，杨公只是修葺而已。此堰上游易于得水，不肯为下游水利出力；下游难于得水，缺乏修堰动力。地跨两县更加剧了协调难度。万历二十七年（1599年）洋县知县张以谦与城固县令高登明共商修堰大计，得到汉中知府的支持。经过数月努力，先前"以代梁横竖于外，荆棘绸缪其中，借为障水具"的简单水坝变成"敞其门为五洞，傍其岸为二堤，水涨则用木闸以沮泛溢，水消则去木闸以通安流"④ 的坚固石堰。这次大规模整修增建了渠口、岸堤、木闸等设施，在增强蓄水能力的同使免去了一岁一修的烦琐劳动。

**盛水堰、武阳堰**传说为春秋时伍子胥所修。据万历《郧阳府志》（卷19）《水利》载：盛水堰在郧阳府郧县北五里。"成化间知县戴琰穿，计四百余丈。弘治中，都御史王鉴之檄府重修，有碑，立迎恩观。万历五年冬，堰长张大纹、李梁告乞修理堰渠，本府知府宋豸诣所亲勘，请于都御史徐学谟，委官督修，甫三月毕工。""武阳堰，（郧）县西北二十里。弘治中，都御史王鉴之穿。正德中，都御史刘琬檄府重修。"同书《艺文》收有王鉴之《重修郧阳府武阳、盛水二堰记》云："先代有以郡治之东，灵泉之西凿石为渠，堑河为堰，引以灌田者二：曰武阳、曰盛水。为利甚博。岁久湮圮。"可见王鉴之也是修复而已，武阳堰古已有之。戴琰所修的实际是盛水支堰："成化初，知县戴琰率民旁鉴一渠，计地四百余丈，以备灌溉，自是田无高下皆稔。"为保

---

① 陈显远《汉中碑石》33页
② 陈显远《汉中碑石》35页
③ 陈显远《汉中碑石》128页
④ 康熙《洋县志》（卷7）《艺文》

证农田灌溉，郧县军民年年重修二堰，但这种修筑"不过代（伐）木畚土苟简目前而已。时而骤作，山溪饮满，水势奔突，昔所伐以畚者举随之去矣"。弘治十三年（1500 年），知府胡伦主持修复。"仍旧址剔沮洳，去栿翳，甃以巨石，翼以良干，栉比而鳞次，虽高深广袤，丈尺不加于旧，而规模宏远、制度精密，视昔盖十倍有加。"从此"吾侪小人，无复旱涝是念矣"。① 从时间上看，胡伦主持的这次修复和上文所载的"王鉴之檄府重修"应该是同一件事，只因二人一为郧阳抚巡抚，一为郧阳府知府，两级官员戮力共事，而此文又为王鉴之所作，不忍掠下属之美，自示以谦谦君子而已。此后"嘉靖二十二年（1543 年）八月，都御史王守重修武阳、盛水二堰"。② 万历三十四年（1606 年），都御史黄纪贤"发公帑修盛水堰，以备旱潦，甃葺坚致，次年五月功成"。两年后，黄纪贤又"捐俸修武阳堰，郧唯武阳稍饶，堰成水利益新"。③ 由郧阳巡抚主持及时修葺二堰很可能在明代中后期成为惯例。此二堰至今仍有遗迹可循，盛水堰已更名为徐家堰。以武阳堰命名的地名"武阳岭"也保留了下来。

**澈澜堰**在郧阳府房县南十五里。世传为西周尹吉甫所凿，灌田万余亩。水源出自滴水岩，属泉水灌溉系统。其灌溉区域为长条形梯级谷地，按高下分三畈依次取水。如果上畈堵住水口则中下畈无法得水，下畈为生存往往决口偷水，一旦成功，上畈必定干涸绝收。这种水利环境导致争讼不断，官府疲于应付。为彻底解决问题，房县县令朱衣率乡民"俾环畈而圩之，无使旁泄。自上而中而下，至缩谷之口，凿石为斗门，大者三，小者三十有五，上溢则障之，下涸则泄之"。④ 王世贞抚郧在万历二年（1574 年）至万历三年，此《澈澜堰斗门碑》出自王氏之手，澈澜堰此次改造大概也在这两年中的某段时间。

**千工堰**地跨陕西金州和湖广郧西，洪武年间朱社长所创。引天河黑龙潭水灌田千余亩。⑤ "后因人物稀少，堰工浩大，倾塌未修。成化十有二年（1476 年），设立县治，军民杂处，食力者众。迨癸丑（弘治六年，1493 年）邑侯刘君理，广东人，以民食为急，国税为重，择委里老王恭等督率工役，聚石采木，重为修造，匝一岁厥工告成，虽曰劳民，实有利于民也。今令尹

---

① 万历《郧阳府志》（卷 30）《艺文》
② 万历《郧台志》（卷 4）《宦迹》
③ 万历《郧台志》（卷 4）《宦迹》
④ 万历《郧阳府志》（卷 30）《艺文》
⑤ 此为万历《郧阳府志》数据。可能不涉及陕西辖地，而嘉靖《陕西通志》只记堰名，无确切数字。故千工堰实际灌溉面积应高于此数

西蜀王君才下车，尤重其事，不时省视，损即随修，以是水利疏通，岁获丰稔。"① 此堰名曰"千工"，想必是堰工浩大，每次维修动费千工的缘故。然而自移民聚集，郧阳设抚、郧西设县以后，千工堰受到高度重视，维修成为官府和百姓每年必需的工作，始终保持着"水流之滔滔，田禾之蓁蓁"的壮美景象。

**钳庐陂**在河南南阳府邓州东南五十里，为西汉南阳太守召信臣在淯水（今白河）旁砌石筑坝，壅土而成。张衡《南都赋》里所谓"钳卢玉池"就是指此而言。西汉以后代有兴废，逐渐形成引湍水、刁河水等多河取水，连接陂塘三十余个的串联式水利系统，灌溉效益最大时灌田三万顷。钳庐陂不仅是南阳地区最大的水利工程，也代表着南阳水利的工程特色。元末明初的战乱使钳庐陂几近荒废。"明洪武初，孔显知州事，稍为疏导。正德中，州人王瑞倡议修复，于常额外清理得三十一。嘉靖三十三年，知州王道行修陂凡三十有八，堰一十有四。启祯以后，又皆湮废"。② 明朝二百余年，钳庐陂似乎经历了一次轮回。几次修复中，以明初孔显主持的复修最具成效，他"收集军民，渐为陂堨，陂堰之址可复寻而理矣。嗣是生齿繁，土地辟。守牧者重民食，为之修置疏导，设渠子、堰长以领其事，灌溉稻垄，遍于四境，家给人足，不苦凶岁"。③ 这次修复虽在工程技术上无太多创新，但其对日常管理和制度建设的重视无疑为后世树立了典范。

明代汉水上游的水利建设总体上以引水灌溉渠系为主，由于汉江干流地势太低，流量较大，这些工程主要分布在汉水上游的各支流上。正如严如熤所说："汉中各水，以汉江为大，然用之溉田者，则湑水、漾水、濂水、乌龙江数水，皆注汉支河。汉流大而难用，支河小而易于堤防也。"④ 汉中地区"汉江不船，龙江不船"谚语说的也是这种水文特征。郧阳也大抵如此。南阳地区最有特色，受地理环境和水利传统影响，其河谷地带多以堰渠连接陂塘，形成多河取水，点线结合的串联式水利系统。这种设施能将非灌溉季节的河流径流通过沟渠引到陂塘存蓄起来，以供灌溉季节所用，汛期还能起到防洪作用。山地丘陵地区山泉也被用作灌溉水源，修建了澈瀗堰、柳泉铺渠、泉水堰等水利工程，这都是先民智慧的结晶。

要特别说明的是，以上列举的都是历史悠久、记载详细的大型堰渠，与

---

① 万历《郧阳府志》（卷30）《艺文》
② 嘉庆《大清一统志》（卷210）《南阳府一》
③ 嘉靖《邓州志》（卷11）《陂堰志》
④ 严如熤：《汉中修渠说》，见《清经世文编》（卷114）《工政二十·各省水利一》，第2271页

垦殖扩长相一致，在溪流山涧地带修筑的小型水利设施不计其数，"凡山间平地有水之处，概成良田"。① 如果将汉水上游所有小堰渠灌溉面积加在一起，这个数字将远远大于骨干堰渠。只因小型水利工程数量多、规模小且分布分散，有的甚至时修时废，很少见诸记载而已。

说起明代的水利建设，不能不提郧阳府城的水井。经历了元末的战乱和两次流民起义，当时属襄阳府管辖的十堰地区一片萧条。郧县连城池都没有。万历《郧阳府志》云："郧阳府，旧为郧县，无城。② 天顺八年民饥，盗起，知县戴琰为土墙备御。成化十二年，因流贼刘千斤等作乱，都御史原杰奏请开设府、卫于郧，以旧基恢拓之，甃以砖石，周八百余丈，高一丈五尺。"③ 与郧阳抚治一同设立的还有湖广行都司、郧阳府、郧阳卫。成化十二年（1476 年），郧阳府城由一个名不见经传的县级治所一跃成为总镇湖北、河南、陕西三省，驻扎巡抚、知府、知县三级官衙的一方都会。

在郧阳抚治设立之前，郧阳百姓的生活尚处在原始状态，"郧在万山，自古无井④，民惟饮江水"。对这种极不卫生的生活习惯，以流民为主的当地民众习以为常。但追求较高生活质量的官员们无法接受这种饮水习惯，于是"知府吴远始于府廨中凿一井，既而都司各就近凿凡三井，城人乃得井饮，至今赖之"。⑤ 郧阳设抚以后，政治地位的提高必然带来城市规模的扩大和人口的增加，"官僚之往来，商贾之辏集，视昔加倍。汲者日多，四井不足以供饮用。又井在司、府官廨，江在城外，门禁启闭有时，军民出入不便，缺水或用钱三四文始得一二斛，甚至争汲殴斗、破面者有之"。⑥ 已经形成饮用井水习惯的居民自然不愿再用江水，而井水不足不仅造成水价暴涨，还威胁到社会稳定。为解决日益尖锐的人水矛盾，郧阳巡抚沈晖"因檄有司，浚治旧井，使源泉清冽，不至汙泥。仍于各坊里衢，相地之宜，凿井六以便汲"。此后

---

① 陈圮芬辑：《宁羌州乡土志·政绩录》

② 郧县前身郧乡县建置于西晋时期，《水经注》载："郧乡县故城南，谓之郧乡滩"。元顺帝至正四年（1344 年）贺伯颜撰《鼎建公廨记》称："郧城枕汉江之阴"（载《湖广图经志书》卷九）。故知郧县无城之说，不足为信

③ 《万历郧阳府志》卷五《城池》

④ 南宋绍兴年间的竹山县令姚叔勉有《千尺井》云："殷家潜井已千尺，无水辘轳徒转空。井深疑有桃源洞，何人误入天台中。"（载《乾隆竹山县志·艺文》）可知古郧阳府境内不仅有井，而且深不可测，取水用具配置完备。对城池和水井的集体遗忘深刻反映出战乱和封禁对郧阳的破坏，以及土著外逃，流移入住造成的文化断裂

⑤ 《郧台志》（卷 10）《著述》

⑥ 《郧台志》（卷 10）《著述》

"居民皆得井饮，罔无不足，且免江汲之劳、瘿疾之忧"。① 这项深得民心的水井建设为府城居民解决了饮水难题。

吴远是郧阳府首任知府，府城最早的四口水井当建于他任职的成化十二年（1476 年）到成化十八年（1482 年）之间，第二次水井建设的倡导者沈晖在弘治七年（1494 年）到弘治九年（1496 年）间担任巡抚，两次建设之间的十余年府城人口增加数倍，却没有新增一口水井，原因何在？万历二年（1574 年），一代文豪王世贞出任郧阳提督抚治都御史，在都察院衙署内开凿水井，并作《使寰新井记》以记之，其文曰：

> 使院故无井，晨取给于一里外。运覆者踰十人，而犹不给。予莅事之三日，进群吏而诘之："即无问劳力役者之肩与踵，一夕东门钥而牙城铃，阁之间缓急何所恃哉？"行相地于帅厨之后隙艮隅而凿之，凡四十尺而得石，又五尺而甘泉见。初沫起若瑟瑟，俄膚沸腾溢，其洌冰齿。可以佐茗色，益茗味。因为之铭，以示后人。②

我们可以从王世贞的描述中管窥府城凿井的工程难度。明朝的一尺折合今 31 厘米，从地表向下挖四十尺见石，凿石五尺方见甘泉。井水源于石下，水质甘甜清洌，膚沸腾溢，显然不是汉江补给的潜水而是隔水层之下的承压水。在当时的技术条件下，开凿这样的水井自然要消耗大量人力物力，再加上购置石材垒砌井壁的花费，绝非一般小户所能负担。而郧阳府是建立不久的新城，罕有大富之家，更少有擅长选址的技术人员，作为公共生活设施的水井只能由官府负责建设。好在这种取用承压水的深井虽工程浩繁，但供水充足，旱涝无虞，一次努力，代代受益。也许正是这个原因，这些巡抚们不惜浓墨重彩，将凿井的经过作为政绩载诸青史。

相对于数百万流移人口的落居和郧阳山区的开发，建设十几口水井算不上丰功伟绩，但对于郧阳百姓的日常生活而言，却有着划时代的意义。吴远知府在府城内首开凿井先例，预示着一种新的、更卫生也更为安全的饮用水资源及相应的取水方式在郧阳出现了。③ 这种新的饮水习惯在短短数年内被城内居民普遍接受，以至于宁愿重金买水、争汲殴斗也不再取用江水。作为最高行政长官的巡抚沈晖以新建六井的方式满足了百姓的需要，使百姓不必为

---

① 《郧台志》（卷 10）《著述》
② 《郧台志》（卷 10）《著述》
③ 张建民《明清长江流域山区资源开发与环境演变》，武汉大学出版社 2007 年版，204 页

获得干净的饮水额外付出。值得注意的是，城市居民的生活习惯对乡村社会无疑具有重要的示范作用，贫苦农民虽无力承担在当时堪称重大工程的深井建设，但农村广阔的天地可以为水井选址和建设提供更多的选择，饮用过城内甘泉的农民自然会发挥聪明才智因地制宜开凿小型水井，促使更多的人改变饮水习惯。郧阳府城的几口水井，是千千万万农村水井的滥觞。

## 二、水利技术的革新和管理制度的完善

与前代相比，明代汉水流域水利工程的灌溉效益确实有所下降。在汉中盆地、南阳盆地这两大历史悠久的灌溉农业区的局部地区表现得尤为明显。如汉中山河堰，南宋最多时灌溉良田 23 万亩，明朝在册灌溉面积不到 5 万亩①，第一堰已经完全废弃。南阳盆地部分地区甚至放弃引水设施，改水田为旱地。这种转变大概在嘉靖年间。但我们不能因此得出明代水利事业较前代大为衰退的结论。水利效益的降低的原因主要是自然环境的急剧变化：一是整体气候的变化。明清小冰期现象使地表温度下降，处于南北交界部位的汉水流域所受影响尤为显著。南襄盆地北部无山脉屏障，每当冷风过境，必然首当其冲，已经不再适合喜热喜温的水稻的生长。二是汉水上游支流一般落差较大，严重的河道下切导致水位不断下降，引水渠口位置随之降低，同时河流携带的泥沙和山上散落的土石不断进入水渠，即使年年疏浚也不能避免沟渠垫高。如此水位逐渐降低，沟渠慢慢抬高，年长日久，灌溉面积自然减少。山河第一堰即因此而废弃。三是雨水冲刷使沟渠所经山涧的纵向深度和横向宽度都逐渐加大，必然加剧工程建设和维护的难度，在传统水利工程技术没有根本突破的背景下，依山引水势必日渐艰难。总之，明代汉水上游的水利环境与前朝相比已经大幅度恶化，水利建设和维护的难度与两宋时期已经不可同日而语。这才是水利效益下降的根本原因。

### 1. 水利技术的革新

明朝汉江上游的水利建设，是在水利环境明显恶化，工程建设日渐艰难的大背景下展开的。尽管如此，明代水利事业仍取得可喜的进步。尤其是在工程技术方面，不是简单重复故有的设施，而是在建筑材料和工程技术上大力革新。众所周知，山区水利建设必须解决两大问题，一是修筑蓄水堤坝；

---

① 明代山区农民隐匿田亩以逃避租税的现象十分严重，实际灌溉面积一定高于 5 万亩，但无法与南宋相比

二是兴建引水堰渠。汉水上游支流大多水流湍急，堤坝极易冲毁；依山而建的堰渠多遭遇山涧，雨季常遭泥石流冲崩。这两大问题操作起来都成了难题。

　　前人修筑堤坝有的在江中砌石，截水为堰。有的"用木桩草石修筑之。每岁春工，费甚巨"，有的"用树杪沙石权宜修葺，一经骤雨，狂澜漂决，扫无一存，灌溉不给，岁以为常"。① 即使一岁一修，然"略值雨霆，堨必浩发，激湍迫荡，堤为尽去，复如费修筑，稻乃薄收，蒙害尚矣"。② 这些水坝都非常不稳定。更有甚者如杨镇堰："居农以杙梁横竖于外，荆棘绸缪其中，借为障水具。每遇河伯扬涛，率淘然澎湃，而新畲秧苗归之一浪矣。"③ 设计不当，水利反成了水害。嘉靖中襄城监生欧本礼维修襄城流珠堰时采取"编竹为笼，实以石，置中流，限以木桩。"④ 的方法，大概是效仿都江堰的维修工艺。但木桩易于朽坏，也无法长时间使用。洋县斜堰"方灌溉"时，"暴雨澎湃，木砾漂泊联亩，一夕龟裂。仓卒葺补，旋筑旋崩，殆无宁晷"。针对此症，县令李用中决定以石坝代替木桩草石。据康熙《洋县志》（卷7）《艺文》载：

　　用大石横河，油灰灌隙。分门闸板，视水之消涨，以时启闭。月底至脊高丈许，上可通行，若津梁然。望之如长虹截流，虽洪涛数兴，震荡怒号，终莫能坏。

　　这种易木为石，建闸代坝的水利技术，成功的关键在于"油灰灌隙"，把散乱的石头粘连在一起，抗冲击能力大大提高增强，与今天的混凝土结构已经十分相似。

　　对于堰渠建设，李用中也独具创意。为使堰渠通过山涧，前人只能"刳木为槽，集水跨石"，如洋县瀵滨堰，"自溜坝湾引河水，循山麓纡回南下，中经二涧，涧深广数丈。旧架木为飞槽，渡渠水以达于田。槽一岁一修，其费甚巨。且值夏月需水之急，而涧水暴涨湍湃，冲击木槽，荡然无复存者"。为使渠水顺利穿越山涧，万历十五年（1587年），知县李用中捐俸并主持创建石槽渡水工程，其具体措施是：

---

① 康熙《洋县志》（卷7）《艺文》
② 康熙《城固县志》（卷7）《艺文》
③ 康熙《洋县志》（卷7）《艺文》
④ 道光《襄城县志》（卷2）《山川图考》

大石砌其底，方石翼其旁，条石横其梁，油灰灌其隙。虚其下以为洞水之行，高其上旁以为徒行之径，敞其上中以为渠水之道。宏杰壮丽，坚固而不可动。①

李用中主持的水利工程，因地制宜，就地取材，虽不能一劳永逸，但使用寿命大幅度提高，使区域灌溉效益和农业经济趋于稳定。他还将水利效益和交通功能有机结合起来，提高了工程的实用性，从"长虹截流""宏杰壮丽"这些极具诗意的描述可见时人已经认识到这些水利设施的工程美感，具有实用性和观赏性的双重功效。

李用中主持修复潏滨堰和斜堰分别在万历十五年（1587 年）和万历十七年（1589 年），此前的万历四年至七年间（1576—1579 年），城固五门堰同样面临坝溃堰塌的问题，知县乔起凤"议以五门上流，用石叠砌，以建悠久之基；下流修为活堰，以泄横涛之势；石峡用石固堤，以弭冲决之患"。并没有使用油灰，万历二十六至二十七年间（1598—1599 年），五门堰历经二十年后已经严重损毁，同为城固知县的高登明再次修葺时"捐俸金及赎锾，买办石灰六百余石，使工锻治石条八百余丈"。② 此后再次大修已经是清朝康熙年间。可见油灰的使用使工程使用寿命提高了数倍。这几次维修都是事先规划，呈报汉中太守和钦差分巡关南宪副，得到批复后组织施工。据此推测，李用中的油灰箴筑技术，很可能被汉中府作为典型经验向各县推广。以石灰粘连石块当然不是李用中首创，但以石灰掺杂桐油箴筑堰渠至少在汉江上游水利史上有划时代的意义。汉水上游是石灰和桐油的重要产地，建材成本不是问题。此后的万历二十七年（1599 年）洋县知县张以谦维修杨镇堰，同样"砥石于山，锻灰于炉"。同年高登明修复的百丈堰"桥拱三洞，每洞阔四尺许，高八尺许，仍于两岸筑堤数十丈，遇暴水，则用板闸洞口，庶洪流可御，而渠道无复冲淤之患"。万历二十九年（1601 年），洋县知县姚诚立捐俸倡修土门堰："推去积沙，巨石为底，上累条石，涂以石灰……高可及肩，长则亘河。其下流处预防冲激，多置圆石木闸。"③ 明显都是借鉴李用中改进的修筑技术。从此以后，李用中的技术创新被汉水上游各地广泛采用，水利工程质量和使用寿命大幅度提高。

---

① 康熙《洋县志》（卷 7）《艺文》
② 陈显远《汉中碑石》33 页
③ 康熙《洋县志》（卷 7）《艺文》

### 2. 分水制度的成熟和日常管理的完善

汉水上游的农业用水主要集中在水稻生长的春夏季节。尤以盛夏的"伏旱期"为最。每到用水季节，水资源短缺引发的为争水而械斗的事件屡见不鲜。解决问题的上策是改建水利设施增加用水供给，如城固的五门堰，中途遭遇石嘴挡住流水，元末蒲庸凿石嘴，使灌溉渠道继续延伸。然"渠深广才以尺计，加以年久圮毁，始复如砥，水弥漫则仅能得一二"。远远不能满足用水需求。弘治五年（1492年），在知县郝晟主持下，当地农民"积薪石间，炽火烧之，俟石暴裂，乃以水沃之，石皆融溃。遂督匠悉力推凿，无不应手崩摧。石且坚，复烧而沃之。如是者数"。改建后的五门堰"渠深几二丈，广倍之，延袤六七里。逾月而工告成，峡遂豁然一通，渠水荡荡于田亩，高下无不沾足"，① 成为灌溉面积高达五万亩的大堰。

然而不是所有的用水纠纷都能通过技术途径来解决，都当民间力量无法协调饮用水矛盾或因争水威胁地方稳定的时候，就必须由官府出面分水。万历二年（1574年）至万历三年，一代文宗王世贞巡抚郧阳，作《澈澥堰斗门碑》记录了房县县令朱衣处理用水纠纷的经过：

> 其地高下凡三畈，中下畈以次而受上畈之水，其上畈，以次而制中下畈之命。凡水见过而不下，则弗敢播；旁泄而他注之，则弗敢播。而下畈亦时能窃发其防，以使上中畈之立涸，以故恒蓄争。其争能互为害，而不能为其利。

澈澥堰灌溉的万余亩稻田是房县民食国税之所系，针对严重的上下游争水矛盾，县令朱衣采取了三项措施，一是加固堰堤"环畈而圩之，毋使旁泄"，二是加设石斗门为分水工具："凿石为斗门，大者三，小者三十有五，中为官七十余，上溢则版以障之，下涸则启以泄之。"三是明确用水秩序："与守畈者约：其下畈当受水而不与水者，罚在上畈；不当与水而辄启水者，罚在下畈。"②

对涉及区域广，灌溉效益高的大型水利工程，其分水事宜一般由更高一级的行政机构来完成。如灌溉面积近4500亩的褒城山河堰，其分水制度就是由汉中府推官宋一韩拟定的，道光《褒城县志》录崔应科《四六分水记》记其事云：

---

① 康熙《城固县志》（卷九）《艺文》
② 万历《郧阳府志》（卷30）《艺文》

汉南水利之大者，无如山河堰。自高堰子迄三皇川，为洞口者四十有八，溉军民田四万四千八百二十有三。上坝与下坝利实共之。迩者，下坝之民每苦浇灌之难，一值亢旱，秋成无望。万历二十三年，司李宋公一韩奉文踏看灾伤，历巡两坝，察利病之源，酌民情之便，定其期限。由高堰至李官洞，浇田一万九千六百八十亩，临近官沟，注水易，议为四日；由高桥至三皇川，浇田二万五千一百四十三亩，窎远，注水难，议为六日，均为两轮，周而复始。在上者不知其余，在下者无忧不足。洵万世永赖哉？宋公去，二十八年，巡道李公命以其议勒诸石。三十一，郡丞张公光宇至，以职水利，巡陇亩，采群议，无如宋公法善。议拨田夫分两班赴上坝洞口，宿守防范，每轮毕，则差役同甲头封闭焉。

这两项成功的分水案例都是由地方官员站在中立立场上解决利益冲突。将事情经过勒之于碑，除了歌功颂德，更重要的是让习惯法文字化，借助官府权威和乡规民约的力量共同保障制度的执行。当然，任何制度的执行都需要有效的监督，由受益人轮流充任守畈者"宿守防范"也是必不可少的长效措施。事实证明这些措施是非常成功的，直到清朝，他们创设的制度仍被代代沿用。

明朝中期也有高级官员直接介入用水纠纷，最典型的当属郧阳巡抚都御使。正德十三年（1518 年），陈雍"禁上流之曲防者"；嘉靖二十六年（1547 年），都御史叶照"委通判叶钦修筑、疏导武阳、盛水二堰，罪壅泉于上流者，永为定规"。万历十三年（1585 年）都御史方弘静"禁止武阳、盛水二堰上流专利者"。万历三十六年（1608 年）都御史章焕"亲视武阳、盛水二堰，发公帑百金疏导，仍禁止绝上流者"。[①] 二堰据巡抚驻地郧阳城仅五里，直接介入当属特例。然由正三品高级官员对上游截水问题三令五申，说明地方官员对水利的重视，也从侧面反映出经过成化以后百余年的移民垦殖，郧阳的水稻种植面积极具规模，由此导致灌溉用水十分紧张。

分水制度之外，水利设施的日常维护也是十分重要的问题。城固知县乔起凤在修缮五门堰的同时对工程维护亦有一系列建制：

于堰西创立禹稷庙三间，使人人知重本之意。大门三间，二门三间，两

---

① 以上三条均出于万历《郧台志》（卷4）《宦绩》

旁官房二十余间，以为堰夫栖止之所，树以松柏，缭以周垣。于五门石堰择人守之，量给水田数亩，令其伺时启闭，务俾水利之疏通。于斗山石峡，择人守之，量给山地耕种，令其常川巡护，以防奸民之阴坏。沿渠一带，遍栽柳树，培植堤根于未固。

这座禹稷庙有三重功能，一是祭祀先贤，引导公众行为；二是构建信仰，对"奸民"形成威慑，三是作为管理场所。庙内居住的堰夫当属专职，负责看管和日常维护。他们的报酬是无偿耕种水田、山地。这些土地当属堰渠公产。除堰工以外，每个大堰都有负责日常维护和处理纠纷的一个或多个堰长，就传统公共工程管理水平而言，这样的制度已经相当完善。

## 三、明代水利事业的组织特色和文化影响

### 1. 水利事业的组织特色

汉水上游水利建设的时间多在九月到次年五月之间，这一时段雨水较少，百姓清闲，还避开了水稻的生长季节，是"不违农时"的最佳选择。在明朝水利建设中，移民发挥了主力军作用，宗族扮演了重要角色，官府的督导和协调则是成功的关键。

移民后裔是水利建设的主力军。元末明朝的战乱使汉水上游的水利工程普遍荒废。就连灌溉历史十分悠久的汉中盆地也不能幸免。洪武七年（1374年）五月，陕西按察司金事虞以文巡视汉中"见其民多居深山，少处平地。其膏腴水田，除守御官军及南郑等县民开种外，余皆灌莽弥望，虎豹所伏，暮夜则出伤人。臣尝视其地，本皆沃壤，若薙其榛莽，修其渠堰，则虽遇旱涝，可以无忧已"。[1] 永乐以后，流民陆续从四面八方向山区聚集，景泰、成化年间达到高潮。而水利工程的兴建、修复多在成化以后，尤以嘉靖、万历两朝最多。可见水利工程的建设者多为移民后裔和后续移民。自成化十二年原杰主持附籍以后，"流离之民，俱为土著"。[2] 落居的流民正式抛弃流民意识，开始为长远计。水利建设正是思想转变的具体体现。移民为主的社会也避免了土著豪族对公用事业的侵占，客观上为乡规民约的执行提供了有利的环境。附籍的流民娶妻生子，开枝散叶，其子孙的家乡认同随着时间的增长

---

① 《明太祖实录》（卷100）
② 杨璇《题为议事事》，见陈子龙等《皇明经世文编》（卷92）

逐渐加强，兴修水利的积极性也随之提高。经过数十年的发展，人口的自然增长和后续移民的到来形成新的人口压力，垦殖扩张和改旱地为水田成为获取更多粮食的必然选择。而此时又正值"小冰期"现象十分显著的时期，提高粮食产量的迫切需求和旱灾逐渐加剧之间的矛盾日益尖锐，水利建设便从中获得新的动力。嘉靖至万历间水利建设蓬勃发展，且官民积极性特别高涨，正是水稻种植局部扩张和干旱加剧造成水资源紧缺的结果。

在水利建设和日常管理中，宗族扮演了重要角色。移民后裔多选择聚族而居的生活方式，这从遍布山区的张家湾、李家沟之类的地名便可看出。形成聚族而居生活方式的原因是第一代移民占垦大片无主荒地，附籍后成为"永业"，分给子孙耕种。在传统社会，不到万不得已是不会出卖土地的，即使要出卖，也由亲到疏，优先考虑同族中人。本地的水利工程也延续了这种命名特色，如五门堰三十六渠就有黄家湃、萧家湃、唐公湃、苏家橙槽渠、王家洞、罗家洞、张家洞、董家洞、高家洞、任家洞。① 万历《郧阳府志》（卷19）《水利》记载的水利工程也有甄家塘、杜溪堰、郭家堰、谢家堰、陈家堰、孙家堰、王家堰、秦家堰、方家堰、车家堰。从遗留的碑刻、方志看，像五门堰这样的大型工程，官府主持分水一般到第一级支流为止，支流之支流以及更下层级的支流分水一般由所在地方自行解决。聚族而居的生活方式大大降低了协商的难度，即使有矛盾也在宗族内部解决。从遗留的堰名看，中小型水利工程的建设也以宗族为主，建成之后就成为族内公产。维护和修复都由内部协商，故很少见诸官方记载。

官督民办是传统社会基础设施建设领域普遍运用的组织模式，在明代的汉水上游也不例外。堰渠的修建多由官府出面组织地方士绅、耆老按受益者出钱出力的原则协商规划。地跨两县的大工程，则由两县官员在上级的监督下协商解决。如城固、洋县共有的杨镇堰，在嘉靖以前就形成"城三洋七"的分水惯例，万历二十七年（1599年）洋县知县的张以谦主持修复时就曾"以为事非一邑事，而费非一邑费也，并协谋于城宰高公，上其状，闻于郡守李公、郡佐张公"。② 修堰的劳动力的来源无一例外地采用征发徭役的方式，用于购买建材的资金来源因政区和执政者的不同略有差异。在郧阳府，一般采取官府出钱，百姓出力的形式，如修缮潵潕堰："凡为条石之以丈计者二千五百五十五，为柱者百四十有四，为槽者十有五，役工至三千三百三十，而

---

① 康熙《城固县志》（卷4）《水利》
② 康熙《洋县志》（卷7）《艺文》

赋帑金仅六十余。"① 修武阳、盛水二堰时"撤可缓之资以为其费"。② 都御史黄纪贤也曾"发公帑修盛水堰，以备旱潦，堑茸坚致，次年五月功成"。③ 汉中则多为官员捐资或百姓集资，高登明就曾捐俸修堰。但这种情况毕竟不多见，由受益人集资是最普遍的筹资方式。出资的标准是依田亩的多寡按比例摊派，乔起凤重修五门堰时"工料酌之田亩，而民不偏累；口粮令其自办，而官无冗费"。④ 堪称经典案例。郧阳地瘠民贫，水利工程少，又得抚治驻地之利，可由官府出资；陕南水利遍布，相对富庶，资金由民间自筹。经济发展水平的不同决定了筹资方式的差异。

概而论之，涉及地域广、人口多、灌溉面积大的大型水利工程的修建和分水，必须由官府出面协调和创制，中小型水利工程的建设和堰渠小支流的分水，一般由宗族内部完成。水利建设资金的筹措方式因地因人而异，工程一线的建设者大多为移民后裔。

### 2. 水利事业对地方文化的影响

明代水利事业的勃兴对地方文化产生了广泛而深远的影响。其直接的表现是出现了大量以其为题材的文学作品。西乡知县何惕所做《金洋堰》云："为爱洪流足溉田，十旬两度此登旋。日催岚色开图画，风领泉声奏管弦。墨载贞珉追往事，祠临高渚报先贤。三农何幸当平世，蒸粒常歌大有年。"⑤ 城固县令范鹿溪的《分水》更具史料意义："作堰在春野，省耕来麦秋。一渠新绿活，均作万家流。"⑥ 韩弼《十堰春耕》曰："布谷声中水满溪，南畴北陇把锄犁，功农不费田官力，腰鼓一声人自齐。" 如果是播种耕地自然无须敲锣打鼓，把大家召集在一起，自然是为了分水灌田。这里的"田官"，很可能是"十堰"日常维护和分水事宜的堰长。同治年间曾任云南巡抚的均州进士贾洪诏游历家乡，也作了一首《十堰春耕》云：十堰乘东作，春霖快一犁；鸠呼桑社外，犊叱柳桥西。水足三农慰，晴开万井底；南坪古沃野，丰稔问群黎。一代文宗王世贞歌咏澂湑堰曰："周有稻人，掌稼下地，潴防沟遂，以迫列浍，杨芟作田，旱涝咸备，惟此山邑，罕睹其利，引流下输，建瓴斯易，比于桔槔。厥逸屣倍，门此三畎，以时启闭，房南穰穰，民靡虞岁，爰戒来者，

---

① 万历《郧阳府志》（卷30）《艺文》

② 万历《郧阳府志》（卷30）《艺文》

③ 万历《郧台志》（卷4）《宦迹》

④ 陈显远《汉中碑石》33 页

⑤ 《西乡县志》（卷六）《艺文》

⑥ 汉中地方志编纂委员会：《汉中地区水利志》，陕西人民出版社，1994

无怠成事。"① 作者写诗的目的本为歌咏先贤，告诫来者，却也为我们留下珍贵的史料。除了对地方文学的丰富，水利事业更深刻影响着民间的文化。

明代的水利事业，造就了汉江上游独具水利特色的循吏文化。如水利专家李用中，因地制宜改进修筑技术；郝晟、朱衣、乔起凤、高登明等在修复工程的同时公平分水，被后世引为定制。他们有的身先士卒，不惮寒暑；有的不偏不倚，公平公允；有的捐俸修渠，舍己为人。为表彰其伟大功绩和高尚品质，他们的事迹被勒诸石碑，永载方志。记录者在不同地方有微妙的差别：汉中的碑文一般由黄九成之类的汉中籍外任官员撰写，而郧阳的巡抚驻地之利，则由王鉴之、王世贞这些正三品巡抚都御使为胡伦、朱衣这样的知府、县令歌功颂德。这是上司对下属政绩的认可，更是对基层官员致力水利的鼓励。为黎民称颂，受上司提拔是每个官员的现实理想，立德立功，留名青史则是传统知识分子最向往的生命归宿。这些为官一任，造福一方的地方循吏对得起历史，历史也没有辜负他们。

在汉水上游的方志记载和民间传说中，大型水利工程的开创者往往是与本地有关的历史名人。如山河堰、流珠堰相传为汉初名相萧何所造；五门堰相传为汉代郡吏唐公昉所创；杨填堰"宋开国侯杨从义填成此堰，故名"；②盛水堰、武阳堰传说是春秋时伍子胥所修，澂濞堰世传为西周尹吉甫开凿。稍加考证就会发现，这些都是背离历史事实的文化创造。然而对当地的百姓而言，却是真实不虚的群体记忆。在他们心目中，水利工程是他们丰衣足食、繁衍生息的养命之源，如此重要、伟大的事业自然不是普通人能够完成，非古圣先贤不足以当之。堰史依附名人的现象也反映出移民后裔基于家乡认同下的朴素"文化自觉"：地方名人的故事是大家津津乐道并引以自豪的精神遗产，伟大工程是养育百姓并为之骄傲的物质财富。在一代代人口耳相传过程中，两者很自然地结合在一起，成为颠扑不破的共同记忆。

汉水上游民俗节庆和民间信仰也深受水利的影响。很多兴修水利，造福一方的地方循吏在以后的历史演进逐步神话，被百姓顶礼膜拜。其中最典型的当属南宋开国侯杨从仪。据《杨从仪墓志》载："初，洋州有杨填等八堰，久废不治，公皆再葺之，溉田五千余顷，复税租五千余石。"③ 明朝时期，他先从杨填堰的修葺主持人变成开创者，再被请进庙堂享受供奉。弘治年间，杨公祠"日久殿宇摧残，砌垒颓毁"。又恰逢"本处水利灌溉不周，民忧税

① 万历《郧阳府志》（卷30）《艺文》
② 康熙《城固县志》（卷4）《水利》
③ 陈显远《汉中碑石》128 页

租，艰于贡赋"百姓把水利效益降低的原因归结为"水之源脉，根于杨侯，行祠敝坏，实负于神"。时任洋县知县的崔玺"鸠工聚材，命匠经营，广其基址，大其规模，既勤于朴斲，复绘于丹青。工未已，水利大通，民被其泽，靡不欢心"。① 这次"应验"使"杨公信仰"的群众基础更加广泛，到清朝升为"平水明王"，被后世神话的明朝循吏也有不少，如乔起凤、高登明被塑像于禹稷庙，至今仍端坐其中，与禹稷一起享受香火。水利事业还使汉中还产生了地方性节庆，如每年清明前后举办开渠仪式的"破土开水节"，祭祀杨从仪的"平水明王圣诞"等等。民众广泛参与的岁修与节庆祭祀活动融为一体，赋予水利事业新的信仰内涵的文化特质。

汉水上游的地名也多与水利有关，巴山汉水之间，以"坝""堰""陂""塘""湃"命名的地名随处可见。其中最著名的当属"十堰"了。"十堰"本是明代先民在百二河上修建的十个梯级水利工程，在"县南六十里，引溪水为之"。② 随着行政区划的变革由镇到县级市，如今已经取代郧阳成为鄂西北的代称。水利对文化构建的影响，由此可见一斑。

综上所述，伴随着大量流移人口的聚集落居，汉水上游的水利事业在明代中期蓬勃发展，由于水利环境的恶化，灌溉效益较之前代有所下降，但技术革新使工程质量大幅度提高，分水及日常管理制度也不断完善。在水利建设中，移民发挥了主力军作用，宗族扮演了重要角色，官府的督导和协调则是成功的关键。与水利事业发展相一致，汉水上游的地方文化、节庆风俗、民间信仰与水利文化相互影响，使区域文化深深烙上水利的印记。

---

① 康熙《洋县志》（卷7）《艺文》
② 万历《郧阳府志》（卷19）《水利》

# 第十一章　明代汉水下游的环境变迁和堤防建设

　　逶迤汉江，绵延三千余里。丹江口以上为上游，河谷狭窄，基本是两山夹一川的河道格局；丹江口至钟祥为中游，河谷较宽，沙滩多，水势平缓，沿江的城市，必须修筑堤防护卫城池；钟祥至汉口为下游，流经江汉平原，河道婉蜓。如果没有水利工程，在自然状态下，每到雨季，此处必是一片泽国。如果说汉江上游的水利是生计问题，那么中下游的水利则涉及到生命问题。因此，汉江上游的水利建设多为修建堰塘灌溉农田，而下游则必须修筑堤防，确保洪水沿河道注入长江。实际上，堤防系统是一种双重体系。一方面是长堤，它将长江、汉水束缚在其主河床内，并在高水位期间，控制其两侧众多的分流支河；另一方面是环状堤坝，在湖北称作"垸"，我曾经把它称作"围场"，也可以比作"水闸"。它环绕在田地和村庄四周，保护它们免遭季节性洪水的侵袭。① 在明代的两百多年中，随着移民的涌入，汉江中下游的水利工程越修越多，给当地的社会发展和生态环境带来巨大的变化。

## 一、明汉江下游的水利环境和洪涝灾害的时空分布

　　对汉江的水利环境，明末清初地理学家顾祖禹有详细的描述：

　　汉水由荆门州界折而东，大小群川成汇焉。势盛流浊，浸淫荡决，为患无已。而潜江地居圩下，遂为众水之壑，一望弥漫，无复涯际。汉水经其间，重湖浩淼，经流支川，不可辨也。盖汉水为湖北之害，而襄、郧二州为甚；潜江又承襄、郧之委流，当汉江曲折回合之处，潴为大泽，势不能免矣。而

---

　　① 　魏丕信：《水利基础设施管理中的国家干预》，载陈锋主编《明清以来长江流域社会发展史论》，武汉大学出版社 2006 年版，第 614 页

景陵、沔阳又潜江之委流也。今沔阳四境惟湖陂连亘几数百里，为汉水所汇。盖汉水性曲，往往十里九湾。语曰："劲莫如济，曲莫如汉。"郢、沔之间，波流回荡，自必潴为薮泽。小民见填淤之利，复从而堤防之。为民牧者，又不讲于节宣之宜，疏瀹之理，岁月之间，苟幸无事。大水时至，则委之洪涛中耳。童承叙曰：汉水至浊，与江湖水合，其流必澄，故常填淤。而沮泽之区，因成沃壤。民渐芟剔，垦为阡陌。又因其地之高下，修堤防以障之。大者广轮数十里，小者十余里，谓之曰"垸"。其不可堤者，悉弃为莱芜。昔时垸必有长，统丁夫，主修茸。其后，法久弊滋，修不以时，垸愈多，水愈迫。客堤愈高，主堤愈卑，故水至不得宽缓，湍怒迅激，势必冲啮。主堤先受其害，客堤随之，泛滥汹涌，悉为巨浸矣。考均州以上，汉水发源未远，故溃决常少；汉川以下，汉水入江已近，故横溢鲜闻。惟襄阳以迄于沔阳，上流既远而众流日益，入江尚遥而地势愈卑，汉水泛滥其中，如溃痈然，不可不察其病而图其方矣。①

　　这段文字详细描述了汉江中下游的水文特征，也指出了汉水中下游常遭水灾的原因。代表了古人对汉江中下游灾害的看法。今人顾利真利用当代灾害史研究的方法研究明代湖北地区水旱灾害的时空分布特征，发现从时间上看，夏秋季节尤其夏季是明代湖北地区水旱灾害发生频率最高、范围最广的季节，且夏季水灾明显多于旱灾；从水旱灾害发生的月份来看，主要集中在、三个月；水旱灾害具有并发性特点，且并发时间高度集中在夏季水旱灾害跨季节发生的频率非常高，所跨季节主要为夏秋季节和春夏季节，且跨季节的旱灾比水灾次数更多，持续时间更长；从年际变化来看，整个明代湖北地区水旱灾害发生的频率很高，总体上呈持续上升的变化趋势——正统年以前快速上升，正德年以后一直保持在较高水平；水旱灾害跨年连发的特征很显著，且明代中、后期的水旱灾害跨年连发的频率比前期更高，持续时间更长；从王朝分布来看，正统、正德、隆庆、天启四个王朝发生水旱灾害的频率最高，而洪武、永乐朝则频率较低，各王朝年均被灾县数总体上呈波动上升的趋势，水旱灾害的影响范围不断扩大。② 张国雄研究发现："夏秋两季是江汉平原水旱灾害的高发期。旱灾在隆庆以前，增加较多；此后，发灾次数大减。而水灾则自明初洪武年间至明末崇祯年间有一个由平缓而加剧的持续发展过程。

---

　　① 顾祖禹：《读史方舆纪要》（卷 127）《川渎四·汉水》
　　② 顾利真：《明代湖北地区水旱灾害的时空分布特征及影响研究》，华中师范大学 2012 年硕士论文

成化至嘉靖年间，水灾由此前的局部现象，演变为一个引起全区域普遍关注的大问题。自嘉靖后，水灾越演越烈。"① 总体而言，以嘉靖为界，明中后期水灾发生的次数和频率远远高于明前期。《天下郡国利病书》曰"明世宗嘉靖二十六年沙洋堤决，汉水直趋江陵龙清市而下，分为支流者九，从此五州县荆州、江陵、监利、潜江、沔阳岁遭湮没"。《湖北通志》记载汉川县"自嘉靖万历中至今，每岁皆患泛滥"。《嘉靖河阳志》则说："河之水患，无岁无之。""平地数丈"、"水高二丈"、"水深三丈"频频出现在地方史志中。

严重的洪涝灾害，给人民带来沉重的灾难。每次大灾，都会带来严重人员伤亡。涝灾之后，庄稼多被淹死，往往是"赤地千里，殍瑾载道"② 的悲惨景象。江汉平原的百姓终日惶恐不安，夜不敢寐，许多人选择举家迁徙，"田地荒芜过半，庐舍坟冢多成故墟，至有百里无人烟者"。③

## 二、明代中后期汉水中下游洪灾频发的原因探析

明代中后期水患频现，有不可抗拒的自然因素。"（汉）水多泥沙，自古迁徙不常"。④ 再者秦巴山区为第二阶梯的东部边缘，其江汉平原则位第三阶梯上。秦巴山区海拔基本上在 500 米以上，而东南部的江汉平原海拔基本上都低于 50 米。一旦降水，周围雨水全部集中流向于地势低洼的江汉平原，特别是"地势有如锅形"的潜江等地，一旦遭受水灾，经月余"水退未尽"，从而造成持续性水灾。加之汉水流域降水季节分布不均，特殊的地形、地理位置以及自然气候，极易发生特大水灾。嘉靖以后，整体气候进入"明清小冰期"阶段，气候反常，极端天气出现频率远高于前期。加之汉水中下游地势低洼，排洪困难，一旦决堤，危害甚大。但人为因素也不容忽略。人为因素和自然因素交相叠加，给江汉平原造成严重灾难。

第一，汉江上游移民开发造成严重水土流失，这些土石沿江而下，使汉江的含沙量大大增加。明人童承叙认为："盖汉最浊，汉书云河水一石，而六斗泥，径水一石，其泥数斗，汉水之泥亦不啻是，每与江湖水合，其渣必澄，

① 张国雄《明代江汉平原水旱灾害的变化与垸田经济的关系》，《中国农史》1987 年第 6 期
② 宣统《湖北通志》卷《堤防》
③ 万历《湖广总志》（卷 32）《水利志》
④ 万历《湖广总志》（卷 33）《水利二》

故常填淤，而沮泽之区，因成沃野。"① 淤积的泥沙抬高河床，淤塞湖泊，"正德以来，潜、沔、湖诸渐淤为平陆，上流日以塞滞……下游又日以涩阻，故迩来水患多在荆、襄、承天、潜河矣"。钟祥一带"蔡家桥旧有口，通二圣套入湖，杀汉势，又有流涟、金港二口通枝河达赤马、野猪等湖，由青树湾入军台港大分汉流，以故堤得无虞，今半湮塞，不可复疏"。今天门地区"嘉庆二十六年以来，四汉等湖半淤浅平，而竹筒河、牛角湾二处水道中湮，至水道南移，因而中洲湖区水患迭起，赤壁街也逐渐沦为邱墟"。② 河床抬高迫使河流改道，湖泊淤塞弱化了汉江水系的蓄洪能力，这些都是造成下游水患的重要原因。

第二，嘉靖年间堵塞"汉江九口"，使汉江的排涝能力大为减弱。据光绪《京山县志》记载："钟邑向有铁牛关口、狮子口、臼口，京山向有张壁口、操家口、黄傅口、唐心口，潜江向有泗港口、官吉口，共九口。明世宗龙飞郢邸，守备太监以献陵风水为名，筑塞九口，令潜江民筑堤百里抵京山界，京山民筑堤九十里抵钟祥界，钟祥民筑堤一百八十里抵铁牛关界。由是九口均塞，而上游水势统归一路，奔放无前，河身难容，非溃即溢，一望巨浸，遂成湖乡矣。"③ 关于这条记载，鲁西奇教授认为九口记载有误，但在汉江下游东、北岸堤防形成之前，确实存在着众多的分流穴口。在明中叶堤防大兴之前，钟祥、京山、潜江、天门境内之汉水下游东、北岸存在着众多的分流穴口，实不止"九口"，其重要者则有二圣套、蔡家桥、流连口、龙凤港、小河口、丁家河、泗港口、张接港、黑流渡、牛蹄口等。这些穴口在明后期大都渐次被堵筑或壅塞，口下支河也多淤浅不通，仅有牛蹄口及其口下枝河牛蹄河仍在发挥分水作用。④ 至于这些穴口是否被嘉靖皇帝下令堵塞，正史中没有记载。但笔者认为，自嘉靖以后，汉水中下游水灾频发，"嘉靖二十六年沙洋堤决后，水灾殆无虚岁"⑤ "（嘉靖）三十年至今，堤塍无岁不决"。⑥ 今人的灾害统计分析也发现"嘉靖后的 122 年的水旱灾次基本上是此前 154 年的一倍"。⑦ 这一切必与分流水口壅塞有关。朝廷对堵塞九口的巨大危害早有预见，迷信道教风水的嘉靖皇帝只能采用秘密手段进行，并杜绝一切记载以堵

① （明）童承叙：《嘉靖沔阳志》
② 《万历湖广总志》（卷33）《水利二》
③ 光绪《京山县志》（卷4）《堤防志》
④ 鲁西奇《"汉江九口"考》，《中国历史地理论丛》2003 年第 12 期
⑤ 乾隆《江陵县志》（卷8）《江陵堤防考》
⑥ 万历《湖广总志》（卷33）《水利志》
⑦ 张国雄《明代江汉平原水旱灾害的变化与垸田经济的关系》，《中国农史》1987 年第 6 期

天下悠悠之口。然而明朝的史志仍有许多语焉不详的记载：如万历《湖广总志》（卷33）《川江堤防考略》云："迨我国朝，六穴复湮其五，故堤防不时泛决，然未甚也。惟嘉靖三十九年决后，殆无虚岁，而荆、岳之间几为巨浸矣。"

第三，垸田的无序发展，严重破坏自然生态，造成河湖淤塞，严重影响防洪调蓄能力。垸田是江汉平原主要农业形式，是当地百姓的衣食之本。江河堤防和垸田的修筑，虽保证了丰收，却干扰了两湖平原河湖水系自然演变的规律，改变了泥沙的淤积规律，以前呈面状散漫地在两湖平原平均落淤的泥沙，则呈线状地淤积在主河床之中。于是，江河便频频溃口，垸田则积水难消。当人们更加努力地坚筑江河堤防、更加完善垸子的防洪和排水功能之后，仍无法改变洪水、泥沙、地势低洼、气候等自然条件和自然现象对两湖平原洪涝渍灾害的侵袭之时，人们被迫"饮鸩止渴"，即通过筑塞江汉各分流穴口或支河港汊以阻止洪水进入己境，如此一来，江汉主河床的淤积进一步加速，河湖水系环境更加恶化，江河防洪压力继续加大，决口泛滥更加频繁。彻底陷入了"河湖水系生态失衡—洪涝渍灾害—以邻为壑—河湖系以剧变的方式寻求新的生态平衡—再破坏河湖水系的自然生态环境—洪涝渍灾害加重—再以邻为壑"的恶性循环之中。① 洪武至天顺年间，垸田多建于离河道、湖泊较远较高的地带，据《天下郡国利病书》载："监利县东至沔阳，西至江陵，南至华容，北至潜江，周遭四百五十里，正江湖汇注之地，势甚圩下，……乡民皆各自筑垸以居。……（潜江县）周广七百二十八里，皆为重湖地，民各自为垸，故南则淘湖牛埠，北则太平马倡，西则……等几百余垸，俱环堤而居。五季时筑花封高氏堤，至明初修筑各垸堤塍……民田必因高下修堤防障之，大者轮广数十里，小者十余里，谓之田垸，如是百余区，其不可堤者悉弃为芜莱。"这样有选择地修造垸田，并没有破坏自然水系，明朝前期"堤防坚厚，河湖深广""水患颇宁"② 但随着人地矛盾逐渐尖锐化，垸田逐渐向濒湖荒地延伸，地方豪强肆意侵占，开辟垸田，使湖泊蓄洪线迅速下移。孝感"近湖之田，先年原是湖地，夏秋涨水，冬春可行，仅出青草为肥田之用，无粮也"③，然而明朝中后期尽为宗藩侵占。潜江湖地"皆为豪家腴

---

① 王红：《明清两湖平原水事纠纷研究》，武汉大学2010年博士论文
② 童承叙《嘉靖沔阳志》（卷8）《河防志》
③ 康熙《孝感县志》（卷6）《田赋志》

产"。① 有的豪强为使湖区尽快填淤，不惜"盗决其堤，以为淤田之计"。② 淤塞的河湖无人疏浚，"军民占以为田，或更筑堤以障之"。③ 长此以往，"垸益多，水益迫，客堤益高，主堤益卑。故水至，不得宽缓，溜怒迅激，势必冲啮"。④ 人与水争地，水必与人争地，违背自然法则的无序开发，让江汉平原付出沉重代价。

## 三、水利建设的组织形式和水利制度的革新

明代前期，官府比较重视水利建设，加之人口不多，洪涝灾害相对较少。但天下承平太久，许多水利工程年久失修，到了明朝中后期，人们渐渐尝到水利荒废的苦果。以襄阳为例，襄阳地处汉江与唐白河交汇之处，地势地平，且襄、樊二城并峙，汉江如一道分界线横亘期间，极易遭受水患。大概魏晋时期，襄阳已经开始筑堤卫城。其中规模最大，地位最重要的是北起夫人城，西至万山，延绵十里的老龙堤，千余年来，此堤一直是保卫襄阳免遭水患的屏障。明朝开国之初，曾修截堤一道，但年久失修，"大堤渐塌，民多侵为自业，而有司并无筑堤之虑"。如此一来，老龙堤逐渐丧失防洪功能。嘉靖四十五年，"洪水四溢，郡治及各州县城俱溃，民漂流以数万计。郡西老龙堤一决，直冲城南而东"。遭受了这场劫难，襄阳官民终于意识到水利的重要性，徐学谟等官员将工作的重心转移到水利事业上，经过两年的努力，"北自老龙堤至长门，皆沿城甃石，高几丈许"。⑤ 基本保证了襄阳城防的安全。另一个成功的案例是沙洋干堤。沙洋干堤位于汉江右岸，始建于五代后梁至后唐时期，工程主持者是荆南节度使高季兴，故始名高氏堤，后称官堤。后河道演变，堤外滩地渐宽。明朝时期，嘉靖二十二年（1543 年）在外滩修筑汉江大堤。嘉靖二十六年（1547 年）干堤南关庙段决堤，洪水直泻荆州，危害江陵、监利、潜江、沔阳、荆门 5 州县。1549 年后，在决口处外退二百余步，挽一新堤，但时挽时决。隆庆元年（1567 年）春，荆州知府赵贤组织 5 州县维修沙洋堤，新堤长 1592 米，宽 13.3 米、高 16.6 米，次年完工，在堤心建

---

① 康熙《潜江县志》（卷 10）《河防志》

② 乾隆《沔阳州志》（卷 8）《堤防志》

③ 同治《钟祥县志》（卷 3）《堤防志》

④ 童承叙：《嘉靖沔阳志》（卷 8）《河防志》

⑤ 《湖广总志》（卷 33）《水利二》

石坊铸两铁牛镇之。①

老龙堤和沙洋堤的修复是比较典型的官府主持修建水利工程的案例。但这种案例并不多见。江汉平原上的堤垸水利工程，多是以官督民办的形式修筑的。如汉川西北的南湖垸，据同治《汉川县志》卷9《堤防志》记载："垸旧无堤，往代间遭水患。自嘉靖迄万历初，无岁不水，庐墓漂没殆尽，民嗷嗷朝不谋夕，鬻妻子以供额赋，额不充则有易姓名以徙者。迨圣天子改元御宇，大中丞陈公奉命抚楚，垸内士民请筑堤以抚流民。陈公允之，委官集士民酌议，勘明田约三万七千亩有奇，堤一万四千六百四十丈有奇，发官租五百余石佐之。"这项水利工程既解决了流民生计问题，也为官府争取了可观的赋税收入。这道堤垸修筑于万历初年，几十年间有多次重修，与上次不同的是，这次修筑的主体是垸内的林氏家族。《汉川南湖林氏宗谱》卷13《家传上》云：

> 万历三十年，南湖垸堤溃，宅墓濒水中，顽民抗修，公率众诉于巡按，檄县严催，堤工以竣。三十六年，堤复溃，孙万世纠众兴修，堤益巩固，先后趋事者百余人，吾族则大猷、大猷…今据鸡鸣寺碑文录之，俾后人无忘所自云。

在此次南湖垸维修过程中，林氏家族是主要力量，族中长老林晴东发挥了领头作用。林氏族人将他的事迹写入族谱，还特别提醒"后人无忘所自"，充分说明垸内居民对堤防的重视。但"顽民抗修"则正反映出，除工程巨大需由官府出面协调外，当地还有些人反对修筑垸堤，故亟须借助官府权威方能压制此种抗修之"顽民"。在这里，"官督"呈现出具体内涵：组织、协调工程压制抗修的"顽民"。② 而宗族则在这样公益事业中发挥了主导作用。林氏后人还特意将此事载于家谱，一方面希望后人慎终追远，不忘先辈的丰功伟绩。更希望后人见贤思齐，发扬优良家风，继续致力于利在千秋的水利事业。

在水利技术和水利工程日常维护上，明代也有许多创举。万历《湖广总志》载有《护守堤防总考略》，总结出修堤的十大步骤：审水势、察地宜、挽月堤、塞穴隙、坚杵筑、卷土埽、植杨柳、培草鳞、用石骨、立排桩等。一

① 陈国强主编《沙洋县志》，长江出版社2013年版，第320页
② 鲁西奇《"水利社会"的形成——以明清时期江汉平原的围垸为中心》，《中国经济史研究》2013年第2期

些关心民瘼的官员也意识到水利设施的重要性，积极参与水利建设，创设堤塍修造和维护制度。嘉靖四十五年（1566 年）黄滩堤（黄潭堤）溃决后，荆州知府赵贤主持大修南北两岸堤防，三载完竣，为完善日常管理，首创堤防专人管理制度——《堤甲法》。规定：每千丈设"堤老"一人，五百丈设"堤长"一人，百丈设"堤甲"一人和"圩夫"十人，分段守护，"夏秋守御，冬春修补。岁以为常，官司责成堤老，堤老责成堤甲，堤甲率领民夫守之，而有垸所亦有设垸长垸夫，其法与堤甲同，仍不论军屯、官庄、下府，凡受利者，各自分堤若干丈，凡守堤者各自派夫若十人，一有疏虞，罪难他诿"。崇祯十四年（1641 年），沔阳知州章旷"议分江堤岁修之制"，规定"就近田亩顶修"，"照田起伏"。修筑江堤。此制度，"历经百余年，悉绍其旧"。① 这种体制规定明确，职责清楚，清代仍沿用。

## 四、水事纠纷和"水利社会"的形成

相对于汉江上游的秦巴山区，下游江汉平原的水利重要性和水事矛盾要复杂得多。上游的水利工程多为修筑堰塘，除了分水问题，较少涉及水事纠纷；下游则不然，一项水利工程的修筑很难做到互惠互利，相反往往是此消彼长的利害关系，河道两岸的堤防，"左堤强则右堤伤"，② 一条分水穴口，对上游是水利，对下游就成了水害。每一项水利工程的修筑，每一次开口分流，都涉及到相关区域利益的重新分配。一旦洪水来临，每个人都希望以邻为壑，祸水他引以自保。于是，具有相同利益的同一区域的民众必然结成利益共同体。这种大区域的"水利共同体"往往以地域为单位，而在同一共同体内部，也涉及到地垸内部的利益冲突。以移民为主体的民众往往以血缘为纽带，以姓氏为单位，同外族展开斗争。总之，在以移民为主体的江汉平原，水利关系在社会构建中发挥主要作用，堪称名副其实的"水利社会"。关于这一问题，肖启荣博士发表《明清时期汉水下游泗港、大小泽口水利纷争的个案研究——水利环境变化中地域集团之行为》，张建民教授的学生王红以《明清两湖平原水事纠纷研究》为题完成博士论文，系统总结了包括江汉平原在内的两湖地区水利纠纷的各种特征。尤其是泗港开塞之争，极具代表性。

泗港位于汉江北岸，在潜江县城西北二十里处，导汉水经天门永隆河、

---

① 光绪《沔阳州志·堤防》
② 《后汉书》（卷二）《明帝纪》

周河、县河，汇入汉川三台湖、泗汊湖，经流涢水入长江，经行流域长达八百余里。据万历《湖广总志》称："自嘉靖二十六年以来，泗汊等湖半淤浅平。"也就是说泗港在自然状态下开始淤塞。当地的富豪为"侵占湖地，私图己利"，进而"陆续筑塞"，① 致使泗港河越来越窄。大概在嘉靖、隆庆之交，荆州知府赵贤奏开泗港旧河以泄水，但成效不大。并没有阻止泗港河淤塞的势头。然而泗港的淤塞给下游的景陵带来了极大的好处，河道流经之处无疑是膏腴之地，在明代垸田开发的氛围中，景陵永隆河、周河、县河淤废的河湖被迅速开发。出于保护这一流域的农田以及县城的安全的目的，景陵县官绅认为堵塞泗港是理所当然的举措。成书于乾隆年间的《天门县志》载："周河，县西南，有上中下之名，即汉水故道，北会县河，中连菜子、老鹳、岳港、龙潜等湖，自操家口、泗港塞后，今一望平田矣。"明万历年间，白口、操家口、泗港口筑塞，此后景陵县力主禁开，以钟、京汉江干堤作为天门以北区域的安全屏障，使永隆河、县河一带免受汉水的侵袭。而潜江县则不然。泗港堵塞，潜江水患势必加剧。从隆庆朝开始，关于泗港开塞之争一直没有间断。

泗港口的开塞之争主要在天门（汉左）与潜江（汉右）之间展开。天门汉左主张筑塞泗港口的原因有：一是泗港河主要流经天门境内，加之天门地势低洼，形如釜底，泗港河一旦决溢泛滥，主要殃及天门，谚云"开了泗港堤，景陵便是养鱼池"，② 景陵县指责潜江县开泗港河是以邻为壑。二是筑塞泗港口可以获得耕种之利。泗港口塞，景陵县低洼之区即可开垦耕种，即"塞泗港，府总之为湖池者皆膏壤也"。③ 三是垄断经营之利。泗港河自唐代起便是水路要冲，明初"兵燹未靖，三驿道阻，荆郢驻师，恒宝坐镇，更戍之卒，滇黔之使，转毂连骑，番悉出潜境，邑遂应接不暇矣"。④ 此外，"潜江豆多谷少，皆自青山来，非泗港莫可由也"。天门筑塞泗港以谋求"经纪之专利"。⑤ 四是塞泗港口可免天门修泗港河堤之累。泗港河临港支河堤绵长，修防负担沉重，这可从隆庆末万历初湖广巡抚都御史赵贤大分大疏江汉之时所修泗港河支堤的实际情形略知一二。泗港河"东岸赵林垸起，至傅家垸、中洲垸止，该加帮堤垸，共计五千八百四十五弓，又西岸杨湖垸起，至三汊

---

① 万历《湖广总志》（卷三十三）《水利志下·各郡堤防图考》
② 龚廷飏《上开泗港堤十不便书》，《襄堤成案·修筑溃险堤段》
③ 康熙《潜江县志》（卷十）《河防志》
④ 康熙《潜江县志》（卷十一）《秩官志上·官制》
⑤ 龚廷飏《上开泗港堤十不便书》，《襄堤成案·修筑溃险堤段》

口止，亦该加帮堤垸，共长二千六百五十五弓。又郭家嘴至诸通口止，计长一万三千弓，内应筑倒口三十八处，共长一千五百弓。总算，疏河并修筑加帮堤工，约用一十三万六千一百七十弓有零，俱以九十日为期。该夫一千五百一十三名，内起各垸受利人夫九六名，借倩泗港、蚌湖门面人夫各一百五十名，余少一千二百十七名，似宜雇募，计算议给工食，受利人夫每名日给米一升，该米八十六石四斗门面夫每名日给米二升，该米五百四十石，共米六百二十六石四斗。每石价银五钱五分，该银三百四十四两五钱一分。召夫每名日给银二分，该银二千一十两六钱。连米价，通共银二千三百五十五两一钱二分……一其召募人夫应于潜、荆、景、京等州县分段雇募，不敷钱粮，乞口处给等因，碟府。① 相反，潜江却是开通泗港口和泗港河直接的也是最大的受益方。泗港口相对于潜江境内大泽口和小泽口而言，处于上游，在汉江水量不变时，如泗港口分泄一部分汉江洪流，必然可以减轻下游大泽口和小泽口支河的分流量，这对减轻潜江汉右境内汉江右岸干堤、大泽口和小泽口支河堤，尤其是滨临小泽口支河右岸潜江县城的防洪压力效益显著。天门指责潜江开通泗港是以天门为壑。潜江矢口否认，坚持认为"不过以景陵应泄之上流，还泄于原有之故道，非潜江之水而以景为壑也"。② "泗港之河通景陵，夜汊之河通监利，芦袄之河通潜、沔"皆势所必然，"如谓景陵塞泗港，则监利何不塞夜汊？潜、沔何不塞芦袄？"言外之意，如天门可塞泗港口，则潜江也可塞大泽口和小泽口。二是潜江对泗港河航运之利的依赖也迫使潜江竭力阻止天门筑塞泗港口和泗港河，潜江汉右指责天门筑塞泗港口是"以逐末之贾而防务本之农"。③ 双方争论不休，今天的我们也无法判定谁是谁非。④

　　据王红博士考证，有明一代泗港开塞之争共有 8 次，主要发生在万历年间。第一次泗港开塞之争发生在明隆庆六年至万历二年（1572—1574 年）。此次正处于大分大疏江汉之时，考虑到泗港口和泗港河淤塞不甚严重，易为用力，才被开通，同时，还加固了泗港河左右两岸的堤防。竣工后，泗港河分洪效益显著，小泽口支河"沿江之害戢"。⑤ 但泗港口和泗港河的开通触犯

　　① 万历《湖广总志》（卷三十三）《水利志下·各郡堤防图考》

　　② 欧阳东凤《与太守议开泗港书》，《湖北文征》（3）第 515—516 页，湖北人民出版社 2000 年版

　　③ 康熙《潜江县志》（卷十）《河防志》

　　④ 王红：《明清两湖平原水事纠纷研究》，武汉大学 2010 年博士论文

　　⑤ 康熙《潜江县志》（卷十）《河防志》

了天门汉左的利益，"寻因景陵请于上，复塞"。① 第二次泗港开塞之争发生在万历十六年（1588 年）。这年，"洪水犯安陆巨垱，有议开泗港以杀水势者，（天门）知县力陈利害，乃得免焉"。② 第三次泗港开塞之争发生在万历二十六年（1598 年）。这年，潜江"知县曹布浚修泗港水道"，③ 随即，天门汉左将泗港口筑塞。第四次泗港开塞之争发生在万历二十八年（1600 年）。这年，潜江县知县"潘之祥浚修泗港水道"，旋即被"近港市豪缘阘竖为奸塞之"。④ 第五次泗港开塞之争发生在万历三十六年（1608 年）。这年，潜江议开泗港，"景邑绅士上请中止"。⑤ 第六次泗港河开塞之争发生在万历三十八年（1610 年）。这年，天门人"周尚书嘉漠疏请筑塞泗港、操家口等河"。⑥ 第七次泗港开塞之争发生在万历四十至四十一年（1612—1613 年）。由于汉江频频决口，潜江"但有水之入而无水之出"，⑦ "今之潜江，非昔之潜江也。十年已前，宣泄有路，犹可代景受水。今监利、沔阳潴水诸湖俱已淤塞，一入于潜，永无消除之期，致令杨林、中洲、黄汉等数十垸悉成沼"。先前的膏腴之地长满了芦苇，灾民"言之而哭声动地，慰之而欢声震天"。如泗港开通，"杨林诸垸之水可出也，且杨林之田可淤也"，"潜之南北诸垸无不受其利，潜之城池、仓库无不受其利"。⑧ 潜民乘巡按钱春谒陵途经潜江之机，"连名控诉"，钱春令潜江县令查勘。同年，潜江知县王念祖"亲操舴艋，详察水势，复稽考旧牍，询访舆论，从实具申"，⑨ 禀明安陆府太守和湖北巡按钱春"自万历初年奉旨疏浚，屡塞屡开，河身依然，船贾通行"，⑩ 当时的泗港河道"皆河阔水深"，"堤内民船凑集，皆自京、景运谷而来，沿堤而止"，泗港河两岸堤防也"皆屹然如山"，⑪ 天门"诡称淤塞多年"。⑫ 时任吏部尚

---

① 欧阳东凤《与太守议开泗港书》，《湖北文征》（3）第 515—516 页，湖北人民出版社 2000 年版

② 康熙《安陆府志》（卷八）《堤防志·郡邑各类》

③ 康熙《潜江县志》（卷十）《河防志》

④ 康熙《潜江县志》（卷十）《河防志》

⑤ 竟陵知县梁再灏《请禁开泗港详文》，《襄堤成案·修筑溃险堤段》

⑥ 光绪《潜江县志》（卷二）《灾祥志》

⑦ 康熙《潜江县志》（卷十）《河防志》

⑧ 欧阳东凤《与太守议开泗港书》，《湖北文征》（3）第 515—516 页，湖北人民出版社 2000 年版

⑨ 康熙《潜江县志》（卷十）《河防志》

⑩ 欧阳东凤《与太守议开泗港书》，《湖北文征》（3）第 515—516 页，湖北人民出版社 2000 年版

⑪ 康熙《潜江县志》（卷十）《河防志》

⑫ 欧阳东凤《与太守议开泗港书》，《湖北文征》（3）第 515—516 页，湖北人民出版社 2000 年版

书、太子少保的天门人周嘉谟应家乡人之请，书信与湖北巡按钱春"泗港一节，还望再为筑塞"，同时，威胁钱春说，倘若钱春坚持开通泗港，则是"与敝邑诸君子"① 为敌。钱春迫于吏部尚书周嘉谟的压力，"卒从周言"，② 此后，泗港再也没能开通过，而潜江县小泽口支河堤防"溃决之害，不可胜纪。"③ 第八次泗港开塞之争发生在万历末年。当时，"太监用形家言云，水泛皇陵（钟祥兴献陵），须开泗港，令其北绕，以图升恒"，景陵"阖邑请命中止"。④ 让开塞之争延续到清朝。但筑塞泗港已经成为既定事实，从万历朝到现在，泗港再未开通。

潜江与天门的泗港开塞之争，将地方官员、本籍乡绅和朝廷大员都卷入其中。潜江知县王念祖著《疏泗港议》，景陵知县梁再灏写《请禁开泗港详文》与之针锋相对。曾任平乐、常州知府的潜江士绅欧阳东凤《与太守议开泗港书》、《与两院议开泗港书》，其文言辞优美，议论明澈，不仅载于《潜江县志》，也被《湖北文徵》收录。但权力最终战胜了文采，天门凭借本籍吏部尚书周嘉谟的权威，强行否决疏通泗港的提议。周嘉谟曾先后三次干预潜江与天门之间的泗港开塞之争。万历二十八年，"周少保嘉谟请于朝，连塞九河"，⑤ 万历三十八年，"周尚书嘉谟疏请筑塞泗港、操家口等河"。⑥ 万历四十年，湖广巡按钱春应潜江汉右士绅之请，欲疏通泗港，周嘉谟偕陈侍郎所学、徐巡抚成位主塞，纷纷争辩不休。如果说潜江方面的王念祖、欧阳东凤力求以理服人，周嘉谟则是典型的以权压人。他在给巡按钱春的信中毫不掩饰地说："泗港一堤，原奉圣旨修筑，而足下误听潜令王生言，妄为开掘。勿论不佞田产宅第尽受其害，即先人遗骸亦遭其没。敝县若陈君所学、徐君成位，素以名义为重。昨迫切相告，皆出于万不得已。而足下乃以公字为名，痛加喝叱，此皆潜令王生一偏之言所致也。昨闻兑军之改，永镇观之作，亦望风承惠矣。但酒港一节，还望再为筑塞，倘其坚执，不佞与敝邑诸君子，他有举动，岂不更烦台虑乎？"⑦ 这种语气与其说是建议，不如说是赤裸裸的威胁。面对这位掌握官员命运的吏部尚书，钱春诚惶诚恐，只能摇尾乞怜："某以幼冲之年，当兹巡方大任，事多有谬，取罪大方。泗港起自贵县，印官

① 乾隆《天门县志》（卷二十四）《余编》
② 同治《汉川县志》（卷二十二）《杂记》
③ 康熙《潜江县志》（卷十）《河防志》
④ 蒋标《请禁开泗港呈》，《襄堤成案·修筑溃险堤段》
⑤ 同治《汉川县志》（卷二十二）《杂记》
⑥ 光绪《潜江县志》（卷二）《灾祥志》
⑦ 周嘉谟《上钱按筑泗港书》，《襄堤成案·修筑溃险堤段》

不以一字相闻，而诸父老又止赴抚台告理，故加开掘。惟取其有利于潜，而岂知其有害于景，一至此极。昨奉华翰，愧报无地。永镇观之作，捐体三千，将功赎罪。而兑折之改，景与潜同，某曾无成心也。惟侯永镇观功完后，即加筑塞酒港，不烦台下过虑也。"① 巡按的让步，让潜江疏通泗港的梦想彻底化为泡影。

在泗港开塞问题上，潜江虽以失败告终，但当地人民仍不忘记王念祖、欧阳东凤的艰苦努力。潜江方志给他们极高的评价。至今仍有人作文纪念。周嘉谟以权压人公德有亏，但从景陵地方立场而言，他为保卫家乡免遭水患出力甚多，居功至伟。天门至今流传着许多关于他的传说。官员不惜名节为地方利益抗争，百姓将为家乡出力的士绅奉若神明，说明在江汉平原，水利的重要性超越一切，无论是经济民生，社会文化，都围绕水利这个中心事业展开。明代的江汉平原，已经成为典型的"水利社会"。

---

① 钱春《复周冢宰书》，《襄堤成案·修筑溃险堤段》

# 第三编　明代汉江流域的文化教育、文学艺术与宗教风习

# 第十二章 明代汉江流域的教育事业

明初，朱元璋一再强调"治国以教化为先，教化以学校为本"，因此他对学校的教育非常重视。也由于朱元璋的影响，明代诸朝对学校教育给予了足够的重视。学校教育在明朝得到大力发展，中央、地方官学发展规模也是空前的。另一个显著的特征就是学校教育和科举考试紧密联系起来，只有接受过学校的正规教育并且取得了生员的资格，才能参加科举考试。明中叶以后，科举日重，学校日轻，学校越来越成为科举的附庸，这也促使了学校、科举和入仕的三者合一。不论是国子监还是地方的府州县学，都统称为官学。在官学之外，在地方上，社学星罗棋布，在当地的启蒙教育中发挥着举足轻重的作用。除此之外，各地分布着众多的书院。由于学校教育的衰败，它们在正德、嘉靖以后取得极大的发展。书院作为培养人才的重要教育组织形式，对明代的文化、教育、学术等方面的发展，起到了重要的推动作用。在这样完善的教育体制下，汉江流域教育事业较之前代，取得较大发展，也出现了为数众多的杰出人才。

## 一、明代汉江流域的官学

### （一）明代地方学校制度

明代科举制度设于洪武初年，后因朱元璋认为此法录取的人才缺乏经验、办事不力，废行十余年。直到洪武十七年（1384 年）复设，历朝相沿，遂为有明一代最重要的选拔人才制度。

明代科举考试大类分为文武二科，文科以考文为主，武科以考武为主，每三年举行一次，依次为乡试、会试、殿试。考试方式主要有经书义和策论两种。经书义主要的题目主要出自经书，策论的出题范围较宽，不仅有经书，还包括历史、时政等。

由于对科举制的重视，加上学校被认为是"储才以应科目者"① 的传统，学校教育在明代取得较大发展。官学是明代最重要的教育组织形式。其中官学又分为两部分，即中央官学和地方官学。国子监是中央官学，是中央一级的学校，也是明代的最高学府。国子监的学生，通称为"监生"。监生的来源有两类，一类是官生，一类是民生。其中官生又分为两等，一等是品官子弟，一等是土司子弟和海外留学生。官生由皇帝指派，民生由各地文官保送。地方官学即府州县学。地方官学不论是办学规模上还是社会声望上，都不及国子监。但是地方府州县学也依照定例，每年向国子监输送优秀杰出的生员，成为岁贡生。岁贡生的名额虽然各朝有所变化，不过基本沿用洪武二十五年规定的"府学岁二人，州学二岁三人，县学岁一人"的数额。"在地方官学中，按地方行政区划设立的府学、州学、县学是地方官学的主体，军事系统之都司儒学、卫儒学，少数民族地区之宣慰司儒学、安抚司儒学以及转运司儒学，是地方官学的重要补充。"② 当然，这些官学都是以教习儒学为主。在此之外，明代还有培养专门人才的教育机构，如武学、医学、阴阳学的专门学校。武学是专门为培养军事人才而设立的。"武学之设，自洪武时置大宁等卫儒学，教武官子弟。正统中，成国公朱勇奏选骁勇都指挥等官五十一员，熟娴骑射幼官一百员，始命两京建武学以训诲之。寻命都司、卫所应袭子弟年十岁以上者，提学官选送武学读书，无武学者送卫学或附近儒学。"③ 武学生员的学习与传统的生员不同，"武学生员分居仁、由义、宏智、惇信、劝忠、崇礼六斋学习，生员的考核、学规大致与儒学相似"。④ 不难看出，其实他们所学只要还是遵循传统的仁义礼智信的范畴。同样是专门学校，与武学相比，阴阳学与医学未受到明政府的重视，因此未能取得较大的发展。

## （二）汉江流域府州县学的设立

明代府、州、县学校的设置是从洪武二年（1369 年）开始的。本着以"治国以教化为先，教化以学校为本"的指导思想，朱元璋谕令各地郡县要尽快设立学校。由于朱元璋的倡导，地方府州县各级衙门都大力投入到学校的建设当中。而汉江流域的府州县学也多创设于此段时期。据嘉靖《湖广图经

① 《明史》（卷六九），《选举一》

② 张建民：《湖北通史》（明清卷），中华书局，1999，第 596 页

③ 《明史》（卷六九），《选举一》

④ 陈梧桐：《中国文化通史》（明代卷），北京师范大学出版社，2009，第 248 页

志书》记载：武昌府学，"洪武三年开设创建"；荆州府学，"洪武三年，知府周政创建"；襄阳府学、汉阳府学，也都是洪武初创建的。河南境内南阳府的府州县学设置也是如此。如邓州州学是镇抚孔显于洪武五年建立的；唐县县学是洪武三年修建的。陕西境内的汉中府学是知府费震于洪武五年重修，商州州学于洪武十七年整修，南郑县学洪武八年创建。由此可以看出，洪武时期乃是汉江流域府州县学创建的高潮时期。当然，也有一些例外，如宁羌州学，是"正统四年指挥胡贵、杨棕奏设卫学，移置州治西北。成化十七年指挥王暄修理，二十年改卫学为州学"。①

## （三）汉江流域府州县学的规模

明代地方府州县学的规模，有着明确的规定。据《明史·选举志》所记，府学设教授1人，州学设学正1人，县学设教谕1人。府学、州学、县学俱设训导，其中府学4人，州学3人，县学2人。对于生员人数，明朝也有着明文规定："府学四十人，州、县以次减十"，即府学40人，州学30人，县学20人。明朝对官学教官和生员的待遇非常优厚，如《明史·选举志》中记载："师生月廪食米，人六斗，有司给以鱼肉。"此外，嘉靖《湖广图经志书》也有记载："师生廪膳每人日支食米二升，柴油盐在内就于本处系官钱粮内放支。"②

生员的名额虽然在明初已有定数，但是由于官学规模的扩大，"未几即命增广"。在宣德中期，遂定增广之额：京外府学40人，州县学如前例，依次减10人。以武昌府学为例，《湖广图经志书》记载，武昌府学"生员廪膳、增广各四十名"；兴国州学"生员廪膳、增广各三十名"；江夏县学"廪膳、增广各二十名"。③由于增广的人数颇多，为加以区分，"于是初设食廪者谓之廪膳生员，增广者谓之增广生员"。到了正统年间，明政府又于额外增取生员，附于诸生之后，称其为"附学生员"。至此，就形成了廪膳生员、增广生员、附学生员的局面。此后，明政府还规定：以后初入学者，只能称为附学生员，"而廪膳、增广，以岁科两试等第高者补充之。非廪生久次者，不得充岁贡也"。④

---

①　（光绪）《宁羌州志》（卷二），《学校》。《中国方志丛书》第166号，成文出版社，1968，第131页

②　（嘉靖）《湖广图经志书》（上册）（卷一），《本司志》。书目文献出版社，1991，第71页

③　参见嘉靖《湖广图经志书》（卷二），第138页

④　《明史》（卷六九），《选举一》

## （四）府州县学的授课内容与考核

### 1. 府州县学的授课内容

明朝地方儒学的教育内容，奠定于洪武年间。洪武二年（1369 年）规定，府学、州学、县学诸生，专治一经（从"五经"中任选一种，作为本经），以礼、乐、射、书、数设科分教。洪武三年（1370 年）五月又颁布了练习射箭的礼仪于地方学校，规定诸生于每月初一、十五两天在公廨或闲地练习，以后有些儒学逐步开辟了射圃，以便诸生习射。

洪武二十五年（1392 年）又重新规定了各地儒学的教育内容，改变了设科分教的做法，而规定生员要同时学习礼、射、书、数四科。

其具体内容为：关于礼的内容，要求诸生熟读朝廷所颁布的经、史、律、诰，以准备应科贡考试。经，即从"五经"中选一种，作为本经，其余可以不读。史，即诵习二十一史和朱熹《通鉴纲目》等历史著作。律，即《大明律》。诰，即《大诰》、《大诰续编》与《大诰三编》。

关于射的内容，即规定每月初一、十五两天，各地教官等人督导诸生习射，要按朝廷所颁布的仪式进行，凡射中目标的赏酒。因此，府州县学还兴建了射圃，作为诸生练习射箭、习射仪的专用场地。如邓州州学记载："庙之东为射圃（圃地二十亩）。"[①]

关于书的内容，即练习书法。诸生要临摹著名书法家的字帖，大致以二王、智永、欧、虞、颜、柳诸大家的字帖为蓝本，每日必须仿写五百字以上。

关于数的内容，要求学生精通古时的算学名著——《九章算术》。

### 2. 府州县学生员的考核

府州县学对于生员的考核，主要分为月考、岁考和科考三种情况。

月考，即每月举行一次的考试，是较为普通的一种考试形式，只是稍微表示劝惩而已，并没有什么特别重要的意义。

岁科两试对于生员来讲，是极其重要的。经过岁科两试者，只要成绩优异，附学生员可以递补为增广生员、廪膳生员；廪膳生员也可以通过贡监进入到国子监继续深造。提学官在三年任期内要对诸生进行两次考核。首先"以六等试诸生优劣"，就是所谓的岁考。依据生员的考试成绩，将诸生分为六等：名列一等者，都有奖励。其中前几名的，还可以一次补廪膳生员的缺额；二等为候补增广生员，有缺依次充补；三等者视为正常，不罚不赏；四

---

[①] （嘉靖）《邓州志》（卷一二），《学校志》。上海古籍出版社，1963

等以下者不仅无赏，还要接受不等的处罚。四等者就要受到挞责；五等者就要接受降级的处罚，廪膳生员、增广生员分别降为增广生员、附学生员，附学生员则降为青衣。若是被评定为六等，后果是非常严重的，将直接被黜革。科考，即为应乡试而设立的预考。继岁考之后，对列入一、二等的生员进行复试，以选取优秀的生员应乡试。但是三等以下不得参加乡试。考试后，也根据成绩将生员分为六等：一等生员可以应乡试，大概每举人一名，选三十名生员应试；其他如给赏、升格、罚黜如岁考同。由于大多数都被评为三等，所以因此被处罚、淘汰的生员极少，"挞黜者仅百一"。

## 二、汉江流域的社学

在地方教育体系中，府州县学外也存在着诸多的社学。

### （一）汉江流域社学的兴建

"有明开国之初即振兴学校，府州县学而外卫社皆治立学"。① 社学始设于元代，是地方官奉朝廷诏令在乡村设立的"教童蒙始学"的学校。社学在乡村儿童的启蒙教育中起到着不可替代的作用。但是元朝灭亡后，社学曾一度停办。"昔成周之世，家有塾，党有庠，故民无不知学，是以教化行而风俗美。今京师及郡县皆有学，而乡社之民未睹教化，宜令有司其更置社学，延师儒以教民间子弟，庶可导民善俗也。"② 因此，朱元璋于洪武八年（1375年）下令各地立社学，延请师儒以教民间子弟，兼读《御制大诰》及本朝律令。弘治十七年（1504年），明孝宗再次明令各府州县建立社学，并规定民间幼童年龄在 15 岁以下者，均可入学读书。社学的再度兴起，在培养各地的青少年方面起到了重要作用。但是，由于设立时朝廷没有统一的标准，而且各地的情况不同，所以，各地的社学也是不尽相同。由于过于强调社学与科举要取得联系，很难达到两者的协调，而科举又作为选拔人才最重要的方式，因而社学的发展也是时兴时废。社学也曾经在正统朝得到了快速的发展。正统元年（1476 年），朝廷令提学官及府县官对社学进行扶持和监督，社学中品学兼优者，可免试补为秀才。由于秀才有了考取功名的资格，朝廷的这一举措也很大地促进了社学的发展。

---

① 《续文献通考》（卷四七），《学校考》，清文渊阁四库全书本
② 《明太祖实录》（卷九六），洪武八年正月丁亥

## （二）汉江流域社学的授课内容

社学是朝廷所倡导的民间创办的小学，其教育内容多沿袭宋、元以来启蒙教育的内容，少有创新。它的主要内容包括三个方面：一是《百家姓》《千字文》《三字经》等传统启蒙读物；二是宋、元时一些著名理学家所著的启蒙读物，如朱熹的《小学》，程端礼、程若庸的《性理字训》；三是儒家经典，如《孝经》、"四书"等。但是明代社学也有其特殊之处，主要体现在教材方面：《大明律令》《御制大诰》《孝顺事实》及陈选所著的《小学集注》等书。这也可以看出，明代的社学教育，除了进行基本的启蒙教育外，更注意伦理道德、文化知识以及本朝律令的教育。

为了鼓励社学中的民间子弟习读这些法令、案例，洪武二十年（1387年）规定，社学中的民间子弟，凡诵读律诰的，赴送京师，礼部对他们进行考核，依照诵习的多少，给予适当的奖励。

《孝顺事实》，是明成祖朱棣下令编撰的，书中选录了以往有孝行的二百零七人的事迹，分小传、论断、诗赞等部分。永乐十八年（1420年）五月，明成祖朱棣御制序文，颁行全国。很明显，这部书的颁布，是为了表彰孝道，进行道德教育。

明代社学比较通用的教材，还有陈选所注解的《小学集注》一书。《小学》是宋儒朱熹所主持编著的启蒙读物，分内、外篇，内篇计有立教、明伦、敬身、稽古四部分，外篇计有嘉言、善行两部分，是一部有关伦理、教化、处世等内容的浅显读物，适应于儿童学习。陈选在注解时，根据启蒙读物的要求，按原文指陈大义，务求浅近易读。因此，这一注解很受欢迎，被广泛采用，产生了较大的影响。

## （三）汉江流域社学的规模及代表

明代汉江流域各地的社学数量不一，分布不均。例如，兴国州26所、竹山县15所、夷陵州11所、竹溪县9所、通山县7所、随州19所、应山8所[①]。再如南阳府，邓州的内乡县，社学有"拾伍所，在城及各保"[②]；而淅川县社学仅城西街有一所。

明代汉江流域的社学多设于正统之后。安陆州有社学8所，商州有社学4所，俱是正统年间创建的；随州19所社学、夷陵州11所社学都是在弘治朝

---

① 参见嘉靖《朝广图经志书》的《学校》部分
② 参见嘉靖《邓州志》（卷一二）《学校》

创建的。

咸嘉社学可以作为汉江流域社学教育的典型代表。正德巳卯年（1519年），时任副都御使的吴廷举奉公事至此地，"恻然念后学之士，不可不教于蒙而得养正之地也"，又见"咸宁嘉鱼相接壤"，故而联合各乡耆老与士大夫"卜诸二邑之交，山幽而水清，得涵养本源之趣，市材鸠工，命有司董其役"。念于乡梓之情，吴氏裁撤为自己准备的住所，立为社学的正厅。社学的配套设施相当完善，在正厅之后，为三间书馆，礼聘宿儒支持教学事宜；正厅东为三间号舍，作为学生的住宿之地；正厅西为厨房，作为炊饮之所。还在周围建立围墙，外杂植松竹相映。不仅如此，在大门的左侧，还建有宾馆以招待远来之客。咸嘉社学不仅招收咸、嘉二地的子弟，对于他县来学者也照样纳收。此外，咸嘉社学还有田一顷七十亩，"与民佃耕，岁除税外，取所余谷五十石为师束脩费"，而且对于愿意入学又家中贫困的子弟给予帮助，"悉以周之"。① 丰厚的束脩费，保障了社学老师的收入，可以促使他们安心施教；适当的资助费，解决了贫困生的后顾之忧，可以促使他们专心致志地学习。这对于社学有序地进行教学活动，起到了很大的促进作用。咸嘉社学的创建以及发展，至少可以说明时至正德时期，社学的建设还处于发展之中。而且，社学的办学规模相对完善，不仅有正厅、书馆类教育场所，也有号舍、厨房等休息、饮食场所。学田的存在，很大程度上保证了社学办学的经济来源，教师束脩费以及对贫困学生的资助费不仅保障了教师的教学，同时也稳固了社学的生源。

社学在社会教育上的作用是不能低估的。它不仅承担了启蒙教育的重任，在对士子未来的发展中影响重大；而且由于正统朝的"遇儒学生员名缺，即于社学无过犯、高等子弟内选补"的政策，为他们打开了进入官学深造的大门。

社学的数量虽然比儒学和书院的数量都要大得多，分布和参加学习的人员也较广泛，承载着基层教育的重任，但在社会教育方面有很大的局限性，连续性也不强，但它却在普及识字教育、启迪童心和安定社会等方面起到一定作用。

---

① （嘉靖）《湖广图经志书》（卷二）《武昌文》，书目文献出版社，1991，第248页

## 三、明代汉江流域的书院教育

明初，统治者对于书院的建设，虽不重视，但也并不阻止，而是采取了顺其自然的政策。当时统治者大力倡导学校教育，不遗余力地进行官学的建设。《明史·选举志》亦云："迄明，天下府、州、县、卫所，皆建儒学。教官四千二百余员，弟子无算，教养之法备矣。"① 正因为如此，也出现了"盖无地而不设之学，无人而不纳之教，庠声序音，重规叠矩，无间于下邑荒徼，山陬海涯。此明代学校之盛，唐宋以来所不及也"的局面。此消彼长，因此书院教育备受冷落，发展甚微。

汉江流域书院的建设情况，也大抵如此。在明朝前期，汉江流域创建书院为数极少。如湖北，只有洪武年间曹国公李文忠在钟祥修建的郢门书院、永乐年间邑绅任显宗在襄阳修建的鹿门书院。

### （一）汉江流域湖北地区的书院

从洪武到天顺其间近百年，但是汉江流域仅建书院几所，可见当时书院的发展是何等艰难。

在成化之弘治年间，汉江流域书院的发展有了较大的转变。仅成化一朝，就重修、新建书院 3 所，其中重修襄阳的隆中书院；新建的有薛刚在武昌府建的芹香书院、刘英在远安建的新城书院。弘治年间，书院的发展又较成化朝明显，共建书院 5 所，分别为：竟陵的东湖书院、竟陵（今天门）的梦野台书院、兴国的叠山书院、随州的白云书院、荆门的相山书院。

正德年间，此地区新建书院 1 所，即郧阳府的五贤书院。

此时书院的大发展时期是从嘉靖年间开始的，书院发展的凶猛势头一直延续到万历年间。

嘉靖年间（1522—1566 年），湖北重修书院 1 所，即光化的文忠书院；新建书院 11 所，分别为武昌的凤台书院、江夏的濂溪书院、德安的江汉书院和吉阳书院、应城的上蔡书院、应山的印台书院、孝感的西湖书院、潜江的中州书院、沔阳州（今仙桃）的复中书院、荆州府的荆南书院、郧阳府的郧山书院。

---

① 《明史》（卷六九），《选举一》

隆庆年间由于隆庆帝帝祚甚短，只建有书院 1 所，即襄阳府的砚山书院。

万历年间（1773—1620 年），湖北新建书院也蔚为壮观，共有 12 所，即分别为郧阳的龙门书院、江夏的江汉书院、安陆的碧霞书院、钟祥的濂溪书院和文昌书院、襄阳的洌泉书院和武侯书院、云梦的尚行书院、随州的摘珠书院、黄陂的甘露书院、潜江的同仁书院和阳春书院。

天启至崇祯年间，明政府内忧外患不断，已是处于"大厦之将倾"的境地。故而书院也经由高峰期转入低谷。由于战乱频繁，此时书院不仅创建极少，而且许多地方的书院被战火殃及，或是被毁，或是被弃。

## （二）汉江流域河南南阳地区的书院

河南南阳府地区，有明一代，共建书院 22 所，概况如下：

表 1：明代南阳府书院略表

| 书院名称 | 所在地 | 创建时间 | 创建人 |
| --- | --- | --- | --- |
| 志学书院 | 府治（今南阳市） | 成化十年 | 知府段坚 |
| 豫山书院 | 府治（今南阳市） | 成化八年 | 知府段坚 |
| 诸葛书院 | 府治（今南阳市） | 成化十年 | 知府段坚 |
| 舞泉书院 | 舞阳县 | 成化十五年 | 知县宋鉴 |
| 鹿鸣书院 | 南召县 | 成化年间 | 不详 |
| 贾状元书院 | 邓州 | 成化年间 | 郡人李让 |
| 大成书院 | 邓州 | 不详 | 知州夏忠 |
| 养正书院 | 府治（今南阳市） | 正德年间 | 唐藩 |
| 白水书院 | 新野 | 嘉靖十二年 | 南汝道参政刘漳 |
| 问津书院 | 叶县 | 嘉靖十三年 | 参政刘漳、知县贾枢 |
| 临湍书院 | 邓州 | 嘉靖中 | 刘漳 |
| 堵阳书院 | 裕州（今方城县） | 嘉靖十九年 | 鸿胪序班焦恪 |
| 敷文书院 | 唐县（今唐河县） | 万历三十年 | 知县黄茂 |
| 丰羽书院 | 泌阳县 | 万历年间 | 知县周维翰 |
| 问政书院 | 叶县 | 不详 | 不详 |
| 晒书堂书院 | 叶县 | 不详 | 不详 |
| 承圣书院 | 镇平（今镇坪县） | 知县翁金堂 | 不详 |
| 德造书院 | 镇平（今镇坪县） | 知县翁金堂 | 不详 |
| 淯阳书院 | 淅川县 | 陈邦瞻 | 不详 |

续表

| 书院名称 | 所在地 | 创建时间 | 创建人 |
|---|---|---|---|
| 问政书院 | 舞阳县 | 不详 | 不详 |
| 晒书堂书院 | 舞阳县 | 不详 | 不详 |
| 问津书院 | 舞阳县 | 不详 | 不详 |

由此表不难看出，明代南阳地区的 22 所书院，可考的共有 13 所，而且主要分布在成化、正德、嘉靖、万历四朝，其中成化朝 6 所、正德朝 1 所、嘉靖朝 4 所、万历朝 2 所。成化朝不仅建立书院最多，而且年平均设置也是最高的，为 0.26 所，是万历朝年平均设置书院数（0.04 所）的 6.5 倍，是正德朝年平均书院设置数（0.06 所）的近 4.3 倍，是嘉靖朝年平均设置书院数（0.09 所）的近 3 倍。从明初一直到成化朝的近百年间，南阳地区几乎没有设置书院；而到了成化朝以后，书院取得突飞猛进的发展，是明代南阳地区书院发展的高峰期。万历以后，书院的发展几乎停步不前。再从书院分布的空间来看，南阳地区书院主要分布在府治（南阳县）、舞阳县、邓州、叶县。其中府治（南阳县）4 所，舞阳县 4 所，邓州 3 所，叶县 3 所。淅川县、泌阳县、新野县、裕州、唐县、南召县都仅有 1 所。而有明一代桐柏县和内乡县，更是没有一所书院存在。综合来讲，明代南阳地区书院的发展主要分布于成化、嘉靖两朝，这与明代河南书院发展的大趋势是不一样的。"嘉靖、万历两朝是河南书院发展的两个高峰期"。[1] 明代南阳地区书院的发展主要集中在成化、嘉靖两朝，这不仅与河南地区书院发展的状况不同，与湖北地区书院的发展在嘉万年间达到顶峰的状态也是不同的。究其原因，可以从两个方面来解释。第一，这是由于明朝政府的文教政策导致的。明政府在建国初就非常强调官学的发展，致使书院建设备受冷落。从上述南阳地区书院概况来看，在成化朝以前，南阳地区是没有创建书院的。后由于官学教育的不足，导致官学的没落，而书院恰好可以弥补其不足。因而，书院在成化朝得到大发展，创建书院 6 所，占有明一代南阳地区书院的 27%。第二，更为重要的是，这与两朝南阳地区地方官员的积极兴办是有直接原因的。如成化朝南阳知府段坚，在任期间，先后修建书院 3 所，开明代南阳地区修建书院之先河。"成化八年冬十月，创志学书院；成化十年，修复诸葛书院；成化十六年，创豫山

---

① 王洪瑞、吴宏歧：《明代河南书院的地域分布》，载《中国历史地理论丛》2002 年第 17 卷

书院。"① 除段坚广建书院外，嘉靖初年的南汝道参政刘漳也是热心致力于书院建设。"嘉靖辛卯，刘公简授河南岳伯……建白水书院""嘉靖辛卯，参政刘漳至邓咨古迹，在坤阳得废寺一区，迁韩文公书院于此，易名临湍书院"。"嘉靖十三年，南汝参政刘君檄知县贾枢，于叶县南关昆水孔子问津之辙，创建问津书院"。这是继段坚之后又一次大兴书院的壮举。段、刘二人共建书院6所，这在当时绝对是一项了不起的成就。

## （三）汉江流域陕西地区书院的建设

明代汉江流域陕西地区主要包括当时的汉中府、商州和兴国州，即现在的陕西汉中市、安康市和商洛市等地区。明代此地区的书院建设极少，仅有数所。

商州市：商山书院，明嘉靖年间商洛道郡元洪建。

汉中市勉县：龙岗书院，明嘉靖二十一年（1542年）年建。

综合来看，汉江流域的书院主要是在正德至万历时期取得巨大的发展。原因大致有二。以湖北地区为例，由于特殊的地理位置和良好的自然条件，湖北地区的社会经济发展较快，有"湖广熟天下足"的美誉。由于有着较高的社会经济的支撑，求学之风也非常盛行。但是偌大一个县，只有一所儒学，远远不能满足民众求学深造的要求；加之到明朝中期，官学失修，学子失学，或者学校腐败，学术衰微。为了改变这一状况，一些地方官员或士绅另辟蹊径捐资建书院以缓解其不足。书院上可以为国家培养人才，下可以维持风教，广设书院可以"补庠序校之所不及"。还有一个原因是不得不提的。由于湛若水、王阳明之学大盛，其时讲学之风盛行。二者不仅喜好讲学，也积极致力于建设书院。由于湛、王的影响过大，各地纷纷响应，开始大建书院。也正是在这种情况下，随着全国书院飞快发展的大趋势，湖北书院的发展也达到了它的高峰。书院一般都是所处地区的文化中心，公共活动都在书院举行，乡约、文教事业不发达的偏远落后地区，书院的文化辐射作用更是不可忽略。至此，书院已经取代官学成为地方中等教育的主要场所。书院在地方社会中不仅仅是单纯培养人才的机构，它既是地方的教育中心，也是地方文化、学术研究中心。

---

① 彭泽：《段容思先生年谱纪略》，清道光三年刻本，北京图书馆出版社，1988，第540页，547页，574页

# 四、汉江流域的杰出人才

史载："明制，科目为盛，卿相皆由此出，学校则储才以应科目者也。"①
科举制度是作为国家的选官制度，学校也就成了培养官员基础机构，然后再
通过科举考试这一形式取得做官的资格。因此，考中科举、得进进士就成了
大多数读书人的理想。在"书中自有颜如玉，书中自有黄金屋"思想的影响
下，成千上万的士子踏上科举之路。

## （一）湖北地区的进士

据有关史料记载，明代湖北各府州县的进士总计达1119人。他们分布在
全省的各个府中，其中武昌府的进士人数为232人，占进士总人数的20.7%。
还值得一提的是，荆州府的进士总人数也有190人，占进士人数的17%。汉
江流域的承天府、襄阳府、德安府、郧阳府四府的进士人数总共才为381人，
占到进士总人数的34%。此地区进士人数的分布是不均衡的，在广大的鄂西
北地区的襄阳、郧阳二府，进士人数只有78人，仅是武昌府人数的三分之
一。此地区30人以上的州县主要有襄阳县39人，京山县37人，兴国州36
人，汉阳县35人，孝感县32人，沔阳州31人。

明后期中进士的人数远远超过明前期。弘治至崇祯的160年间所中进士
人数几乎占了民代进士总人数的80%，而明前期的120年间进士人数仅占进
士总人数德尔20%。当然，各个阶段的差别也大，情况各有不同。如以承天
府为例，承天府共有进士147人，弘治朝以后有进士126人，占86%；德安
府共有进士108人，弘治朝以后有88人，占82%；郧阳府更甚，在弘治朝以
前只有进士1人，仅占10%。在湖北全省15个进士人数达30人以上的州县
中，荆州府有3个，承天府有2个，汉阳、德安、襄阳3府各一个。

---

① 《明史》（卷六九），《选举一》

表2：武昌等四府进士人数统计表①

| 府 | 武昌府 | 汉阳府 | 德安府 | 承天府 | 襄阳府 | 郧阳府 | 荆州府 |
|---|---|---|---|---|---|---|---|
| 进士人数 | 232 | 43 | 108 | 147 | 68 | 10 | 190 |

## （二）南阳地区的进士

据王兴亚先生统计，有明一代，河南各府州县中式数额有很大差距。多者如祥符县（今开封）625人，最少的县为桐柏县和南召县，两县仅有2人和3人。② 明代南阳地区的进士人数也是不甚多，且分布不均。

表3：明代南阳府进士人数统计③

| 州县 | 南阳 | 内乡 | 裕州 | 泌阳 | 新野 | 邓州 | 叶县 | 唐县 | 舞阳 | 淅川 | 南召 | 镇平 | 桐柏 |
|---|---|---|---|---|---|---|---|---|---|---|---|---|---|
| 户籍 | 21 | 13 | 11 | 10 | 10 | 9 | 9 | 4 | 4 | 3 | 2 | 2 | 2 |
| 乡贯 | 20 | 13 | 12 | 10 | 9 | 10 | 9 | 6 | 5 | 3 | 2 | 3 | 2 |

如表3所示，南阳地区的进士按户籍来看，共100人；按乡贯来分，共104人。而且，南阳地区各地的进士人数分布极为不均，多者如南阳有21人，少者如南召、镇平、桐柏三县均只有两人。

## （三）汉江流域陕西地区的进士

这一地区包括明代汉中府和西安府的商洛地区，基本上等于现在的陕南地区。根据朱保炯、谢沛霖主编的《明清进士题名碑录索引》，陕南地区共有进士67人。其中汉中府有44人，商州有16人，兴安府有7人。在陕西三大区中数量最少，其中沔县、平利、石泉、白河四县一直没有进士出现。

明代陕南区内，所出进士主要集中分布在南郑、城固、洋县三地，共有进士38人，占整个地区的57.6%；另一个进士比较集中的地区是丹水上游的商洛地区，有26名进士，其中商州有10名，进士数几与城固比肩。

---

① 资料来源：民国《湖北通志·选举志》
② 李春祥等主编：《河南考试史》，第285页
③ 资料来源：朱保炯、谢沛霖：《明清进士题名碑录索引》

　　有些学者认为，陕南地区之所以进士人数不多，是因为这与当地人口稀少或入籍人口少有很大关系。据统计，明代中期陕南汉中府加上商州的人口，总共也不过 15 万余人，这与延安府的 42 万人相去甚远。陕南地区进士人数虽然基数很小，但是以百万人均进士数来看，不仅不少，而且很高。此地区百万人均进士数为 434 人，几与关中地区持平，却远远高于陕北的 168 人。显然，陕南进士绝对数量低于陕北，很大程度上是因为当地人口较少。因此我们可以说，陕南地区进士人数比较少的原因，不是由于文化落后，主要是因为此地区人口总数过少，相应的进士人数也就不如关中地区的多。

　　总体来说，汉江流域的教育事业较之前代有着一定的发展，这不仅体现在学校等教育机构的数量上，而且也体现在学生与培养出来的人才上。其中，较为明显的是学校教育方面。由于明初就已制定"治国以教化为先，教化以学校为本"的国策，因此大力发展学校教育。汉江流域此阶段所建立的各级学校为数众多，各府、州、县皆建有相应的官学。受朝廷政策影响，社学也是星罗棋布，蓬勃发展。得天独厚的地理位置和南船北马的水陆交通，再加上气候宜人，汉江流域的经济取得快速发展，随之而来的是求学人数的不断增多，官学的定额使得他们求学无门，在有识之士广建书院、振兴学术的大潮中，他们很多投身书院，积极向学。受时代大背景的影响，明代汉江流域的教育事业出现了与之相应的变化，如前期官学异常繁荣，书院被遗弃冷落；中期以后，官学逐渐衰败，相反书院取得大发展。社学的情况也大体相同，时兴时废。但是，汉江流域教育事业的发展，又具有自己的特色。通过研究可以发现，其呈现出阶梯状发展的特点。大体是从陕西段——南阳段——湖北段不断变强。以书院为例，陕西段的汉中府、商州、兴国州共建有书院 2 所；河南段的南阳地区建有书院 22 所；湖北地区建有书院 30 余所。再以进士人数为例，陕西段一府两州共有进士 67 人，河南段的南阳地区共有进士 100 人，而湖北段的仅承天、德安两府的进士就有 255 人，这个就更加明显了。汉江流域教育事业各段阶梯状的分布状况，究其原因，与当地的社会经济文化发展水平是密切相关的。

# 第十三章　武当山与中国道教的勃兴（上）

## 一、中国道教发展史略

### 1. 道教的孕育与诞生

道教基本形成于东汉顺帝（公元 126—144 年）年间，是我国的一个主要本土宗教。中国道教的产生有其深远的历史渊源，具体而言其主要根脉来源于五大方面：

第一是远古宗教。作为中国土生土长的宗教，道教的最早源头就是远古宗教。处于懵懂未开的认识水平，早期人类认为万物有生，万物有灵。据泰勒在《原始文化》一书中指出，彼时彼地，人类把自然事物和现象在自己身上产生的印象和感觉看作是他们的特性，运用同类比附的方法，把世界万物人格化，并盛行对万物神灵的多神崇拜，包括自然崇拜、图腾崇拜、祖先崇拜以及生育崇拜。其中，自然崇拜是对天体日月星辰、自然运行规律如四季更替、旱涝寒暑等和自然物如河海山川等的崇拜。图腾崇拜是对氏族起源物种的崇拜。如现代发现的仰韶文化的鱼图腾、马家窑文化的蛙图腾，半坡文化的鹿图腾，越人的鸟图腾，西水坡遗址的龙图腾等等。祖先崇拜是对祖先变化而成的鬼神崇拜。而生育崇拜则来自人们认识到生育是两性结合的结果。在红山文化中发现女神像，在牛河梁出现女神庙，就是新石器时代出现的男神和女神崇拜的古老遗存。

远古宗教中的多神崇拜直接影响到道教未来发展的方方面面。

第二是民间巫术。先民崇拜神灵，是为了向神灵祈福免祸，于是能与神打交道，以宗教为职业，专门负责官方或民间的宗教祭祀活动的巫祝便应运而生，他们活动在人神两界之间，掌管着神与人之间的信息交通，探知神意，用种种手段取悦于神，请鬼神为人求福消灾。巫术的主体是巫、祝、卜等角色，他们是古代巫术社会中不可缺少的职业，但凡涉及降神、解梦、预言、祈雨、医病、占星等神道活动，他们无不身体力行，为先民承担起驱鬼解魔、驱病康体的使命。而先民也普遍以为疾病是恶鬼附体所致，须用巫术加以解除，由此而有符咒驱鬼的巫术。巫术多与咒语、仪式相结合，它反映原始人类对语言魔力和超自然力量的迷信。在表现形式上，巫术的舞蹈多是模仿性的表演，有的像捕猎场面，有的像动物活动……这些动作与表演相沿成习，久而久之，形成一定的程式和讲究，这些程式和讲究被逐渐固化下来，逐渐形成完整系统的道教活动的科范和仪式。

第三是古代的神仙传说与方士方术。神仙崇拜是道教信仰的核心，是道教不同于其他宗教教义的最显著的特点。道教神仙最大特点是：其一，形如常人而能长生不死；其二，逍遥自在，神通广大。战国末年，没落的旧封建贵族为逃避现实，他们去重建小国寡民的庄园制度，于是出现了上不接天，下不接地的海外三山的神仙世界，从而出现了自由自在，翱翔于天人之间的神仙之说。秦朝以蓬莱、方壶、瀛洲为代表的海外神仙世界，以及神仙传说就催眠过人们寻求东方天国的美梦，为了长生久视、长命百岁，使得一批批徐福般的志士，投身茫茫东海，一去永无归程。

直到汉武帝时，社会安定，经济发展，久经沉寂的"海上燕齐怪迂之方士多更来言神事矣"。而"齐人之上疏言神怪奇方者以万数"，于是天子"乃益发船，令言海中神山者数千人求蓬莱神人"。汉武帝所用的方士极多，有的方士浮海求神仙，有的方士入山采奇药，有的候神、避鬼、望气、炼丹、祠灶……，受到了皇帝最大的尊宠，神仙方术仍在统治者和民间有广泛的市场，方士走向民间，挟着符咒汉病的方技去寻找生活资源，为创立道教准备了条件。

第四是老庄哲学和黄老之学。

老庄之学对道教的影响主要在于它的道论和养生论。老庄关于大道化生万物的理论，关于清静无为，以"啬"养生的理信论，给道教提供了博大精深的哲学基础，使它有可能建构一套神学体系。以前的巫术是世俗信仰，老庄理论才使他们一跃成为一种大型宗教，逐渐与儒、佛并驾齐驱。所以在早期道教的发育过程中，神化老子，神化庄子，便是一种重要的创教活动。

黄老之学是把黄帝与老子结合起来，并且以道家为骨干，广泛吸收儒、法、阴阳各家学说，具有综合百家的特点。汉初的黄老之学主要是一种政治哲学，它继承了老子"清静无为"的思想，同时吸收儒家的宗法伦理和法家的刑政主张，在文景时期发挥了"与民休息"缓和社会矛盾和恢复经济的社会功能。这在基本观念上，已经吻合于道家思想的黄老无为而治之学说。文景时期采用黄老的阴柔措施，有力地促进了道家思想的成长。

第五是儒学与阴阳五行说。

儒家的天人合一学说，与道家人神同体之观念均来源于儒家推尚的尧舜禹三代时期所形成的天、神、人一体的思想。不管是官方道教还是民间道教，在一般社会伦理上都是依重儒家。道教在社会伦理上自觉与儒家学说靠拢，也是道教求得生存发展一种手段。所以后来的道教大都采取忠实于宗法等级制度的立场，只是其道经信条是在儒家伦理的基础上增加一层道教神学的色彩罢了。

以邹衍为代表的阴阳五行学说，在秦汉之际广泛流布，为儒家、道家和方士们共同吸取。《吕氏春秋》十二纪有阴阳五行宇宙间架，董仲舒用阴阳五行充实儒家学说，影响所及，调阴阳，顺四时，序五行，以政令配月令的思想，成为汉代思维的普遍特征，直接影响到道教，成为内外丹派的重要理论依据。

### 2. 道教的发展演进

南怀瑾先生认为，道教的建立没有一个明显的创教时期，它的史前期很长，创教活动分散而缓慢。我们这里分析的一些渊源都包含着道教因素。不过，人们一般认为东汉末年是它的初创期。其最早的组织形式是民间性道教，主要是太平道和五斗米道。人们还把《太平经》《周易参同契》《老子想尔注》等看作道教信仰和理论形成的标志。

在《中国道教发展史略》一书中，南怀瑾先生对中国道教发展的历史有一个既清晰又简略的勾勒，兹节录选摘于此，以飨读者——

道教正式创立于东汉末年，其标志是太平道和五斗米道的出现。

道教诞生于汉末，它是汉代社会的产物，是汉代思想文化的组成部分，有着深刻的社会原因。在汉武帝时期直接推动了丹鼎派的形成。另外佛教的传入与兴盛对道教的产生有刺激和推动作用。《太平经》《周易参同契》《老子想尔注》是早期著名道教重要的经典。

魏晋之际，曹操对于信奉太平道的黄巾军采用武力镇压与招降并举，魏晋之际一些神仙方士的活动促成了道教的传播与分化过程。期间，葛洪创立了魏晋丹鼎道派，为道教的阶段性发展做出了贡献。葛洪《抱朴子》内篇及外篇两部文章极其重要。其内篇论述神仙药方、鬼怪变化、养生延年的仙道学说，外篇论述人间得失、世事经国、治世儒术等。其主要观点就是神仙是存在的，凡人可以通过学仙修道成为神仙而长生不死。他强调人人后天学仙修道的主观性，对后世的道教影响很大。成熟了的丹鼎派，也标志了早期道教的终结。南北朝时期经过葛洪、寇谦之、陆修静、陶洪景等人努力和改革，道教成为与佛教并列的中国正统宗教之一。

在道教史上，东晋南北朝是一个由民间化、方术化、经验化向正统化、理论化、学术化的重要转折时期。在这个时期，道教由于门阀族阶级的改造，经历了一番重大的变革，从早期原始幼稚的五斗米道发展演变为完备成熟的宗教，从主要传播于民间的道团上升为官方承认的正统宗教，当时中国的南方，是道教发生变革的主要地区。东晋以后新出的道经以《三皇经》《灵宝经》《上清经》这三组道经最为重要，即人们所说的"三洞真经"。其中寇谦之著作的《录图真经》，不仅是一部改革道教的经典，也是一部图谶式的神书。在完成了道教改革之后，寇谦之已经准备下山投奔主政者，实现佐国扶命，为帝王师的愿望，以使道教成为官方的正统宗教。由于天师道经过其变革后，适合了鲜卑统治者与汉族门阀地主的需要，加之寇谦之善于钻营与地位显赫的贵族崔浩得到宠信，终于得到了官方的正式承认和支持，在北魏大兴起来。

南北朝以后，五代统治者基本上都重视儒释道三教，只是各个皇帝对每个教的喜爱、信奉程度有差异，有的更重视佛教，有的更重视道教。在尊奉的同时，统治者也加强了对佛道二教的控制。

隋唐道教注重玄哲学与政治。道教在唐代建立起了相当系统化的道教哲学体系。唐代崇奉道教，既有政治上的利用，也有帝王个人的信仰，但仍旧以政治利用为主。唐代前期，道教在理论建树的总体与精深方面，有不足之处，常处于佛教下风。此时，道教中的博学之士以中华文化中的道家老庄之学为本位，吸取佛字中的义理精华，加以融会贯通，对自然宇宙、社会人生等方面的哲理问题提出了诸多新解释与新观念，形成新的道教义理之学。

特别值得注意的是，唐代道教非常注重法箓传授。箓通常是指记录有关天官功曹，十方神仙名属，召役神吏，施行法术的牒文，它是道教教法中的重要部分，所以，道教中又称为法箓。道教法师们认为箓文是由道气演衍的文字，是太上老君的灵文，九天众圣的法言。因此，符图的绘制采用象征云霞烟雾的篆体，文中排列众多天仙地祇名号，要求受箓道士熟读背诵，成为做法事的凭仗。法箓分属于洞神，洞玄，洞真，三洞之间有高低之分但没有门户隔阂。

唐代也是道教外丹发展的黄金时期。唐代封建统治者尊崇道教，很多帝王迷信道教的服饵仙术，这极大地推动了道教外丹的发展，但更主要的原因在于道教外丹术的历史发展本身。很多炼丹实践成果在古代化学史上具有重要意义，其中以神符白雪丹、黄帝九鼎丹、老君还阳丹最为著名。

唐宋之际道教神仙思想弥漫一时。得道成仙是道教修炼的根本目的，也是道教宗教观念的核心。道教神仙思想的变迁同样反映着中国封建社会的历史演变。唐代安史之乱至北宋初年，是中国历史上一段动乱时期，造成了道教内容的改变和道士成分的改变。三教合一是唐宋时代宗教思想发展的总趋势。这种思想也同样表现在宋代形成的吕洞宾信仰中。由于吕洞宾信仰在宋代的广泛影响，宋代形成的全真教南北宗都把其信仰吸收到自己的教派来。全真教南宗创始人张伯端，北宗创始人王重阳，建立起他们与吕洞宾的师承关系来。内丹术全让全真派占去，正一派只余下传统的鬼神崇拜与符咒之方术了。

继唐以后，宋代是中国道教的又一个繁荣时期。宋代又是中国历史上外患内忧的时期，总体来说，宋朝各代对道教是信而不疑的，这对道教的发展起到了积极的推动作用。在中央集权的政府内设立中央道录院，地方道正司，加强对道教的管理，设立宫观内部管理的一系列规章制度，加强了对宫观设立的审批与限制。

外丹经过了数百年的实验，至唐末，终于使人们认识了外丹成仙说的荒唐，在此条件下，内丹成仙说乘时而起，以一套具有玄深哲理依据的内容成为了道教炼养术中的显学，并形成了以修炼内丹为主的教派——主要流传于南宋的金丹派及兴起于金朝的全真道。

唐宋时期，道教受到统治阶级的推崇而得到进一步发展，形成了多种流派，元以后逐步形成全真派和正一派两大流派。全真道，又称全真教，是在金朝占领的原北宋土地上创立的一种新道教，也是道教改革过程中涌现出来的一支影响最大，最重要的教派，尤其是丘处机及其弟子的完善与发展，成为元代以来家喻户晓，与正一派流传至今的道教两大派之一。王喜的七大弟子中，丘处机是宗派改革思想突出的继承者与发展者，同时也是全真教发扬光大的主要传人，他以心性学说为基础，总结了一套简易的修命方法，从而完善全真道三教合一的内丹思想，他极力推崇全真教止杀救民，积功行善，把宗教的社会作用发挥得淋漓尽致。

宋元时期，正一、上清、灵宝三大符箓旧派，分别以龙虎山、茅山、合皂山为本山，并派生出了天心、太一、东华新支派。也出现了以儒道融合的典型道派——净明道。正一道派因为以创新雷法（雷法的主要目的是通过作法求雨祈晴，解决农业生产中自然灾害的现实问题）而出名世著。

明清两朝对道教的态度颇有不同。明代诸帝对道教皆相录尊崇敬奉，对道教教团严格管理。大修武当山，拜访张三丰。崇奉真武神及关公。到了清代，皇室尊崇藏传佛教，对道教采取严厉限制的方针，道教更加衰落，活动主要在民间。

弥勒教自隋朝出现，成为历代组织民众起义的宗教。至宋代演变为白莲教，与明教相结合，元末农民起义即以此为号召。所以立国后，称其国号为"明"。朱元璋投军信奉其教，但其对宗教的信仰也太深，自然要任用方士与道士，其中最显著的就是刘伯温。刘伯温精通道教方术。趋于民间化和世俗化，并与明代社会生活和民间风俗发生更密切的联系，是明代道教的主要特点。

元代以来，道教诸派逐渐会归于正一与全真二大派，1927 年北京白云观《诸真宗派总据簿》记载，当时全国道门有八十六个道派，就严格意义来说，实际道派也是不足 20 个派别。其实质就是属于正一及全真派。明代正一道士中留下有著述对其教义有阐发者，只有明初的张于初与赵宜真两人。其思想内容就是：第一申明道统源流，上攀先秦道家，第二就是强调性命双修，内炼为本。第三就是道释儒三教同源，儒道融合的性命说。第四就是以内炼为本的斋醮道法说。第五就是继承全真教风，清整戒律清规。渗入民间的道教观念和儒佛通俗说教通融在一起，表现在出现了大量的俗文学作品，如著名的《西游记》、《封神演义》等。

鸦片战争以来，中国沦为半封建半殖民地的社会，道教亦受到帝国主义的压迫和西方思想的冲击。道教进一步衰败，在中国五大宗教中降为教团势力和政治影响最弱的一个。许多道士文化素质低下，宗教知识缺乏。道教组织松散，各地联系和团结不够紧密。但仍有一批道士潜心修炼，著书立说，课徒传戒，使道教法脉得以延续。

中华人民共和国建国之初，在从新民主主义社会向社会主义社会过渡时期，道教界配合土地改革，开展了宗教制度民主改革运动。

经过民主改革，中国道教徒加强了联系和团结，在沈阳太清宫方丈岳崇岱道长的倡议和政府的支持之下，1957 年 4 月于北京召开了道教界第一次全国代表会议，成立了中国道教协会，由岳崇岱任第一届理事会会长。中国道教进入一个新的发展时期。①

---

① 南怀瑾. 中国道教发展史略 ［M］. 复旦大学出版社，1996，12

总之，道教作为一种产生并适应中国封建社会的宗教文化，经过漫长的发展历程，至清末，已随封建社会的末运而衰微。在现代文明冲击下，道教的宗教观念，在社会生活中的影响日益缩小，但作为一种历史最长的社会意识形态，作为教义宗旨颇具独特性。可谓集中华民族传统宗教观念大成的中国本位宗教，它是中国古代文化遗产中的重要组成部分。近年来，道教的全面研究，在国内与国外，呈现出前所未有的兴旺景象，道教文化将来的命运只会是扬弃，而不是全盘摒弃。①

# 二、明代武当道教勃兴的历史机缘

## （一）武当山与玄武之渊源

武当山位于今湖北省十堰境内。东接历史名城湖北省襄阳市，西靠车城十堰市区，南依世界自然遗产神农架，北临南水北调源头丹江口水库。周回八百余里。关于"武当"的历史记载，最早见于《汉书·地理志》南阳郡条下的"武当县"，也就是说，"武当"最早是行政区划的名称，然后演变成改县所属山脉的地名。关于"武当"的来历，历来众说纷纭。（一）"非玄武不足以当之"说。《武当福地总真集》云，武当山"乾兑发源，盘亘万里，回旋若地轴天关之象。地势雄伟，非玄武不足以当之，因名之曰武当"。《玄天上帝启圣录》云：其山名太和，"玄帝升真之后，谓曰非玄武不足以当之，故更名曰武当"。（二）以水神玄武镇压火方。《大岳太和山纪略》云："夫山之奉元武者多矣，此何独以武当名？意者荆南火方也，楚王祝融火神也；武当度分在翼，翼于南方七宿为翼火蛇，又天之火宿也；于九星为廉贞，于五星为独火，于天机为燥火；考山图也，孤峰焰起，群峭攒空，象亦火也，惟奉北宫真武之水精以镇之，乃有水火既济之功。武当之名，太和之义，或寓于此。（三）"武当因音近'巫丹'而得名"。四川省社科院王家祐先生认为："'武当'音近'巫丹'与'武担'，也许与'禀君之先，出自巫诞'的巫山、丹水等古族名、地名有历史迁播的关联。""因知'武当'源自太昊巴人之'巫诞'（武都、武担）。"（四）"以武挡敌"说。王光德、杨立志《武当道教史略》认为"武当山最初的得名，可能与春秋战国时期楚国防范巴、庸

①　南怀瑾．中国道教发展史略［M］．复旦大学出版社，1996，12

等古族及秦国的入侵有关"。春秋时期，防陵（今房县）、均陵（今丹江口市）一线为楚国抗击巴、麋、庸等国的前线；战国时期，武当山北面的汉水、丹水一带是楚国抵抗秦国入侵的前线，楚国在武当山地区驻扎军队，以勇武之士抵挡秦国的军队，"武当"一词的来历或许与武关、武胜关一样含有"以武挡敌"的含义。以上这四种说法，第一、二种源自道教，且都与宋代以后兴起的真武信仰有关，明显有附会之嫌。第三、四种是根据历史的推测。春秋、战国时期，武当山位于秦楚边境，尤其是战国末期，这里经常"朝秦暮楚"，每方都希望以武当天险抵挡对方的入侵。

武当山山高林密，东汉时期，已经成为隐士的天堂。《后汉书·朱穆传》载"同郡赵康叔盛者，隐于武当山，清静不仕，以经传教授"。自道教产生以来，武当山就有道士活动。魏晋时期，这里已经成为道士们修仙的宝地。北魏郦道元《水经注》引《荆州图记·附记》说："（武当山）山形特秀，异于众岳，峰首状博山香炉，亭亭远出，药食延年者萃焉。"武当山环境优美，又是天然药库，自然是修仙、求长生者的理想之地。刘宋郭仲产的《南雍州记》可为印证："武当山广圆三四百里，山高陇峻，若博山香炉，苕亭峻极。千霄出雾，学道者常百数，相继不绝。若有于此山学者，心有隆替，辄为百兽所逐。"也有一些追求长生的达官贵人因服食丹药而丧命，《南史·刘怀肃传》云："（刘）亮在梁州忽服食，欲致长生，迎武当山道士孙怀道使合仙药，药成，服之而卒。"元代道书《玄天上帝启圣录》有个《甘霖应祷》的故事："记云：大唐贞观间，岁值苦旱。朝廷下诏有司，祷于天下名山大川。是时，武当军节度使姚简，奉命躬诣武当紫霄宫，齐醮致祷。建坛之夕，有五儒士，丰貌殊异，敬来谒简。延坐久之，从容语简曰：予五君，非凡之儒，乃五气龙君也。准玄帝动命，守护此山，非一日矣。为子正直寡欲，祈祷精严，故来相访。少顷，云气迷目，甘雨需然，遂失五君所在矣。"一场大雨之后，"枯槁复苏，歉回为稔。人皆享升平之乐，免沟壑之患。姚简其兹灵异奏闻，太宗降旨，就武当山建五龙观，以表其圣迹。"这说明在从两汉到唐朝，武当山在道教界一直保有相当的影响力。然而直到唐朝，并没有证据说明武当山与玄武神之间有紧密的联系。

玄武本为四象之一，和东方青龙、西方白虎、南方朱雀合称四灵。在道教神仙体系中，地位并不高，仅仅是老子的侍从及修道人士的保护神而已。随着道教神灵体系的演进，玄武逐步发展成北方星神、龟蛇和水神。到了唐代，玄武信仰已较普遍流传，有多所玄武殿或玄武庙。它的地位逐渐提高，受到帝王的郊祭。赵宋立国，为避赵玄朗讳，玄武更名为真武。其神格功能也随着经典的出现而人格化，在道教神灵体系中的地位也逐步上升。北宋初年的《元始天尊说北方真武妙经》描述了一个真武降妖伏魔的场景：龙汉元年七月十五日，元始天尊在八景天宫上元殿说法，忽然天门大开，血光秽杂之气直冲天际。

众神皆惊。妙行真人请元始天尊收除魔鬼，救度众生，元始天尊答曰："不劳吾威神。此去北方，自有大神将，号曰真武。部众勇猛，极能降伏邪道，收斩妖魔。"妙行真人继续询问："此位神将，生居天界，修何道德？"天尊告曰：昔有净乐国王与善胜皇后，梦吞日光，觉而有娠，怀胎十四个月。于开皇元年甲辰之岁三月建辰初三日午时，诞于王宫。生而神灵，长而勇猛。不统王位，唯务修行。辅助玉帝，誓断天下妖魔，救护群品。日夜于王宫中，发此誓愿，父王不能禁制。遂舍家，辞父母，入武当山中，修道四十二年。功成果满，白日登天。玉帝闻其勇猛，敕镇北方，统摄真武之位，以断天下妖邪。

这是现存最早的真武经典，奠定了真武大帝的基本神格功能和出身传说。值得注意的是，这篇经典已经明确武当山真武大帝修行登仙的地方，已经将真武与武当山联系起来。此后出现的《太上说玄天大圣真武本传神咒妙经》《真武灵应真君增上佑圣尊号册文》《北极真武佑圣真君礼文》都继承了这一说法。元代初年，武当山道士刘道明撰《武当福地总真集》，将关于真武大帝的神迹落实到武当山的七十二峰、三十六岩、二十四涧，并将武当山的得名解释成"非玄武不足以当"。神话传说和地理空间的结合，让武当山渐渐成为真武信仰的中心。直到元代中后期《玄天上帝启圣录》出现，使道教教义中玄帝崇奉的理念趋于完善，为元代新武当道教本山派的诞生与成熟奠定了基础，同时又为明代永乐年间武当宫观的大兴埋下了伏笔。

## （二）明代武当道教勃兴的历史机缘

从宏观上来看中国的宗教历史发展，应该说道教在明代的武当山达到了全盛时期。其全盛的标志要而举之，有以下七个方面：

一是明朝开国后，明太祖朱元璋就在南京鸡鸣山建庙祭祀真武奏响了推重、崇拜武当道教的序曲。二是明成祖朱棣崛起于北方，在发动"靖难之役"时便公开宣扬真武神显灵阴佑，即位后更是大修武当山道教宫观，选道设蘸，并遣人寻访武当高道张三丰多年，为武当道教的鼎盛拉开了序幕。三是成祖以后的明室诸帝，一直把武当道场视为"朝廷家庙"，扶持武当道教，编军民修葺洒扫宫观，充佃户供瞻道士。特加敕禁民间樵采、屡遣使奉安像器、简宦官藩参提督香火。在整个道教渐趋衰落的情况下，由于明皇室的扶持保护，武当道教虽历经战乱破坏，不仅很快得到了恢复，而且规模日趋发展。四是武当道教拥有全国最庞大的教团组织，拥有规模最大、最宏伟的宫观建筑群及豪华富丽的像器陈设，出现了历史上的鼎盛局面。五是明初武当山高道辈出，张三丰、丘玄清、孙丘云、任自垣等道功高深、学识渊博，皆为一代宗师。六是明代诸帝一次又一次地加封武当山为"大岳"、"玄岳"，并不惜财力、物力，大规模兴建和扩建武当山道教宫观，使其成了当时的"天下第一名山"。七是恒在整个明代的200多年中，慕名前往武当山的达官显贵、名士骚客多如过之卿，题咏诗赋数以千计。各地信士朝武当的进香民俗日益发展，从而使武当道教在全国的社会影响空前扩大。明代武当道教勃兴的历史机缘何在呢？

### 1. 源于明太祖朱元璋对玄帝真武的感恩戴德

明朝诸帝崇奉真武神是明代武当道教兴盛的主要原因。从洪武之世起，朱元璋就开始奉祀真武神，到永乐年间，明成祖朱棣出于巩固皇位的需要，又进一步抬高了真武神的地位，并把它钦定为皇室的主要保护神。此后，明朝诸帝就像遵守"家规"一样，虔诚奉祀"玄天上帝真武之神"，终明之世，未曾间断。

明太祖朱元璋对玄帝真武的崇奉源于对玄帝真武的感恩戴德。

据朱棣《御制大岳太和山通宫之碑》记载，"朕皇考太祖皇帝以一族定天下，神阴翊显佑.灵明赫奕"。① 对此，明嘉靖年间的太和山提督太监王佐说的较详细："（真武）至于我朝尤赫焉，是以太祖获其神佐于鄱阳，而外患以宁……"② 鄱阳湖大战发生于至正二十三年（公元1363年）夏，当时陈友谅的水军与朱元璋的舟师在鄱阳湖展开决战，战况空前激烈，《明史·太祖本纪》说"己丑，友谅率巨舰出战，诸将舟小仰攻不利，有怖色。太祖亲麾之，不前，斩退缩者十余人，人皆殊死战。会日晡，大风起东北，乃命敢死士操七舟，实火药芦草中，纵火焚友谅舟。风烈火炽，烟焰涨天，湖水尽赤。友谅兵大乱，诸将鼓噪乘之，斩首二千余级，焚溺死者无算，友谅气夺"③。一

---

① （明）任自垣：《敕建大岳太和山志》. 该志有两种不同版本存世，一为明抄本，一为明刻本。以下引文未注出处者。均出该忘

② （明）王佐《大岳太和山志》（卷首），《序》

③ 《明史》（卷一）《太祖本纪》一

场来自东北方向的狂风，瞬时扭转了战场的强弱定势，改变了历史走向，它让陈友谅自此一天天江河日下，却让朱元璋离皇帝的宝座步步逼近。

所谓"神佑"当是指"大风起东北"之类的自然变化，虽然历史对此没有具体记载，但对洪武年间朱元璋奉祀真武神的情况亦有所披露：《明史》说：南京有真武庙，"北极真武以三月三日，九月九日"遣太常寺官员致祭，用素羞。① 《明经世文编》说，"再考国朝御制碑文，太祖高皇帝平定天下，兵戈所向，神阴佑为多。定鼎金陵，乃于鸡鸣山建庙，以崇祀事，载在祀典"。② 今南京鸡鸣山有北极阁，即为明代的真武庙。据宋讷奉敕撰《北极玄天真武庙祀》称："洪武戊辰都城旧庙灾，冬官奉旨改造于钦天山之阳……明年己巳五月，告厥成功，皇帝嘉赉，命臣讷为文，以记于石。"钦天山，又称鸡鸣山。此外，朱元璋还让他的儿子也祭祀真武神，他规定"诸王来朝还藩，祭真武等神于端门，用豕九、羊九、制帛等物……二十六年，帝以其礼太繁，定制豕一，羊一，不用帛"。③

由此看来，明太祖朱元璋不仅自己崇奉、推重道教的最高神玄天真武，而且，还规定自己的子孙也要祭祀，足见他对玄天真武的感恩戴德了。

流传在民间的口头文学似乎对朱元璋崇奉武当道教的渊源做了更深刻、更生动的挖掘。湖北省武当文化研究会会长杨立志曾在车城大讲坛讲述了一个故事，所揭示的就是朱元璋迷信武当道教的深层原因。

这些故事保存在《古今图书集成》。说朱元璋年轻的时候，曾经到武当山烧香，返回途中遇到滁州人陈也先在武当山下设擂台。朱元璋上台，三拳两脚，把陈也先打到台下。陈也先不服气，就带领几百人，追赶朱元璋。朱元璋的好朋友徐达、汤和、邓愈等人，为朱元璋拼死抵挡，把陈也先的手下抵挡住了。朱元璋就跑到了武当山下一个叫草殿的地方，在殿后面睡觉，这时他听到很多人进到这个殿里。其中有陈也先的声音，他想要是再跑的话，又会被发现，于是他一把火把这个殿烧了。朱元璋在回家的路上，武当山的玄天上帝给他托梦，说你为什么把我的殿给烧了。朱元璋也觉得自己不该烧这个殿，但是为了躲避追兵，也没有办法。他说将来天下太平了，我赔偿给你一个金殿。

从一些历史记载中我们也可以发现朱元璋的家庭与道教有着密切的关系。

---

① 《明史》（卷五十）《礼志》四、《南京神庙》
② 《明经世文编》（卷七七）《正祀典疏》
③ 《明史》（卷四九）《礼志》三《祭告》

朱元璋的祖父是一个农民，信奉道教，传说有一天他在村口杨家墩的一个地窝里睡觉，听到两个道士的谈话，一个说这个地方风水很好，要是有人埋在这里，儿孙将来要出天子。另一个不信，于是打赌。第一个道士说，我在这个地方插一个柳树枝，明天发芽了我赢。朱元璋的爷爷听到了，第二天一大早，就跑去一看，柳树枝果然发出了新芽。他把发芽的柳树枝拿走，换了一根枯树枝插在那里。后来他交代自己死后就要葬在那个地方。

这也可能是朱元璋为了说明他是真命天子，用道士看风水这个故事来演绎君权神授。朱元璋家里很穷，他不可能请道士看风水，用偷听到的事情，来诠释他是真命天子。

不仅是朱元璋的祖父信道教，他母亲，他外公都非常信奉道教。朱元璋的外公在当地是一个有法术的道士，据说有一次被元兵抓到海上去了，天上狂风暴雨，海浪翻滚，他站在船上作法，风暴很快就平息了。还有一个传说是朱元璋的母亲在怀朱元璋的时候，经常做一些很奇怪的梦。朱元璋出生的前一天，他母亲在麦场上睡着了，梦见有一个道士从西北边走过来，这个道士穿着红色的道袍，留着很长的胡子，头上还戴着冠，手里拿着一个白色的药丸。道士说这是金丹大药，给了朱陈氏一颗，朱陈氏把它吞到口中。这都是梦中的事，但是醒了以后，就感觉到满口余香，经宿不散，整天晚上嘴巴里面都有一股香味，不停的弥漫。第二天朱元璋就出生了。而且出生的时候是红光满天，不少人以为那个地方失火了。因为朱元璋后来是明朝的皇帝，日月代表光明。

朱元璋起兵打仗，投靠的是在濠州一带很有名的起义军郭子兴，他在郭子兴部下提拔很快，郭子兴还把自己的养女马氏嫁给了朱元璋，就是后来的马皇后。郭子兴死了之后，朱元璋到了南京，建立的是吴国，称吴国公。这时朱元璋面临的最大威胁不是北方的元朝，而是陈友谅的部队。这时陈友谅建立了一个新的藩国叫"汉"。并在九江建造大军舰，准备从长江中游向南京进攻。陈友谅这种野心，使他非常难受，他决定首先对付陈友谅。

公元1361年前后，朱元璋发动大军西征九江。陈友谅当时的势力非常强大，结果如何朱元璋心里也没有数。刚好战船准备出发的时候，有几万只乌鸦围绕着这个船的桅杆不停地转，士兵非常害怕，人心开始骚动。因为在中国人的习俗中乌鸦是和死亡联系在一起的。这个时候朱元璋讲话了，说这个乌鸦不代表死亡，而是武当山玄天上帝的乌鸦神兵，乌鸦往这儿飞就意味着，玄天上帝要支持我吴国打败汉国。船队航进的途中，在旗舰的船舵上发现了龟蛇，这也被解释成武当山真武神保佑朱元璋军队的一种信号，一种信息。

朱元璋向西进伐的过程当中，一路攻城掠地，占领了不少地方。最终双方的决战是在鄱阳湖展开。鄱阳湖之战当中也发生了很奇怪的事，一次朱元璋的旗舰眼看就要被陈友谅弟弟的战船赶上了，朱元璋的战船却搁浅在湖边上，焦急万分的时刻一阵大风，桅杆刚好扯满了风帆，船向前划动，逃脱了追击。后来朱元璋取得了鄱阳湖之战的决定性胜利。战争当中有利的风势、火势，包括电闪雷鸣，都被解释成为武当山玄天上帝保佑朱元璋的一种征兆，一种显应。

### 2. 源于明朝廷对下层民众敬服的争取，巩固自己的统治

　　明成祖朱棣为何对武当山情有独钟并大修武当山呢？一说由于元末武当山宫观毁于兵火，为了让修炼学道者有所依凭而建；一说朱棣仰慕武当道士张三丰，寻而不得，为恭候张三丰到来而建（今遇真宫）。一说因武当山是护国有功的北极玄天上帝的修真之所，为求其继续保佑皇朝永固而建。朱棣借大修武当道宫，而更为真实的原因则是明王朝客观上需要在民间更为广泛地传播玄武"阴佑"燕王的神话，并以此争取下层民众的敬服，巩固自己的统治。由于玄武神在整个中国南方有众多的信徒，四川、湖广、江浙、福建等省又有众多的玄武神庙，所以宋元以来，玄武是南方信徒极多、香火极盛的道教大神。朱棣用武力以北统南，为了改变南方群众对他的不良印象并收买民心，故大修武当道教宫观。

　　在宋朝玄天真武神的封号是"北极佑圣真君"，简称玄武。宋真宗时因避圣祖讳，曾改称真武。在先秦两汉的神话中，玄武是四方四神中的北方之神，其形象是龟蛇合体。由于龟蛇是常见动物，用龟蛇出现作为神显灵很容易，所以唐宋以后的道士为了适应统治者的需要，逐步抬高了玄武神的地位，不仅赋予它以人形外貌，而且还编造了一套玄武神在武当山修炼得道，功成飞升的经传。根据道经和民间传说可知，明初的玄武神具有以下三大特征：第一，它是北方之神，根据阴阳五行理论，玄武具有司北方、司水、司冬等职能，宋元时期官方崇奉玄武，多与它司北方的特征有关，如元朝就是因为修大都时出现了龟蛇，认为"北方之气将王，故北方之神先降事以为兆"。所以在大都建昭应宫以崇祀玄武神。第二，它是战神。据《道经》载，玉帝因玄武降魔有功，遂拜"北极镇天玄武大将军"，于是玄武"披发跣足、手握宝剑、躬披铠甲、蹑踏龟蛇，建皂、玄旗。"俨然是一个荡妖除魔，战无不胜的战神形象。正由于此，宋元明时期的行伍士卒很尊崇它，如永乐十七年，明将刘江在望海埚抗倭战役中"及临阵，作真武披发状……虽愚士卒耳目，亦

可以壮士卒胆"。此战明朝大胜,可见玄武在士兵中的影响,第三,它还是水神、福神和司命之神,民间为了防火、祈福和长寿的需要,对它极为崇奉,所以到元末明初,它在民间百姓中影响极大,实际上成了仅次于玉皇和太上老君的第三大道教神。①

因为拥有如此的神功和造化,很自然便信徒众多,香火旺盛,其闻名遐迩、辐射辽远广大就不足为奇了。这样看来,明王朝崇奉玄天真武就不仅只是增添王朝的权威,更深层的还在于从信仰的角度迎合广大的民众,以强化民众对王朝的认同感。

### 3. 源于朱棣掩饰自己武力夺嫡的阴谋,用"君权神授"的理论来对付维护封建礼法的舆论

朱棣当上皇帝后,进一步把真武神抬高为明皇室的保护神。朱棣为什么如此崇奉真武神呢?据说这是由于他在发动"靖难之役"中真武神曾"显彰圣灵,始终佑助"。

朱棣是朱元璋的第四子,洪武三年(公元 1370 年)被封为燕王,十三年就藩北京,镇守北边。史称他"智勇有大略,能推诚任人",曾多次奉命帅诸将出征塞外,屡次打败元朝残余势力的军队,在建立和统一大明王朝中卓有奇功。同时,朱元璋还命令他节制沿边兵马,洪武三十一年(公元 1398 年)朱元璋去世后,皇太孙朱允炆即位,年号"建文"。

朱允炆对燕王等诸藩王以叔父之尊各拥重兵非常忧虑,于是即位后就采纳他的亲信大臣齐泰、黄子澄的建议,先后将周、齐、湘、代、岷诸王削废。同时在北京安插布政使张芮、都指挥使谢贵等,以防燕王起兵。朱棣原本就有意问鼎南京,遭遇朱允炆威逼后,便乘势举兵夺嫡。为了使自己的举兵反抗"名正言顺"就援引"祖训",以讨伐齐、黄等奸臣为名,称自己的举动为"奉天靖难",此后长达三年多的战争,历史上称之为"靖难之役"。

很显然,朱棣知道他起兵"靖难"是违背正统伦理纲常的叛逆行为,因此,他想要动员将士,争取普通民众的支持,除宣称"靖难",起兵是依据"祖训""清君侧,除奸臣"之外,还必须寻求一种神奇的力量来制造天神佑助的舆论,以愚弄将士。由于朱棣以前入朝还藩都要祭祀北极真武,因此就在姚广孝的参谋下,利用聚集将士誓师祭纛的机会来宣扬北方真武神"显灵"保佑燕军的神话。

《明太宗实录》触及到了此事,有记载说朱棣聚集将士誓师祭纛时,有天

---

① 王光德、杨立志.《武当道教史略》,华文出版社,1993

气之变。"时风云四起，人咫尺不相见。少焉。东方云开，露青天，仅尺许，有光烛地，洞彻上下。将士皆喜，以为上得天之应云"。① 杨立志先生分析称，只要天上乌云密布，就可以宣称是真武神"显灵"，因为满天的黑云可以解释成为护拥真武神的"皂云雾"，可以说是"披发而旌旗者蔽天"。② 对此，王佐说得较清楚"成祖睹其（真武）班旗于霄汉，而内乱以靖"。③ 这说明真武"显神"的标志是天空的"旌旗"，即黑云。朱棣后来大修武当山宫观时，在敕谕中多次提到此事，"奉天靖难之初，北极真武玄帝显彰圣灵，始终佑助，威应之妙，难尽形容，怀报之心，孜孜未已"。"我自奉天靖难之初，神明显助感灵，感应至多，言说不尽。那时节已发诚心，要就北京建立宫观，因为内难未平，未曾满得我心愿"。④

朱棣不仅在靖难之役起初利用了玄天真武神，而且还在靖难之役过程中继续宣传和制造玄武"阴佑"神话。"壬午靖难兵起……每两阵相临、南兵悉见空中真武二字旗帜，皆攻后以北也"。⑤ 这里所谓真武旗帜，肯定是燕军所设置的，因为燕军以北攻南，建北帝真武旗帜可在精神上压倒南军。再则，在靖难征战中，朱棣多次身临危境，所骑战马（即八骏）都曾中箭，但他本人一直安然无恙；另外，在南北军交战过程中，曾多次因北风突起、飞沙扬土，造成了南军的失败，如夹河之战、拒马河之战、藁城之战等都出现了这种情况。这些事都是朱棣注解宣扬玄武阴助，"辅相左右"的好材料，他在《御制（北京）真武庙碑》中说："肆朕肃清内难，虽亦文武不二心之臣疏附先后、奔走御侮，而神之阴翊默佑、握掌机枢，乾运洪化，击电鞭霆，风驶云驶、陟降左右……"此碑文对于玄武神在行阵间呵护嘿佑的种种事迹，可谓极尽描写之能事。"人间大小七十战，一胜业已归神功"，⑥ 朱棣把靖难战场上发生的所有偶然巧合现象及其取得的一切胜利，都说成是玄武的佑护，从而既夸耀了神的威力，又给靖难继统涂上了"君权神授"的神圣色彩。

朱棣借大修武当道宫，用道教神学来掩饰自己武力夺嫡的阴谋，用"君权神授"的理论来对付维护封建礼法的舆论。朱棣用极刑镇压了骂他"篡位"、"夺嫡"的建文旧臣，但他知道要使士大夫阶层再不反抗，单凭武力是不够的，必须用道教的"神佑"之说使靖难继统合法化。

---

① 《明太宗实录》（卷二）；（卷十）上
② 王光德、杨立志．《武当道教史略》，华文出版社，1993
③ 《鸿献录》（卷七）；《续藏书》（卷九）；《国榷》（卷十一）
④ 王光德、杨立志．《武当道教史略》，华文出版社，1993
⑤ （明）黄溥《闲中今古录摘抄》
⑥ （明）王世贞《弇州山人四部稿》（卷二二），《武当歌》，《武当道上戏成短歌》

### 4. 源于朱棣制造"顺应天意、玄帝阴佑"舆论，堵其他藩王之口的需要

朱棣大修武当道宫的原因，《明实录》的记载是："武当山宫观成……上资太祖高皇帝孝慈高皇后之福，下为臣庶祈禳灾珍。"——上感太祖朱元璋的恩德洪福，下为苍生百姓消灾弭祸。这里只是最表层的原因。而其最深刻、也最根本的原因则是制造他当皇帝是"顺应天意、玄帝阴佑"舆论，还有堵其他藩王之口的目的。这不仅关系着永乐一代的安稳，而且对他的嫡子嫡孙永掌大明江山有着重要意义。因为有神保佑，所以他们的皇统是合法的，朱棣以后，明朝历代皇帝即位或建元时都专门遣高官到武当山致祭，这说明朱棣已把崇奉玄当成了一条"家规"，朱棣及其后代把玄武神树立成了"明朝家神"，因此，武当玄武宫观也就变成了明皇帝的"家庙"。

朱棣入继大统后，继续利用玄武神并着手准备营建武当宫观。洪武三十五年（1402 年）六月，朱棣率军进入南京，即帝位，是为明成祖。同年七月辛卯，遣提点周原初"祭北极真武之神"，朱棣一即位就遣使祭玄武，目的是向天下表明新皇帝与玄武神的特殊关系。敏感的武当道士得知这一消息，马上意识到复兴武当道教宫观的机会来了。于是积极帮助朱棣创造新的神话。永乐三年（1405 年）、四年，武当榔梅结实，五龙高道李素希两次遣人上贡，朱棣赏赐甚厚。因为榔梅呈实是"瑞兆"，象征太平岁丰，所以朱棣在御制碑中就把这宣扬为玄武神对他即位的赞赏。与此同时，朱棣也开始进行大修武当的调查和筹备工作。永乐四年，召见武当紫霄道士简中阳，"问玄帝升真事迹，一一奏陈，赐以礼部护身符牒还山"。朱棣要根据玄武修道成仙的经过来营建一整套宫观，召见武当道士询问玄帝事迹就是为此张本。①

据杨立志先生研究，明代武当宫观的营建和武当道教的勃兴还与明初一代著名道士张三丰的预言有关系。张三丰是民间极有影响的游方道士，朱棣为了点缀升平，收揽民心，非常想把他延请诣朝，但多次派人寻找都没有结果。不过，由于张三丰也崇奉武当玄武神，并且在武当山还留下了预言："（张三丰）尝游武当诸岩壑，语人曰'此山，异日必大兴'。"② 这一预言对要大修武当宫观的朱棣非常重要，因为张三丰在民间有"每遇事、辄先知"的仙名，所以皇帝当然会以实现仙人的预言为乐事，从而下定大修武当宫观的决心。③

---

① 王光德、杨立志.《武当道教史略》，华文出版社，1993
② （明）·王佐《大岳太和山志》（卷首），《序》
③ 王光德、杨立志.《武当道教史略》，华文出版社，1993

综上所述，明代武当山道教的勃兴，既源于历史上道教发展的内在逻辑，也是玄天真武崇拜和信仰历史发展的开花结果，而其最根本原因则是与明成祖朱棣发动靖难之役、巩固继统的政治需要密切相关。朱棣以藩王入继大统为了替自己不合礼法的行动寻找理论根据，有计划有预谋地制造了玄武神"辅佐靖难"、保佑燕王当皇帝的神话，而大修武当道宫不过是用物质形式把这一神话固定下来并广为宣扬让人信服罢了。①

# 三、明代皇室对武当道教的崇奉

## 1. 大力宣扬并隆礼祭祀武当道教主神玄天真武

出于政治稳定、思想文化建设，明王朝对武当道教的崇奉几乎到了无以复加的地步！

一是在全国各地大修真武庙。朱棣除大修武当山宫观外，还于永乐十二年（公元 1414 年）三月在北京皇城北、海子桥之东建真武庙，十三年八月竣工；同时奉敕创建的真武庙还有四川三台县云台观等处。明人刘效祖（1522—1589 年）撰《重修真武庙碑》说"成祖靖难时，（真武神）阴佑之功居多，普天之下，率土之滨，莫不建庙祀之"。

二是御制礼乐，崇重祀典。洪武三年（公元 1370 年）朱元璋曾诏定岳镇海读神号，因此真武之神也被去掉元代所封帝号，而直称为"武当真武之神"。朱棣即位后，马上就尊称它为"北极真武玄天上帝"。在他编撰的《御制大明玄教乐章》中，专门编制了《玄天上帝乐章》《玄天上帝词曲》等内容，供祭祀真武时演奏。为了崇奉真武神，朱棣还制定了繁缛的祀典，即在北京，南京的真武庙，每年于春天三月初三，秋天九月初九；每月以初一，十五、各遣官致祭，而武当山则命湖广藩参"专一在彼提督祀事"。②

三是编撰道经，宣扬"瑞应"。现存的《正统道藏》实际上是朱棣提议编修的，当时武当山玉虚宫提点任自垣曾主持其事。《正统道藏》中的《大明玄天上帝瑞应图录》可能是武当道士奉旨绘制编写的。其内容包括朱棣的敕谕、圣旨、碑文及大修武当宫观时的瑞应"黄榜荣辉"、"黑云感应"、"骞林应祥"、"榔梅呈瑞"、"神留巨木"、"水涌洪钟"、"天真现象"等。朱棣把这些"瑞应"宣扬为真武神对他大修武当山的"响应"，不仅刻碑山中，而

①　王光德、杨立志．《武当道教史略》，华文出版社，1993

②　《明经世文编》（卷七七）《正祀典疏》

且还让道士编成经书，收入《道藏》，这显然带有宣传目的。

朱棣的这些举动不能单纯用宗教信仰来解释，而应该看到他的政治目的。朱棣以藩王入继大统，深恐别人说他违反礼法，"篡夺嫡统"，因此，就屡向天下宣称，他起兵靖难和承继大统始终得到真武神的"阴翊默赞"，利用在民间很有影响的神灵为自己篡嗣正名。这样一来，真武神就被钦定为皇室的特殊的保护神，不仅在皇宫内建佑国殿供奉真武像，还在奉天殿两壁斗拱间绘真武神像，而且让他的后代在即位时也必须祭告北极真武之神。明朝诸帝的祭文大同小异，此不抄录，仅选择有代表性的历朝皇帝致祭的时间、代祀官员及其他崇奉武当玄帝的主要事项分列于下：仁宗朱高炽即位，于洪熙元年（公元 1425 年）二月十五日追礼部左侍郎胡滢（1375—1463 年）到大岳太和山致祭。仁宗在位一年，为祭祀玄帝，管理武当道教下旨五道。宣宗朱瞻基即位遣在常寺丞袁正安到大岳太和山致祭。其在位十一年，共为武当山事宜下圣旨十四道。英宗朱祁镇即位，于正统元年（公元 1436 年）一月十五日遣平江伯陈佐到大岳太和山致祭。其前后在位二十二年，共为武当山下圣旨八道。宪宗朱见深即位，于成化元年（公元 1465 年）四月二十日遣吏科左给事中沈瑶到大岳太和山致祭。共在位二十三年，共为武当山及其周围地区有关事宜颁下圣旨六十道。……

对武当山特别崇奉和迷醉的是明世宗朱厚熜。世宗朱厚熜即位，于嘉靖元年（公元 1522 年）四月二十五日遣工部右侍郎陈雍到大岳太和山致祭。其在位四十五年，共为武当山下圣旨一百四十道。明世宗醉心道教，日事斋醮，对真武玄帝也更是崇奉备至，不仅在京师修建真武庙，在安徽齐云山等地敕建真武殿宇，而且于嘉靖三十一年（公元 1552 年）重修武当山真武宫观，耗内币银十余万两。在《御制重修太和山纪成之碑》中，明世宗解释了他崇奉真武神的原因：一是"朕皇考封藩郢邸，实当太和灵脉蜿蜒之胜，岁时崇祀惟谨"，也就是说他能当皇帝是由于他父亲（兴献王）崇祀真武神，真武神保佑的结果。二是本朝"定都幽燕，位应玄冥"，由于北极真武神的保佑，才得以"百年来，民安国阜"。虽然间或有一、二次"边疆小警"，甚至像"庚戌之变"这样的大灾难，也由于神的"阴佑"，马上就过去了。世宗崇尚道教，任用佞臣，使边防日渐废驰，从而导致了嘉靖二十九年（公元 1550 年）的"庚戌之变"。这年八月，蒙古贵族俺答攻破古北口，直抵京师，骚扰京师达八日之久。世宗把这件事也宣扬为真武神的保佑，可见他迷信道教，自欺欺人已到了何种地步。①

遍查有明一代，几乎可以发现一个定律：在明代，每一个皇帝几乎每年都要为武当山颁下一道以上圣旨，都要在即位时遵守祖宗"定制"致祭"护国家神"——真武玄帝，这就像一条不可更改的"家规"。

### 2. 朱棣强力扶持并提升对武当道教的管理

出于特殊的政治需要，朱棣必须把真武神树立成为明皇室的特殊保护神并大加崇奉，因此，武当山作为"北极真武玄天上帝修真得道显化去处"，就自然要受到朱棣的特别重视和礼遇。他为了"严严饰祀事，昭答神贶"，先后颁发了六十余道圣旨、敕谕，采取了一系列的扶持政策和管理措施，以兴隆武当道教，宣扬"君权神授"。据杨立志先生研究，明成祖实行的扶持政策和管理措施主要有以下几个方面，特录如下：

一是创建宫观，崇封武当山。元朝修建的宫观，大都被元末"乱兵"焚烧殆尽，明初道士邱玄清虽然率领徒弟修复了五龙宫，但其他宫观依然荒废不堪。朱棣为了报答真武神在靖难之初的"显助威灵"，刚即位就想在武当山建真武宫观，由于战乱后军民"方得休息"，所以一直延缓到永乐九年才下决心大建武当山宫观。这一工程历时十四年，耗费钱粮，难以数计。共建成净乐、玉虚等大小九宫、太玄、元和等八观以及庵堂、岩庙、祠亭等共三十三处建筑群。明人称这一工程"诚旷世之极盛、万古之奇观也"。永乐十五年（公元 1417 年）二月，朱棣采用隆平候张信和大学士杨荣的建议，特封武当山为"大岳太和山"，使它的地位超过了五岳。

二是钦选各地道士到武当山虔心办道。永乐十一年（公元 1413 年）七月，朱棣在派大臣创建宫观的同时，又命正一嗣教真人张宇清为武当山玄天玉虚宫、太玄紫霄宫、兴圣五龙宫、大圣南岩宫"选有道行者各二人为住持，……兴隆道教"。同年十二月，又命道录司"行文书去浙江、湖广、山西、河南、陕西这几处取有道行至诚的来用"。后来又在江西和应天府增选了一些，前后共选拔高道 400 名由朝廷授以度牒、禀食，遣往武当山各大宫观焚修香火，虔心办道。永乐以后这成了定制，历朝承袭。此外，朱棣还允许无度牒的道士去"其余小宫观（即玉虚宫等大宫观之外的宫观）里修行"，这就为明代武当道人人数的增加打下了基础。

三是钦命道官提点各宫观。永乐十年（公元 1412 年）二月朱棣命道录司右正一孙碧云到武当山南岩宫任住持。次年八月他又命张宇靖为武当山玉虚、

---

① 王光德、杨立志.《武当道教史略》，华文出版社，1993

紫霄等宫"选有道行者各二人为住持"。张宇清前后共为武当山荐举羽士高道23人，朱棣分别授以各宫住持、提点、副官等职，"赐六品印，统领宫事"。共"设置提点印信衙门七处，不隶在外州县管辖"，这七处道官衙门分别设在净乐宫、遇真宫、玉虚宫、紫霄宫、南岩宫、太和宫和五龙宫。这些道宫中有原道录司右正一李时中、右玄义任自垣，龙虎山上清宫高道邵庆芳、周惟中、王一中、江西建昌府道纪胡古崖、浙江嘉兴府道纪赵宗诚等，他们都是当时戒行端严、谙悉经典和斋醮法事的著名道士，直接负责管理道众（编制户籍、发放禀食、安排生活等）及教务，并定期主持斋醮为皇室祈福攘灾。

四是拨赐公田佃户，专一供瞻道士。永乐十四年（公元1416年）九月三日，张信传奉圣旨"武当山各宫观，别无田粮供瞻，着户部差官去同所在官司踏勘本处附近荒闲田土；着法司拨徙流犯人五百名去那里做佃户，专一耕种供瞻。若是本山宫观边厢有百姓的田地，就取勘见数拨与佃户每种，另寻田土拨还百姓"。在粮食没种出来之前，由朝廷拨"行粮"供养道士。次年，户部奉旨将犯人王文政等共555户入册，编为"大有、永丰、富和、福庆、善安"五里，专一办纳斋粮，应付脚力。每户给田地50亩，每年交租课七石，征送各宫观供养道士。这27750亩田地是太和山的私田，由皇帝除授均州知州吴礼，不管均州事，专一提调佃户，并就佃户屯田所另盖公所管属。

五是赐给布匹及香烛灯油等。由于武当山道士属于皇室御用神职人员，所以他们穿衣所用布匹也同京师神乐观的乐舞生一样，由官方供给。永乐十七年，朱棣下诏曰：太和山各宫"道士每年与棉布两匹，夏布两匹"，"所有襄阳府县六年一次额办给散道士阔白棉布二千四百匹、阔自苎布二千四百匹"。与此同时，朱棣还让玉虚宫提点任自垣计算各宫观供神所需香烛灯油的具体数目，由皇室差人前去购买。所有开支在嘉靖二年（公元1523年）以前都是从国家正税中动支。

六是轮差军民修理洒扫宫观，免除科差。永乐十五年二月，朱棣根据张信的建议，将襄阳府均州该管军民人户免除科差，分派轮流前去玄天玉虚宫等处守护山场，洒扫宫观。后又具体规定：均州八里人民在山洒扫，均州一千户所官军用工修理，守护山场。为适应新任务，均州千户所数千名正军、余丁都学会了木、石、泥、瓦等手艺，尽数停留在州，随时听候提调参议派用。

七是钦授藩臣，提调全山。朱棣为了直接控制武当道场，亲自委派一名湖广布政司右参议常驻武当山，组成管理机构，对皇室负责。永乐十七年朱棣令"郎中诸葛平着做湖广布政司右参议，专在大岳太和山提调事务"。永乐二十二年（公元1424年），朱棣在给诸葛平的敕令中明确规定他要"用心巡视，遇宫观有渗漏透湿处，随即修理；沟梁道路有淤塞不通处，即便整泊"，"务使宫观常年完美，沟梁道路永远通利"。

宣德十年（公元1435年）以前，藩参是全山的总提调官，潜臣公署（参议行省）设在均州城，下辖均州千户所、佃户屯田所和七宫道教提点印信衙门等机构。藩臣"领敕来山，职专总督，宫观事务悉属提调，不系布政司在外干办公务官员"。

八是颁降圣旨，严饬道规。朱棣为了加强对道士的管理，在永乐十一年十月十八日颁降圣旨："大岳太和山各宫观有修炼之士，怡神穰真，抱一守素，处远身形，屏绝人事，习静之功，顷刻无间。一应往来浮浪之人，并不许生事喧聒，扰其静功，妨其办道。违者治以重罪。有至诚之士，慕摄玄关，思超凡质，实心参真问道者，不在禁例。若道士有不务本教，生事害群，伤坏祖风者，轻则即时谴责，逐出下山；重则具奏来闻，治以重罪。"此圣旨大字正书，刻于巨碑，置于玉虚、净乐等五大宫内。从这里可以看出，朱棣不仅以法律形式保护武当道教，而且以亲自任命教主的办法直接参与对武当道士的管理。

朱棣制定的这些扶持政策和管理措施，为明代武当道教的发展提供了可靠的政治保证，同时，也为它的兴盛奠定了坚实的经济基础。但是，应该看到朱棣并不仅仅是武当道教的"信徒"和施主，他实际上是以武当道教教主及首脑的身份直接干预宗教事务，并亲自任命行政官员和道官管理全山教务。这就说明武当道场已成为皇帝直接控制下的御用神庙，它主要的职责是为皇室祈福祝寿，如永乐二十年（公元1422年），玉虚等宫道众为皇帝诵祝延圣寿宝经。

### 3. 明代诸帝对武当道教的优渥恩宠与提携管理

朱棣去世后，其子朱高炽即位，是为仁宗。从仁宗开始，历朝皇帝都把太和山看成是"朝廷家庙"，他们不仅严格执行成祖制定的上述政策措施，而且还根据情况作了补充和改进，体现出明代皇室对武当道教的提携管理与优渥恩宠。

一是仁、宣两朝，进一步完善了原有扶持政策。如洪熙元年二月，仁宗在给湖广都指挥使司的敕命中优免了均州千户所军余的杂泛差役；宣德元年正月，宣宗在给湖广都司布政司的敕命中，又宣布免除其屯田子粒。据记载，均州千户所有"食粮正军一千二百余名，余丁三千余名"，① 他们全部被朝廷免除了征差，杂役及屯田粮，奉命尽心尽力修理宫观。此外，宣德三年（公元 1428 年）太常寺主任自垣奏称"道众人少"，"乞令在山各道收养徒弟，焚修香火"。宣宗同意了这一要求，实际上就给予了武当道招收道徒的权力。再则，宣德四年（公元 1429 年）五月任自垣又奏称"油腊十年一次送到，收顿年久，难以点照，乞照降香三年一次送用"。宣宗答应让内官去购买赍送。

二是钦授内臣提督全山以加强管理。宣德十年三月英宗即位不久，皇室就派遣尚膳监左监翠陈野到太和山任提督。从此，均州城内增设内臣提督府，与藩臣提督府一起管理全山事务，"务在庙貌森严，道众洁净，虔奉祀事，供养香火，以祈福佑于悠久"。到成化年间，由于镇压荆襄流民起义的镇守总兵、分守参将等武宫驻扎在武当山下，宪宗为了便于监视他们，就在成化十二年（公元 1476 年）四月命提督太和山内宫少监韦贵（次年升为太监）在不妨碍"原管事务"的前提下，"兼分守荆襄二府所属州县并卫所"。"兼管附近渐川，内乡二县"。后来，由于明政府在郡县设立了湖广行都司和郧阳府卫，所以分守太监的管辖区域就扩大到荆、襄、郧三府及河南南阳，陕西汉中，西安等府与郧阳交界的各县。凡这一地区发生的重大军政事情，甚至包括司法刑狱等事，都要有分守太监会同镇守总兵，抚治都御史及巡按监察御史等官"会同计议"，并及时向皇帝汇报。隆庆元年，因朝中大臣反对，明穆宗命提督太监"毋兼分守"，但到明神宗万历年间，提督太监又兼分守湖广行都司。明皇室派遣宦官提督太和山长达二百余年，这一方面反映了明代宦官势力的膨胀，另一方面也说明武当山在明朝皇帝心目中具有特殊地位。

三是钦降像器、经书等物充实各宫观。由于太和山是明代"朝廷家庙"，所以许多皇帝都曾多次钦降神像、供器、法器、经书、陈设等物以充实各主要宫观。例如，明宪宗成化九年（公元 1473 年）七月，派太监陈喜等管送真武圣像二堂于太和、玉虚二宫安奉。其中奉安于太和宫者，计真武圣像一尊，从官像四尊及水、火二将神像各一座，全用白银铸成，并饰以黄金；神帅像等十余座，均为铜铸饰金，复以饰金雕楼重檐木殿。奉安于玉虚宫者，其真武圣像一尊，从官像四尊，水火二神像各一座，均为镀金铜像，并配以白玉琢制的神座。两宫各赐"朱漆梓金供桌"一张。"其供器银镀金者十有四，铜镀金者二十又二，总三十八事，铜提炉二，石磬一、铜钟一、绮罗销金幡、幢、伞并杂色幡总百十有八"。又如明孝宗弘治七年（公元 1494 年）八月

① （明）王佐《大岳太和山志》（卷六）《敕护山场》

"钦降圣像一十九尊，供器全，苎丝幡三十对"；明嘉靖五年（公元 1526 年）二月"钦降圣像一堂于净乐宫安奉，供器全。钦降道经的次数也很多，如《明英宗实录》载：正统十三年（公元 1448 年）二月，《正统道藏》刊印后，赐给武当山四部，分别藏于太和、南岩、紫霄，净乐等宫；成化十二年（公元 1476 年）遣太监陈喜送《真武经》500 部到武当山，分给七大宫；成化二十二年，遣太监陈喜将御制各种道经 6500 部（均为拓黄绢壳面）送往武当山；弘治十四年（公元 1501 年）遣太监王瑞等送御制经书到武当山太和宫，共计 4866 卷。由于明皇室尽力扶植武当道，所以武当山各宫观像器陈设的贵重与豪华程度，是当时其他名山宫观所无法比拟的。

四是屡降敕谕，保护山场。朱棣创建宫观后就命令均州千户所军余负责守护山场、修理宫观，到嘉靖年间，担任守护城池，巡逻宫观山场的旗军共739 名。因此，明代卢重华的《大岳太和山志》等书直称该千户所为"钦设护守山场均州千户所"，内设指挥三人，千户十人，百户七人。开始，由于武当山位于洪武初年划定的川、陕、楚、豫四省交界的"旧禁山场"之中，所以很少有人敢违禁进入垦殖，但从宣德以后，这一地区流民已达 150 万人以上。他们为了生活，自然要进入武当山周围"砍伐侵种"。明宪宗为了"护持仙山"宫观，下专旨划定山场范围，不许流民侵毁。例如，成化二十年六月，宪宗特赐护持划定武当山绝对不可侵犯的四界，"朕惟大岳太和山乃玄帝显灵之所也，形胜蟠踞八百余里，东至冠子山，西至鸦鹏寨，南至麦场凹，北至白庙儿。其中峰、岩、滩、涧，宫殿、庙宇、河桥并峙横跨者非一，……兹者提督太监韦贵以近年流民潜于界内，砍伐竹木，住种田地，虑恐日久愈加侵毁，乞敕护持，特允所请。继今以往，一应官员军民诸色人等，毋得侮慢亵渎，砍伐侵种，生事扰害。敢有不遵朕命者，治之以法。故谕"。到嘉靖二十六年（公元 1537 年）世宗又命有司"查明先朝山场四至，置立石碑，开列明白，永为遵守。其提督官务要严饬下人巡逻护守，虔洁香火，以称朕崇玄事神之意"。[①] 明皇室保护武当山的措施是卓有成效的，徐霞客（1586—1641年）游览武当山时称"满山乔木夹道，如行绿幕中"。

从永乐以来实行的这些扶持和管理政策可以看出明皇室对武当山是十分关切和重视的，尤其是长期派遣太监任提督一事，最能说明武当山在皇室心目中的地位。据《明宫史》记载，司礼监外差的皇室重地是"南京，正副守备太监二员，关防一颗。天寿山，守备太监一员，关防一颗。凤阳，守备太

---

① （明）王佐《大岳太和山志》（卷六）《敕护山场》

监一员，关防一颗。大岳太和山，镇守太监一员，关防一颗，辖均州等处"。① 南京是明代的开国都城；天寿山是明代历代陵寝所在；凤阳是朱元璋的老家；湖广承天府是明世宗登基前的藩府所在。这些地方对皇室来说都是有特殊纪念意义的要地，武当山能跻身此列，正说明真武神是皇室钦定的保家护国之神，武当山是"朝廷家庙"，嘉靖年间提督太和山的太监王佐就说"臣伏思武当香火，为朝廷祝禧之家庙"。"如此，庶使朝廷家庙香火不废"。② 所谓家庙，一是指祖庙，即供奉祖先的神庙；二是指由自己家施财所建立的寺庙。这里所说的"家庙"主要从后一层意思上理解，即由皇室施舍财物所建立的专为朝廷祈福攘灾的神庙。作为"朝廷家庙"的武当山道场正是在明皇室的全力扶持下，才出现了前所未有的兴盛局面。

# 四、明代武当道教著名的代表人物考论

与武当道教的空前鼎盛相呼应，有明一代，武当山也涌现出众多的著名道士。这些道士，有的是宫观的复兴建设者，也有的在政治上颇受皇室重视者，还有的在社会上闻名遐迩。令人遗憾的是，明中期以后，由于武当山各宫观道士已成"禀赋官道"，主要道教活动明显地受到皇室的限制，所以在思想上独立、在理论上创新并在道法上突破发展的著名道士开始减少。道士是武当山道教的主体，他们是武当山道教风貌、精神和形象的典型代表，也是武当山道教文化的载体和标高，因此，在这里，我们仅选择其中最有代表性的道士从一个侧面来反映明代武当山道教发展的情形。

## 1. 张三丰的事迹行谊

张三丰，是武当山名头最大、影响最大、建树最大、也是疑惑最大的一代高道，因为他的足迹几乎遍布全国，在很多地方都留下了卓越的建树和传说，竟然有人说历史上原来有两个张三丰，一个名为"张三丰"，另一个名为"张三峰"。其实，张三丰是元明之际著名道士，据传他生于 1247 年，并于 1464 年冲举，但没有确考。关于他的生平事迹，有很多传说，但几乎所有的材料都有很重的神化成分。据黄兆汉、冯崇岩等先生考证，历史上确有张三丰其人。杨立志先生等人也对张三丰做过专门考辨，下面我们仅以宣德年间编成的《大岳太和山志》和《明史·张三丰传》等书为依据，专门对他在武

---

① （明）刘若愚《明宫史》木集《司礼监外差》
② （明）王佐《大岳太和山志》（卷六）《敕护山场》

当山的活动及明皇室对他的敬慕寻访略作介绍。

据杨立志先生考证，张三丰实为张全一，宇玄玄，号三丰，辽东懿州人。张三丰身形丰姿魁伟，龟形鹤骨，大耳圆目，须髯如戟。无论是三伏酷暑，还是隆冬腊月，张三丰都是千篇一律的一件麻布衣裳，一袭破烂蓑衣；有时隐居穷乡僻壤、高山大川经月不出，有时又现身城镇，招摇过市；或高视阔步，或嬉笑怒骂，自得自适，旁若无人。读书经目不忘，凡吐词发语，专以道德、仁义、忠孝为本，并没有像很多游方道士一样，专拿虚诞祸福、神乎其神的事情来欺哄世人。就像《明史·张三丰传》记载的："所以心与神通、神与道一，事事皆有先见之理也。"张三丰的行止不免怪异：或三五日一餐，或两三月一食；高兴时穿山走石，疲倦时铺云卧雪，行住无常，"人皆异之，咸以为神仙中人"。

据传，张三丰明洪武初年进入武当山，拜玄帝于天柱峰，并遍游诸山，搜奇览胜，并在此基础上，先后开辟了五龙宫、南岩、紫霄宫等道场，对武当山未来的辉煌前景充满了自信。他曾经对山中耆旧说，"吾山异日与今日大有不同矣。我且将五龙、南岩、紫霄去荆荆臻，拾瓦砾，但粗创焉"。他命令丘玄清住持五龙宫，卢秋云住持南岩宫，刘古泉、杨善澄住持紫霄宫。同时，他自己在展旗峰北陲卜地结草庐，供奉玄帝香火，号为遇真宫（永乐十年改建为玉虚宫）；另外又在黄土城卜地结草庵，名为"会仙馆"（永乐间改建为遇真宫）。

洪武二十二年（公元 1390 年），张三丰拂袖长往，浪迹天涯，不知去向。同年湘王朱柏（1371—1399 年）朝谒武当山天柱峰，专门拜寻张三丰落空，满怀惆怅地写下《赞张真仙诗》一首，诗中感叹："张玄玄，爱神仙。朝饮九渡之清流，暮宿南岩之紫烟。好山劫来知几载，不与景物同推迁。我向空山寻不见，徒凄然！孤庐空寂大松里独有老弥松下眠……"这些材料足以证明，明洪武年间张三丰曾经在武当山修道传教，并且道名远播，引得王公贵胄不远千里而来，寻仙问道。

洪武二十四年，明太祖遣三山高道游历四方，清理道教，因"闻其名"，故特意叮嘱使者"有张玄玄，可请来"。但始终未能找到张三丰。

明太宗朱棣以藩王入继大统，崇尚神异之说，奉祀武当玄帝。张三丰是明初武当山最有名的道士，也崇尚玄帝，因此，朱棣非常想把民间影响很大的"真仙"张三丰，"延请诣朝"，一则可以点缀升平，收揽民心，二则可求道法仙药，以养生延寿。朱棣于永乐三年（公元 1405 年）遣淮安王宗道在全国寻找张三丰，但遍访天下名山，没有任何音信。此后朱棣又多次派人寻访，如永乐五年（1408 年）邀请真仙张三丰；次年，再次钦命张宇初出京寻访；十年命道录司右正一孙碧云到武当山建遇真宫，并有致张三丰《御制书》，其中有云："皇帝敬奉书真仙张三丰先生足下：朕久仰真仙，渴思亲承仪范。尝遣使致香奉书，遍诣名山虔请。真仙道德崇高，超乎万有，神妙莫测。朕才质疏庸，然而至诚愿见之心夙夜不忘。敬再遣使致香奉书虔请，拱俟云车凤驾，惠然降临，以副朕拳拳之怀，敬奉书。永乐十年二月初十日。"

同时还有《敕右正一虚玄子孙碧云》："朕敬慕真仙张三丰老师。"据明代笔记和方志记载，永乐十五年，朱棣又命龙虎山上清宫提点吴伯理"钦奉太宗皇帝玉音赍香暨御书，入蜀之鹤鸣山天谷洞，结坛诵经，祈告山灵，迎请真仙张三丰先生"。同年，再追宝鸡医官苏钦等赍香书遍访张三丰于天下名山。虽然成祖并未访到张三丰，但由以上记载可明显看出他渴见及仰慕张三丰的心情。①

明英宗天顺三年（公元 1459 年）封赠张三丰为"通微显化真人"。武当山保存有成化十三年（公元 1477 年）河南南阳府邓州信士募资铸造的《贻赐仙像》铜碑，碑首为篆额，中为英宗之制，下为张三丰像。制云："朕惟仙风道骨，得天地之真元；秘典灵文，集阴阳正气。顾长生久视之术，成超凡入世之功。旷世一逢，奇踪罕见。尔真仙张三丰，芳姿颖异，雅思孤高，存想专精，炼修坚完。得仙家之玉诀，饵金鼎之灵膏，足以名利丹台，神游玄圃。去来倏忽，岂但烟霞之栖；隐显渺茫，实同造化之妙。兹特赠尔为通微显化真人，锡之诰命，以示褒崇。于戏！蜕形不老，永惟物外之逍遥；抱道绝伦，益动寰中之景慕。尚期指要，式惠来英。天顺三年四月十二日。"

有人称开顺间张三丰曾晋谒明英宗，恐不足信，《颍州志》载："至英庙封为'通微显化真人'，盖追崇之，原未召见，传召见者讹也。"封赠一事是可信的。②

清人汪锡龄（1664—1724 年）的《隐镜编年》指出，成化二十二年（公元 1486 年）诏封张三丰为"韬光尚志真仙"，嘉靖四十二年（公元 1563 年）封张三丰为"清虚元妙真君"，天启三年（公元 1623 年）封张三丰为"飞龙显化宏仁济世真君"，言之凿凿，但都不知道他的根据所在，道界和学界大都以为可能是汪锡龄制造出来的噱头。

杨立志先生考证，《道藏辑要》收有汪锡龄初编，李西月（约 1844 年前后生存）重编的《张三丰先生全集》八卷，但其中有不少内容为他人所作或

---

① 王光德、杨立志．《武当道教史略》，华文出版社，1993
② 王光德、杨立志．《武当道教史略》，华文出版社，1993

"扶乩降笔"。明代及清初有关文献提到一些张三丰的著作，如嘉靖间成书的《天水冰山录》录有《张三丰金丹节》一部，手抄本；万历四年（公元1576年）朱睦楔著《万卷堂书》，录有张三丰著作三部，《金丹小成》一卷，《金丹直指》一卷，《修养保身秘法》一卷；宝鸡金台观有万历九年所立《赠张三丰书制》碑，提到张三丰撰有《金丹玄要》三篇；《千顷堂书目》著录张三丰《金液还丹捷径口诀》一卷，《金丹直指》一卷、《金丹秘旨》一卷；《明史稿》有张三丰《金丹直指》一卷；康熙十二年（公元1673年）修《贵州通志》谓：张三丰"尝有《了道歌》《无根树词》二十四首"；《历世真仙体道通鉴》（约成书于公元1700年）载："尚书胡广言，张三丰实有道法，广具神通。录其《拵要篇》（拵应作捷）、《无根树》二十四旨（可能为"首"字之误）、《金液还丹歌》、《大道歌》、《炼铅歌》、《青羊宫留题》《地元真仙了道歌》、《题丽春院》（二阙）、《琼花诗》诸作，上呈帝览之。"《仙鉴》所载的张三丰著作，《张三丰全集》多已收录。这些丹经、诗文虽难以肯定都是张三丰所著，但在没有足够证据否定之前，我们可以视之谓明代张三丰一派的文献。

杨立志先生指出，张三丰一派的主要思想特点有以下几个方面：一是强调三教合一，把三教同源一致之点归结于道。张三丰精通三教经书，以道为三教共同之源，《大道论》上篇中说："予也不才，窃尝学览百家，理综三教，并知三教之同，此一教也。"其弟子孙碧云说："教虽三分，道乃一也"；二是强调忠孝伦理实践，调和入世与出世。《山志》称张三丰"凡吐词发语，专以道德仁义忠孝为本"。其思想中有和会理学的倾向。三丰一系虽以尚高隐、远荣利为宗风，如张三丰本人即不应明帝之召，但不重形式上的出家离俗，主张"大隐市廛，积铅尘俗"；三是重视修炼内丹，且首重性功。明任自垣《山志》称"我祖张真仙道著太微，功参玄造"。且志中所载张三丰弟子皆修炼内丹。《大道歌》说"未炼还丹先炼性，未修大药且修心，心定自然丹药至，性情然后药材生"。至心空性观，"一阳初动"，即须及时采药封固，炼化精气，称"金液还丹"。其四，张三丰一系的内丹学仍从宇宙生成探索人生命之源，《大道论》以无极，——太极——阴阳五行的宇宙生存论比附于人之生育，称"浑浑沦沦，孩子之体，正所谓天性也。人能率此天性以复其天命，此即可谓之道"。

张三丰不仅内丹造诣甚深，对道法道理深有研究发明，而且活学活用，勤于实践，造成他武功高强，兼擅拳剑，对此，明代及清初文献也多有记载，《大邑县志》载有宣德二年（公元1427年）蒋捷撰《张神仙祠堂记》云"仙

（指张三丰）自少臂力过人，善骑射"。《大岳太和山记略》载有明湖广监察御史贾大亨《题太和山》，诗中吟道："山岭凌虚濒，神尊据化权。……希夷丹气满，邈遐剑光妍……"清初田雯（1635—1704 年）撰《古欢堂集》，有《三丰道人壁影歌》，其中"熊经鸟伸诀自秘"，"长生思假六禽戏"，这似乎又与道家的导引动功有关。王夫之（1619—1692 年）云："拳勇之技，少林为外家，武当张三丰为内家。"虽然黄宗羲（1610—1695 年）撰《王征南墓志铭》称内家拳创始人为北宋末武当丹士张三丰，但此说来自于武术家口传，无法确考。宋代张三丰之说有可能是武林人士为自高声价，而把丹拳兼炼的张三丰远推到宋徽宗时代，并以他为内家拳之祖师。我们认为元明间武当著名道士张三丰，既精于内丹仙学，又兼擅拳剑武艺，是道教武术的集大成者。洪武间张三丰在武当山授徒多人，永乐以后钦选的各地各派道士四百人皆以他为祖师，故其丹法拳技流传甚广。明清以后武林多称张三丰为武当内家拳、太极拳创始人，而重内功、崇尚以柔克刚，以静制动的武当道教武术逐渐在民间传播，影响深远。①

**2. 张三丰的两大高足——丘玄清、孙碧云**

明初武当山著名道士中的丘玄清、孙碧云是张三丰的嫡传知名弟子，都对武当道教的发展做出了卓尔不凡的贡献，都被《大岳太和山志》列为"高道"，并获得扬名立万、享有专志的殊荣。

丘玄清（1327—1393 年），号云谷。西安富平（今陕西富平县）人，一说陕西咸宁人。自幼从黄冠师黄德祯出家，读书造理。明初丘玄清借其徒蒲善渊，从汉中抵四川，至金川商山求胜地栖息不可得。洪武四年（公元1371年）自襄阳历均州，来游武当，见张三丰真仙，举为五龙宫住持。

丘玄清的修为，主要在三个方面。第一，他是五龙宫的复兴者。被张三丰推荐为五龙宫住持后，丘玄清奋克勤克俭，奋发作为，率领众徒在五龙宫收拾瓦砾，清除荒草，整理故墟，构建庐室暂居，"积精存神，修真导和，服行清净，承学大来"。次年为恢复五龙宫，"储材陶瓦，覆城貌坚，远近乐施，不期岁间，宫殿廊庞，栖止庐舍，次第一新，殿塑圣像其中，神将前列，钟鼓在悬"。短短一年工夫，就从瓦砾荒草之中、残垣破壁之下，就使五龙宫人声鼎沸，香火旺盛，圣象端庄，道声远播了。只此一例，足见丘玄清是一位奋发作为、雷厉风行的事业型的道长。

第二，亦官亦道，他是沟通朝野、武当与北京的桥梁。丘玄清为人宽襟

---

① 王光德、杨立志.《武当道教史略》，华文出版社，1993

大度，撑拓教门达十年之久。洪武十四年官府以其贤才行能荐于朝廷，除授监察御史。明太祖朱元璋给他顶尖美色宫媛二人，他力辞不受。第二年就被朱元璋破格提拔为太常寺卿，诰封二代，宗祖蒙休。十八年（1385 年）敕授"嘉议大夫太常寺卿"。每遇大祀天地，朱元璋宿于斋宫，问以晴雨之事，玄清奏对，立有应验，因而朱元璋更加器重和尊敬他。丘玄清为人勤勉有加，平昔公务之余，总以诵读道经为乐，常常《黄庭》《道德》不辍于口。空闲之时，往往神思飞越，凝神坐忘。

第三，他的善终被视为修成得道。洪武二十六年二月的一个傍晚，丘玄清对他门徒说，"我当谢天恩弃尘世去也"。第二天，沐浴更衣之后，端坐瞑目，溘然长逝，终年六十七岁。朝廷遣礼部侍郎张智行御祭礼，葬还五龙宫黑虎涧之上。明代山志中收录明太祖任命他为"嘉议大夫太常寺卿"的诰命和为他而撰的祭文及当时文人为他写的一些赞、诗、序、记等。仅此一例，就足见丘玄清生前享有的器重和身后别加的恩荣。①

孙碧云（1345—1417 年），陕西冯翊（今陕西大荔县）人。

孙碧云的名世，也取决于五个方面的原因。一是他的导学根基深厚，年少便出类拔萃。幼年颖悟，愿欲学仙，十三岁就进入华山为道士，"寻镌刀之踪，追希夷之际，岩栖屋树，服气养神，探黄老经旨、周易参同与夫儒释，诸子史书，罔不熟读，研精覃思，固有年矣"。②

二是风传唯有他得了张三丰的真传，掌握了常人无法企及的道教道术。《华州志》载："半截山……有孙碧云道庵，庵下溪中，有巨石大窝，世传孙碧云受张三丰仙人之道术，驭鹤引凤。"并称孙碧云"受张三丰之教得仙，明太祖高皇帝至成祖，俱有征召谕赐之宠"。明代《山志》中有永乐皇帝《敕右正一虚玄子孙碧云》曰："联闻武当遇真，实真仙老师鹤驭所游之处，不可以不加敬，今欲创建道场，以伸敬仰钦慕之诚，尔往审度其地，相其广狭，定其规制，悉以来闻。"

三是他发扬光大了张三丰三教同归的教法思想。洪武二十七年（公元1394 年），明太祖因梦遣奉御张武等人请孙碧云至京，命住朝天宫，遣官赐衣。十二月十一日第二次诏见碧云，朱元璋问"三教之说，其优劣如何？"孙碧云回答说："于道言之，则无优劣之辨。教虽分三，道乃一也。推其亘古今历代以来，圣帝明皇在中原大国，南面垂衣而理世，咸称为尊君，岂不为优乎？其四海八方，化外偏帮小国，共入会同而咸来朝贺，北面顿首，三呼再

---

① 陶真典．武当山神仙大观［M］．中国地图出版社，2006，11
② 《华州志》

拜而称为微臣，岂不为劣乎？而宣圣孔子，陈三纲之礼，五常之教，万代则之，而历代崇奉，岂不为优乎？而太上训道德无为，修身治国之玄理，演清静太朴，正己正人之圣化，上古明君，成为准则，而称为善治岂不为优乎？而释迦文佛，出自西极，而教流东土，谈检身治心真实之微言，说过去未来不虚之因果，若尊守之，则超出十地，岂不为优乎？若此三教之说，途虽殊而归乃同矣也，虑虽百而致乃一也，本无优劣之辨。"此番议论，朱元璋听后大悦，后来对孙碧云说："朕便是轩辕，尔便是广成。"实际上孙碧云的这番话阐述了张三丰一系的三教归一的思想。①

四是成为武当道教的播撒者和大建武当的规划者。次年正月，孙碧云迁居兰州金天观。永乐十年（1412 年）明成祖召其至阙下，敕授道录司右正一职事，赐御诗一章，并对礼部尚书吕震下圣旨说：让孙碧云到武当南岩办道修行，并准许他自由往来天下福地，修行云游。同年三月，明成祖又命他到遇真、五龙、紫霄、南岩四处勘查测量，定其规制，为营建工程作规划设计。

五是武当山榔梅派的开山祖师。永乐十五年孙碧云对门人说："教门已兴，吾将往也。"第二天，更衣沐浴，焚香遥空礼谢，端坐而逝。驸马都尉沐昕、礼部尚书金纯、侍郎郭琎闻讯，磋悼不已。孙碧云故后葬于桧林庵。太易子作《碧云集》行之于世。他是武当山榔梅派的开山祖师，该派又称"武当本山派"，主要在南岩宫等处传承。②

### 3. 明代"太和四仙"

除了丘玄清、孙碧云两大高足之外，张三丰还有四个弟子比较有名，有明一代，他们被称为"太和四仙"。

卢秋云（？—1410 年），光化（今湖北光化县）人，早年师从终南山大重阳万寿宫高士学道，接触了全真道的道法之理。后来再遍访江右各处名山大川，又入龙虎山上清宫，学习天师道的道法精理，终至佩领教符。然后再来武当山五龙宫，因为大道高德和清声美誉，多年以来一直担任五龙宫住持。忽然一天，卢秋云不其然就退隐到了南岩紫霄之巅，从此杜门不出，专心体道，"若将终身焉"。永乐八年（公元 1410 年）冬，卢秋云无疾而终。明代《山志》称张三丰命卢秋云住南岩，故其确为张三丰弟子。

刘古泉，河南人，生卒年月不详。刘古泉道术充满神秘色彩，一生练就了不少非凡的功夫，但到晚年，却返璞归真，融入自然。《山志》称他"早脱樊笼，有蹑景凌虚之志，九还七返之妙，调铅炼汞之功，并无虚日。石火电

---

① 陶真典. 武当山神仙大观［M］. 中国地图出版社，2006，11
② 王光德、杨立志.《武当道教史略》，华文出版社，1993

光，知其自警。既后精神全就，与道惟一，乃入宝珠岩下蒲团。春风之乐，自谓足矣。一旦告道友杨公曰：'吾今解带，正在此时'。语毕，撒手而去"。①

杨善澄，太行西山人，生卒年月不详。《山志》称他"风有道契，清源中来，墨守珠辉，深根固蒂，志在太和紫霄之上。后果如其意。同刘古泉结岁寒之盟，借入宝珠岩下。闲谈太极，至乎无极之妙。一点头来，与（刘）古泉各自珍重。翌日，溢然而去"。《山志·张全一传》称张三丰命刘古泉、杨善澄住紫霄，故此二人乃张三丰弟子。②

周真德，不知何许人。《山志·张全一传》称洪武间张三丰在武当山卜地建遇真宫、会仙馆，对其弟子周真德说："尔可善守香火，成立自有时来，非在子也。至嘱至嘱"。其他晚出的书籍如任洛《辽东志》、吴集、吴道迩修《襄阳府志》等也多提及他，但都没有超出上述范围。③

明初武当山著名道士除张三丰一系外，还有许多其他道派或道派不明的高道，如邓青阳、简中阳、李孤云等。永乐年间大修武当宫观，明成祖又遣官在全国选拔高道，分任武当各大宫提点、住持，一时间各地名道高士荟萃武当。限于篇幅，此处从略。

①　陶真典．武当山神仙大观［M］．中国地图出版社，2006，11
②　王光德、杨立志．《武当道教史略》，华文出版社，1993
③　陶真典．武当山神仙大观［M］．中国地图出版社，2006，11

# 第十四章 武当山与中国道教的勃兴（下）

## 五、明代武当山的空前建设

由于朱棣崇奉玄武神不是出于一般尊神敬鬼的宗教需要，而是出于靖难夺嫡和巩固继统的政治需要，所以他在兴工营建武当玄武宫观的过程中，不惜耗费长久的时间和巨大的人力物力，务使武当宫观建筑"宏壮坚固"、"万万年与天地同其久远"。①

### 1. 明成祖大修武当的基本情况

朱棣大修武当山道教宫观，历时十四年而建成。综观十四年的营建过程，大致可划为三个阶段。

一是规划准备阶段，从永乐九年到永乐十年六月（1411—1412 年）。永乐九年朱棣命工部侍郎郭琎前往湖广督武当山宫观，并敕命要求所有大权集中于郭琎一人之手，别人不得干预。郭琎是由朱棣一手提拔起来的工部官员，为人沉稳干练，"以勤敏著称"，他首先被派往武当山负责征集军民夫匠，调运砖瓦木石。为修建武当宫观征调的工匠包括十五个工种，即木、石、土、瓦、画、铜、铁、锡、铸、五墨、油漆、妆鉴、捏塑、搭材等，各工种都有工匠作头三五人负责设计组织，另外，还抽调了医士、阴阳先生多人。这些人主要来自湖广、江浙、河南、陕西、四川等地，大约"军夫二十余万"，但《明史》说"丁夫三十余万人"。② 虽然两种记载略有矛盾，但大建武当十余年间花费人力的总数，即如王世贞所言"十年二百万人力"。③ 需要说明的是，这里所说的匠役人数，仅仅是指在武当山从事营建的数万名工匠和作为

---

① 任自垣：《大岳太和山志》（卷之二）
② 《明史》（卷二二九）
③ 王世贞：《弇州山人四部稿》（卷二二）

工匠助手的十几万民夫。武当山的营建动用江南、中原十数省的人力物力。如从事伐木、采石、烧造和运输等方面工作的夫役。据山志记载："敕建武当宫观材木采买十万有奇，悉自汉口江岸，直抵均阳"。① "永乐十年，管运武当山琉璃诸物至襄阳，小舟万计泊（真武）祠下。"② 由于武当山是神山，不能就地砍伐木料，所以只有从四川等地采买运来；而琉璃诸物也来自东南产地。这些建筑材料的运输都是沿水路，长江沿岸的材料首先集结于武昌，然后由纤夫挽船溯汉江而上，经襄阳运抵武当山。这期间所费人力也当以十万计。在征工备料的同时，测量规划工作也在进行，永乐十年三月，朱棣命道录司右正一孙碧云"尔往审度其他地，相其广狭，定其规制，悉以来闻，朕将卜日营建"，③ 接到命令，孙碧云便回到武当山，前往紫霄、五龙、南岩、遇真等处勘定宫址。

二是主体工程营建阶段，从永乐十年到永乐十六年（1412—1418 年），完成了武当山营建工程的主体部分，共创建了五大宫以及其他二十多处宫观庵庙。共同负责营建武当山宫观的有隆平侯张信和驸马都尉沐昕，他们是朱棣最宠信、最贴身的人。隆平侯张信是被朱棣呼为"恩张"的靖难功臣，而沐昕则是朱棣女儿常宁公主的丈夫，后期派往武当山的礼部尚书金纯也是朱棣信任的人。由这些人督修武当宫观，就自然能百分之百地体现朱棣的意志和思想，即便如此，朱棣依然不放心，除了告诫张、沐等人"竭力用工"、"不可有丝毫怠忽"外，还专门在永乐十年七月十一日对所有大修武当的官员军民夫匠人等下了一道"黄榜"，在这篇黄榜里，朱棣用通俗的口语讲述了他大修武当宫观的原因和官民军匠应遵守的纪律，并宣称："（我）这件事不是因人说了才兴工，也不因人说便住了工。若自己从来无诚心呵，虽有人劝，著片瓦功夫也不去做；若从来有诚心要做呵，一年竖一根栋、起一条梁，逐些儿积累，也务要做了。恁官员军民人等，好生遵守著我的言语，勤谨用工，不许怠惰，早完成了回家休息。"④ 这道皇榜即可以看出朱棣大修武当的决心，也可以看出他强迫几十万夫匠长期为他劳作的专横态度。此后，营建工程正式动工，几十万军民夫匠在武当山周围数百里的崇山峻岭和沟壑溪流中，或搬砖运木，或树栋架梁，或凿石开道，或炼铁冶铜，在极为艰苦的条件下，用非常原始的施工方式来垒砌武当山的巍峨宫观。经过他们几年的辛勤劳动，

---

① 任自垣：《大岳太和山志》（卷之十三）
② 方升：《大岳志略》（卷三）
③ 《大岳太和山志》（卷之二）
④ 《明太宗实录》（卷一二九）

紫霄、南岩、净乐、五龙、遇真、清徽、朝天等宫，太玄、元和、五龙、复真、仁威、威烈、八仙、太常等观先后建成，太和宫金殿也被运上了海拔1612米的天柱峰峰顶。①

朱棣非常重视太和宫金殿的铸造和运输。永年十四年九月初九日，为运送金殿，他专门对都督何浚下圣旨："今命尔护送金殿船只至南京，沿途船只务要小心谨慎，遇天道晴明、风水顺利即行。船上要十分整理清洁。"② 由此可见，金殿是在北京铸造好后，经新疏通的大运河、长江、汉水，由水路运上武当山的。在当时运载和吊装技术尚不发达的条件下，把金殿搬运上山组装是一项极艰巨的工程，其施工难度是可想而知的。金殿安装好后，永乐十五年朱棣将武当山改名为"大岳太和山"，并给五大宫敕赐新名。"永乐十六年十二月丙子朔、武当山宫观成。……上亲制碑文以纪之"。③ 主体工程到此基本完成。

三是补充工程营建阶段，从永乐十七年到二十二年（1419—1424年）。此间建筑，完全是为了尽善尽美而补充修建了一些小庵庙，各大宫增设了一些亭台围墙等建筑物，如永乐十七年四月"敕建净乐宫紫云亭"，同年五月"敕建太和宫四围墙垣（即紫禁城）"。与此同时，还铸造塑制了大批神像，垒筑了登山神道和桥梁，朱棣也给另外十一个小宫观敕赐新名。永乐二十二年二月，"敕湖广布政司右参议诸葛平，朕创建大岳太和山宫观……今工已告成完，特用敕尔、常用巡视，遇宫观有渗漏处，随即修理"。诸葛平虽为藩参，但"不管布政司事，专在大岳太和山提调事务"。同年秋七月，朝廷为宫观告成，在玉虚等宫建"金箓大醮"七昼夜。由此可见，朱棣直到死前（同月朱棣病死榆木川），仍在关注武当山。在大修武当山的十四年中，朱棣始终注视着这里的情况，据山志统计，他先后为此颁布的敕谕诏诰碑文共三十余道。其内容除上面已提到的外，还包括道士的选派、管理和生活安排，各宫观所用香烛灯油的采买和建筑余料的处理等问题，总之，事无巨细，都要由他安排决定。④

大修武当期间，消耗了朝廷大量库存，其数量可以说是惊人的，朱棣也曾亲口说："工作浩繁，实皆天下军民之力、辛勤劳苦、涉历寒暑，久而后

---

① 王光德、杨立志．《武当道教史略》，华文出版社，1993

② 任自垣：《大岳太和山志》（卷之二）

③ 任自垣：《大岳太和山志》（卷之二）

④ 王光德、杨立志．《武当道教史略》，华文出版社，1993

成，凡所费钱粮难以数计。"① 明代朱国桢（1557—1632 年）认为，"成祖而于道教，惟太和山一役，则因嘿佑之功，竭两朝物力表其巅，至今奔走四海"。② 关于钱粮耗费的具体数字，只能推算，以粮食的消耗看，三十余万军民夫匠若按修乾清宫的岁支工食米标准，每年所需粮食近一百三十万石；至于工料匠资等银钱消耗，《明史》说"费以百万计"。③ 明人王士性（1577 年进士）也认为："当文皇造五宫时，用南五省之赋作之，十四年而成，此殆不可以万万计者"。④ 这些估算表明，营建武当宫观的耗费是极其巨大的。

### 2. 明代武当建筑群的维修与明世宗的扩展情况

明成祖大修武当宫观之后，历代帝王官吏又不断进行修缮和增建，使武当宫观始终完美如新。督工修缮宫观是提调藩参和提督太监的日常工作，所用人工来自均州千户所军余，该所四千余名正军余丁平时只有数百人负责操备城池，巡禁山场宫观，其余三千余人经常的工作是烧造砖瓦、采办木料，遇有损坏，随即修理。成化五年（公元 1469 年）宪宗命提督太监韦贵"得尔奏彼处宫观房宇、桥梁、道路，年久损坏数多，其均州千户所正军，多系先前学木、石等匠，要乞优免征差，兼同余丁专一修理等因，今特准尔所奏……"。嘉靖间提督王佐说"修山军余匠作，每班三百五十名，四班共一千四百名，烧造修理砖瓦，石灰二窑，纸筋进贡坛罐等厂，石匠、装銮、五墨、油漆等匠四班军余，成造年例鲜品行人共六百一十九名"。实际上，均州千户所差不多已不再是国家的专门武装力量，而是以修理道教宫观，守护武当山场为主要职责的"皇家工程兵"。兴工修理的物质经费先是"俱派襄阳府所属州县动支钱粮，差官买办料物解用"，弘治六年（公元 1493 年）以后则奉旨由香钱中支给。这一政策一直执行到明末。⑤

永乐至嘉靖间大的增修工程不多，宣德元年（公元 1426 年）宣宗敕命右副使苏敬说，"尔往大岳太和山修理宫观、桥梁、道路，务在坚完"，并命他提督管工官员。成化十七年（公元 1481 年）提督太监韦贵为报玄帝佑护迎恩桥之恩，备己资修理一观，宪宗赐名迎恩观。成化十九年又改观为宫。弘治十七年（公元 1504 年），孝宗敕命提督太监齐玄说："尔原奉命创建庙宇到彼，便相择建造，精致如法，壮丽坚久，乃伸朕崇奉之意。其所用木、石、

① 任自垣：《大岳太和山志》（卷之二）
② 朱国桢：《涌幢小品》（卷三二）
③ 任自垣：《大岳太和山志》（卷之二）
④ 王士性：《广志绎》（卷四）
⑤ 张良皋．武当山建筑［M］．中国地图出版社，2006，11

钱、粮、人工、物料，悉听尔处置……"①

明世宗重修武当宫观，是继成祖之后又一项大规模的修建工程，明代山志将二者并提，称"创建宫观"和"重修宫观"。提督工程的工部侍郎陆杰撰有《敕修玄岳太和山宫观颠末》记其事，《明世宗实录》对此事也有记载。

嘉靖三十一年（公元1552年）二月二十九日"诏修太和山玄帝宫"，圣旨云："朕成祖大建玄帝太和山福境，安绥华夷，显灵赫奕。计今百数十年，必有弗堪者。联今命官奉修，便行与湖广抚按官督同该道官，诣山勘视应合修理处所。估计工费，限四十日以里回奏工部知道。"湖广抚按官三月初九日接到圣旨，迅速奔赴武当山勘查，回奏称该山宫观除金殿外，太和宫以下不无损漏，类有弗堪，宜及时修理，"会计工费当用银拾万四千二百五十余两。上命发内币银十一万两给之，敕原任侍郎陆杰提督工程"②。同年六月在给陆杰的敕书中说，"合用物料，于见颁去宫银及有司动支，处办听用，……事完通将办过工程，用过物料、银两数目造册奏缴朝廷"。重修宫观工程的指挥班子包括：提督工程工部右侍郎陆杰、会计财用区理接济官湖广布政使司左布政使刘伯跃、右布政使邹守愚、右参政姜恩；提调工务官湖广布政使司右参议雷贺、王继洛、按察副使陈绍儒、李凌云；监工湖广都司指挥检事李经、行都司检事陈惟乔；提调输运工科官襄阳府知府吕颙、胡汝翼、郧阳府知府黎尧勋；总理工务官包括襄阳、承天、常德、郧阳、岳州等府同知、通判、均州知州及湖广行都司经历、千户等17人；分理工务官包括宜城、襄阳、黄陂、湘潭、龙阳、平江等县知县，判官、县丞、主簿及襄、郧卫所指挥、千户、百户等55人。

工程物资准备重在节省开支，为了避免"陟危履隘，转盘之费，数倍物值"，一般建筑材料只好就地烧造、采伐、加工。"永乐间，宫各有塘、久而堙没，于是觅而得之。自窑移于均之小江口，郧之滚石铺、拓溪口，黑窑于石板滩、蒿口、花栗岗、故有道，可避天门险峻，于是刊木通之。宫宇率依山傍崖、非假梯架，真可致力，须木须麻，各以数十万计，乃艾密林，伐山藤。诸费之省、靡不类是"。工程共分为四大工区，即太和宫工区，南岩宫工区、紫霄宫工区，玉虚宫工区，其余净乐、五龙、遇真、迎恩诸宫观"度宜量可力裕而事集矣"。工程兴工前后，"郧襄比岁旱潦，民食告艰，工所转输米粟给佣直，以力就食，所赖生全者无算"。这种以工代赈的办法既救治了不少灾民，更主要的是为工程吸引了成千上万的廉价劳动力。史志没有这次工

---

① 王佐《大岳太和山志》（卷十六）《序·记·传》
② 《明世宗实录》（卷三八二）；四〇四；四〇五

程人力耗费的确切记载，但据估算工匠夫役人数不会少于十万人。钱粮耗费只用币银九万多两，为皇室节省白银一万多两，但"官役之需出有司者不隶焉"，实际支出当是内币银的数倍，主要由湖广地方承担，如玉虚宫正门外的二个御制碑亭，即湖广巡按屠大山等"发公羡共成之"。①

工程自嘉靖三十一年六月动工，到三十二年（1553 年）十月竣工。修理项目包括：整换太和宫金殿台基、姜嚓、花板石 17 块，用护朱红栏杆层、范造金像五尊。在入山道口鼎建碧色石料"治世玄岳"石坊一座，左右海海墁、踏垛 1200 丈、太和、紫霄、南岩、五龙、玉虚、遇真、迎恩、静乐等八宫并带管岩庙殿宇、门廊、庭堂、方丈等处，共鼎新琉璃成造 5 座，计 11 间；琉璃结瓦 18 座，计 152 间；鼎新布瓦成造 115 座，计 235 间；布瓦结瓾 798 座，计 2034 间，总计修理 955 座，大小为楹 2441 间，并皆油漆彩画。修理琉璃结瓦墙垣计 91 丈，布瓦结瓾墙垣 9980 丈。修砌石路共 10800 丈 8 尺；石桥 28 座，八宫丹樨、阶条、海墁照旧俱用砖石剔除。沟渠俱修砌挑浚。② 三十二年十一月，世宗撰《御制重修太和山纪成之碑》，遣中书官往武当山勒石。十二月，遣英国公张溶往行安神礼，恭诚伯陶仲文往建醮。"已乃以工成颂赏效劳诸臣。命工部右侍郎陆杰回部管事，荫一子入监读书，仍赏银四十两，苎丝四表里"。其余官员屠大山、冯岳、沈良才、胡宗宪、朱瑞登、周如斗、王佐等各赏赐有差。③

嘉靖四十五年（公元 1566 年）抚治都御史刘秉仁题准修理玉虚宫等宫观，并一带桥梁道路。钦差提督工程工部右侍郎张守直、主事艾杞等数十名官员督修。其后隆庆三年（公元 1569 年）、万历三年（公元 1575 年）都有报经皇帝批准的维修工程。《熹宗实录》载：天启七年（公元 1627 年）三月，太和山玉虚宫灾，命该山提督太监"会同地方官估计物料，作速修理"。

由于朝廷的精心管理和认真维修，武当宫观在明朝统治的二百多年中，始终完整坚固，精美如新。

### 3. 明代武当山道教宫观的建筑规模

经过明成祖十多年的经营，武当道教宫观被修建得精美异常，宏伟壮丽，不仅在规模上超过了全国各地的道教建筑群，而且在明清建筑史上也占有重要地位。

从总体上看，武当道教建筑群是由东、西、北三路立体展开，数百里朝

---

①　张良皋．武当山建筑［M］．中国地图出版社，2006，11

②　（明）王佐《大岳大和山志》（卷三）《敕创建宫观》、《敕重修宫观》

③　（明）王佐《大岳大和山志》（卷三）《敕创建宫观》、《敕重修宫观》

山香道串连着三十三处宫观庵堂亭台岩庙等建筑子群组成，香道多为巨石铺砌，山下部分平坦宽敞，登山石阶规则整齐，险陡之处有石雕栏杆或铁索保护；香道沿途共修有大小石桥四十七处，或单孔或多孔，风格特异，皆如飞虹卧波，凌空而渡，反映了明初工匠的高超技艺和风格。从均州净乐宫沿建筑线上行，但见五里一庵、十里一宫，朱户隐见，楼阁玲珑，几十处宫观建筑群与山势风景互为隐衬，把武当山装点得如同仙境。明代文学家对此多有描述，袁中道（1616年进士）把玉虚宫比作"海上三山，忉利五院"，① 王世贞在诗中写道："太和绝顶化城似，玉虚仿佛秦阿房，南岩宏奇紫霄丽，甘泉九成差可当。"② 顾璘（1496年进士）认为："凡宫殿皆拟天庭帝座之崇严，虽行寮寄寓皆费中人百家之产。"③ 诸如此类的描述，不胜枚举。这些描绘也正反映出武当道教建筑群的宏大规模和雄伟气势。④

武当建筑的精华是太和宫金殿，该殿面阔进深均为三间，高五点五米，面宽五点八米，进深四点二米，全为铜铸鎏金重檐庑殿式仿木构建筑，总重达八十余万斤；⑤ 金殿内神像、几案、供器等皆铜铸鎏金。武当金殿作为我国古建筑中稀世珍宝，其工艺之精致、形式之优美，体现了明初工匠高超的铸造、装配和鎏金技术，反映了十五世纪我国铸造工艺和金属建筑的辉煌成就。⑥

武当宫观殿宇的具体房屋间数，明代的记载前后不统一，但从最小的数字看也惊人。《明实录》说"凡为殿观门庑享堂厨库千五百余楹"。⑦ 但永乐二十二年礼部右侍郎胡濙对朱棣奏称："敕建大岳太和山宫观大小三十三处，殿堂房宇一千八百余间。"⑧ 胡濙奏报的数字与玉虚宫提点任自垣编的《大岳太和山志》（明宣德六年抄本）的记载上大致相符，该志列出的各宫观房宇的具体间数合计有二千余间。但是，明代其他几种山志的记载不同，以方升的《大岳志略》（下简称"方本"）为例，仅七大宫殿宇间数就多达五千余间。⑨

对于房屋数量的不同记载和统计，杨立志先生认为，考于任本以后的各种山志可知，永乐以后百余年中，除太监韦贵于成化间所修一迎恩宫外，别

---

① 袁中道：《珂雪斋近集》（卷七）

② 王世贞：《弇州山人四部稿》（卷二二）

③ 《古今图书集成、方舆汇编、武当山部》册一九五

④ 张良皋. 武当山建筑［M］. 中国地图出版社，2006，11

⑤ 秦佩珩：《明清社会经济史论稿》页二五七至二七七

⑥ 王光德、杨立志.《武当道教史略》，华文出版社，1993

⑦ 任自垣：《大岳太和山志》（卷之二）

⑧ 任自垣：《大岳太和山志》（卷之二）

⑨ 《大岳志略》（卷三）

无扩建工程；而且成书于嘉靖十五年（1536 年）的方本载明，各宫均落成于永乐年间，故可知，造成这种差别的原因，不在于后世的扩建，而在于统计方式的不同，这主要表现在两个方面：

第一，任本的数字只包括各大宫宫内的殿堂房宇，而宫外的许多建筑物则未统计在内。如玄天玉虚宫"创建玄帝大殿、山门廊庑、东西圣旨碑亭……计五百三十四间，其宫外复设东天门、西天门、北天门、俱有道院"，又如"大岳太和宫……朝圣门外又建方丈廊庑寮室七十八间，其下复有一天门、二天门、三天门道房斋室灵官祠"。① 从行文的逻辑顺序看，其宫外二个天门附近的道院房室并未包括在统计数中；第二，任本统计的只是一些大型建筑，而各宫观内外的一些小型建筑物则未包括在内。而方本说玉虚宫"为楹大小二千二百"，这就包括了里乐城、外乐城、紫禁城以及东宫、西宫内外的全部大小建筑物。

正因为方本的统计数字更准确一些。所以后人续修山志都采用方本上的数字。据现代古建专家统计，武当宫观总计"殿宇房屋两万多间，达一百六十余万平方米"。② 这个数字固然包括了明清两代增修的殿宇房屋，但其中至少一半建筑物是明成祖兴工修建的。

杨立志先生认为，民间有永乐皇帝"南修武当，北建京师"的传说，这两处的确都是朱棣非常重视的大型土木工程。由于两处几乎是同时兴建的大型宫殿，而营建工匠又都是来自全国的名匠高手，所以它们的建筑设计施工技术和装饰彩画结构的风格是有相同之处的，都代表了当时最高水平，当然，北京宫殿的总体规模是全国其他建筑所无法比拟的，但武当工程的施工难度也是中国建筑史上较为罕见的。另外，从布局和设计看，北京故宫规则、严谨、宏大，是建筑史上群体布局的典范，而武当宫观不同，它的设计布局利用了峰峦的高大雄伟和崖涧的奇峭幽邃，将每个宫观庵庙都建造在峰峦岩涧的合适位置上，其间距疏密、规格大小都布置得恰到好处，充分体现了封建皇帝和道教所需要的庄严、玄妙和神秘的功能及氛围。明代建筑是中国建筑史上的最后一个高潮，而永乐年间所修建的武当宫观则代表了中国道教建筑的最高水平。"太和山高且奇，宫观伟丽，皆天下所无"。③ 在现存的道教建筑中，无论从建筑规模、从布局结构、从装修工艺方面来看，武当宫观都是第一流的，理应载入史册，但近人讲明清宗教建筑史时，多注意佛教、喇嘛

---

① 任自垣：《大岳太和山志》（卷之八）
② 《古建筑浏览指南》（二）页一二九
③ 《古今图书集成、方舆汇编、武当山部》册一九五

教、伊斯兰教建筑，很少谈及道教建筑，实际上像武当山道教宫观建筑群在明清建筑史上是应该占有重要地位的，① 因为，"无论从其建筑规模的宏伟、工程的浩大艰巨以及工艺的精美丰富，（它）都称得上是世界古代建筑史上的奇迹之一"。②

### 4. 明代武当山道教建筑群的等级观念

1992 年被联合国教科文组织列入《世界遗产名录》的庞大古建筑群。"武当道教拥有全国规模最大、式样最精美、保护最完好的道教建筑群。武当道教建筑群的规模在道教宫观建造史上是旷古绝今，举世无匹的。""无论从其建筑规模的宏伟、工程的浩大艰巨以及工艺的精美和丰富，都称得上是世界古代建筑史上的奇迹之一。"③ 武当山道教建筑群是武当道教在武当山这个特定区域里长期发展传承的产物。作为一种文化遗存，武当山道教建筑群必然深深烙有过去时代的文化印痕，等级观念便是其中一个比较典型的标志现象。明代武当道教建筑设计思想和施工技艺中所包含的等级观念在武当山建筑群中有着突出的表现和较为典型的实例。"数"、"质"、"文"、"位"四种列等方式在明代武当道教建筑实践中演化为宏观和微观两个向度的多个方面的等级表征。

故宫博物院的朱家溍先生说过：武当山整个建筑体系都是按照封建统治者的政权和神权相结合的政治意图，根据道教的需要而建造的。所有建筑的设计布局全部利用峰峦岩洞的雄伟高大和奇峭幽邃，每一个建筑单元都建造在峰峦、坡、坨、崖、洞的合适位置上，其规格的大小、间距的疏离，都恰如其分，各有独特风格，充分表现出封建统治者和道教需要装饰的"庄严"、"威武"和"玄妙"、"神奇"的建筑性格。④ 显然，等级观念在诸多需要中也是不可或缺的。

一是武当山道教建筑群的宏观等级。武当山道教建筑群的宏观等级，大致可以归纳为三等。

第一等级是"朝廷家庙"——武当山道教建筑群的地位之极。作为"朝廷家庙"，武当山道教建筑群在当时全国道教场所中的至尊地位就确立了。武当山各宫观中的神像、供器、法器以及神帐、宝藩等陈设，大多由皇室钦降，

---

① 秦佩珩：《明清社会经济史论稿》页二五七——二七七

② 《古建筑浏览指南》（二）页一二九

③ 蒋显福，匡裕从，杨立志. 沧桑与瑰丽——鄂西北历史文化论纲［M］. 武汉：湖北人民出版社，2004

④ 蒋显福，匡裕从，杨立志. 沧桑与瑰丽——鄂西北历史文化论纲［M］. 武汉：湖北人民出版社，2004

不仅富丽无比，而且规格等级也鲜有出其右者。宫观中有很多铜铸鎏金、铜铸镀金、铜铸贴金、银铸镀金等种类的神像造型，大顶的金殿更是雄伟奢华，重达数十万斤，全为铜铸鎏金，以构造巧、规模大、形式美而为全国之最。无怪当时人们极力盛称武当道场是富甲天下的黄金白银世界。

第二等级是"九宫八观"——武当山道教建筑群的规模之极。我们知道武当山素有七十二峰、三十六岩、二十四涧的说法。"七十二"、"三十六"、"二十四"都是颇具道教神秘色彩的数字，与道教的八卦太极图形成姊妹符号。《易经·系辞》说："天数五（一、三、五、七、九），地数五（二、四、六、八、十），五位相得而各有合"。① 古人有天圆地方之说，而当圆方之边径相等时，其周径比约为三比四，所以天三地四被看做是真正的天地数（天地组合数），两数的任何倍数也同样是天地数。而在零到九的个位数中，以九和八最大，九是三的三倍，八是四的二倍，所以"九"和"八"也就是最大的个位天地数，具有道教教义附加上的神秘意义。"不仅是象征天地及其交感之道的神秘符号，同时也是人类所以达到与神明交通，从而达成与天地合德，与天地同化企图的一种媒介物。因此这些数字可以说是反映武当山至大至极、至善至美的象征。"② 不难理解，明成祖在主持规划和修建武当宫观时，无意识地便会以主体宫观建筑的数目来合应天地数。道教建筑类型中，宫观最高，而宫又高于观；天地观念中天大（高）于地，所以"九宫八观"之法当为最佳设计理念。③

明成祖敕建的武当宫观岩庙计有33处，其中也确实是以九宫八观为主体的。综观明代由皇室拨款敕修的诸处宫观，如龙虎山上清宫，齐云山玄帝太素，南京朝天宫、显灵宫、灵济宫等，规格都很高，但像武当山这样规模巨大并长期驻有维修军队的宫观仅此一处。明代修武当宫观时，"皆撤前代之旧，大而新之"。元代后武当宫观庙宇，基本上是按照《真武本传妙经》中真武神修道成仙的神话而设计布局的，明代武当宫观的总体规划也同样突出了这一宗教信仰特征，用宫观建筑符号比附和宣传玄帝在武当山修真得道的神话，用"九宫八观"的顶级配置来衬托玄帝和武当山的超级地位。

第三等级是"真武道场"、"太极祖庭"——武当山道教建筑群的神位之极。

① 黄寿祺，张善文. 周易译注［M］. 上海：上海古籍出版社，2001
② 蒋显福，匡裕从，杨立志. 沧桑与瑰丽——鄂西北历史文化论纲［M］. 武汉：湖北人民出版社，2004
③ 张良皋. 武当山建筑［M］. 中国地图出版社，2006，11

如前文所述，道教是一种多神教，道神分有多个等级，每级都有主神和从神，道神的地位不同，供奉它们的道观的等级就不同。真武大帝（玄天上帝）在道教的发展和历史演进中，逐渐由小神而为大神，由从神而为主神，由北方神而为尊神，那么供奉他的道宫道观的等级就相应的要与其"身份"相符。明代皇室一直把武当道教所供奉主神——真武大帝作为护国家神来崇奉。武当山道教建筑群作为真武大帝的道场，在当时全国众多供奉真武神的庙观中当然是最为尊贵显赫的。①

二是武当道教建筑的微观等级。武当道教建筑群的等级观念，具体来看，主要在以下几个方面：

第一，空间层次上的等级观念的反映。武当道教建筑基本上遵循的是宫殿建筑的模式，即有相对严格的中轴线，主要单位建筑物均按次序布置在中轴线上，其余辅助建筑和配套建筑则安排在中轴线两侧，在井然的秩序中体现出各个单体建筑在该组中的重要性和等级地位。沿中轴线推进，逐渐提升，并必将出现一个高潮，高潮的所在，便是该建筑组的主殿，换句话说，一个建筑组的主殿，必然表现为该组建筑中轴线的最高潮。主殿占据的必然是"最优地位"，这是一个方面。

另一方面，空间层次还包括"最佳环境"的涵义，这一般体现在某个建筑组在整个武当山建筑群中的位置。所谓的"最佳环境"，往往带有一定的神秘意义。在传统的建筑理念中，阴阳风水是非常重要的，里面虽有一定的迷信成分，但更多地体现了中国古代工程设计中重视人工建筑与自然环境相协调、相融合的思想。譬如紫霄宫来说，中轴线上由前往后、由下而上依次为龙虎殿、御碑亭、朝拜殿、紫霄殿、圣父母殿。纵观整条气势磅礴的中轴线，高潮位置上安排的便是主殿——紫霄殿，三进院落中紫霄殿前的院落最大，九层崇台中，紫霄殿建在其中的三层崇台之上。其他建筑如廊庑、斋堂、钵堂等，皆安排在中轴线两侧及左右跨院内，古人称紫霄宫所在"紫霄福地"乃天下七十二福之一，因此处背倚展旗峰，前有禹迹池、大小宝珠峰，左有青龙背，右有白虎垭，即利避风，又易向阳采风。且紫霄宫位于武当山腰，上有金顶太和宫，下有山麓遇真宫，相当于武当山道教建筑群的中枢所在。所以，紫霄宫在整个武当建筑群的地位也就很特殊，总体规划跨越山脉的轴线的腰腹，在此也就形成一个小高潮。

第二，空间尺度上的等级观念的反映。即从建筑物在尺度上的大与小，

---

① 张良皋．武当山建筑［M］．中国地图出版社，2006，11

包括标高上的高与低和数量上的多与少来反映等级观念。每一个建筑物，由下而上，分别是台基、屋身和屋顶，即古人所说的"下分"、"中分"和"上分"。"下分"即台基。武当道教建筑一般都修有台基，其作用是抬高木构和墙体，防止地下水和雨水对土木构件的侵害。"台基的重要技术功能和审美功能，使得它很早就被选择作为建筑上的重要等级标志。历代对台基的高度都有明确的规定，台基的高低自然地关联到台阶踏跺的级数，即'阶级'的多少，'阶级'一词后来衍生为表明人们的阶级身份的专用名词，可见台基的等级标示作用是极为显著的。"① 其实不仅如此，即使在同一建筑群中的主次建筑之间，台基的高度也有明显的差别。区分建筑之间的主从关系和不同等级，主要措施之一便是控制台基的等级。

"屋有三分"的"中分"指的是屋身，包括两个方面：屋身立面（指前后檐从柱础到檐檩的立面和两侧的山墙立面）和内里空间（指殿屋的身内空间和廊内空间）。一般说来，屋身是建筑的主体部分，内里实现了人在室内活动的空间的目的。屋身所表现出的等级观念，从外观来看，表现为对单体建筑的平面的体量的限定，即其三维尺度：面阔、进深和标高，最突出的是面阔和进深，也就是古之"间"、"架"。建筑的等级制度对厅堂和门屋的间架控制得非常严格。间的多少制约着建筑的面阔，架的多少制约着建筑的进深。在古代，九间殿堂为帝王所专有（北京故宫太和殿的 11 间面阔乃是仅有的超级规格），公侯厅堂只能用到七间，一二品官员不能超过五间，六品以下只能用三间。武当道教宫观是特殊的建筑类型，也同样要遵照执行。（紫霄殿面阔五间，紫霄宫的住持提点是六品道官，似乎有僭越。其实，宫观殿宇是供"神"住的，而不是给人住的！）从屋身的内观来看，其等级观念则主要表现为内里和装修、装饰和陈设等方面。这里的等级就更复杂得细致入微，无孔不入了。②

这里仍然以紫霄宫为例。紫霄宫共有三进院落、九层崇台，中轴线依山势而上，第一重建筑为龙虎殿，面阔 15.5 米（三开间），进深 2 间 7.26 米，高 9.64 米。第二重建筑为朝拜殿，面阔 3 间进深 2 间。而主殿紫霄殿的面阔进深均为五间，通高 18.3 米，面阔 29.9 米，进深 12 米，面积近 360 平米。与前面两重建筑相比，显然是等级高贵的"庞然大物"，再加上 3 层崇台的衬托，更显得威武高大。紫霄宫的布置是武当山道教建筑群的样板模式。

第三，建筑形制上的等级观念的反映。武当道教建筑群沿循了传统建筑

---

① 侯幼彬. 中国建筑美学［M］. 哈尔滨：黑龙江科学技术出版社，1997

② 张良皋. 武当山建筑［M］. 中国地图出版社，2006，11

尤其是官式建筑的等级形制，除去上述的"空间尺度"之外，武当道教建筑的等级形制还包括台基、屋顶、斗拱等的类型形制和装修装饰、屋面用瓦等项目的具体细腻的形制。这里主要以"屋顶"为例，作简要的解释说明。①

屋顶是"上分"，是传统木构架单体建筑三大构成中最触目的部分。与台基、屋身相比，屋顶的形态类型、形制规定更加程式化，形成一整套严密的等级系列和严格的等级品位。其中最重要的九种形制按等级由高到低依次为：重檐庑殿、重檐歇山、单檐庑殿、单檐夹山式歇山、单檐卷棚式歇山、尖山式悬山、卷棚式悬山、尖山式硬山、卷棚式硬山。"屋顶的这套等级品位成为中国建筑区分等级的最显著标志，是官式建筑定型做法中极其重要的规制"。②武当山道教建筑群中常见的屋顶形制有：重檐庑殿（金殿）、重檐歇山（紫霄殿、静乐宫玄帝大殿等）、单檐硬山（复真观祖师殿）等。

在武当道教建筑群中，屋面用瓦和屋顶类型很直观地标志着建筑物的等级。一般的配房多为尖山式硬山顶，屋面为普通灰瓦，而主要殿堂则用琉璃瓦，颜色基本上都是翡翠绿（孔雀蓝），如紫霄宫的圣父母殿和紫霄殿。唯一的特例是大顶的金殿，不仅全部铜铸鎏金而成，屋面仿瓦为最尊贵的黄色，而且殿顶的式样也使用了最高等级的重檐庑殿式。仅此两项，便可知晓金殿在整个建筑群中的至尊地位了。（本节基本上采用了王少茹先生《试论武当山道教建筑群的等级观念》一文的主要观点）

# 六、明代武当道教的祭礼科仪与范式

永乐以后的 200 年间，武当山宫观被明朝诸帝改造成了"朝廷家庙"，武当山道士实际成了明皇室的御用职业道士，因此，明代武当道的主要宗教活动带有明显的御用性特点，不仅其政治地位和文化地位得到了空前的提高，而且，其宗教活动的标准化、规范化、品牌化的程度也随之提高，其祭礼科仪和范式的典范性、标志性与权威性要求也随之提高。随着岁月的演进和这些程式的不断重复、稳定，并不断播撒开去，它们慢慢被全国庙宇道观所接受，渐渐凝固为带有普遍意义的中国道教祭礼科仪和范式，成了中国道教界的共同活动程式和文化财富。不过，与此同时，道士们自身的修持炼养行为仍在继续进行，并受到官方的尊重和保护。

---

① 张良皋. 武当山建筑 [M]. 中国地图出版社，2006，11
② 侯幼彬. 中国建筑美学 [M]. 哈尔滨：黑龙江科学技术出版社，1997

### 1. 明代道教的主要祭礼程式

由于明帝把武当山北极真武玄天上帝奉为皇室保护神，所以非常重视祭祀玄帝。其主要祭礼程式有以下三种：

一是特祭，即告祭。它是指新皇帝即位或修建武当宫观开工和完工时用香帛祝文派专人到武当山致祭。因为事关重大，需要特意祭告玄帝，求得玄帝的认可，所以祭告之礼相当隆重。其时，皇帝派遣侯、伯或礼部、太常寺官员到太和宫金顶，命道士撞钟鸣磬，焚香燃烛，举行祭礼，太和山提督太监、提调藩参、均州知州及各大宫提点均要前往陪祭。此外，特祭还包括国家遇到水、旱灾害和民众起义时，遣官到武当山告祭玄帝，请求保佑等活动。如明武宗遭遇大旱和农民起义时就有御制《告真武祈雨文》《告真武弭盗文》。①

二是时祭，即四时节令或重大日子的定期祭祀，它是武当道教定期为朝廷祭祀玄帝，祈求保佑的程式。按照明朝两京祭祀真武的惯例，每年三月初三真武圣诞日，九月初九真武飞升日以及每月朔日（初一）、望日（十五），都要遣官致祭。武当山各宫观除日常功课外，还要专门举行祭祀玄帝的活动。此外，道教其他尊神圣诞日（如玉皇气太上等）也有定期祭祀礼典。

三是日常功课，也称早晚坛功课，即每天"晨昏启闭"之时，各宫观提点，住持召集道众上殿登坛、焚香诵经、朝真礼圣。其目的仍然是为皇帝祈福祝寿。如宣德三年（公元 1428 年）三月，玉虚宫提点任自垣升任太常寺寺丞后，奉圣旨允准"道服入朝"，并"照例前去（太和山）率领道众晨夕诵经，报本祝延圣寿"。又如成化十二年（公元 1476 年）正月，宪宗派遣太监陈喜赍送《真武经》500 本分布于七大宫，命道众"晨夕捧诵，祝禧皇图巩固、国泰民安"。由此可见，明代武当道士早晚坛功课，既是日常修真学道的行为，更是为朝廷祭祀玄帝的活动。天长日久，便凝固为一种道观的组织形式和生活方式。

### 2. 修建大醮

在道教，大醮是指为请神、告神、敬神来达到求福、祈福、获福目的的大型法事活动。最大的大醮是罗天、周天、普天大醮，它要敬请普天之下、四方八有的神灵，祈求最高、最大、最全的幸福，这种幸福往往只有皇室、普天之下苍生百姓和国家才配享有。

由于武当山各宫观是明皇室的"万世家庙"，道士为"禀食宫道"，所以

---

① 王光德、杨立志．《武当道教史略》，华文出版社，1993

明代武当道教最重要的宗教活动就是为皇帝举办规模宏大、气氛庄严的斋醮法事活动。明代太监扶安《登太和山》诗云："文皇创建崇有礼，历代瑞祈国祚延。"皇帝称修斋设醮为"做好事"，事先遣人送来"御制斋意一本"，甚至还亲自拟定"青词式"。在"御制斋意"中，皇帝称建醮的目的是为祖宗或皇考、皇妣在天之灵祈福颂德；为天下臣民祈迓繁祉。俾使国泰民安，风调雨顺，灾疹不生，五谷丰登，家给人足，皇图巩固，宫廷宁静，宗社平安等。明朝中后期因边患不息，故斋意多称"驱虏延祥"、"福夏灭狄"，"欲九寨悉偃于兵"等。明永乐以后200多年间，武当宫观内每年都要修建几次，甚至十几次斋醮。其主要类型有以下几种：

一是重大国醮，即皇帝因为修建本山宫观告成等重大缘故，命全国最重要的道士如张天师、陶仲文等到武当山修建金箓大醮，其时湖广军政司法方面的主要官员都要亲临醮坛，"晨夕瞻礼"，甚至"登坛执事"。如永乐二十二年（公元1424年）秋七月，明成祖以武当山宫观告成命正一嗣教真人、第四十四代天师张宇清，玉虚宫提点任自垣等率领道众在玉虚宫"岳祀坛"修建"金箓报恩延禧普渡罗天大醮七昼夜"。成祖御制《金箓大醮意》（包括《圣旨》《延禧表式》《青词式》刻石立碑，碑阴为"登坛法众"姓名及"登坛执事官员"。为开读者诸君眼目，兹将当日名单开列于下：

登坛法众：

都讲任自垣、吴大节。炼师邵庆芳、张道贤。监斋赵宗纯、罗风翔。正仪徐复高、朱尊常。侍经周惟中、吴继祖、詹观寿、张太和、史庆真。侍香梅月轩、李敬常、李云玉、胡必升、郑道瑞。侍灯施渊静、杨复遇、颜复渊、傅伯权、王克辉、王崇进、陈志坚。清道侯彭寿、袁用诚。登坛执事官员：通政司知事邵正。京卫千户王贤、王启、朱兴、王振、百户蔡玉等。湖广布政司左参政高谦、右参议诸葛平。襄阳卫指挥玉斌。襄阳府同知陈敬。荆州卫指挥邓青。武昌卫指挥路坦。提调佃户知州吴礼。均州千户所正千户朱彝，副千户张敬，镇抚张礼。均州判官刘进。均州道正易本中。均州医学典科何应祯。

好一干高官大户，绅士名流！

又如嘉靖五年（1526年）十一月，明世宗以"大礼告成"命第四十八代天师张彦頨及道录司左至灵吴尚礼到武当山净乐宫，率领本山官道四百六十名修建"金箓延禧福国裕民罗天醮"，一坛七日，一坛三日。世宗"具景命之青词，表圣心之秘祝"。"时则镇守湖广地方御马监太监潘真，总兵官清平伯吴杰，巡抚湖广都察院右副都御史黄衷，抚治邢阳地方都察院右副都御史蒋曙，湖广布政使余祖，按察司副使陈昌、侯伦，都指挥金事余承恩、马聪先后来来集，执事有恪，晨夕瞻礼"。① 再如嘉靖三十二年（公元 1553 年）十二月历子，明世宗"以玄岳之成，遣英国公张溶往行安神礼，恭诚伯陶仲文往建蘸，尚书顾可学自请与仲文俱，从之"②。陶仲文即明世宗宠信的"神霄保国弘烈宣教振法通真忠孝秉一真人"，他"兼领三孤"，时"恭诚伯"，是世宗朝炙手可热的大道士，其地位在张天师之上。

二是安神大蘸。明朝诸帝经常欲降像器给武当宫观，在奉安神像、祭器之后，往往要修建金箓大蘸祈福禳灾。以明宪宗为例，他在位 23 年，共命太监陈喜等斋送奉安神像、供器、法器、经书等六次，其中有四次明令修建"金箓延禧福国裕民大斋"。明孝宗在位 18 年，先后赍送像器、银两等七次，每次都要修建金箓大蘸。至于明世宗在位期间，更是频繁斋送像器、银两，广设斋蘸。所谓"自旱涝兵戎，以至吉凶典礼，先则叩玄坛，后则谢玄恩，若报捷又云仰仗玄威，如此几三十年"③。这虽然是记述世宗在宫内的建蘸活动，但用其概括世宗在武当山建蘸、活动也同样适用。④

三是例行国蘸，即皇帝、太子生日和玄帝冲举、圣诞等节日，各宫例行修建的金箓大蘸。据任自垣于宣德三年（公元 1428 年）三月奏称：大岳和山"所有本山宫观每遇万寿圣节设蘸颂经七日，千秋令节设蘸颂经五日"。显然，这是一项经常性的宗教活动，如期举行，皇帝不再另下圣旨。明世宗嘉靖三十一年（公元 1552 年）正月，提督太监王佐在《题请存留香钱》的题本中说：本山宫观"每遇万寿、千秋等节及玄帝冲举、圣诞日，各修建国蘸"⑤。这说明例行国蘸为历代皇帝所遵循。关于万寿节修建斋蘸的名称，嘉靖二十五年七月二十日的"御制斋意"称"金箓生辰报恩酬德叩玄祈福永寿斋蘸"。可见修建这类斋蘸法事的主要目的是为皇帝祈福祝寿或祈祷玄帝保佑国家安宁。⑥

四是皇后、皇妃、太子、公主等授意建蘸，即由皇后、皇妃、太子、公主等授意赐银修建的斋蘸，以孝宗、世宗两朝为多，如孝宗弘治十四年（公元 1501 年）七月命太监斋送神像，其中中宫皇后送斋真武一堂（计五尊、供器、法器全）遇真宫奉安，建蘸二次，一次七昼夜，一次六昼夜，共用银一

①　王佐《大岳太和山志》（卷十六）《序·记·传》
②　《明世宗实录》（卷三八二）
③　（明）沈德符．《万历野获编补遗》
④　王光德、杨立志．《武当道教史略》，华文出版社，1993
⑤　王佐《大岳太和山志》（卷七）《敕存留香钱》
⑥　王光德、杨立志．《武当道教史略》，华文出版社，1993

千八百两，放河灯四十九藏，用银六百三十七两，同时东宫建醮七昼夜，用银一千两，放河灯四十九藏，用银六百三十七两。另降香烛等物数百斤供建醮用。次年十二月，在玉虚宫修建"吉祥好事"四十九昼夜，御前、中宫、东宫各赐银一千两。又如世宗嘉靖五年（公元1526年）在净乐宫修醮二坛，其中三昼夜一坛是中宫，清宁宫、永淳长公主及恭奉、庄奉、肃奉三夫人授意修建的。嘉靖三十三年正月，大明贞妃马氏、敬妃文氏下"令旨"，"特命宫道只就净乐宫修建玉箓庆圣贺师祝寿进袍悬幡吉祥大斋五昼夜，陈设诸真清醮一千二百分位醮"。①

杨立志先生研究发现，除皇宫成员可以命官道修醮外，王公贵族也可以在朝山时命官道修醮的。南岩宫今存石碑一方，题为《钦差英国公朝山建醮记》，碑文记载的是嘉靖丙申十五年（公元1536年）英国公张溶"奉命承天府公干回程，孟冬四日梯航谒顶金殿朝礼玄天上帝，御前烛香叩祝之暇，旋转南岩宫就命官道刘志洪口发牒展次口口口启建六十分位，恭叩……"。旧志不记王公贵族建醮之事，故其醮仪难以确考。②

遗憾的是，有关当时斋醮活动的具体程式，明代山志没有专门记载，但从明代文人留下的诗句中可见其大概。副使龚秉德（1541年进士）《宿紫霄宫躬阅醮事漫成八韵》曰：

钟鼓严仙署，灯辉映道房。瑶坛供静水，石鼎燃名香。教演真元偈，筵开功德场。芝童调玉乳，羽客荐兰浆。剑咒驱魔远，符箓引眈长。经声杂笙磬，幡影动宫墙。历历星明殿，微微月转廊。坐观玄境秀，顿使世情忘③。

明代斋醮仪式有明太祖命正一派道士付若霖、邓仲修等人编定的《大明玄教立成斋醮仪》，将斋与醮合并，融为一式，作为法定模式。四十三代天师张宇初撰《道门十规》说："斋法行持……一尊太祖皇帝立成仪范，恪守为则。"从上面引述的"登坛法众"名目及诗文，可见明代武当道教建醮是严格遵照道经规定的仪式，其程序略为设坛摆供、焚香、（存想）降神、进茶、念咒、化符、上章颂经、赞颂等，并配以烛灯、施幡、步虚韵调、钟鼓笙磬等仪注。在建醮的夜晚，还要施放河灯，每晚七藏，以取照耀水府之意。建醮延续的时间，多者四十九日，少者一日，以三日、七日为多。由于大型斋醮

---

① 王佐《大岳太和山志》（卷四）《钦降像器》

② 王光德、杨立志.《武当道教史略》，华文出版社，1993

③ （明）卢重华.《大岳太和山志》（卷七、卷八）《明诗》

法事的经常化，武当道士向内注意炼养功夫，向外重视斋醮音乐，从而促进了道教文化的进步。①

杨立志先生认为，明代武当山道教音乐的发展，主要表现以下几个方面：一是永乐年间从全国各大名山宫观抽调的 400 名道士，皆为精通经典和科仪道乐的高道，他们来自不同地区的不同道派，道乐风格也各有特点，故融汇一堂后，使武当山宫观道乐芸萃全国道乐之精华，并逐渐融合构建成既有个性，又有共性的武当道教音乐体系；二是调神乐、观乐舞生张道贤担任玉虚宫提点后，在玉虚宫配备了专门的音乐教师和管理人员，并把宫廷雅乐带来武当山，从而丰富了武当道乐的内容，使皇室祭祀雅乐与道乐融为一体；三是经常举办规模宏大、种类繁多的斋醮仪式，日夜演奏。乐器有笙、管、笛、箫及各种打击乐器"嘎玉撞金、鸣丝吹竹，飘飘云端，同工殊曲。击金钟兮铿铿，鸣玉珠兮琅琅"。② 由于经常演奏道乐，故明代咏及武当山的诗歌中有"仙乐忽从天外传"、"仙乐飘飘处处闻"等诗句；四是经常奏乐迎接达官显贵。明代达官贵人朝山谒玄帝时，行至各大宫观，羽士道童均要焚香奏乐迎接。陆铿（1526 年进士）《武当游记》中写道：至遇真宫"忽闻清籁振山，幽香载途，心甚异之。舆人曰：'此遇真宫道士迓舆也'。而黄冠前导，道童翼趋，笙箫鼓吹，且奏且行，遂入遇真宫"。③ 王世贞说："所历宫观，羽众以笙管导之，出没云气中，时亦为风续断。"④

### 3. 岁贡仙品

武当山位于南北方交界线上，气候温和，土壤肥沃，雨量适中，有丰富的动植物资源，尤其是道教重视的药用植物更为丰富，如黄精、榔梅、天麻、骞林茶等药材茶果，久负盛名。明永乐三年（公元 1405 年）六月五龙宫全真道士李素希遣徒弟给皇帝进献榔梅数百颗。明成祖认为这是玄帝显灵"降此嘉祥，以兆太平岁丰"，故非常高兴，对李素希赏赐甚厚。此后大修武当宫观时，五龙宫古榔梅树"连岁盛结，采取以进，正德间因以为例"。⑤ 实际上，早在成化二十一年（公元 1485 年）的圣旨中就说"彼处所产榔梅、黄精、鲜笋等物，系永乐、宣德年间旧例选办进献……既是先年旧例，还是依前采取，如法选办来用"。只是到了弘治二年（公元 1487 年），由于湖广巡抚梁景以孝

---

① 王光德、杨立志.《武当道教史略》，华文出版社，1993
② 王佐《大岳太和山志》（卷四）《钦降像器》；（卷十）《上供仙品》
③ 王佐《大岳太和山志》（卷十六）《序．记．传》
④ 王世贞.《弇州山人四部稿》（卷七三）《游太和山记》
⑤ （明）卢重华.《大岳太和山志》（卷首叙至卷四）

宗登极诏中有"罢四方额外贡献"的内容，奏请停免，孝宗才下诏"止武当山太监韦贵等贡茶、梅、笋、黄精"①。但到正德二年（公元1507年）武宗下圣旨恢复武当山的岁供仙品（再一段强调此事），命提督太监韦兴"依照宣德、天顺年间事例，彼处产有茶品蜜饯等项，依时采取，选制送京"。此后每年进贡，直到明末因农民起义爆发而停止。旧志开列的"岁进品物"有：

春季——盐干笋、盐干鹰嘴笋、鹿尾笋、带衣笋、骞林茶、九仙子、隔山消。秋季——蜜煎黄精、蒸晒黄精、蜜煎蒸晒黄精、蜜煎榔梅。② 从供品名目可看出，骞林茶、榔梅等被称为"天真显瑞呈祥"之物，据说有延年益寿、治愈诸疾之功效。黄精，又名黄芝、菟竹、救穷草等，武当山盛产。道家以为其得坤土之精粹，故名黄精。据道士说久服熟黄精，轻身延年，令人多寿。显然这些"上供仙品"是为了满足皇室服食仙药延年益寿之需要。正因为如此，所以直至明末这一年两季的仙品进贡仍未曾间断，明末太监刘若愚《明宫史》记载："大岳太和山，镇守太监一员，关防一颗，辖均州等处，经管本山香火羽流，进榔梅、鹰嘴笋、骞林茶等件。"③

### 4. 书写符箓

符是一种笔画屈曲，象征云霞仙雾、日月星雷的篆体图形；箓是记录天曹官属佐吏之名，又有诸符杂错其间的牒文。道家认为符箓是由道气衍演而成的文字，是天神的法言，故有召神驱鬼，镇邪降魔等功效。武当派道士素重符箓，宋、元野史笔记中常有武当道士以符箓镇妖驱鬼的记载。明代武当山官道中也多有精通符箓者，如成化年间净乐宫提点雷普明曾书写符投潭祈雨有验。御马监马患疾病，"檄普明治之，遂息"。明代举人李宗木《武当道人咏四首》其二有云："道人自爱碧山眠，白云迟度窗之前。石坛松影阴千尺，老鹤一声开松烟。起来手拣丹霞箓，魍魉潜归俱遁散……"④ 参政雷贺（1507—1562年）《登太和和韵》之二有句云："宝箓长封丹霭秘，彩幡高揭翠云翘。"⑤ 据明代山志记载，武当道士为皇室写符箓以世宗朝最多，从嘉靖二十二年（公元1543年）到三十四年的十二年间，世宗先后九次下旨，命提督太监王佐选用"通晓法式"的官道篆写灵符送往宫廷。前后共篆写纸符二十六万多道，桃木、檀木香符三万五千余片。⑥

① 《明孝宗实录》（卷二十五）
② 王佐《大岳太和山志》（卷四）《钦降像器》；（卷十）《上供仙品》
③ 王佐《大岳太和山志》（卷四）《钦降像器》；（卷十）《上供仙品》
④ （明）卢重华．《大岳太和山志》（卷七、卷八）《明诗》
⑤ （明）卢重华．《大岳太和山志》（卷七、卷八）《明诗》
⑥ 王佐《大岳太和山志》（卷四）《钦降像器》；（卷十）《上供仙品》

杨立志指出，虽然明代武当道教主要宗教活动带有御用性的特点，但御用性宗教活动并不排斥道士自身的修持炼养行为，因为只有修炼有素的道士才能顺利完成为皇室祭祀、建醮、箓符等任务，如建醮对道士的呼吸服气、存想、降神等身理、心理活动本身就是炼养术。道教认为，建醮不懂存想，无法沟通人神世界，斋醮也就失去意义。明朝皇帝非常清楚这种关系，所以不仅尊重而且下圣旨保护道士们修持炼养行为。如永乐十一年（公元1412年）明成祖下旨道："大岳太和山各宫观有修炼之士，怡神葆贞，抱一守素，外远身形，屏绝人事。习静之功，顷刻无间。一应往来浮浪之人，并不许生事喧聒，扰其静功，妨其办道。违者治以重罪。"永乐大修宫观时，各大宫均建有"圜室"，玉虚宫有2处"圜室"，称大圜、小圜。所谓圜堂又称圜室、环堵，是道教修炼内丹者闭关之所。官修宫观特建圜室，说明皇室尊重道士的修炼并积极为其创造条件。①

## 七、明代武当山道教勃兴的社会历史影响

　　明代北修故宫、南修武当，使武当山脱胎换骨，一下子变成了闻名遐迩的道教中心，使武当道教呈现出空前而持久的鼎盛局面。在此后的200多年中，由于明皇室的大力扶植和精心管理，武当山道教的名号地位显著提高，道士人数不断增加，宫观建筑规模宏伟，像器设置富丽堂皇，成为明代全国最大的道教教团。与此同时，武当道教的社会影响也日益扩大，不仅慕名而来的达官显贵、文人骚客多如过江之鲫，而且它还吸引了大半个中国的朝拜香火，促进了武当进香民俗的发展。

### 1. 明代武当山的地位

　　早在元代武当山就被朝廷正式敕封为"福地"，但究其地位仍低于五岳，仍被称为"嵩高之储副，五岳之流辈"。明永乐以后，由于皇室虔诚崇奉武当山真武大帝，就封武当山为"太岳"、"玄岳"，使它的名号地位不仅超过了龙虎山、茅山、青城山等道教名山，而且也超过久享盛名的五岳，成为"天下第一名山"。时在永乐十三年（公元1415年），武当山五虚宫提点任自垣在奉天门奏称"龙虎山、茅山、阁皂山，洪武年间都有印信管领，今武当山天下第一名山，提点有了，未有印"。明成祖当即表示"礼部铸了印，着人送

---

　　① 王光德、杨立志．《武当道教史略》，华文出版社，1993

去"。这表明皇帝已默认了武当山为"天下第一名山"的说法。永乐十五年二月，明成祖正式敕封武当山为"大岳太和山"。明人雷思霈（1601 年进士）说："文皇帝起北平，袭斗极，阴行姚少师之言，办道设教超五岳而登封之。"洪熙元年二月十五日，明仁宗用香帛祝文，分遣大臣遍祀岳镇海渎，特遣礼部左侍郎胡濙祭祀大岳太和山真武神。胡濙说："今天子继志述事，升进兹山，同于岳镇。"① 后来工部侍郎陆杰（1514 年进士）说："我成祖文皇帝……表为大岳，礼视郊丘，百神莫之或先。"② 这表明武当山在当时朝廷的正式祀典中与五岳祭礼相同，且具有特殊地位。嘉靖三十一年（公元 1552年），明世宗重修武当山宫观，在遇真宫东面的官道上建"治世玄岳"大石坊，于是武当山就被尊称为"玄岳太和山"，其名号地位更明显高于五岳，王世贞曾说"世宗朝复尊之曰玄岳，而五岳次之矣"。③《明会典》《明史》等书虽未记述此事，但这在明朝实为尽人皆知的常识，如王镕（1517 年进士）说："大岳……镇雄五岳而祀超百代，天下真加焉。"凌云翼（1547 年进士）说："大岳太和山即武当山，相传为玄帝修炼之处，今言名山者首称焉。"④徐霞客说："余髫年蓄五岳志，而玄岳出五岳之上，慕尤切。"⑤ 由此可见，武当山是明皇室认定的"天下第一名山"，其政治地位明显地高于域内其他名山胜境。⑥

### 2. 明代武当道教的鼎盛标志

杨立志先生认为，武当山名号地位的提高实际上是武当道教发展鼎盛的外在表现，而最能反映其鼎盛局面的事实主要有以下几个方面：

第一，武当道拥有明代最庞大的道教教团势力，在明代道教史上具有举足轻重的地位。首先从道官设置看，永乐年间钦定的七大宫提点住持共 23人，皆赐六品印统领宫事。据卢重华修的《大岳太和山志》记载，从永乐十一年起至隆庆六年止（1413—1572 年），历代皇帝钦定的七大宫提点共一百九十一名。而当时全国的道教管理机构——道录司仅设有正六品的左右正一两人及左右演法（从六品）、左右至灵（正八品）、左右玄义（从八品）各二人。阁皂山、三茅山各灵官一人（正八品）。龙虎山正一嗣教真人历代传袭，明洪武时革"天师"号，秩视二品。虽然地位既尊且贵，但并不稳固，如隆

---

① 《万历续道藏》陪陪号，《天皇至道太清玉册》（卷五）
② 王佐《大岳太和山志》（卷四）《钦降像器》；（卷十）《上供仙品》
③ 王世贞．《弇州山人四部稿》（卷七三）《游太和山记》
④ （明）卢重华．《大岳太和山志》（卷首叙至卷四）
⑤ 徐宏祖《徐霞客游记》．《游太和山日记》
⑥ 王光德、杨立志．《武当道教史略》，华文出版社，1993

庆二年（1568年）即被革去"正一真人"名号、改授上清观提点，秩五品。由于武当山七大宫提点印信衙门与道录司平级，故太和山各宫提点可直接调任道录司右正一，参与全国的道教管理，并可以升任太常寺（掌朝廷祭祀礼乐之事）丞、少卿（正四品）等官职。如玉虚宫提点任自垣、毛守玄，净乐宫提点雷普明、姜理春等即是如此。由此可见，明代武当山的道官不仅人数众多，且地位很高。由于武当的道官直接受皇帝管领，"不隶在外州县管辖"，所以到明后期，在提督太监的纵容下，竟自恃优越，放纵无忌，以致发生"鼓噪公祖"的现象。如万历三十四年（公元1606年），净乐宫提点袁进显等依仗提督太监黄勋的权势，竟辱骂殴打襄阳知府冯若愚等，两年后才被治罪。①

　　其次，从道士数量看，永乐年间从全国各地钦选高道400名到武当山各大宫观焚修，并准许无度牒的道士"去其余小宫观里修行"。宣德年间又准许"各道童在山焚修"。这一特殊政策就为武当山道士人数的膨胀打开了方便之门。估计到成化年间，各宫观就已发展到500人，成化十二年（公元1476年），宪宗派太监陈喜等赉送《真武经》500册分布七宫，当按人手一册分发。其余几十处宫观庵庙的道士人数尚未计算在内。《明通鉴》卷三八载：弘治二年（公元1489年）"武当山道士先止四百，至是倍之，所度道童又倍之，咸衣食于宫，月给油腊、香椿及洒扫夫役以千计"。可见当时武当山的宫道及道童已发展到二千四百余人。明武宗正德二年（公元1507年），赐给太和山宫观"道冠三千八百顶，簪全"。这表明当时宫道及道童已多达三千余人。明世宗嘉靖三十一年（公元1552年），遣舍人李望送御药一万袋到武当山，分给道官道士；明万历三年（公元1575年），邢阳抚治王世贞在游记中写道：太和山"望仙道流非耕蚕而衣食者以万计。"② 万历八年即阳督抚杨俊民在《请给关防疏》中正式说"即今该州官道数逾万人"，这一万多道士仅指有度牒的官道，至于私自在山修炼，岩楼屋树的道士还不在此数。从上面所列数字可以看出明代武当山道士数量增加的速度和规模，更可以看出武当道教教团势力的发展和膨胀。

　　明代对各府州县的僧道人数都有具体限制，如洪武二十四年规定："凡僧道，府不得过四十人，州三十人，县二十人。"虽然有些道教名山可以突破这一规定，但其道士度牒发放须通过礼部，朝臣可以发表反对意见，如天顺七年（公元1463年），龙虎山"乞给道童三百五十人度牒，礼部尚书姚夔持不

---

① （明）谈迁．《国榷》（卷八十）
② 王世贞．《翘州山人四部稿》（卷七三）《游太和山记》

可，诏许度百五十人"。武当山是"朝廷家庙"，发放度牒不受礼部限制，故拥有道士人数最多，是全国最大的道教教团。

第二，武当道教拥有全国规模最大、式样最精美、保护最完好的道教建筑群。从纵的方面看，唐宋时期是道教建筑发展的一个高峰，尤其是宋真宗大中祥符间（1008—1016 年）建玉清昭应宫，"凡东西三百一十步，南北四百三十步，共有建筑二千六百一十一区"，工程每日投入役工徒众数万，并且以夜继日，大建七年才最终落成，其规模之大，在宫观建造史上是空前的。但明成祖修武当宫观，隆平候张信等率军夫民匠二十余万，统领天下亿万钱粮，涉历十四个寒暑，建成宫观庵堂 33 处。仅玉虚宫紫禁城一处，南北长370 米（未包括嘉靖帝所建外乐城），东西广 170 米，殿宇房屋 2200 间，与宋之昭应宫相差无几。由此可见，武当山道教建筑群的规模在道教宫观建造史上是旷古绝今，举世无匹的。从横的方面看，明代由皇室拨款敕修的宫观不止一处，如龙虎山上清宫，齐云山玄帝太素宫、南京朝天宫、显灵宫、灵济宫等许多宫观的营建修复都曾得到皇室资助，但像武当山这样规模巨大并长期驻有维修军队的宫观仅此一处。正因为如此，所以明代道士文人对武当宫观建筑规模多有赞誉。天师张宇清称"天朝钦崇至道，建千古所无之宫殿，开万载不拔之道场"。翰林学士曾果也说：明修武当宫观"皆撤前代之旧，大而新之。高整巨栋，摩切霄汉，金碧绚烂，照耀山谷……诚旷世之极盛，万古之奇观也"。①

第三，武当山各宫观中的神像、供器、法器以及宝幡、神帐等陈设，多为皇室钦降，富丽无比。对此，杨立志先生专门做过考证，明成祖修造各宫观时，几乎全部重新塑了神像，并配备了钟、鼓、磬、香炉、几案等供器法器，如大顶金殿及其中的神像陈设是在北京铸造的，全为铜铸鎏金，重达数十万斤。专家们认为在全国现存的五六座古代铜殿中，以武当金殿构造最巧，规模最大，形式也最美。成祖以后，仁、宣、英、景四帝钦降像器的情况，山志未载，而对宪宗至世宗四帝钦降像器的情况，山志记载颇详。从成化九年（公元 1473 年）到嘉靖三十三年（公元 1554 年），皇室钦降像器，银两共18 次，合计奉安道像 93 尊，其中金像 7 尊，银质镀金像 6 尊，铜质贴金像 8尊，铜质镀金像 53 尊，锥金泪粉彩妆木雕像 19 尊。武当现存明代道像近千尊，其中有成化十九年（公元 1478 年）在五龙宫奉安的一尊真武坐像，高1.95 米，宽 1.5 米，重约二万斤，铜铸撞金，造型生动，堪称全山第一大铜

---

① 王光德、杨立志．《武当道教史略》，华文出版社，1993

像；与此同时钦降供器 285 件，其中银镀金 14 件，铜贴金 2 件，铜镀金 200
余件；法器 5 副，主要是钟、磬等大型乐器，如成化十四年钦降的法器包括
金钟一口，玉磬一副，架桌全。此外还有道像 2640 轴；各种丝织神幡、神
幌、神帐、顶、伞等 600 余件。这些供器、法器经过几百年的战乱洗劫，现
在虽已所剩不多，但当时人们却极力称盛，说武当道场是富甲天下的黄金白
银世界。明弘治十四年大学士刘健（1433—1526 年）等因有旨着中官往武当
山设像挂幡、修举醮事，上言说窃闻兹山宫观像设已极壮丽。明代甚至全国
流传武当金殿圣像种种皆黄金。以致于大思想家李贽、大旅行家徐霞客也为
众口铄金所惑，认为武当玄武宫殿，帽柱礩礕，悉用黄金。①

　　第四，明代归武当山各道宫直接拥有的佃地私田约近 5 万亩，除永乐年
间拨赐的 27750 亩佃地外，后来又允许在山外新开垦田地 17550 亩，每年征黄
豆 1571.477 石，为道士蔬菜之用，名曰"佃粮"。另外，还将襄阳府光化县
佃地 2800 亩赏给武当山宫观。以上是明文记载的太和山私田共 48，100 亩，
其他未登记在册的塘堰、果园尚不在其中。至于专为武当山修理宫观的均州
千户所正军余丁的屯田数量，明代山志载有 45，952 亩，而且尽将其征差，
杂泛差役及屯田子粒免除。这些土地虽不能说都是明代武当道教的庙产，但
确实是明代武当道教发展鼎盛的经济基础。

### 3. 从朝香民俗看武当道教的社会影响

　　有明一代尊崇玄天上帝，扶持武当道教，一方面促进了全国各地道徒信
士朝山进香风俗的发展，另一方面也助长了武当山之外社会各阶层崇尚真武
和建庙的风气，从而对当时的社会风俗和民间信仰形成广泛而深远的影响。

　　朝拜武当玄天上帝的进香活动，在宋、元时期已经成为具有全国影响的
民间风俗。直至元末战乱，武当宫观大部被焚毁后，朝山进香的人数才有所
减少。明永乐以后，这种情况才得到基本改变，香火日趋旺盛。这主要是由
于：第一，皇帝贵族公开提倡。明成祖创建武当宫观的目的之一就是要笼络
人心——为天下苍生祈福，并借此来宣扬君权神授，所以他很希望全国民众
来此朝山进香，他说：朝廷创建这宫观，为天下苍生祈福，若有损坏时，许
那各处好善肯作福的人都来修理。明朝廷为了鼓励和方便各地民众前来武当
进香，非常重视朝山神路的修建，遇溪涧则架设桥梁、陡险处安置危栏铁链，
所谓"此山有级、有锁、有缉，以待天下人，如入门前路"。② 明代藩王在山
建庵庙，也兼向香客施茶饭。如徐学漠（1522—1593 年）撰《太和山新创茶

---

　　① 王光德、杨立志.《武当道教史略》，华文出版社，1993
　　② 王世贞.《翘州山人四部稿》（卷七三）《游太和山记》

庵记》云："当太和之椒有茶庵，为今襄王创，以茶施十方士众之经行是山者也。"第二，规模宏大的武当宫观及其富丽的陈设也是吸引全国香客纷纷前来朝拜瞻仰的重要原因。第三，武当山的森林植被由于受到皇帝禁令的保护，发育极佳，使全山的自然景观较之五岳等名山更为丰富，从而更能吸引广大香客。第四，明代是程朱理学在民间广泛推行的时代，僵化的纲常伦理对广大妇女的束缚尤为苛刻，把她们的活动范围局限于家庭之中。而带有道教信仰性质的朝山进香风俗，不论男女士庶均可参加，这就为妇女提供了走出闺房、抒发情感的机会。所谓"借佛游春"，实际上就是借朝山信教的名义，以满足妇女春游审美的愿望。王世贞在《武当道上所见戏成短歌》首句曾云"南阳少妇道人装，皂纱蒙袄白帕方"。

明代朝武当的风俗具有全国性影响，香火极盛，陆杰说："太和振古名山，海内无远无近，罔不赍诚朝礼，揭揭乎若日月之行天，虽昧者知其不诬也。杰见道路十步、五步拜而呼号，声振山谷。亦即登绝顶、瞻玄像则涕泣不已，谓夙昔倾戴，今始一睹，性真感发，至有欲言而不能自达者。"① 明代谢肇淛（1592年进士）《五杂俎》载："均州之太和山，万方士女，骈阗辐凑，不减泰山，然多闽、浙、江右、岭、蜀诸人，与元君雄视，无异于南北朝矣。""武当、元君二祠，国家岁籍其香钱，常数万缗，官人之以给诸司奉禄。"② 武当山在明代的香钱收入每年何止数万缗？弘治三年（公元1493年）以后的宫观维修经费全由香钱支出；嘉靖二年（公元1523年）以后，武当山所有官吏——太监府、潜参府、千户所、八宫道官衙门、道士、军匠等俸禄、律粮也由香钱中支出；其他如制造坛场供器、建醮费、进贡土产置办费及路费等无不从香钱内动支。这表明当时香火日益炽盛，施钱财日益增多。明人甚至因此称武当山富甲天下。③

明末小说《北游记》第二十四回载"武当山祖师大显威灵，逢难救难，遇危救危，四海风平波息，民感神恩。人家孝子顺孙求伊父母、无子求嗣者，无有不验。名扬两京一十三省，进香祈福者不计其数"。这虽是小说语言，但却是纪实性的。明代朝山香客来自全国各地，陆路进香"由蜀（四川等地）而来者自房（今湖北省房县）入；由汴（河南省开封一带）而来者自邓（今河南省邓州市）入；自陕（陕西等省）而来者自郧（今湖北省郧县）入；自

① （明）谢肇淛.《五杂俎》（卷四）
② （明）方升.《大岳志略》
③ 王光德、杨立志.《武当道教史略》，华文出版社，1993

江南诸郡而来者自襄（今湖北省襄阳市）入"。① 水路进香，主要沿长江、汉水到均州，然后登陆步行朝顶。下面仅以本山金石文字及有关文献记载，略述明代香客来源及进香规模。金顶围绕金殿的 148 根青铜栏杆是万历年间由云南、江西、陕西等省信士以家为单位捐造的，尤以云南省城官绅士庶居多，每根铜栏上均有铭文，记载捐献者籍贯姓名及祈求愿望等。紫霄宫保存着明弘治年间安徽省歙县信士进献的铁制蜡台。玉虚宫泰山庙保存着万历年间山西平阳府绛州在城会首信士、香头、官吏等集资铸造的铜制武当山模型，模型上刻有一百余名信官信士的姓名。五龙宫华阳岩保存有明万历十二年（公元 1584 年）立石的《山西汾州送圣安神八宫二观建福醮记》、上列"大明国承宣布政司冷册"以下百余名信官信士的姓名。五龙宫灵应岩砖殿上有万历十年"承天府北京杨小峰、滑静轩"等人朝山的题记。这些不远千里来武当朝山的信士、把朝圣进香当作一生中的大事，祈求玄帝保佑全家平安吉祥。

值得专门叙述的进香活动，还有江浙一带的进香船队。据清初的明代遗民王永积（1600—1660 年）所著《锡山景物略》等所记载，万历年间，苏州府、松江府等地的香客，乘坐艨艟巨舰到武当山进香。每次集中的船只约"百十艘"，有时甚至多达数百艘，在无锡县北塘"齐帮"，农历二月吉日开航，由大运河进长江，溯流而上，到汉口转入汉水，然后直达均州，全程3000 多里，来回需要 3 个多月的时间。江浙民众这种大规模的武当山进香活动，在明代持续上百年。由于年复一年的接连举办，习以成俗，以致在无锡北塘竟然形成了一年一度的节序——"北塘香灯"。从这可以想见武当道教对民间风俗的影响。

在武当山之外，社会上也兴起了崇奉玄帝、大建玄帝庙的风气。首先以北京为例，据明沈榜《宛署杂记》载：北京城内外有供奉真武玄帝的宫观庙宇二十余处，较著名的如城内的显佑宫、玄应观、真武庙等。其次以湖广行省武昌、汉阳、承天、襄阳、德安、黄州、荆州等府为例，明代曾先后兴建大大小小的玄帝宫观庙宇百十处，较著名的有黄陂木兰山、襄阳"小武当"、房县"赛武当"、长阳"中武当"等。这些玄帝宫观大都由武当本山"发券"派出，故每年都组织当地信士朝山。其他各省也皆掀起崇奉玄帝、建庙祀神热潮。明代刘效祖说："普天之下，率土之滨，莫不建庙祀之。"② 清人王概说"览九城之名山奉真武者十之七八，净乐太子之家祠而户祝之"。③

① （明）方升.《大岳志略》
② 许道龄.《玄武之起源及其蜕变考》.《史学集刊》，1947，5
③ 清.王概.《大岳太和山纪略》（卷三）《祀典》

### 4. 明代著名文人与武当道教

继元之后，明代著名文人对武当山及其道教给予了更多的注意，文人骚客频繁到武当山观光游览，并写下了大量的诗、歌、赋、记、序、赞等。据山志碑铭、摩岩及明人文集等粗略统计，现存明代有关武当山的诗、歌、赋、铭等一千余篇，游记、碑铭、序文、疏、祭文等一百余篇，较著名的作者有刘三吾、邹济、魏骥、王英、胡滢、李东阳、顾璘、沈钟、许宗鲁、欧阳必进、邹守益、徐学谟、夏言、罗洪先、章焕、孙应鳌、汪道昆、王世贞、徐中行、袁宏道、袁中道、雷思霈、谭元春、杨鹤、徐霞客等数百人。明代衮衮诸公的光顾咏赞，扩大了武当道教的社会影响，丰富了武当山山水文学的内容，使明代武当道教文化蜚声于世，流传千古。

由于明代文人骚客登临武当者接踵而至，咏颂之篇章不胜枚举，故本书分三个时期有选择地略述几位明代著名文人与武当道教的来往及其带有道教色彩的文学作品。

（一）明朝前期（1368—1435 年）。这一时期着重看看当时著名文人与武当道士的交往及有关诗文。

洪武年间，武当道士丘玄清被破格提拔太常寺卿，深得明太祖信任，洪武十八年天师张宇初写《云谷图》赠给他，一时间翰林名儒多作诗文赠送丘玄清，如左春坊大学士奉议大夫□□□作《云谷序》，太常博士张来仪（1333—?）有《丘太卿画像赞》《山水图为丘上卿赋》《云谷记》等；翰林学士刘三吾（1313 一?）有《云谷诗并序》、《武当五龙灵应宫碑》等，这些诗文称丘玄清，在武当山时匾其所居曰"云谷"，盖乐其有清虚闲适之趣，其为人也，如山谷之云悠然淡然，去住不留，卷舒自在。朝廷高其行，征拜监察御史。不久又破格提拔为太卿，"眷遇之隆至矣"。称他主持效庙祭祀"其严如敬，精诚通于神明"。张来仪在《山水图为丘上卿赋》中感叹道："何似长安少年客，天柱峰头煮白石。朝辞猿鹤下云中，暮逐夔龙侍君侧。……太平天子亲斋祭，新擢祠宫捧圭币。紫坛灯火晓如星，独侍衮衣朝上帝。还思旧隐地，石室生青苔。来时壁上仓精剑，七星剥落空尘埃。丹砂不复化，萝衣谁更裁？人生穷达会有命，何须千岁如婴孩？"

永乐年间，武当玉虚宫提点任自垣与当时文人相交甚厚。永乐十三年，奉政大夫左春坊左庶子邹济（1328—1425 年）作《送道录任玄义之武当玉虚宫提点序》，内云："今一愚禀冲粹之资，探幽玄之奥，际亨嘉之运，三者备焉。"永乐十七年，任自垣以宫观告成，进京上贺表谢恩，刚好遇上洪恩灵济宫举办金箓大醮，"因得以法为炼师"。"车驾临幸，躬致祀焉"。事毕赐赏文绮褕币于诸人，任自垣获赏独厚。还山时，翰林侍读学士曾棨（1372—1432年）作《送玉虚宫提点任一愚序》。永乐二十年，任自垣在京修道藏经成，还山时，翰林侍讲学士王英（1376—1450年）作《送提点任先生还武当序》，内称："先生貌癯而清，中则粹然而纯和，居常端默不语笑。于清净之旨，造诣尤深，而兼通乎六艺之学……碧眼修眉，玉冠霞衣，烨然神仙中人。"国子监祭酒胡俨（1316—1443年）作《瞻字歌》（有序）称赞任自垣的修炼功夫，"……阴火流金出太渊，莫笑五行颠倒颠。玄谷虚名神不死，夜夜瞻光清彻天"。礼部左侍郎胡滢对任自垣更是佩服得五体投地，称他："内功外行，表里兼全，仙道可期，玄风大振。"胡于永乐二十二年到玉虚宫，见"瞻宇道兄居圜堵，使人欣羡不胜"，乃作五绝《次瞻宇圜中》十六首，皆云修炼内丹消息，如其八云："坎位阳初夏，离水汲水滋。虎龙交会处，片饷结丹时。"这些诗歌反映出明初百官与文人对道教仙术的欣赏和羡慕。

（二）明朝中期（1436—1582年），这是明代文学史上的中兴期，名家巨子辈出，咏颂武当之辞章亦极盛，仅选李东阳、许宗鲁、王世贞等人有关武当之诗文略加介绍。

李东阳（1447—1516年），字宾之，号西涯。明代著名诗人，以首辅主文柄，天下嶷然宗之，遂形成以他为首的茶陵诗派，在明代中期颇有影响。《太和山志》录有他著的《灵寿杖歌》《送韩贯道湖广参议提督武当诸宫观》等诗，后一首诗云："神仙官府意如何，亲见分符上紫虚。山拥帝宫三十六，地屯兵己五千余。人言才大难为用，我爱官闲好读书。临别与君堪一博，肯将青緺换绯鱼?"[①] 虽为送友之作，但也流露出对仙山道场的景仰之情。

许宗鲁（1419—1539年）字东侯，号少华。明代中期著名诗人，才气宏放，诗作颇多。嘉靖初为湖广学政时，登临武当山，作有《紫霄洞歌》《山中晓起》《遇真宫》《剗遇真道院》《太子坡》《月夜同李道士登福地听童子吹箫》《南岩亭子》《仙关野酌》《步虚词》等诗歌十余章，对武当山的清幽峻峭，道人的绝尘隐居、道乐的空灵清玲等皆有吟诵，尤对道教仙乐寄托深情，如《步虚词》云："空山秋夜月华明，独上瑶台望玉京。三十六宫河汉杪，云璈仙磬步虚声。"其二云："猎猎玄风吹羽衣，紫坛瑶草露华肥。道人无限清虚乐，高唱云谣入翠微。"[②]

王世贞（1526—1590年），字元美，号凤州，弇州山（今江苏太仓）人。明代著名文学家，"后七子"之主将。王氏一家对武当山有特殊感情，其父王

---

① （明）卢重华.《大岳太和山志》（卷七、卷八）《明诗》
② （明）卢重华.《大岳太和山志》（卷七、卷八）《明诗》

忏于嘉靖二十八年（公元 1549 年）在湖广巡按任上曾朝谒武当山，并撰有题咏七律四首；其弟王世懋于万历四年（公元 1576 年）登武当，将父亲诗作刻石置于南岩宫两仪殿前石壁上。王世贞是万历二年任都察院右副都御史抚治郧阳提督军务，次年三月登览武当，在山游历凡四天，他在任郧阳抚治近两年内共创作《玄岳太和山赋并序》《武当歌》《自均州游玉虚宿紫霄宫记》及诗等约 120 余篇。他在《诗并序》中说："武当名胜甲天下，其宫观之壮丽而皆以奉真武，又其峰岩洞泉桥榭之类，皆晚出，而后人传会名之，不能尽雅训。余以游稍间因纪其胜为诸体……共得百首。"这些诗文的内容大致可以归纳为如下几类：其一，写景状物，咏颂武当山的奇峰峻峦险壑幽涧，林木花卉和雄伟宫观；其二，旁征博引，较为客观地论述了武当山历史地位的发展演变；其三，从历史的角度评述了明成祖大修武当道宫的原因和经过，并对其利用宗教的政治权术有所披露和讽喻；其四，欣赏隐居道人的清修生活，流露了一些厌倦官场、欲求仙学道术的思想。

（三）明朝后期（1583—1644 年）。公安派和竟陵派兴起于荆楚大地，公安派重要代表人物袁宏道、袁中道兄弟皆曾朝拜武当山，竟陵派代表人物谭元春也曾到武当山探幽览胜。

袁宏道（1568—1610 年），于万历三十年（公元 1602 年）侍其父袁士瑜及家人朝武当山，前后作诗十余首。《侍家大人游太和发郡城，借游者僧宝方、冷云、尹生也》其二云："全家都爱踏云烟，过去青山香火缘。扶着白头拜真武，被人呼作地行仙。"朝山沿途撰有《游玉虚岩》《七星岩》《长生岩逢休粮道者》《入琼台观》二首、《天柱峰谒帝》《南岩望绝顶及五龙诸宫有述》、《题紫霄太子岩》等诗。袁宏道对禀食宫道不感兴趣，而把在山中辟谷，炼丹的隐居道士作为题咏对象，如七律《七真洞赠道者》："云烟四合蔽仙关，万刃斜通一发山。……白日饵将三五斗，方瞳如水照丹颜。"[1] 这实际上是"独抒性灵，不拘格套"的表现。

袁中道（1570—1623 年），字小修。万历癸丑（公元 1613 年）春游武当，作《将往太和由草市发舟》《武当》二首，《太和山中杂咏》八首，《游太和记》等诗文十余篇。小修与其兄一样，对游道颇有研究，以"屏绝尘虑，妻山侣石"为最上乘，故其游武当山不走一般人爱走的大路，而是选剑河、玉虚岩、琼台观一途，先观武当之溪涧，称"生平观水石之变，无过于此者"。[2] 这也许是公安派反对剽窃雷同，主张独抒性灵在游道上的反映。

---

① 钱伯诚编：《袁宏道集笺校》（卷二十八）
② （明）袁中道《珂雪斋近集》（卷一），《有太和山》

谭元春（1586—1637 年），字友夏，明末著名文学家。游武当山时作《恭谒太岳》四言诗三章、《游玄岳记》等。"友夏性喜游览，追求虚幻奇异的山水、游武当专拣常人不到的'樵径'，自玉虚入五龙走金沙坪；自南岩登大顶走铜殿垭，皆行'樵人道'"①。其游道一如其诗文，追求"幽深孤峭"、"孤行"、"孤诣"之情趣。不过，友夏在《游玄岳记》中追求自然、野逸、清幽的山水审美趣味，亦是深受道教思想影响的反映。

---

　　① 　清. 吴秋士选编《天下名山游记·湖广》. 谭元春《游玄岳记》

# 第十五章 明代汉江流域的文学艺术（上）

明代是汉江流域文学艺术发展的一个重要时期。这一时期传统民间文学艺术得到了继续发扬光大，尤其重要的是公安派和竟陵派的异军突起，他们一扫前期的复古思潮对文学发展带来不良影响，在推动个性解放思潮的前提下，把文学与人的解放和性灵的抒写结合起来，开辟了一条新的文学创作道路，催生了改变整个中国文学发展方向的新文学潮流。

## 一、明代中期汉江流域的文学

明代前期，汉江流域文坛既无名家，又无名作，基本处于无声状态。明代中叶，这种默默无声的情形由被称为"楚中三才"之一的童承叙的出现而得到改变。

### 1. 童承叙

童承叙（？—1542 年），字士畴，一字汉臣，别号内方，湖北沔阳（今仙桃）人。正德十六年（1521 年）进士，选庶吉士，授编修，官至春坊右庶子兼侍读。重气节，不阿权贵，长于诗歌和古文，并有一定的复古倾向。

童承叙的著述主要包括《内方集》十卷、《平汉录》一卷。《中国古籍善本书目》收入童承叙撰著诗文别集二种：明万历二十五年苏演刻本《内方文集》五卷；明钞本《内方文集》不分卷。今见《四库未收书辑刊》五辑二十六册收入民国十二年沔阳卢氏慎始基斋刻本《内方先生集》八卷附钞一卷。

卷前有翁大立撰《童内万先生集原序》，序后有陈文烛撰《内万童先生传》，其中对童承叙的生平行状有详细叙述。此集卷数有八，集前有目，卷后标注"同里后学卢靖、弼校刊"。卷一至卷六为诗集，卷七至卷八为文集。卷一收录宪庙乐章 6 篇，平南雅 11 篇，四言古诗 20 首，乐府 11 首，五言古诗 80 首。卷二收录七言古诗 22 首，歌行 16 首。卷三收录五言律诗 150 首，卷末标注缺 2 首。卷四收录七言律诗 115 首。卷五收录七言律诗 110 首。卷六收录五言排律 11 首，五言绝句 31 首，六言绝句 2 首，七言绝句 130 首，诗余 7 首。卷七收录赋文 8 篇，骚体 3 篇。卷八收录进御文 5 篇，古文 28 篇。《内万先生集》八卷后附钞一卷，此卷收录摘抄《酒阳州志》21 则。

此外，《明诗纪事》《明诗综》等皆录入其诗若干，《湖北文征》录入其文二十篇。童承叙年少才高，过目成诵，下帷苦读，咀其英粹，中进士后颇得杨一清看重。其在翰林最久，任经筵，讲立政诸篇，孜孜不倦。今观其文，从《感别赋》的黍离之悲，到《东征赋》的雄姿英发，再到《悼湘》的浪漫纵横，虽存数不多，然文出古风，颇得楚辞汉赋之韵。再观其诗，"空山抱废宇，口沉秋彩孤"，①"澹香疏影晚风静，月落烟销野水平"②、"坐爱蘋风生水阁，卧看林影卧绳床"③ 语多清峭拔俗。故后人有 "先生赋类贾谊，文类司马迁，诗类杜甫，文之稍从时调者，间出于柳苏"④ 之说，确是"夏云秋水，不可方物"。

特别值得指出的是，童承叙所撰《沔阳志》与"前七子"之一的康海所撰《武功志》和王九思所撰《鄠县志》并称"海内三名志"。

### 2. 陈氏父子：陈柏与陈文烛

陈柏（1506—1580 年），字子坚，一字宪卿，号苏山，湖北沔阳（今仙桃）人。嘉靖二十九年（1550 年）进士，官至兵部职方司主事。其时正值严嵩擅权，严嵩也很有意将他纳为乡党羽翼，但陈柏刚正不阿，不为所动，严嵩恼恨他不阿己，将他贬为山西井陉兵备副使。后以母忧归，辞官归里，遂绝意仕途，专心著述，尤好金石文字。年六十余居里中，修高年，生平耻谈人过，善怜才，吸引后进，年七十卒。

陈柏的著述主要包括《见南山集》八卷、《见南阁诗选》九卷、《文选》十四卷、《借山亭前集》六卷、《续集》六卷、《来青轩诗选》四卷、《文选》八卷、《退乐轩诗选》一卷、《奏稿尺牍语录》、《职方奏稿》、《沔阳人物考》、《复中语录》等。

今见《四库全书存目丛书》集部第 124 册收入北京图书馆藏明万历十五年陈文烛刻本《苏山选集》七卷。

陈柏工于诗歌，诸体兼备。其诗内容上既包括《病后即事》《早春漫兴》

---

① 《彭泽怀陶令》，《内方先生集》（卷二）

② 《贝曾刘敦复》，《内方先生集》（卷四）

③ 《揽秋行》，《内方先生集》（卷二）

④ 翁大立撰《童内方先生集原序》，《四库未收书辑刊》五辑二十六册《内方先生集》（卷前）

等抒情感怀之作，又包括《送谢符德大行使赵国》《无卧阁寄示烛儿》等赠答酬寄之作，还包括《垓下歌》《易水歌》等少数怀古寄兴之作。陈田在论及陈柏时指出："子坚晚始为诗，亦与七子通声气，人比之高三十五。"高适是盛唐著名的边塞诗人，其"寓壮气于苍凉之中的慷慨悲歌"① 成为诗歌史上的风格典范。以陈柏七言古诗《南山歌》为例："白石齿齿南山喂，牛角扣之鸣且哀。我生不辰已焉哉，唐虞世远不复回。短衣何用更自裁，放歌聊以相徘徊。"②

"李密'牛角挂书'的典故长久以来被士人视为厚积薄发的例证而聊以自勉。陈柏借用此典的目的却是在慨叹盛事不再、生不逢时的境遇。全诗笔调粗豪，直抒胸臆，其中所蕴含的纵横顿宕的雄厚风骨确有盛唐之风。"③

再看其五言律《虹河道中》："楚天霜欲下，楚客暮言归。陌上犹行役，闺中未授衣。应怜双带缓，只为尺素稀。何况龙沙外，迢遥万里违。"④

——气质沉雄，苍凉悲慨，境界辽阔，颇得边塞诗人风致。

除了雄浑跌宕的风格之外，陈柏创作的部分写景诗句亦清宛有姿。⑤ "野花红浥露，畦稻绿连云"（《隐林庄同李生用康山人韵》）、"漫喜野蔬随风长，渐看林叶逐风飞"（《秋口有怀烛儿》、"孤亭黯黯映晖，双屦衔泥入翠微"（《雨后有怀》)，这些诗句都飘逸灵动，清丽秀美，无不"宕逸有姿"。⑥

与诗歌相比，陈柏的散文成就较小。一方面，陈柏的散文创作行文流畅完整，章法严谨规范；另一方面，他的散文较为缺乏明显的创作特色，难称大方之家。⑦

陈文烛，字玉叔，湖广沔阳人，陈柏次子，生卒年不详。陈文烛幼负异质，弱冠工古文诗歌。与他父亲卓然不同，仕途上的陈文烛几乎是一帆风顺。嘉靖乙丑进士，除大理评事，历寺副、寺正，出为淮安知府，迁四川副使，历漕储参政，福建按察使，进布政使，改江西，迁应天府尹，进南大理卿。陈文烛生平有爱石癖，归建五岳山园，居园中赋诗唱和为乐，年六十卒。

陈文烛的著述主要包括《二酉园诗集》十二卷、《文集》十四卷、《续集》二十二卷、《黄蓬山志略》等。《中国古籍善本书目》收入陈文烛著述八

① 袁行霈《中国文学史》第二卷 P253，高等教育出版社
② 陈柏《苏山选集》卷
③ 刘方《明代湖广作家研究》，《研究生学位论文》，2008，4
④ 陈柏《苏山选集》（卷二）
⑤ 刘方《明代湖广作家研究》，《研究生学位论文》，2008，4
⑥ 《湖北诗征传略》
⑦ 刘方《明代湖广作家研究》，《研究生学位论文》，2008，4

种。今见《四库全书存目丛书》集部第一百三十九册收入《二酉园文集》十四卷、《诗集》十二卷、《续集》二十三卷。其中，《文集》为南京图书馆藏明天启二年陈之莲重刻本，《诗集》为北京图书馆藏明天启二年陈之莲重刻本，《续集》为北京图书馆藏明万历刻本。

虽然"玉叔与七子游，唱和极多"，①但陈文烛对十七子派"文必秦汉，诗必盛唐"的诗文主张却并非全然接受。陈文烛的根据在于："至于文章，患在模拟。秦汉之文，不同于战国；战国之文，不同于春秋；春秋之文，不同于六经；后之号大家者，驰骋竞胜，如孙吴角战耳。"②这种将具有与时俱进意味的思想纳入诗文鉴赏的理论相对于"七子"无疑更胜一筹。另一方面，陈文烛较为重视诗歌的现实功能，他认为"四诗以风为首，而风者，天地之意气也，其德异，其几微，其用广。……歌咏之中，曲含讽刺，寄远于近，托有于无，和平蕴藉，闻者感动。"③

对于陈文烛的诗文，一代文豪王世贞评价其"简而裁，直而纤，淡而不厌，悠然有治世之音。……古诗出建安，近体过钱、刘，文或左史、或昌黎、庐阳。"④ 胡应麟亦称其"诗文清婉典饬，居然名家，时七子有盛名，意不可一世，玉叔雁行其间，不少让。"⑤

### 3. 高岱兄弟

高岱，字伯宗，号鹿坡，湖广京山人，生卒年不详。嘉靖庚戌进士，官刑部郎中。高岱留给世人的形象是一个怪人。因为常年不修边幅，衣着破旧不洁，往往被同舍讥诮。后来赶上董传策、张翀、吴时来等人上诉控告严嵩父子横行不法，朝廷准备将严嵩父子处以重典，在墙倒众人推的情况下，高岱却一反常态为严嵩父子求情，并得到了皇帝的首肯，被改为狱上戍边，同时，高岱还为剥夺了财产、府第的严嵩父子整治资装，微服送行。因为这个缘故，高岱深为严嵩父子视为衔草图报的大恩人。后来因为讥讽讽铨曹，贬谪出朝，以长史的职俸善终。

高岱的著述主要包括《西曹集》九卷、《鸿猷录》十六卷、《楚汉余谈》一卷、《樵论》等。可惜上述诸本皆已散佚，在《中国古籍善本书目》中亦未见录入其他诗文别集。如今所见高岱的作品，均散见于各本诗文总集中。

---

① 《湖北诗征传略》（卷十四）

② 陈文烛《中川选集序》，《湖北文征》（第二卷）P450，湖北人民出版社

③ 陈文烛《中川选集序》，《湖北文征》（第二卷）P450，湖北人民出版社

④ 王世贞《二酉园集序》，《四库全书存目丛书》集部第一百三十九集，《二酉园文集》（卷前）

⑤ 胡应麟《诗诗籔》，转引自《明诗纪事》陈文烛条目下

如《明诗纪事》录入其诗 16 首，《湖北诗征传略》录入其诗 12 首，《楚风补》录入其诗 27 首，《湖北文征》录入其文 8 篇。①

高岱"善属文，采国家大事为《鸿猷录》。"《湖北文征》所录 8 篇散文亦皆政论之文。如《政要》一文提出的是"宽与严"的辩证治国之道，《任当》一文论述的是"量材为官、各尽其能"的朝廷选拔制度；《贤实》一文表达的是"国家之所以不治者，贤否之淆也。贤否之所以不别者，名实之眩也"的现实问题；而《将难》一文则抒发的是作者"贤将难求"的感慨之言。高岱的政论雄肆博辩，大开大阖，往往开篇即表明观点，而后通过征引古今史实而加强对比论证，因此极具说服力与可读性。"岱好读先秦古文"，这也是其形成上述政论风格的重要原因。②

高岱的诗歌数量不多，体例则以五、七律诗为主。其五言如"肠随枝欲断，魂与絮俱飞"（《折杨柳》）、"雨将秋色至，夜与客愁长"（《秋意》）、"云暗旌旗色，风吹鼓角声。寒雅乘月度，边马向人鸣"（《出塞》）、"螟入盆鱼色，秋惊塞雁声"（《秋夜独坐》）；七言如"贺兰烽火接绵延，白草黄云北到天。一片城头青海月，十年沙渍伴人眠。"（《凉州曲》）、"尊酒放歌俱白雪，风尘愁鬓又黄花"（《席上对菊》）、"天边重网严虎豹，人从三辅辟风霜"（《送宪卿兵备井阻》）③。苍凉悲慨，气骨奇佳，神韵"沉练"，不负"气格高亮，足抗李、士"④ 之谓。此外需要指出的是，根据钱谦益在《列朝诗集小传》中所谓"伯宗自论其诗，以为近孟襄阳"之言可知，高岱之诗除"气格高亮"的特征之外，应该还具备"冲融疏淡"的风格，但此类作品今已难见。

高岱的诗歌虽所存数量不多，但诸多名家则好评如潮。如李先芳在《东岱山房稿》中指出："伯宗论古诗，取法汉魏，近体型范唐十二子，李、杜之外，不淆其中，骏骎风雅之门墙矣。"胡直衡在《庐精舍藏稿》中言："诗不专环壮，贵在精神。伯宗诗岂所谓气骨神韵兼而擅之者矣。"⑤ 钱谦益在《列朝诗集小传》中评价说："伯宗初与李宗伯结社长安，进王元美社中。及于鳞诸人鹊起，而伯宗左迁去，遂不与七子之列。伯宗诗体略于伯承相似，而时多矜厉之语，开七子之前茅。于鳞《诗删》录伯宗诗甚丰，盖亦追其筚路蓝

---

① 刘方《明代湖广作家研究》，《研究生学位论文》，2008，4
② 刘方《明代湖广作家研究》，《研究生学位论文》，2008，4
③ 《楚风补》（卷二十二），高岱条目下
④ 《湖北诗征传略》（卷二十六），高岱条目下
⑤ 钱谦益《列朝诗集小传》高岱条目下

缕之绩矣。"① 陈田在《明诗纪事》中言："伯宗拟古窘于步武，其自运诸作，豪情逸韵，在当时楚人中，较吴明卿、魏顺甫似为过之。"② 撇开溢美抬爱因素，透过以上诸论，应该说高岱诗歌创作的水平得到了较为广泛的认同。

足以被视为文坛佳话的是，不仅高岱文名重于一世，其胞弟高叔宗、高窑亦享有当世才名。由于此二人的诗文作品鲜有传世，故此处只能对他们的生平及著述作一简单论述。其大弟高叔宗，湖广京山人，生卒年不详。嘉靖丙辰进士，官兵部郎中。高著有《季安遗稿》一卷，此集今已不存，《中国古籍善本书目》中亦未见录入其他诗文别集。如今高叔宗的作品已非常罕见，仅有《湖北诗征传略》录入其诗 1 首，《明诗纪事》录入其诗 2 首，而其文则至今未见。其诗《山行》可以让人窥见一斑："欲访山中人，未识山中路。茅屋漏竦林，苍茫但烟雾。"全诗苍茫雄浑，胜在气韵高远。

高窑，字季宗，号云萍，湖广京山人，生卒年不详。嘉靖四十年举人。高窑著有《叔崇遗稿》一卷，此集今已不存，《中国古籍善本书目》中亦未见录入其他诗文别集。高窑之才不亚于诸兄，但由于其诗文基本不存，故才名渐湮。在《湖北诗征传略》录其《自题小像》诗句中可以窥见一斑："不向江边弄明月，人间何处著斯人。"由此可知其志远才高之性。在《湖北诗征传略》中录有"衰草平添秋雨绿，涧枫遥衬晚霞红"之句，并谓其诗"颇传于时"。

### 4. 明复古主义在汉江流域的余续——王格的诗歌创作

王格（1502—1595 年），字汝化，湖广京山人。嘉靖丙戌进士，选庶吉士，改永新知县，迁刑部主事，改户部，历员外郎中，出为河南佥事，坐事削籍，授太仆少卿致仕。汝化著修《承天大志》，后乞归退居五十余年，著述吟咏，至老不辍，卒年九十四。时有所谓："承天有三子，曰王稚钦氏、颜唯乔氏、王汝化氏，楚之杰也，皆以文雄海内。"王稚钦当为王廷陈，颜唯乔当为颜木，而王汝化即为王格。王格生平于《明史文苑传》王廷陈传后附收。

王格的著述主要包括《少泉集》三十三卷，《中国古籍善本书目》亦收入此本诗文别集二种：明嘉靖十八年李文芝刻本《少泉诗集》四卷；明嘉靖刻本《少泉诗集》十卷。今见《四库全书存目丛书》集部第八十九册收原北平图书馆藏明嘉靖刻本《少泉诗集》十卷。③

《四库全书存目丛书》在此集后附收《四库全书总目·少泉集三十三卷·

---

① 转引自《明诗纪事》戊签，高岱条目下
② 陈田《明诗纪事》戊签，高岱条目下
③ 以上诸诗皆选录自《楚诗补》（卷二），二

提要》，署"浙江孙仰曾家藏本"。《提要》言道："《千顷堂书目》载格《少泉集》十卷，今考此本凡诗选十卷，诗续选八卷，诗新选六卷，文选五卷，续文选四卷共计三十三卷。"今见此明嘉靖刻本为十卷本，三十三卷本未曾得见。除上述诗集之外，王格之诗于《明诗纪事》中收入 2 首，《湖北诗征传略》收入 9 首，于《楚风补》收入 10 首。王格之文如今所见只有《湖北文征》中所录 8 篇，数量较少。

王格身处复古之风劲吹的嘉靖时期，但却对"复古"有着自己的见解。他在《书昌黎集后》一文中针对当时的文坛风气提出了自己的看法，并阐释了"学古而不泥于古"的复古追求："弘治正德间，海内无事，人物勃郁，遂至异论纷嚣，讥嗤前古，而退之亦不幸而与其摈弃之中。至询所慕向，则动以六经、左、国、秦汉、六朝为言，如退之辈，直鄙俚之置度外耳。呜呼，为此者其亦知退之莫能深乎？夫以退之之才，岂不足方驾古昔者？色色而雕刻之，种种而模拟之，不求其精神，而惟取其形似，在退之当更能耳，然而退之必不为此者。耻蹈袭之不足为，而欲自为其家也。夫蹈袭而欲自为之，则凡今人之所以为高，而欲陵轹退之者，乃退之所羞道而不为者耳，而何以服退之之心乎。且退之于古人之文，所以包举而采掇之，亦不遗余力矣。特其绳墨所到，心匠由己，力能融贯之而不见其迹耳。故余以谓退之学古而不泥于古。如今人，则直谓之古矣，此所以异也。"① 除了从以上现实的宏观角度对"学古而不泥于古"的诗文理论进行阐释之外，王格同样也从微观上给出了"学古而不泥于古"的正反典型："余观中唐以降，雕章褥采，刻象绘情，多浮靡肤露之词，乏古者雅驯之体，细而不取，诚所宜也。乃至初唐，居近体之首，质而不俚，华而不艳，其浑厚倩郁之气，有足观法者。"② 正是在这样的诗文理论指导之下，王格的诗歌体现出了"古风醇厚"、"清润秀逸"③ 的特征。如"明月有情留小院，征鸿无数狭轻霜"（《馆试秋夜闻砧》）的相辅相对，"落日催黄发，寒江老白蘋"④（《和杜工部蜀中悲秋》）的沉郁厚达，皆可诵之佳句也。

此外，少泉之诗亦有"矢口信笔，不费推敲"的特点。例如"芙蓉水上浑难醉，一夜知倾几百杯"（《咏扇景》）、"小山排列珊瑚树，岁岁年年花气

---

① 《书吕黎集后》，《湖北文征》第二卷 P30，湖北人民出版社 1990
② 《初唐诗序》，《湖北文征》（第二卷）P31，湖北人民出版社 1990
③ 李维祯语，转引自《湖北诗征传略》卷二》六，"王格"条目下
④ 以上二诗皆录自《楚诗补》（卷二）

香"①（《东园歌》其三）等等。而这样的特点使得王格的诗歌并非皆受好评。例如"今考王世贞序云：'公于意非不能深，不欲使其淫于诗之外；于象非不能极，不欲使其游于见之表。才不可尽则引矩以囿之，乱不胜靡则为质以御之。'详其语意，殆亦微词也欤。"②

# 二、公安派的勃兴与文学贡献

### 1. 公安派的由来

公安派发肇于万历二十六年（1598 年），以袁宗道、袁宏道、袁中道三兄弟为首，在公安城西崇国寺蒲桃林结社，参与其间活动的有江盈科、潘士藻、刘日升、黄辉、丘坦、谢肇淛、陶望龄、顾天峻、李腾芳、吴用先、苏惟霖、王辂、方文馔、钟起凤、王穆等。钱谦益《列朝诗集小传》云："伯修在词垣，当王、李词章盛行之日，独与同馆黄昭素（辉）厌薄俗学，力排假借盗窃之失。于唐好白香山，于宋好眉山，名其斋曰'白苏'，所以自别于时流也。"可见公安派是将矛头主要对准前后七子、以反复古主义的面貌出现在文坛的一个文学流派。

"公安派"因其领袖人物和代表作家均系湖北公安人而得名。公安派的代表作家是公安"三袁"，即兄袁宗道，弟袁宏道和袁中道。

袁宗道（1560—1600 年），字伯修，号石浦。本姓"元"，因"姓同胜国号，恐不利首榜"，故更姓"袁"。③ 袁宗道生来异常聪慧，十岁就能赋诗，"二十举于乡，不第归，益喜读先秦两汉之书。是时济南（李攀龙）、琅玡（王世贞）之集盛行，先生一阅，悉能熟诵；甫一操觚，即肖其语。弱冠，已有集，自谓此生当以文章名世矣"。④ 万历十四年（1586 年）会试第一，殿试二甲第一，选翰林院庶吉士。选拔为东宫讲官，中期曾担任春坊中允，官阶直到右庶子。最后死于为官任上，被朝廷追赠为礼部侍郎。因英年早逝，加之性情慵懒，不喜过多劳作，所以其作品明显少于其弟袁宏道和袁中道，身后留有《白苏斋类集》。

袁宗道一生最为敬仰的人物是唐代的白居易和宋代的苏轼，故以"白苏"

---

① 《湖北诗征传略》（卷二十六）
② 《四库全书存目丛书》集部一九一至一九六册
③ 见清康熙《公安县志》和《袁氏族谱》
④ 《珂雪斋集·石浦先生传》

名斋、名集。他非常认同白居易、苏轼"敛其锋锷,与世抑扬"的人生态度,不赞成做人的狂傲自大、放浪形骸。他曾写信告诫弟弟袁中道说:"云中老子念吾弟甚,每书来未尝不及弟。卓吾亦有书来,讯弟动定。又邑中人云:弟日来常携酒人数十辈,大醉江上;所到市肆鼎沸。以弟之才,久不得意,其磊块不平之气,固宜有此。然吾弟终必达,尚当静养以待时,不可便谓一发不中遂息机也。信陵知终不可用,故以酒色送其余年;陈思王绝自试之路,始作平乐之游耳。弟事业无涯,其路未塞……闻邑中少年多恶习,不可不诱引之也。昨又闻吾弟作敦仁会,率诸友讲学。甚善!甚善!场事将近,且作时义。吾归隐之志已切,得弟中隽,即拂衣之行决矣。"① 正如信中所言,由于体弱多病,袁宗道常有退隐之心。然而,他的退隐,又有许多牵挂。而只要在任上,他总是兢兢业业,以至瘁极而卒。

袁宏道(1568—1610 年),字中郎,号石公,袁宗道之弟,中道之兄。"年方十五六,即结文社于城南,自为社长。社友年三十以下者,皆师之,奉其约束,不敢犯。时于举业外,为声歌古文词,已有集成帙矣"。② 万历二十年(1592 年)中进士,不愿出仕,归家下帷读书。三年后,选吴县令,不久,称病辞官,放浪江湖,游遍吴会山水,隐居柳浪湖上达六年之久。万历二十六年(1598 年),袁宏道凭借声名远播的清望被乡里推举,选京兆校官,授顺天府教授。后迁国子助教,补礼部主事。不久,适逢兄长袁宗道病死,他便回乡隐居。万历三十四年(1606 年)奉亲命入京,复为礼部主事,擢吏部验封司主事。移考功员外郎,立岁终考察群吏法。典试秦中,迁稽勋郎中。万历三十八年(1610 年)谢病而归,并于当年死于于家之。一生留有《袁宏道集》。

袁宏道一生颇有道家遗风,透破功名利禄,崇尚独立自由,常常流露出放荡不羁、不愿受世俗束缚的强烈愿望。考中进士后,不想出仕。出仕吴县县令后,虽颇有政才和政绩,因不堪折腰之苦,遂辞官而去。"他所向往的是一种适意的生活,把个人身心放逸作为人生的理想境界。他在给龚惟长的信中谈到人生的真正快乐时说:'真乐有五,不可不知。目极世间之色,耳极世间之声,身极世间之鲜,口极世间之谭,一快活也。堂前列鼎,堂后度曲,宾客满席,男女交舄,烛气熏天,珠翠委地,金钱不足,继以田土,二快活也。箧中藏万卷书,书皆珍异;宅畔置一馆,馆中约真正同心友十余人,人中立一识见极高,如司马迁、罗贯中、关汉卿者为主,分曹部署,各成一书,

---

① 吴调公:《论公安三袁美学观之异同》,载《文学评论》,1986 年第 1 期
② 《珂雪斋集·吏部验封司郎中中郎先生行状》

远文唐、宋酸儒之陋，近完一代未竟之篇，三快活也。千金买一舟，舟中置鼓吹一部，妓妾数人，游闲数人，泛家浮宅，不知老之将至，四快活也。然人生受用至此，不及十年，家资田地荡尽矣。然后一身狼狈，朝不谋夕，托钵歌妓之院，分餐孤老之盘，往来乡亲，恬不知耻，五快活也。士有此一者，生可无愧，死可不朽矣。'"

这五大快活，就是袁宏道的人生哲学，它突破了一切常情常理常识，颇有意出尘外、怪生笔端的气势，它将一切传统信条和世俗偏见统统抛诸身后，将一切虚伪造作的伦理训诫统统代之以真率激切的个性解放要求，将被古圣先贤奉为至高无上的立德、立功、立言的"三不朽"代之以任性适意为核心的"五快活"，这是对传统人生观、价值观的彻底颠覆和抛弃，这种彻底颠覆和抛弃强烈昭示着社会意识形态已开始由古代向近代发生强力变移。

袁中道（1570—1626 年），字小修，晚号凫隐居士，袁宗道、袁宏道之弟。袁中道少年早慧，智力超常，"十余岁，作《黄山》、《雪》二赋，五千余言。长益豪迈，从两兄宦游京师，多交四方名士，足迹半天下"①。但袁宏道科场考运不济，屡不得意，直到万历四十四年（1616 年）才考取进士，授徽州府教授。后来历任南京礼部主事、南京吏部郎中。56 岁时死在官任上。一留著有《珂雪斋集》。

袁中道虽然没有像袁宏道这样明确地提出自己的人生观和价值观，但他对任性适意的追求与袁宏道是一致的。袁中道一生爱水，行谊处在水痞、水癖和水怪之间。他在《后泛凫记》中说："不幸性耽烟水，每见清泉流水，则怡咏终日。故自戊申以后，率常在舟，于今六年矣。一舟敝，复制一舟。凡居城市，则炎炎如炙，独登舟则洒然。居家读书，一字不入眼；在舟中，则沉酣研究，极其变化。或半年不作诗，一入舟，则诗思泉涌。又冗缘谢而参求不辍，境界远而业习不偶，皆舟中力也。"这种愿意泛舟漂泊而不愿入市俗处的生活态度，也是极具时代特点的，同时也反映出公安派的人生观与价值观。②

公安三袁虽同出一门，但由于生活经历和境遇各不相同，性格气质和思想理念也各自有异。袁中道对此有过较为客观的对比："当是时，伯修与先生，虽于千古不传之秘，符同水乳，而于应世之迹，微有不同。伯修则谓居人间当敛其锋锷，与世抑扬，万石周慎，为安亲保身之道。而先生则谓凤凰不与凡鸟共巢，麒麟不共凡马伏枥，大丈夫当独往独来，自舒其逸耳，岂可

---

① 《明史·袁中道传》
② 周积民《湖北文化史》，湖北教育出版社，2006

逐世啼笑，听人穿鼻络首！意见各不同如此。"① 无独有偶，李贽明确指出，"伯也稳实，仲也英特"，而中道年少时颇为狂放，"既长，胆量愈廓，识见愈朗，的然以豪杰自命，而欲与一世之豪杰为友。其视妻子之相聚，如鹿豕之与群而不相属也。其视乡里小儿，如牛马之尾行而不可与一日居也。泛舟西陵，走马塞上，穷览燕、赵、齐、鲁、吴、越之地，足迹所至，几半天下"，②又与二兄有别。吴调公说："三袁性格，同具狂狷的特点，而个性各有不同：宗道落落寡合，纯朴自守，表现为处士气；宏道机锋横溢，慧眼过人，寓讽刺于调侃，表现为狂士气；中道感慨苍凉，似乎比他的两个兄长更多丘壑，袁宏道说他'有哀生失路之感'，钱谦益说他'游于酒人，以豪杰自命'，表现为侠士气。"这种概括是比较客观而准确的。

### 2. 公安派勃兴的历史文化动因

公安派的勃兴始自、并起决于"性灵"学的风起，而"性灵"说的产生并风行的背后有着极其复杂的原因。对此刘方先生曾做过非常切合实际的系统梳理，这里主要择其要点兼而论之。

第一，经济基础决定上层建筑和意识形态。明代中后期商品经济的活跃使得"三袁"的价值观念发生了新变，特别是嘉靖、隆庆、万历时期，两京、苏杭、广东、安徽、湖广等地的商品经济已经相当活跃。而袁宏道曾经出任县令的吴县，则更是在当时领商品经济之先。商品经济的发展，导致了人们价值观念的更新。儒家"重义轻利"的传统被"重利轻义"所取代，甚至弃儒从商者也大有人在。

据周积民《湖北文化史》指出，明代中后期的湖北，既是商品经济比较发达的地区，也是思想文化最活跃的地区之一。例如，汉口在明以前还只是一片沼泽，明成化中汉水改道，陆地得以成片，陆续有人盖房定居。正德初，知县蔡钦在此筑堤捍水，拓荒造田，汉口仍不见著名。嘉靖时设汉口镇巡检司，汉口已是一个颇有名气的商镇。到万历时，"汉口不特为此省咽喉，而云贵、四川、湖南、广西、陕西、河南、江西之货皆于此转销输焉"，一举成为"九州名镇"，"水陆之冲，舟车辐辏，百货所聚，商贾云屯，其山川之雄壮，民物之繁华，南北两京而外，无过于此"③。汉口依赖长江和汉水这两大交通动脉，在商品交换中扮演着日益重要的角色，成为后来居上的城市。汉口上游的沙市也是重要的商品集散地，除棉纺、造船、制漆等十分发达外，竹木

---

① 袁中道《吏部验封司郎中中郎先生行状》

② 《袁宏道集·序小修诗》

③ 孙家淦：《南游记》

加工、药材等行业也很有影响。万历间，沙市人口已达二十余万，俨然一大商业都会。经济的发展也带动着思想的进步。万历九年（1581 年），泉州晋江（今属福建）人李贽在姚安府任满后带着妻孥离开云南来到黄安（今湖北红安），在黄安、麻城（今属湖北）住了 15 年，讲学著书，传播新思想。"三袁"便直接受其影响，他们的文集中多有反映。

正是在这种商品经济活跃发展的外部作用下，"三袁"的价值观念产生了新变，其文化心态也更趋开放，因而才得以逐步培育出"独抒性灵"等文学解放思想。①

第二，文章染乎时变，各种思潮无不打上鲜明的时代印记。明代各个时期的革新思潮是三袁"性灵"思想的理论渊源和基础。三袁"性灵"思想的渊源，自明代可以自上而下地追溯到杨维桢的尊情抑理、吴中四子的缘情尚趣、徐渭的尚俗尚奇、汤显祖的至情之论，直至李贽的"童心说"。这些明代各个时期的革新思潮对于"三袁"都有着莫大的启迪作用，尤其是李贽。据《柞林纪谭》②记载，万历十五年（1590 年）、万历二十年（1592 年）、万历二十一年（1593 年），"三袁"兄弟曾经三次造访李贽，并留下了相言甚欢的美谈。作为值得尊敬的前辈，李贽的"童心"和"迩言"等文学思想上，震撼般地启迪着"公安三袁"。李贽认为，"夫童心者，绝假纯真，最初一念之本心也。若失却童心，便失却真心；失却真心，便失却真人"，主张用真心、真情、真言来写真文，反对用统治者所提倡的"闻见道理"蒙蔽童心，以假人言假言，文假文。李贽尖锐指出："天下之至文，未有不出于童心焉者也。苟童心常存，则道理不行，闻见不立，无时不文，无人不文，无一样创制体格文字而非文者。诗何必古《选》，文何必先秦。降而为六朝，变而为近体，又变而为传奇，变而为院本，为杂剧，为《西厢曲》，为《水浒传》，为今之举子业，大贤言圣人之道皆古今至文，不可得而时势先后论也。故吾因是而有感于童心者之自文也，更说甚么六经，更说甚么《语》、《孟》乎"？③

李贽以"童心说"为依据，从根本上改变了对文学的看法。那些被正统文人所不齿的通俗文学，如杂剧、院本、《西厢记》《水浒传》，在李贽看来，都是古今之至文。而"六经、《语》、《孟》，乃道学之口实，假人之渊薮也"。这些思想不仅是反传统的，而且是具有启蒙意义的。显然，李贽所倡导的任情崇真，尚俚尚俗的"童心"之说，有力地推动了服膺其说的"三袁"的创

①　刘方《明代湖广作家研究》，《研究生学位论文》，2008，4

②　袁中道《珂雪斋集》附录二，钱伯城点校本，上海古籍出版社 1989

③　《焚书·童心说》

作及理论建构。①

徐渭对公安派文学产生影响的也十分明显。袁宏道在《徐文长传》中描绘了自己在陶望龄家见到徐渭作品的激动心情，宏道对徐渭作品的激赏，是因为这些作品正与他同道，他发现了徐渭文风对复古文学的强大冲击力。他在《与冯侍郎座主》中说："宏于近代，得一诗人曰徐渭。其诗尽翻窠臼，自出手眼。有长吉之奇而畅其语，夺工部之骨而脱其肤，挟子瞻之辨而逸其气，无论七子，即何、李当在下风。"由此可见徐渭对宏道的影响。

第三，社会风俗和民间文学、文化的滋养。如同所有的有鲜活生命力的文学都无一例外要受到民间文化的浇灌和滋养一样，市井风俗、民歌风味的熏陶给了三袁巨大的助益，使得"三袁"审美心态发生了方向性的变移。所谓"野语街谈随意取，懒将文字拟先秦"。②"三袁"不仅将目光投向市井风俗，而且能够注重汲取民歌的养分。这就打破了一直以来以诗为诗、以古雅为尊的格套，转向以民歌为诗，以尚俗为乐的审美取向，从一个侧面体现了"三袁"文化心态、审美心态的迁移。③

第四，文学风尚是风向标和牵引器。明代小说、戏曲等俗文学的发展对"三袁"的文学思想起到了影响作用。从"明代四大奇书'（《三国演义》《水浒传》《西游记》《金瓶梅》）、冯梦龙"三言"到徐渭、汤显祖的戏曲创作，再到李开先、李贽、叶昼的理论批评，明代俗文化和俗美学的思潮率先在小说和戏曲的创作及批评领域崛起。这种思潮对于"三袁"的文学思想起到了辐射、渗透的作用，形成了小说、戏曲等俗文学与诗文等雅文学交叉影响的态势。

第五，释学、西学等文化扩展了"三袁"的眼界，影响了他们的思维方式。"三袁"兄弟无一不对释学抱有浓厚的兴趣，他们也曾多次结社研讲佛理，例如香光社、青莲社、海阳社等等。④ 释学之外，"三袁"还注重汲取西方天主教文化和科技文化，《游居柿录》中就有多处记载了"三袁"与西洋传教士利玛窦的交往，并耳闻了利玛窦有关天体、物种等新知识的奇谈。释学与西学的影响对于"三袁"开阔眼界，拓展思维方式的确起到了一定的作用。

第六，复古派与唐宋派正反方面的刺激是"三袁""性灵"思想产生的

① 刘方《明代湖广作家研究》，《研究生学位论文》，2008，4
② 袁宏道《斋中偶题》，《袁宏道集笺校》（卷一四），上海古籍出版社1981
③ 刘方《明代湖广作家研究》，《研究生学位论文》，2008，4
④ 参考何宗美《公安派结社考论》中有关资料，重庆出版社2005

文学内部动因。刘方认为，"一方面，明代中后期前后七子把持文坛近百年，'视古修词，宁失古理'① 的现状从反面刺激了'三袁'思想的发轫，使得其理论的矛头直指前后七子及其末流在内容上无识无理，在形式上模拟古人的弊端。当然，正如前文所言，明后期的七子派，以吴国伦为代表所倡导的'闳襟宇而发其才情'② 之论，已经包含了'发抒性灵'③ 的内容，这种复古的变调对于'三袁'同样有着不可忽视的影响。另一方面，唐宋派'直抒胸臆'④、'本色'⑤、'精光'⑥、'以意役法'⑦ 等主张，则对于"三袁"思想的发轫有着正面的推动作用。如袁宗道在《答陶石篑》一文中言：'我朝文如荆川、遵岩两公，亦有几篇看得者。……开后来诗文正眼，亦快事也。'⑧ 又如袁宏道在《叙姜陆二公同适稿》一文中言：'有为王、李所摈斥，而识见议论，卓有可观，一时文人望之不见其崖际者，武进唐荆川是也。文词虽不甚奥古，然自辟户牖，亦能言所欲言者，昆山归震川是也。'⑨ 这些皆可看作'三袁'对于唐宋派文学主张及诗文创作的部分肯定。"⑩

### 3. 公安派的文学思想

公安派作家突出的贡献不仅在于开一代文学之先声，更在于其立足于创作经验所提出的旗帜鲜明的文学主张上，这种文学主张既顺应了文学发展的内在规律，更应和了时代发展的呼声，因而很快产生了全国性影响，极大地推动了中国传统文学的发展。

第一，反对贵古贱今，倡导文学的与时俱进，强调文学的时代性。

公安派的文学主张是在对复古主义的批判中展开的。三袁登上文坛的时候，正是李攀龙、王世贞所倡导的复古主义甚嚣尘上的时候，要宣传自己的文学主张，必须首先击退这股复古思潮。

袁宗道率先掀起了对复古主义的挑战。在袁宗道看来，不管是李攀龙的"强赖古人无理"，还是王世贞的"不许今人有理"，都是为了掩盖他们自己的胸无识见，"夫以茫昧之胸，而妄意鸿巨之裁，自非行乞左、马之侧，募缘

---

① 袁宗道《论文下》，《白苏斋类集》（卷二十）

② 吴国伦《李尚书集序》，《甔甀洞稿》（卷三九）

③ 吴国伦《胡祭酒集序》，《甔甀洞稿》（卷三九）

④ 唐顺之《答茅鹿门知县》二，《荆川先生文集》（卷七）

⑤ 唐顺之《又与洪方洲书》，《荆川先生文集》（卷七）

⑥ 唐顺之《答蔡可泉》，《荆川先生文集》（卷七）

⑦ 唐顺之《董中峰侍郎文集序》，《荆川先生文集》（卷一〇）

⑧ 袁宗道《白苏斋类集》（卷十六），钱伯城点校本，上海古籍出版社 1989

⑨ 袁宏道《叙姜陆二公同适稿》，《袁宏道集笺校》（卷十八），上海古籍出版社 1981

⑩ 刘方《明代湖广作家研究》，《研究生学位论文》，2008，4

残溺，盗窃遗矢，安能写满卷帙乎？试将诸公一编，抹去古语陈句，几不免曳白矣！"所以复古的病源"不在模拟而在无识"。① 袁宗道老道犀利，利用复古派理论的自相矛盾予以纠驳，指出了复古派剽窃模拟的病源，独到深刻的攻击，几乎使复古派无路可退。

袁宏道秉承其兄的做派，对复古派的批判更为尖锐而犀利。他说："嘉、隆以来，所为名公哲匠者，余皆诵其诗读其书，而未有深好也。古者如赝，才者如莽，奇者如乞，模拟之所至，亦各自以为极，而求之质无有也。"② 又说："近代文人，始为复古之说以胜之。夫复古是已，然至以剽袭为复古，句比字拟，务为牵合，弃目前之景，摭腐滥之辞；有才者诎于法，而不敢自伸其才，无之者拾一二浮泛之语，帮凑成诗。智者牵於习，而愚者乐其易，一倡亿和，优人驺从，皆谈雅道。吁！诗至此，抑可羞哉！夫即诗而文之为弊，盖可知矣。"③ 他嘲笑复古派"粪里嚼渣，顺口接屁，倚势欺良，如今苏州投靠家人一般。记得几个烂熟故事，便曰博识；用得几个见成字眼，亦曰骚人；计骗杜工部，囤扎李空同，一个八寸三分帽子，人人戴得"④，真是毫不留情，极尽嘲讽讥刺、嬉笑怒骂！在复古派的弊端已经暴露得异常充分的形势下，这些激烈的批判是很容易引起强烈共鸣的。

与两位兄长同调，袁中道则从语言的进化的角度，巧妙地说明语言有古今、文学也有古今的道理。他平实而雄辩地指出："口舌代心者也，文章又代口舌者也。展转隔碍，虽写得畅显，已恐不如口舌矣；况能如心之所存乎？故孔子论文曰：'辞达而已。'达不达，文不文之辨也。唐虞三代之文，无不达者。今人读古书，不即通晓，辄谓古文奇奥，今人下笔不宜平易。夫时有古今，语言亦有古今，今人所诧谓奇字奥句，安知非古之街谈巷语耶？摘古字句入己著作者，是无异缀皮叶于衣袂之中，投毛血于肴核之内也。"⑤ "从语言的角度来肯定文学的进化，并且主张用活的语言来写作，这在当时是十分进步的思想，也为通俗文学争取应有地位提供了理论武器。"⑥

"公安派作家批判复古思潮，不仅指出复古文学千人一面，剽窃模拟，而且从文学自身的发展否定了复古理论，从而提出了远比复古思想先进的文学发展观。这是公安派文学理论之所以能够战胜复古派文学理论的重要原因之

---

① 《白苏斋类集·论文下》

② 《袁宏道集·行素园存稿引》

③ 《袁宏道集·雪涛阁集序》

④ 《袁宏道集·与张幼于》

⑤ 《白苏斋类集·论文上》

⑥ 周积民《湖北文化史》，湖北教育出版社，2006

一，也是公安派文学思想较其他各派文学思想高明的地方。"①

第二，"独抒性灵，不拘格套"，力推创新，是"三袁"文学思想的核心。

对此，袁宏道在《叙小修诗》一文中旗帜鲜明地标榜："独抒性灵，不拘格套，非从自己胸臆中流出，不肯下笔"，这段话一直被看作是"三袁"文学理论的宣言，而"独抒性灵，不拘格套"则成为了"三袁"文学思想的核心，反映了他们从诗文内容到形式都要求变革的进步思想，也是他们文学观的具体体现。

所谓"性灵"的概念，后人有多种不同侧重的理解，大多或趋同于"真情实感"这一宽泛的论述，或从佛学思想中概括其内涵。一方面，"性灵说"继承了中国诗学"诗言情"的传统命题。主张作家的情感在作品中要冲破一切束缚，直露自然地表达出来，要求作品"不效颦于汉魏，不学步于盛唐，任性而发"；② 另一方面，"性灵说"在表现内容和表现方法上透视出其佛学的渊源。晚明士人学禅之风盛行，而"三袁"皆好佛理，这在一定程度上影响了他们的诗文理论，并使得他们的创作体现出了一种灵动活泼的内容，追求一种空灵自然的境界，具有某些浪漫主义的气息。所谓"有时情与境会，顷刻千言，如水东流，令人夺魂"。③ 这种喷薄而出，一挥而就的创作状态在中国古代文论中即被称为"妙悟"，指的是诗文创作时产生的犹如领悟佛性一般的认识上的飞跃。《明史》本传评价袁中郎"诗文主妙悟"，大概就是源于其对于禅宗"顿悟"说在创作理论中的阐释及在创作实践中的运用。④

难能可贵的是，袁宏道主张文学进化论能将时代的变迁与文学独创性的内在要求紧密地结合在一起。他举例说："张、左之赋，稍异扬、马，至江淹、庾信诸人，抑又异矣。唐赋最明白简易。至苏子瞻直文耳，然赋体日变，赋心益工，古不可优，后不可劣。若使今日执笔，机轴尤为不同。何也？人事物态，有时而更，乡语方言，有时而易，事今日之事，则亦文今日之文而已矣。"⑤ 又说："文之不能不古而今也，时使之也。妍媸之质，不逐目而逐时。是故草木之无情也，而腥红鹤翎，不能不改观于左紫溪绯。唯识时之士为能隄其陁而通其所必变。夫古有古之时，今有今之时，袭古人语言之迹而

① 周积民《湖北文化史》，湖北教育出版社，2006
② 袁宏道《叙小修诗》，《袁宏道集笺校》（卷四）
③ 袁宏道《叙小修诗》，《袁宏道集笺校》（卷四）
④ 刘方《明代湖广作家研究》，《研究生学位论文》，2008，4
⑤ 《袁宏道集一与江进之》

冒以为古，是处严冬而袭夏之葛者也。"①

时异则事异，事异则文变，文学需要与时俱进，这是文学进化的客观要求，而从文学内部来说，独创性则是文学进化的内在规律。对此，袁宏道指出："盖诗文至近代而卑极矣。文则必欲准于秦汉，诗则必欲准于盛唐。剿袭模拟，影响步趋。见人有一语不相肖者，则群指以为野狐外道。曾不知文准秦汉矣，秦汉人曷尝字字学六经欤！诗准盛唐矣，盛唐人曷尝字字学汉魏欤！秦汉而学六经，岂复有秦汉之文？盛唐而学汉魏，岂复有盛唐之诗？唯夫代有升降，而法不相沿，各极其变，各穷其趣，所以可贵。原不可以优劣论也。且夫天下之物，孤行则必不可无，必不可无虽欲废焉而不能。雷同则可以不有，可以不有，则虽欲存焉而不能。故吾谓今之诗文不传矣。其万一传者，或今闾阎妇孺子所唱《擘破玉》《打草竿》之类，犹是无闻无识真人所作故多真声。不效颦于汉魏，不学步于盛唐，任性而发，尚能通于人之喜怒哀乐嗜好情欲，是可喜也。"②

文学贵在独创，贵在孤行，反对模拟，反对雷同，所以随着时代的变化而变化是其内在要求。基于这样的认识，宏道肯定一切有独创性的作品，肯定一切真情实感的流露，无论它是否符合正统儒家思想和传统道德标准，他说："昔老子欲死圣人，庄生讥毁孔子，然至今其书不废。荀卿言性恶，亦得与孟子同传。何者？见从己出，不曾依傍半个古人，所以他顶天立地。今人虽讥讪得，却是废他不得。"③ 这显然已有离经叛道之意。他接受了李贽的"童心说"，十分强调"真"，他说："行世者必真，悦俗者必媚，真久必见，媚久必厌，自然之理也。"④ 又说："大抵物真则贵，真则我面不能同君面，而况古人之面貌乎？"⑤ 宏道还赞赏中道的诗，认为他的诗"大都独抒性灵，不拘格套，非从自己胸臆流出，不肯下笔。有时情与境会，顷刻千言，如水东注，令人夺魄。其间有佳处，亦有疵处。佳处自不必言，即疵处亦多本色独造语。然予则极喜其疵处。而所谓佳者，尚不能不以粉饰蹈袭为恨，以为未能尽脱近代文人气习故也。"⑥ 对江盈科作品中的"近平近俚近俳"之语也予以回护，称赞"进之（江盈科）才高识远，信腕信口，皆成律度，其言今

---

① 《袁宏道集·雪涛阁集序》
② 《袁宏道集·序小修诗》
③ 《袁宏道集·序小修诗》
④ 《袁宏道集·行素园存稿引》
⑤ 《袁宏道集·与丘长孺》
⑥ 《袁宏道集·序小修诗》

人之所不能言与其所不敢言者"。①

　　独创性是公安派文学思想的灵魂。对此，公安派从不同方面对其内涵特性表达得淋漓尽致，诸如"代有升降，法不相沿"，"独抒性灵，不拘格套"，"信腕信口"，"任性而发"，"见从己出"，"本色独造"等等，它们既是公安派在独创性方面不同层面的追求，又是公安派所高高举起的一面又一面理论旗帜。它们不仅具有文学变革和思想解放的丰富内涵，更具有创造性和引领性。

　　第三，"趋众尚俗"、"崇真求趣"，鲜活真诚，是"三袁"文学思想的审美向度。

　　首先，"三袁"的审美追求体现在将俗文化、俗美学渗透到"性灵说"之中，体现为较为明显的世俗化、大众化和生活化的倾向。

　　"明后期世俗经济发展，市民阶层大量涌现，随着这种生活内容的变化，冲破传统礼教禁锢的各种世态人情也尽情显露。市民文化与士大夫文化在碰撞中对后者产生了前所未有的冲击，市民阶层的生活为文学提供了丰富的内容。作家文化心态由'崇雅'到'尚俗'的变迁，是明后期湖广乃至整个文坛的一种大浪潮，而'三袁'正是站在浪尖上的弄潮儿。一方面'三袁'将目光转向了闾巷歌谣，为'性灵说'开拓文学之流。所谓'吾谓今之诗文不传矣。其万一传者，或今闾阎妇人孺子所唱《擘破玉》《打草竿》之类，尤是无闻无识真人所作，故多真声，不效颦于汉魏，不学步于盛唐，任性而发，尚能通于人之喜怒哀乐嗜好情欲，是可喜也。'"②

　　出于对社会时代变迁的清醒认识，更出于对民间文学、民俗风习的深刻认同，"三袁"在开拓文学之流中往往避开正统，贴近世俗大众，贴近人民生活，转而从民间歌谣中汲取营养，可谓"野语街谈随意取，懒将文学拟先秦"。③所谓"往犹见得此身与世为碍，近日觉与市井屠沽、山鹿野獐、街谈市语皆同得去，然不能合污，亦未免为病，何也？名根未除，犹有好净的意思在。……盖同只见得净不妨秽，魔不碍佛，若合则活将个袁中郎抛入东洋大海，大家浑沦作一团去"。④"三袁"汲取了较多市井民俗文化的养分，而且将这些养分渗透到创作主体、艺术表现和审美追求等若干层面，使得"独

----

① 《袁宏道集·雪涛阁集序》
② 刘方《明代湖广作家研究》，《研究生学位论文》，2008，4
③ 袁宏道《斋中偶题》，《袁宏道集笺校》（卷十四）
④ 袁宏道《朱司理》，《袁宏道集笺校》（卷十一）

抒性灵"与"宁今宁俗"① 交融成一个有机的整体。

其次,"三袁"的审美追求体现在舒张个性,表现自我,肯定创作诚意,将"崇真"置于"性灵说"的重要位置。"三袁"提倡"物真则贵",认为诗文创作必须体现作家独特的艺术个性,而个性则必须通过真实的情感表达来体现,反对忸怩造作的矫情。因此,"崇真"成为了"性灵说"的精髓,把它作为审美的标准去评判诗文的得失。真诗需要真人,而"率性而为,是为真人"。②"崇真"的审美追求体现了"性灵说"的本质,即尊重人的主体意识,摆脱外在力量的钳制,任自我精神自由伸展,只有具备了这样任性自然的天性,方能写出"情至之语,自能感人"③的真诗。

再次,机趣横溢,意态生动,活色生香,注重"趣味",是"三袁"重要的创作审美心态。在"三袁"的诗文理论及创作中,对于"趣"的论述十分独到且引人入胜。譬如,"世人所难得者谓趣。趣如山上之色,水中之味,花中之光,女中之态"。④ 其"独抒性灵"之"趣",游走于雅、俗之间。对于"雅趣"来说,则既追求赤子之心的童趣、绝假纯真的天趣,即"孟子所谓不失赤子,老子所谓能婴儿";⑤ 雅趣还包括追求寄情山水的自然之趣,即"花态柳情,山容水意,别是一种趣味"。⑥ 对于"俗趣"来说,则是"三袁"独抒性灵的诗文对于市井中俗情俗趣的渗透和折射。

公安"三袁"理论及创作也存在着必须指出的某种矛盾和缺陷。这些矛盾与缺陷几乎是伴随着"独抒性灵"、"尚今尚俗"的思潮而同时孕育、降生和扩展。例如袁宏道《吴游记》十六篇,其中《记一·虎丘》《记五·灵岩》《记十·天池》等篇写景抒情而轻灵自然;而《记二·上方》《记三·西洞庭》《记四·东洞庭》等篇则显得较为粗糙,有的失之浅露率易。再如其所作《浪歌》一诗,叙事过分直率,抒情过分刻露,放浪形骸中已有庸俗之意。对此,袁宏道自身也有所反悟,他认为"余诗多刻露之病",⑦ 而导致此弊的原因则在于"近俳缘矫激,取态任斜欹"。⑧ 袁宏道所谓的"刻露"或"近俳",乃是指在矫正七子复古摹拟之风中,将抒写性灵强调到独一无二的高度,将

① 袁宏道《与冯琢庵师》,《袁宏道集笺校》(卷二十二)
② 袁宏道《识张幼于箴铭后》,《袁宏道集笺校》(卷二十二)
③ 袁宏道《叙小修诗》,《袁宏道集笺校》(卷四)
④ 袁宏道《叙陈正甫〈会心集〉》,《袁宏道集笺校》(卷十)
⑤ 袁宏道《叙陈正甫〈会心集〉》,《袁宏道集笺校》(卷十)
⑥ 袁宏道《叙陈正甫〈会心集〉》,《袁宏道集笺校》(卷十)
⑦ 袁宏道《叙曾太史集》,《袁宏道集笺校》(卷三十五)
⑧ 袁宏道《哭江进之》,《袁宏道集笺校》(卷三十四)

尚今尚俗绝对到勿古勿雅的地步，不免有矫枉过正之嫌。

总之，三袁的文学思想既顺应了文学发展的内在规律，又代表了当时先进文化的发展要求，其代表作家的人生观与价值观也具有突破传统思想束缚、提倡个性解放的深刻内涵。其"趋众尚俗"、"崇真求趣"，鲜活真诚的审美取向，迎合了逐渐强大的市民阶层的审美需求，具有反礼教反传统的意义。其力求创新、"宁今宁俗"的语体风格，适应着文学普及和文化世俗化的需要，预示着文学从古代向现代的转变。

应该指出的是，"三袁"对于自身弊端也是有所认识的，但由于既未得到业内有力警示批评，又未自身竭力克服，所以到了公安派的追随末流那里，这种通病则发展成了一种矫枉过正的趋势。所谓"至于一二学语者流，粗知趋向，又取先生（袁宏道）少时偶尔率易之语，效颦学步。其究为俚语，为纤巧，为莽荡，譬之百花开而棘刺之花亦开，泉水流而粪壤之水亦流"。[①] 一时间，鱼龙混杂，泥沙俱下，以至于到公安派末期，俚易、纤巧、莽荡的弊端最终成为了后人微词公安派的焦点所在。

### 4. 公安三袁的文学成就

特别需要指出的是，虽然公安派三袁在诗文创作方面都取得了斐然成绩，但学人大多公认最能够代表他们文学成就和文体风格的还是小品文。公安派三袁的小品文其鲜明的特点有四：

第一，直抒胸臆，坦率真诚。

三袁都有狂狷真诚、随心所欲的个性，看重自适自在，坦率真诚，都是性情中人，因而他们都敢于发表自己的意见，都能真诚直率毫无掩饰地表达自己的思想和情感，尤其在抒写性灵方面，他们表现得更充分、更生动，也更具有文人的气质。

勇于真诚和坦然地面对自己的生活态度，绝不刻意掩饰，更不虚伪做作，是公安派三袁令人信服和尊敬的突出表现。在小品文中，他们敢于真诚剖析，赤诚表现，勇于把自己的兴趣爱好、喜怒哀乐毫无保留地坦露给世人和朋友，告诉他们内心隐秘甚至不足为人所道的东西，而不管这种东西是否崇高正统，还是貌小异端。在这一类小品文中，我们看到的是一个个具有赤诚胸襟和鲜明个性的真实个体，是灵动鲜活而又血肉丰满的现实人生。例如，袁宗道在家书《寄三弟》中就曾经将自己与白居易进行对比："昔白乐天无子，止有一女今蟾，慧甚，后复不育，竟以无子。吾此苦真同乐天。然乐天是世间第一

---

① 袁中道《答须水部日华》，《珂雪斋集》（卷二十四）

有福人，吾那得比之。乐天趣高才大，文价远至鸡林；吾才思塞涩，无所成名，一不同也。乐天罢守，即有粟千斛，有太湖石、华亭鹤、折腰菱等物；吾官十年，债负山积，室如悬磬，二不同也。乐天所居履道里宅，据东都之胜，花鸟鱼池，仿佛蓬瀛；吾家石浦之阳，滨于大江，即此鸠巢蜗庐，且暮作蛟人窟，安望花草池台之乐，三不同也。乐天有妓樊素、小蛮，能舞霓裳；吾辈兢兢守官，那及此事，且吾乡固陋，真所谓经岁不闻音乐声者，四不同也。乐天官至三品，不为不贵；吾赋性肮脏，转喉触讳，早晚且归，终当老一校书郎，五不同也。乐天有元、刘互相酬唱，晚年与牛奇章诸公共为赏适；想故乡一片地，惟有杜门下楗而已，六不同也。乐天素健，年至八十，得风痹疾复愈，尚能留樊素及驼马；吾少年病后，骨体脆薄，多肉少筋，非寿者相，七不同也。吾与乐天不同者如此，惟无子一事，则酷似之耳。独乐天学禅，吾亦学禅。乐天太好快活，晚年岁月，多付之诗文歌舞中，此事恐未得七穿八穴；吾以冷淡无所事，只得苦参，将来或不作生弥勒院中行径，差强之耳。若果于此一大事了却，粪草堆头拾得无价宝，世间苦乐，何足道哉！"

这里，袁宗道将自己与白居易放到一起，以世俗的功名利禄、喜怒哀乐为尺度，从八个方面对人生的得失福祸进行对比，结果发现，自己除了与白居易拥有共同的不幸之外，人生的幸福和欢乐、成功与得意竟然与自己毫不相干。既不在乎颂赏赞美，也不管他人讥笑白眼，既不论高洁素雅，更不讲世故俚俗，随心所欲，凭心就论，作者毫无保留地将自己的复杂内心世界袒露于字里行间，让我们看到了他的真实处境，知道了他的真实想法，体会到他的无助、脆弱、失落和悲哀的心绪，既给人感同身受的自然亲切，又不能不为之感动。

在与徐汉明信中，我们可以毫不费力地感受到袁宏道与其兄袁宗道同出一辙的真率风格："弟观世间学道有四种人：有玩世，有出世，有谐世，有适世。玩世者，子桑、伯子、原壤、庄周、列御寇、阮籍之徒是也。上下几千载，数人而已。已矣，不可复得矣！出世者，达摩、马祖、临济、德山之属皆是。其人一瞻一视，皆具锋刃。以狠毒之心，而行慈悲之事，行虽孤寂，志亦可取。谐世者，司寇以后一派措大，立定脚跟，讲道德仁义者是也。学问亦切近人情，但粘带处多，不能迥脱蹊径之外，所以用世有余，超乘不足。独有适世一种人，其人甚奇，然亦甚可恨：以为禅也，戒行不足；以为儒，口不道尧舜周孔之学，身不行羞恶辞让之事。于业不擅一能，于世不堪一务，最天下不紧要人。虽于世无所忤违，而贤人君子则斥之惟恐不远矣。弟最喜此一种人，以为自适之极，心窃慕之。"

袁宏道在这里谈论的是自己的处世原则或人生愿景。他说自己所最羡慕的是"适世"一种人，非儒非禅，亦儒亦禅，于业无能，于事无补，其实就是作者提到过的快活人。这种人所关注的不是传统的"立德、立功、立言"的"三不朽"，而是关注自己个人的内在感受，即是否做到了任性适意，所以宏道所云"适世"实际上是"自适"，是一种追求个性解放的极端形式。这种追求正是公安派最能打动人的地方。不传统，不正统，不崇高伟岸，更不大公无私，但这就是实实在在的、真真切切的自己，不怕示人，不怕忌讳，也不怕藐视，这就是三袁真情真性、率直坦白所在。

"公安派作家把对自适的追求贯穿到其小品文创作中，主张'文章新奇，无定格式，只要发人所不能发，句法字法调法，一一从自己胸中流出'①，就是好文章。因此，公安派小品大都形式活泼，个性鲜明，语言流利，情感充沛，注重抒发性灵，表现自适情怀，在晚明小品中可谓独树一帜。"②

第二，随缘自适，趣味天成。

最能体现公安派三袁艺术创造精神的是山水游记小品和闲适小品。"在这些小品文中，作者主要追求的是一种适意，也即对事物的自然而真切的感受和体会，意之所到，随适而止，不刻意追求其大，也不刻意追求其美，更不刻意追求其深刻，而正是在这种不经意之中，表现了作者随缘自适的一种情趣，作品也因此显得清新活泼而富有趣味。这种风格，正是公安派作家的自觉追求。袁宏道是其杰出代表。"③

游历几乎是三袁的共同嗜好，他们三人几乎无人无年不游，因而，他们都留下了脍炙人口的精美山水游记。论数量，袁宏道所作山水游记甚多，苏杭一带的山水名胜他无不历览，有的是多次登临，写下了许多过目难忘的游记小品，如《虎丘记》《五泄》《天目》《灵岩》《天池》《雨后游六桥记》《晚游六桥待月记》《西湖》《开先寺至黄岩寺观瀑记》《由水溪至水心崖记》等。他在北方生活的时间不长，也写下了一些传世游记小品杰作，如《满井游记》《华山记》等。且看袁宏道《晚游六桥待月记》："西湖最盛，为春，为月。一日之盛，为朝烟，为夕岚。今岁春雪甚盛，梅花为寒所勒，与杏桃相次开发，尤为奇观。石篑数为余言：傅今吾园中梅，张功甫玉照堂故物也，急往观之。余时为桃花所恋，竟不忍去。湖上由断桥至苏堤一带，绿烟红雾，弥漫二十余里。歌吹为风，粉汗为雨，罗纨之盛，多于堤畔之草，艳冶极矣。

① 《袁宏道集·答李元善》
② 周积民《湖北文化史》，湖北教育出版社，2006
③ 周积民《湖北文化史》，湖北教育出版社，2006

然杭人游湖，止午、未、申三时，其实湖光染翠之工，山岚设色之妙，皆在朝日始出，夕舂未下，始极其浓媚。月景尤不可言，花态柳情，山容水意，别是一种趣味。此乐留与山僧游客受用，安可为俗士道哉！"

作者笔下的西湖苏堤六桥，别具一番意态情趣：青山仿佛有"设色之妙"，湖光更具"染翠之工"，绿色成烟，红色为雾，"歌吹为风，粉汗为雨，"嫣然一个冶艳浓媚少女，天真活泼，摇曳生姿！而春天西湖的月夜更是"别是一种趣味"："花态柳情，山容水意"，"表达一种人与自然融为一体后的超逸情怀，个中趣味，非超尘出俗者不能领会"。① 文章二百来字，叙事、描写、议论浑然天成，人情、物理、事态融合无间，真是独抒性灵，意态天成，是晚明山水小品的杰作。

再看《雨后游六桥记》，其独特的意态情趣更是让人叹为观止。全文如下："寒食后雨，予曰：此雨为西湖洗红，当急与桃花作别，勿滞也。午霁，偕诸友至第三桥，落花积地寸余，游人少，翻以为快。忽骑者白纨而过，光晃衣，鲜丽倍常，诸友白其内者皆去其表。少倦，卧地上饮，以面受花。多者浮，少者歌，以为乐。偶艇子出花间，呼之，乃寺僧载茶来者。各啜一杯，荡舟浩歌而返。"

——感受独特鲜活，文字清新洗练，画面明媚生动，人物意趣盎然，无论是那午后初霁的晴空、满地积花的苏堤，还是那身穿白纨疾驰而过的骑者，那偶出花间载茶而来的寺僧和小艇，都让人强烈感受着造化的无限神奇之美和那种不可言喻的天人和谐之乐，以及在自然之美的渥涵中作者情性的优游自在和自适自得，让人体悟到人生高处的精神飞扬和人性的尊严高贵。这正是公安派小品文的独到之处，也是对传统文学发展的独特贡献。对此江盈科指出："夫近代文人纪游之作，无虑千数，大抵叙述山川云水亭榭草木古迹而已，若志乘然。中郎所叙山水，并其喜怒动静之性，无不描画如生。譬之写照，他人貌皮肤，君貌神情。"② 这一评价无疑是深知个中三味的。

除袁宏道而外，袁宗道、袁中道的山水游记也各有特色。袁宗道多年游宦在京，游历了周围的山水名胜，留下不少游记小品，如《游西山》五篇描写北京西山碧云涧、香山一带山水寺宇的胜景，《上方山》四篇描绘上方山的峰洞寺庵，《小西天》两篇记叙小西天周围的景色，都能别出手眼，景新语新。此外，袁宗道还留有部分记述家乡山水的游记一样亲切自然，别致清新。如《锦石洲》《大别山》《嘉鱼游记》《岳阳纪行》等篇均各有特色。

① 周积民《湖北文化史》，湖北教育出版社，2006
② 江盈科《解脱集二序》

三兄弟中，袁中道平生以放浪形骸、浪迹山水、喜欢游览著称，足迹遍布大江南北，留下不少游记小品。其中，有描写家乡山水名胜的游记，如《清荫台记》《远帆楼记》《杜园记》《柳浪湖记》《三游洞记》《簸笋谷记》《楮亭记》《澧游记》《游龙盖山记》《玉泉闲游记》《游青溪记》《游鬼谷记》《游鸣凤山记》《游君山记》《游岳阳楼记》等，有描写江南山水名胜的游记，如《东游记》《游黄山记》《采石度岁记》等，还有描写北方山水名胜的游记，如《西山十记》《塞游记》《过真州记》《游岱宗记》《西山游后记》等。"这些游记都各有特点，体现出作者的灵心慧性。写于万历三十九年（1611年）的《游青溪记》等同时兼有考证和援引的成分，厚重而不失灵气，与其前期山水游记略别，可以看出中道矫正公安派末流浅俗的努力，从中也透露出明末文风变化的轨迹。"①

　　第三，闲适自然，灵动慧性。

　　公安派作家还写了不少闲适小品，大都围绕着一个核心字眼：随。随心所欲，随遇而安，随波逐流，随性而动，随时而往，人与景谐，心与境谐，具有一种率性率情的安逸和放任，更具有一种天人合一的慧性灵气和放达自然。这些文章，"或能新人耳目，或能怡人情怀，或能启人慧智，所以受到人们欢迎。袁宏道可为代表。他的许多杂著、信札、随笔，率性而发，传递着一种萧散闲适的情绪，真实地表现着自我。他在《识张幼于箴铭后》中谈到应该做放达之人还是做缜密之人时说：'两者不相肖也，亦不相笑也，各任其性耳。性之所安，殆不可强，率性而行，是谓真人。今若强放达者而为缜密，强缜密者而为放达，续凫项，断鹤颈，不亦大可叹哉！'可以看作他对闲适的理解。"②

　　对于官场生活的厌倦和对闲适生活的向往是袁宏道许多信札中的核心主题。如在《与顾绍芾秀才》中对人的贪得无厌的鄙弃，在《与汤义仍书》中对陶渊明好适厌劳的羡慕，在《答李元善》中对"世情当出不当入，尘缘当解不当结，人我胜负心当退不当进"的提倡，在《与伯修》中对辞去吴县令后漫游吴中山水的快乐心情的描绘，等等，都反映出对世俗社会官场的倾轧、功名利禄的物累、是非矛盾的累赘等身外之物的厌弃，折射出对自由独立、闲适自然和慧性放达人生价值的强烈诉求。这种价值取向和灵魂诉求在《与丘长孺书》昭然若揭："闻长孺病甚，念念。若长孺死，东南风雅尽矣，能无念耶？弟作令备极丑态，不可名状。大约遇上官则奴，候过客则妓，治钱谷

　　①　周积民《湖北文化史》，湖北教育出版社，2006
　　②　周积民《湖北文化史》，湖北教育出版社，2006

则仓老人，谕百姓则保山婆。一夕之间，百暖百寒，乍阴乍阳，人间恶趣，令一身尝尽矣。苦哉，毒哉！

家弟秋间欲过吴。虽过吴，亦只好冷坐衙斋，看诗读书，不得如往时，携侯子登虎丘山故事也。

近日游兴发不？茂苑主人虽无钱可赠客子，然尚有酒可醉，茶可饮，太湖一勺水可游，洞庭一块石可登，不大落寞也。如何？"

官累、物累、事累，身为物驭应是历朝历代所有官场的现实，也是身为职官不得不肩负的责任，甚至代价，这是为官的常识。但从袁宏道的信中看来，对这种常识他是非常抵触的。在信中做县令是他最难煎熬的苦楚，而游览则是他随时向往的快乐，对职内事予以极度贬低、讥刺，甚或厌弃，而对业余事则兴趣盎然、心驰神往，"这当然不是政治家应该有的态度，却正是宏道这样的文人对于为官的态度。我们如果因此认为他没有政治责任感，那就错了。宏道在吴县任内颇有政绩，很得民望，与其兄宗道虽不愿做官却认认真真办事一样。他后来在吏部任职时惩治猾吏，健全考核制度，也得到上级的肯定。他对于政治的厌倦，一是由于他那不愿受到羁绊的性格，但更重要的是他认为'时不可为，豪杰无从着手，真不若在山之乐也'，① 所以他对于闲适的追求是发自内心的，不是一种姿态，也不是一种调剂。正因为如此，他的闲适小品才给人真实、亲切、闲雅、适意之感。"②

### 5. 公安"三袁"对于明代及后世文学的影响

"公安派在明后期有重要影响。万历后期的文坛，几乎就是公安派的天下。"③ 诚然如此。公安派顺应明中后期个性解放思潮，坚持文学发展与时俱进，旗帜鲜明地提出"独抒性灵，不拘格套"的文学主张，义气决绝地反对以"前、后七子"为代表的复古派的剽窃雷同，积极倡导文学创作必须发自肺腑，独抒己见，一切从自己胸臆流出，充分张扬作者的个性，发挥文学应有的独创精神，并以丰富的创作实践身体力行，为文坛垂身示范，不仅影响和带动了当时一大批作家，也展示了明代汉江流域文坛特殊的风貌，更重要的是彻底推翻了复古派近百年之久的主宰地位，使明末文坛气象一新，生机勃勃，其流风所披，既广且远。公安派的重要影响主要体现如下：

一是尽扫复古派泥古、摹古积习，开一代文学新风。"独抒性灵，不拘格

---

① 《袁宏道集·又与冯琢庵师》
② 周积民《湖北文化史》，湖北教育出版社，2006
③ 周积民《湖北文化史》，湖北教育出版社，2006

套"的口号的提出，涤荡了被复古之气把持日久的僵化摹拟的文风。正如钱谦益在《列朝诗集小传·袁稽勋宏道》中所言："万历中年，王、李之学盛行，黄茅白苇，弥望皆是。文长、义仍，崭然有异，沉疴滋蔓，未克芟难。中郎以通明之资，学禅于李龙湖，读书论诗，横说竖说，心眼明而胆力放，于是乃昌言击排，大放厥词……中郎之论出，王、李之云雾一扫，天下之文人才士始知疏瀹心灵，搜剔慧性，以荡涤模拟涂泽之病，其功伟矣。"① 更为重要的还在于公安派与前、后七子等复古派在对待封建统治思想和传统伦理道德观念上的差别。"复古派企图恢复封建社会鼎盛时期的文化精神和文学风格，其立意不谓不高，然而，这在封建社会制度已经日薄西山、资本主义生产关系开始萌芽的明中后期，实在无异于'处严冬而衣夏之葛'，是不符合历史潮流的。而公安派作家则明确表示要用今天的语言来反映今天的生活，'事今日之事，则亦文今日之文'，用文学来表达当代人的喜怒哀乐，表现当时的时代精神，表露个人特有的情感，'任性而发'，'宁今宁俗'，'提人新情，换人新眼'，实际上是主张文学的个性化、世俗化、大众化，是对传统思想观念的大胆叛逆，具有近代启蒙思想的某些特征。从一定意义上说，公安派是以反传统的面目出现在文学舞台上的，是古代文学向近代文学发展过程中首开风气的第一个文学流派，因而具有重要的文学地位。"② "三袁"之兴，使得复古派独霸文坛之势崩溃殆尽，明代文学迎来了文学上抒写真性情的新篇章。

二是凝聚并培育了大批文学新人。在"三袁"的周围，逐渐集合了一批志同道合的文人作家，而后学之众，更是不计其数，后世则将他们称为"公安派"。在"三袁"公安派之后，钟惺、谭元春所代表的竟陵文学崛起文坛。而竟陵派的根基牢牢地扎在"三袁"理论之上，他们接过了性灵文学的旗帜，转而以"幽深孤峭"的艺术风格来表现"幽情单绪"的内容，完成了对于性灵说的深化和对于俗美学的雅化。及至晚明，越来越多的作家继承了公安"三袁"、竟陵"钟谭"独抒性灵的文学传统，创作了大量生动活泼、趣韵横生的小品文，张岱、王思任、徐霞客、李流芳、祁彪佳都是一时名家。如张岱在《跋寓山注》中曾言："古今记山水手，太上郦道元，其次柳宗元，近中袁中郎。"可知其对于中郎的推崇之意。③

三是"性灵说"深入人心，影响深远。明亡之后数百年，"三袁"的性

①　钱谦益《列朝诗集小传》丁签，袁宏道条目
②　周积民《湖北文化史》，湖北教育出版社，2006，8
③　刘方《明代湖广作家研究》，《研究生学位论文》，2008，4

灵说依然余波绵长。整个清代，整个社会文化思想发生了很大的变化，学风也与明代迥别，"三袁"的作品甚至被位列禁毁，以致于袁宏道的著作被当作"野狐外道"受到鄙视。乾隆年间编纂的《四库全书》中反映了这种情形："其（指三袁）诗文变板重为轻巧，变粉饰为本色，致天下耳目于一新，又复靡然而从之。然七子犹根于学问，三袁则惟恃聪明。学七子者不过赝古，学三袁者乃至矜其小慧，破律而坏度，名为救七子之弊，而弊又甚焉"，并被列入抽毁的"禁书"。但他们所倡导的抒写性灵的理论观点却多得借鉴，在康熙年间编辑出版且在有清一代影响甚巨的《古文观止》，尽管选材极严，也仍然将袁宏道的《徐文长传》收入，人们仍然知道有公安派的存在，而袁枚所创立的"性灵派"强调独抒胸臆，主张诗贵性情，提倡创新精神，这些都是对"三袁"性灵说的继承和发展。

清代之后，特别是"五四"之后直至20世纪二三十年代，中国的现代文学领域出现了小品文创作的热潮。当时的名家例如郁达夫、林语堂、周作人、阿英等都标榜"三袁"的大旗，特别将袁宏道的散文小品为杰作而大加推崇，并各自创作了许多性灵为上而精致巧雅的闲适小品。遗憾的是，在他们笔下，三袁又被"撕破了衣裳"，"画歪了脸子"。他们所宣传的并不是三袁的全部，而仅仅只是有利于伸张自身创作理念的部分，对于人们正确认识和评价公安派是不利的。对此，鲁迅尖锐地指出："中郎之不能被骂倒，正如他不能被画歪。但因此也就不能作他的蛆虫们的永久的巢穴了。"① 最为推崇三袁的当属郁达夫了："由来诗文到了末路，每次革命的人，总以抒发性灵、归返自然为标语。唐之李、杜、元、白，宋之欧、苏、黄、陆，明之公安、竟陵两派，清之袁、蒋、赵、龚各人，都系沿这一派下来的。世风尽可以改易，好尚也可以移变，然而人的性灵却始终是不能磨灭的。"② 的确如此，性灵不仅关乎文学的本性，更关乎人的本性。脱离人的本性，何谈文学？

应该特别指出的是，"公安派的文学思想和文学创作除了直接受到李贽、徐渭、汤显祖等人的影响之外，更重要的是继承和发扬了庄子对现实社会的批判精神和屈原的浪漫主义艺术精神，而这正是湖北文学的优良传统，李贽、徐渭、汤显祖等人也同样受其影响。袁宏道作有《广庄》七篇，中道也有《导庄》七篇，三袁在其作品中对《离骚》的礼赞更不胜枚举，宏道否定儒

---

① 鲁迅：《且介亭杂文二集·"招贴即扯"》，《鲁迅全集》（第6卷），人民文学出版社1981年版，第228页

② 郁达夫《重印〈袁中郎全集〉序》

家温柔敦厚的诗教就是以《离骚》为武器的。凡此种种，说明公安派的诞生，既有社会的现实原因，也有历史文化传统的因素。是荆楚文化精神和湖北文学乳汁哺育了他们，又是他们将这种文化精神和文学传统在新的时代进一步发扬光大。"①

---

① 周积民《湖北文化史》，湖北教育出版社，2006，8

# 第十六章　明代汉江流域的文学艺术（下）

## 三、竟陵派与汉江流域晚明文学

"经过公安派作家的不懈努力，文学复古势力受到沉重打击，抒写性灵成为越来越多的文人学士们自觉追求，这是个性解放思潮在文学领域的反映，也是时代发展的必然要求。然而，由于公安派的文学革新主要集中在传统诗文领域，并没有与当时真正代表市民文化需求的新文学——通俗文学结合起来，使之成为广大群众参与的文学运动，因此，在公安派旗手袁宏道于万历三十八年（1610 年）去世之后，公安派缺少了领军人物，其影响便明显减弱。加之公安派末流以模仿袁宏道'少年偶尔率易之语'为能事，信心放笔，游戏楮墨，以至于'狂瞽交扇，鄙俚公行，雅故灭裂，风华扫地'，① 极大地败坏了公安派的名声。文坛酝酿着新的变革。"②

就在宏道逝世的这一年，在汉江流域的江汉平原大地上出现了以湖北竟陵人钟惺、谭元春为代表的文学流派，史称"竟陵派"。他们继承了公安派"独抒性灵，不拘格套"的文学思想，同时又提出"学古"即学古人之精神以矫正公安派末流的浅率和俚俗，倡导"灵、厚"相融、"俗、雅"互现、"趣、理"并举为内核的诗文理论主张，形成了以"幽深孤峭"为特征的创作风格。"在明后期性灵风起的大背景下，竟陵派继公安派之后跃居明后期文坛的显要位置"。③

---

① 钱谦益：《列朝诗集小传》丁集中，上海古籍出版社 1983 年版，第 567 页
② 周积民：《湖北文化史》，湖北教育出版社，2006，8
③ 刘方：《明代湖广作家研究》，《研究生学位论文》，2008，4

### 1. 钟惺、谭元春其人、其作

钟惺（1574—1624 年），字伯敬，号退谷，湖广竟陵人。万历三十八年（1610 年）进士，任工部主事，官至福建提学佥事。天启三年（1623 年）丁父忧回籍，遭参劾，病卒于故里。又曰晚知居士，临终受戒，自起法号断残。钟惺自幼身体羸弱多病，嗣父钟一理谓"此子敏笃，志强体弱"①，而谭元春说得更为形象传神"退谷羸寝，力不能胜布褐"。②

体格上的脆弱在钟惺性格和心理上打下了鲜明的烙印，这就是影响钟惺一生的敏感、抑郁而又执着、顽强的心理素质的形成，它使钟惺在精神上似乎始终离群索居，一直与外部世界保持一种不即不离的距离，因而给同时代人留下一种近乎冷漠的印象以至于"冷"字被频繁地用于对钟惺的评价中。谭元春说得客观："性深靖如一泓定水，披其帷，如含冰霜，不与世俗人交接……"③铭词中也概括道："餐幽猎秀无终极，冰性霜毫真宰匿。"④ 钟惺同年邹之麟在《史怀序》中说得更为具体："风貌清严，神检闲逸，与人居落落穆穆，简佐片语，微甚冷甚，令人旨，亦令人畏。"⑤ 陈继儒在未与钟惺相识前，"始闻客云：'钟子，冷人也，不可近。'"⑥ 严明睿在《钟谭合传》中对钟惺亦有诸如"严冷自喜"的记载。

钟惺这种体格脆弱的生理特征和近乎冷漠的心理素质带给他的正能量则是潜心修习禅理。对此，李维桢看的一清二楚：（钟惺）"逾二十而后为诗，复以善病讽贝典，修禅观"。⑦ 世人说，"多病则与学道者宜，多难则与学禅者宜"，在这一点上，袁袁宗道与钟惺两人甚为接近。

众所周知，"渊静冷然"是钟惺性格的突出特征，但掩藏在这种"有闻无声肃肃如，惟恬惟淡渊其博"的虚怀表象之下的，却是坚执自我的严苛、深刻内省的挣扎这些并不闲逸的心理内蕴。而这些心理因素与钟惺"幽深孤峭"创作风格的形成存在着必然的联系。

据刘方研究，钟惺的著述主要有《韩诗外传评》、《三坟书评》、《诗经图

---

① 钟惺《家传》，《钟伯敬先生遗稿》（卷四），转引自陈广宏《竟陵派研究》P132，复旦大学出版社 2006

② 《新刻谭友夏合集》（卷十二），《四库全书存目丛书》集部一九一至一九二册

③ 谭元春《退谷先生墓志铭》

④ 《新刻谭友夏合集》（卷十二），《四库全书存目丛书》集部一九一至一九二册

⑤ 《史怀》（卷四），转引自陈广宏《竟陵派研究》P132，复旦大学出版社 2006

⑥ 钟惺《潘无隐集序》，《隐秀轩集》昃集，《四库禁毁书丛刊》集部四十八册

⑦ 李维桢《玄对斋集序》，《大泌山房集》（卷二十一），《四库全书存目丛书》集部一百五十册至一百五十三册

史合考》二十卷、《毛诗解》、《大戴礼评》十三卷、《评本左传》三十卷、《春秋繁露评》十七卷、《五经旁训》十九卷、《五经纂注》五卷、《四书聚考》、《明纪编年》十二卷、《通纪会纂》四卷、《史怀》十七卷、《酒雅》、《合刻五家言》二十六卷、《三注钞》、《六经类隽》十一卷、《玉堂故事》十卷、《楞严如说》十卷、《明钟伯敬评祕书十八种》、《钟伯敬祕集十五种》、《诗归》五十一卷、《明诗归》十卷《补遗》一卷、《名媛诗归》三十六卷、《周文归》二十卷、《宋文归》二十卷、《玄对斋集》、《隐秀堂集》三十三卷,另有他人集纂《钟伯敬先生遗稿》四卷、《钟伯敬先生遗稿》四卷、《翠娱阁评选钟伯敬先生合集》十六卷等。《中国古籍善本书目》收入钟惺撰著诗文别集五种。今见《四库禁毁丛刊》集部四十八册收入北京师范大学图书馆藏明天启二年沈春泽刻本《隐秀轩集》三十三卷:卷前有沈春泽撰《刻隐秀轩集序》。此集以"天地玄黄,宇宙洪荒。日月盈昃,辰宿列张。寒来暑往,秋收冬藏。闰余成岁,律吕调阳……"为分集。《天集》到《月集》为诗卷,《盈集》到《云集》为文卷。卷前标注"竟陵钟惺伯敬著,海虞沈春泽雨若阅"。《天集》一卷,收录四言古诗 16 首。《地集》三卷,卷一收录五言古诗 50 首,卷二收录五言古诗 30 首,卷三收录五言古诗 38 首。《玄集》一卷,卷一收录七言古诗 33 首。《黄集》四卷,卷一收录五言律诗 65 首,卷二收录五言律诗 80 首,卷三收录五言律诗 64 首,卷四收录五言律诗 23 首。《宇集》二卷,卷一收录明天启七年徐波刻本《钟伯敬先生遗稿》四卷;明崇祯刻本《钟伯敬先生遗稿》四卷;明陆云龙评、崇祯九年陆云龙刻本《翠娱阁评选钟伯敬先生合集》十六卷。七言律诗 50 首,卷二收录七言律诗 28 首。《宙集》一卷,收录五言排律 55 首。《洪集》一卷,收录七言排律 1 首。《荒集》一卷,收录五言绝句 15 首。《日集》卷一,收录六言绝句 2 首。《月集》一卷,卷一收录七言绝句 50 首。《盈集》一卷,收录赋 3 篇。《昃集》六卷,卷一收录书籍类序文 9 篇,卷二收录诗文集序 13 篇,卷三收录诗文集序 11 篇,卷四收录时义序文 8 首,卷五收录赠贺序文 8 篇,卷六收录序文 8 篇。《辰集》三卷,卷一收录山水记文 4 篇,卷二收录山水记文 4 篇,卷三收录园馆记文 2 篇。《宿集》一卷,收录传文 5 篇。《列集》四卷,卷一收录经论 1 篇,卷二收录史论 12 篇,卷三收录史论 9 篇,卷四收录书论 1 篇。《张集》一卷,收录策 2 篇。《寒集》一卷,收录表文 1 篇。《来集》1 卷,收录奏疏 1 篇。《暑集》一卷,收录启文 2 篇。《往集》二卷,卷一收录书牍 23 篇,卷二收录书牍 7 篇。《秋集》二卷,卷一收录疏文 9 篇,卷二收录疏文 4 篇。《收集》一卷,收录碑文 2 篇。《冬集》一卷,收录行状 1 篇。《藏集》二卷,卷一收录墓志铭 4 篇,卷二收录墓志铭 4 篇。《闰集》一卷，收录祭文 6 篇。《余集》二卷，卷一收录题跋 10 篇，卷二收录题跋 23 篇。《成集》一卷，收录说文 2 篇。《岁集》一卷，收录辨文 1 篇。《律集》一卷，收录书事 2 篇。《吕集》一卷，收录偈文 2 篇。《调集》一卷，收录书文 1 篇。《阳集》一卷，收录赞文 12 篇。《云集》一卷，收录铭文 6 篇。①

又见《四库禁毁书丛刊》集部第一百四十〇至一百四十一册，收天津图书馆藏明崇祯刻本《翠娱阁评选钟伯敬先生合集》，文十一卷，附录一卷，诗五卷：此集分文卷、诗卷二部分，卷前标注"钱唐陆云龙雨侯甫评定，陆敏树生生□阅"，其中另附谭元春作《墓志铭》。文卷分十一，卷前有序文二篇，序一为陆云龙撰《钟伯敬先生合集序》，序二为沈春泽撰《钟伯敬诗文集叙》，此序当为《隐秀轩集》之前序。文卷卷一收入赋文 3 篇，序文 19 篇。卷二收录序文 23 篇。卷三收录序文 18 篇。卷四收录碑文 2 篇，记文 10 篇。卷五收录论文 25 篇。卷六收录论文 17 篇，策文 2 篇。卷七收录表文 1 篇，疏文 1 篇，书牍 26 篇。卷八收录书牍 12 篇，说文 2 篇，辨文 1 篇，杂著 2 篇，引文 4 篇，题跋 11 篇。卷九收录传文 6 篇。卷十收录行状 1 篇，墓志铭 9 篇，祭文 9 篇。卷十一收录奏疏 14 篇，另有书、谒、铭、赞共 30 篇。文卷后附录谭元春作《退谷先生墓志铭》。附录后为诗卷，数分五卷。卷一收录四言古诗 17 首，五言古诗 85 首。卷二收录五言古诗 40 首，七言古诗 35 首。卷三收录五言律诗 200 首。卷四收录五言律诗 63 首，七言律诗 107 首。卷五收录五言排律 59 首，七言排律 1 首，五言绝句 16 首，六言绝句 2 首，七言绝句 57 首。卷后无跋。②

谭元春（1586—1637 年），字友夏，号鹄湾，又号寒河。少年高才，勇于自信，甚为钟惺赏识。19 岁为诸生后屡试不中，使得他对功名抱着"高兴为之不妨，高兴止之亦可"的无所谓态度，而他的母亲也"平生喜诸子读书而不以荣进责望"，故其能尽心于文学。他在《寄陈玄宴书》中说："仆生平亦有一段精诚，不为浮名所欺，不为才气所怵，足以通于苍苍茫茫之人。"这绝非自诩。为了表示对八股"性不耐烦"，他在考试中故意交上白卷，在魏忠贤专政期间，他甚至在试卷中批评时政，结果以"文奇"被黜；而对于文学，元春始终把它作为一种事业去追求，且抱负宏伟，态度也十分认真。钟惺逝后两年谭元春中举，为天启七年（1627 年）乡试第一。崇祯十年（1637年）于赴京会试途中病故。

---

① 刘方《明代湖广作家研究》，《研究生学位论文》，2008，4
② 刘方《明代湖广作家研究》，《研究生学位论文》，2008，4

谭元春的个性气质属洒脱狂放一类。在《告亡友文》一文中他自己为自己画了一幅肖像："予以顽旷之性，见人嬉游，狂顾勃发。……虽欢情日接，而乐事时乖，旬月之内，吟啸他往，当其挽袂固留，予尝不顾而去。"好游，好嘻，狂放疯癫，任性而为，不拘小节与俗礼，往来自由。真正一幅风流自赏的公子哥嘴脸。《抱真堂诗话》亦言友夏"为人跌宕，不愧名士"。[①] 可以看出，谭元春的个性特征就是如此洒脱狂放、豪荡不羁，与钟惺形成了鲜明对比。故有人说：伯敬幽独孤行，友夏嬉游泛交；伯敬渊静严冷而好作深湛之思，友夏跳脱顽旷而有奇灵之才。的确如此。

但令人庆幸的是，钟惺与谭元春这两个貌似冰火不容的人却能在长期的交往中彼此磨合，最终在诗文创作上走到了一起，并由此形成了风格一致并独树一帜的诗文流派。"必须看到的是，这种磨合根本上是以钟惺的创作个性和文学思想为基准的。这一方面是因为钟惺比谭元春年长甚多，在谭尚未成年之前，钟已经获得了一定的才名；另一方面，钟惺渊静严冷的才性对谭元春而言更具互补性。"[②] 谭元春非常坦诚地披露了钟惺对自己的垂范与改造："回思少年时，有作高奇诗古文之志，后来师友扶持，并有类奇士高人之性情。"[③] 这种影响深入脊髓，"天下结交人，无如亡友深；能从浮浊世，取人一片心。"[④] 应该指出的是，江山易改本性难移，尽管钟惺给了谭元春深刻的影响，但谭元春与生俱来的"顽旷之性"却并未得到彻底改移，因此后人仍然对其有"谭子之才薄于钟，其学殖尤浅，谫劣弥甚"、[⑤] "狂谬中尚露本色"[⑥] 的微词。

谭元春的著述主要有《岳归堂集》十卷、《谭友夏合集》二十三卷、《简远堂集》、《谭子诗归》十卷、《谭子遇庄》三卷、《诗归》五十一卷、《明诗归》十卷《补遗》一卷、《刕庵订定谭子诗归》十卷。《中国古籍善本书目》收入谭元春撰著诗文别集八种。所见《四库全书存目丛书》集部一百九十一册收入山东省图书馆藏明刻本《岳归堂合集》十卷。卷前有序文六篇。序一为《自序》，序二为蔡复一撰《谭人夏诗序》，序三为李维桢撰《谭人夏旧刻序》，序四为朱之臣撰《寒河集序》，序五为钟惺作《简远堂近诗叙》，序六

① 宋征璧《抱真堂诗话》，《清诗话续编》一，P125，上海古籍出版社 1983

② 刘方《明代湖广作家研究》，《研究生学位论文》，2008，4

③ 谭元春《答池直夫》，《新刻谭友夏合集》（卷七），《四库全书存目丛书》集部一九一至一九二册

④ 谭元春《答徐元叹》，转引自陈广宏《竟陵派研究》，P139，复旦大学出版社 2006

⑤ 钱谦益《列朝诗集小传》丁集中，谭元春条目下

⑥ 王夫之《明诗评选》（卷七），文化艺术出版社 1997

为归安茅元仪作《楚二岳集序》。此集共分十卷，卷前无目录。卷一收录四言诗歌42首。卷二收录古乐府56首。卷三收录五言古诗126首。卷四收录七言古诗42首。卷五收录五言律诗165首。卷六收录五言排律11首。卷七收录七言律诗44首。卷八收录五言绝句65首。卷九收录六言诗歌10首。卷十收录七言绝句35首。卷后无跋。《四库全书存目丛书》在此集后附收《四库全书总目·岳归堂集十卷·提要》，署"两淮盐政采进本"。又见《四库全书存目丛书》集部第一九一册至一九二册，收入上海图书馆藏明崇祯六年张泽刻本《新刻谭友夏合集》二十三卷，附《旨斋诗草》一卷：集前有张泽撰《谭人夏合集序》，另有谭元春撰《自序》一篇。《合集》卷分二十三，卷前标注"竟陵谭元春人夏著，长洲徐久九一、古吴张泽草臣评"。卷一标注"岳归堂新诗"，收录五言古诗47首。卷二标注"岳归堂新诗"，收录七言古诗27首。卷三标注"岳归堂新诗"，收录五言律诗110首。卷四标注"岳归堂新诗"，收录七言律诗41首，七言排律5首。卷五标注"岳归堂新诗"，收录五言绝句17首，六言绝句6首，七言绝句62首。卷六标注"鹄湾文草"，收录书启14篇。卷七标注"鹄湾文草"，收录书启12篇。卷八标注"鹄湾文草"，收录序文12篇。卷九标注"鹄湾文草"，收录序文17篇。卷十标注"鹄湾文草"，收录序文16篇。卷十一标注"鹄湾文草"，收录记文8篇。卷十二标注"鹄湾文草"，收录志铭10篇。卷十三明刻本《岳归堂合集》十卷；明徐汧等评、明崇祯刻本《新刻谭友夏合集》十卷；明徐汧、张泽等评《新刻谭友夏合集》二十三卷另附明崇祯六年张泽刻本、明张泽撰《旨斋诗草》一卷；明徐汧、张泽等评《新刊谭友夏合集》二十三卷另附明崇祯池白水刻本、明张泽撰《旨斋诗草》一卷；明崇祯刻本《新刊谭友夏合集》二十三卷；明末刻本《鹄湾集》九卷、《遇庄》一卷；明崇祯河抱堂刻本《岳归堂未刻诗不分卷》等。

### 2. 竟陵派的文学理论

钟惺、谭元春具体阐释他们的诗歌理论和美学思想等文学主张，集中反映在万历四十二年至四十三年（1614—1615年）他们共同编选的唐及隋以前诗歌集《诗归》中。《诗归》一出，立即受到文坛普遍欢迎，"承学之士，家置一编，奉之如尼丘之删定"。① 钟、谭的诗歌理论和美学思想深入人心，他们的诗歌创作也被当作典范为时人所效仿，时称"钟谭体"。

钟惺、谭元春文学理论的最大特点和最大建树都集中体现在"扬弃"二

---

① 钱谦益：《列朝诗集小传》丁集中，上海古籍出版社1983年版，第570页

字上，显现为典型的批判加折中的色彩。在钟、谭之前，文学复古思潮已经在公安派的攻击下土崩瓦解，然而，公安派在否定复古派模拟剽窃古人的同时，连复古派的学古主张也一概予以否定，在强调"见从己出，不肯依傍半个古人"，主张"信心而出，信口而谈"的同时，有意无意地支持和鼓励了率易浅俗之作，使文学创作出现了粗俗的流弊。钟、谭二人善于总结历史的经验教训，以同时反对"七子"一派的拟古风气与公安及其末流一派的率易风气作为自我标识，既注意从公安派甚至复古派理论中汲取营养，又尽量避免因理论偏颇而带来创作毛病，在承袭和反拨明代中晚期这两大文学思潮的进程中逐步形成并成熟起来。竟陵派诗文理论主要体现在以下四个方面：

第一，强调师心"求灵"与师古"求厚"的统一。

钟、谭的诗文理论强调"灵"与"厚"的相融。所谓"灵"，指的是创作主体的个性气质和率心率性、直抒胸臆的创作风格，即当文坛劲显的"诗道性情"的性灵之风；所谓"厚"，指的是古代诗文"温柔敦厚"的古老传统和中华文明的雄富底蕴。始终强调师心而追求个性，是钟、谭一种强烈而坚定的文学信念和自觉。所谓"夫诗，道性情也。发而为言，言其心之所不能不有，非谓其事之所不可无而必欲有言也。以为事之所不可无，而必欲有言者，声誉之言也。不得已而有言，言其心之所不能不有者，性情之言也"。[1]"不泥古学，不蹈前良，自然之性，一往奔诣"。[2]"夫诗自性情外无余物，我中处，上合作者，下合听者，性性情情，自相胎卵，如子闻母声，又如母闻子声"。[3]谭元春在《汪子戊己诗序》中也说："夫作诗者，一情独往，万象俱开，口忽然吟，手忽然书。即手口原听我胸中之所流，手口不能测；即胸中原听我手口之所止，胸中不可强。"在这一点上，竟陵派几乎与公安"三袁"的性灵之说与出一辙。在坚持性灵，反对拟古的基础上，钟、谭又不简单将婴儿和污水一同倒掉，而是本着实事求是的客观精神，强调学习古人诗文的精髓本色，所谓"惺与同邑谭子元春忧之，内省诸心，不敢先有所谓学古不学古者，而第求古人真诗所在。"[4]他们以为，这种"真诗"的精髓在于"冥心放怀，期在必厚"。[5]因此，师心"求灵"与师古"求厚"成为了竟陵

① 钟惺《陪郎草序》，《隐秀轩集》戾集，《四库禁毁丛刊》集部四十八册
② 钟惺《先师雷何思太史集序》，《隐秀轩集》戾集，《四库禁毁书丛刊》集部四十八册
③ 谭元春《匡说序》，《新刻谭友夏合集》（卷十），《四库全书存目丛书》集部第一百九十一册至一百九十二册
④ 钟惺《诗归序》，《隐秀轩集》戾集，《四库禁毁书丛刊》集部四十八册
⑤ 谭元春《诗归序》，《新刻谭友夏合集》（卷八），《四库全书存目丛书》集部第一百九十一册至一百九十二册

派艺术追求的双重目标。尤其值得肯定的是竟陵派与公安派学古最大的差别是体现在学古的态度上。公安派作家主张师心匠意，不大重视学古，而竟陵派作家却十分重视学古。不过，竟陵派主张学古，与前后七子的主张复古迥异。他们主张学古，是想通过学古来求古人之真精神，以获得独抒性灵的灵感，而不是通过学古去模拟古人的词句，写出与古人类似的作品。"这种学古，既强调了文学的继承性，又强调了文学的独创性，既与复古派划清了界限，又能够矫正公安派末流的浅俗，充分反映出竟陵派作家的理论创造性。"①

钟、谭将"灵"与"厚"的逻辑关系定位得相当清晰，这就是以"求灵"为基础、以"求厚"为提高，即：始终将创作的主体地位和主体精神置于关键元素，强调灵性永远是文学的灵魂，没有灵性，就没有真正的文学。钟惺在《与高孩之观察》信中说："诗至于厚无余事矣。然从占未有无灵心而能为诗者。厚出于灵，而灵者不即能厚。弟尝谓古人诗有两派难人手处……非不灵也，厚之极，灵不足以言之也。然必保此灵心，方可读书养气，以求其厚。"在钟惺心目中，"灵"是"厚"的基础，"厚出于灵"；而"厚"是"灵"的积淀，"灵者不即能厚"，必须通过读书养气才能达成。这与谭元春所说的"冥心放怀，期在必厚"，② 其实是一个意思，目的都是为了避免剽窃、模拟、雷同，同时也是为了矫正公安派末流的浅陋与俚俗。

可以说，强调师心"求灵"与师古"求厚"的统一是钟、谭在立足于公安派性灵思潮的基础上兼取后七子复古主张的一种大胆尝试。

第二，强调尚"俗"与尚"雅"的统一。

过犹不及。明后期正宗文坛，由于狂热盲目的效仿推崇，公安派末流将"三袁"的"尚俗"推演到极致，故而导致一度出现了"狂瞽交扇，鄙俚公行，雅故灭烈，风华扫地"③ 的不良倾向。物极必反，钟、谭敏感地领悟到公安派末流的弊端，在注重"灵"与"厚"相融的基础上，进一步将前后七子的复古复雅与公安"三袁"的尚今尚俗相结合，走出了一条寓俗于雅的道路。正如钟惺在《江行俳体》④ 序言中所论谭元春之《竹枝词》，创作内容多采"民谣土风"，创作手法要求"俳比声偶"、"体诨而响切"、"词整"、"法严"。在钟惺看来，"千古声诗秘谛"之一便是寓俗于雅。

第三，强调"别趣"与"妙理"的并举。

---

①　周积民《湖北文化史》，湖北教育出版社，2006，8

②　《谭友夏合集·诗归序》

③　钱谦益《列朝诗集小传》丁集，袁宏道条目下

④　钟惺《隐秀轩集》宇集，《四库禁毁书丛刊》集部四十八册

公安派诗文理论的重要特征之一就是"尚趣"，甚至将"理"与"趣"严格地对立起来，认为"入理越深，然其去趣愈远矣"。① 对公安派的"尚趣抑礼"这种极端之论，钟、谭则大胆纠偏。突出的体现是，在评点《诗归》时，他们往往是"别趣"与"妙理"并举。例如钟惺在《唐诗归》② 卷二中评初、盛唐多位诗人说："初唐之刘希夷、乔知之，盛唐之常建、刘慎虚数人，淹秀明约，别肠别趣"；在《古诗归》③ 卷二中评屠门高《琴引》诗云："尤有妙理"。而谭元春亦在《唐诗归》卷五中有"就小物说大道理，古人往往如此"之言。在《唐诗归》卷六中评刘慎虚《积雪为小山》诗云："此亦咏物体，有理有趣，其妙可法"；在《唐诗归》卷十六中评王季友诗时云："每于古今诗文，喜拈其不著名而最少者，常有一种别趣奇理，不堕作家气"；这种"理"与"趣"的并举，既是对公安性灵理论的深化，也是对诗歌创作理趣理论的一种可贵探索，具有一定程度的修复维新、拨乱反正意味。陈书录先生在《明代诗文的演变》一书中指出，这种并举"在'言适与道称'的唐宋派与博雅宏正、忧时托志的陈子龙之间架起了一座桥梁，较早地透露出晚明求灵尚趣的思潮向崇儒复雅的思潮转变的消息。"④

第四，追求幽深孤峭的艺术风格。

在强调"灵、厚"相融、"俗、雅"互现、"趣、理"并举的诗文理论之下，钟、谭提出了"察其幽情单绪，孤行静寄于喧杂之中，而乃以其虚怀定力，独往冥游于辽阔之外"⑤ 的诗文创作主张，故而其诗文呈现出了"幽深孤峭"的风格特征。

所谓"幽"，首先表现在题材的选择上，集中体现为钟、谭对负面世界和灰色人事物理的关注。钟惺、谭元春的诗歌大都为寄情山水之作。凡举幽林古渡、寒禽衰草、阴壑枯涧，都是诗人的寄情之处。例如"行径绝涧数花落，坐见半山孤鸟翻"（钟惺《碧云寺早起》⑥）、"树木苍翠外，别有苍翠客。烟息岚未生，如波净芙蓉"（谭元春《趋灵谷道中》）、"山鬼窥幽独，钦兹静者衷"（钟惺《赋得不贪夜识金银气》⑦）等句。此外，"幽"表现在诗人的审美感受上，则集中体现出一种压抑、郁闷、寂寞和孤独的韵味。寒、细、空、

① 袁宏道《叙陈正甫〈会心集〉》，《袁宏道集笺校》（卷十）
② 《续修四库全书》一五八九本
③ 《续修四库全书》一五八九本
④ 陈书录《明代诗文的演变》P433，江苏教育出版社 1996 年版
⑤ 钟惺《诗归序》，《隐秀轩集》（卷十六），上海古籍出版社 1992
⑥ 钟惺《隐秀轩集》（宇集卷一），《四库禁毁书丛刊》集部四十八册
⑦ 钟惺《隐秀轩集》（黄集卷二）

静、枯、幽、苍、肃等字在钟、谭诗文中的出现频率很高，如"却思人散后，寒月守潺湲"（钟惺《雨后灵谷看梅花》①）、"空山独卧人，虚怀而听睹"（钟惺《雨宿会圣岩》②）、"松柏万花里，相关独静眼"（谭元春《从敬夫先生泛舟登塔至别日作三首》③）、"阴湿沁空冥，初火难照彻"（谭元春《玉华洞》）等句，都带给人们独特的审美感受。

所谓"深"，集中体现为钟、谭观察得细致真切、描摹得体物入微和表情达理的深入透彻，表现为一种穷形尽相、传神写照的艺术境界。如钟惺《山月》一诗所谓"山与月何与，静观忽焉通。孤烟出其外，相与成寒空。清辉所积处，余寒一以穷。万情尽归夜，动息此光中"④，全诗笔触细腻，画面空灵，体物入微，充满禅意，将人的思绪引入到一片清寂宁静、敏感空阔之中，带给人一种感同身受、透彻精微的享受；又如谭元春《游南岳记》一文写登祝融峰顶所见云海奇观："晴漾其里，云缝其外，上如海，下如天，幻冥一色，心目无主；觉万丈之下漠漠送声。……久之，云动。有顷，后云追前云，不及，遂失队，万云乘其罅，绕山左飞；飞尽日现，天地定位，下界山争以春翠供奉；四峰皆莫能自起，远湖近江，皆作一缕白……"⑤，全文气势雄伟，景界壮观，意境空远，将所见特异景色描绘得恰到好处，真可谓穷形尽相、传神写照！再如钟惺《蔡敬夫仲冬书至》⑥一诗"更是叙事说情、究事穷理，由感性到理性，最后得出'凡物贵相代，岂在同荣衰'的深刻道理"。⑦

所谓"孤"，集中体现为钟、谭情感的落寞、思想的独立和性情的卓尔不群。钟惺生性"冷严"孤傲，为人高洁自处，常喜离群索居，爱好梅鹿兰鹤，表现出一种远离世俗、高情远举的人生姿态，因此其诗文中常见的是不能与世推移的落寞、不能随波逐流的孤立和与世隔离的落落寡合的形象。钟惺甚至说："诗，清物也。其体好逸，劳则否；其地喜净，秽则否；其境取幽，杂则否；其味宜澹，浓则否；其游止贵旷，拘则否。之数者，独其心乎哉。"⑧如《桃花涧古藤歌》言道："吾闻藤以蔓得名，身无所依不生成。看君偃卧如起立，雅负节目不自轻。昂藏诘屈自为树，傍有长松义不附。春来影落涧水

①　谭元春《刻庵订定谭子诗归》（卷三），《四库全书存目丛书》集部第一百九十一册至一百九十二册

②　钟惺《隐秀轩集》（黄集卷三）

③　《隐秀轩集》（地集卷一）

④　《隐秀轩集》（地集卷三）

⑤　《新刻谭友夏合集》（卷十一），《四库全书存目丛书》集部第一百九十一册至一百九十二册

⑥　《隐秀轩集》（地集卷二）

⑦　刘方《明代湖广作家研究》，《研究生学位论文》，2008，4

⑧　《隐秀轩集·简远堂近诗序》

中，不与桃花同其去。"① 不傍不依，独立不迁，但只能孤芳自赏，落落寡合。而在《省鹤》一诗中，钟惺更是以鹤自喻："鱼非不在水，有口不苟攫。水非不近舟，有羽不苟濯。"② 自持，自立，自尊，自贵，但只能高飞远举，不谐于世。不融于世，亦不为世所容。谭元春的性情虽然不似钟惺般严冷，但由于其诗文深受钟惺影响，故而也同样体现出孤冷的气息。正如谭元春在《诗归序》中所自明的："夫人有孤怀，有孤诣，其名必孤行于古今之间，不肯遍满寥廓；而世有一二赏心之人，独为之咨嗟傍皇者，此诗品也。"

所谓"峭"，集中体现为钟、谭行文运笔的跳跃性强和文辞的奇险生涩。例如"鱼出声中立，花开影外吹"（谭元春《太和庵前坐泉》③）等诗，颇有些意出尘外、怪生笔端的感觉，听觉、视觉、思维跳跃太远，笔法超越传统，语句犹为诘屈，令人委实费解。再例如钟惺为矫公安派诗歌流滑烂熟之弊，有以文为诗的倾向。故而常以"之"、"而"、"于"、"以"、"其"、"则"、"焉"、"矣"等虚词入诗，且多用单行散句，给人一种森秀峭拔之感。如"入室见兹山，其人则远尔"（钟惺《浔阳经曹能始庐下怀寄兼贻梅子庚》④）、"我所思兮人已至，子将行矣客当邀"（谭元春《伯敬将还朝始同孟和茂之往湖上》⑤）等诗句。

总之，"竟陵派作家论文与论诗的基本精神是一致的，也是既继承公安派的思想，又加以必要的修正，从而体现自己的特点。一方面，竟陵派主张为文要独抒性灵，不拘格套，特别欣赏苏轼的文章。另一方面，他们又不赞成公安派作家的'信手信腕'，明白直说，对于公安派作家注重苏轼文章的'趣'也不表赞同。在钟惺看来，苏轼文中的'趣'只是作文的基本要求，就好像人活着就能知觉运动一样，能知觉运动的人并不一定能成为圣贤豪杰，有'趣'的文章也不一定就是妙文。苏轼的文章之妙，除'趣'而外，就是他的文章中有真学问、真气概、真胆识，'理义足乎中而气达乎外，胆与识谡谡然于笔墨之下'。⑥ 这也就是竟陵派作家所常说的'厚'。谭元春在《袁中郎先生续集序》中，特别提出宏道'卓大坚实之文，出自痛快俊颖之手'，希望后学者不要'其大者不言，而于所为翰墨游戏、易于触目者，则赏之不去口，传之不崇朝，而法之不遗力也'。元春所说的'卓大坚实'，也是'厚'

---

① 《隐秀轩集》（玄集卷一）
② 《隐秀轩集》（地集卷一）
③ 《新刻谭友夏合集》（卷三）
④ 《隐秀轩集》（地集卷一）
⑤ 《郐庵订定谭子诗归》（卷七）
⑥ 《隐秀轩集·东坡文选序》

的意思。提倡作文要'厚'，就是为了矫正公安派末流的'薄'和'浅'，而要达到'厚'，则必须学古。从这里，我们既能看到竟陵派力矫时弊的理论创新，同时也能看到其致命的缺陷：他们不是从现实生活中去寻找出路，而是从古人那里讨生活，这是一种本末倒置，难免会走入歧途。"①

### 3. 竟陵派的文学成就

竟陵派文学在明后期异军突起，取得了令人瞩目的多方面成绩。这从《明史·文苑四》中的描述就足以看出："自宏道矫李、王诗之弊，倡以清真，惺复矫其弊，变而为幽深孤峭。与同里谭元春评选唐人之诗为《唐诗归》，又评选隋以前诗为《古诗归》。钟、谭之名满天下，谓之竟陵体。"这里所说"竟陵体"不独专指诗体，还包括能够代表钟、谭文学风格和理论诉求的文章。竟陵派的文学成就主要体现在以下几个方面：

第一，"幽深孤峭"的艺术风格。

竟陵派作品的最突出的特点是以"幽深孤峭"的格调来表现作者的"幽情单绪"，并进而形成竟陵派特有的艺术风格。"这类作品或体现为对自然景色的冷静观赏，或浓缩为对人生遭际的细心品味，或表现为对孤怀孤诣的自由抒发，题材虽然传统，但作者却赋予了它们新的意义并用独特的形式来加以表现，故能给读者耳目一新之感。"②

竟陵派"幽深孤峭"的格调之形成，与钟惺的个性气质、生活遭际不无关联。生活在明朝末世的钟惺几乎与现实格格不入，一是仕途和心境很不得意，二是被人目为楚党无端卷入党争，三是身处动荡的社会和险恶的政治漩涡，以及岌岌可危的国势，这些不仅使他充满忧患和恐惧，更让他战战兢兢，如履薄冰，不仅深感前途的黯淡，更隐含着对现实的深深失望，这一切"都使他尽量远离政治，将身心沉浸于大自然中以寻求解脱。'意于林壑近，诗取性情真'可谓他的创作写照。然而，在这样的社会里以他敏感而又孤寂的心灵观照大自然，其笔下的景色也就与一般作者笔下之景迥别了"③，而表现为"一肚皮不合时宜"。如《微雨》的写雨："虽疏终助冷，非久亦生愁"；《乌龙潭看雪》写雪："身处孤光内，乃知积雪余"；《忠州雾泊》写雾："曲岸川回翻似尽，遥天峰没却如空"；《牛首道中看人家桃花》写花："恒暂虽异九，幽艳理相宜"；《六月十五日夜》写月："明月春幽人，夜久光不减"；《西山》写山："石苔非一段，潭水各能幽"，等等，作者笔下的自然景色，都显得幽

---

① 周积民《湖北文化史》，湖北教育出版社，2006，8
② 周积民《湖北文化史》，湖北教育出版社，2006，8
③ 周积民《湖北文化史》，湖北教育出版社，2006，8

独孤寂，空灵冷峻，而这正是作者追求幽深孤峭的艺术风格，抑郁孤寂、忧患无助的内在情感的反映。

作者对自然景色的描写尤其奇妙，不仅注重静观默想，更注重体悟神思，不仅追求字句的奇诡，更注重意境的创造，使人们能够由有我之境进入无我之境，"在强烈的艺术氛围中领略大自然幽独清绮的美"。譬如《山月》：

> 山于月何与？静观忽焉通。
> 孤烟出其外，相与成寒空。
> 清辉所积处，余寒一以穷。
> 万情尽归夜，动息在光中。

作者用冷僻的语汇和新奇的句式，创造出别具一格的意象和意境，给人以鲜明而强烈的印象，增强了作品的艺术感染力。在这里，作者于静观默想之中，神思飞越，体悟并捕捉到了山与月、物与我相互依存、息息相关、万籁归一的宇宙真谛，以及由这个大千世界所组成的清冷空寂的艺术美。这种美空灵透彻，这种美也寒意扑面，其中浸透着造化的目光，有一种自然巨变、天荒地老的沧桑。只有看破世事、置身世外、返璞归真的人才能感悟，只有虚怀淡定、苦心孤诣、心如止水的灵魂才能领略。而这些也许正是钟惺诗歌所以能够产生重大社会反响的原因之一。

第二，现实和民生关切并重的良知诉求。

知识分子的基本关切应该说是现实关切，因为家事国事天下事事事关心，以天下为己任，敢于干预现实与时政，勇于社会担当，才能体现知识分子的社会角色本质。而知识分子最大的良知诉求应该是民生关切，即寻常意义上的，也是被政治市侩化了的人民性。因为，一旦拥有了这种民生关切，知识分子的心灵就会合着人类人性的脉搏一起跳动，就会拥有最深刻、最广泛的共鸣，自然就会获得最广大、最无限的拥护、支持和认同。钟惺的诗歌创作恰恰说明了这个道理。

钟惺中进士之前创作的《江行俳体》注重反映社会现实，表现出了对劳动人民的深切同情。如"弘羊半自儒生出，饿虎空传税使还。近道计臣心转细，官钱曾未漏渔蛮"，揭露统治者的巧取豪夺；"时艰夜禁明书楔"，"俭岁江东米价增"，"乞子施竿觅剩盘"，"奚奴亭午未朝餐"等，反映出当时社会动荡、民不聊生的现实。《邸报》回顾三十年来明朝政局，对于"耳目化齿牙，世界成骂詈"的朋党之争和"并废或两存，喧嘿无二视"的昏庸之主提出批评，并对"冰山往崔嵬，谁肯施螳臂"的社会危机深致忧虑。中进士后，由于党争激烈，政治险恶，作者对当道者的批评有所收敛，但对国事兴衰得失和民众冷暖疾苦仍然十分关心。例如《代荐辽东阵亡将士疏》便表达了作者对天启三年（1623年）辽阳之战大败，大批爱国将士英勇牺牲的同情与悼念，并对朝廷处置失当，所用非人，驱将士于必死之地的昏愦进行了谴责，是一篇大胆揭露当权者败师辱国罪行的血泪文字。在《辽阳陷后，闻友人张任甫先赴参谋之召，得书，询之尚未出关，欣慨交心，勉其后图》诗中，作者进一步揭露辽阳之战失败的真实原因："为兔而忌狗，别自有覆培。骑劫代乐毅，贼喜士气颓。"是朝廷嫉贤妒能，培植私党，罢免袁崇焕而代之以袁应泰，才使辽阳陷落，义军四万余人丧命的。在《于觐先北上过白门持同年夏祠部正甫书相访策辽事赋此赠行》诗中，作者批评朝臣聚讼纷纭一些无谓小事，而对国家大事却缺少中肯的意见，他提出自己对辽东战事的看法："迂虑谓今患，不独在房尘。假使辽遂伏，标本难具论。"认为明朝的祸患远不止此，必须从根本上解决社会危机才能求得长治久安。除辽事外，作者对国内社会矛盾也有清醒的认识。在《元旦腊雪歌和苏弘家符卿》诗中，作者回顾近三十年来天灾频仍、民不聊生的情况，指出"后一纪余斗百钱，满眼郊原骨挂天。可见公私钱渐空，有年难于昔无年"。对人民的苦难充满同情。在《籴谷》诗中，作者对"富儿利秋旱，气骄色踟蹰"的囤积居奇行为予以谴责。这些作品都表明了作者对社会现实的关切和对人民不幸遭际的悲悯。

让人不无遗憾的是，钟惺创作的直接揭露社会现实矛盾、反映重大社会现实问题的作品数量并不太多，个性特点也不十分鲜明。①

第三，造诣臻美的小品。

陆云龙《钟伯敬先生合集序》评论钟惺的文章时，推崇备至，几乎不忌溢美之嫌："试就其集论之：疏爽气多，浑穆气少；隽永味多，醇醴味少；秀颖句多，古拙句少。予不敢高而抗之两汉，即先生亦不自失其己，故作邯郸步也。乃读其诸论，不尝发左氏、班、马之未竟，钩其隐深而出之乎？冷眼颖心，直是史之才识。至诸序，回环应照，格局皆超，不经意语中，俱伏深情奥旨。读竟令人恍然。合其志传观之，肯刺几多作诔语欤？此其品又托文以见者也。他若尺牍写情晰事，笑语宛然；铭赞刻象绘形，镂镂酷至。粗服散头，靡不皆好，岂直照映一代耶！"在陆云龙看来，钟惺的文学作品几乎是无体不工、无美不擅。从文学造诣来看，陆云龙的评价是比较合乎实际的。

---

① 此节主要借鉴、转述了周积民主编的《湖北文化史》的相关内容

钟惺之文，有序、论、志、传、书、表、铭、赞等，而最有特色的文章是论史之文和记游之文，文章均短小精悍，属于小品范畴。

钟惺论史，眼明手准，客观中允，体物入微，发人所未发，体现出不同流俗的"史之才识"。邹之麟《史怀序》称赞其史论"标一字与纷杂之中，弥见精详；竖一义于语言之外，弥见渊洽。比人缀事，各具端委，真足益人志意。作是观者，可第曰文人之书乎？"此话名符其实。钟惺深得人物卷记史家司马迁的真髓，在不少史论之文都有独到见解，且常常深入人物内心，揭其隐情。如说燕太子丹"一片苦心密计，即对鞠武时有难言者"①；说卜式"不难于奇，难于其奇而能持久"，"盖得老氏之术而用者也"②；说陆贾"盖子房之流，英雄有道术，而姑以辩士自晦者也"③；说司马迁写《平准书》"非悲平准也，悲其所以不得不出于平准之故也"，其实是讥"天子而同于负贩"④；而写《货殖列传》乃"借以写其胸中实用，又以补《平准书》之所未备也"，即"《平准》言利，渐向剥削；《货殖》言利，渐向条理"⑤。这些奇谲而又深邃的见解，浸透了人情世理的个中三昧，反映出作者的孤怀孤诣，更体现了作者冷峻而新锐的史识。

山水游记是钟惺留给世人的脍炙人口的精美佳品。"在山水游记中，钟惺则常常以静观的方式去发现山水景物的幽奇峭美，较少直接抒发感情，这与公安派作家在游记文章中常常喜欢抒发情感恰成对照"⑥。如《浣花溪记》：

出成都南门，左为万里桥，西折，纤秀长曲，所见如连环、如玦、如带、如规、如钩，色如鉴、如琅玕、如绿沉瓜，窈然深碧，潆回城下者，皆浣花溪委也。然必至草堂，而后浣花有专名，则以少陵浣花居在焉耳。

行三四里为青羊宫，溪时远时近，竹柏苍然，隔岸阴森者尽溪，平望如荠，水木清华，神肤洞达。自宫以西，流汇而桥者三，相距各不半里。舁夫云，通灌县，或所云"江从灌口来"是也。人家住溪左，则溪蔽不时见，稍断，则复见溪，如是者数处。缚柴编竹，颇有次第。桥尽，一亭树道左，署曰"缘江路"。过此则武侯祠，祠前跨溪为板桥一，覆以水槛，乃睹浣花溪题榜。过桥，一小洲横斜插水间如梭。溪周之，非桥不通，置亭其上，题曰

---

① 《隐秀轩集·燕太子丹》
② 《隐秀轩集·卜式》
③ 《隐秀轩集·陆贾》
④ 《隐秀轩集·平准》
⑤ 《隐秀轩集·货殖》
⑥ 周积民《湖北文化史》，湖北教育出版社，2006，8

"百花潭水"。由此亭还，度桥，过梵安寺，始为杜工部祠。像颇清古，不必求肖，想当尔尔。石刻像一，附以本传，何仁仲别驾署华阳时所为也。碑皆不堪读。

钟子曰：杜老二居，浣花清远，东屯险奥，各不相袭。严公不死，浣溪可老，患难之于友朋大矣哉！然天遣此翁增夔门一段奇耳。穷愁奔走，犹能择胜；胸中暇整，可以应世。如孔子微服主司城贞子时也。时万历辛亥十月十七日。出城欲雨，顷之霁。使客游者，多由监司郡邑招饮，冠盖稠浊，磬折喧溢，迫暮趣归。是日清晨，偶然独往。楚人钟惺记。

平静淡定，冷峻沉着，从容不迫，一切娓娓道来，不事铺排渲染，不事夸张抒情，记途中事，写眼前景，传耳中声，抒心中情，一切顺心随意，一切自然而然，历历在目、感同身受的都是作者独游时目接神会之所得。这样描写，为作者后段赞扬杜甫能于穷愁潦倒之际择胜而居的暇整胸怀做了极好的铺垫。而文章最后写到"使客游者，多由监司郡邑招饮，冠盖稠浊，磬折喧溢"，说明当日游浣花溪者绝非钟惺一人，而是人声鼎沸，冠盖稠浊，而这恰恰不是钟惺所不能适应和喜欢的，这只是世俗的过客排场，而非真正的放飞心灵和精神的自由自适，作者真正向往的则是"是日清晨，偶然独往"的情景，而这也正是作者的"幽情单绪"最典型的表现形式。

与钟惺一样，谭元春在小品游记上的成就也达到一个令世人尊敬、令文人师法的水平。

谭元春喜爱游览山水，他在《题游草集》中说："予之好游山水也，其天资固然。"谭元春游山水有三讲：一是要遍游天下，立志布袜青鞋，读万卷书，行万里路。他的足迹几乎踏遍了东南山水。二是要独辟蹊径，别开生面。谭元春游览山水与常人不同，他常常行人所未行，也见人所未见，思别出手眼，期别有会心。"昔钟伯敬游泰山，谭友夏即去南岳，不肯雷同，归各出所见以相益"[1]。游武当时，向导僧以谭元春未睹三天门为恨，而谭元春却以不走三天门为奇，因为他走了一条常人未走的路线。三是游览时间喜秋不喜春。一般人喜欢百花盛开，以春天为佳，而他却常常赞赏晴空万里、草木萧疏的秋天。他在《题秋寻草》对此有一段心迹剖析："夫秋也，草木疏而不积，山川淡而不媚，结束凉而不燥。比之春，如舍佳人而逢高僧于绽衣洗钵也；比之夏，如辞贵游而侣韵士于清泉白石也；比之冬，又如耻孤寒而露英雄于夜

---

① 彭士望：《与贺子翼书》

雨疏灯也。天以此时新其位置，洗其烦秽，待游人之至。"正因为谭元春有着如此特别的讲究，并怀着如此幽独的审美意识，因此，他的山水游记便自然是别有一番新天地，确实让人耳目一新。

追求"灵"与"朴"的统一是谭元春写诗作文的一贯原则。在《题简远堂诗》他对此作了明确的阐述："夫诗文之道，非苟然也，其大患有二：朴者无味，灵者有痕。故有志者常精心于二者之间，而验其候以为浅深。必一句之灵，能回一篇之运；一篇之朴，能养一句之神，乃为善作。……予进而求诸灵异者十年，退而求诸朴者七八年，于是谓灵与朴者，终隔而不合，而其意亦未尝不思以传也。"所谓"灵"，即慧眼独具，心有灵犀，道人所未道，言人所未言，写此时此景一番笔墨，写彼时彼景另一番笔墨，既不同于人，也不同于己，往往是意出尘外，怪生笔端，意会天成，神来之笔。所谓"朴"，即境界朴实，语言朴素，不雕琢，不刻画，但又往往雅出俗中，平中见奇，使人有身临其境之感。谭元春的山水游记对此作了令人信服的证明。

例如，《游南岳记》写衡山雨后的阴晴变化："近于庙，天乃雨。明日又雨，登峰者危之，驱车而上，不雨。及华岩峰，晴在络丝潭；及潭，晴在玉板溪；及溪，晴在祝高峰。若与晴逐者。……游人与云遇于途，云不畏人。"灵心慧眼，惜墨如金；穷形尽相，体物入微！既写出了南岳风景的奇妙变幻，又传达出无可重复的独特感受，朴中见雅，凡中出奇，让人叹为观止。同为写登上绝顶的感觉，不同地方则有天壤之别。在武当金顶看到的顶以下诸峰"赤日直射，有光无色"，在天柱峰所见则是别一番境界："四顾平台，万山无气，近而五老、炉烛，远则南岩、五龙，在山下时了了能指其峰，今已迷失所在，惟知虚空入掌，河汉西流而已。"[①]

真山水，真云雾，真情真境真感，别心别眼别手，慧心所至，灵性自在，留给后人的自然便是别一番天地世界！在这里，作者将真朴和灵慧高度地统一到了一起。

谭元春小品游记的臻美老道，还体现在他能发现同一景物在不同时间呈现出来的不同特色。万历四十七年（1619年）七月，他三游乌龙潭，并留下了三篇乌龙潭游记。在时间相差不足半月多次游览同意景点，常人往往都会发生审美麻木或视觉疲劳，但谭元春却每游都有新发现、新感觉。"《初游乌龙潭记》写道碧环青的潭景和往来秋色的邻舟，令人十分艳羡。《再游乌龙潭记》写风雨大作、雷电交加时游潭的情景，《三游乌龙潭记》着重描绘深幽静

---

① 《谭友夏合集·游玄岳记》

谧的潭境以及朱垣点翠、晚霞四起、月照半潭的景色，选取的都是常人不大注意的景色，其描写的角度也与一般游记不同，体现了钟惺所谓'谭子好幽鉴'的创作特色"①。

　　除游记小品外，谭元春的序、跋、书、札之类的小品也非同寻常，尤其是人物小品更是炉火纯青，不乏神来之笔。譬如《期山草小引》就可见出一斑："己未秋闱，逢王微于西湖，以为湖上人也。久之复欲还苕，以为苕中人也。香粉不御，云鬟尚存，以为女士也。日与吾辈去来于秋水黄叶之中，以为闲人也。语多至理可听，以为冥悟人也。人皆言其诛茆结庵，有物外想，以为学道人也。尝出一诗草，属予删定，以为诗人也。诗有巷中语，阁中语，道中语，缥缈远近，绝似其人。荀奉倩谓妇人才智不足论，当以色为主。此语浅甚。如此人此诗，尚当言色乎哉！而世犹不知，以为妇人也。"

　　作者仅用寥寥数句，女诗人王微的意态神情、境界修为便让人历历在目，了然于胸，非但如此，作者还对王薇的诗歌内蕴、风格也做了全面而准确的归纳，评点之精当简约，见解之独到脱俗，其拥有的超人的学识人品，功夫的老道纯熟，令人钦服。在这里，谭元春的"幽情单绪"、"孤怀孤诣"的境界再一次得到了有力的见证。

### 4. 竟陵派的文学影响

　　作为一个著名文学流派，竟陵派不仅对明后期文学有着决定性引领作用，而且对中国传统文学的发展也影响深远。它的诞生，既矫正了公安派末流的浅率俚俗之病，也理性客观地回归了对传统文化和文化传统应有的尊重与认同，更重要的是发扬光大了公安派"独抒性灵，不拘格套"的主张，深化、固化了人们对文学性的特有认识，使中国文学继续朝着个性化的方向发展。

　　正如《湖北文化史》所指出的，"竟陵派的文学思想是颇为全面和深刻的，他们所提倡的'幽情单绪'、'孤怀孤诣'的情感，所追求的'幽深孤峭'的风格，反映出生于末世的知识分子抒写苦闷心灵和寻求个性解放的艰苦努力，也反映出明末知识分子对文学内部规律的认识的进一步深化，同时也是社会的腐化和没落引起敏感知识分子将对社会外在的关注转向对自我精神的内在诉求的结果。他们企图以学古得其厚朴以改变因师心而出现的浅俗，不是学习古人的文章形式和格套，而是学习古人在文章中所体现出来的真精神，从而使文风发生了新的变化。这种变化，作为以知识分子为主体的主流文学可能是很有意义的。然而，在文学发展愈来愈需要普及的时代，这种变

---

　　①　周积民《湖北文化史》，湖北教育出版社，2006，8

化不是朝向更加通俗化、更加大众化的方向发展，而是转向典雅和古奥，显然不是最好的选择。而传统文章在此时已经没有多少发展空间，因而除了在前人还不甚重视的小品文方面能有所建树外，在其他文体上，竟陵派作家的创作成就也就有限，这自然就降低了他们在文学史上的地位和影响。"①

以钟惺、谭元春为代表的竟陵派对文坛的影响从汉江弥漫开来，很快波及全国，所谓"浸淫三十余年，风移俗易，滔滔不返"。不仅他们所编辑的《诗归》"通行于世，承学之士，家置一编，奉之如尼丘之删定"，而且他们的创作也被人们视为楷模，努力模仿他们的创作风格。而在文章方面，因为竟陵派以小品文影响最大，成就也最高，所以晚明湖北小品文作家中，有不少人服膺竟陵派的文学理论，深受竟陵派文风的影响，使学习模仿竟陵派一时蔚成风气。

竟陵派对于后世文坛最让人肃然起敬的影响在于他们关注民瘼的情怀、耿介刚正的人格和强烈的爱国主义精神。钟惺为官清正，不喜逢迎，表现出一个具有独立人格的耿介知识分子的性格特点。谭元春及其胞弟、堂弟都是复社成员。钟、谭的支持者，追随者也多为忠正节义之士。其中，蔡福一廉洁刚直，被称为"耿介具大节"，"既殁，囊无余资"；曹学佺"幽襟素韵，不暇雕琢"，敢于直面朋党，不惧险恶，他反对魏忠贤的黑暗统治，曾为魏党所劾，后来坚持民族大义，在南明随唐王殉国；茅元仪不与清廷合作，在明亡后积极抗清，表现出可贵的民族气节；徐波在明亡后"居落木庵，断炊绝粒"，只接受一个好友的周济，其他人的馈赠一概拒绝。

浩浩星汉，铮铮铁骨。在天下大义、民族气节上，竟陵派在历史上写下了熠熠生辉、光耀千古的一笔！也正是从这个角度，我们完全有理由说，竟陵派绝不是一个脱离社会现实，对社会持冷漠态度的文人集团，而是有自己的独立思想、颇重气节的文学流派。而他们所秉持的"幽情单绪"、"孤行静寄"绝不仅仅只是某种逃避社会现实的消极倾向，而是他们独树一帜、抗愤浊世的特定手段而已。

由于特定的历史原因，钟、谭的文学思想和创作实践之间既存在着矛盾，也存在着无法避免的先天缺陷，而他们的追随者又往往不明所以，结果在盲目的效仿中只能得其貌而难得其神，于是就很容易走偏方向。沈春泽在《刻隐秀轩集序》中说："盖自先生之以诗若文名世也，后进多有学为钟先生语者，大江以南更甚。然而得其形貌，遗其神情。以寂寥言精炼，以寡约言清

---

① 周积民《湖北文化史》，湖北教育出版社，2006，8

远，以俚浅言冲淡，以生涩言新裁。篇章字句之间，每多重复。稍下一二助语，辄以号于人曰：'吾诗空灵已极！'" 这种现象，虽为钟、谭始料所不及，但不能说与他们的理论和文风的影响毫无关系。对此，钱谦益说得更为尖刻："其所谓深幽孤峭者，如木客之清吟，如幽独君之冥语，如梦而入鼠穴，如幻而之鬼国"，甚至认为"抉撼洗削，以凄声寒魄为致，此鬼趣也；尖新割剥，以嘲音促节为能，此兵象也。鬼趣幽，兵象杀，著见于文章，而国运从之……钟、谭之类，岂亦五行志所谓诗妖者乎！"① 极端的"深幽孤峭"的风格追求确实容易走上艰深晦涩，刻意的创新也容易陷于形式主义的泥沼。但是，将明朝政权的覆亡同竟陵派文学的"深幽孤峭"就联系起来，未免不是太过简单，就是太过苛刻。它实际上是在"苛求文人知识分子，实际上是掩盖了现实的社会矛盾和统治阶级的政治责任。"②

### 5. 明后期汉江流域的竟陵派作家

任何文学流派存在的重要基础就是该派必须聚集一定数量的作家，竟陵派也不例外。除了钟惺、谭元春之外，竟陵派还囊括了从明后期、明末期甚至清初期的众多作家。前文已经谈到的如林懋林古度兄弟、商家梅、陶崇谦、蔡复一、文翔凤等都是竟陵派的主要成员。就湖广地区而论，《明诗纪事》亦曾于多处言楚诗为竟陵所染，可见竟陵一派在湖广的流布情况。此处仅对明后期汉江流域的竟陵派作家作一个小传式的梳理，以便于后来研究者的蛛丝马迹之寻和深入研究。

魏象先，字太易，京山人。早年出应童子试，为诸生十年，常不利，戊申抱病参加学使之试，以诸生六等而遭放黜而归，后病卒。有《六等吟》若干。魏象先早年文名郁勃，爱好诗歌，为人性情高迈，与俗世格格不入，但下笔立就，出文必奇。早年出童子试时，为李维桢所异，以为"异日当以文鸣世"。③ 钟惺万历二十八年（1600 年）以诸生入郡都试，与魏象先同舍而居，始得相与论诗。魏象先临终遗书，要求钟惺志其墓，同邑谭如丝撰行状，谭元春作传。《湖北诗征传略》卷二十六录有其人，并收入其诗二首。

王应翼，字稚恭，号天乐，京山人。万历己酉领乡荐。起初担任广东崖州知州，不久改任陇州知州，中途被降职为山西藩参军，但随之就官复原职，改任知云南姚州知州，因为丁孝加之路途遥远艰难，此次王应翼没有赴任，但过后不久朝廷还是起用他作了河南许州知州。崇祯十四年李自成攻陷许昌，

---

① 钱谦益《列朝诗集小传》
② 周积民《湖北文化史》，湖北教育出版社，2006，8
③ 《湖北诗征传略》（卷二十六），续修四库全书本

他与儿子王国一起死于农民起义。王应翼"于诗独攻近体，锻辞琢句，沉郁可喜"，① 著有《采山楼诗文集》。《湖北诗征传略》卷二十六录有其人，收入其诗一首，并称其诗"沉郁有致"。②

王应箕，字稚衍，京山人，是王应翼胞弟。崇祯乙卯乡试中副榜，擅长诗文，著有《清远斋诗》一书。

谭如丝，字素臣，京山人。少女时代便工于词翰，求学期间便享有盛名，深为李维桢赏识推重，对她期望远大，勉励有加。应乡试十一次，两中副榜。晚年以贡官的身份生活在汉川广文，卒年七十一。谭如丝留有《子山斋诗集》。一书《湖北诗征传略》卷二十六录有其人，并收入其诗一首。

谭如纶，字有秩，京山人，谭如丝弟。一生七次参加乡试都名落孙山，最后以贡生的身份终其一生。史载，谭如纶的诗画均有所长，著有《长恩室诗集》一书。《湖北诗征传略》卷二十六录有其人，并收入其诗一首。

# 四、明代汉江流域的戏曲

## 1. 明代汉江流域元杂剧的风行

"中国戏剧，发源于先秦而盛于宋。自宋开始，中国的舞台艺术进入到一个以戏曲为主体的时代。在这一时期，尽管不同的剧种之间有涨有落，有进有退，但自宋至民国，戏剧作为社会各阶层喜爱的大众流行文化，其君临众艺术形式之上的地位不曾失落过。"③

从宋仁宗时起，湖北地区就有俳优、姬伎搬演歌舞杂剧事迹的记载。天圣初进士、安陆人宋庠《晚岁感事》诗有"楚优歌舞拙，何处强持樽"④ 之咏。宋人朱弁《曲洧旧闻》⑤ 描绘了一个场面：宋庠之弟宋祁于某年隆冬季节修《新唐书》时，曾因天寒而停笔，与诸侍姬围炉谈笑。其间，一侍姬答其问话中有大雪天富贵家"只是拥炉命歌舞，间以杂剧，引满大醉而已"等语，可见宋代富贵之家，演"歌舞杂剧"当为常见之举。

元代，散曲、杂剧浸入湖北社会各层，逐渐发展为雅俗共赏的流行艺术，

---

① 康熙《安陆县志》（卷二十）《文学列传》
② 《湖北诗征传略》（卷二十六）
③ 周积民《湖北文化史》，湖北教育出版社，2006，8
④ 《宋元宪集》（卷六），见《湖北先正遗书》，民国初年沔阳庐氏慎始基斋据乾隆"聚珍本"影印
⑤ 《历代小说笔记选》，广东人民出版社1984年版

高官大贾不仅成为推波助澜者，更以此为手段进行牟利。泰定三年（1326年）封镇武昌的威顺王宽彻普化就曾经"起广乐园，多萃名倡巨贾，以网大利"。元人夏庭芝《青楼记》记载有不少湖北地区唱元曲的名伎，如："刘女关关，谓之'小婆儿'，十七八岁已得名湘湖间。…'帘前秀，末泥任国恩之妻也，杂剧甚妙。武昌湖广等处，多敬爱之"。刘关关之后，金兽头、般般丑、刘婆惜、小春宴、任国恩等艺人先后驰名荆湖、湖湘地区。杂剧名家小春宴"记杂剧三百余段"，在武昌等地"勾栏中作场，常写其名目贴于四周遭梁上，任看官选拣需索"，① 足见当时散曲、杂剧的丰富普及程度。其余如名艺人刘婆惜才思敏捷，在武昌与散曲作家刘廷信即席唱和，传为文坛佳话。② 时湖北亦有本籍戏曲作家名世。黄冈人滕玉霄，在元人钟嗣成《录鬼簿》中载为"前辈已死名公有乐府行于世者"之一。据周积民所编《湖北文化史》所论，在元代，武昌广乐园是歌舞戏曲活动的中心舞台，园中名优会集。只是经历元末战乱，广乐园毁于战火，今已难觅其故址。尽管当年的演出盛况无法证实，所演剧目也无从查考，但今天人们可以想象的是，宽彻普化曾参与宫廷政变，多次往来于大都（北京）武昌间，有时他在大都还作长时间逗留，因而广乐园中的"名倡"，极有可能是宽彻普化自元杂剧演出中心大都物色来的色艺俱佳的杂剧表演人才。元时武昌又"有胡僧曰住持者，服三品命，恃宠横甚"。"妻妾、女乐妇女十有八人"。③ 元代湖北地区贵族上层喜倡优杂剧是无可怀疑的。

进入明代，元杂剧风行湖北全境。顾景星说得更加直白："国初全袭元调。"④ 江陵人陈大用，名栉，为明初人无名氏《录鬼簿续编》题记。试想，假若不是热点聚焦艺术，有谁会为无名氏作传留记？据载，在鄂东经济富庶地区，元杂剧演出活跃。"出丧前两三夜，邻友各携肴坐夜，或高歌吹唱，或搬演杂剧"。⑤ 达官贵人家族中元杂剧的歌舞声色之盛，可以在麻城刘家见出一斑。刘延伯为明代万历间的武官，富藏古玩书画。臧懋循编选《元人百种曲》时，曾从他家借走祖传内府本元代杂剧二三百种。他家有自蓄歌伎班，刘延伯死后这才逐渐散尽。刘延伯胞妹刘氏《追怀七兄金吾延伯歌姬散尽》

①　夏庭芝：《青楼集》，载《中国古曲戏曲论著集成（二）》，中国戏剧出版社，1959年版

②　无名氏：《录鬼簿续编》"兰楚芳"条，载《中国古典戏曲论著集成》，中国戏剧出版社1959年版

③　《历代小说笔记选》，广东人民出版社1984年版

④　顾景星：《白茅堂集·传奇丽则序》（卷三十五）

⑤　湖北省博物馆藏王葆心《罗田风俗志》手稿，此条原注《嘉靖志》

诗记其事："回首可怜歌舞地，年年春色为谁来。"①

一直到明末，元杂剧在湖北地区仍呈扩展之势，演出地区日广，至明末清初已传入鄂西北边远山区。清康熙年间，甲戌（1694 年）进士郑晃任郧西县令时，曾榜示禁止出殡时搬演杂剧："尤可骇者，有力之家，修斋之外，扮演杂剧，宾朋满座，女眷盈庭，其门如市，欢呼达旦。"② 说明北杂剧迭经宋明时期已流入鄂西北广大山区腹地。

### 2. 明代汉江流域的藩王府乐

特殊的政治经济制度和历史背景，促成了汉江流域地区藩王府乐的长足发展。据《湖北文化史》考证，明代实行封藩之制，湖北富庶城镇均设有王府。武昌、江陵、襄樊、钟祥、蕲春有洪武、成化年间所封亲王府。其下又封各地郡王府，续藩 150 年以上的就有崇阳、通山、通城、江夏、咸宁、长阳。明成祖朱棣以藩王之身夺得帝位，深知分封之利害，因此对各地藩王干政悬以厉禁。在此情况下，各地藩王寄情于词曲，沉迷于歌舞。有明一代，歌舞艺术的发展，各地王府不乏推波助澜之力。按照明制，"亲王之国"按例钦赐词曲 1700 本、乐户 27 户。③ 各地"藩邸"还设有一"乐院"。④ 这些人的俸饷均由官府供给，所属乐户则是亲王的音乐歌舞戏曲班子，由王府长史司管理。这些王府的音乐歌舞戏曲班子，往往规模不小。"张献忠破荆州，召惠（王）府乐户数十行酒"⑤。

最能说明当时藩王沉迷乐舞声色和追求府乐之盛的代表当是武昌的楚王。其典型表征有三：一是专辟场地，奢华气派。楚王府专辟"御菜园"（今武昌水陆街）以蓄歌伎，明人张无疆《青琢行代挽范卿》一诗记载楚王府的歌舞盛况："楚宫台榭连云起，歌舞年年卒选妓。"清人载楚王府的歌舞盛况："楚宫台榭连云起，歌舞年年空选妓。"清人汤思孝有《过故楚宫》记之："觅觅故藩遗迹，何处歌台舞衣？……御菜园中贮娇（原注：御菜园是楚藩蓄歌姬处）旧事，宣和有谁重说。"这里宫庭巍峨，台榭连云，高堂数丈，气势显赫；二是广泛收罗歌姬云集，美女如云，美艳不可方物。经常四处挑选歌伎，还从宫中收罗，一次表演竟有"宫人三十余，振绣衣，被桂裳，形缤纷绮丽"。明崇祯二年，时任九江兵备道的福建惠安人张正声客居武昌，适逢武昌

---

① 丁星海辑：《湖北诗徵》（卷一九）．光绪辛巳年（1881 年）刻本
② 《郧西县志·艺文志》，清同治五年（1866 年）刻本
③ 《李开先集·张小山小令后序》，《续文献通考·乐考》"赐诸王乐户"条（卷一），四
④ 沈德符：《万历野获编·节假》（卷一）
⑤ 《江陵县志》乾隆五十九年（1794 年）刻本

永安王朱容析举行歌舞演出。张正声对这次演出的情景有一个比较详细的记载："崇正（祯）二年，予客武昌，有为予话永安王宫人作梨园之妙者，盍往观之。既至，果有高堂数丈，供歌舞地。顷乃宫人三十余，振绣衣，被桂裳，形缤纷绮丽，曲悲恍清长；若白日之破乎青烟，若羽衣之翩而欲仙；丑教坊之漫靡，类毛女之生怜；响出听而跃鱼，影翱翔而堕鸢。王黄发长眉，集宴堂中，洞开洪门，恣人游赏。观者咸曰'茂矣艳矣！诸好备矣'。"① 三是歌舞度日，醉生梦死，习以为常。正如张正声所感："余久客楚中，兼因重雨。王作梨园，大都以不炎不雨为期。天和景辉，凝阴豁除，又一快也。予谓观者曰：'向使豺虎为乱，不可得也。蛾眉不改，歌舞长在，则太平可知者。'② 四是风格多样，剧目丰富。这些仅从张正声描绘这场歌舞的诗歌中就可见出一斑：

王家美女尽宫妆，束素含贝倪粉芳。
清姿宝态倾群玉，极服奇彩焕七襄。
已见神女洛中降，又会姐娥月窟翔。
细舞迟声希一笑，由来天半有霓裳。
妆成少妇想春闺，粉红黛绿不须借。
有时径作武人身，吴王宫里能骑射。
汉仪秦声君须识，纤袅历落摹不得。
上将头上进贤冠，大夫腰间黄金色。
钲鼓喧喧舞沧猗，羽林旗帜严如织。
金莲著步乱中催，谁云腰细轻无力。
静中一曲想阳春，马上琵琶更堪论。
嘈嘈钿头挥玉指，双双嫡华启朱唇。
数声弦长知柱足，满座掩涕泪沾巾。
……

根据张正声诗歌内容，譬如"妆成少妇想春闺"，"有时径作武人身"，"上将头上进贤冠，大夫腰问黄金色"等看来，应多属政治历史故事内容。"汉仪秦声君须识"一句，"汉仪"一词为"汉宫仪"节略，为前属剧目内容，"秦声"一词应是说明永安王家乐剧种属"秦腔"范围。张正声之诗与

① 张正声：《永安王宫人梨园行》，《惠安县志》（卷三三）
② 张正声：《永安王宫人梨园行》，《惠安县志》（卷三三）

序，说明至明末崇祯间藩王仍保持其蓄养家乐戏班习俗。属于西北民间的秦腔，已传播武昌一带，并且进入藩王府邸成为上层社会的家乐剧种。五是艺术水平已达到相对高度。"静中一曲想阳春，马上琵琶更堪论。嘈嘈钿头挥玉指，双双嫡华启朱唇。数声弦长知柱足，满座掩涕泪沾巾。"——演出富有强烈的艺术效应，让人如泣如诉，如歌如慕。

明代武昌楚王府乐是楚地藩王府乐的典型代表，与其一样，汉江流域其他藩王府都是笙歌处处，歌舞升平。清乾隆五十八年《江夏县志·古迹志》载："御风亭，在县东，明永安王园内……教梨园女伎于此。"明代的永安王府，管弦齐奏，歌舞喧嚣。

明朝沦亡之后，汉江流域诸王府歌伎散落民间。如据《白茅堂集》记载，荆王府乐工周谅，明亡后为道士。楚宫教坊南京乐籍蓝七娘，善秋千蹴鞠，是一位色艺俱佳的杂技艺人，明亡后，削发为尼。[1] 许多原为汉江流域地区戏曲活动繁荣的"戏窝子"在战乱之中曲终人散。[2]

### 3. 汉江流域的"弋昆角逐"

据《湖北文化史》研究指出，明代中后期，江汉平原上的沙市成为湖北地区的戏剧中心。公安人、公安派文学家袁宏道、袁中道兄弟多次寓居于沙市的"卷雪楼"和"金粟园"，十分熟悉沙市。在兄弟二人的日记和诗作中分别记载了当时沙市的戏剧活动情况。袁宏道于万历二十七年（1599年）写给友人沈朝焕的信中曾埋怨沙市"歌儿皆青阳过江，字眼既讹，音复乾硬"。[3] 当时的"楚腔"当为正在地方化过程中的"青阳腔"。随后，袁宏道又见沙市一带的荆楚艺人（"楚妃"）已经开始学习昆曲，昆曲开始成为沙市地区的流行艺术。袁宏道于万历三十年（1602年）所写沙《竹枝词》[4]中云：

> 一片春烟剪縠罗，吴声软媚似吴娥。
> 楚妃不解调吴肉，硬字乾音信口讹。

袁宏道的诗不无调侃和戏谑，但非常鲜明形象，对比突出，诗中弋昆戏曲的温软柔媚带来清新愉悦和楚妃的生硬照搬带来勉强别扭给人强烈的印象。

---

① 康熙《武昌府志》（卷一〇）
② 周积民《湖北文化史》，湖北教育出版社，2006，8
③ 钱伯城：《袁宏道集笺校》，上海占籍出版社1979年版，第75页
④ 钱伯城：《袁宏道集笺校》，上海古籍出版社1979年版

明代万历年间，中国的戏曲舞台正是弋昆双峰并峙之时。而此时衍生于弋阳腔的"青阳腔"先于昆曲传入湖北，与随后进入湖北的昆腔争胜，湖北地区的戏曲舞台开始了"弋昆角逐"时代。万历四十三年，袁中道在《游居柿录》中记载了当时在沙市王孙宴席上观剧的情景："时优伶二部间作，一为吴歙，一为楚调，吴演《幽闺》，楚演《金钗》，予笑曰：'此天之所以限吴楚也。'并叹曰：'李杜诗，《琵琶》、《金钗记》，皆可泣鬼神。古人立言，不到泣鬼神处不休，今人水上棒、隔靴痒也。'"

此间，明代大戏剧家汤显祖曾游历沙市，并亲身体验了当时戏曲活动的繁盛景象。他在题赠当时沙市伶人兼怀念沙市故友姜奇方、张居谦的《赠郢上弟子》[①] 中写道：

年展高腔发柱歌，月明横泪向山河。
从来郢市夸能手，今日琵琶饭甑多。

月明星稀，已是入夜时分汤，别处恐怕早已万籁俱静，而在热爱戏曲的沙市剧场却是一派高歌动天、人声鼎沸的场景，台上的演员激情四溢，热血沸腾，而台下众多待演的演员则早已按捺不住，跃跃欲试。汤显祖在《与刘天虞》信中引用过一位耆宿的话，说"荆州措大多如鲫鱼，沙市琵琶多于饭甑，措大多可憎，琵琶多可近也"[②]，足见沙市市民艺术素养之高，艺人云集之多，也足以说明沙市不仅是一方戏曲艺术的乐土，更是一方戏曲艺术的沃土。汤显祖对沙市的戏曲之盛充满憧憬："何似醉游沙市里，琵琶相共鲫鱼多。"[③]

明代湖北沙市一带楚地艺人所唱"青阳腔"至清代流变而成清戏（湖北高腔），清戏大量传承了南戏、元明杂剧及明传奇剧目。如《目连传》《琵琶记》《拜月记》《金印记》等在清戏皆有全本，很多散出戏如《度罗卜》《描容》《秋江》《抢伞》《花庭会》等均为湖北戏曲舞台常见剧目。

### 4. 流布大半个中国的汉调山二黄

汉调二黄，习称"土二黄"、"山二黄"、"靠山黄"，或"二黄戏"。又因它是在汉水流域由西皮、二黄结合形成，故又多称"汉调"。据考证，最早西皮调的记载远在明代。如《腔调考源》等许多著作中提到明万历抄本《钵中

---

① 《汤显祖集》上海人民出版社 1973 年版，第 898 页
② 《汤显祖集》上海人民出版社 1973 年版，第 1373 页
③ 《汤显祖集》上海人民出版社 1973 年版，第 774 页

莲传奇》中就有西皮调；再如明崇祯年间刻本《梅雨记》亦说："赣伶黄六之女善唱西皮调。"① 这说明，西皮调形成于明代中叶以前，明末崇祯年间就流行于包括长江中下游广大地区在内的多半个中国了。有人指出在陕南有关汉调二黄班社演出最早的说法是明正德年间。如安康民间老艺人冯成秀（已故，为汉调皮影艺人，世代相传）在一九五七年八月的老艺人座谈会上谈：安康城东三十里神滩河王爷庙的石碑上有明正德皇帝（即端王）从汉中赴湖北途中到此看二黄戏的记载，过去庙内还供有"端王天子万岁"的神位。许多老艺人也谈及，确有此碑此庙。据此，则二黄戏的形成至迟亦应在明正德年间，最少也有四百五十余年的历史了。遗憾的是现在庙毁碑遗，无从查证了。

据束文寿先生研究，汉调二黄，是长期流布在汉江流域地区（即汉调桄桄）的大型剧种，也是最能代表汉江民间戏曲的艺术，同时还是国粹京剧的祖先。音乐唱腔，与皮黄系统各剧种基本相同，以"西皮"和"二黄"两种声腔为主干，帮与京剧接近。其二黄由来，在陕西省有各种说法，皆与湖北"黄岗"说、江西"宜黄"说、安徽"石牌"说不合，而与陕西直接关系。据安康汉调艺人世代流传，都说二黄是在本地土调"黄腔"基础上受南北曲与兄弟剧种的影响发展演变而成。而所谓"黄腔"，在陕南三共本属"出格"、"变调"之意。如此，则"二黄"也许是西秦腔在陕南的"变调"之意。在汉水流域，旧有"一清二黄三月（两湖写作'越'）调，梆子跟上胡吵闹"之说。二黄名称或与此相应。至于有人写"黄"为"簧"，是否因原来曾用笛和唢呐伴奏，尚待查考决定。清代咸阳刘古愚、蒲城张东白、民国时富平王绍猷、乾县范紫东等前代学考，相继考察，同谓二黄乃"秦声吹腔古调新声"。这种说法是有它的道理的。它与"西皮调"东传的时间，虽然有先有后，但其渊源则同属早期"陇东调"、"西秦腔"在江汉流域的分支，与现称的梆子秦腔同源异流，以致在清朝中叶秦腔艺人、汉调艺人与微调艺人先后同台，才成为可能，也因此进一步丰富发展了这一剧种。

汉调二黄向以木偶、皮影与人演大戏三种形式在民间流传。流行区域，以汉江流域地区为主，延至甘、鄂、豫、川等省。就现在所知，仅在陕西的活动范围，计达三十余县。按其区域，可分四路：一、商、镇一路，以商县、龙驹寨、山阳、镇安为中心，流行于洛南、商南及豫西、陕东部分县域；二、安康一路，以安康、紫阳为中心，流行于洵阳、白河、石泉、汉阳、宁陕、

① 于质彬：《京剧与江苏的历史渊源》，见《江苏戏剧》1981年第5期

佛坪、镇坪、岚皋等县域；三、汉中一路，以西乡、南郑、镇巴、汉中为中心，流行于城固、勉县及甘南、川北一带；四、郧襄一路，以郧阳、襄阳为中心，流行于竹山平、竹溪、郧县、郧西、房县、南漳、保康、谷城、河口、宜城、南阳等一带。二黄戏的这些活动据点，多属当时的水陆码头或商业重镇。随着商业贸易的兴衰变化，二黄戏也因之呈现出荣枯更替的状况。

汉调二黄在汉江流域的班社遗迹，因明、清两代战争破坏，已难查寻。据说安康县东神河沟王爷庙碑有明正德（武宗朱厚照，1506—1521 年）或明永乐（成祖朱棣，1404—1424 年）皇帝于此看过二黄戏的记载，只因庙毁碑失，亦难证实。惟知紫阳蒿坪乐楼曾有清乾隆二黄班社的题名墨迹。嘉庆道光时班社有汉中的汉荣班、西多仁丰班、城固宜太班。咸丰初年更有杨金年、范仁保等名艺人分别在西乡、安康二地设科授徒，先后培养出"洪、来"、"永、清"、"吉、寿"、"天、久"等辈艺人。随着这批艺人到处呈献技艺，二黄班社遍布鄂、豫、川、陕等地。其中知名者如咸丰年的裕太、鼎太，同治年的仁太、瑞仁等班。这些班社散布各地，因地方主义与师承关系的不同，又形成了不同的风格、流派。安康派擅于文戏，通用紫阳幽雅绵软，吐字吟咏多带川味；商洛派擅于功别样腾跃，以武戏见长；关中派注重唱、做、表演细腻，唱腔豪放。虽然特色各异，而其基本风格仍然相同。各代班（社）中，先后培养出了不少颇有成就的艺人。如道光年间查来松以生、末擅长，在川北曾获"戏状元"之称。屈来寿擅于净角，多演神戏，曾有"活灵官"之称。刘久强以生、未见长，在川、滇等地也颇有声誉。清末的姚彩盛、赵清平、董兴平，民国中期的邢大伦、杨大钧，民国后期的山鸣岐、刘鸣祥等也驰名遐迩。这些班社和名艺人，对汉调二黄的发展和延续起过重要的作用。

据束文寿先生研究，汉调二黄的剧目丰富多彩，在艺人中久有"唐三千、宋八百、野外史传数不得"之称。除了衰落期间大量遗失以外，仅现所知有传统剧目一千四五百本之多。其中抄录存本者达九百三十七个整体戏和折子戏。取材范围从上古传说到明清故事，活像是一部"中国通史演义"。对于如此浩繁的剧目，艺人习惯谦称"三本半戏"，即"封神"、"列国"（八十余本）"一本"，秦、汉、三国（约一百二十多本）"一本"，隋唐至明清"一本"（包括四百多个本、折）。艺术风格上，喜剧与悲剧兼备，文戏与武戏并重，历史故事与神话传说为主，整本与连台颇多。尤以文戏的唱词繁、本头大、行当全为其特色。其中《炼石补天》《曹刿论战》《征北海》《进妹喜》《黑逼宫》《尝百草》《女界牌》《有莘三聘贤》等二百多个剧目，为陕西二黄所独有的罕见剧目。从声腔着眼，陕西的西皮剧目要比武汉地区所占比例更重。建国以来，先后改编移植了《穷人恨》《红娘子》《北京四十天》等二百多个本、折戏，并创作演出了《红珍珠》等一批现代戏，给二黄剧种增添了一批新财富。

据束文寿先生研究，汉调二黄的行当，分为十大行；一末、二净、三生、四旦、五丑、六外、七小、八贴、九老、十杂。嗓音运用上，四旦、八贴用假音（小嗓），其余各角用本嗓，即一末、九老用"苍音"，二净、六外用"虎音"，三生、十杂用正音，五丑、七小用尖音（细音）。舞台表演，向以细腻精到、认真传神为观众所赞赏。它讲究创造角色，要求把握人物性格与身份、情态，做到含情入理。《打龙棚》中郑子明、《二虎山》中王英等角，唱角、行腔皆须在乐器伴奏下边歌边舞，唱、做结合，以充分表现其特定性格与内在感情。其次，讲求按照所写地理环境与人物籍贯，准确使用方言、土音，往生育一个名角须习数省口音。如《三搜府》《法门寺》须讲北京话，《渔舟记》得说湖北话，《张松献图》得说四川话，《打龙棚》得说晋中话。借此以增强故事的地方色彩或人物的某些特征。再者，讲求分析角色，猜度心理，注重在表演动作中刻画人物的心理状态与精神面貌。如赵清平所饰《失街亭》中孔明，在察看王平所送扎营地图时，就经过了"粗看"、"细盯"、"惊恐"、"平静"、"沉思"、"深虑"几个神情变化的层次，才用一个唱段把此时此地颇为复杂的内心活动和盘托出。然后，当机立断，一面遣送图人回营报信，一面布置迎敌措施。如此，便深刻细致地把人物刻画得栩栩如生。二黄的这一在演唱上的深刻认真和生动细腻的艺术传统，对于梆子秦腔亦有影响。

束文寿先生曾经指出，在脸谱勾画上，二黄各路亦别具特色。安康派讲求笔调细致大方，敷色匀称、鲜明；洛镇派讲求"直线要直，圆线得圆，白的一大片，黑的一条线"。原存脸谱有名有姓，一人一戏者，约计四百幅。类型大致有三块瓦、十字脸、吊膛脸、麦子脸、旋转脸、豹子脸、阴阳脸等十余种。许多脸谱勾有动物、植物、星辰、兵器、文字、图案以及宗教标志。其中赵匡胤、闻太师、包文正、关公、张飞等等人物随着年龄、时间、环境与遭遇的不同，在脸谱勾法上也相应有各种变化。即使同一人物在不同戏中，亦按其特定情景构图、敷色诸方面各有讲究。可见其细致、传神。

据束文寿先生研究，二黄音乐唱腔属板腔形式。其曲调简朴中存幽雅，婉转中有激昂，旋律注重抑扬顿挫、轻重缓急，吐字讲求尖团分明，而且要求达到清亮准确、字正腔圆和满腔满调。其二黄调的主弦胡琴用"5——2弦"。板式有［导板］（［慢三眼]）、［原板］（［一字]）、［碰板］、［滚板］、

［反二黄］（［阴板］）等十余种。腔类有"回龙"、"四柱"、"流里表"、"板头"、"麻鞋底"、"幽冥钟"、"梅花题"等十余种。宜于表现低沉、怨愤一类的情绪，多用于正剧、悲剧的演唱。西皮调的主弦用"6——3"弦。板式有［导板］、［一字］、［二流］、［摇板］、［散板］、［反西皮］等十余种，腔类有"流里表"、"二凡"、"九眼半"、"麻鞋底"、"灯笼挂"、"黄龙滚"、"八车子"、"四不沾"等十余种。擅于表现豪爽、欢快一类的情绪，多用于喜乐气氛或愉快热烈的场面。而在实际应用中，却又因人物性格、身份、环境、情绪的不同，两种唱腔又往往灵活处理，甚至有上半句"二黄"下半句"西皮"的特殊唱法。还有其他一些杂调，与西皮、二黄相配合，以供描绘人物或敷陈场景。至于弦丝、唢呐、曲牌，据知原有四百多种，留传下来的仅只一百四、五十种。伴奏乐器，文场有京胡（软吊）、二胡、月琴、三弦、笛子、唢呐等，武场有鼓、板、道锣、二五子、喇叭、马锣等。建国以后，乐队由原有六人扩大到十人以上，吸收了其他一些乐器与京胡拉法，使二黄音乐有所发展。

**5. 明末汉江流域的戏曲作家徐石麒**

明万历年间（1573—1620 年），汉江流域已有人将道教经文、稗官小说、佛教故事等改编为韵文在丧家坐夜和田间劳作时演唱。在郧阳、襄阳等与武当山相邻的房县、保康、南漳、郧西等县及神农架，所流传的"四游"、"八传"即是此类。① 所谓"四游"，是指盛行于万历年间杨致和的四十一回本《西游》，兰江、吴元泰的《东游》（又名《上洞八仙记》、《八仙出处东游记传》），余象斗的《南游》（《五显灵官大帝华光天王传》）和《北游》（又名《北方真武玄天上帝出身志传》）。

据胡崇俊、刘守华等人的研究指出，《西游》记孙悟空花果山水帘洞出身、大闹龙宫、地府以及八卦炉、五行山厄运等等；《东游》叙八仙得道、王母娘娘与蟠桃赴会以及渡海西归等等；《南游》写华光救母、皈依佛道事；《北游》记祖师老爷修行及诸神灵间的争斗。《八传》是《黑暗传》《封神传》《双凤奇缘》《火龙传》《说唐传》《飞龙传》《精忠传》（又名《大宋中兴演义》《大宋中兴岳飞传》）及写朱元璋的《英烈传》（又名《英武传》《云合奇踪》）。"八传"从盘古开天地、人类再造、三皇五帝，依朝代为序，一直

① 据胡崇峻、何伙调查，在神农架地区，早在唐代就有汉族神话史诗《黑暗传》流行。参见中国民间文艺研究会湖北分会《神农架黑暗传多种版本汇编》，1987 年版第六页

唱到朱元璋"发迹变泰"得天下为止。① 在"四游"、"八传"传唱的同时，还有许多神话及道、释经文的唱本及说本流传。如《混沌传》《洪淹传》《三神传》《神农传》《王母传》《混天记》《黑暗纲鉴》《三十六朝元纪》以及《女娲尊经》《三皇经》《太阳真经》《太阴真经》等。据调查，这种说唱在当时已达到一个相当高的水平，作为汉族广义上的创世神话史诗《黑暗传》说唱本最少有八个版本，最长的达到了三万多行。②

经济社会的巨大变迁是明末戏曲在汉江流域繁盛的决定性社会基础。明代中叶之后，手工业、纺织业已逐渐从传统的农业中分离出来，商业贸易兴起，湖北境内沿水路交通线出现了许多商业繁荣的城镇、码头，如汉口、沙市、武昌。武昌当时已成了七省要道的"贸迁之会"和"列肆如栉、灯火歌呼、夜分乃止"的繁华城市，汉口也已是"都邑错峙，坊巷街衢四达，舳舻衔接"的"天下名区"。由于市民经济的兴起，反映市民生活和适应市民经济生活需求的各种时令小曲、小唱、说书、散曲等民间曲艺也应运而生。据《白雪遗音》记载：嘉靖初年，产生于湖广地区的［湖广调］、［码头调］及一些俚歌俗曲，除在湖广地区广为传唱之外，有些已远播京城等地，成为"游习子弟必习"之曲。

晚明，汉江流域地区开始流行时尚小曲、说书、唱书。公安人、万历进士袁宏道在《锦帆集》卷一《小修诗序》中云："今闾阎妇人孺子所唱［劈破玉］、［打枣杆］之类，就是无闻无识之人所作……虽欲废焉而不能。"

明末时江汉平原上三棒鼓渐兴，竟陵（天门）人尤善此技。每逢灾害，男女常结伴而行，作为一种谋生手段，沿门乞唱，即兴而歌。

在明末的戏曲繁盛中，徐石麒则是唯一一个来自汉江流域有名可考的戏曲作家代表。徐石麒（一名麟），字又陵，号坦庵，湖北监利人，生卒年不详。明末避地扬州。顺治二年（1645 年）清兵攻陷扬州，徐石麒携带着所著书残本脱逃走，此后一直隐居不出。徐石麒一生精研名理，善画花卉，擅长诗词，尤其谙熟精通度曲。一家老幼，尽擅倚声。徐石麒度曲，对女歌之，有不合，辄为正拍。著有《坦庵词曲》6 种，其中 4 种为杂剧，2 种为词曲。这 4 种杂剧为《买花钱》《大转轮》《浮西施》《拈花笑》，也为文人案头之作。另外还创作有《珊瑚鞭》《辟寒钗》《九奇逢》《胭脂虎》4 种传奇。《珊瑚鞭》今存，演《玉娇梨》小说所写苏友白与白红玉、卢梦梨婚姻事，表达

---

① 据胡崇峻、何伙调查，"四游八传"至今仍在神农架地区流行。参见中国民间文艺研究会湖北分会《神农架黑暗传多种版本汇编》，1987 年版，第 3 页

② 中国民间文艺研究会湖北分会《神农架黑暗传多种版本汇编》，1987 年版，第六页

了作者"许大风流曾系肘，眼贵心奢，难遇风流偶"的怅惘和"金屋名姝何处有，惺惺还惜惺惺否"的期盼。

# 五、明代中后期汉江流域的文言小说

### 1. 袁宏道的文言小说——《拙效传》《醉叟传》

公安袁宏道（1568—1610 年）的生平及诗文存留及创作情况本文在"公安三袁"一节中已作专门论述，故在此不作重复。而本节关注的《拙效传》《醉叟传》，乃是袁宏道创作的两部文言传奇小说。

《拙效传》一卷，现有《续说郛》卷四十三收入一卷本，于《中国古代小说总目提要》中见载。此书叙述了作者家中的四位钝拙仆人——冬、东、戚、奎的生活轶事，十分别致。

首先，作者把目光投向社会下层人物，并愿意为其作书立传，表现出了作者的平等观念和对个人的尊重。正是在这样的思想观念之下，文中所描写的四个仆人，皆极见个性，活灵活现。如以仆人冬外出迷路，四顾欲哭，性嗜酒而几次均未得饮及推门倒地成倒立状的描写颇见拙朴之态，很是传神。而在貌似嘲弄的笔调中，又隐含了作者隐隐的垂怜之情。此外，小说详略得当，以冬为详写，其他三人均为略写，毫无平板之感，表现出作者良好的文学修养。

《醉叟传》一卷，现有《续说郛》卷四十三收入一卷本，于《中国古代小说总目提要》中见载。此书记一无名醉叟轶事，通过对其外貌、习性、嗜好、言谈及志向的描写，刻画了一位气宇轩昂而又极富个性的醉翁形象，表现了封建社会中部分不得志的知识分子穷困潦倒的姿态，具有一定的社会意义，并与作者重视抒发个人性格的思想观念相吻合。惜此书故事情节不够紧凑，略显零散。

### 2. 袁中道的文言小说——《一瓢道人传》

《一瓢道人传》，是袁中道创作的一部文言传奇小说。

《一瓢道人传》一卷，现有《续说郛》卷四十三收入一卷本，于《中国古代小说总目提要》中见载。此书叙述了一无名道人的生活经历。其人读书而不得志，遂从军，于抗倭战争中立功授官，以失律而落草为寇，久而厌之；又广购伎乐，整日酒食歌舞，美艳陪伴，久复厌之；遂乞食江湖，为人怪异，终自坐化。

作者在对无名道人反复追求、反复厌倦的生活描写中，表现了封建社会知识分子在出世思想作用下，找不到生活位置的痛苦经历。但此本小说情节性不强，故事想象不甚丰富，而结尾处道士死去的描写又过于神化，与全篇故事不甚相符。

### 3. 钟惺的文言小说——《谐丛》

竟陵钟惺的生平、诗文存留及创作情况本文在"竟陵钟、谭"一节中已作专门论述，故在此不作重复。而本节关注的《谐丛》，乃是钟惺创作的一部文言笑话集。

《谐丛》此本不著卷数，于《中国古代小说总目提要》中见载，现有明茂苑叶舟校《镌钟伯敬先生秘集十五种》本之第十种。此本前有崇祯戊辰（1628 年）中秋叶舟凌虚文题辞。书中内容多为历代名人轶事，其中不乏从政治角度针砭时政、讥讽权贵者。如《大象》条记刘攽故意将卦中"大象"说成南御苑中大象的故事，抨击宋神宗的腐化淫逸生活，笔触十分辛辣。再如《散财》条以王锷听人积而能散之功，却将积财散给子女的故事，表现了世人贪求名利的龌龊风气。此书中的笑话多以谐音、近义制造误会，从中产生笑料，以达到令人发笑之目的。如以动物大象喻卦中"大象"，以"汗淋学士"喻翰林学士，以"一钳"喻"一钱"，均属此类。

# 第十七章　明代汉江流域的乡风民俗

## 一、明代汉江流域风俗的变迁①

　　明代汉江流域风俗经历了一个由俭朴到奢侈、由规范到越制的过程。明朝初期，社会上崇朴尚俭，尊卑有礼，长幼有序。明代中叶以后，②　社会崇奢尚侈，逐利拜金，见利忘义，长幼无序。如孝感："弘治时，质朴，鲜诈伪。正德以后，尚绮靡。"③　再如安陆："元季之乱，民匿山寨，仅数十家，五方杂集，地广民稀，习尚朴陋，可以语野。宣德而后，风土含厚之力稍稍析裂称繁矣。弘治中，藩封再建，道路斯通，而民之耳目浸失其旧，于是浮靡之风盈于市廛。"④　应城简直同出一辙："应邑多尚仁义，民淳而俗良。弘治以前，邑俗椎朴，民厚少机心，巨门鸿族亦无褥礼，有宴集，先持片纸相邀，客至则设短案，不具丰席。庠士长者有事学宫，则青衿辈执役如子弟、童仆，无愧色。正德末年，此风顿改，宴集繁褥无节，庠士后进竟与长者抗席矣。然故家尚儒雅，齐民畏法少讼，则犹夫昔焉……嘉靖间……市廛富贾不得与孝廉庠士齿，吏掾以下不敢呼缙绅字号，盖安于习惯，非强之也。"⑤

　　广济："……至成化、弘治，休养生息，风俗称善，重师儒，周贫乏，今所未有也。明末流离散亡，中洲灰烬（宋嘉熙兵乱，广济徙治中洲），阛门为墟。"⑥

---

① 　本节主要参考了王美英．明清长江中游地区的风俗与社会变迁［M］．武汉大学出版社，2007
② 　一般认为成化、弘治年间是明代社会变迁的转折点
③ 　嘉庆《孝感县志》（卷12）《风俗》
④ 　康熙《德安安陆郡县志》（卷6）《风俗》
⑤ 　咸丰《应城县志》（卷3）《风土上·风俗》
⑥ 　乾隆《广济县志》（卷4）《风俗》

南安府："然时世移易，洪永成弘多朴多淳，正嘉之时渐漓渐靡。"①

这里仅选择京山县的风俗变迁作为个案进行分析。京山远古隶属荆州域，隋大业三年（607 年），改角陵为京山，"以界有京源山，省盘陂人焉，隶安州安陆郡，盖至是而京山之名始定"。② 元代，京山属于荆湖北路宣慰司。由于元朝末年天下大乱，京山杀戮最惨，"是时田土旷芜无主，流徙侨寓者，悉插草为识，据为己业"。③ 明初，京山县属于安陆直隶州，嘉靖年间承天府设置之后，京山县则归属承天府。和其他地方相似，明代京山的社会风俗呈现出多变的态势。④

"成化弘治以前，县之俗椎鲁，少机械，有小忿辄能遣恕，不相质论，其读书为士者虽被儒服，彬彬齿于缙绅学士之列矣，亦长厚。食不重味，衣无绮纨之饰，宴会招宾客，幅纸单报，转相传视，至则罗短案。妻子出拜，刺刺语笑，不以为嫌。长老有事，后生学子为之执役，若子弟童奴，其忠厚少文如此。自后声名渐开，文物转盛，生齿繁多，机心猬起，强弱之势一分，侵食之计丛出，甚或巧文舞断，愚氓敛手，故令当道言俗美下移者颇以京山为口实，盖在壬午癸未（按：天顺六年、七年）之间，县之风俗实一变矣。自后密迩都邑，车马繁会，五方奇巧之选，递相慕尚，加之商贾负贩坐食富厚，百工技艺杂然并集，盖在丙午丁未（按：成化二十二年、二十三年）之间，县之风俗又一变。嘉靖之季，则士敦其习，民念其家，渐复曩时淳庞之旧。山谷远氓，犹有尺布括首而不知节候者，有老死不见邑庭者，有孤婺赴县投牒得理而起拜者。遗黎故态，令人可喜。至高赀甲姓亦各顾惜生业，收省乡识，贷钱取息，多从宽假。达官显仕，比肩立朝，往往患难相扶，才美和誉，其或悬车谷卧，亦能脱略势分，谭宴叙晤，敦厚质朴，盖由禀山川清淑之气以生，而终不忘其本性者也。庆历之季……武安侯宾客声乐田宅，心渐目染成俗，其民犷悍健讼，或愤发，一朝奋螳背，不肯俯首臣仆。延及启祯，桑梓每多荆棘，士类好作歌谣……甚至下流而讪上，逐波煽焰，如章志所云。未几，而城陷于寇，玉石俱焚，惟见劫火青嶙、东流白水而已……⑤

——京山风俗的变化呈现出明显的阶段性：一是明初习俗淳朴，饮食单一，衣着朴素，尊卑有序。然而，随着人口的增多，社会的变迁，天顺年间

---

① 康熙《南安府志》（卷 8）《礼乐纪·风俗》

② 光绪《京山县志》（卷 1）《舆地·沿革》

③ 光绪《京山县志》（卷 20）《艺文·京山县兴复邑治记》

④ 王美英. 明清长江中游地区的风俗与社会变迁 [M]. 武汉大学出版社，2007

⑤ 康熙《京山县志》（卷 1）《舆地·风俗》

京山的风俗首次发生变化：巧文舞断、俗美下移。随后由于交通便利，车马繁多，加之商品经济的发展，到了成化年间，京山的风俗又发生了变迁：商贾负贩坐食富厚，百工技艺杂然并集，生活趋于侈靡。二是到了嘉靖年间，由于安陆州是明世宗的发迹之地，在诸多方面颇受朝廷的关照，享有一些特殊的待遇，特别是嘉靖十八年（1539 年），世宗车驾幸承天，县人往伏谒者数以万计，世宗"赐田租三年"，① 加之地方官采取了一些变革措施，如承天太守邹璠嘉靖十五年（1536 年）赴任后会见父老，问民疾苦，"当兴革者乃布宽裕之令，行劝罪之法，简不急之务，剔蠹蚀之弊，严告讦之禁，删繁缛之文，先之以俭，镇之以静，绥之以教诲，尚德缓刑，先义后利，举大略细，不蕲近功，不乐速成，一以优游需之"。② 在这些因素的影响之下，到了嘉靖末年，京山的社会风俗返璞归真，"渐复曩时淳庞之旧"。③ 三是到了隆庆、万历年间，由于土地的兼并与过分集中，很多人失去土地，社会闲散人员增多，无业可就之人不少，出现了好争好斗的恶俗。到了天启、崇祯年间，由于整个社会陷入混乱状态，农民不耕作，士人不读书，上下尊卑秩序颠倒，下流讪上，逐波煽焰。京山的风俗经历了俭奢交替、淳躁相交的变化过程，民风也多有变化，或相安无事，或犷悍健讼，或遵礼守节，或越礼僭制，这一切都映照了京山经济发展的轨迹。④

明代，汉江流域风俗的变迁涉及的方面很多，衣食住行、婚丧嫁娶等，都有体现。

从服饰来看，明代初期，服饰俭朴，百姓还依制而行，不论贫富，皆遵国制，服布素，多穿自制或廉价的土布衣服。成、弘以后，人们的服饰渐渐发生变化，日趋奢侈。明代后期服饰的变化无论在深度和广度上都有所发展，人们往往根据经济条件来打扮自己，服饰的美观与个人的爱好成了制约服饰的主要因素。⑤

从饮食来看，汉江流域也经历了一个由俭入奢的过程，特别是在宴会方面体现得最为明显，无论是逢年过节的家人团聚，还是平时招待客人的摆酒设宴，或是婚娶丧葬的大摆宴席，都发生了由俭趋奢的变化，其变化大致始于成化以后。

---

① 康熙《京山县志》（卷 1）《舆地·沿革》
② （明）濮大纲：《承天守东泉邹公去思碑记》，转引自万历《承天府志》（卷 13）《艺文》
③ 康熙《京山县志》（卷 1）《舆地·风俗》
④ 王美英．明清长江中游地区的风俗与社会变迁［M］．武汉大学出版社，2007
⑤ 王美英．明清长江中游地区的风俗与社会变迁［M］．武汉大学出版社，2007

从居住方面来看，明初，官民居住的房屋基本上能够遵守政府的规定，然而成、弘以后，屋宇也出现了奢靡僭制的风气。明代房舍的变化主要体现在：由草舍而瓦屋，由无厅而有厅，由矮小而高广，由三间五架而多间多架，由朴实无华而重檐兽背。[①] 当然，在居住习俗的变化中，主要还是富裕阶层起着导引作用，富家大户开其端，城乡居民进而仿效。

同样，婚姻习俗也逐渐发生了变化，主要体现为严重的越礼僭制问题，也出现了重财礼轻门第的现象。明初，婚姻讲求门当户对，重视门楣，反对论财，婚礼也简单朴素。但是，明代中叶以后，择婚标准发生了变化，索取财礼的现象十分普遍。女家索聘财，男方计妆奁，金钱的魅力在婚姻生活中得到充分体现。婚姻嫁娶互相攀比，讲排场，摆阔气，嫁女之家因置办嫁妆而贫困破落，娶妇之户因筹措聘礼而举债度日。此外，一些畸形婚姻如寡妇再婚、入赘婚、童养婚等也渐为风行，特别是少数寡妇再嫁不像明初那么羞羞答答，而是堂而皇之。而且，一股背离封建伦常和礼制规范的婚恋观也悄然兴起。如明代中后期兴起了一股反对礼制禁锢、追求真挚情爱的潮流。[②]

## 二、明代汉江流域风俗变迁的特征

### 1. 风俗的演变与经济的开发、人口的入迁进程紧密相连

明代汉水流域风俗的演变与其经济的开发进程密切相关，与经济的开发进程相比，风俗的演变虽略显滞后，但总体而言基本一致。[③]

在明代汉水流域经济开发最为引人注目的是垸田、圩田的发展。受移民的影响，明代中后期两湖地区的人口已经大大增多，劳动力来源已较充足，因此垸田大盛。两湖平原的水乡、沼泽大量转为高产的耕地，成为荆楚地区生产力水平最高的地方，地理面貌因而发生了巨大变化，社会上也开始出现了"湖广熟，天下足"的谚语，江汉平原与洞庭湖区都成了全国闻名的重要粮仓。[④]

明代中叶是汉水流域经济发展的转折点，受经济发展的影响，汉水流域的社会风俗也发生了相应的变化，总体来看是由俭入奢，越礼僭制。

---

① 常建华：《论明代社会生活性消费风俗的变迁》，《南开学报》1994 年第 4 期
② 王美英. 明清长江中游地区的风俗与社会变迁 [M]. 武汉大学出版社，2007
③ 仲富兰：《中国民俗文化学导论》第 3 页，浙江人民出版社，1998 年版
④ 王美英. 明清长江中游地区的风俗与社会变迁 [M]. 武汉大学出版社，2007

汉水流域风俗的变迁尤其与人口的入迁有很大的关系。汉水流域是移民社会，移民几乎覆盖、遍及了整个区域，而且对于该地区的风俗产生了全面而广泛的影响。[①]

大量外地移民的迁入加速了江汉平原周围河谷丘陵地带的开发。在两宋之际到南宋晚期，一直有不少中原民众经襄阳南下，但因湖北特别是襄阳一带接近边境，留居者往往不多。元灭南宋，统一南北之后，由中原南来的更多。特别是明代前中期，进入鄂西北的流民至少有几十万以上。另一路移来汉水流域的，是由下游的皖南、赣西北溯长江，西入鄂东丘陵地带，人数也不少。到明代中期，湖北除鄂西山区外，基本上结束了南宋时期地广人稀的局面。[②]

### 2. 少数城市的剧变与广大乡村的缓慢变化相并存

明人归有光总结江南奢靡之风的传播、扩散趋向时说："大抵始于城市，而后及于郊外；始于衣冠之家，而后及于城市（他人）。"[③] 即城市的奢靡之风要先于郊区及乡村，衣冠之家的奢侈生活也要早于普通百姓。这种城市与乡村的习尚传播差异当然也适合汉水流域。"近来风气浮靡，城市尤甚，人人不惜重资购置纨绮，以为章身之具，棉、苎各布，销路亦滞。"[④] 因为城市的经济条件好，物质产品丰富，交通便利，易于受外来影响，而且居住了很多商人，人们也见多识广，风俗就易于变化，汉口、沙市即是典型；而乡村居住的多为农民，经济条件有限，日常用品不足，交通不便，与外界交流甚少，乡民长期住在本乡本土，处于自给自足、封闭或半封闭的自然经济生活圈中，年复一年、月复一月地在田间劳作，过着单一的慢节奏的生活，而且较为闭塞，眼界也不开阔，思想保守，习俗较为稳定，难于变化。就服饰来说，乡村服饰主要还是自制的土布衣袄，衣着力求保暖，还没有条件追风赶潮，而城市市民经济宽裕，有条件享受，衣着务求美观、漂亮，到了清末还穿上了洋布料洋式样的衣着。[⑤]

晚清生活习俗的洋化在汉口、宜昌这样的市镇较为显然，在广大的农村却很滞后。由于交通的不便、经济的困窘与文化的落后，乡民们很少接触到外来的文明与习俗，在生活习惯上仍然维持传统，乡民的生活非常俭朴。清

---

① 关于移民对风俗的影响详见第七章第二节
② 钟敬文《民俗文化学发凡》，《北京师范大学学报》社科版，1992 年第 5 期
③ （明）归有光：《震川先生集》（卷 3），《庄氏二子字说》
④ 民国《醴陵县志》（卷 4）《礼俗志》
⑤ 钟敬文《汉族民间风俗》序，中央民族大学出版社，1998 年版

末民初，鄂西北农民的生活状况为：农民所住，多系土筑瓦房，有一大窗子，人畜家禽同住，很不卫生……丰年吃米，平时吃大麦、豆子，有时加许多水草或蔓菁的根叶，仅掺少量的米。蔬菜、烟茶全自给……衣着自给，有布鞋布袜，过冬时穿新棉袍。① 据光绪二十八年（1902 年）美代清彦的鄂西北调查，从北部襄阳至丽阳一带，所见农舍很差；自丽阳往南至荆州一带，贫富稍有差别，再往南至团林铺，所见农舍最差，而由此至沙市则较好。② 乡村生活即使是进入民国以后亦无多大改变。特别是在年节习俗与婚丧礼俗方面，乡村仍然遵循传统的仪式。以晚清的节日习俗为例，城市引进了外国习俗，除沿用传统农历（俗称阴历）外，一些商人在与外商做生意时也用公历（俗称阳历），教会和学校的活动则用礼拜（即星期）来安排。而乡村则不知阳历为何物，只知道用阴历，"若乡民之于岁时。伏腊，只知中历，不知有西历矣"。③ 这在个人生日上表现突出，迄今在广大的两湖乡村还习惯用阴历来确定小孩的生日。就节日来说，晚清城市的节日较多，引进圣诞节等洋节日，几乎月月有节，甚至一月数节，而乡村百姓只知除夕、元宵、清明、端午、中秋等传统节日。在婚姻习俗上，城市里才有条件举行新式婚礼，遵从文明婚俗，而乡村仍然是老一套，婚姻礼俗较为烦琐。可以说，乡村的习俗一经形成，得到人们的认同，就要沿袭很长的时间，而城里既容易形成新的习俗，也易于变化，其去旧换新的速度要快些。④

城乡之间风俗的变化颇为不同，而长江中游地区除了汉口、沙市等几个商业巨镇之外，中等市镇为数较少，其对乡村的辐射效应就很有限。尽管少数市镇得风气之先，风俗发生了大的变化，但是在广大的乡村，风俗的变化十分缓慢。只有乡村的经济结构出现了较大的变迁，乡村的社会风俗才可能发生较大的变化。⑤

### 3. 僭礼越制

传统社会要求四民百姓根据各自的身份来生活，明清政府还对衣食住行、婚嫁丧葬制定了详细的规定，要求他们不能违反。明清初期，人们还能遵守，

---

① 严仲达：《湖北西北的农村》，《东方杂志》（卷24），第 16 期
② 美代清彦撰，朱承庆译：《游历鄂省西北部记》，光绪二十八年（1902 年），湖北农务学堂刊本，第 24—33 页，转引自苏云峰《中国现代化的区域研究——湖北省，1860—1916》，中华民国七十年初版，第 494 页
③ 民国《夏口县志》（卷2）《风土志》
④ 钱穆《中国文化史导论》，转引自仲富兰《中国民俗文化学导论》，第 27 页，浙江人民出版社，1998 年版
⑤ 王美英．明清长江中游地区的风俗与社会变迁［M］．武汉大学出版社，2007

但是到了中后期，随着物质产品的丰富，他们就不愿意受约束，特别是商人与士绅经受不住诱惑，追求享乐，在生活上往往突破了礼法制度对身份的要求。①

服饰的穿戴、房屋的建造与装饰、日常生活用品、婚丧嫁娶等存在着较为严重的僭礼越制现象。就服饰来说，明政府对民间服饰有种种规定，如庶民衣服不得僭用金绣锦绮、首饰不得用金珠。明初庶民尚能遵守，到了明代中叶，民间着装渐渐超出朝廷禁令，竞相奢华，标新立异，违礼逾制的现象突出："男子服锦绮，女发饰金珠，是皆僭拟无涯，逾国家之禁也。"② 永丰县在明代后期服饰非但部分地突破了身份的限制："不以分制，而以财制"，③而且随时变化，嘉靖年间，"衣裳冠履之制，视诸京色（疑为邑），而以时变之"。④ 住房在建筑规格、式样、装饰等方面也突破了制度的束缚，不断冲击着住宅的等级限制。茶陵州在明代成化以后，富人家的住宅"比之宫室"。⑤在婚俗方面，也有越礼僭制的现象。传统的观念以为寡妇不能再嫁，以男子入赘为羞，但是在民间，由于生活所迫等各种各样的原因，寡妇再醮、孤男入赘的现象仍然存在。就丧葬习俗而言，虽然明清统治者严厉禁止火葬，但是基层社会仍然流行火葬。究其原因，一是民间百姓崇奉佛教，佛教的"荼毗火葬法"为百姓所接受；二是火葬较之土葬要省钱省时，简便易行。关于死人人士时限，封建礼法也有明文规定，可是长江中游地区的一些地方却因或此或彼的原因停棺待葬甚至长年不葬，公然抗拒封建礼法。尽管王朝建立之初政府即对衣食住婚丧嫁娶等有明文规定，庶民不得僭越，但是到了中后期随着政府对基层社会的失控，风俗发生了变迁，越礼僭制的现象较为常见。⑥

明清初期，尊卑贵贱的等级较为分明，百姓也尚能遵守：贵贱有别，长幼有序。随着时势的发展，社会风气发生了变化，以少陵长、以贱妨贵的事情时有发生。明万历十年署黄梅知县曾维伦在《风教论》中记载了关于黄梅风俗的所见所闻："既余剔历拊循且久，始采得其俗，则贵贱不让路。即贩夫马医好与士大夫比肩争走，士夫望见辄引避去，稍不引避，贩夫马医辄大怒骂，士夫辄隐忍不敢发怒者，此甚恶俗。又隶卒以征粮户行乡市间，辄盛气

①　王美英. 明清长江中游地区的风俗与社会变迁［M］. 武汉大学出版社，2007

②　（明）张瀚《松窗梦语》，清光绪中钱塘丁氏嘉惠堂刊《武林往哲遗箸》

③　嘉靖《永丰县志》（卷2）《风俗》

④　嘉靖《永丰县志》（卷2）《风俗》

⑤　嘉靖《茶陵州志》（卷上）《风俗第六》

⑥　王美英. 明清长江中游地区的风俗与社会变迁［M］. 武汉大学出版社，2007

造士夫家，踞上坐，坐索钱。稍不如意，即加詈辱，而士夫至不敢发口。余始闻之，大骇……及问其故老，则又言：邑凡叔侄属，自从以下恒并坐，彼此并称号，在士夫亦微有之。又编户齐民，隶卒皆得自有号，相见士大夫得称士夫号，而士夫家令苍头卢儿，若至所亲者家，则婿家称外翁家令曰舅外，翁家称婿家令以伯叔，并得上坐，近或侍坐，而婿称翁曰舍岳，傲然上坐，坐于他，或并席行比跬焉。其僭越颠倒若此。然后知所由来者渐，盖因士夫始而古礼不行也……今叔侄并坐，是少凌长也；彼此并称号，是小加大、淫破义也；称所亲僮仆与称其所亲子弟者等，是贱妨贵也。而自士夫亦徵有此，至以娇客称婿，长其傲，是礼之不行，自贵犯之。贩夫隶卒，安得不乘便因间妄自尊越，居然上坐，与共比肩争走乎？"①

# 三、明代汉江流域风俗的典型方面与个案

## （一）岁时节令风俗

任何社会都会以某种具有文化意义的时间框架规定着人们的生活节律，节日就是使连续不断、平淡无奇的时间之流分割开来的有力手段。正如刘克、徐宛春所言："某些节日在南阳民间被看成是奇妙的、庄严的转折点，企图强化自然或人类社会的正常秩序，节日仪式规定了人在宇宙中的位置，告诉人们自身的起源、本性和命运，使人能超越混乱，平稳而充满信心地把握未来和自己的命运，并使人们的生活丰富多彩。"②

下面，我们依照时间的顺序，对汉水流域的代表性岁时时令习俗作一个简要介绍：

一是春天的节俗。在汉水流域春天的节俗主要有：大年拜贺、闹元宵、龙抬头·社日、寒食·清明、立春·花朝·踏青等。汉水流域民间是最看重过年的，其习俗也多。民谚云："过年为大"，"有三十过年，无三十也过年"，"叫花子也有三天年"。自除夕到年初一，各地男女老少穿戴一新，喜笑颜开，参加丰富多彩的大年拜贺活动，出现了以迎春纳福为主题的各种风俗习尚。俗话说："百里不同风，千里不同俗。"与之全国各地相比，汉水流域民间过年的习俗，既有"大同"，亦有"小异"，小异之处则存在不同形式的

①　乾隆《黄梅县志》（卷6）《风土》
②　刘克、徐宛春. 南阳民俗文化［M］，河南大学出版社，2003，9

楚文化内涵。如"开门礼俗"的内容就有开门炮、出行、拜年、拜年酒、贴春联、贴年画等。如"玩春景"的活动形式就包括玩龙灯、舞狮子、采莲船。汉水流域民间在元宵节张灯观灯，可谓源远流长。早在汉代就有了灯事活动，隋、唐、五代到汉代，出现了各种制作精巧、独具匠心的花灯，其中镂刻金箔的"鱼形灯"最引人注目。

此外，汉水流域春天还流行破五、人日、谷日、上九日、立春、三月三等节俗。

正月初五，称"破五"，有"破五如初一"之说。互相请客，场面不小于年三十。这是一种叫做"赶五穷"的风俗。人们黎明即起，放鞭炮，打扫卫生。鞭炮从每间房屋里往外头放，边放边往门外走。说是将一切不吉利的东西、一切妖魔鬼怪都轰将出去，让它们离我们远远的，越远越好。尤其放"二踢脚"（两响）称"崩穷"，把"晦气"、"穷气"从家中崩走。①

人们从初一至初四已经四天没干活了，日出之前放炮崩穷后，要努力干一天活，称"恨穷"。"破五"意味着只要在新的一年里，不辞劳苦勤勤恳恳便可过上好日子。一般商家也在"破五"这天开市，旧俗春节当中大小店铺从大年初一块儿关门，而在正月初五开市。俗以正月初五为财神日，觉得选择这一天开市必将招财进宝。次日即各自营生。

农历正月初七，"人日"，摊煎饼，吃七宝羹；人日亦称"人胜节"、"人庆节"、"人口日"、"人七日"等。传说女娲初创世，在造出了鸡狗猪牛马等动物后，于第七天造出了人，因此这一天是人类的生日。汉朝就有人日节俗，魏晋后更加重视。古代人日有戴"人胜"习俗，人胜是一种头饰，也叫彩胜、华胜，剪彩纸为花、剪彩纸为人，或镂金箔为人或贴屏风，或戴头发上。此外还有登高赋诗的习俗。唐代以后，更重视这节日，每至人日，皇帝赐群臣彩缕人胜，还登高大宴群臣。要是正月初七天气晴朗，则主一年人口平安，出入顺利。

在汉水流域还有一种说法，农历正月初七为"火星爷"生日，这天不能梳头，尤其是女孩子梳长发，梳头就是梳火星爷的胡子，火星爷会生气的。

正月初八"谷日"，传说初八是谷子的生日。这天天气晴朗，则说明这一年稻谷丰收，如果天阴则代表这年收成歉少。民间以正月初八为众星下界之日，人们制作小灯点燃用来祭祀，称为顺星，也称"祭星"、"接星"。祭祀用两张神码，第一张印着星科、朱雀、玄武等，第二张则是"本命延年寿星

---

①　《明实录类纂》第476页，武汉出版社，1991年版

君"。两张前后撂在一块儿，夹在神纸夹子上，放在院中天地桌后方正中受祀。神码前陈放着用香油浸捻的黄、白二色灯花纸捻成的灯花，放入直径寸许的"灯盏碗"，或用49盏，或用108盏，点燃。再供熟元宵和清茶。黄昏后，开始以祭北斗为目的地祭祀。祭祀后，待残灯将灭，将神码、香根与芝麻秸、松柏枝一同焚化，祭祀完成。

农历正月初九为"上九日"，传说是玉皇大帝诞辰，道教宫观兴打醮。祭拜天公的仪式相当隆重，在正厅天公炉下摆设祭坛，一般都是用长板凳或矮凳先置金纸再迭高八仙桌为"顶桌"，桌前并系上吉祥图案的桌围，后面另设"下桌"。"顶桌"供奉用彩色纸制成的神座（象征天公的宝座），前面中央为香炉，炉前有扎红纸面线三束及清茶三杯，炉旁为烛台；其后排列五果（柑、橘、苹果、香蕉、甘蔗等水果）、六斋（金针、木耳、香菇、菜心、豌豆、绿豆等）祭祀玉皇大帝；下桌供奉五牲（鸡、鸭、鱼、蛋、猪肉或猪肚、猪肝）、甜料（生仁、米枣、糕仔等）、红龟粿（像龟形，外染红色，打龟甲印，以象征人之长寿）等祭玉皇大帝的从神。

立春为一年二十四节第一个节气，立春的"立"表示开始，"春"表示季节，故立春有春之节气已开始之意。农谚有"春打六九头"、"几时霜降几时冬，四十五天就打春"之语，从冬至开始入九"五九"四十五天，因而立春正好是"六九"的开始。立春亦称"打春"、"咬春"，又叫"报春"。在古时，无论是在元日前还是在元日后，先一日，知州、知县领导下属及群众列队于土牛、芒神（古称管木之官，后作神）前，以之迎春，兆丰年。其时地方群众多以豆串挂牛角上，乞免天花（牛痘）之灾。

农历正月十七本不是什么节日，只是传说这天是老鼠嫁闺女的日子，所以这天不能动剪刀之类的器具，动了就是坏了老鼠的吉祥，到了晚上老鼠就会来咬你家的衣服和被子。

农历二月二，为龙抬头之日，谚曰："二月二，龙抬头。"农历二月初二前后是廿四节气之一的惊蛰。据说经过冬眠的龙，到了这一天，就被隆隆的春雷惊醒，便抬头而起。所以古人称农历二月初二为春龙节，又叫龙头节或青龙节。这天交七岁的孩子令入学堂，拜先圣，拜老师，启蒙读书。也有在这天理发的习俗。"二月二龙抬头，家家男子剃龙头。"旧时民间有"有钱无钱，剃头过年"的说法。春节前剃头理发到了二月二，已经一个多月，又因正月过年，不能剪"发"（发财）正是需要剃头理发的时候。二月二龙抬头，是吉祥如意的日子，时间一长，就形成了二月二剃头的习俗。"二月二龙抬头，家家小孩剃毛头"也是这一原因，为取吉利在剃头中间加"龙"字，叫剃"龙"头，以区别其他时间的剃头，还有些女孩子选此日穿耳孔。①

农历二月十二，古有"花朝节"，又叫"百花生日""花神生日"和"扑蝶会"。所谓"花朝"实指百花竞放之时，古代"花朝节"主要有踏春赏花、女子剪彩花插头、花间扑蝶、官府出郊劝农、皇帝赐诗等。据文献记载，"花朝"一说最早出现于周处的《风土记》，该书写道："浙间风俗言春序正中，百花竞放，乃游赏之时，花朝月夕，世所常言。"

春分，又称为"日中"、"日夜分"，在每年的3月21日前后（20日~22日）交节，农历日期不固定，这时太阳到达黄经0°。"二月中，分者半也，此当九十日之半，故谓之分。"② 另《春秋繁露》说："春分者，阴阳相半也，故昼夜均而寒暑平。"③《明史》说："分者，黄赤相交之点，太阳行至此，乃昼夜平分。"④ 所以，春分的意义，一是指一天时间白天黑夜平分，各为12小时；二是古时以立春至立夏为春季，春分正当春季三个月之中，平分了春季。

中国古代将春分分为三候："一候元鸟至；二候雷乃发声；三候始电。"便是说春分日后，燕子便从南方飞来了，下雨时天空便要打雷并发出闪电。春分在中国古历中的记载为："春分前三日，太阳入赤道内。"⑤

农历三月三日，是道教真武大帝的寿诞。真武大帝全称"北镇天真武玄天大帝"，又称玄天上帝，玄武，真武真君。生于上古轩辕之世，华历三月三日，是道教中主管军事与战争的正神。各地的道教宫观在三月三日这一天都要举行盛大的法会，道教信徒们也会在这一天到宫观庙宇中烧香祈福，或在家里颂经祈祷。又相传农历"三月三"又是王母娘娘的生日，因此三月三也叫"王母娘娘千秋节"，这一天的传统民俗就是踏青春游、登山逛庙会。所以道教信士以最高的礼仪庆贺，非常隆重。

在这天汉水流域有武当山三月三庙会，史料记载，从宋代开始，在明代以后大盛。武当山道教都要在这天举行法事活动，民间信士们都要到武当山祭祀真武，渐渐形成了武当山三月三庙会的习俗。"三月三"庙会是融道家文化、武当武术、民俗风情为一体的参与性较强的民间文化活动。庙会期间武当道教都要举行斋醮大法会、拜龙头香、信物开光、撞吉祥钟等独具道教特色的宗教系列活动。同时还举行大型武当功夫表演、武当茶道表演、皮影戏、

---

① 《明实录类纂》第476页，武汉出版社，1991年版

② 《月令七十二候集解》

③ 《春秋繁露·阴阳出入上下篇》

④ 《春秋繁露·阴阳出入上下篇》

⑤ 《明实录类纂》第476页，武汉出版社，1991年版

民间歌舞以及地方戏曲、杂技、剑河灯会等活动。这些丰富多彩的文艺演出、民俗表演和艺术品展示活动，广揽各地民俗民艺，充分展现传统民风民情，充满喜庆、祥和气氛。

在汉水流域地区这天与别的地方还有些不同，在当地这天也被称为"鬼节"，在这天要祭祖，要上坟烧纸，晚上一般不出门，与"七月半"类似。①

阳历四月五日为清明，清明节是我国传统节日，也是最重要的祭祀节日，是祭祖和扫墓的日子。在此节日前为寒食节，兴寒食，有结伴踏青者，大多冷饮冷餐。凡是新坟，须于社日（古代祭灶神之日，在立春后第五日）前祭扫。

清明节的活动种类繁多，除了祭祖、上坟外，清明节还有一些十分有趣的民间活动：踏青、荡秋千、放风筝、蹴鞠、打马球、插柳、栽柳等。"清明节，折柳插户，簪髻，各处家墓拜扫纷纭，城南梳妆台尤盛。染纸帛剪幡罗系竹竿插坟上。游人载酒寻芳，设障行厨，满耳笙歌，盈眸罗绮，与莺燕相和，花柳争妍，乃谓之踏青。少年竞放风鸢，或走马较射，斗草踢球。向有封培古墓，收掩遗骸，亦见古道犹存。"②

二是夏天的节俗。四月八日为浴佛节，汉水上游地区除了请山僧设斋坛，鸣钟鼓，作浴佛道场外，还在这一天家家书写毛虫帖子，以嫁毛虫。端午节是我国民间三大传统节日之一，汉水流域民间多称之为"端阳"。端午节尽管名称颇多，含义各异，但楚人驾舟拯救、纪念屈原为端午节的主要内涵，是世人皆知的。由此可说，先秦时代的楚人及楚国的文化民俗氛围，对端午节的形成起到了至关重要的作用，端午节是汉水流域的传统节日。千百年来，以祭奉屈原而形成的仪俗，在汉水流域民间主要有划龙舟、吃粽子、悬挂蒲艾、喝雄黄酒、系香袋等。

农历五月十三，俗称雨节，传说是黄帝的生日。农历每年五月十三日，通常处于夏至或小暑季节间的前后，正常的气候都有降雨的过程，气候不正常的年份亦有不下雨的。民间自古传说这一天是关老爷磨刀的日子，因磨刀要用水，所以这一天必定下雨，这一天一般都有雷声，乃是关老爷的霍霍磨刀声。其磨刀的用水从南门处降下凡间，下雨便是吉兆，雨越大越好，预示当年的光景必将"风调雨顺，国泰民安"。倘若此日不下雨，则属不吉之兆，预示当年或许有"自然灾难肆虐"或许"社会动荡不安"。长期以来，民间以此作为观察天气迹象和社会动态的参照物，并广泛流传为口头谚语。因此

---

① 《郧县志》湖北人民出版社 2001 年出版，第 939 页
② 清《房县志》（卷十一）《风俗》

有"五月十三，关老爷磨刀杀许三"的说法。民谚有"大旱三年忘不了五月十三"，"五月十三磨刀雨，六月初六龙晒衣"之说，每年这天如果一滴雨未下，那么六月初六这天肯定下雨或阴天。①

农历五月初八和农历五月十八这两天本不是什么节日，但是在汉水流域地区的民间习俗上把这两天看作农事的重要日子，五月初八为"头八"，五月十八为"二八"，这两天如果下雨就预示着今年的收成就好，所以也有头八雨和二八雨的说法。

农历六月六日，传为老龙王晒甲日，也就是俗语中说的"龙晒衣"。如果是晴天，民间多于是日曝晒皮棉衣被。因这时天气已非常闷热，再加上正值雨季，气候潮湿，万物极易霉腐损坏。所以在这一天从城镇到农家小院都有很多洗浴和晒物的习俗。当年一般百姓家没有洗浴设备，但人们也很讲清洁卫生，习惯在每个节日或节气时，都要进行沐浴洁身，信佛者尤其要以洁净之躯去焚香拜佛以示虔诚。

三是秋季的节俗。七夕、七月半、八月中秋、九九重阳等传统节日在汉水流域民间也有着独特的习俗。八月中秋在汉水流域民间就曾经流行过一种较为奇特的习俗，即"到中秋，赛摸秋"。摸秋，就是中秋之夜偷摘他人田园的瓜果不视为偷，失瓜果的主人也不视为被盗。俗信这天月娘下凡，未生育的已婚妇女若摸秋不被人发现，可早得子。荆州就有这样的俗谚："中秋中秋，送子摸秋。"摸秋的妇女一般是结伴而行，所摸来的瓜果放置在床内侧，并与之陪睡，第二天将瓜果煮熟食之，据说可以怀上儿子。

四是冬天的节俗。汉水流域民间在这一季节，大都有冬至、腊八、小年、除夕等传统节俗。拿冬至来说，和北方农村不同是，荆楚大地的人们，往往会在这天开始淘洗糯米，磨浆沥干，制成"沉（读去声）浆"，然后用糖、或肉制成馅，包成团，先是祭祖、祭灶，然后阖家团聚，共同分享，还可馈赠亲朋好友。又如农历腊月二十四，俗谓"小年"，又称为"小过年"、"小除夕"，是汉水流域民间很看重的一个年节。民谚云："腊月二十四，家家小团圆。"是日，"吃坏吃好，一人不少；有吃无吃，团圆一席"，一家人必须在一起吃团圆饭。

冬月十九日传为太阳生日，素食者祭拜太阳，诵《太阳经》。

五是大型农历节庆。

第一是春节。民间习惯将春节称做过年或年下。这个节日在所有的节日

---

中历时最长、最隆重，一般从腊月二十三日祭灶的晚上便开始了，一直到正月初五"破五"之后，春节才算正式过完。腊月二十三是祭灶日，也称为小年。因为民间传说，灶神是一家之主，它经常暗中观察一家人的善恶，每到腊月二十三，就要升天向玉皇大帝禀报，供玉皇大帝作为赏罚的依据。如果被它说了坏话，就会被夺去 100 到 300 天不等的寿命。因此，人们于腊月二十三日这天祭灶神，用意是让灶神"上天言好事，下界降吉祥"。为显示祭灶神的诚意，这一天家家户户都要将灶台、案板、锅碗瓢盆收拾得干干净净，并将旧灶神像揭下换上新的灶神像。像前摆上供品，以此讨得灶王的欢心，到天上"言好事"后下界"降吉祥"。南阳童谣说："二十三（儿），燃灶腊（儿）。"腊月二十三日晚饭后，每户将所备的一只肥硕公鸡当做灶王去天宫骑的马，以烧饼作为路上干粮，以灶糖糊其口免说坏话。鸡的前面还放上干草料、豆及水，作为马的草料。这时由男主人面朝灶王，焚香三柱，斟酒三杯，跪拜祷告。祷告词多是"去天宫时好话多说，坏话不提，下界多带五谷杂粮"等语，此时屋外鞭炮齐鸣，以示欢送灶王上天。南阳有民歌曰：

> 年年有个家家忙，二十三日祭灶王。
> 两边摆下两盘果，当中放上一碟糖。
> 黑豆干草一碗水，灶马拴在灶板上。
> 香炉焚香燃蜡烛，照得灶爷明晃晃。
> 当家跪地来祷告，嘱托灶爷降吉祥。

灶王爷像旁边的对联除"上天言好事，下界保平安"外，还有"二十三日去，初一五更回"、"晨昏三叩首，早晚一炉香"等。民间之敬灶神，盖始于汉。据《汉书·阴识传》载，有一男子名阴子方者，做饭时遇灶神显灵，子方立刻下拜，并把自己心爱的黄狗杀之以祀，灶神不负阴子方的一番美意，赐富于阴家，让阴家一夜暴富，子孙也都享受高官厚禄。自此以后，世人便纷纷效仿，每逢腊月二十三便祭灶，以期得到灶神福荫。

腊月三十晚俗称除夕，家家吃团圆饭，包饺子以备春节早晨吃，饭后要"熬年"守岁。凌晨鸣放鞭炮，一为迎岁，二为驱邪。守岁的风俗由来已久，最早的记载见于西晋："终夜不眠，以待天明曰守岁。"[1] 传说远古时代有一种独角兽叫"年"，这种怪兽异常凶猛，每到腊月三十，就窜到人间危害百

---

① 西晋《风土记》

姓，但它最怕火光、红色和声响。人们为了不受"年"的伤害，到了这一天都穿红衣、点红灯、贴红纸、放鞭炮和烟火，并烧香祈祷，彻夜不眠，这种习俗流传下来，就叫"守岁"。

"一夜连双岁，五更分二年。"南阳民间很重视这个日子，无论大人小孩，都不可说晦气话，只能说吉祥语。守岁至午夜后还要吃"更年饺子"。南阳民间的饺子，又称扁食，呈元宝形状，人们都说更岁时吃之来年财运兴旺。

正月初一为春节，人人换新衣，天不亮即先放开门炮，接着点香烛，上供品。供品一般为枣山馍、刀头肉、油炸鱼、水果等点香烛敬神祭祖。早上全家吃饺子，接着晚辈向长辈拜年，长辈给儿童压岁钱，南阳民间称为"压腰钱"。家长带男孩子上坟地祭祖，为已故长辈拜年，邻居亲友互相拜年。自初二起，亲戚朋友和邻居间相互拜年开始。人们随身携带礼品，特别是新女婿第一次去岳父家拜年，礼品务求丰厚。这样的走亲串友拜年贺节持续到初四初五，有些亲朋故旧多的家庭常常要持续到初七初八。

正月初五是一年的第一个忌日，民间甚为重视，故有"小年下，大破五"的谚谣。此日大放鞭炮以示破"五"立吉。当晚把五日内禁忌往外倒的垃圾，全部倒在院外的粪堆上，谓之"送穷土"，边倒边念咒语："穷土去，富土来，今年一定要发财。"

从正月初二开始，南阳习俗已将以后几日的走亲串友日程安排就绪：初二去外婆家给外祖父母及舅舅、妗子拜年；初三去姑家或姨家给姑父姑姑拜年；初四到岳父母家拜年；初五以后是走一般亲朋故旧的日子。初六大开市，百业开张。

二月二。农历的二月初二在民间被看做是龙抬头的日子。

清明节。清明一词乃指万物至此皆洁净而明丽矣。此节令是二十四节气的主要一节，从此，桐始华，虹始见，萍始生。它昭示着黄河长江之间广袤的大地上，万木凋零的寒冬过去了，风和日丽的春天来临了。清明在南阳农事活动中具有重要的意义，农谚曰："清明谷雨紧相连，浸种春耕莫迟延。"清明时节民间有扫墓之俗。清明扫墓，以追忆先辈和悼念亡灵。扫墓又叫墓祭、祭扫，俗称上坟，一方面要给坟墓清除杂草，另一方面还要为坟墓增添新土，以示怀念之情。①

对于农事的安排，南阳亦有丰富的谚语。如"清明前，去种棉"、"三月三，北瓜葫芦往上窜"。流散于南阳城周边乡村的民歌《锣鼓一打颤咚咚》歌

---

① 刘克、徐宛春. 南阳民俗文化［M］. 河南大学出版社，2003，9

词是这样的：

> 清明前后种棉花，
> 夏至前后耩芝麻。
> 红薯种子早留下，
> 那个东西能养家。

乞巧节在农历七月初七，汉水流域民间俗称七夕，又称七巧或乞巧。相传该日为天上牵牛星织女星一年一度的聚会之夜。是夕，汉水流域各地的女子尤其是待字闺中的女子，结五彩丝在庭院中对月穿针，如能一次穿过，则谓之心灵手巧运气好，当年有喜气临头。年轻女子出于对织女的崇拜，晚上把针撒于院内地上，双手寻摸，摸得到者，即谓织女已经赐巧。七夕除乞巧外，还可以乞富、乞寿、乞子，但惟得乞一，不可兼得。旧时南阳民间乞巧风习甚盛，其盛况，有民歌《乞巧》一首为证：

> 七夕今宵看碧霄，牵牛织女渡河桥，
> 家家乞巧望秋月，穿尽红丝几万条。

歌声反映了普通民众乞智乞巧、求富求寿的迫切心情。

中秋节。农历八月十五中秋节是民间比较讲究的节日。这天月亮上升时由主妇或未嫁女子在庭院中供上月饼、瓜果、干饼，烧香拜月，口中默念心事，祈祷月神关照，然后全家共食月饼、瓜果，欢聚赏月。此时，凡在外行旅之人也要回家，取团圆之义。同时南阳民间还以中秋之夜的月光的明暗来推测次年元宵节的阴晴，"八月十五雨星星，正月十五雪打灯"，揭示了自然界不同季节气候变化之间的联系和规律。时至今日，虽然在中秋求神愿月之俗逐渐消失，但长期沿袭下来的赠送月饼、家人团聚赏月之风仍经久不衰。

重阳节为农历九月九日。汉水流域民间许多家庭多蒸面糕相互赠送，朋友亲眷相携登高饮酒赏菊，文士则赋诗唱和以乐。"重阳食高赏菊，士人登高为乐。"

冬至是汉水流域人们非常重视的节日。此节令一到，即谓开始交九，标志着寒冷季节来临。在这一日，家家户户团聚吃饺子，据说此举可预防在寒冷的冬季被冻掉耳朵。汉水流域民间自古以来对冬至节就十分讲究，冬至前后，"君子安身静体，百官绝事，不听政，择吉辰而后省事"。①

腊八即腊月初八。在汉水流域民间，家家户户要用小米、红枣、花生仁、核桃仁等近二十种象征吉祥的粮食和果实，熬成稠粥，称为腊八粥，供全家大人小孩食用。腊八熬制腊八粥，其用意有三：一曰驱寒，二曰祭神，三曰辞旧迎新。腊八粥熬得越多、剩得越多越好，因其象征年年有余，兆示"年事毕，六陈足"。南阳民谣说："腊八粥，喝几天，哩哩啦啦二十三。"②

六是道教节。道教在我国已有 1700 多年历史，春秋时思想家老子，姓李，名耳，字伯阳，著有《道德经》，据传他就是道教的创始人。道教在形成过程中有关"道"和"自然无为"、"长生久视"等内容加以附会引申，把道作为根本的信仰和制订教理教义的根据，称其教曰"道教"，尊老子为三清尊之一的"道德天尊"。唐高宗乾封元年（666 年）封老子为太上玄元皇帝；宋真宗大中祥符六年（1013 年）加封太上老君混元上德皇帝。据说老子的出生日是二月十五日。后世道观于此日作道场、诵《道德经》以示纪念。自明代道教在汉水流域武当山大兴之后，道教节日风行无际。

道教的主要节日有：玉皇圣诞为农历正月初九日；"三元节"，正月十五日为上元节，七月十五日为中元节，十月十五日为下元节；"三清节"，冬至为元始天尊，夏至为灵宝天尊，二月十五日为道德天尊；"五腊节"，正月初一为天腊，正月初五为地腊，七月初七为道德腊，十月初一为民岁腊，腊月初八为王侯腊。此外，还有邱祖诞辰为农历正月十九日，蟠桃会农历三月三日（王母娘娘圣诞、真武大帝圣诞），吕祖圣诞为四月十四日，九皇会为九月初九日，接玉皇圣驾日为腊月廿五日子时，重阳祖师圣诞为腊月二十二日。

## （二）生产生活风俗

明代以来，汉江流域得到广为开发。汉江流域物产丰盛，"人人都说天堂美，怎比我江汉鱼米乡"，就是它的真实写照。汉江流域是我国少有的稻、麦、粟、棉、麻、油、糖、鱼、菜都能大量出产的地区。进入明代以来，当地人民在创造了光辉灿烂的物质文明的同时，也在生产生活方面留下了无限丰富、独具魅力的风俗文化。

一是在汉江上游，狩猎民俗独树一帜。狩猎习俗是猎户在长期生产过程中的经验、智慧的积累，也是战胜野生动物得以生存的手段。山区的猎户深深懂得：如不能在猎物面前取胜，就有被野兽吃掉的危险。生存的强烈愿望

---

① 《后汉书》

② 刘克、徐宛春．南阳民俗文化［M］．河南大学出版社，2003，9

迫使他们产生出了许多战胜毒虫猛兽的经验和方法。

"守号"是汉江中上游山民年复一年的护秋习俗。在靠近汉中、安康、十堰的一些地方，山大人稀，野兽出没无常。为了守卫即将到手的庄稼，苞谷挂须、豆类结荚之时，山里边便出现一些"介"字形的茅庵草舍。这是山民们为保护劳动果实不受野兽糟蹋而搭起的临时"哨所"，当地人把这种看秋护粮叫"守号"，把守号人住的简易草房称作"号棚"。人烟稀少的地方，当庄稼即将成熟之时，狗熊、野猪、獾、土老鼠等，就会夜里出来糟害。最厉害的是野猪，它们常常成群结队，一夜之间就可将几亩庄稼夷为平地。因此，人们在地边搭上号棚，每晚除在棚前烧一大堆篝火外，还要不时地吼唱有韵无词的山歌号子，放土枪、敲梆子、吹牛角号，用来惊吓野兽，避免他们靠近地边。①

"撵山"是山民农闲时劳动游戏。一到秋天农闲季节，山民们就会带上弯刀，背上干粮，扛上猎枪外出打猎，俗称"撵山"。山民们不但熟悉猎物出没的地方，还能凭响动、气味、足迹、粪便之类的判断出各种不同的猎物，并且对一些山禽野兽的习性了如指掌，如数家珍。打獾之类的动物，有一两个人即可。打野猪人要多，进山先查出脚迹，由经验丰富的人指挥，找准"交口"，由枪法最好就用墨汁打上码子的猎手"座交"。"撵脚子"带上自养的猎狗，拿上竹竿或木棍，从三个方向驱赶，嘴里不时地吼着动听的撵山号子。座交的守候在能隐能退的地方严阵以待，只要猎物"上交"，十之八九逃脱不掉。②

打死野猪的猎手，从猪脖子上先扯一撮毛用火烧掉，再扯几根蘸上血粘贴在火枪的点火处。装上火药朝天放一枪，通知大家前来分享胜利果实，谁击中的谁优先，将尾巴使劲往后扯，扯到哪里就从哪里砍下来。其余的大伙平分，凡拢了场的个个有份，连带的猎狗也不例外。"见山打猎，人人有份"，这种猎规至今尚存。③

二是汉江流域的畜牧民俗也别具一格。畜牧业生产以个体为主。家畜主要养猪、牛、羊、兔等；家禽主要养鸡、鸭，鹅、鸽较少。

穷不丢猪，是汉水流域的传统习惯。猪分种猪和肉猪两类。种猪，雌性的叫母猪，雄性的叫撅猪子。幼猪满月出圈前要劁，劁后雌性的叫草猪娃儿，雄性叫牙猪娃儿。成猪出栏从主人家门前过时，要向猪身上泼一瓢恶水（洗

---

① 吕农．安康民俗文化研究［M］．陕西师范大学出版社有限公司，2011，12
② 吕农．安康民俗文化研究［M］．陕西师范大学出版社有限公司，2011，12
③ 柳长毅．郧阳文化论纲［M］．湖北人民出版社，2012，11

碗水），以示以后恶水喂的猪都长得快。因猪叫像病人"哼哼哼"，故传统习惯送礼不送猪，也禁忌邻居的猪进屋。①

牛在汉江流域的家畜中地位奇高。母牛生下牛犊后，要用黄豆推豆浆喂养，以增加乳汁。公牛叫犍子，犍子在没骟之前称犍娃儿。犍娃儿到三四岁时除留腺犍（种牛）外，都要骟（勒骟、开骟、锤骟）也有不到一岁就骟的（叫奶骟）。役牛称大牛。役牛犁田耙地时，早晚吃好草并加料，放早牛。大柳还用苞谷衣子包黄豆一嘴一嘴的喂。上午、下午接腰时，有的喂草撒盐水，有的喂饭。退役的牛叫菜牛（大部分卖掉）。夏秋两季要用韭菜给牛擦洗口腔，擦洗完毕，给每个牛灌鸡蛋清或一斤、半斤香油后，再灌 1 到 3 竹筒（灌牛药用具）用犬黄、地骨皮等中草药熬成的汤药，以清火解毒。冬天喂牛拌棉花籽，以增加牛的体温。做牛生意，大部分是牛贩子上门买，也有赶到牛绳（交易牛的市场）上卖的。到牛绳上买卖牛，无论是役牛还是菜牛，都是看牙齿，定年龄，议价格。议价时有的比明码子（价格），有的由牛经纪（做牛生意的）相互伸到袖筒里比暗码子（价格）。②

三是作为鱼米之乡，明代汉江流域拥有发达丰富的渔业民俗。渔业民俗是鱼文化的主要内容。其经济和文化价值在人类的文化发展史上居于特殊的重要地位。在母系社会渔猎时代，它是人类赖以生存的主要物质资源之一。有些地方不是单一的渔业经济地区，而是渔农兼作。农忙务农，农闲渔汛到来的季节，便以舟楫为家，"张罗竿首，昼钓泥中，鳖蟹蚬蛤之人，日给有余"。汉江、堵河、滔河流域和塘、库一般都有养鱼、捕鱼的习惯。捕鱼主要使用捞兜、板窖、抱网、拦网、滚钩等。还有人会识鳖路，一年四季从事捉鳖和捕鳝活动。渔业民俗主要包括渔具渔法、渔谚等内容。

汉江流域渔具渔法简直让人眼花缭乱。汉水下游的仙桃沔阳县，有水产志记载，渔民采用的常业渔具有 5 种，农户杂用的有 17 种，四大类：钓具、网具、箴具、杂渔具。渔法大体包含四种：驱逐法、诱集法、拦截法、陷阱法。其中，钓具有地钩、亮钩、鲤鱼钩、黑鱼钩、鳝鱼钩、脚鱼钩、子钩、大钩、带钩、拖钩、游钩、淌钩、窝钩等 13 种，前七种是诱饵钩具，后六种为直钩钩具。渔网有丝网、线网、大网、小网、撒网、晾网、泥网、洗网、站网、顶网、飞网、溜网、撑篙网、槽子网、八字赶网、大罾、小罾、提罾、赶罾、撮罾、瞄罾、迷魂阵、摊河网、麻罩……推泽、虾泽等。箴具有卡子、花篮、花罩、鳜鱼花篮、络子花篮、纽络、裤络等。此外，还有杂渔具：镖、

---

① 刘克、徐宛春. 南阳民俗文化［M］. 河南大学出版社，2003，9

② 吕农. 安康民俗文化研究［M］. 陕西师范大学出版社有限公司，2011，12

排叉、灯叉、耙子、地钢、鳝鱼把、白船、歪浑、赶站、摸窝、摸槽、摸沙滩、鹭鸶等。

堪与汉江渔具、渔法相媲美的是汉江流域的渔谚。其中，捕鱼的代表性渔谚有：水无百日寡妇，有水就有渔；下湖三天摸湖底，三天不捞手也生；手中无网看渔跳；清明叫，谷雨跳；一河水，一河鱼；涨水鱼，退水虾；近水知鱼性，近山知鸟音；鱼走一条线，脚鱼偎沙滩……采苗的有：立春不等一百天，捕捞鱼苗到江边；襄河来了半河水，再涨三天必有鱼；"立夏"到江边，"小满"收鱼花；虾引路，鳜断江……养鱼的谚语有：养鱼种树，发家致富；秧好一半谷，苗好一半鱼；三分养，七分管；种田靠肥料，养鱼靠饲料……

四是汉江流域的林业民俗也别有讲究。林业民俗作为一种古老的文化现象，它与我国林业发展史相依相伴。

我国与森林相关的民俗保存相对完好的地方，多半在交通不便、经济欠发达的老少边穷地区，汉江是其中较为典型的地方。

远古的人们对大自然颇具依附心理，他们认为树木秋天落叶，冬季静眠，春季复苏，树根延伸地狱，树冠挺上天空，将天地和冥界连接在一起，是超越自然界的神灵化身，是人类和宇宙的象征。

在婚嫁家具的制作上，汉水流域民间多用楝木、椿木，此类木材系本地所产，木纹美观，强度及性能近似香樟，耐摩擦不怕虫蛀，材质细密均匀，易加工耐使用，物美价廉，深受民间普通人家适龄青年的欢迎，常用成习。妇女怀了孩子，在门口两侧挂上柚树枝叶，以避邪和告示家有产妇。家人还在房屋前后或田边地角，精心栽培几棵杉树、松树或椿树。家有婴儿出生后，家人在院落中选种一棵吉祥树，或梧桐树，或枇杷树、花椒树、枣树、栗树等。认为"同龄树"的命运和孩子的命运相连，枯荣相伴。愿树木和人同生共长；男婚女嫁时，砍几棵做箱柜；新建房子时砍做"红梁"；年老时砍做棺椁备用。①

部分区域还在村子附近养育一片常绿树林作为"保命树"，谁家生了孩子，接生婆便把"衣胞"（胎盘）埋在树下，以示孩子与树同呼吸、同命运、共成长，与树相依为命。对这片树林，人人爱护，家家管理抚养。还有拜"干爹树"，有的还奉行在抚养小孩时，为了消灾免难，长生保命，由父母备上祭品，带上孩子到龙山树林里，拜认一棵大树作为干爹，祈求神树保佑孩

---

① 黄元英. 商洛民俗文化述论 [M]. 三秦出版社，2006，12

子消灾免难，祛痛除病，像大树那样长命百岁。

栽"歇凉树"：有的区域在山丫口或岔路口，保护或栽培一片或几棵绿叶垂荫的大树作为行路、劳动、拴马、放牧歇息乘凉的场所。栽"寨树"：在村旁或寨中心，栽培一棵或几棵常绿大树，作为寨老聚集村民议事或村中吉庆、节日聚会的地方，或为早晚闲谈的场所。端午节门上插菖蒲、艾枝，并用其拌雄黄酒喷洒屋内外以驱邪，以求平安。柞木、楸木、桐木等可用来当做制家具的材料。它们以具有胀缩性小，不易翘曲开裂的优越性而在家具生产中得到广泛使用。楠木、红木，材色黄褐略带浅绿，木纹斜行，富光泽，木质稠密，能耐久，具香气，是富贵人家做家具的上乘材料。民间以"楠"作为孩子姓名，希望孩子日后成人像楠木那样成为又高又直的栋梁之材。①

此外，还有用树作符号表示禁忌、指路、吉祥、报喜、未婚、定物、驱邪等习俗。在田边地角或田地中间插上树丫数枝，表示已经下种、育秧，禁止人畜家禽糟蹋；在岔路口置放一树枝，为落伍的同伴指引方向。

随着大批流民的迁入，汉江流域林业生产习俗也变化多端。其用材林有松、杉、柏、楸、榆、椿、白杨、毛桐等；薪炭林有花柳、铁强、栎、檀等；经济林有油桐、木梓、板栗、桔（草桔、柑桔）、核桃、柿子、苹果、梨、枣、桃、樱桃、葡萄、梅子、漆、桑、麻、花椒等；竹林有毛竹、水竹、旱竹、楠竹等。

在对林木的种植与管理习惯上，汉江流域农村住户以经济效益为主，城镇府衙以美化环境为主。农户房前屋后以栽桃、梨、柑桔、樱桃、花椒、椿树、毛桐、槐等为主，习惯上前不栽桑，后不栽柳，房山头不栽鬼拍手（白杨树）。城镇府衙以水杉、松、柏、桂花、栀子、夹竹桃、枇杷等为主。高山坡薄土或窝土地带栽种松柏，花栎、杉、茶等。低山土质厚的栽种苹果、梨、柑桔、油桐、木梓等树。②

五是明代汉江流域手工业民俗别有天地。

汉水流域手工业主要有绣花、榨油、编织、造纸、酿酒、织布、烧砖瓦、做木活、扎纸等。手工业生产者，需要学徒。如木匠、蔑匠、窑匠一般学徒三年。第一年师傅不给工钱，第二年给一半，第三年全给。徒弟每年要给师傅拜年，农忙帮助干活。徒弟出师（学成）后，师傅要送给徒弟全套工具和缝制全套新衣服，徒弟也要给师傅送厚礼以示答谢。一日为师终身为父。徒弟出师后虽然自立门户，但师徒仍保持经常你来我往的师徒关系，如有红白

① 刘克、徐宛春. 南阳民俗文化［M］. 河南大学出版社，2003，9
② 吕农. 安康民俗文化研究［M］. 陕西师范大学出版社有限公司，2011，12

喜事，都互相帮着料理。①

汉水流域手工业中做木活最普遍，酿酒最有特色。汉水流域酒分黄酒、烧酒（白酒）、甜酒 3 种。两种酒都用大曲酿造。黄酒有糯米黄酒、小米黄酒、苞谷米黄酒、饭米黄酒、红薯丁黄酒。糯米黄酒质量最好。清酒，色似酱油，味道醇厚。也有的在制曲或做酒时，放入活血、解乏、滋补之类的中草药，名为药酒。有的在黄酒酿成后，用泥巴等把酒坛子口密封，放到地窖过二三年再喝，称闭封酒。这种酒口味淡，后劲大，饮后醉而不倒，有舒服感。烧酒（白酒）分小窖烧酒和大窖烧酒。小窖烧酒主要是一家一户，用锅顶锅的方法，把以苞谷、红薯、高粱、柿子为主另加配料，经发酵后蒸成酒。以苞谷为主的叫苞谷酒，以柿子为主的叫"柿子开酒"。②

六是生活风俗五方杂陈。由于明代是汉江流域大移民时期，来自天南地北的移民带来了不同地区、不同民族的生活习俗。

第一，汉水流域穿戴服饰别有可观。"脚箍"、"手箍"、"狗颈箍"，汉江流域大多数地方小孩戴圈子。汉江上下把项圈叫作"箍子"，戴在颈上的叫"狗颈箍"，手上的叫"手箍"，脚上的叫"脚箍"。箍子主要由外祖母家在孩子做"周岁"时送，或由亲朋好友集资置办。主人请大家吃一顿饭，以示答谢。"箍子"一旦戴上就不能随意取下来，一般到 10 岁、20 岁时才能取；或者到孩子长大成人在成亲那天取。丈夫戴箍要由妻子跪在床前踏板上取下来，反之则由丈夫跪在踏板上取。取下来的"脚箍"、"手箍"、"狗颈箍"要传给后人。③

留"瓦片"、"桃尖"、"狗尾巴"。小孩在 12 岁以前，剃头时多在头顶上留块瓦片形的头发，有的在头的一侧或两侧留一块或两块桃形的头发；有的在后脑勺留个狗尾巴，俗谓留"瓦片"和"狗尾巴"，寓意小孩像养狗一样好养，认为养得太娇贵了小孩爱生病，认为桃能驱邪，保小孩子无病无灾，健康平安。要到 12 岁过生日以后，才能剃掉。有的地方将这种"瓦片"、"桃尖"、"狗尾巴"称谓蓄"贱毛"。俗信孩子生得"贱"，才好养活，百姓家若生了个宝贝儿子，或是几代单传，或是晚年得子，或是独子，或是生而多病，就给他蓄"贱毛"。蓄贱毛的男孩一般得拜寄给一户"贱"人做干儿子，所拜的干爹干妈或是子孙多的穷户，或是讨米叫花、马脚巫婆之类。这贱毛须从"胎头"蓄起，即在第一次剃头时只剃掉脑袋周边的胎发，保留头顶的

① 柳长毅. 郧阳文化论纲 [M]. 湖北人民出版社，2012，11
② 刘克、徐宛春. 南阳民俗文化 [M]. 河南大学出版社，2003，9
③ 潘世东：汉水文化论纲 [M]. 湖北人民出版社，2008，5

"锅盖蒂"，直至顶上的头发长长了，结成辫子，吊在脑后，其母还得像给女儿梳头一样，经常给儿子梳辫子。这种贱毛一般要蓄到 12 岁左右。剃掉贱毛时，一般都要举行简单的仪式，当然也少不了给"待诏"师傅（剃头匠）送个红包。①

襄阳地区戴圈与百家锁的用意相同，但圈的制作有严格的规矩。首先在过周岁的当天，用红头绳系成蝴蝶结将圈套在小孩颈上，每年生日用红布加包一层，下端由蝴蝶结形成"如意"的云字头。这样一直到 12 岁，颈上的红圈照例要加包 12 层布，到 12 岁生那天，予以庆贺，然后摘下沉甸甸的布圈，扎系在活鲤鱼上，父子祖孙齐到河里放生，让鱼儿拖着项圈游向远方：老人们企求鲤鱼带着项圈一起跃过龙门，预示孩子将会健康成长。有条件的家庭在小孩周岁时，还要请银匠给小孩打手锡，有的则是外婆家或舅妈、姑妈、姨妈家送的，手锡上除有铃铛外，还带一个用小桃核磨成的小桃篮，一是好看，二为避邪。②

汉江流域下游水乡人家的婴儿出生后，爱用有鱼形图案的标识布来包裹，这些图案，或是挑刺、刺绣，或是布贴，一色的活蹦乱跳、生命力旺盛来象征孩子的活泼可爱、长命百岁。婴儿的童巾、童帽也爱绣上花鸟龟虫图案。二朝、九朝或满月时，父母亲往往要给孩子举办庆贺仪式。亲戚朋友来祝贺，所送的礼物小必定少不了两样东西——面条和鱼，面条象征长寿，鱼则象征有余。送鱼最好是送"喜头"（鲫鱼），因为喜头鱼煮汤给产妇吃可以发奶，同时，这种鱼头的俗名就是一种谐音双关的祝福——"喜头"，就是有喜头。水乡人家给孩子取乳名，也好用鱼的名字．男孩肤色黑的．叫做"柴鱼"（乌鱼），女孩肤色白的，名叫"白纪"，长得胖的叫"胖头"（鳙鱼的俗名），长得瘦而又好动的就叫"路子色"，也有叫做"喜头"的，给孩子取个鱼的名字，祝愿他（她）像鱼一样长得乖，命儿贱，好养活。③

第二，汉江流域饮食民俗五味杂陈。汉水流域民间的饮食，以小麦、玉米、高粱、红薯、大米、小米、豆类、黄酒、米酒、茶为主，不论城乡均日食三餐，喜欢吃馍。一般是早上吃稀饭，中午吃面条或米饭，晚上吃稀饭或面条。家常便饭是稀饭、面条、米汤、干饭。四时节日、接待宾客或闲暇时候，注意细做而食，适当改善生活，如包饺子、做卤面、炸油条等。汉水流域民间饮食中蕴含有丰富的文化内容，特别是以小麦面粉为主料的饮食制作，

①　刘克勤．文化襄阳［M］．湖北人民出版社，2009，5
②　刘克勤．文化襄阳［M］．湖北人民出版社，2009，5
③　刘克勤．文化襄阳［M］．湖北人民出版社，2009，5

更是体现出劳动人民的聪明才智。

在日常饮食风俗上，汉水流域地区由于受自然条件的影响，大部分地区以小麦、苞谷为主食，部分平原谷地以稻米为主食，辅以苞谷、小麦、高粱。副食种类比较多，四季蔬菜、家禽家畜、鱼类水产、山中野物无所不有。由于物产丰富，在饮食上也形成了自己独特的风味和特色。①

汉水流域日常饮食由食和饮两部分构成，其食制通行一日三餐，俗称"一天三顿饭"。三餐之名，汉水流域民间因区域广袤而出现一些差异。早餐，有的称"早饭"，有的称"早起饭"；午餐，有的称"午饭"，有的称"晌午饭"；晚餐，称"晚饭"，多数称"喝汤"等。正餐之前的饮食统称"垫"，零食叫"零嘴儿"。②

在一日三餐中，汉水流域民间多食用以下食品。其中糊涂儿是稀饭的一种。其原料为红薯、红薯干、红薯面、玉米面或高粱面。做法是：先将红薯切块，放入水中，再把红薯面搅成糊，待红薯或红薯干煮到八成熟时，将红薯面糊（或玉米面糊、高粱面糊）倒入锅内搅匀，也叫红薯糊涂。包谷糁也是稀饭的一种，亦称玉米糁。先将玉米籽磨碎成糁，待水烧开后，将用水搅成稠糊状的玉米糁倒入锅内搅匀，然后用文火慢慢煮 10 到 20 分钟即成。传统吃法是在里面放红薯或红薯干，称红薯包谷糁，吃起来甜中带香，是汉水流域民间早、晚常吃的一种食品。面疙瘩是稀饭中较"奢侈"的一种，用料是白面（即小麦面）。做法是先将白面搅成糊状，待水烧开后，一手端面糊，一手拿筷，将面糊慢慢倒入锅中，筷子在锅中朝一个方向较快地搅动，这样面糊就成了一个个米粒大小的面疙瘩，煮熟即成。有甜、咸之分，不放盐就叫甜面疙瘩，如果放入用香油、盐腌好的葱花，则成为咸香可口的咸面疙瘩。也有将鸡蛋搅开后放入甜面疙瘩中的吃法，称"鸡蛋面疙瘩"。③

面条是汉江流域较为普遍的一种面食。有汤面条、捞面条和蒸面条等数种吃法。原料一般为白面。其中杂面条是一种用小麦面掺绿豆或黄豆面擀成的面条。绿豆面和黄豆面有一种特殊的香味，但它松散，不易成团，掺些小麦面后，面条的韧性就会增加。里面放入红薯叶或芝麻叶，是汉水流域民间常吃的一种面食。如今芝麻叶绿豆面条则成为一种风味独特的面食，颇受人们欢迎。汤面条是面条的中很有特色的一种。将面条下入开水中，放入自己喜欢的调料，可做出多种风味。如加入炒羊肉，再搅点面糊，就成为味道鲜

①　刘克勤. 文化襄阳［M］. 湖北人民出版社，2009，5

②　吕农. 安康民俗文化研究［M］. 陕西师范大学出版社有限公司，2011，12

③　杨郧生：郧阳风俗文化［M］. 湖北人民出版社，2010，12

美的羊肉糊汤面。若加入猪肉炒萝卜，再加少许辣椒，搅少许面糊，汉水流域民间习称肉糊锅面条，是过去节日才能吃的美味佳肴。捞面条是面条技术含量较高的一种，又分为热、凉两种。热捞面条就是将煮好的面条捞出，浇上已做好的浇头（带汤的肴）即成。浇头种类较多，如番茄鸡蛋、蒜薹或芹菜炒肉等。凉捞面条，亦称凉面条，就是将煮好的面条捞出放入凉水中冰一下，然后拌以蒜汁、黄瓜丝等，凉爽可口，是夏季人们常吃不厌的主食。浆面条是汤面条中做法细致讲究的一种，即在浆中下入面条。浆的原料是扁豆、豌豆或绿豆，其做法是将豆子用水浸泡至膨胀，然后将其磨成浆，再过滤去渣。取浆汁在锅中煮沸，放入花椒、大小茴香、盐、葱、姜、花生、芝麻等，最后下入细面条或芹菜段，煮熟后淋上香油即成。它稍带酸味，清香可口。而酸菜面条则是汤面条中最大众化的一种，即在面条中下入酸菜。做酸菜的原料有白菜叶、蔓菁菜、萝卜缨、莲花白菜（也叫包心菜或包包菜）、红薯叶、辣菜等。酸菜的做法是，将菜洗净煮熟后沥去水，趁热放入缸内，用石块压实，加适量清水或做豆腐的浆水，然后封上缸口，一星期后即可食用。因其味酸，故称"酸菜"。酸菜面条以其特有的微酸爽口之味，颇受人们的喜爱。汉水流域以淅川酸菜最为有名。[①]

此外还有酸浆面。酸浆面的制作方法如下：制浆汤：按常规，吃酸浆面的时间主要在春夏秋三季，而最佳的时期就是从清明节到中秋节，在此期间，制浆汤的原料可以选用腊菜、白菜、芹菜、包菜叶等青菜，也可用嫩豇豆，掺点花椒叶则色香味更佳。制浆汤的方法也叫"抖浆"，在清明节以前抖的浆是上等的好浆。具体方法是：把需用的菜放在锅里烧开的水中稍煮（翻转一次就可以了）后，捞起来放在干净桶或盆里卧好，然后，将烧开放温的面条汤兑到青菜中，用一块"油光青石"将菜压住，此后，陆续兑适量凉开水。对里面的"浮沫"一定要每兑每捞，直到浮沫清完为止。待闻到酸香时，美味的浆汤就制成了，每次食用后，要不断地将新鲜面条汤适量兑入老浆汤中。炒浆料：炒浆料需用的佐料有：葱花、姜末、香油、猪油等。如需带点辣味，也可加少许辣面。具体做法是：香油、猪油烧到80℃时，下葱花、姜末、辣面、食盐、炒成红黄色铲起来，倒到准备食用的浆汤中，然后配以五香粉、味精等调料。制浆面：酸浆面的面条最好是手工擀切的黄细面（黄色因放有少许碱形成的），无论怎样做面条，和面时，里面要加点盐、碱和鸡蛋清，这样的面条煮出来后既好吃又有筋道，不糊汤。食用时，面条下锅煮熟，然后

---

① 杨郧生：郧阳风俗文化［M］. 湖北人民出版社，2010，12

除水散热，碗底下垫绿豆芽、酸菜末、撒上炒熟的芝麻末，浇入制作好的鲜辣浆汤即可食用。酸浆汁中的酸味是白菜、芹菜、香椿菜中的部分养分，经过乳酸菌发酵生成乳酸、乙酸、乙醇及二氧化碳等，使 PH 值下降，酸度增加而形成的。汤面内绿、白、红各色搭配，十分雅致，面条韧劲强，酸辣适口，特别是在夏天食后具有消暑开胃之功效，成为春夏秋季最佳美食。无论是"老郧县"还是外地来宾，都以品尝具有郧县特色的酸浆面为快。如今最有名的酸浆面要数广场旁边的清真面馆，该馆的酸菜味道足，面筋道，令人回味无穷。这种酸浆面有刺激食欲、健脾胃、助消化、驱风寒之作用。很适合高寒山区、湿气较重的地区的人们食用，冬天食用尤能驱寒气。①

包皮面、蛤蟆咕嘟、窝窝头、包子、卷煎、菜盒、花卷馍、油旋馍、馄饨等。②

受地域气候等影响，汉江流域的菜肴品种较多。四季蔬菜、家禽家畜、鱼类水产、山中野物无所不有。其中最为有名的则是郧阳三合汤、沔阳三蒸、安康"八大件"、竹溪蒸盆等。

三合汤的主要配料有：韧性强、筋道好的红薯粉条，上等牛肉馅包成的饺子，切工考究的卤牛肉片三种食物。粉条用的是郧县三宝之一的红薯制成，纯手工制作，口感筋道，入口爽滑，易熟但久煮不烂，与市面上常见的机器加工粉在口感上有很大的不同。饺子以上等牛肉做馅，制成一元硬币大小，看起来精致可爱，意使其在烫制过程中快熟易嚼。卤牛肉片是将上等牛肉加以特制汤料卤制而成，切成薄片待用。其制作方法是：首先，将细粉条抓入竹罩，过滤，放进锅中间铁围圈或砂罐内，反复在沸汤中过 3 — 5 次后再倒入大碗里，然后，取 6 个熟水饺，抓一叠薄薄的牛肉片一并入碗，接着再从锅内舀两勺滚热的汤汁（选用牛剔骨、猪剔骨熬成的油汤）浇在上面，直到把配料淹住为止。最后，再撒上味精、胡椒粉、香菜末、葱花、蒜泥，就可食用了。吃的时候，根据各自的口味调理，爱吃辣的再加上一小勺辣椒油，喜食酸的滴几滴陈年老醋。一碗香喷喷、热腾腾、美味可口的三合汤便制作完毕。三合汤经营最红火的是冬春两季。特别是立冬以后，三合汤店铺便会有应接不暇的食客，座无虚席，人们吃着、品着，还不时发出阵阵唏嘘声。男人吃得满头大汗，女人吃得泪垂唇边，一碗三合汤下肚，浑身暖和，具有解疲乏、治哮喘、疗风湿的食疗作用。汉水流域大锅菜，也叫杂烩菜，以杂为特点，主要用料有肉、粉条、白菜、萝卜、豆腐等，随意而为，没有严格

---

① 杨郧生：郧阳风俗文化［M］．湖北人民出版社，2010，12
② 吕农．安康民俗文化研究［M］．陕西师范大学出版社有限公司，2011，12

的规定。这种菜做起来省事，是过去农村过年时必吃的一种菜。过去以粗粮为主，"红薯干，红薯馍，离了红薯不能活"。现在生活水平得到了提高，粗粮细做，在民间已成为一种美食享受。①

沔阳三蒸是汉江流域美食中的一朵奇葩，在中国名菜系中占有重要的一席之地。沔阳人民爱吃蒸菜，有"无菜不蒸"的食俗，被称为蒸菜之乡。"清蒸菜最能保证营养不受损失"。所谓三蒸，即蒸畜禽、蒸水产、蒸蔬菜（可随意选择青菜、苋菜、芋头、豆角、南瓜、萝卜、茼蒿、藕等数十种），颇为符合荤素搭配营养均衡，粉蒸菜都裹着捣细的米粉，菜的本香配上大米的清香，回味深长。说到蒸法，所谓的"三"，就成了概数了，粉蒸、清蒸、炮蒸、汤蒸、扣蒸、酿蒸、包蒸、封蒸、花样造型蒸、旱蒸，蒸的技法就不下九十种。2010 年，"沔阳三蒸及其蒸菜技艺"已经被湖北省政府列入为省级非物质文化遗产。②

安康"八大件"为安康宴席排场菜之首，是安康尊宾贵客的最高礼仪，也称"礼行菜"。"八大件"讲究极大，凉菜有"四荤四素、中间上醋；上青下白、角荤边素"的要求。

"八大件"菜品中凉菜亦为下酒菜，上席正中必须放叶青的菠菜，左右两边分别为卤猪耳朵和酱香牛肉，左边正中为炝菜，右边正中为卤魔芋，下边正中一定是莲藕，一边为白河变蛋，一边为酸辣鸡胗。一定要按上青下白，四角为荤四边为素菜的摆法，青叶在上代表青天，莲藕为根代表大地，尊天敬地的思想完美地体现在饮食中。凉菜以酸、辣、咸三味为主，佐凉菜者必是精美的醋汤，"八大件"的凉菜在细心的刀功下有着优美的外形，但不加佐料，食用前要在自己桌子前的调味小盘中蘸取醋汤，汲取汤中酸辣麻等香味。这醋汤的调制大有讲究，在安康，十家凉菜九家同，永远不同的就是醋汤的调制，用开水煮醋，汤味必然尖酸，用烫油泼醋，酸味一定沉闷，如果用滚烫的水兑了八大香熬制的香汤，再注入安康手工制作的香醋，加入少许黄豆制成的老抽酱油，待汤泠后调入香油和麻辣油，一盘奇香无比的醋汤就陈列在吃客面前，慢慢地放进凉菜，细细地品尝，凉菜色、香、味尽现，来客自然会食不厌精，脍不厌细。③

竹溪蒸盆是竹溪民间美食文化的创新，它以独特的烹调方式，将各种原料集于一盆，使它们在色香味上达到高度融合，数百年来经久不衰。做法是

---

①　杨郧生：郧阳风俗文化［M］．湖北人民出版社，2010，12
②　潘世东：汉水文化论纲［M］．湖北人民出版社，2008，5
③　吕农．安康民俗文化研究［M］．陕西师范大学出版社有限公司，2011，12

准备新鲜猪后腿一条，土母鸡一只，土豆、香菇、金针菇、荷包蛋、豆油卷若干，土制陶盆一个，将切好的猪腿、鸡块放入陶盆中，用盐腌制 10—20 分钟，加适量水，入笼屉中大火蒸 40 分钟，肉半熟时，放入切好的土豆、香菇、金针菇、葱、红椒、桂皮，然后回笼小火蒸 1—2 小时，肉将熟时，放入荷包蛋、豆油卷，用小火蒸 30 分钟即可出笼。出笼后放入适量香菜、菠菜，就可以马上食用。本菜汇合了土鸡肉、猪蹄、香菇、蛋饺、土豆等，红绿相映，香气袭人，肉质细嫩，味道鲜美，营养丰富。能满足多种不同口味人群的需求，是一道老少皆宜的菜肴。①

相传唐朝时期，薛刚在正月十五大闹花灯打死太子后，武则天下令将薛家满门抄斩，薛刚被逼与妻子于卧龙山在武三思追杀下含泪离别，独自一人逃至泗水关，投奔本家哥哥薛义。薛义以前在贩卖私盐中被官府缉拿关在长安狱中，后被薛刚救出并安排他到泗水关任总兵，这次他逃过"满门抄斩"一劫，是因为薛义高价贿赂了太师张天左，将名册作了改动，不在薛刚家族之列。话说薛刚到了泗水关城外，递上帖子，中军将帖子传给薛义后，薛义暗想：薛刚已被皇上下旨缉拿，我这时若藏他，岂不受拖累。便与夫人杨氏商量："薛刚已到我们这里逃难来了，如果我们趁此机会把他抓起来解往长安，还可以官升三级，你我今后有享不尽的荣华富贵，捉住了他真是一两骨一两金，一两肉一两银呀。"杨氏大怒说："亏你想得出来，弟弟把你从狱中救出来，又安排你任总兵，你不思图报，如今恩人有难，你还想落井下石，会遭天谴的。"薛义见杨氏这样说，知道明的不成，便假意说："我哪有抓他的想法呀，是试一试你，是不是见财起意之人"。杨氏这才转怒为喜。薛义说罢便去接薛刚，叫杨氏安排宴席为薛刚接风。到了晚上，总兵府内一派热闹景象，只见一排排蜡烛在微风中摇曳，宽大的客厅中央摆放着很少用的油光晶亮的八仙桌，与气氛不相称的是偌大的八仙桌仅仅坐了三人。薛刚坐在首席，左为薛义，右为杨氏。三人坐定后，杨氏便吩咐上菜。先是上的四大（四个用大瓷碗盛的凉菜有牛舌、猪舌、鸭舌、鸡舌）、六小（六个小碗盛的蒸菜有大酥、小酥、条子、红炖、圆子、蹄脚）、八宾盘（即八个炒菜），最后上的是一个大陶盆装的热气腾腾的蒸盆。席间，薛义亲自把壶，弟兄二人频频碰盏，好不亲热。当蒸盆上来后，杨氏站起来给薛刚拣菜，口中念念有词："恩人明天满十八岁，我特地吩咐厨房做了这一道用十八种山中的好菜合在一起的汽水蒸盆，一是祝君有财不外流，有才不外露；二是愿你十八般武

---

① 柳长毅．郧阳文化论纲［M］．湖北人民出版社，2012，11

艺样样精通，不受别人欺负；三是你在落难之时，有十八罗汉保佑你……"薛刚本是性情直爽之人，加上哥哥热情劝酒，嫂嫂又是情真意切，言辞中充满关怀，便把一切烦恼置之脑后，尽情享受着美酒佳肴。殊不知薛义暗起贼心，早就准备了一把九转阴阳壶，就是一把壶内有阴阳之分，阴为"迷魂汤酒"，阳为白开水，他给薛刚斟的是阴壶，自己喝的阳壶。薛刚本是疲惫之躯，也无戒备之意，刚把杨氏拣的菜吃完，便一头扎在了八仙桌上。阴险而又忘恩负义的薛义知薛刚已被毒倒，吩咐家丁将薛刚捆绑起来要将他押往长安领赏，杨氏亲眼见此，便来阻挡，被薛义当场一脚踢死。后来山区的妇女为了纪念大仁大义的杨氏夫人，都仿效她做的蒸盆来招待尊贵的客人，并且世世代代传诵着她的美德。①

汉江流域对大白菜情有独钟。民间冬令季节都有爱食大白菜的风俗习惯。大白菜不仅水分多，脆嫩爽口，味道清鲜，而且营养丰富，含有蛋白质、脂肪、碳水化合物以及多种维生素，有通利肠胃，除胸中烦，止热去咳，利大小便的功效，因而民间有"百菜不如白菜"的俗谚。民间食用大白菜的传统方法很多，或炒，或熬，或熘，或红烧，或腌，或酱，或涮，或做泡菜，或晒干菜，或渍酸菜。也可切上两刀做汤，也可剁上几棵与猪肉拌馅，包成薄皮大饺，蘸着腊八醋，吃到口里，香而不腻，鲜美爽口，这才是最地道的汉水流域水饺哩。民间冬令都有用盐腌白菜的风俗，俗称为"冬腌菜"，家家户户买上一二百斤，晒个半干，然后将缸洗净，铺一层大白菜，洒一层盐，用石块或砖块压实，一直一层层踩到出水为止。三五天后再压上石块，过一个月即可食用。冬腌菜，叶子可炒了吃，茎可以煮汤，放点麻油，味鲜香美。汉水流域民间"冬腌菜"素有"小雪进缸，冬至出缸，春节吃光"的说法，因为春节一过，漫长的蔬菜淡季过了，各种春菜纷纷上市。民间则有食用"霉干菜"的风俗。制霉干菜一般经过选菜、洗菜、晾菜、堆菜、盐渍、晒干等传统过程。汉水流域民间几乎家家都要腌制一批干菜，用整株菜腌制晒成的叫"长吊霉干菜"，切碎后腌制成的叫"短吊霉干菜"。汉水流域人特别喜爱吃霉干菜，农家以霉干菜为常备"家肴"，买不起肉的就把霉干菜炒熟下饭。而霉干菜炖肉不仅倾倒了广大普通民众，眼下也走上了城市宴会的餐桌。做"霉干菜炖肉"，要选用上等鲜美霉干菜，切成寸段，将肉洗净、切块，最好选用带皮五花肉，拌以酱油、味精等肉吸收酱油后，一层肉、一层干菜铺好，放在蒸笼里蒸一小时左右，肉已酥软，干菜也油光乌黑，吃起来不仅有

---

① 潘世东：汉水文化论纲［M］. 湖北人民出版社，2008，5

干菜清香，而且酥而不腻，鲜而不咸，确系佐饭佳肴。汉水流域霉干菜现已成为民间风味特产，远销上海、北京以及港澳一带。①

大白菜制成的泡菜在淅川、内乡、西峡等县民间享有盛誉，几乎每家每户都有腌制泡菜习俗，每人每天也几乎都有吃泡菜的习惯。制泡菜十分简便，而且吃起来爽口有味。其做法为：先将泡菜坛子洗净，并用开水烫过，然后加入煮沸过的冷盐水，配上少许嫩姜、花椒、辣椒、茴香，再将洗净晾干的白菜、腊菜、萝卜缨等放进去，加入一些烧酒，盖好坛口，经过五六天即可取食。最好加入一些陈泡菜汁，因为其中有大量繁殖好的乳酸杆菌，可使泡菜更易制作成功。有时在泡菜汁表面出现一层白膜，加入一些烧酒，就能除去。如爱吃酸，可适当放入一些老陈醋，即制成酸辣泡菜。在酒宴上放上一小碟，吃腻了鱼肉，尝一口泡菜，味道更佳。白菜是"百蔬之王"，清人王士雄在《随食居饮食谱》中称白菜"荤素咸宜，蔬中美品"。古人认为，一个人只要有白菜下饭，就能安贫求进。汉水流域民间亦有俗语曰"常咬菜根香，则百事可做"。对于这些溢美之词，白菜是当之无愧的。②

汉水流域的饮品主要指饮茶。十里八村之间，茶馆矗立于交通便利之处，招幌飘飘，上书一个斗大的"茶"字，七星灶上白雾阵阵，茶馆掌柜一面招呼前来喝茶的顾客，一面用冒着热气的铜铝茶壶给人们碗里续着热水，馆子的周围弥漫着一层茶香。间或馆内云游来一个说书卖唱的，越发增添了茶馆的热闹氛围。这是对汉水流域乡间茶馆景象的真实写照。汉水流域民间特别喜欢喝茶，饮茶风气甚盛。③

汉水流域的人民都有饭前饭后喝茶，来客后饭中需要饮酒。所饮之酒有自家酿制的白酒和黄酒，其中郧阳黄酒很有名。黄酒由何时传入郧阳，向来说法有二：一是远古说，谓在春秋之际，伍子胥伐楚，吴国之兵屯于郧，在这里筑堰、开渠、种田，吴兵爱饮米酒，即自行酿造，此后郧阳人耳濡目染，也就学会了酿造；一是近代说，谓处于盛世的雍乾之际，来郧县经商者有不少浙帮人，他们多爱饮、会制，又善于经营，因他们的影响，逐渐推广于市。查郧县农民植稻，远在明清以前各朝代，所产之糯米多用于酿酒，而临近城区所开之堰即称伍子胥堰，东郊灌区内尚有伍子胥祠，早年有碑记，而农民几乎家家都酿黄酒，长期相习成风，虽无史实可证，似又不能不信。

黄酒的制作离不开酒曲。酒曲作为制作黄酒的重头戏，主宰着酒的口感，

① 杨郧生：郧阳风俗文化［M］．湖北人民出版社，2010，12
② 杨郧生：郧阳风俗文化［M］．湖北人民出版社，2010，12
③ 柳长毅．郧阳文化论纲［M］．湖北人民出版社，2012，11

制作方法的不同才有了各个地区黄酒不同的口味。从开始制作黄酒至今，酒曲的制作方法繁多，酿酒人们的制作经验也更丰富，但万变不离其宗，酒曲基本可分为三大类：大曲、小曲、麦曲。①

大曲是由小麦、大麦和黄豆等谷物做成，多制成砖状，维持在一定温度发酵，待其制成后进行冷藏备用。农户们每年农历六月份，上山采回野菊花、女红根、柴狼、柴虎等多种中草药，加水熬煮，提取精华，将小麦磨一两次，落去面粉，用草药浸泡的水加少许发酵剂（面酵和小曲甜酒之类）与之拌匀，垒入木模踩压，晾干即成。小曲是曲母掺和甘草之类的中草药和一种叫"蓼子"的植物催化剂和浸泡过的大米一起碾碎，然后捏成圆球，晾干就可。麸曲也叫"快曲"，主要是用曲霉制成糖化剂。这种麸曲主要用于工业规模生产甜糟和黄酒。

明嘉靖刻本《解愠篇》记叙了黄酒酿制的全过程，"数升糯米浅浅量，饭熟儿童个个尝；尽意满倾三斛水，打头撇起一壶浆。冷斟全似金生丽，热饭犹如周发商。"诗讽刺了酿酒人偷工减料的恶习，但也清楚地记载了黄酒要经过蒸米、发酵、投酒的程序。郧县黄酒大多选在每年农历九月九日和次年的清明节酿制，这样两次做酒足够喝上一年，选在农历九月九日是因为农历9月9日隔年的腊水为酿制黄酒的最佳原料。清同治《郧县志》记载："凡酿酒家家必取腊水为之，经年不坏。"②

每到那一天，所有农户都会放下手头活计，全身心投入做酒，而做酒的过程又十分规范讲究。制作黄酒，以糯米为佳，粳稻米、糯小米、糯高粱、糯包谷、大麦仁、红心苕亦可，因拌曲方式不同，分过曲酒、混曲酒两种。制作时，一般经过浸、蒸、凉、拌、贮五个程序，以糯米为例来说：先选择优质糯米，浸泡约两三个小时，淘干净后捞起，控水，用蒸笼装米，放在锅内，锅内加水，淹住笼底，架火蒸熟后将蒸熟的糜坯（称为莓饭）倒出散开，加入适量的曲料粉，凉水拌成稠糊状，然后将拌好的酒盛入瓮坛内，瓮坛不可盛的太满，以免发酵溢出，封口、盖垫，贮存起来待其发酵，完全发酵稳定后，立即封缸封坛。半月后开瓮，酒香扑鼻，即成黄酒。③

黄酒在喝时也颇为讲究，喝时通常加热到45—50度为宜，用碗而不用杯，大有豪迈之气，无论逢年过节还是婚丧嫁娶，不管再好的白酒都得搁到一边，先喝主人敬上的两碗黄酒，白酒酌情而饮，否则有失酒礼，难逃"罚

---

①　杨郧生：郧阳风俗文化［M］．湖北人民出版社，2010，12

②　吕农．安康民俗文化研究［M］．陕西师范大学出版社有限公司，2011，12

③　柳长毅．郧阳文化论纲［M］．湖北人民出版社，2012，11

酒"，同时有个不成文的规矩叫让酒不让饭。郧县黄酒如同郧县的父老乡亲，十分直白，坦率，喝着苦，细品醇甜香浓，回味无穷，一旦喝上，极易上瘾难舍其味。因此，远道而来的客人若见其美味佳酿自有一番"酒不醉人人自醉"的心境。待至远方的客人返家时，主人又通常会装满两大壶作为馈赠佳品。而郧县老乡在远行走亲访友时，往往又免不了带上自己的土特产，"糯米、大曲、黄酒"权当最高礼物送给亲朋以示敬意。①

此外，镇平黄酒以治疗跌打损伤、活血化瘀及产妇催乳的良效著名，邓州黄酒以酒色黄味醇，遍及邓州各乡农户闻名，赊店酒以历史悠久、文化底蕴深厚著称，张仲景补酒以出自《伤寒论》《金匮要略》中的经方，常饮具有调补气血、抗衰老、预防老年疾病等功效而名动一方，新野甜酒以营养丰富，味道鲜美，长期饮用，可以补气血，壮筋骨，增加食欲，促进新陈代谢，延年益寿而经受住历史考验；桐柏江（糯）米甜酒以甜出名。②

自明代以来，汉水流域人民饮食习俗变化多样，这里仅以节日食俗为例，可以窥见其丰富复杂的程度——

过年（春节）做各种仪式用面食最多，供祖敬神的有大馍、枣馍、猪头、全猪等。做年糕，切成近尺方块供神，又做许多面食，储存着留待正月间吃，做圆形面食，上端刻十二凹缺，叫"蒸月"，做圆仓形面食，叫"蒸仓"，做十二生肖面食叫"蒸属"，又蒸鱼、猪、狗、鸡、元宝等形状的面食分置家中各处，供节后食用。有于正月初一吃鱼的，图个"连年有余（鱼）"的吉利；流行范围最广的是正月初一早饭吃水饺，素馅，且包藏枣、栗子、糖、糕、硬币（从前是制钱）等物于饺子中。

正月初七为"人日"，吃糕，吃面条。农历正月初八是蚂蚁神的生日，要炒蚂蚁蛋，这是节日食俗之一。民间有炒芝麻、小米、玉米、黄豆吃的习俗，但不能吃完，吃时要掉地上一些让蚂蚁吃。

农历正月初十是石头神的生日，家家户户烙烙馍。烙馍又叫"实牢馍"、"十烙馍"，节日食俗之一。吃了"十烙馍"，一年的运气就会实在牢靠。立春日吃"春饼"，白面做薄饼，卷菜食之。吃"萝卜"，名为"咬春"。

正月十一日俗谓"庄稼生日"，要做干饭供天地众神，人也于这一天吃干饭。

正月十五日为元宵节。自做元宵的，团馅为丸，蘸水，用簸箕盛糯米面，置丸其中，反复滚动，曰"滚元宵"。节前用豆面做各式灯盏，节间到处点

---

① 杨郧生：郧阳风俗文化［M］．湖北人民出版社，2010，12

② 吕农．安康民俗文化研究［M］．陕西师范大学出版社有限公司，2011，12

燃，节后收残灯，切条代豆腐熬菜，味道颇佳。

农历正月十六家家户户要蒸灯盏馍。灯盏馍，节日食俗之一。多用豌豆面（也有用白面、红薯面的），将其做成中间凹、边缘隆起的酒盅状，一般做两个。蒸熟后在凹处添上香油，中间插上灯芯点燃，放在门外两边的门墩上。孩子们可以将别人家的灯盏馍抢去吃掉，意为嚼灾去邪，如谁家的灯盏馍没孩子吃，便被视为不吉利，这种习俗称为"抢灯盏"。

二月二日吃面条，名"龙须面"，用糖浸黄豆粒，晾干，炒食，名"炒豆儿"、"糖豆儿"或"咬虫儿"。有些地方要把过年（春节）时留的最后一点年糕切成块用油煎来吃，过罢此节就再也没有年糕可吃了。二月二也吃葱油煎饼。

清明节吃煮鸡蛋、五样粮干饭，且必吃高粱米稠粥。夏至煮食新麦粒，或以青麦粒磨"捻转儿"吃。

五月端午包粽子煮鸡蛋。粽子，古称"角黍"，汉水流域民间做的都是甜食，中多包枣，因此又称"枣粽子"，有白米和黄米两种。粽子叶多用宽苇叶或竹笋叶。端午节煮鸡蛋吃也连带许多风俗，有说此日吃鸡蛋不腰痛的，有说煮熟鸡蛋在小孩肚子上滚动可免除肚子痛的等，不一而足。

七月七日做小面食，油炸，称为"花儿"。有民谣："七月七，炸花吃。"七月七或七月十五（因地而异），用木模（木盍子）木盍磕小饼烙食，有的染为七色，有的以红色点染，名为木盍饼、巧果、小果、"花儿"、"巧馍馍"。烙熟之后，用长线穿成串，尾端系沙果或花布，挂壁间，以为装饰和零食。也有穿为一环挂小儿项间取乐的。面食有多样形式，其中必画剪刀图案一把。其他面塑如梨、茄、瓜、石榴、苹果、小鸡、小猪、小狮子、金鱼、蛙、蟹、虾等等，无物不可做，做来皆生动。七月初七，乞巧节，简直可以称作面塑节。①

八月十五中秋节，除吃市上卖的各种月饼之外，邓县、新野一带还流行吃干饼。干饼通体圆形，下一层常做成十二个"月瓣"，"瓣"上插枣，上一层，或做"玉兔"，或做"猴"，又装饰许多面塑染色花果，此物用以供月、赠亲友，好看亦中吃。

九月九日重阳节，旧时各地必于这天蒸枣面花糕，名"菊花糕"，又饮菊花酒，吃菊花火锅。

冬至，俗称"过冬"，必吃饺子。

① 刘克勤．文化襄阳［M］．湖北人民出版社，2009，5

腊月初八吃腊八粥。这风俗来源于佛教。佛教传说，腊月八日是释迦牟尼成佛日，佛徒皆以米和果物煮粥供佛。北宋时诸大寺做浴佛会，送七宝五味粥与门徒，其名即"腊八粥"。从前的上等"腊八粥"用黄米、白米、江米、小米、菱角米、栗子、红豇豆、去皮枣泥等做原料，并用染红的桃仁、杏仁、瓜子、花生、榛瓤、松子及红糖、白糖、葡萄干作点缀。今汉水流域各县都有吃"腊八粥"的风俗。

腊月二十三，祭灶节，俗于此日祭灶时吃糕，且在糕出锅时用糕涂灶王嘴巴。吃素面汤或杂面汤，饭后又吃祭灶的"糖瓜"。"过油"，即用油炸制食品。腊月二十九炸食品的风俗称为"过油"。"过油"忌生人靠近和说不吉利的话。炸的食品种类和数量都较多，要一直吃到正月十五。①

汉江流域的食俗中，属酒场游戏别具趣味。汉画像石中即有"投壶"图画，该图画可视为酒场早期游戏的滥觞。现乡中酒令多为猜拳（酒令单列于后），一饮一杯曰干，半杯曰"二开"，依次有"三开"、"四开"。给人敬酒自己先喝，曰"先喝为敬"。有的地方饮必双杯，道是双杯吉利。更有置大碗于席上，尽倾酒于碗中，使满，然后依次豪饮，号为"推磨"。除了上述敬酒敬菜的礼仪形式外，在汉水流域民间还广泛流行猜枚、压指头、打老虎杠子等敬酒方式，特别是投壶，它是最古老的一种猜枚方法。从汉水流域汉画馆馆藏的"投壶饮酒图"汉画像石中，可以看出投壶的生动场景：画面中置一壶，旁有一酒樽，上放一勺。壶左右各一人，全神贯注，执矢投壶。右后边一人似为司射，左后边一人已酩酊大醉，被侍者搀扶离席。猜枚是酒令中声势最大的一种。方法是两个人手指头对十个数，喝酒双方边喊数边伸指头。口喊之数与双方所伸手指数相加之和相一致的为胜方，败则喝酒，若两人同喊此数为平。压指头是两个人任意伸指头，大压小，拇指压食指，食指压中指，中指压无名指，无名指压小拇指，小拇指压大拇指。输者喝酒。打老虎杠子是酒令的一种。杠子、老虎、鸡、虫四物，一物降一物：杠子打老虎，老虎吃鸡，鸡啄虫，虫咬杠子，被降住者为输。②

在汉江流域食俗中，状元席是一种别具魅力的婚嫁习俗。在汉江中下游荆襄一带，所说的"状元"，不是指科举时代在京城考取的"状元"，也不是现在高考录取学生尊称的"状元"，是指在男青年结婚这天吃的一顿"午饭"，"陪新郎"或称"小登科"、"陪状元"，所以叫"状元席"，又叫陪"十弟兄"。男的结婚这天，在农村有的地方称"过期"。"过期"以前长辈都

---

① 吕农. 安康民俗文化研究［M］. 陕西师范大学出版社有限公司，2011，12
② 刘克、徐宛春. 南阳民俗文化［M］. 河南大学出版社，2003，9

称他"娃子",别人也这么称呼:"过期"后就成"大人"了,即使是年幼无知,也要装作一个大人的样子。①

结婚这天,非常热闹,也很讲究,屋里屋外打扫得干干净净。有钱的家庭要将房屋装饰一新,无钱的家庭也要把新房布置一番,请屠户杀猪,请厨师做酒席,请喇叭迎客,请茶水师傅烧茶,门上贴大红双喜字和婚联,显出一派喜气洋洋的气氛。席前,新郎要剃光头刮胡须,戴上辗有红顶珠的瓜皮帽子,穿上新缝制的长袍长衫,脚穿新鞋袜,向祖宗行"八大礼"。下午两点左右在堂屋正中间,摆上一张八仙桌,四条板凳,礼傧先生把新郎请在桌旁正中坐着,装新的(帮新郎料理穿戴事务)两人分坐左右,接着将亲兄弟、叔伯兄弟、表兄弟等请来陪席,一般以未婚为好。上首、下首各坐三人,两旁各坐二人,恰好十人,叫陪"十弟兄"。喝酒很有讲究,问新郎是喝"一年"(即十二杯),还是喝一个月(即三十杯)?这天新郎为大,亲朋好友都来敬酒;当菜端到四、八、十碗时,喇叭师傅要来吹大号,以示祝贺。第三次来时新郎要拿出"封子",就是给喜钱;厨师也忙着送来"腰花汤",新郎也要给"赏钱"。喝酒时,还要"出令",就是"吟诗作对",不会说的人就要用喝酒惩罚。

这天,族长或老师要给新郎取上号名,俗称"大号"。把号名写在一个精致的木匣上,两旁对联一副,到了晚上"升号",挂匣由能说会道的人抱匣,沿梯而上,升号人唱赞歌如:"上一步,荣华富贵,上二步,金玉满堂,上三步,三元及第,上四步,四海名扬……"将号匾挂在堂屋墙上,然后顺梯赞唱而下,折腾一天,半夜方告结束。

汉水流域地区对婴儿的生辰特别重视。婴儿出生后要吃"生辰面",抓周要吃"长青面"。还要花费钱财,设宴款待来贺喜的宾客。在婴儿生辰日款待贺客,必备"十碗",味穷水陆,并佐以蔬果小碟。②

七是汉江流域居住民俗别有奇观。汉水流域同黄河流域一样,开发较早,有灿烂的文化遗址,也是中华民族发祥地之一。进入元明以来,随着移民的大批涌入和生产力的长足发展,根据当地的自然条件,人们因地制宜,经过无数次的改造、变革,逐渐形成了风格独特的居住特点和民居风俗。

第一种是利用自然物或为了适应自然条件,因地就势而建筑起来的居住设施,如"崖洞"、"窝棚"、"船居"等,二是"上栋下宇"式的住房和由此发展改造而出现的现代住宅。

---

① 刘克勤.文化襄阳[M].湖北人民出版社,2009,5
② 吕农.安康民俗文化研究[M].陕西师范大学出版社有限公司,2011,12

　　明代大批移民之所以能够既来之则安之，很大原因是得力于穴居遗风
——崖洞。汉水流域的秦巴山区，山大沟深，岩石峥嵘，不乏天然洞穴，可
避风雨，故远古猿人自从下地行走，学会简单协作，各就所在区域言之，最
初仍旧在天然崖洞栖身，后被称之为"崖居"，当地山民称为"崖窝"。据
《汉中府志》《兴安州志》《三省边防备览》和《隋书·南蛮传》等古籍云：
直到明代，仍然有不少山民"随山洞而居"，南来的流民"栖谷依崖"。《说
文》称"巴蜀先民为崖栖之族"。此处民居殊异，至今在汉水流域的秦岭、巴
山深处，仍保留上古穴居的遗风，不过，仅为极个别的贫困农户。山民因山
就势，利用天然崖腹，开辟居室院落。以石垒砌洞口或以竹枝树梢编扎作墙
遮蔽洞口，前开门窗，崖洞附近用石砌或用木栏围墙成院，便成一幽静的崖
院。此种"崖窝"，自然成趣，山野气息极浓，不仅安全、避风、避雨，而且
冬暖夏凉。洞内设置简陋，许多人家居室、炊煮、取暖、牲畜均在一洞之中，
人在地上铺草为床，或以原木支架为床。而遇灾荒、兵焚，弃之而去。崖窝
人家，深居山中，外人如行此地，常闻鸡犬之声，不见村屋之形。真乃"得
山水之势，享自然之乐"。古有"神仙洞"美称。随着现代化的进程，人们居
住条件日益改善，破崖陋洞已成为历史的陈迹。[①]

　　与崖居相类似的是巢居遗风——窝棚。窝棚，古称干栏，又叫庵棚、茅
庵、窝帐棚，为我国史前人类居住建筑形式之一，约出现在新石器时代晚期，
主要流行于长江流域及其以南地区。和穴居遗风一样，上古巢房的遗风，明
代也仍然在汉水流域秦巴山区山民的生活中保留着。无论是山区，还是平川，
无论是果园、菜圃，还是在快成熟的庄稼地畔，经常可以看到颇具巢居特色
的窝棚。《续修陕西通志稿》卷六十四《名宦》中记述的外省流民到汉水流
域"来种山地，结窠为棚"。[②]《汉阴县志》称"蓬室柴门"，就是指的窝棚。
《三省边防备览》中称居窝棚的山民为"棚民"。窝棚一般有两种：一种是用
竖立的木桩为柱作底架，或选山林中生长的树木作柱，在木柱上架梁搭木板
或竹笆，其上建起长脊短檐的棚子，屋顶覆盖茅草，上面住人，下边养牲畜，
或者种庄稼。上楼用木梯，站在上面可凭高眺望，看管园圃。夏日，妇女们
在上边一面看庄稼，一面做针线，十分方便。夜晚，山民睡在上面看守庄稼，
既安全，又居高临下，如遇野兽伤禾，以竹筒为号，或敲击木梆，其声回荡
山谷，远近相闻，以驱害兽。[③] 其他史籍也不乏记载："僚者盖南蛮之别种，

---

① 吕农．安康民俗文化研究［M］．陕西师范大学出版社有限公司，2011，12
② 《续修陕西通志稿》（卷六十四）《名宦》
③ 《三省边防备览》

自汉中达于邓爷，川洞之间，所在皆有，种类甚多，散居山谷……依山积木，以居其上，名曰'干兰'（即干栏）。干兰大小随其家口之数"①。这种住宅形式不但利于采光、通风，还利于防水、防盗、防虫兽，因此早在《旧唐书·南蛮传》中，古人就曾云："山有毒草及虱蝮蛇，人并楼居，登梯而上，号为'干兰'"。汉水流域的窝棚即属此。

另一种是依山势择一平地，以木桩搭一人字形，帐篷形状，中间架一横木，用竹为椽，上边覆以茅草或麦草、稻草、包谷秆。当时一些贫穷人家，无处居住，便住在这种窝棚内度日。窝棚内设置极为简陋，多数人家睡卧、炊煮、牲畜均在一棚之中，人在地上铺草为床，如遇灾荒，弃之而去。这种窝棚式建筑是与汉水流域气候较热、潮湿多雨，又有丰富的竹木资源相适应的。②

吊楼。在汉水流域的秦岭、大巴山深处，千沟万壑，山势崎岖，山间平地较少。山民傍山就坡建筑住宅。为扩大屋坪，低处以土筑或砌石为墙，用当地竹木建楼，楼面用竹编构，再覆以掺和石灰的粘土。楼面与上坡屋基相平，楼上层房屋与上坡平房相连。楼上住人，楼下饲养牲畜或放置用具和作粪塘。此种不用楼梯的两层土楼与平房相连的住宅建筑，谓之"吊楼"。"其在南方之域，气候炎热，潮湿熏蒸，则由树栖而进入楼栖，下蓄牲畜，上层住人"。③ 此种土吊楼，凉台宽敞，空而开阔、凉爽、空透，既因山制宜利用了地形，扩大了宅基面积，又适宜当地炎热潮湿的气候特点。土吊楼住宅多为单家独户，坚实别致，衬托以芭蕉、棕稿、竹林，掩映于绿林之中，形成一派绮丽的南国风光，给山民的居舍带来了神奇的魅力。④

船居。古时把汉水流域一带的山民也称"南蛮"。汉水自古就是沟通陕南、鄂西与华中地区的交通要道，素有"千里汉水黄金道"之称。曾有"千帆秋水下襄樊"的水运盛况。沿江人民多以水运、捕鱼、营渡为生。因此汉水沿岸诸县，多有船居。船居一般有两种：一种是在船上居住，一家老少，吃、住、劳动常年均在船上，随船流动，水上生活。居住的船分前舱、中舱、后舱，一家人按辈分及已婚、未婚分舱居住。一种是以旧船篷安放在岸上或码头上定居，吃、住在陆上船篷内，劳动在船上、水上，或渔猎，或营渡。篷内设施简陋，生活极为清苦。

① 《魏书·僚传》

② 潘世东：汉水文化论纲［M］. 湖北人民出版社，2008，5

③ 见于《巴蜀史迹探索》

④ 吕农. 安康民俗文化研究［M］. 陕西师范大学出版社有限公司，2011，12

石板房。汉水流域的秦岭、大巴山板石资源丰富，当地山民建宅，就地取材，多用板石作盖瓦，称为"石瓦"。用石板盖的房屋，称之为"石板房"。在镇巴、石泉、汉阴、紫阳、岚皋、安康、白河、竹溪等县的巴山深处，几乎家家户户都是石板房，蔚为奇观。《紫阳县志》中的《习俗谣》其中就有"盖房不离用石板"之句。这种板石，为一种页岩资源，是从山崖上用铁钎剥离下来的，经过加工后可制各种规格的建筑材料。板石表面光滑，厚度均匀，一般为3—5厘米，质地坚实平展，用以盖房，古朴典雅，独具特色。它取材方便，造价低廉，结实耐用，防风抗雹，并有抗核辐射功用。在大巴山暴雨区，石板房最为适宜。这种石板房住宅，每一户都有自己的一个竹篱小院，院中植有果木瓜菜，环境很怡爽，在绿竹掩映之下，显示出一派绮丽典型的巴山风光。①

山民居室。汉水流域的秦巴山区，山势陡峻，山间平地极少。山民为了建筑居宅，利用当地丰富的片石，砌石为坎，扩大宅基地坪。其石坎高约丈余，乃至数丈，往往地下部分建筑费用远远超过地上部分。其民宅多以土筑墙，或木骨泥墙，竹骨泥墙，架木为椽，屋顶就地取材，覆以茅草、麦草，或盖泥瓦，或盖石板。主屋内一分为三，迎门而入是堂屋，两边为睡房，主屋就是正房，一般三间。正房两边为厢房，也称厦房，一边住人，一边为厨房或为仓储之用，堆放柴草、杂物、农具等。多为独家庄房，少有村落集居。以竹篱或木栏围院，院内有畜禽圈棚。房前房后植树，种植果木瓜菜，自然成趣，山野气息极浓，近几年来，出现了一批傍山就崖的砖瓦楼房或平房，往往给人一种"柳暗花明又一村"的韵味。②

平坝居室。生活在汉水流域的汉中、安康盆地诸县以及平坝县区的人民，世世代代住在有天楼、地枕和四壁组成的固定空间，即"上栋下宇"式的住房。这种住房分草房、瓦屋。其建筑形式有："一口印"、"一正两厦（厢）"、"四合院"、"钥匙头"（即一正一厦）、"一字形"等。③

一口印：也叫三合院，住宅平面布置紧凑，内小天井，正房三间，中间为堂屋，两边为卧室（当地人称"睡房"）。正房出稽宽大，上设"行坐挑"。当地人民习惯利用廊檐下息憩、纳凉、吃饭、聊天之用。东西厦房各两间或三间，开间进深均比正房小，厦房两端有围墙（又称院墙）相连，围墙中间

① 柳长毅.郧阳文化论纲［M］.湖北人民出版社，2012，11
② 刘克、徐宛春.南阳民俗文化［M］.河南大学出版社，2003，9
③ 吕农.安康民俗文化研究［M］.陕西师范大学出版社有限公司，2011，12

开一大门（当地称巢门），内院空间安全宁静，适于防风和御盗。①

一正两厦：又叫"一正两厢"。正屋三间，两厦房各为两间或三间，与"一口印"基本相似，但无围墙和大门，是一个敞院。

四合院：即由正房、两厦房和过厅组成的较为讲究的独立院落，中有一小天井，比"三合院"更高一着，旧时多为有钱人家居室，一般耕民望尘莫及。

钥匙头：正房三间，厦房两间或三间，无围墙和大门，其平面结构形似古时开锁的钥匙，故曰"钥匙头"，多为普通农家居室。无论哪种民宅建筑形式，其建筑材料不过土坯、砖石、泥瓦、木料、石灰、稽草而已。唯富裕之家，砖墙瓦顶。②

随着道教在汉江流域的发扬光大，明代汉水流域的民居建筑非常注重风水。第一是讲究方位。根据自然地形、地貌、水流方向、气候特点等决定"大向"，即大致朝向。一般规则是坐北朝南的"负阴抱阳"格局。因为"万物负阴而抱阳"，③"一阴一阳之谓道"。④ 古人的仰观，是观测太阳，如用以定时的"辰"的确定是通过对太阳的观测，古人的大地二方向定位观念，当是源于对太阳运行的实际观测，在此基础上很自然地形成了"喜东南厌西北"的自然观以及"尊左"习俗。汉水流域的民居建筑的朝向喜好——或东或南。⑤

汉江流域的聚落布局模式可归纳为四个字"近水向阳"。方位多请"地仙"用罗盘"格定"。其次是破土动工。要择吉辰良日，即黄道吉日，方可破土动工。有的要用香火祈拜山神土地、鲁班大师；请泥、木匠、宗族长辈施礼祝福，在"破土"处奠酒，有的地方还要念祝福词。尔后，手端一个盛有"五谷"（稻、麦、苞谷、豆、芝麻等）和盐、茶、米、面的大盘子，向东、西、南、北、中五方敬撒，祈祝招财进宝，人丁兴旺，健康长寿，大吉大利。置办酒席，款待工匠、帮工和亲友邻居，气氛热烈。⑥

第二是讲究立门。汉江流域民俗认为，门是内外空间分隔的标志，是迈入室内的第一关，因此，又将一家一户称为"门户"。因为门关系到人的吉凶祸福，故当地山民更是对之投以深切的重视，将门置于修房造屋的首位。大

① 柳长毅．郧阳文化论纲［M］．湖北人民出版社，2012，11
② 柳长毅．郧阳文化论纲［M］．湖北人民出版社，2012，11
③ 《老子》
④ 《易经》
⑤ 《古代房屋建筑略述》，载《中国文化小百科全书》，中国物资出版社 1999 年版
⑥ 亢亮、亢羽《风水与建筑》，百花文艺出版社 1999 年版

门：为气口，宅之主要或唯一入口，一般民居多坐北朝南，大门应位于南、东南、东三方，又以东南为最佳，俗称青龙门。对照当地传统民居的大门位置，多与此俗相合。民俗还认为宅之大门要避凶迎吉。山里人爱山水，视山、水为自然界中之极至的祥物，故住宅的大门总是朝向山峰、山口（近处的山口又不可对，谓之煞气），或迎水而立，以傍山迎水为主。因此，当地相宅谚语有，"门对垭口，坟对包（山包）"、"大门迎水立，银水（取'迎水'的谐音）往进流"之说。二门：在大门之内，厅之外，又称作仪门，比大门较次要。房门：各卧室之前后门。民俗认为卧室是一非常重要的部位，为一宅的子孙繁衍之地。因此，房门要特别注意位于三吉方（南、东南、东）。便门：宅房通往柴水之左右小门，宜开在西角之三吉方。后门：即后厅开门，一般民居极少开后门，一是为安全所计，二是认为开后门就漏气，为不吉利。相宅俗谚说："门不直冲"，即从大门到便门、后门，各门不能位于同条直线上，因为气是沿直线从大门到后门的。若所有门均在一直线上，则气就会太盛而漏掉，影响屋主的运气。因此，许多传统民居若大门与二门在一直线时，都要在大门内设屏墙（当地称作"照壁"）。还有"门不相对"、"门不直冲巷"的俗谚。此类规定和做法同样繁杂，不一一赘述。总之，实质上就是借助门建立建筑与自然的良好关系。门的大小尺寸的确定，最基本的原则是门之高、宽尺寸不能"相克"。立门（指立大门或二门），要选定吉日良辰，在门框的上方悬挂红布一块，并用红纸写上"立门大吉"四字，贴于门顶，还烧香放炮，祈求家庭和睦、大吉大利。最后是上梁。[①]

上梁也是民居建筑习俗中的重要一环，山民们十分重视，要在梁正中悬挂红布一块，并用红纸写上"上梁大吉"四个字贴于梁的正中，还要唱上梁歌，如："一祝上梁好吉祥，家里出个状元郎；二祝上梁喜洋洋，金子银子堆满箱；三祝上梁好心畅，心宽体壮寿无疆……"并设酒肉款待泥木工匠和帮工，以示庆贺。[②]

新宅落成之后，房主迁入新宅，还要"贺房子"，亲友邻居前来庆贺。贺喜人向主人馈赠吉祥如意的礼品，唢呐鞭炮齐鸣。主人敬备酒席，款待来宾。客主同聚堂屋，畅饮贺房美酒。饮食中，互叙情谊并唱酒曲助兴。[③]

八是汉江流域的航运交通民俗也很值得探究。首先应该关注的是渡船。渡船分义渡和私渡。义渡是太公只掌舵，过往行人自行划桨。太公生活开支

---

① 张云飞《天人合一——儒学与生态环境》，四川人民出版社，1995 年版
② 潘世东：汉水文化论纲［M］．湖北人民出版社，2008，5
③ 王兴盛：《漫谈古城上津》，载《郧西县文史资料》第一集

和修船费用，在收获季节募捐粮食筹集。私渡只要过往行人按价付钱就可搭船过河。小孩第一次坐船过河，要丢铜钱（硬币）到河里，叫做"买河"或"祭河"。妇女过河禁忌坐船头。

旅行，有钱的人，出门时兴坐兜子。坐兜子有一套行话，前呼后应，坐兜子的或仰、或靠、或斜、或倾，三人配合默契。遇到险要处坐兜子的要下兜子步行。"挑脚抬轿，搁下就要"，到达目的地后就按价付钱。女性坐兜子只能从兜子一侧过秆上兜子，禁忌跨兜担子。另外，外出有逢七不出门，逢八不归家的说法。

船工、农耕者势单力薄，自给自足，彼此隔离，同外界缺乏沟通，便有了谚语"各扯各的帆，各行各的船"之说；汉水人普遍以安分守己为美德，注重谦卑的德行修养，崇尚中庸。船在人们心目中充当了息事宁人的载体，又有了谚语"和好一个人一条船，得罪一个人一堵墙"、"帮人帮到底，渡船渡到岸"等。这些谚语所表现的，实际上就是一种极有特色的汉水习俗，一种宽容、平和的良好心态。

端公信仰与端公戏是汉江流域的重要习俗。

有一说法认为：羌族的端公，远在古羌部落社会就已出现，专事祭祀礼仪的祭司，及以巫术、巫法治病驱邪，并身兼羌族历史文化的承继和传播者，成为今天的端公。[①]

传说端公原本是天神的祭司与卜师，法力无比，上天，能驾驭一切飞禽，下地，可降伏一切凶猛野兽和妖魔鬼怪，同时能掐会算，预知吉凶。[②]

端公除少数为父子相承外，一般要经三年跟师学艺。在实践中由师传，需数年始能背诵法经，成师者除能诵咒外，还能踩烧红的铁锅，舌舔烧红的铧头，喝滚开的清油喷火，用火炭洗脸，能从油锅中捞石子等。出师后，由师傅送给一套法器，自己给师傅做驭鞋即可行业。其法器有五佛冠、羊皮鼓、神棍、师刀、鼓、卦等。法器不容别人摸弄。[③]

（1）羌族民间信仰

搜山求雨。若遇天旱，人们便举行搜山仪式，祈求降雨。届时，禁止人们上山进行打猎、砍柴、挖药等活动，违者将受谴责或遭痛打。若仍不降雨，再到高山之巅举持祈雨仪式。神树羌族每个村子都有一棵神，被视为山神之

① 《旧唐书·本纪第七》，载《二十四史》天津古籍出版社 1999 年版，第 3794 页
② 王继胜、王明新、王李云．陕南端公［M］．陕西科学技术出版社，2009，9
③ 刘守华、巫瑞书《民间文学导论》，长江文艺出版社 1997 年第二版，第 245 页

所在。神树禁止砍伐，并定期进行化祭。①

化翳子。羌族信仰习俗。眼睛被植物枝叶擦伤或由其他原因引起不适、流泪，以及眼球内出现白色障碍物，俗称翳子，可请端公化解。②

打油火。当家中经常出现怪影或怪事时，须请端公举行此仪式驱邪。届时，端公将清油烧沸装于碗内，碗中放一把汤匙。同时，点燃火把，盛一碗冷水备用。舀一匙热油浇在火把上，然后向上面洒冷水，火把猛烈爆旺并噼啪作响，然后向上面洒冷水，火把猛烈爆旺并噼啪作响。端公手持火把在各间屋子里走一遍，最后来到门外。这样，邪魔便被驱逐出家门了。

踩铧头。当患肚痛、腹胀等疾病时，须请端公举行此仪式治病。一般情况下，端公将一铧头放在火塘中烧红，取出后淬一碗水给病人喝即可。遇病情严重者，须将病人平睡在床上或火塘旁，端公将烧红的铧头取出，赤脚踩上去跳舞，然后把脚踩在患者腹部，由下而上轻轻抚擦三次。

羌族端公的常用法术，一是踩犁铧头。此法主要针对患有肚痛、腹胀、消化不良方面的疾病。端公在为患者念经消灾、请神解秽的同时，将一碗水淬在烧红的犁铧头上，并将沸开的水让病者喝下去，病痛即除；再者，端公在烧得灼热通红的铧头上赤脚踩过，再用脚板踩踏病人胀痛之处，病人顿感病痛减轻；或者以舌头舔过烧红之铧，并让病人喝下淬水。③

二是耍火链。若有人心痛、腹胀痛、肚子痛时，端公将火塘上用来升降茶壶的铁链烧红后，一边默念经文，一边将灼热的铁链先在自己的脖子上缠绕后再在患者身上来回翻绕，以驱赶病魔，达到治病目的。④

三是打油火。一种情况是家中病人在没有亲人在身边时死亡，死因不明白，魂遗家中，认为会给家中造成不吉祥；二种情况是家中出现老鼠咬家畜的耳朵、尾巴等怪现象，认为此乃邪恶侵宅。凡有上述现象的人家，准会请端公于家中打油火。端公准备一碗浇沸的清油，点燃一把油竹火把，同时还端一碗冷水在手中。端公与主人家同到"不洁净处"，舀一小木瓢热油浇在火把上，再往火把上喷冷水，火把发出噼噼啪啪爆炸声，如此走遍主家房舍、畜圈等逐屋驱赶怪魔，最后将快燃烧殆尽的火把扔出大门外，驱逐邪魔结束。⑤

① 吕农．安康民俗文化研究［M］．陕西师范大学出版社有限公司，2011，12
② 王继胜，王明新，王李云．陕南端公［M］．陕西科学技术出版社，2009，9
③ 王继胜，王明新，王李云．陕南端公［M］．陕西科学技术出版社，2009，9
④ 杨郧生：郧阳风俗文化［M］．湖北人民出版社，2010，12
⑤ 王继胜，王明新，王李云．陕南端公［M］．陕西科学技术出版社，2009，9

四是坐红锅。此法术与踩铧头相似。端公将铁锅架在火塘的三脚架上烧红，锅两边各放一条凳后，画符念经。念经毕，端公赤脚踩红锅3次，蹲坐1次，然后再扶病人照办。

五是翻刀山。端公在作此法时，取锋利的钢刀数把做成道桥和刀树（一般不少于12把，最多不超过24把），等距离直立或平放于地，刀尖向上形成刀桥或刀山，端公口中念念有词的同时，赤脚从容从刀尖踏过或爬上而无丝毫损伤，近前直观的患者无不为之愕然，坚信有神鬼相助，更是因此吓出一身冷汗，其病往往不治而愈。除上述之外，还有如喝沸腾的清油喷火，用燃烧的细火炭洗脸，从沸腾的油锅中捞石子，两颊穿针，喝滚烫的开水，吃竹钉（九龙水）、舌舔烧红的镰刀等。①

六是占卜问病治病。端公的主要活动有三个方面，叫做：一卜卦；二经咒；三祈求。

（2）端公戏

关于端公戏，一些专家认为端公戏与祭祀活动有关。为了使这些活动生动有趣味，吸引周围观众，端公们将一些神话传说，历史故事融入礼仪活动中。在做法事活动时，端公们模拟各种神仙、鬼怪的语调，又唱又跳，有时加上一些插科打诨、逗人取乐，以增加娱乐性和神秘性。端公戏分上坛和下坛。上坛又称文坛，叙说神事，一般在集体活动时演唱。这种坛戏反映的是人事，一般为保佑平安吉祥，人畜兴旺，五谷丰登。下坛又称武坛，叙说鬼事，是端公表演如何施展法术驱逐鬼邪的戏。端公戏的表演、原始古朴，端公一人可扮演两个或多个角色，既演男子、又扮女子。有些戏，以端公为主，群众也可以参加，他们既是观众又是演员。如求雨祭祀时演出的《斗旱魃》，在端公的指导下，挑选一人扮旱魃，藏匿于山林之中；以后，敲锣打鼓，口呼号子，手拿象征性的武器，追击旱魃，直到抓获旱魃为止。端公戏的演出，没有固定的场所。祭祀场所、神山、神林、湖边、草坪、庭院、堂屋都可作为演出"舞台"。②

此外还有一些民间组织民俗。第一是工匠的技艺传承。在工匠生产民俗中，首先值得注意的，是他们的技艺传承。如，历数千年而不衰的"百工五法"，即矩（是工匠们通过直角尺来正方的工具，古代叫做"鲁班尺"，现在叫做"直角曲尺"）、规（用来画圆的工具）、绳（划直线的工具，古代叫"绳墨"，现在叫"墨斗"）、水（是以水为准，来测地面的平斜、悬（指用来

---

① 王继胜，王明新，王李云．陕南端公［M］．陕西科学技术出版社，2009，9
② 王继胜，王明新，王李云．陕南端公［M］．陕西科学技术出版社，2009，9

测定端正垂直的垂绳，泥瓦匠盖房砌墙前要先吊线，下端悬以重物，用的正是悬法）。①

最初人们根据下大雨时地面水的流向来判断其高低与平斜，后来工匠们发明了一种叫"水臬"的测平工具（现代的水平仪，就是在其基础上加以改进而制造出的），则是我国古代工匠技艺中最杰出的创造。工匠们的技艺的传承，总是通过收徒授艺，言传身教，实践为主的办法来实现。创艺艰辛，得道不易，记之于心，流传于口，代代相传，遂奉为诀而不轻易传人。各行工匠中流传着的大量艺诀、艺谚，正是他们经验的总结。②

第二是工匠的行业习俗。师承制度　数千年来，拜师收徒之风极盛，并形成了严格的师承制度，从选徒、拜师、传艺到出师，各行业都有自己的一套规矩。一般说来，师傅对徒弟实际上采取的是家长式管制。职业行话　又称"行业语"，是各行工匠为了本行业的技术保密、内部交换想法或其他特殊需要而创造、传承的一种同行用语，外行人很难明白其中含义。行业禁忌　各行各业的工匠，都有自己特殊的语言禁忌和行为禁忌。祖师崇拜是汉水流域各类工匠传统民俗中的一个重要组成部分，每逢祖师生日、重要节日或重要工程开工之日，都要举行隆重的祀典。这些习俗，主要反映了各行工匠对本行业开创者或技艺超群者的怀念与崇拜。③

汉水流域工匠民俗的具有三个重要特点：第一是师承关系的系谱性。汉水流域民间各行业的工匠，在技艺上代代相传，形成了各自独特的风格和传统，这与他们的师承关系的系谱性有着密切的联系。师徒关系的亲缘化（艺徒大多是工匠自己的子弟或亲戚），乃是这种系谱性的典型表现。第二是技术传授的封锁性。受师承关系的制约，再加上工匠之间竞争的激烈，他们在技术传授上都相当保密，对非同一师承的同行，防范尤其严格。从一定意义上来说，这种封锁性是一种保守性，在一定程度上阻碍了生产技艺的交流与传播。第三是生产活动的神秘性。在长期的封建社会里，工匠们由于机遇的难觅和命运的多舛，往往求助于冥冥中神灵的佑护。因此，各类工匠的生产活动，大都具有神秘的性质，其目的有三：一是为了求得自身的安全；二是为了技术的保密；三是为了求得劳作的顺利和成功。

---

①　刘克，徐宛春．南阳民俗文化［M］．河南大学出版社，2003，9
②　杨郧生：郧阳风俗文化［M］．湖北人民出版社，2010，12
③　柳长毅．郧阳文化论纲［M］．湖北人民出版社，2012，11

## （三）人生礼仪风俗

明代以来，汉水流域的人生礼仪风俗主要体现在四大方面：

一是生育民俗。养生送死，慎终追远，古今为大，因而，在人生礼仪风俗方面，生育风俗是明代乡村生活第一应该关注的对象。

分娩后将息一月叫"坐月子"。孕妇够月未生，娘家送食物，谓之"催生"。婴儿降生后衣胞埋床下，第一个外人来家称"逢生"，有婴儿性格似逢生者之说。分娩 3 日，煎草药水洗婴儿，叫"洗三"。生第一个孩子，丈夫要到岳丈家送鸡报喜，生男送公鸡，生女送母鸡。亲友携礼物看望产妇，叫"看月母子"。月内择日备酒席款待贺喜亲友，谓之"办满月"。是日，娘家送衣帽鞋袜、米面蛋肉，蛋必染红。生男，戏称"放牛娃"，生女，叹为"赔钱货"。①

产妇未满月忌进别人家中，孕妇、带钥匙者、穿草鞋者忌进入产妇房中，认为这类人可带走产妇乳汁。若小孩多疾爱哭，就拜寄别人，即找干爹干妈，或拜寄给神佛偶像以来保佑，或凑百家锁以保煞（即保其无病无灾）。②

自明代以来，有几个特定的生育风俗几百年间一直保持不变。

第一是"送祝米"。生小孩以后，娘家要"送祝米"。"送祝米"一般在第九天进行，通称"洗九"。日子确定后，外公、外婆、舅父、舅母、姨父、姨母就要花一笔钱去"送祝米"。凡生头胎，要"抬盒"，这盒用木材做成，三格一盏，盒漆得红亮，中间一根杠供两人抬。盒底层装槽米两斗，中层油条 200 根，上层装大小衣料、项链、长命锁、鸡蛋、红糖等，盒顶用绳子拴两只母鸡，外面用红纸贴封，写上喜庆祝词。启程由外公牵头，一行前往。富裕人家非常讲究，要抬"亮盒"。亮盒用玻璃镶成，内物透明，可供路人观看，以示荣华。所送除食物外，衣料是绫罗绸缎，还请唢呐送行，外公外婆得坐"椅兜子"。中下等家庭则用一担箩筐挑东西去送"祝米"，礼物数量少，质量差一些，箩筐上面放松、柏枝各一根，表示虽"清贫"，却"亲近"，要亲朋不要见笑。贫穷家庭只是用小篮子提点力所能及的东西，客套话是"不怕空手汉，只怕不来人"、"人到情到"。③

"洗九"规矩较讲究。外公、外婆等一行到来，鸣放鞭炮，用大号迎亲，外公、舅父等男客请到客房，外婆、舅母等女客请到堂屋，上烟敬茶之后，

---

① 黄元英. 商洛民俗文化述论 ［M］. 三秦出版社，2006，12
② 吕农. 安康民俗文化研究 ［M］. 陕西师范大学出版社有限公司，2011，12
③ 黄元英. 商洛民俗文化述论 ［M］. 三秦出版社，2006，12

礼傧先生派人发些油条给满堂客人，以示主人"大方"。吃饭时坐位非常讲究，长辈坐上席，晚辈坐下席。上席有大小之分，亲的坐大首，疏的坐小首，佳肴满桌，酌酒敬酒连续不断。第二天早餐，因都是"己亲"，酒糟内加三个鸡蛋，以示重谢，饭菜则较随便。其中也有禁忌，孕妇和来"好事"的妇女不能进内屋，说是怕"蹋奶子"。小孩"满月"后，小两口则带小孩和礼物去娘家走亲，也叫"出窝"，以示对"送祝米"的回谢。①

第二是小孩一岁有抓周习俗。湖北省荆门，小孩出生一年叫周岁，周岁这天请客叫"抓周"。有的叫过"百岁"，意思是希望小孩长命百岁，也有的地方叫"长尾巴"、"吃面"，称呼不一，内容一样。"抓周"是一种比较普遍的请客和聚会，规格不太高，礼节也不十分讲究。"抓周"这天，主人屋内屋外收拾得干干净净，不必细说，请一两个妇女烧火，烟茶由家族或家里人敬奉客人，注重的是对小孩子梳洗穿戴，特别讲究，新衣新帽新鞋袜，即便是旧衣服也要洗干净。客人主要是外婆、舅母、姨母，也有家族和亲邻，送礼多的是外婆，其次是舅母、姨母等。礼物大多是小孩穿戴和玩具之类．也有送纸币、送银元的。吃过中饭以后，选一间比较宽敞的房子，中间并列两张方桌，上面铺上布或席子，将客人送来的东西各选一两件放在桌上一端，抱来小孩放在桌上另一端，让小孩向前爬，用手抓最喜欢的东西，这就是最有趣的一幕，也是真正"抓周"的时刻。亲朋好友聚拢在一起，在没有任何指点和暗示的情况下，看孩子拿什么东西，用这样的方法预测其一生的发展和志趣。②

"抓周"风俗兴于魏晋南北朝，有史记载"儿生一岁，为其制新衣，男则用弓、矢、纸、笔，女则用尺、针、缕，并加以饮食之物及珍宝放置儿前，观其发意所取。以验贪、廉、智、愚，多为试儿"。按照人们的愿望，婴儿如抓弓、矢，则长大后喜武为将，如抓到珍宝则长大后贪婪；女抓到尺、针、缕，长大后会女红，成为贤妻良母。

"抓周"习俗是人们对孩子未来的一种渴望，渴望孩子成为人才，在过去战争纷乱的年代里，民不聊生的人们，既接受不到教育，又接受不到文明的熏陶，一代又一代重复着父辈的生活。世世代代以农耕为生，谁家没有渴望，谁不希望自己的孩子长大能高官厚禄或富甲一方或舞文弄墨，但出于生活的无奈，也只能将生活的渴求，寄托于这种类似卜卦的"抓周"给心灵以慰藉。具体到当年"抓周"所抓到的命运日后能否成为现实，没有一家去计较，只

---

① 杨郧生：郧阳风俗文化［M］．湖北人民出版社，2010，12
② 黄元英．商洛民俗文化述论［M］．三秦出版社，2006，12

图个安稳度日，别无所求。①

第三是产妇未满月禁忌进入邻居屋内。满月接吃满月酒，以示庆贺。娘家接出月（回娘家住一段时间）。婴儿百日可坐轿轿儿。同时戴上狗圈和百家锁（项链和银牌），直到 12 岁时，由孩子自行取掉。穷人生孩子一般没有以上那么多讲究，俗有"吊大的葫芦把儿不歪，哭大的孩子不生灾，小时穿片子，长大穿缎子"的说法。②

二是婚嫁民俗。"男大当婚，女大当嫁"，婚姻历来被称为"终身大事"，"上以事宗庙，而下以继后世也"，③ 意味着人生的重大转折。婚姻习俗是随着婚姻的出现而产生的，是反映一定婚姻意识的积久成习的婚姻行为，它包含婚姻礼仪、婚姻观念、婚姻习惯等。婚姻习俗不仅体现了一定时期的社会生活风貌，而且从微观上展示了个人的价值观、审美观、心理发展态势。④

明代汉水流域男女成婚依然是遵父母之命，依媒妁之言，积习不改。其成婚按照纳采、问名、纳吉、纳征、请期、嫁娶的程序办理。但在明中晚期，随着大量移民的进入、社会动荡的持续，以及封建礼教约束的被冲击，以前少有的婚嫁现象不断出现，成为婚姻风俗变迁的一个突出征象。

第一是陪十姊妹、陪十弟。

陪十姊妹、陪十弟兄婚俗是明代以来汉江中游一些地方的代表性婚俗。如光化习俗：新娘的陪娘有 10 人，新郎的陪郎也有 10 人。再如天门："亲迎前日，婿家设席，为子命字告祖，安座宾朋陪饮，曰坐十弟兄；女家亦为女加笄告祖，安座女宾陪饮，曰坐十姊妹。"⑤ 田泰斗曾著竹枝词描绘了类似情形："新梳高髻学簪花，娇泪盈盈洒碧纱。阿母今朝陪远客，当筵十个女儿家。"⑥ 陪十弟兄亦曰伴郎，亦是婚前一日设筵堂中，"择童子九人合新郎而十，曰陪十弟兄"。⑦ 一说陪十弟兄有"古冠礼之遗意"："男家命字，亲友敛钱为金字匾，鼓乐导送，登堂称贺，曰'贺号'，不谓字也。是日设二席，其一择亲友家少者九人，合子而十，曰'陪十弟兄'，又曰'会十友'。"⑧ 对于陪十弟兄习俗，田泰斗也有类似的描写："箫声隐隐烛辉煌，十个儿童巧样

① 刘克、徐宛春. 南阳民俗文化［M］. 河南大学出版社，2003，9
② 吕农. 安康民俗文化研究［M］. 陕西师范大学出版社有限公司，2011，12
③ （汉）郑玄注，（唐）孔颖达等正义，黄侃句读：《礼记正义》，上海古籍出版社 1990 年版
④ 刘克勤. 文化襄阳［M］. 湖北人民出版社，2009，5
⑤ 乾隆《天门县志》（卷1）《地理考·风俗》
⑥ 光绪《长乐县志》（卷12）《风俗志》
⑦ 光绪《长乐县志》（卷12）《风俗志》
⑧ 同治《长阳县志》（卷1）《地理志七·风俗》

妆。绝妙风流名色艳，华筵都唤状元郎。"①

第二是婚娶论财。随着市场经济和资本主义萌芽的出现，婚娶论财在明代开始普遍问世。② 在常规婚姻礼俗中，从订婚到完婚的整个过程，男方都要向女方送礼，其中最讲究的是纳征，因为纳征的礼物最为重要，是正式的聘金与聘财，女方也要准备嫁赀与妆奁。在婚姻生活中财礼占有很重要的分量，婚姻论财颇为流行。

在婚嫁物品方面，有些地方男女还有分工，据乾隆《芷江县志》卷 5《风土·风俗》记载，"婚嫁之费，则婿氏备酒果、牲畜与缯帛衫袒榆及条脱步摇金翠箇叶之属，凡奁具、帐褥、巾帨、履屉诸遣嫁物，女氏具之"。举行婚礼之前，男家要给女家送东西，据乾隆《湘潭县志》卷 14《风俗》记载，"将亲迎，则男备钗钏衣服猪羊糖饼之属，致于女家，谓之过礼"。为了显示陪嫁之多少，女家的嫁赀妆奁送到夫家后还要展示："……奁具张陈婿室。"③

婚姻论财是个不良的陈习陋规，起了不好的导引作用。其不良后果主要表现为：一是给百姓增加了沉重的经济负担。二是在婚姻中渗透了金钱买卖关系，影响了夫妻情分，正如光绪《长乐县志》卷 12《风俗志》所指出的，"夫或以无财轻其妇，妇或以无财轻其夫，而夫妇之道必不能终"。夫妻订婚伊始，就签下了经济盟约，直到完婚，男女双方都或多或少地付出了财产与礼金，整个婚姻过程笼罩着厚重的经济氛围，凝聚着浓厚的金钱气息，夫妻之间的感情大打折扣。三是导致一些困窘男子无法婚娶，只有孤独终身，而一些女婴一出世就被溺杀："夫婚姻论财，至于忍杀其子女而不育，男子往往有终身不娶妇者。"④

第三是变通婚俗形式多样。变通婚俗形式主要有早婚、童养婚、入赘婚、寡妇再醮等。

俗重早婚是明代以来汉江流域的普遍现象。早订婚订是传统社会的重要婚姻契约关系，在民间社会具有很强的约束力。童幼订婚早已有之，政府也屡屡限制，朱元璋建立明朝后在（明）申时行：《明会典》卷 71《庶人纳妇》中明文禁止早婚："男女婚姻，各有其时，或有指腹、割衫襟为亲者，并行禁止。"但道法一尺，魔高一丈，早婚总是屡禁不止。同治《公安县志》卷 3

---

① 乾隆《天门县志》（卷 1）《地理考·风俗》

② 王跃生：《18 世纪中国婚姻论财中的买卖性质及其对婚姻的作用》，《中国经济史研究》2001年第 1 期

③ 刘克、徐宛春. 南阳民俗文化［M］. 河南大学出版社，2003，9

④ 乾隆《沅州府志》（卷 23）《风俗》

《民政志下·风俗》记载了公安的情形："邑男女在襁褓中即有戚友为之议婚。"早结婚表现在初婚年龄偏小，其中女性的婚龄尤其偏小，男性中早婚和晚婚两种现象并存。① 初婚年龄是考察女性早婚的一项重要指标。对于婚龄，明政府有明确规定。洪武元年（1368 年），朱元璋就诏令天下："凡民间嫁娶，并依朱文公家礼行。"洪武三年（1370）又规定："凡男年十六、女年十四以上，并听婚娶。"明清时期官方规定，女 14 岁即可婚配（清政府法定的男性初婚年龄为 16 岁），而据王跃生对清代湖北、湖南 29 例女性初婚年龄的统计分析，15 岁以下结婚的有 6 例，占总数的 20.69%，16～20 岁结婚的有 23 例，占 79.31%，男性初婚年龄 15 岁以下的不到 10%，15—20 岁的占55%，而男性平均初婚年龄为 22.2 岁②。由此可见，两湖男女普遍习惯早结婚。③

　　总的来看，早婚也有贫富差距。富裕之家男子偏重早娶，女子晚嫁；贫困之家则相反，女子早嫁而男子晚娶。原因就在于婚前男家要纳彩礼，彩礼是一笔较大的开销，富人有经济实力，承受得起，抱着传宗接代、延续香火的观念，得子抱孙的心理迫切，就早早地给儿子订婚或操办婚事娶媳妇，以便早生贵子；而那些家庭困窘的农家，囿于经济困难，愁于彩礼，即便有早婚的心理与要求，但是也无法为自家儿子订婚和完婚，就只好将女子早些嫁出去以取得些许彩礼来为自家的儿子订婚娶媳妇，当然也有农家备不起女儿的妆奁，早早地将女儿送到婆家抱养。

　　探究早婚的缘由：一是担心找不到配偶，二是希望早生子女。"不孝有三，无后为大"。在传统社会，在乡民的思想意识中，早结婚就可以早生子，就可以早些传宗接代，还能保证长辈老来有靠。三是早结婚对于男方来说可以增加劳动帮手，因为传统社会，乡民靠耕织为生，早结婚，就等于早娶回了一个劳动帮手——媳妇，而且早生孩子，孩子长大又为家中增加了劳动力。此外，传统观念认为女儿是个赔钱货，早嫁就可以少赔钱。由于种种原因，就形成了早婚的习俗。不过，早婚会给家庭及社会带来很大的危害。④

　　童养婚在明代几乎遍布全国。所谓童养婚，就是女子在幼小之时就被婆家收养，待长大成人再与对象正式完婚，本质上是童养媳的婚姻。童养媳又

---

　　① 女性的早婚直接与生育相连，因此在重点论述女性早婚的同时涉及一下男性的早婚现象

　　② 王跃生：《清代中期婚姻行为分析——立足于 1781—1791 年的考察》，《历史研究》2000 年第 6 期。该文通过乾隆朝刑科题本婚姻家庭类档案中的个案资料分析，认为在 18 世纪中后期的清代社会中，女性初婚年龄集中在 20 岁以下，20 岁以下初婚女性占总数的 90.16%

　　③ 刘克、徐宛春. 南阳民俗文化［M］. 河南大学出版社，2003，9

　　④ 柳长毅. 郧阳文化论纲［M］. 湖北人民出版社，2012，11

称童养女、童养姑、囤娘子、小媳妇、抱养媳妇等。通常情况下，童养媳有两种：一种是女子数岁迎归自养，谓之过门；一种是婴儿初生，抱归乳哺，谓之养媳。[①]

有未生子先抱媳的习俗。"竹溪、麻城两县人民，每于未生子之前预抱一异姓女抚养，待生子后即以为媳"，[②] 习惯上谓之"望郎媳"。望郎媳又称花等女（花等者，即养媳待男之意，民间有"插朵花儿待儿生"之谚语），俗称花不女。"贫家生女，每不愿尽教养成人之义务，乳哺数日或数月，即择有乳之妇而与之为花不女，先由女家开一庚帖，曰八字，倩媒传之抱养者之家。而抱养者送女家蛋、酒少许，其事遂谐。"[③]

童养媳在正式成婚之前，男女双方以草八字庚帖形成订婚关系，"凡娶童养媳，各村均有之，或由媒人先向女家取得草八字交付男家，或彼此互换庚帖，均于过门抚养后即发生订婚之效力，至童养媳入门之仪式亦只叩拜祖宗而已"[④]。成年之后再成婚，及笄时或送回母家选择良辰吉日用鼓吹彩舆迎归，或者就在男家选择吉日合卺圆房。关于娶童养媳的仪式，各地不一。汉阳习惯，如童养媳之年龄在十岁以下者，仅童养媳一人敬神跪拜；若年龄在十岁以上尚未及笄者，则由童养媳及其夫双行敬神跪拜礼式。其后圆房无一定年限，至迟不得过二十岁，所履行之礼式，系令童养媳先期归宁，届期乘舆于归，傍晚由傧人牵至神前双拜，随至房中行合卺礼。竹山习惯，女子于出生时即抱为童养媳者，有正式迎接过门童养者。其圆房年限，男女常以十七八岁为度，届时通知娘家来送嫁奁，名曰"吃喜酒"。圆房第三日应行庙见礼、拜翁姑暨亲属各尊长，名为"认大小"。潜江习惯，凡抱童养媳者，由抱入之父母作主，无所谓婚书聘财，只宴请亲友，声明此女为吾男之媳，至男女成人时则为之圆房，所有养媳一切妆奁归抱人之父母负担。郧县习惯，抱人童养媳时无一定礼式，其圆房年龄以十八九岁或二十岁为限，女家补送妆奁，男家备具鼓乐酒席冠带花烛，此为应行礼式。但极贫无力者亦不必拘泥此种形式。[⑤]

---

① 民国《汝城县志》（卷21）《政典志·礼俗下·婚嫁礼》

② 前南京国民政府司法行政部编，胡旭晟、夏新华、李交发点校：《民事习惯调查报告录》，中国政法大学出版社2000年版，第953页

③ 前南京国民政府司法行政部编，胡旭晟、夏新华、李交发点校：《民事习惯调查报告录》，中国政法大学出版社2000年版，第879页

④ 前南京国民政府司法行政部编，胡旭晟、夏新华、李交发点校：《民事习惯调查报告录》，中国政法大学出版社2000年版，第881页

⑤ 前南京国民政府司法行政部编，胡旭晟、夏新华、李交发点校：《民事习惯调查报告录》，中国政法大学出版社2000年版，第948、960页

童养婚习俗形成的原因主要有三，一是贫家穷户男子无法按常规六礼来正常婚娶，尤其是无力承担大量的彩礼、聘金，就只有早早地抱养幼女作童养媳妇。二是女家穷苦，父母无力养家糊口，家人生存困难，就将女儿送人童养。湖北光化张氏供词："十四岁，母早故，父在，只生小的一人，自幼许给余利童养为妻。"①。可以说，童养婚于男家既减少了聘金，又增添了一个廉价的劳动力；对于女家，不仅省却养育孩子所必需的生活费用，而且也可以适当减少出嫁时的妆奁开支，实在是一桩男女双方家庭都心甘情愿、有利可图的事情。三是民间盛行早订婚的社会习俗，习惯早早地确定婚姻关系，吃下定心丸，以免娶不到媳妇之忧，而将准媳妇抱回家中抚养，待长大再完婚，就等于提前娶回了媳妇。四是少数官员和士绅对其持认可和鼓励态度。

入赘婚是由女家招男子进门为婿，俗称"倒插门"的一种婚俗方式。同治《郧县志》卷2《舆地志·风俗》记载："抑或偶有入赘礼，亦大同小异。至以婿作子，异姓乱宗，不明大义，近日此风业已寝息。"同治《宜城县志》卷1《方舆志下·风俗》记载："……又或婿入赘而承祀乱宗。"光绪《荆州府志》卷5《地理志·风俗》记载："亦有家贫而出赘者。"嘉庆《孝感县志》卷12《风俗》记载："邑俗多以招赘为事，或已本有子，赘婿同居；或已本有妇，又赘人室；或聘妻不娶，舍父母而入岳家；或图人婢奴，甘佣作而限年岁。凡此数项，皆非正配。"天门有入赘习俗："查讯梅学坤之上辈，到萧姓家招赘，改为姓萧，已有数代。"②

入赘婚有招婿承祀、招婿养老、招夫养子、招夫养夫几种。招婿承祀、招婿养老是无子家庭的招赘，是本族女子招人外姓男子，从宗族角度来看，一般不会有什么阻力。招赘习俗大致分为二类：一是无子生女，招女婿为子承祀其宗，俗称上门女婿，其赘婿改从女姓，其女对外则称为某某氏。二是无女无子，过继他人之女为嗣，招入女婿婚配，亦曰赘夫，但此等女婿有不承祀女家者，生子时由其子承祀。③ 招婿养老与招婿承祀类似，也是无子生女之家招婿之一。而竹山、京山、通山、潜江、竹溪、兴山等县与此不同，在合同内注明出舍年限："俟女之父母百年后始可出舍，所谓'半子半婿'者是

① 议政大臣英廉题，乾隆四十七年五月三日，转引自王跃生《清代中期童养婚的个案分析》，《清史研究》1999年第3期

② （清）熊宾《三邑治略》（卷6）《堂判》

③ 前南京国民政府司法行政部编，胡旭晟、夏新华、李交发点校：《民事习惯调查报告录》，中国政法大学出版社2000年版，第946页

也。"① 招夫养子属于寡妇招赘，寡妇因为丈夫死亡，孩子幼小，无力养育，就招后夫到前夫家抚养幼子。谷城、竹山、京山、潜江等县，孀妇有招夫养老或抚子之习惯。招夫养夫是女子因丈夫残废不能生活，另招一后夫以抚养前夫，竹山、京山、潜江、郧县等地有此习俗。寡妇招夫是外姓女子招入外姓男子，宗族意识强的家族对此不予认同。②

入赘女婿出现的原因有三：一是男子家里贫穷，无钱纳彩礼，无法付聘金，就只好倒插门，住到女家，夫从妻居。尽管有些地方如汉阳、竹溪、潜江、京山有"独子不得入赘"的习俗，"但赤贫之家无力娶妇，独子亦有入赘者"。③ 二是女方家里没有男子，没有人撑门户，没有人赡养父母，如果女子出嫁了，家中就没有后继之人，因此就需要招婿入门。当然招来的也多半是贫寒之家的男子，因为稍微富裕之家不愿意自己的儿子出赘。三是妇女丧夫，没有了经济来源，上无能赡养公婆，下无力抚养子女，只得招夫上门养老或抚子。④

入赘女婿的社会地位一直不高，他除了充当女家的劳动力，为女家传宗接代外，别无他用。对于男子来说，入赘婚是在无法缔结正常婚姻的情况下不得已采取的婚姻形式，对于女家而言，入赘婚是在无法解决家业维系和父母赡养问题的情况下而采取的婚姻行为，是女方家庭得以保障的重要方式。当然，入赘婚是传统婚居模式——嫁娶婚的补充，对贫穷男子和无子家庭来说都各有所利：贫穷男子得以婚娶，无子之家得以传宗接代。

明代，理学由于朝廷的推崇而完全确立了其在思想领域的独尊和垄断地位，对贞节的要求更为严格，要求处女守贞，寡妇不得再嫁，因而未婚的女子有贞女、烈女之分，已婚的则有烈妇、节妇之别。⑤ 而且，朝廷大张旗鼓地表彰烈女节妇，使得理学的贞节观深入民间，讲贞节，尚节烈，烈女节妇几

---

① 前南京国民政府司法行政部编，胡旭晟、夏新华、李交发点校：《民事习惯调查报告录》，中国政法大学出版社 2000 年版，第 955 页

② 吕农．安康民俗文化研究［M］．陕西师范大学出版社有限公司，2011，12

③ 前南京国民政府司法行政部编，胡旭晟、夏新华、李交发点校：《民事习惯调查报告录》，中国政法大学出版社 2000 年版，第 956、964 页

④ 王美英．明清长江中游地区的风俗与社会变迁［M］．武汉大学出版社，2007

⑤ 按照宋明理学家的界定，对于女子来说，所谓品行端正、未嫁而能自守者，谓之"贞"；已嫁从一而终、夫死不再醮者，谓之"节"；遭强暴凌辱而能以死相拒，或夫死自尽殉身者，谓之"烈"。参见陈剩勇《理学"贞节观"、寡妇再嫁与民间社会——明代南方地区寡妇再嫁现象之考察》，《史林》2001 年第 2 期

乎成了家庭、宗族和社会对妇女的理想和期望。① 尽管寡妇守节殉夫成为社会的一种主流婚姻习俗，得到多数人的认可，但是民间仍然流行寡妇再嫁的暗流习俗。②

寡妇改嫁指丧偶妇女的再婚，俗称"再醮"。寡妇有许多别称，常见的如孀妇、寡妻、孀妻、孤孀、未亡人等。在寡妇再嫁之中，有一种名为寡妇转房（又称收继婚、续婚、换亲），意为寡居的妇人可由其亡夫的亲属收娶为妻，如兄死，弟可娶寡嫂为妻；弟死，兄可娶弟妇为妻；伯叔死，侄可娶婶母为妻；父亲死，儿子可收父妾为妻，等等。据同治《安陆县志补正》卷下《风俗》记载，"田野细民，有弟娶孀嫂、兄娶弟妻者，谓之就婚。遗俗相沿日久……近郡县有此者多矣。"竹溪县仅有兄死弟娶嫂为妻之事实，俗亦名转房，若系弟死不得纳弟妇为妻。此等恶俗往往通行在贫家之间。③

寡妇改嫁的原因主要有三：第一是寡妇改嫁有大量社会需求。在汉江流域，男女性别比例相差悬殊，适龄女性匮乏，婚姻市场不利于男性婚娶，而传统观念又认为"不孝有三，无后为大"，成年男子将结婚娶媳作为头等大事，不顾贞节观念的约束，将孀居寡妇也列入求偶的对象。因此，大量未婚单身男子的存在为寡妇再婚提供了先决条件。第二是寡妇不改嫁贫穷得就无法生存。在传统社会小农经济的环境下，男主外女主内，男人是家庭的主要劳动力，是家庭日常必需品的主要创造者，是家庭经济的支柱，妇女处于从属地位，主要在家做家务、喂牲畜、带小孩、纺纱织布，与外界联系甚少。丧夫之后，寡妇就没有了经济来源，家徒四壁，无法生存，就只有再找个男人托付终身。第三是婆家容不下寡妇，强迫其改嫁。一些寡妇家比较富裕，家中有些财产，婆家人如丈夫兄弟甚至族人为谋求其财产，先是劝说寡妇再嫁，如若寡妇不从，就强迫其改嫁。第四是国内外形成了寡妇改嫁的氛围。因为商品经济的发展和市民意识的增长，冲破了封建礼教的重重束缚，冲击了传统的婚姻制度和道德观念，越来越多的地区出现了孀妇改嫁的社会现象，江南地区如此，陕北地区亦然，就是同期的欧洲，寡妇改嫁的比率较高，再嫁者守寡的时间较短。为便于比较，需对同期欧洲的寡妇改嫁加以说明。中世纪晚期至近代早期欧洲的寡妇很多，寡妇改嫁的比率也很高。伦敦郊区的斯特普尼教区，在17世纪早期，几乎有一半的寡妇改嫁，1625年大瘟疫以

---

① 陈剩勇：《理学"贞节观"、寡妇再嫁与民间社会——明代南方地区寡妇再嫁现象之考察》，《史林》2001年第2期
② 王美英. 明清长江中游地区的风俗与社会变迁［M］. 武汉大学出版社，2007
③ 王美英. 明清长江中游地区的风俗与社会变迁［M］. 武汉大学出版社，2007

前，大约有 43% ~45% 的新娘是改嫁的寡妇，这是前近代女性再嫁比率最高的社区。寡妇改嫁的速度也很快，在伊丽莎白统治晚期的伦敦，几乎有 47% 的商人寡妇在守寡 6 个月左右就改嫁，1600—1779 年德国南部的加贝尔贝奇村，寡妇平均守寡 6.8 个月就再婚。①

在南阳各县寡妇改嫁的习俗中有一种叫"错桩"的名词，比较新鲜，实际情况与上述相同，只是另取个名称而已，这就是原夫亡后，女方改嫁给亡夫的同胞兄、弟为妻者，嫁兄为"上错"，嫁弟为"下错"，此种形式多为贫苦之家。这种婚俗虽属寡妇改嫁类型，但与一般寡妇改嫁情况不同。这种改嫁多属双方了解、相互情愿的，因此婚前或婚后的情况要比前者好得多。②

此外，还有一些非常特殊的婚俗，譬如冲喜婚俗：多是男方或父母病危，借办婚娶以喜冲忧，求取逢凶化吉、病危复康之意。

换亲、转亲婚俗：两家男女相互结为夫妻称为"换亲"，三家以上男女相互结为夫妻叫做"转亲"，这种婚姻方式只在乡村流行。其特点是：婚嫁同日进行，各家不纳彩礼也不备嫁妆。因男女各方并非完全同意，也出现不少不幸的婚姻。③

夜婚：在南阳流行有晚上结婚的特殊风俗。明朝初建，皇帝朱元璋将其子藩封全国各地为王，其中第二十三子朱桱被封到南阳，称为"唐王"。唐王荒淫奢侈，作威作福，在府内后花园修筑石砌假山——王府山，并命爪牙在山头观望，若发现接娶新娘者，便命喽罗将其抢到唐王府，任其蹂躏后方才放回，不从者则投入牢笼。因惧其淫威，昔时南阳城内人乃改婚嫁之时为夜晚。④

三是敬老民俗。寿诞庆祝生辰，俗称"过生"或"做生"。老人 50 岁、60 岁、70 岁生日较为隆重，多由晚辈操持，亲友祝贺，送寿联、寿匾或其他礼物，主人置酒款待。祝寿俗称"办生日"。人过半百，堂前无父母，家门无孝服即可办寿辰。尤以地方富户士绅为甚，一年一度大肆张罗，耗费无度。亲朋好友，前来祝贺，送寿联、寿幛、寿果，祝"福寿双全"。主人以佳肴美酒款待。势大有钱的人家，摆"长寿筵"，唱祝寿戏。一般穷苦人家，财资无力，即日出门"避寿"，当晚回家。⑤

① 王英美．明清长江中游地区的风俗与社会变迁［M］．武汉大学出版社，2007，
② 刘克、徐宛春．南阳民俗文化［M］．河南大学出版社，2003，9
③ 吕农．安康民俗文化研究［M］．陕西师范大学出版社有限公司，2011，12
④ 刘克、徐宛春．南阳民俗文化［M］．河南大学出版社，2003，9
⑤ 黄元英．商洛民俗文化述论［M］．三秦出版社，2006，12

商洛"吃生"50 岁后谓之大寿。出嫁女儿要赶回娘屋，子女俱要为父母祝寿。礼品有寿面、寿酒、寿桃（桃状蒸馍）、果品、衣料等。德高望重者，亲朋邻里有送寿联、寿幛者。①

四是丧葬民俗。养生送死，慎终追远，是传统伦理的两大道德准则。在宋明理学甚嚣尘上的明代，汉江流域也特别注重丧葬礼仪，讲究"入土为安"。在汉水流域，办理丧事的家庭称孝家。凡安葬死人都称办丧事。婴儿、少年、青年、中年、老年死后各不相同，但都是不幸的事，最不幸的有三种：幼年丧父，中年丧夫（妻），老年丧子。婴儿死了丧事最简单，但爷不埋孙（爷埋孙穷断根）。有儿有孙的老年人去世丧事最隆重。年岁大的老辈子在世都要准备棺材、寿衣（老衣）等。老辈子咽气后，要马上烧"落气纸"。然后女性梳头、男性剃头。洗澡（前三后四）后，穿寿衣（七件、九件、十一件、十三件不等，讲究穿单不穿双），寿衣穿好后，下榻一会儿就入殓，同时儿孙都戴上孝手巾。棺材顺檩条方向放在堂屋当中，棺盖用火纸垫着，在棺材下点水灯，同时安排送信的向死者直系亲属报丧或发讣文，报丧是指将死亡的消息通知死者的亲友，古称赴、赴告、讣、讣告、讣报、讣闻、告丧、发丧等。然后请风水先生择期选地入土安葬。没入葬前长子要跪拜迎接客人，其他的亲生儿女也不得坐凳休息，累了只能靠在棺材边陪老辈子。②

老父老母谢世后停放三天。第一天做入土安葬的准备工作，第二天请有儿有女的人挖坑，并于当天晚上到"十字"路上报庙和在孝家打代诗，主人家要给吊丧的儿孙辈发孝手巾，也有自配孝手巾的。还要烧更纸。晚饭女性娘家人为正客，男性同姓长辈的为正客。席间长子由执客带着向每席客人三跪拜后敬酒，以示答谢。饭后，要向直系亲属介绍得病、治理过程和死因及临终遗言，同时乐器班子要到坑上去暖坑。暖坑由女婿出钱置一席酒菜，乐器班子里的唱代诗歌的师傅要唱 360 句超度亡人或恭喜后辈儿孙发财的歌。坑内点灯，拴一只公鸡，坑上用笆笆或晒席覆盖。暖坑一切费用，由女婿负担。暖坑回家照常唱代诗歌，敲锣鼓直到五更，中途（半夜）还吃顿饭（叫宵夜）。③

汉水上游的习俗，丧前做好棺材、坟地、寿衣和孝布四件事。

做棺材俗称"寿材"。料以柏木为佳，松木次之，还有其他杂木。枋板有四页瓦、五底六盖、八大块、十大块、十二元、十六绺等，以木质好、板块

①　黄元英. 商洛民俗文化述论［M］. 三秦出版社，2006，12
②　柳长毅. 郧阳文化论纲［M］. 湖北人民出版社，2012，11
③　柳长毅. 郧阳文化论纲［M］. 湖北人民出版社，2012，11

少为上品。尺寸为盖心 7 尺,两墙 6.8 尺,底 6.4 尺,净空长 5.25 尺,大横档高和宽 1.8 尺,小横档为 1.4 尺。用料厚薄一般盖 5 寸,墙 4 寸,底 3 寸,也有薄的,但不能小于 2 寸。棺材做好后,里外用土漆漆好,名叫"响堂子";横头上刻"寿字",或"龙图""凤莲图",涂上金色。许多地方把做棺材叫"交粮",女儿女婿必重礼祝贺,亲朋好友亦来贺喜。[①]

建墓。商州人自古实行土葬,葬前请风水先生看"风水",观穴定位选坟地,定吉日动土。穴位有莲花穴、龟穴、金线吊戎葫芦穴等,各穴均避水、路、树。坟地方向座山对山,但不对穷山恶水,不对乱石乱山。以座山为主,对山为宾,护山为次。墓有单墓和双墓。有些地方,把建墓叫"盖房",女儿女婿亲朋好友前来祝贺。

缝寿衣。寿衣俗称"老衣"。绸缎细布不论,单棉件数三或五,必为奇数,多不过九。常备者多为七件,其中必有一件棉衣。男为长袍褂,女为衣裙钉飘带,不钉纽扣,以民避"扭子"谐音。缝制时,殓单布、铭旌布、被子、褥子一同准备。

扯孝布。治丧时,孝子穿戴必是一身白,女衫一丈,男衫八尺,女帽七尺,男帽五尺,重孝子披麻戴孝。老人在世时,就将孝布备好,过世后发给孝子们穿戴。孝衣大致分为五类:①斩衰(cui)——用最粗的麻布做成,下不缉边,由亡人儿子着之;②齐衰——用粗麻做成,下缉边,由亡人的侄辈着之;③大功——用熟麻布做成,由亡人的堂侄辈着之;④小功——用较细熟麻布做成,由亡人的孙辈着之;⑤缌麻——用细麻布做成,由亡人的玄孙辈着之。此制多是富豪之家所用,民国年间已不多见,但俗语中的"披麻戴孝"即是由此而来的。最普遍的是勒头布、穿瞒鞋、腰系麻纰(此是孝衣的缩影,只限亡者之子)。头布共分四等,最长的是三尺(市尺),因有"欠寿"(没活到头)之说,实为二尺九寸,凡亡人的同宗及直系亲眷不论年龄大小,每人均发一条,女婿包括侄婿另加同等腰带一条;次者长二尺七寸,为较远亲属及世交友人所勒;再次者长一尺八寸,回赠一般邻亲吊孝者;最短者为一二寸,凡所有为丧事帮忙者长幼不限,每人一条。[②]

此外,还有一些细节的讲究,譬如出门牌、告牌。死者停当后,即贴丧联,出门牌、告牌,谓之"发丧"。门牌写死者生卒时间和死亡原因,告牌即告示,男写"大德望","寿终正寝",女写"大壶范","寿终内寝"。门牌、告牌一般由女婿外甥具名书写。父死落款为"孤子",母死为"哀子",父母

---

① 柳长毅. 郧阳文化论纲 [M]. 湖北人民出版社,2012,11

② 史念海《河山集》,生活·读书·新知三联书店出版社 1981 年版

双亡写"孤哀子"。公职人员死后以"讣告"代之。一面择吉日准备安葬，一面派次辈族人向亲友报丧。一家一份礼，一包糖、两把挂面。死者是男请外家，女请娘家。①

吊孝。门牌、告牌一出，亲朋好友便来吊唁，赠送香、纸、吊幛、挽联、花圈及粮食、金钱等。吊唁期间，男女孝子必须守灵，跪接吊唁者，为之"陪叩"。停尸吊孝少则3天，多则7天。②

出殡。出殡时，男女孝子穿孝衫、围孝裙、戴孝帽，拿柳木棍上裹白纸条的"哭丧棍"，抬棺人将棺抬起（谓之"起灵"），众孝子号啕大哭，亡者长子（或长孙）摔孝子盆，和其弟依次从棺木底由前而后钻过，同队伍送往坟地。送丧队伍前一老者提五谷斗，拿引魂幡、招魂钱开道，沿路掷撒火纸片，叫"引路"，其后为乐队和执童男童女、金山银斗和挽联、花圈等仪仗队，再后是12人所抬之棺木。山阳县岭北俗，棺上系一白公鸡，称"引魂鸡"。男孝在棺前拉纤，女孝在棺后哭送，沿途鼓乐不断，并不时燃放鞭炮。灵柩在路上须停几次，其数可单不可双，如一、三、五次。于墓穴后，先由长子填撒所破之土，后由丧夫培土成冢。阴阳先生高喊"天圆地方，律令九尊，五谷丰登，子孙兴旺"等话后，下葬封墓。③

设灵牌。灵柩入葬后，孝子将亡人灵牌捧回，在祖先桌旁另设灵位，或买一纸做灵屋，将灵牌放在其中，每7日一祭，"七七"或"满百日"，将灵屋送于坟前烧掉。④

全坟，定"七"日：圆坟是在亡人入土后的第三日上午，由孝子领人担土添坟，而坟顶以两小块土团敷于尖，但不能高于前辈。逢"七"守制意为难忘故人，亡人自停止呼吸开始算起满七天为第一个"七"。以此类推，直至"七七"为满。在"五七"之内，要求孝子不能剃头，不能远行，不能喝酒，不能正冠（只戴孝帽），不能行房事，不能全扣衣扣，不能拽鞋（后跟不拔上）的清规戒律。每遇"七"日，必须由孝子率众或独自去茔前焚纸叩拜。最后的"七"日开祭时，要宴宾朋，以示"七七"已过。古制有"三年无改"之说，意谓思念父母之恩。有谚云："爹爹二十四个月，娘娘三年不算长。"其意报父之恩为二年，报母之养育恩为三年，其实普通都沿用为守制三年的习俗。在守制期间，年节应贴黄、紫、绿纸对联，以示悼念，其联内容

① 黄元英．商洛民俗文化述论［M］．三秦出版社，2006，12
② 柳长毅．郧阳文化论纲［M］．湖北人民出版社，2012，11
③ 黄元英．商洛民俗文化述论［M］．三秦出版社，2006，12
④ 柳长毅．郧阳文化论纲［M］．湖北人民出版社，2012，11

是"日落西山还得见，水流东海不回头"或"慎终须尽三年孝，追远常怀一片心"等等。

百日洗孝。旧时，在亡灵百日之内，孝子非常哀痛，故不理发，不洗脸，不洗澡，不洗衣。百天解祭，重孝脱去长衫，用水清洗，谓之"洗孝"，此仪今已废除。

汉中丧葬：其程序、仪俗大体有报丧、讣告、入殓、灵柩、点长命灯、孝子跪灵、出殡、长男顶烧纸盆、起棺打烂、灵柩盖红布、缚公鸡，孝长男、女抱遗像，无像执引魂幡，孝子披麻戴孝，一身着白、低头、手执丧棍，孝男拉灵致哀，孝女痛哭出殡。复三、头七、二七、……七七、百期、周年等，县境内各地大致相似，略有差异。棺木以松、杉、柏、楸木为上，次以白杨杂木者多。装棺木（入殓）时，灵柩置地，裱褙缝隙；为死者着三件、五件、七件、九件不等的单、棉绸缎衣裳，打银钉盖棺用土埋葬者多，火葬者甚罕。多墓前立碑，以褒扬死者。[①]

汉水下游丧葬习俗：

下游的襄阳时兴土葬，对棺木（也称寿木）特别讲究，多用杉、柏、楸等上等优质木材制作，内装裱，外雕镂，反复油漆。人死后，洗身、穿寿衣、放入棺内，名曰"入殓"。灵柩放入灵堂"停灵"，夜间由死者亲人陪伴，停灵3天。然后由孝子孝孙送至墓地掩埋。[②]

荆州为荆楚故地，"楚人信鬼巫，重淫祀"，其巫风巫俗也渗透到丧葬的礼仪中，后世沿袭并发展，逐步形成一种巫风宗教兼容并蓄的丧葬习俗，使之丧礼更显示出庄严性和神秘性。荆州民间办理葬前丧事，主要包括围坐送终、抹尸装束、告丧亲友、丧鼓伴灵、设坛做斋、入殓追悼等内容。而丧葬活动并非随着死者的安葬而结束，在安葬死者后，还要定期举行一些祭祀活动，荆州民间的祭祀活动重点是服丧、祭扫、家祭。[③]

## （四）歌谣戏曲、民间传说故事与语言民俗

随着明代汉水流域大动荡和大移民的展开，汉水流域的歌谣戏曲、民间传说故事与语言民俗也变得更为多元复杂和多姿多彩，具体情形如下：

### 1. 民间故事

民间故事是民众创作并传承的反映人类社会生活以及民众理想愿望的叙

---

① 吕农．安康民俗文化研究［M］．陕西师范大学出版社有限公司，2011，12
② 刘克勤．文化襄阳［M］．湖北人民出版社，2009，5
③ 潘世东：汉水文化论纲［M］．湖北人民出版社，2008，5

事性口头文学作品，亦即汉水流域农村流传的口语"说古经"，或是"说古今"、"古话"、"说瞎话"。民间故事一词的英文是"folke"。对民间故事的定义有广狭义之分。"广义的民间故事是指民众口头创作的所有散文体叙事作品，包括神话传说、幻想故事、生活故事、民间寓言、民间笑话等。狭义的指称神话、传说之外的散文口头故事，包括幻想故事、生活故事、民间寓言、民间笑话等。"①

汉水流域民间故事的存量几乎数以万计。若以故事所涉对象、所发挥的作用不同为标准，可以分为以下几类：

一是机智人物故事。机智人物故事往往是以某个机智人物为核心而编织的系列故事。在已搜集到的汉水流域民间故事中，各县都有一些机智人物。这些人物和邪恶势力斗、和命运抗争、和不公正的待遇或封建婚姻搏击，其方式有直接的、间接的，有团伙的、单个的，往往给后代人留下深刻的印象。其中明代道教著名机智人物张三丰的故事就特别集中和流行。如仅张三丰就有"张三丰在陕西"、"张三丰在四川"、"张三丰在武当"、"张三丰在云南"、"张三丰在贵州"、"清人记述的张三丰"等六个系列，其中，仅"张三丰在贵州"系列中，就有《酒醉失三宝》《巧讽贪官》《醉酒除害》《马鬃岭》《贫亲配》《造水桥》《水桶岩》《神音壁》《闹喜宴》《豆腐搭桥》《梭米洞》《飞凤投江》等12篇。《巧讽贪官》说的是张三丰惩治某县贪官的故事。

张三丰路经一县，四处都见民怨沸腾。一打听，方知此县县官甘秦为人残忍狠毒，拼命搜刮民脂民膏。适逢甘秦身染重疾，当街出榜千金，寻求治方。张三丰当即揭下榜文，先是前去县衙当面劝诫甘秦，见甘秦冥顽不化，思忖片刻，便留下一药方，飘然而去。甘秦随即命令仆从去抓药，四处药店声称绝无此药。甘秦师爷拿过一看，只见上面写着："狗脊官桂甘草秦韭鱼腥草肉从蓉百部杏仁天麻降香故纸羡黎黎芦马前子归身西洋参。"师爷立刻就意会了，几经周折，才敢翻译给甘秦听。甘秦一听，顿时七窍流血，被活活气死。原来这则药方是一首藏头诗，它用同字谐音的方法，组成四言诗，巧妙并辛辣地诅咒、痛骂了甘秦："狗官甘秦，鱼肉百姓（杏）。天降痛（故）疾（羡），立（蔡）马归西。"②

机智人物故事之所以流传日传日新，千秋不衰，在于它反映了汉水流域民众一种尚智尚德、扶正压邪的共同心理和精神诉求。③

---

① 刘守华、陈建宪. 民间文学教程［M］. 华中师大出版社，2002，2
② 刘守华，李征康. 张三丰寻踪［M］. 三秦出版社，1994，6
③ 吕农. 安康民俗文化研究［M］. 陕西师范大学出版社有限公司，2011，12

二是动植物故事。动植物故事是以人格化的动物、植物或其他自然物为主人公编制故事、展开情节，并借助这些形象间接地表现人类社会生活或情感的叙事性民间口头作品。正如林一白先生所指出的："动物故事既是关于动物的故事，也是关于人的故事。但归根结底还是关于人的故事，只不过采取的形式不同而已。在这里，动物故事中的动物，是在幻想中塑造的形象。因此，它们虽然是以动物的姿态出现，但又不是自然界原来的动物。"①

汉水流域动植物故事的基本手法就是从万物有生有灵的认识出发，推己及物，将人类社会的各种经验情景推展到动植物世界，对各种动植物进行绘声绘色的人格化的塑造和阐释："人是泥巴捏的""猫和狗为什么不好？""人为啥没尾巴""北方为啥寒""猴子为什么是红屁股""狗断奇案""狸猫救太子""白马告状""麒麟送子""乌龟报恩""翠鸟的传说""桑树为什么裂皮？""椿树为什么有牌？""白杨树为什么叶子像拍手""人为什么会吃麦？""寒露和荞麦的故事""一枝谷的故事""羊和五谷""冬虫夏草故事""黄花菜的故事"等等。在众多的民间故事中，连"蚊子""蚤子""苍蝇"是怎样到这个世界上的，民间故事都叙述得活灵活现。

在这类故事中，我们可以看到，一切动植物不仅有生命、有灵魂，同样，也与人类一样有个性、有情感、有喜怒哀乐，甚至有道德情操和思想智慧。

陕南地区搜集的一则"翠鸟的故事"：

很久以前，黄河之滨的一个村子里，来了一个缺德贪财的坏和尚，拿着一种有毒的东西，到处散播，害得村子里遭瘟疫，百姓伤的伤，死的死；坏和尚又说他有一种药能驱瘟散毒，要用银子换。谁知服药以后，旧病未除，新病又染。这种丑行被一个叫霞女的看破了，她联络众男众女，每天练神剑，练了七七四十九天，又练了九九八十一天，神剑终于练成了。她选了民众给坏和尚银两的日子，直刺和尚，伤了他的一只眼，和尚一看不妙，撒腿逃入河变成一条小鱼，游向泉眼去了。霞女见此情景，急得直伸脖子。这时，河沿上来了一位满头银发、眉毛胡须雪白的神仙，向霞女吹了一口气，霞女马上变成一只毛色翠绿，头蓝，嘴长，尾巴短的翠鸟，扑向泉眼，吃掉了害人的坏和尚。从此，人们都说翠鸟是霞女变的鸟，她入水吃鱼的缘由就是这样来的。

再如《寒露和荞麦的故事》，则是用人的智慧和人类社会生活经验来演绎、解说自然现象。述说很久以前，有个姑娘叫荞麦，但丈夫却是一个二傻

---

① 林一白. 略论动物故事［A］. 刘守华，陈建宪. 民间文学教程［M］. 华中师大出版社，2002，2

子。一天，傻子把马拉到集上去卖，回来却是空手。荞麦问钱，二傻子说："不给钱"；问姓啥？说是"姓西北风"；问叫啥，说是"大路通北京"；问家住哪里，说是"他家住在半空中，屋前有面大镜子，屋后有个大窟窿，屋左叮哨响，屋右响叮哨"。荞麦听后说："你明日去要钱，看谁家屋前有个大涝池，屋里后面有口大井，屋左有个铁匠炉子，屋右也有个铁匠炉子，往里是楼房，你就到他门上叫寒露，他就是买马的人。"二傻子第二天按荞麦所说，也真的叫出来"寒露"，钱也要到了，但寒露问是谁说的，二傻子只得说是荞麦媳妇。

寒露付钱以后，又回到家里，给马身上搭了个口袋，一边装了一朵花，一边装了一堆牛屎。到家里以后，荞麦一见，卸下双鞍，叫二傻子把马送给寒露。丈夫走后，她感到受了羞辱，便跳井死了。人们在打捞荞麦时，井水猛然变成了红色，而且还向外溢流。这水淌到地里，便长出了一种作物，人们都叫"荞麦"。每年，为了不让寒露再害荞麦，就在寒露来临之前，人们总要把荞麦收回来，放在家里。①

三是幻想故事。幻想故事又称民间神话、神奇故事和魔法故事。"这类故事的幻想色彩十分浓厚，是以丰富的想象及虚构的手段，来表现人类的生活和理想愿望的故事。"② 据搜集到的幻想故事，较有名的有《前程景》《香棒褪》《鲁山和耳山工》《螃蟹》《猴子屁股为啥没有毛》《老虎精》《祖师爷的乌鸦兵》《财神沟里有财神》《凤凰山的传说》《秦始皇赶山》《秦仙姑成仙记》等。

例如，在汉水流域的许多地方都流传着一则幻想故事《宝石槽》：

从前有个老汉挖树根，挖出个小石槽。他把石槽拿回家，老婆很高兴，就用它去给猪和食。和食时不小心，把个铜顶针掉进去了。找来找去找不出。第二天去找，只见满石槽的铜顶针。全家人一看，都觉得很稀奇，村里人都来看，那个老汉说："过去人说咱村里有个聚宝盆，就是这件宝贝。如果放进粮食它能长出粮食，那咱们就不受财主欺，也不受饿了。"真也怪，放粮食，就成了满槽粮食。谁知这事让村里王霸知道了，威胁说这是他家的祖传宝槽，强迫老汉抬到他家。他要石槽变金子，不小心把烟嘴子掉进去了，变了一石槽的烟嘴子，谁知烟嘴子一到嘴边竟取不下了。又寻老汉，骂着说捉弄他，要变金子，不然就要吃官司。他扔进一块金子，让老汉守到槽边。天明果然

---

① 吕农．安康民俗文化研究［M］．陕西师范大学出版社有限公司，2011，12
② 刘守华，陈建宪．民间文学教程［M］．华中师大出版社，2002，2

变了一槽大金块，但谁也搬不动。先是王霸老婆搬，被塌死了；王霸接着搬，又被塌死了。人们一看出了怨气，都说："这是招了贪心的祸了！"①

这类代代相传的幻想故事，直到今天，人们仍然在绘声绘色地讲述它，虽然有时把时间说得很远，把地址说成是乡间过去的老村庄，但都能给人以真实存在的感受，让人倍觉亲切动人。这不仅因为它们反映了汉水流域人民的智慧和理想，更因为这些幻想故事，激励着一代又一代人追求美满生活、幸福姻缘、公正自由的待遇，并成为为理想而奋斗的精神动力。

四是鬼狐精怪故事。汉水流域流行的民间故事，有相当大一部分是鬼狐精怪故事。这些鬼狐精怪一般包括"冤死鬼"、"冤女"、"凶死女"、"狐狸精"、"蛇精"、"鳖精"、"鱼精"以及各种花、鸟、虫、鱼、兽精等。这些鬼怪故事，有些内容消极、落后或下流不堪，但绝大多数都是以拟人化的手法，再现出形形色色鬼狐精怪的异常生活情景和奇特陌生的世界，折射出人类社会生活的情景，并间接地倾诉着人类的理想和愿望。在这类故事中，我们可以看到，形形色色的鬼狐精怪，它们能说话，能走路，能辨别善恶美丑，有喜怒哀乐、七情六欲，甚至有超常的能力，能超越一般世俗的权力，以至皇帝的圣旨，可以通过超常的能力直接到皇帝跟前，或到宫殿大殿上去面理、托梦、解危难、救良民。这些鬼怪故事，不论你天有多高，地有多深，河流江海有多宽，也不管其他害人害世的神怪，道行有多高、法术有多么大，他们都敢挑战、敢抗争，敢于伸张自己的权益，维护世道的正义，同情弱者，造福百姓。在汉水流域上下，各地都有记忆鬼狐精怪故事的"故事篓子"，而且，讲说这类故事成为人们生活中的习俗和乐趣。没有这类故事，夏夜就会变得炎热无比，冬日的夜晚就会更加寒冷难耐，单调的乡村生活就会更加寂寞乏味，而民间故事本身就会没了看家的"法宝"和"魔力"。也许，正是因了这些故事，才使汉水流域民俗变得质朴而淳厚，人民变得善良而富于智慧。②

汉水流域的鬼狐精怪故事，比较有代表性的有：《地脉龙神倒霉》《会办事的土地爷》《养生地鬼》《鬼朋友》《蝎子精》《阎王受贿》《鬼女儿，人女婿》《人背鬼》《皮狐精变金钗》《石牛》《牛和蝎子》《放牛娃的皮狐媳妇》《没有下巴壳的人》《卖鬼》等，都脍炙人口，广为流传。如《鬼朋友》故事：

---

① 吕农. 安康民俗文化研究［M］. 陕西师范大学出版社有限公司，2011，12
② 吕农. 安康民俗文化研究［M］. 陕西师范大学出版社有限公司，2011，12

从前有个教书先生，住在一个破庙里。破庙里常闹鬼，没人敢住，唯独这个先生不怕。有一天晚上，果然来了一个鬼，和先生同吃、同住，到鸡啼黎明前就走了。后来先生问他身世，鬼才说他原来是一个长工，因欠债被地主摁到河里淹死的。慢慢的，先生和鬼做了朋友。一天，鬼说明日他要走了，有个小伙过河，他要拉他入水当"替死鬼"。结果，晚上鬼又返回，问其原因，鬼说他见小伙给他妈买药治病，一人死要害及两个人，心里不忍。又一次，鬼说有个小孩过河当他的"替身"。结果，鬼又返回，问其原因，鬼说，小孩掉河，他母亲下水救，驴也掉进河里，他不忍心害三条命。又一次，鬼说明日有个替身，就是害死他的那个财主，这天讨账回来，骑马过河。这次鬼成功了，财主连人带马掉进河里淹死，算是除了当地一害。鬼朋友从此分离。①

这个故事里的鬼不仅很有同情心、慈悲心，而且，极富公正性和道义感，宁可让自己晚些超度，也绝不让善良无辜的人无端受伤，也绝不去干伤天害理、损人利己事，但是，对待心黑缺德的财主，则干脆果断，决不手软，表现了爱憎分明的原则。

五是生活故事。"生活故事是以民众的日常生活为题材，以现实中的人物为主角的故事，又称'世俗故事'或'写实故事'。它们是现实性较强，幻想性较少或看似没有幻想，而实则仍带有一定的想象与虚构的故事。"② 汉水流域民间的生活故事，范围广，类别多，大凡民众生活中的衣食住行、玩乐嬉戏、婚丧嫁娶，都属此类。概而论之，主要有：

第一是交友道德与家庭伦理故事。这类故事主要表现民间交往中的伦理道德以及家庭内部的人际关系，其中，充满了对人世间美德、美言、美行、美功的赞美歌颂，对乏丑行的鞭挞和斥责，是很好的社会伦理教科书，譬如《瞎子偷钱遇清官》劝人要诚实处世、与人为善，《一斗谷子三升米》要人多行善事、必有好报，《劈华山》教人格尽孝道、报答养育之恩。此外，《路遥知马力》《银子变水》《五湖四海皆兄弟》等都是这类优秀的代表作。

第二是奇巧婚姻故事。这类故事大多情节曲折，充满悬念，具有明显的道德训诫意味，最终都以"有情人终成眷属"结局。这类故事的大量存在，反映出汉水流域人民对结婚这一人生大事的深切关注。比较典型的故事有

---

① 吕农. 安康民俗文化研究［M］. 陕西师范大学出版社有限公司，2011，12
② 刘守华、陈建宪. 民间文学教程［M］. 华中师大出版社，2002，2

《双拜堂》，写一对偷情男女生下儿子后，为求得女方父母认可，男子离家18年，奋发作为，发了大财，再去岳父家接亲。此时，他的儿子已长大成人，并且也与对象佳期有约，于是，父子在同年同月同日双双拜堂成亲，一时传为地方佳话。此外，还有《不见黄河不死心》《三团圆》《千里姻缘一线牵》《杨玉》《憨子寻女婿》《丢媳妇》等。①

第三是长工斗地主及民斗官的故事。这些故事反映了漫长的封建社会里剥削阶级与被剥削阶级之间，形成的尖锐矛盾和斗争。如《万事不求人》中三媳妇借力发力、要县官称海有多重、量天有多大而斗垮县官。② 再如《巧气财主》也是如此：

有个吝啬财主刻薄待人，一次，他听说一个能人的父亲病故，前去行礼，礼单上写明："奠礼一百，交五十，欠五十。"不久吝啬财主母亲死了，能人空手而去，在路上折了一对毛腊草，在礼单上也写着"毛蜡一对，奠洋一百，夺所欠五十，欠五十。"吝啬财主知道后，气得给能人碗里连肉也不放。能人气得无法，在财主家住了两天。一天，两人游转，看见一个草人，吝啬者说："那东西不是人，是人还能不走！"能人也巧对说："那就不是人，是人能没肉！"

第四是巧女故事。这类故事大多表现青年女子或青年媳妇的聪明才智，多以心灵性巧来排忧解难。故事的主人公多为乡村劳动妇女。典型的巧女故事如《巧媳妇》《灵媳妇》《机灵女人》《万事不求人》《九仙姑》等。③ 最为生动传神的巧女故事要数《赔猫》了：

有个李婆，无意中踏死了隔壁刁婆一只小猫。刁婆说她养的猫日能拉金，夜能厨银，要给她赔一模一样的金丝猫。李婆是个善良人，愁的吃不下饭，但她有个孝顺的媳妇，提起这事就问："刁婆借过咱家东西没有？"李婆说："借过咱家的勺没还，没梁斗不给，大木瓢不送。"媳妇说："这就对了，她来了有我。"刁婆来后，恶狠狠地说："我家那猫，卧是猫，立是虎，拿到大街上，人人给出五百五十五两五！"媳妇说："不贵不贵，我家赔得起。婶子，你要还我家的勺，这勺左搅是粥，右搅是肉，拿到大街上，人人给出六百六

① 潘世东：汉水文化论纲［M］．湖北人民出版社，2008，5
② 吕农．安康民俗文化研究［M］．陕西师范大学出版社有限公司，2011，12
③ 吕农．安康民俗文化研究［M］．陕西师范大学出版社有限公司，2011，12

十六两六！"刁婆一听不妙，就想溜走；媳妇又说："大婶莫走，你还拿我家的没梁斗。这斗，东舀是粮，西舀是酒，拿到大街上，人人给出九百九十九两九！"刁婆一听就跑；媳妇就说："还有我家的木瓢……"从此，刁婆再不提赔猫的事了。

六是寓言故事。寓言故事是由民众集体创作并流传的带有明显训诫意味的小故事。寓言故事是民众智慧、经验和知识的结晶，一般都借物或借事喻理，把一些处世、待人、道德礼貌等诸类哲理的东西，寓于故事之中，使人在对故事的接受中，同时获得智慧的启迪、思想的熏陶和知识的丰富。如《小伯乐识马》：

述说伯乐善识千里马，人间传为佳话。但识马秘诀从不传外人，只传给他的儿子。伯乐儿子得了识马术，便自命不凡，盛气凌人，独自一人四处去寻千里马，他死记着父训：嘴巴宽宽扁扁的，鼻孔是圆圆的，眼睛睁得突突的，蹄爪是大大的，肚子是鼓鼓的。有一天，池边草丛里蹲着一只大蛤蟆，小伯乐东看西看，觉得和千里马非常相似，如获至宝，就把它装进衣兜里。小伯乐急忙跑回家，大声喊叫四邻来看千里马，众人一见哈哈大笑说："这是货真价实的癞蛤蟆！"

这个故事对学习上的生吞活剥、食古不化机械做法作了穷形尽相的刻画，听后让人深思。此外，《蚂虾肚子咋破的》《三个人猜蛋》《两条腿》《嘴》《脑壳、胳膊和腿》都是发人深省的好寓言。①

### 2. 民间歌谣

明代大动荡和大移民以来，天下四方人民云集汉水，一时间，五方杂居，八音杂陈，将汉水变成了一条文化杂汇、民族杂融、民风杂交、流诗淌歌的河流，其歌唱的传统非常深厚悠久，其歌唱的水平异常发达，而其民歌的数量与质量在同类河流中几乎是绝无仅有的。"汉水流域是歌谣的重镇。从古到今，从上到下，其歌谣浩如烟海，多如繁星。其歌，一般指各种民歌，或讲说，或单唱，有长有短，有悲有喜，也有伴随各种游艺进行的；其谣，一般均指上口念、说或表叙（顺口溜），有长有短，表述念说方法不一。汉水流域歌谣的体裁较多，如劳动歌谣、时政歌谣、仪式歌谣、情歌、生活歌谣、历

---

① 刘克、徐宛春. 南阳民俗文化［M］. 河南大学出版社，2003，9

史传统歌谣、儿歌童谣，以及不入流的杂歌谣等。劳动歌谣、生活歌谣在这些歌谣中占量最大最多，这是因为它和劳动生产以及人民生活的关系最直接、最密切。同时，也是由于民间文学从来就是'生产者的艺术'，和劳动生产有着天然的联系。"① 现就汉水流域各地在歌谣习俗中的歌谣品名分述于下：

一是汉水流域歌谣分类。

第一是歌头歌。歌头，短而明快，常为开场词，以引人注意，有以锣鼓伴音，也有以道白、念词形式出现。如：《皇帝见我也低头》："山歌子来八个头，阎王见我就发愁。孔夫子见我就下马，皇帝见我也低头。"②

第二是劳动歌。劳动歌大多出现在各种劳动生产活动中，主要内容是对劳动过程的展示，对劳动场面的描绘，其社会作用在四个方面：总结劳动经验，传授劳动技能，激发劳动热情，提高劳动效率。如《抬石头歌》："（领唱）山歌口外子来鸣，（齐）哟号哟号号！（领）八个口外头哟号，（齐）哟号哟号号！（牡丹花儿红）（领）国王口外见我吗，（齐）哟号哟号号！（领）也发口外愁哟号，（齐）哟号号（牡丹花儿红）（领）皇帝口外见我吗，（齐）哟号哟号号！（领）也下口外马哟号！（齐）哟号号（牡丹花儿红）（领）孔夫子口外见我吗，（齐）哟号哟号号！（领）也点。外头哟号！（齐）哟号号！（牡丹花儿红）"（陕南民歌·南郑·林其昌唱）劳动歌最多。可以说，劳动有多少内容，就有多少劳动歌与之对应。薄草有薄草锣鼓："高高山上插杆旗，点点人马齐不齐。人马齐了就架势（开始），人马不齐干着急。""六月太阳当头照，男女上坡薄野草，锄头口上生水火，薄尽野草好长苗。"盖房子有上梁歌："主人家强真个强，砍倒大树盖楼房。前盖三间朝王殿，后盖七间子孙堂。朝王殿里出太子，子孙堂里状元郎。房子盖在龙头上，子子孙孙理朝纲。房子盖在龙腰上，状元榜眼探花郎。……王母娘娘抱小鸡，本是主人叫鸣鸡，不要头，不要尾，要它鲜血祭大梁。"挑担有《挑担歌》，如："闪起担子嚣起风，还比骑马坐轿轻！"打草有《打草歌》，织布有《织布歌》，就连拾粪、捉鳖、打野猪、抬轿也都有相应的歌。③

第三是时政歌。时政歌主要是对国家或社会上重大事件和变更的歌唱。如《荒年歌》记载："崇祯一年遭天旱，崇祯二年被水淹，崇祯三年倒还好，蝗虫吃了半边天。"明末李自成、张献忠率领的农民起义军多次进出这一地区，"开开大门迎闯王，闯王来了不纳粮"，这样的明末流行民谣现在仍然保

① 潘世东. 汉水文化论纲 ［M］. 湖北人民出版社，2008，5

② 吕农. 安康民俗文化研究 ［M］. 陕西师范大学出版社有限公司，2011，12

③ 潘世东. 汉水文化论纲 ［M］. 湖北人民出版社，2008，5

存在当地的民歌中。《白莲教闹五更》则反映了白莲教起义军在襄阳、郧阳两地的斗争历史。①

第四是仪式歌。仪式歌主要用于各种宗法、宗教、习俗、节令、丧葬、结婚、生子、盖房等重大活动，影响着人们的生产、生活习俗，所谓"无规矩不成方圆"、"无讲究不成世事"，故在文化习俗方面，形成了不少传统的仪式，流传后世。如，在结婚仪式上，要用《撒草歌》，（结婚时新妇下轿进屋时歌唱）："一撒麦子二撒料，三撒媳妇下了轿，四撒核桃五撒枣，六撒两口百年好；七撒金子八撒银，九撒媳妇进堂门，十撒一把满堂红，日月常存步步升。"在打鼓闹祖的仪式上，要唱孝歌《开歌路》："月儿弯弯照九洲，孝家请我开歌路；歌路不是容易起，未曾挎鼓汗长流。"（商洛市山阳县孝歌）起屋盖房上梁要唱《上梁歌》："东方起得早，迎日紫云飘。西方起得早，吉星常普照。两头一般挺，中间坐个小朝廷。"升匾有《升匾歌》："匾放东，子子孙孙坐朝中，匾放南，子子孙孙当朝官，匾放西，子子孙孙穿朝衣，匾放北，子子孙孙当侯爷，四方都放交，子子孙孙戴纱帽……"②

第五是情歌。情歌在歌谣中占一定比例，内容非常广泛，主要抒发男女之间由于相爱而激发起来的悲欢离合的思想感情，而在婚恋、怀念、交往方面居多。其中有一些歌表现的就是男女房事生活的内容，有的是用比喻的方式，有的则是赤裸裸的描写，当地人把这些歌叫做"酸歌"或者"荤歌"。这些歌一般都具有离经叛道的鲜明色彩，表现了对封建礼教的蔑视。譬如《新媳妇闹五更》："一更鼓儿天，一更鼓儿天，新来的新媳妇面惭惭，面惭惭没见过丈夫面。小奴家一十八，丈夫一九零，先脱绣鞋后拽裹脚，吹灭小明灯才把绣衣脱。二更鼓儿多，二更鼓儿多，小情哥上来就把奴来摸，奴不肯强把奴按着。叫郎好狠心，叫郎好狠心，好一似猛虎上了奴的身，头三阵吓掉奴的魂。三更鼓儿催，三更鼓儿催，小奴家今年我一十八岁，一十八岁没吃过这大亏。嫂嫂淌眼泪，嫂嫂说过的，再过三年谁也不怕谁，只有使坏牛哪有犁坏地……"再如《绣香袋》："石榴花开叶叶青，妹绣香袋送郎君。银针绣出梭罗树，彩线绣出五色云。银针有情线有意，为此操得不是心……郎君若还不相信，拿在手上看分明。春夏秋冬十二月，月月香袋绣古人……"这类歌中比较著名的还有《十杯酒》《五把扇子》《十劝郎》《十二时辰》《十绣》《送郎十里亭》《十八摸》等，仅《闹五更》曲调就有《小姑娘闹五

①　徐永安. 从范氏口传文学家族解读武当山民歌［A］. 郧阳师范高等专科学校学报［J］. 2002，2

②　杨郧生：郧阳风俗文化［M］. 湖北人民出版社，2010，12

更》《寡妇闹五更》《月亮闹五更》《姨子闹五更》《姑娘闹五更》《陪郎五更》《洋烟闹五更》《新媳妇闹五更》等数种之多。①

　　第六是世俗日常生活歌。世俗日常生活歌直接反映世俗日常生活的方方面面，大凡社会生活、家庭生活、婚姻生活等都在反映之列，而其中，尤以反映最苦惨的农民和妇女生活为最普遍。有的是吟唱人情世故，如《钱》："山珍海味离不了盐，能说会道离不了钱。有钱能使鬼推磨，没钱不必苦周旋。//财主为钱把田买，商人为钱拨针尖。美女为钱失了节，老爷为钱罢了官，强盗为钱害人命，小盗为钱挖窟眼。农夫为钱苦种田，脚夫为钱苦熬煎，担挑卖油抬轿杆，下磨脚板上磨肩。有人为钱挨打骂，有人为钱结了冤。有人为钱不认亲，有人为钱不要脸，有人为钱逞凶恶，呜呼一命染黄泉。"有的是历诉生活的凄苦，如《匠人》："木匠睡的柯杈床，泥匠住的烂草房，裁缝穿的旧衣裳，大夫家里病婆娘，卖盐的喝淡汤，织布的穿的烂麻稚。"《穷汉难》："漏漏房，烂烂锅，想烧开水没柴禾，炕上睡个病老婆。"再如《长工回家看婆娘》："月亮爷，亮光光，长工回家看婆娘，炕上一摸冰凉凉，婆娘死的硬邦邦。"有的是控诉世道的不公，如《打官司难》："一日官司十日打，十日官司得半年，官不要钱礼要钱，礼不要钱饭要钱。"总之，"饥者歌其食，劳者歌其事"，全是感于哀乐，缘事而发。②

　　第七是历史传说歌。历史传说歌，多为反映历史事件、历史人物和历史故事，有些歌谣确有其人；有些，其人虽不见史籍，但民间广为流传，这在一定程度上反映了时代情况。汉水流域各地，反映这方面最多的是历史事件和历史人物，如姜子牙钓鱼、扶周，秦始皇筑长城，孟姜女千里寻夫，韩信领兵、算卦，诸葛亮智谋出兵、用计，赵匡撒送京娘，王祥卧冰，李三娘担水，武松赶会，包公办案，李自成造反等等。如情歌《绣香袋》中描述"绣"的过程："正月香袋绣古人，得道修仙到天庭，左边绣的韩湘子，右边绣的杜林英。二月香袋绣古人，上绣雪梅女钗裙，左绣情人艾玉女，右绣商郎小夫君。三月香袋绣古人，上绣桃园三将军，左绣弟兄刘关张，右绣军师诸（葛）孔明……"后面还有唐朝人物罗成、秦叔宝、李世民；三国人物赵云、周瑜、黄盖、曹操；宋代的杨六郎、焦赞、孟良、穆桂英；牛郎织女；张果老、吕洞宾；广寒宫的嫦娥、玉兔、梭罗树；明朝的朱元璋、徐达、刘伯温；孟姜女和万祀良；王三公子和玉堂春。从历史人物、古代神话到传说

　　① 李征康、屈崇丽．武当山吕家河村民歌集［M］．学苑出版社，2003，10
　　② 柳长毅．郧阳文化论纲［M］．湖北人民出版社，2012，11

人物、民间故事、戏曲和小说中的人物，可谓荟萃古今、济济一堂。①

第八是儿童歌谣。儿童歌谣范围较广，有的是成人教儿童唱的，有的则是儿童之间互相传唱、互相补充、说唱较长的串歌。这些歌谣，一般可分为四类：一是儿童幼时老人唱给儿童听，以便提高儿童智慧的，如"三岁娃，会栽葱，一栽栽到河当中，过路君子莫打动，尽它开花结莲蓬"。二是儿童间游戏、玩耍所唱的歌谣，如《点兵点将歌》："点兵点将，点到和尚，和尚没钱，卖裤子过年。点兵点将，点到和尚，有钱喝酒，没钱跟我一起走。"三是从儿童心理方面出发的事理歌，反映儿童对社会一些事物的朦胧看法（或是一种幼稚观念），如《来去歌》："有去有来梁上燕，有去无来弓上箭；有去有来机上梭，有去无来水上波。"四是绕口令，为儿童间练习语言和判断事物，或斗智斗趣的歌谣。如："鸡娃跟上拾麦颗。一颗麦，两颗麦，倒到恺子没人推，公鸡推，母鸡簸，鸡娃跟上拾麦颗。"再如《月亮走，我也走》："月亮走，我也走。我给月亮提茶卤，一提提到罐子口。罐子口，去卖油，卖了油再摘红石榴。"九是月令类歌谣。即根据时令的变迁和风物的变化，逐月描写不同的生活劳作内容，并抒发与之相应的喜怒哀乐情感的歌谣。著名的代表歌谣有《十二月》《望郎十二月》《十月怀胎》《十月探妹》《十想》《十爱》《十恨》等。如《十月探妹》："正月探妹是新春，我一带拜年二看灯。看灯是假意呀，妹吃，我看你是真心。二月探妹是龙抬头，郎在学中把书读。口里念文章呀，妹吃，我一心挂两头……"再如《农时歌》唱道："正月里赶会把钱拿，多买木铣和荆权。锄头挖撅不能少，筐子萝卜得两仁。牛笼嘴，白砂桦，皮条扎鞭少不下。炮绳梭头早准备，抽空拾掇犁和耙。二月惊蛰树发芽，红薯母子早排下。春分跟前种粟谷，过了清明点棉花。清明下秧栽白田，谷雨下秧栽麦茬……"把一年十二个月二十四个节气所涉及的农业生产知识说得清清楚楚，类似《诗经》的《豳风，七月》。②

二是奇特的武当山牧童战歌。

武当山牧童战歌，是放牛娃唱的一种民歌。称之为"战歌"，就是以唱歌的方式进行唇枪舌战、一赌输底的赛歌活动。对此，汉水文化专家李征康先生有一个很贴切的说明：所谓战歌，"就是唱歌对骂的意思，是唇枪舌战，也是赛歌，唱歌最多者，就是胜者，那种不留情的对骂，真像兵家对战一样，火药味十足，适合放牛牧童好动的特点，所以能广为流传。"③

---

①　刘克，徐宛春．南阳民俗文化［M］．河南大学出版社，2003，9

②　潘世东：汉水文化论纲［M］．湖北人民出版社，2008，5

③　李征康．谈武当山牧童战歌［A］．郧阳师范高等专科学校学报［J］．2002，2

武当山牧童战歌的歌词全是骂人的脏话，骂的对象无所不及：有直接骂对手的，如："你唱战歌好大胆，丝瓜脖子绿豆眼，五黄六月跳河滩，十冬腊月钻石板，脱了袜子脱了鞋，我下水把你逮起来，揭你壳，砸你盖，原来你是下酒菜。"在这里，骂对手是乌龟，既刻薄尖锐，又生动形象，其中，"丝瓜脖子绿豆眼，五黄六月跳河滩，十冬腊月钻石板"等语言，既雕塑般地再现了乌龟的形体肖像特征和生活习性规律，又特别突出了乌龟诡异、狡猾、胆小等致命弱点，不愧是对乌龟的穷形尽相的传神写照。而写自己则"脱了袜子脱了鞋，我下水把你逮起来，揭你壳，砸你盖，原来你是下酒菜"—果决、干脆、自信、敢作敢为，一种顶天立地、一往无前的气势，充满霸气、杀气！再如："你唱战歌好大胆，淡球闲事你爱管，白天你在门上转，夜晚卧在大门前，人家坐席你坐地，两眼望穿想吃饭，丢个骨头你抢来啃，摇摇尾巴怪可怜。"这一首歌将对方比作看门狗。虽是骂人，却采取谜歌的形式，比喻生动，智慧洋溢。有骂对手家人亲属的，有揭对手自己或亲属家丑甚或缺陷的，更有甚者是专骂对方的祖母、母亲、姑母、姐姐，如《大河涨水小河浑》。再如《光打号子不唱歌》，骂得十分粗俗丑陋，十分恶毒野蛮，不留余地，不给情面，骂得对方狗血淋头，无地自容，直到对方屈服、认输，甘拜下风方才结束。①

综观武当山牧童战歌，虽是不识字的牧童所唱，但它同样采用了民歌比兴的手法。在创作中，有一韵到底的，也有两句一韵，随时变换的；有叙事的，也有纯粹骂人的。如《桑树扁担软溜溜》，就是叙事的，一韵到底的；而《一个牛娃花蹄壳》便是两句一韵，随时变韵的。根据搜集的资料与普查的情况看，武当山牧童战歌有数百首之多，但这些歌有一个共性，那就是每首歌必骂人。而且其中粗俗之作颇多，不宜在今天的青少年中流传。李征康指出，牧童战歌，就是放牛娃随口唱的民歌，它有一个特定的歌唱群体，只有放牛娃才唱这种歌。其他人是不会唱的。但当他们加入了正式的农业生产大军，成为真正的沉重的体力劳动者之后，他们便会鄙视战歌，绝不再唱。因为：(1) 战歌是粗陋的、野蛮的骂人歌，是不懂事，情有可原，若大人唱，就是不礼貌，不知人情世故了；(2) 俗话说，放牛三年难做官，只有改掉了放牛娃的脾气与习惯，才能做一个真正的男子汉。所以，唱战歌是放牛娃们的专利品。②

牧童唱歌为什么要对骂呢？对此，李征康先生作了较为准确的分析："牧

---

① 刘守华《武当山下有个民歌村》，见"中国武当民歌研讨会"论文汇编（1999 年 11 月）
② 潘世东：汉水文化论纲 [M]．湖北人民出版社，2008，5

童这个年龄正值年少，本应是天真无邪，活泼可爱的时候。可是，繁重的体力劳动，辛苦的生活，非人的待遇，处处受人鄙视，都使他们处于人生的最低层，肉体、精神上都受到了沉重的压迫。年幼的心灵受到极大的伤害。他们的生活好像永远没有出头之日，他们对人生美好的希望，好像永远没有实现之时。长期精神上的压抑，生活中的折磨，使他们的心灵深处积下了苦大仇深的怨气。他们当然不满现实，他们要将自己满腹的牢骚，满腹的冤屈，满腹的仇恨找个合适的地方，合适的时机，狠狠地发泄出来。那就是借助战歌，以舒展自己沉闷的胸怀，将对方骂个痛痛快快。当对方骂自己的时候，自己也并不觉得耻辱，而是快乐得哈哈大笑。原来他们一方面发泄自己的不满，一方面也自己取乐。因此，对唱战歌的时候，也是牧童感到最快乐、最舒坦的时候。"①

目前，随着牧童这一劳动群体的消失，牧童歌也在消失之中，只有那粗犷、嘹亮的牧童青春旋律还在武当山岗峦河谷间回荡。

三是鄂西北锣鼓歌。

锣鼓歌是鄂西北人民喜闻乐见、广为流传的重要民歌体裁之一。由于这种民歌都要以锣鼓为伴奏乐器，边敲打边歌唱，加之锣鼓声音洪亮高昂，所以一唱起来便地动山摇、声震四野，给人一种粗犷豪迈、气壮山河的感觉！据十堰市汉江文化学院副院长武戈同志研究，鄂西北的锣鼓歌共分为阴歌锣鼓、薅草锣鼓和花鼓穗等三种类型，后来又从花鼓穗中裂变出载歌载舞的秧歌锣鼓和只打不唱的威风锣鼓。就其锣鼓本身来说，鄂西北的锣鼓有铜属、木属、革属三类，铜属中有大斗锣、马锣、勾锣、抛锣、大擦、小擦、饶钱、磬、叮锣、摇铃等 11 种；木属中有木鱼、简板、竹板三种；革属中有大鼓、中鼓、腰鼓、手鼓、战鼓、柿饼鼓、木桶鼓等 7 种。最大的鼓是战鼓，直径有一米五，需两人抬着或用木架架着打，鼓声能传出 2 平方公里左右，最小的鼓是手鼓，小到一手能捏两个。②

鄂西北人对锣鼓别称有两种，一称"火炮"，一称"点子"。"火炮"讲究阵容和声势，要求至少在 10 件以上。"点子"用于伴奏，只要求中鼓、大斗锣、勾锣、抛锣、大镲、小镲等 6 样即可，以免喧宾夺主。在锣鼓的用途上，抛锣是引路的点子，鼓和大擦是掌握韵律的主乐，大斗锣、勾锣、马锣、小擦是给鼓点和音的配乐，磬、叮锣、木鱼、简板、竹板是给歌声打拍子的轻音乐，摇铃的主要用途是招呼开场或休整的，而腰鼓、手鼓、战鼓、木桶

① 李征康. 谈武当山牧童战歌［A］. 郧阳师范高等专科学校学报［J］. 2002，2
② 柳长毅. 郧阳文化论纲［M］. 湖北人民出版社，2012，11

鼓和大鼓则多用于阵容庞大的秧歌舞和威风锣鼓。演唱阴歌锣鼓时只用中鼓或柿饼鼓和大斗锣两样，演唱薅草锣鼓时只用中鼓、大斗锣、抛锣、小擦等四小件，主要是以歌为主，以锣鼓和乐，相对于花鼓穗和秧歌锣鼓的气势要文静许多。如果从演唱内容上分类，鄂西北的锣鼓歌又可分为文歌锣鼓、战歌锣鼓和叫歌锣鼓等三种类型；文歌锣鼓是指仪式歌，例如阴歌锣鼓中的开歌路、烧更纸、摆十杯酒、安五方、还阳和蒋草锣鼓中的请神歌及送神歌，又例如花鼓穗中的开光和卧灯等仪式套路，必须由专业歌师演唱，场面也由锣鼓歌师自由掌控，显得既文明又深沉，故此称作"文歌锣鼓"或"文锣鼓"。与文歌锣鼓相比，"战歌锣鼓"和"叫歌锣鼓"则充满着火药气味。战歌就是"打嘴仗"；郧西县叫作"钻子歌"，房县叫作"比大小"，丹江口人叫作"翻田埂儿"，竹山、竹溪的人又叫作"对歌"，还有些地方叫作"打歌擂"。常见的套路有比古人、招驸马、将男比女、将人比畜、耍侃子、攒言子等，看谁知识丰富、掌故丰厚、口才过硬。战歌锣鼓常常穿插于阴歌锣鼓、游草锣鼓和花鼓穗之间，是仪式歌之外的主题歌。叫歌锣鼓就是盘诘歌，又叫盘根问底歌，形似于歌剧《刘三姐》中的对歌。鄂西北的叫歌锣鼓有三种类型：一是盘诘考问，例如："正月里是新年，什么人捧灯到堂前？二月里龙抬头，什么人彩楼抛绣球？"或"正月里什么花檐门高挂？什么人十三岁修行出家？"等等。二是猜谜语，例如："孔明设计过大江，鲁肃游说鲁国邦，杨六郎要杀杨宗保，宗保舍不得穆家庄，你把四字对我讲，莫叫字谜压书箱。"三是对对联，例如："手拿一把金交椅，歌师坐下我站起，我把上联来题起；宝鼎呈祥香结彩，生意兴隆通四海，对上下联两边排，平安如意发大财。"在叫歌锣鼓中，最难以应付的就是对对联，若是对不上下联，便是一件很没面子的事情，以后便很难混迹于歌场。①

据汉江文化学院副院长武戈同志研究，鄂西北锣鼓歌的表演特点是以歌为主，以锣鼓为辅，根据歌词的不同，打击锣鼓的板路和鼓谱也有所不同，形象的说法是"到什么场合打什么锣，敲什么点子唱什么歌"，具体的演奏方式有一句歌词一板锣鼓，也有两句、三句或是多句中插一板锣鼓的，其板路有短板和长板之分，在每个段落没有唱完之前的插板，均为短板锣鼓，一段子歌词唱完之后，就打上一曲长板锣鼓。运用于阴歌锣鼓中的板路有郧阳板和林英儿板，其鼓谱有打擂台、十二连锤、金鸣三点头、老牛弹蹄子和画眉架、老鼠磋牙等曲牌，例如开歌路用的是擂台鼓，三句头用的金鸡三点头、

① 武戈. 鄂西北的锣鼓民歌 [A]. 郧阳师范高等专科学校学报 [J]. 2007，(4)

老牛弹蹄子、十二连裙、画眉跳架、老鼠磋牙等郧阳板和鲤鱼闹莲等林英儿板的曲牌等等，基本上是根据歌的曲调决定锣鼓的曲牌，不能一成不变，也不能张冠李戴。相对于阴歌锣鼓而言，花鼓穗、薅草锣鼓和秧歌锣鼓的曲牌则显得灵活多样一些。常见的曲牌有狮子滚绣球、童子拜观音、画眉跳架、喜鹊登梅、朝王见驾、鲤鱼闹莲和长江水、水波浪、白头仙、剪花、三半、四季景、慢赶牛、上山柳、拜新年等三十多种，最少不少于四件乐器，最多时用上铜属、木属、革属等全套打击乐器和唢呐、笛子、笙、箫、琵琶、二胡等管弦乐器，旨在营造一种热闹、喜庆、撼天动地和气壮山河的狂欢气氛。阴歌锣鼓唱的是悲腔哀调，花鼓穗、薅草锣鼓和秧歌锣鼓唱的则是花腔高调。常见的曲调有五句子、七岔子、八岔子、闹元宵、十二月梭、十条手巾、绣荷包、剪剪花、摘黄瓜、拜新年、四季景、十字歌、十样景、信天游、两句半、八班头、蒋棉花、对对子、大开门、小开门、浪过河、雪花飘、下象棋、洛阳桥、蜜蜂采花和打仙桃等六十多个曲牌和五十多个小调。如果配上相应的锣鼓曲牌，则显得格外优美动人、铿锵有力！①

在艺术上，鄂西北锣鼓歌特色非常鲜明。对此，武戈先生指出："首先是它那撼人心魄、气壮山河的声势和铿锵有力、节奏明快的锣鼓韵律；其次是那时而悲伤，时而愤怒，时而哀婉，时而欢快的锣鼓语言；再其次是那花样繁多的锣鼓曲牌和因景因时而演唱的丰富的锣鼓歌曲。它既有固定的唱词，也有即兴创作的脱口秀，或远古传说，或历史故事，或百科知识，或人间真情，总之是应什么景唱什么曲，见什么人唱什么歌。歌师把锣鼓歌场当作展示才华，交朋结友的人生舞台，尽情地宣泄，毫无拘束，毫不做作，毫无顾虑，散发出人性的光芒……鄂西北的锣鼓歌不是软绵绵的民间小调，而是一部浩瀚壮观、博大精深的百科全书。神农架的《黑暗传》和郧西县的《创世歌》虽然只是锣鼓歌的歌头，却展现了神话创世和人类创世的历史轨迹。《黑暗传》叙述的是远古神仙同宇宙的斗争史，《创世歌》则从洪水滔天、抟土造人、炼石补天、斩将封神、列国争霸、封建集权、三国鼎立等历史掌故一路唱来，鞭挞了帝国豪强，颂扬了炎黄孝子，展示了华夏文明，赞美了民族融合，的确是难得一见的民歌经典。"②

在锣鼓歌中尤具特色的是阴锣鼓（丧鼓，丧歌）。阴锣鼓传说起源于庄子。据说，在一个除夕之夜，庄子的父母相偕离开人世，庄子夫妇二人异常悲痛，不禁抚尸恸哭，哭得昏天黑地，一塌糊涂。当地风俗是没过"破五"

---

① 杨郧生：鄂阳风俗文化［M］．湖北人民出版社，2010，12
② 武戈．鄂西北的锣鼓民歌［A］．郧阳师范高等专科学校学报［J］．2007，（4）

（既正月初五）以前，属于热丧，不通知亲友吊丧，亲友也不主动上门，以免沾上晦气，影响财运。庄子恸哭了一天一夜之后，抬头问田氏："你哭的啥内容？"田氏答："不记得了。"田氏问庄子："你哭的啥内容？"庄子也说是记不清了。庄子后来向田氏提议："咱们再哭时，就用粮斗和脸盆击打配乐，每人哭诉一段，你哭给我听，我哭给你听。"在后来的五个长夜中，庄子夫妇二人击斗敲盆，和乐歌哭，历诉父母的养育之恩："父母养儿女兮，恩重如山；吃苦含辛兮，数十余年；往日相处兮，承欢膝前；今朝离别兮，再难相见……"他们哭一声，敲几下盆斗，再哭一声，再敲几下盆斗。由于他们的哭声如歌如泣，独特新颖，渐渐吸引了不少乡亲们到门外聆听。再后来，人们相袭模仿，把这种击斗敲盆的哭诉方式运用到哭丧悼亡活动中，并逐渐沿袭下来，形成了一种习俗，这就是最早的阴锣鼓歌。也正因为如此，所以鄂西北的锣鼓歌手们都认定庄周是锣鼓歌的始祖。唱阴锣鼓歌的板路多以郧阳板为主，其曲牌有十二连褪、画眉跳架、金鸡三点头、老牛弹蹄子和老鼠磋牙等等。例如《开歌路》打的是擂台锣鼓："月儿弯弯照九洲，教家请我开歌路；咚、咚、咚、咚……歌路不是容易起哟，身背锣鼓汗长流；咚、咚、咚、咚……"每唱两句就打一通擂台锣鼓，听起来非常扣人心弦，振聋发聩！歌路开罢，进入正题，开始打鼓闹丧。丧鼓歌每首都由两部分组成，第一段只有三句，又叫"三句头"，三句头唱罢，就打金鸡三点头的曲牌，这是唱阴锣鼓的基本礼节。第二段的歌词为对偶句，可长可短，最短的不少于四句，最长的有几十句。例如《王祥卧冰》这首歌："歌师唱罢我接上，听唱江西小王祥，九法岸边王家庄；吃咚吃咚，堂咚咚堂堂，吃咚吃咚，堂咚咚堂堂，吃咚吃咚吃咚堂，堂咚咚堂堂，堂咚咚堂堂，堂咚咚，堂咚咚，堂咚咚堂，堂堂咚咚堂。王祥三岁死了爹，母子二人过日光，王祥长到十三岁，母亲病倒在牙床，不吃不喝不动身，浑身无力面皮黄，王祥这里开言道，叫声母亲我的娘……"落板锣鼓一般都是"老牛弹蹄子"的鼓点，这是正板锣鼓，也有些地方在阴锣鼓中加入花腔锣鼓，例如"林英板"和"三句半"等．都是为了烘托气氛的鼓乐。随着阴锣鼓歌的演变和发展，人们在内容上加进了天地宇宙的形成和人类来历的传说，以及古往今来的著名忠臣孝子的故事，号召人们勿忘祖先的功绩，学习忠臣孝子，掌握生存技能。人们以锣鼓歌为载体，广泛地传播生活、生产知识，交流内心感受，弘扬社会美德，鞭挞人间丑恶，不仅给人们以教益，而且渐成一种娱乐形式，这就是锣鼓歌得以传承和发展的重要因素。①

在鄂西北的锣鼓歌中，最务实切用、广为流传而又最深入人心的锣鼓歌是薅草锣鼓。花鼓穗和薅草锣鼓都是在阴锣鼓歌中演变出来的锣鼓曲种，但是薅草锣鼓则早于花鼓穗，它最早出现于农事生产的祀祈活动中，例如《请苗稼神》："五请当方苗稼神，保佑五谷得丰登，一天田边走三趟，三天九次田边巡，保护野兽不糟害，看住雀鸟不害人……"后来为了振作精神，调节心神而歌，歌师们便即兴作歌，或唱历史故事，或唱远古传说，或唱忠孝节义，或唱世间亲情，使薅草锣鼓成为一种丰富多彩的劳动号子，对鼓舞干劲，消除疲劳，催工号令和指挥生产起着相应的辅助作用。鄂西北地区的郧西县和房县至今还保留着"帮工锣鼓"的习俗，当人们看到某一家农活忙不过来时，就热情地招呼一声："要不要打锣鼓？"主人则高兴地直起腰杆，答应一声："那倒好哇，只是劳驾各位，恐怕经当不起哟！"听到主人答了腔，领头的人就敲起锣鼓，大声招呼左邻右舍："走哇，到某某家去打锣鼓呀！"人们便拿上相应的农具，跟着锣鼓歌师前去帮忙，主人家则忙着准备丰盛的酒菜，热情地招待打锣鼓帮忙的乡亲。因此，在鄂西北农村"打锣鼓"就成了帮忙的代名词。因为薅草锣鼓又有诸多的讲究，所以传承下来的歌手不是很多；加之薅草锣鼓歌的歌手们必须熟知请苗神、敬苗神、鼓劲儿、打气、收场等一系列套路，像阴锣鼓中的开歌路、烧更纸、安五方和还阳歌一样，规矩比较多，所以也不是所有人都能胜任薅草锣鼓歌的专业歌手。鄂西北的薅草锣鼓歌非常优美，有的甚至不亚于专业诗人的水平。例如在《房县门古民歌集》中就有如下的薅草锣鼓歌歌词："清早来时雾沉沉，只听锣鼓不见人，双手拨开云和雾，一层锣鼓一层人！"鲜活，神秘，形象，传神，大气！②

鄂西北的薅草锣鼓非常气派，因为它讲究的是一人唱起十人和，所以难以固定它的歌词。综合郧西、房县、郧县和竹山、竹溪的演唱风格，可以将薅草锣鼓分为文锣鼓（既套路歌）、武锣鼓（即战歌）和叫歌锣鼓（即盘问歌）等三种类型，其演唱曲调有"杨州号子"、"郧阳号子"、"八班号子"、"回声号子"、"穿声号子"和"杂歌号子"等六种号子，歌师们在雄浑激昂的各种号子中交流情感，赞美生活，壮胆鼓劲，斗智斗勇，展现出一幕气势恢宏、火热生动的劳动场面，置身其中，让人热血澎湃，激情四射。③

花鼓穗是鄂西北的喜庆锣鼓。在鄂西北的锣鼓歌中，最欢快活泼、热闹

①　武戈．鄂西北的锣鼓民歌［A］．郧阳师范高等专科学校学报［J］．2007，（4）

②　柳长毅．郧阳文化论纲［M］．湖北人民出版社，2012，11

③　武戈．鄂西北的锣鼓民歌［A］．郧阳师范高等专科学校学报［J］．2007，（4）

喜庆的锣鼓歌还是花鼓穗。花鼓穗是从薅草锣鼓演变过来的喜庆锣鼓，它的乐器至少有四件：大鼓、大锣、大擦、抛锣，多的时候有大鼓、大锣、马锣、抛锣、勾锣、大擦、小擦、饶、钱、唢呐、海螺、长号等十几件子，主要是配合彩船、车马灯、高跷队演唱的喜庆民歌，其锣鼓曲谱有水波浪、七岔子、八岔子、一字锣鼓、十字锣鼓、长江水、四皮二黄、三句半、四季景、步步高、扭秧歌等三十多种曲牌，歌词也充分体现了喜庆、活泼的气氛！例如："小小莲船跑的欢，来到主东大门前，一来贺喜二问安，三来拜新年！""你一翻来我一番，粉白墙上画牡丹，牡丹画在粉墙上，看花容易画花难，各凭各手段。"花鼓穗的歌词一般来说比较新潮，但是传统的赞歌和战歌套路依然有所沿袭，这种套路歌虽然传统，因为深受听众欢迎，便仍然保留了下来。"歌师唱大我不怕，我有葫芦装天下，上装三十三天界，下装地府一十八，山川河流都装尽，三十六朝信手拿，不怕歌师会夸大，比起葫芦一芝麻。歌师夸大我不藐，你的本事我知道，你是蚂蚁撒欢子，始终难吓人一跳，不怕你的葫芦大，一锯切开两把瓢，阴沟蚰蜒学龙叫，你想上天去不了。"①

花鼓穗中最为精彩叫绝当属其中的战歌。战歌在各地叫法迥异，郧西人叫作"钻子歌"，房县人叫作"比大小"，丹江口的人又叫作"翻田埂儿"，无论怎么叫法，它都是以歌手双方比试争雄、激烈较量的方式出现的，始终充满着挑战和玄机，充满着激情和智慧，弥漫着浓重呛人的火药味。但它考验着歌手们的知识、智慧和口才，是锣鼓歌得以传承的纽带，即使是阴锣鼓和薅草锣鼓也不例外，所以有人说，锣鼓是魄，战歌是魂！②

四是荆州民歌。

荆州自古以来就是名闻遐迩的歌舞之乡，而且是国家腹地的大粮仓。自明代以来就有"湖广熟，天下足"之称，所以其劳动歌谣最为闻名。荆州民间自古就有"无歌不插禾"、"无歌不响破"、"响水就有歌"之说，意思是说插秧必唱"插秧歌"、修堤打夯必唱"打夯歌"、抗旱车水必唱"车水歌"。荆州的劳动歌，如果按照劳动场合的不同来划分，大体可分为田歌和号子两大类。荆州民歌的曲体句式多种多样，一般为上下句或四句，也有一句式、三句式、五句式和多句式。"赶五句"是荆州民歌中很有特点的一种特殊句式，在江陵、松滋、公安、石首尤为流行。"赶五句"是四句式的变体，就是在四句式民歌的三句和四句之间，再加上一句或多句唱词。加进去的歌词俗称"赶句"，赶句必须每句押韵，韵脚与结尾句相同。赶句的作用在于加强感

① 刘克、徐宛春. 南阳民俗文化 ［M］. 河南大学出版社，2003，9
② 武戈. 鄂西北的锣鼓民歌 ［A］. 郧阳师范高等专科学校学报 ［J］. 2007，（4）

情色彩，突出主题思想，可以使歌曲显得更形象化，更加感人。"赶句"往往用快速度演唱，有的甚至干脆是一句接一句地念出来，结尾句则以甩腔演唱。一方水土，养一方人，一重方言产生一种民歌。荆州民歌自然要用荆州的方言土语演唱才显得味道纯正。①

五是南阳民歌。

南阳歌谣几乎是汉水流域歌谣的浓缩版本，其囊括了汉水流域歌谣的所有类型、所有内容、所有曲调，是汉水流域歌谣的高地和宝库。其生活歌谣入木三分、穷形尽相：

如"穷"字歌：

说俺穷，道俺穷，俺算成了穷人精。走得慢了穷撵上，走得快了撵上穷。
不紧不慢走两步，一脚跳进穷人坑。脚底踩个穷蝎子，头上落个穷蚂蜂。身上爬个穷蜈蚣，屁股下坐个穷长虫②。柴米都涨大雪纷纷下，柴米都涨价。板凳当柴烧，吓得床害怕。③

其劳动歌谣有描写的，有抒情的，也有呼喊号令的。前者主要有田歌（如插秧歌）、牧歌、采茶歌、工匠歌等，它反映出一定的社会生活内容和劳动情绪，也有介绍劳动过程的，总结生产经验的。后者主要指打夯歌，领唱者的词句带有号令性质，和唱者的词句则完全是劳动呼声。如《栽秧歌》：

一下田来把秧栽，不稠不稀一排排，不多不少七八根，不深不浅又不歪，别叫秧苗漂起来。

《拾粪歌》：

拾人粪，瞅墙角。拾狗粪，乱草窝。拾羊粪，上山尖。拾牛粪，到河边。骡马粪，坡中间。

其爱情歌谣炽热缠绵，凄婉坚贞。如《望郎来》：

---

① 刘克勤．文化襄阳［M］．湖北人民出版社，2009，5
② 长虫：蛇
③ 民国时期歌谣

你当儿来我当娘，十八媳妇九岁郎，夜里抱郎上牙床。不是公婆双双在，你当儿来我当娘。风吹头发用手捞，郎在山上学鸟叫，妹在园中把手招。娘问女儿招什么？"风吹头发用手捞，管哩闲事真不少！"不怕闲话说破嘴，要过大河不怕水，要走夜路不怕鬼。两人有心结百年，不怕闲话说破嘴。好玄说是望郎来。

其儿歌是儿童的启蒙之歌，主要有催眠歌、摇篮曲、教养歌、时序歌、数数歌、动物歌、绕口令、游戏歌、事物歌等。一般来说，这些歌谣内容单一，思想健康，形式短小，节奏明快，易学易记，易背易唱。从一首首朗朗上口的儿童歌谣中，可以看到童心的天真与单纯，也可以反映出儿童心理中的好恶念。[①]《我给月亮赶牲口》：

月亮走，我也走，我给月亮赶牲口，一赶赶到马山口。买个鸡，叼豌豆，买个猴，栽跟头。栽到嫂子床里头，看看嫂子花枕头。吃鸡蛋，喝烧酒，开开后门摘石榴。石榴树上卧个花斑鸠，给小娃吓得一圪蹴。

其仪式歌谣是举行某些活动典礼或礼节时所唱的歌谣或所念的口诀，主要是出现在逢年过节、贺喜祝愿、敬神祈福、祛邪禳灾、迎亲送友、祭祖吊丧的礼俗仪式上，也有少数的宰杀牲畜时半念半唱的口诀，其内容包括节令歌谣、礼俗歌谣、祭奠歌谣、酒席歌谣及诀术歌谣。在南阳流传的仪式歌谣，主要是婚礼歌谣、祭祀歌谣及诀术歌谣。[②] 如《新娘扫床歌》：

新笤帚，扫新床，过年生个小儿郎。爬到那头喊喊爹，爬到这头叫叫娘。

《拜天地歌》：

你也好，她也好，拜天拜地，和气到老；她也好，你也好，过年添对白胖小儿。

六是吕家河民歌。

吕家河民歌源远流长，但明代为之一变。这主要是因为明代大修武当山，

---

①　刘克、徐宛春. 南阳民俗文化［M］. 河南大学出版社，2003，9
②　刘克、徐宛春. 南阳民俗文化［M］. 河南大学出版社，2003，9

在全中国范围内调集了 30 万民工，历时 13 年之久。30 万民工来自大江南北，他们也带来中国各地的歌谣。而吕家河村所在的官山镇，是当年修武当山时专门供给武当山民工吃粮食的信者粮庄。所以吕家河民歌之丰富，曲调之广，歌手之众也就不足为奇了。1999 年当它偶然被专家学者发现以后，开始了解到其中奥秘和文化内涵是如此的深厚。2001 年吕家河村被湖北省民间文艺家协会正式授予"湖北省民歌村"。在经中国民协、湖北省文联和湖北省民协等有关单位的专家开会研讨后，该村被授予"中国汉族民歌第一村"的称号。①

据 2003 年调查，吕家河人口不足 200 户，有民歌手 85 人，其中 4 人能连续唱歌千首以上。歌手中既有几岁的娃娃，又有 80 多岁高龄的老人。经过初步整理的民歌就有 4000 余首。

吕家河民歌的曲调十分优美，既有江南小调的缠绵，又有北方民歌的豪放；既有中原曲调的圆润，又有西北民歌的高亢。从吕家河 21 世纪初已整理的民歌中，可以看出其内容丰富、曲调优美、演唱形式活泼多样。比如"阳歌"，主要是以男女的情爱为主，有涉及日常生活的方方面面。大都诙谐风趣，婚嫁时要唱"迎亲歌"、"陪嫁歌"、"哭嫁歌"；过年时唱"闹年歌"；住新房要唱"暖房歌"；喝酒时要唱"劝酒歌"。例如《洞房歌》中所唱："妹妹相中哥一人，雷劈地裂不变心。盼就盼哥吱一声，妹妹就是你的人。高山流水用心听，哥是妹妹的知音。待到月亮东山起，笙龠合奏到天明。"②

吕家河的民歌按内容可分三类：阴歌、阳歌和长篇叙事诗。阴歌是在葬礼上唱的，数量极大，几乎占吕家河民歌总数的 70%。在向死者拜祭后，歌手边唱一句"歌头"边向丧家走一步，360 句"歌头"唱完，正好进入丧家。接下来是第二部分"劝善歌"，先唱子女应当孝敬父母，再唱家庭要和睦相处、朋友要真诚相待，以及劳动致富、勤俭持家等做人道理。例如讲述母亲养育婴儿的辛苦："娘睡湿、儿睡干，左边尿湿睡右边，右边尿湿睡左边，若还两边都尿湿，娘叫儿子睡胸前……"第三部分叫"翻田埂"，歌手们开始对歌、斗歌，双方用歌声比知识、比智慧、比人品。你能从开天辟地一朝一代往下唱，他就从明元宋唐一朝一代往上唱。唱到半夜，大家都兴致高昂，毫无倦意。天亮了，要抬死者上山掩埋，歌手们在山上唱起"还阳歌"，送走死者，迎来阳光灿烂的新一天。③

除阴歌外，皆称阳歌。如喜庆歌、灯歌、劝酒歌、祝寿歌、劳动歌、儿

①　柳长毅．郧阳文化论纲［M］．湖北人民出版社，2012，11
②　柳长毅．郧阳文化论纲［M］．湖北人民出版社，2012，11
③　杨郧生：郧阳风俗文化［M］．湖北人民出版社，2010，12

歌、谜语歌、牧童战歌等。阳歌与人们日常风俗紧密相连，歌师可根据不同场面、不同风俗，唱不同的歌。如挖地、锄草就唱劳动歌，过年就唱喜庆歌，过生日就唱祝寿歌，盖房就唱上梁歌。

吕家河还流传着不少长篇叙事诗，如《龙三姐拜寿》《杜吉莲哭监》《梁山伯与祝英台》《打蛮船》《秦雪梅吊孝》等。这些歌可唱阳歌，也可作阴歌唱，只是曲调应用不同而已。初步统计，吕家河流传长篇民间叙事诗 15 部以上。

七是紫阳民歌。

紫阳民歌是流传在陕西省紫阳县境内民间歌曲的总称，是陕南地区民歌中最具代表的曲种。它语言形象生动，曲调优美动听，具有鲜明的艺术特色和地方风格，是紫阳人民在长期劳动中创造出来流传至今的艺术瑰宝。①

明清两代，由于战乱和灾荒，造成陕南（包括今汉中、安康、商州三市）人口大量死亡和迁徙，以至大批田地荒芜，经济衰落。大批外地流民或因受灾逃生；或因躲避过重的赋税；或因人多地窄，无地可种；或因被朝廷夺去土地；自发流入拥有大量无主荒地的陕南山区。此外，也有一些外地人因经商先客居后入籍，或为官任满定居，或从军退伍落户，而移民陕南。同时，朝廷采取有组织的移民垦荒屯田的政策，强制人稠地窄地区和南方富庶地区的大批农民迁入陕南垦荒，即历史上著名的"湖广填陕西"事件。人口的大迁徙不仅促进了陕南的开发和经济的发展，也造成了不同文化的相互融合，使陕南的民俗风情、民间文艺、方言土语等方面都打上了客民原籍地方的浓重印记。②

紫阳民歌分为"山歌"、"小调"、"风俗歌曲"、"花鼓八岔"、"号子孝歌"等和"新民歌"十几个曲种。其音乐风格大多有着较强的抒情性、叙事性和舞蹈性，适于表演动作、表达情节和反映人物复杂感情。

陕南秦巴山区紫阳县的几乎无时无事不歌。谈情说爱时，要唱缠绵热情的"情歌"、"盘歌"；为老年人办丧事，要唱凄凉、悲哀的"孝歌"、"送葬歌"；在地里干活时，要唱高亢、激越的"号子"、"锣鼓草"；采茶时，要有悠扬、宛转的"花山姑娘"、"牧羊歌"；婚嫁时，要唱"哭嫁歌"、"迎亲歌"；行路时有"报路歌"，上山时有"樵歌"等等。

紫阳的"对歌会"即"赛歌会"更有意思。有同村"对"的，有邻村之间"对"的。对歌会有"日间会"和"夜晚会"两种。对歌者双方事先只约

---

① 吕农. 安康民俗文化研究［M］. 陕西师范大学出版社有限公司，2011，12
② 吕农. 安康民俗文化研究［M］. 陕西师范大学出版社有限公司，2011，12

定时间、地点、参加人数不论，男女老少均可。双方除有"歌头"、"参唱"的人而外，还有看热闹、帮阵助威的。"日间会"多在山坡上，双方各站一个小山包，面对面地"对唱"。或在小河、小溪两边隔水对歌。"对歌"多属"盘歌"，有盘问历史、古人、地理、神话的，也有盘问鸟、兽、花、草的。有盘问当今时事的，也有歌唱幸福生活的。"夜晚歌会"常在冬春时节举行。在古庙或宽敞的"公房"里。对歌双方各燃一堆木炭火，男女老少围火而坐，你唱问，我唱答；你唱个英雄，我唱个好汉；你唱名山，我对大川；你唱《刘海戏金蟾》，我唱《洞宾戏牡丹》。唱对如流，此起彼落，赛歌喉，赛智慧，气氛热烈，经常是通宵达旦，歌声不停。

紫阳民歌是紫阳人民在长期的生产、生活、劳动中创造的，无论是词或曲都能体现当地的易风易俗，明白晓畅，通俗易懂，受南北遗民文化的影响较大，极具兼容性，小调似江南的婉转细腻，号子有北方的雄浑高亢，语言简洁，借喻巧成，风趣幽默，具抒情性、叙事性、舞蹈性于一体，韵白独特，旋律流畅，音乐上采用了"宫"、"商"、"羽"、"徵"四种调式，演唱上真、假嗓相结合。①

### 3. 方言民俗

历史上，明代是汉水流域的方言变化最大的时期，也是汉水流域方言的基本定型期。作为一种典型的区域方言，明代汉水流域方言民俗可从以下几个方面窥见一斑。

一是天文、地理、节令、时间、气象的方言。"天地玄黄，宇宙洪荒。日月盈昃，星宿列张。"自从盘古开天地，人类就生活在蓝天之下、大地之上。寒来暑往，花开花落，日出而作，日入而息。大自然的节令物候与人类生存息息相关，明代南阳的方言土语中对此也有真实的反映。有的运用生动形象的比喻，有的借用惟妙惟肖的夸张，有的使用数词，借以顺序排列的方法，把具体概念叙述得清清楚楚。天文方面，譬如将日头、老爷儿代替太阳，将月奶奶代替月亮。月亮头：有月光。月黑头：无月光。扫帚星：彗星。贼星：流星。扯闪：闪电。炸雷：惊雷。绛：彩虹。冷子：冰雹。日头地儿、老爷地儿：太阳照着的地方。阴凉地儿：太阳照不到的地方。月亮地儿：月光照着的地方。在地理方面，譬如将贫瘠土地称作害地，井拔凉水：夏天刚打出的井水。旮旯狭缝：住房或院子里狭窄之处；偏僻不被人注意之处。寥天野地：野外的地方。山旮旯：山区偏僻的人迹罕至的地方。譬如，在节令方面，

---

① 吕农．安康民俗文化研究［M］．陕西师范大学出版社有限公司，2011，12

称年下为春节。寒沙：寒食节。十来一：农历十月初一，为送寒衣节。腊八：农历腊月初八。熬年：除夕。譬如，在时间上，以年根干儿代指临近春节。前年个：前年。成年：整年。成天：整天。见天：每天。前一、前儿：前天。夜一、夜儿：昨天。后一、后儿：后天。早起：早上。擦黑、带黑、沿黑：天刚黑。黑麻眼儿：天完全黑了。春上：春天。在气象上，留有大量谚语，譬如：牛山戴帽，必有大雨。有雨头顶黑，无雨四山亮。瓦渣云，晒死人。雨下初二三，一月只有九天干。云跑东，晒于葱；云跑西，披蓑衣；云跑北，晒干麦；云跑南，下一年。①

二是在植物、动物的方言。在植物方面，譬如称圪巴草儿为绊根草、狗牙根儿、狗尾巴草。陶秫：高粱。黄花苗：蒲公英。月月红：月季花。灰子：梅子。大麻子：蓖麻。茶阳葵、朝阳葵：向日葵。马食菜：马齿苋。轰柿：软柿子。在动物方面，譬如，称牤牛为公牛。叫驴：公驴。草驴：母驴。郎猪：没骟过的公猪。牙猪：骟过的公猪。水羊：母羊。豁子、家豁：家兔。老鸹：乌鸦。长虫：蛇。癞肚：蟾蜍。猫叫春：猫发情。蚂蚱：蝗虫。花豆娘：纺织娘。土布袋：蝮蛇。羿巴：尾巴。②

三是在农事、用具、用品、建筑方面，留下了一大批生动形象的农事词汇和日常用具词汇，同时还有许多建筑方面的词语。在农事方面，譬如，人勤地不懒。庄稼抓三早（早包谷、早红苕、早稻谷），收成必定好；铁杆庄稼好，柿子板栗枣，不怕旱来不怕涝。哒哒：赶牛向右走的吆喝声。咧咧：赶牛向左走的吆喝声。喔：让牛停止走动。吁：让牛、驴、马停止走动。撮箕：用竹子编成的盛粪的用具。扎鞭：赶牲口用的鞭子。收秋：收获秋庄稼。出粪：把厕所里的粪便挑出去。出牛铺：把牛屋的粪土运出来。搁场：用水把地浇湿并用石磙轧平，以备打、晒粮食使用的劳动。在用具、用品方面，譬如称胰子为香皂。洋碱、枧：肥皂。夜壶：便壶。墩儿：凳子。稿荐：铺在床铺上的草垫子。床笆箔儿：用苇子、秫秸秆织成的铺在床上的箔儿。铺摊：薄团儿。圪篓：质地粗糙、容量较大的陶制黑色饭碗。醋水碟：喝菜汤时用来放汤匙的小碟子。二号盆：农家用来发面、盛泔水的大瓦盆。缸盆：农家用的釉瓷盆。礌臼：用来捣碎大蒜或盐、辣椒等食物的石制工具。臭龙黄：硫磺。牛坐坡：牛套后部的弯木。驴扎脖：套在驴脖子上的衬垫物。背笼：背东西的大竹篓。死疙瘩儿：不易解开的绳结。笭头：用竹子或藤条编成的、上面有把用来装东西的器具。在建筑方面，称上房、堂屋为正房。偏屋、偏

---

① 吕农．安康民俗文化研究［M］．陕西师范大学出版社有限公司，2011，12
② 杨郧生：郧阳风俗文化［M］．湖北人民出版社，2010，12

房：上房前面两侧的房子。灶伙：厨房。笼门：院子门。后园儿：厕所。门上：门前面的地方。夹道：巷子。磨道：磨房。碾道：碾房。茅房、茅肆：厕所。锅芒：锅台前放柴禾、烧火的地方。锅地道：锅台下面盛灰烬的小道。沤坑：旧时农家院子里积存雨水或脏水的土坑。门钉锔、门了条儿：门搭子。五脊六兽：瓦房屋脊上装饰性的陶制品或上釉的禽兽类饰物。草扒棚：用柴草盖成的简易房子。二夹梁：房子结构中上下两道梁中间的梁。干店：旧时不备伙食、被子，仅供住宿的简易旅店。半坡闪：没有屋脊，凑着墙边盖起的一个房坡。①

四是在饮食、身体、疾病方面，汉水流域的方言土语词语非常丰富，许多词汇都具有鲜明的地方特色和耐人咀嚼的韵味。在饮食方面，譬如称秦椒为辣椒。芫荽：香菜。腥油：动物油。下水：动物的内脏杂物。变蛋、皮蛋：松花蛋。扁食：饺子。粑子：贴在锅上蒸熟类似巴掌大的馍。黑耳粑子：贴在锅上蒸成的杂面馍。糊涂：玉米面稀饭。圪渣：炕在锅底上的饭。面疙瘩：把面调和成颗粒状后做成的稀饭。菜盒：用两张面皮夹着青菜而烙成的菜饼子。菜蟒、卷箭：用面皮摊上菜后卷成一层一层的圆形，再蒸成的菜卷儿。狼戴帽、没底蒸馍：窝窝头馍。臊子面：浇上肉类汤肴的捞面条。干饭：米饭。面水：面稀饭。锅盔：用发面和好，擀好饼，在锅里烙熟的厚饼馍。死面：未发酵的面。油旋：面剂上泼油加以揉合成多层面做的油烙馍。火烧：把发面切成小剂块，再抹上油盐，压扁后烤熟的圆形食品。硬柴：木柴。壤柴：草柴。在身体方面。将捶头代拳头。胳佬肢儿：腋窝。坷廊子：胸腔。妈儿：乳房。记：痣。脖罗盖儿：膝盖。眼庭珠：眼珠。涎水：不自觉地流出来的口水。肚膜脐儿：肚脐。和尚头：光头。鼻晶：鼻涕。脑膜后：后脑勺。水蛇腰：细腰。矬不挤哩：身体壮实而个子矮。琐碎：身材矮小而单薄。浑实：身体粗壮。猛乍：个子高。闪腰岔气哩：身材细高而又腰身不直的样子。五马长枪：个子高，有气势。眨巴眼、挤麻眼：眼睛老是不停地挤着、眨着。在疾病方面，以不美气、不得劲代指有病；心情不舒服。心口疼：胃病。疙痨：疥疮。羊羔疯：癫痫病。噎食病：食道癌。老腱：疟疾。发呓怔：说梦话。轰柿眼：烂红眼。搁闹：反胃、恶心。吃麻呼：眼里有眼屎而看不清。冒屎、冒稀：拉肚子。左撇拉儿：右手端碗，左手使筷子。疤癞：疮疤。翘犍犍：身体健壮、精神饱满的样子。病恹恹：人有疾病，精神萎靡不振的样子。②

---

① 吕农．安康民俗文化研究［M］．陕西师范大学出版社有限公司，2011，12
② 吕农．安康民俗文化研究［M］．陕西师范大学出版社有限公司，2011，12

　　五是在人称、品行、动作等方面，由于明清时期的汉水流域洪洞移民，山东、安徽、福建等地移民迁居于此，就更丰富了这里的词汇。从现存的大量的人称、品行、动作词语中来看，就不难发现它们的痕迹和影踪来。在人称方面，譬如，将花奶代之以对祖父辈的姨太太的称谓。妗子：舅父之妻。弟们：弟兄们。兄弟：弟弟。小舅子：妻弟。舅倌儿哥：妻兄、妻弟。倒扎门儿：男到女家当女婿。娃儿：儿子。娃儿们：对男性年轻人或晚辈人的通称。女儿、妮：闺女、姑娘。那主：那个人。外头人、劳力：男子。屋里人：妻子、女人。女囚子：旧指妻子。人尖儿：出众的人。人灯儿：看得娇的人。亲家：结婚的男女双方的父母互称。偏心眼：对人不一样看待的人。二擀子、二百五、二述、二条：缺心眼的人。白眼窝、三花脸、捣鸡毛：拨弄是非的人。老婆嘴：爱说闲话的人。小家败事：不大方，干不成大事的样子。五狼食：好吃懒做又爱贪玩的人。犟筋头：脾气倔强的人。肉拧头：说话或办事不利索的人。老啃头：过于节俭，舍不得花钱的人。不分浆：好歹不分的人。不懈缝：不开窍的人。二不扯：穿衣、说话故意反常的人。二疯子：神经不正常的人。二火煽、生红砖、红头牛：头脑简单，又爱发火的人。愣头青：性情鲁莽遇事又爱出头露面的人。二半吊：性格不正常、脾气变化大的人。在品行方面，譬如，以安生、省事指称老实，不惹事。编圈儿：编造事情说假话。日冒：办事说话不牢靠。野道：粗野、蛮横。噘：骂（人）。鬼诈、花摆：卖弄。猴跳：心眼多，精明，不轻易受人管教。疯乍、疯查：泛指女孩子不稳重。浪摆：故作风情，卖弄姿态。喷叉：说大话。毛糙：草率、不细致。烧毛：办事不沉着。憨不愣登：憨傻。鼓捣：背后捣乱。磨蹭：动作迟缓。拉刮：当面指桑骂槐。讹人：趁机向人提出过分的要求。捣腰磨气：挑拨是非。磨人：小孩任性地缠闹大人。皮脸、皮柴：小孩顽皮。摆调：故意设圈子耍弄人。捣脊梁骨：背后说人坏话。焦乍：急躁、轻佻。夜壶：不操心，光出差错。嫌弃：讨厌。在动作方面，譬如，以中指代行、可以、同意。念起：考虑到。拍话：面对面地随意说话。说瞎话：撒谎。拍瞎话、说古经：讲故事。嚷、日噘：批评。爱见：偏爱、喜欢。咬个牙印儿：说个标准、表个态。不依：不同意。针掇、拾掇：批评并有收拾人的意味。镖（人）：骗（人）。不沾：不行。邪呼：危险。协货：大声说话或喊叫。嘟哝、嘟囔、挖哝：小声自言自语，表示不满。蹬了：关系破裂。眼气：羡慕。摆治：治病；捉弄人；干事。不徐故：没注意。不失闲儿：闲不住。格意、恶心：讨厌。捱（人）、捱答（人）：坑（人）、捉弄（人）。美气：舒服。卯下：留下、剩下。出溜：从上面滑下来，或不声不响地溜走。掂对：调整，调配，安排。

有鼻子有眼：叙述得清清楚楚。肉摸：动作缓慢。欢实：活跃、起劲。①

　　六是在婚嫁、生育、丧葬等方面，汉水流域方言土语中存在着许多特别的表达，细细品评一番，将会发现它的科学性、合理性及其顽强的生命力。在婚嫁方面，譬如，以好代指吉利的日子。相亲：订婚前男女双方见面。定亲：订婚。搬亲：结婚。认亲：新女婿首次到岳父家。换亲：两家互相交换女儿作媳妇。转亲：三家及三家以上互相转换的婚姻陋习。打发闺女：把闺女嫁出去。出门：女子结婚。丢定物：送订婚礼物。有头啦：已有结婚对象。添箱：亲属或好友为出嫁的女子送礼物。客、相公：女家对女婿的称呼。在生育方面，以出身儿代指怀孕后肚子突起的样子。双身、有了：怀孕。有喜了：怀孕了。双身婆娘：孕妇。坐月子：生小孩。小月子：流产。双生娃：双胞胎。独苗：独生子。月泊娃：未满月的孩子。送米面：为生孩子而送的礼物，如米、面、红糖、衣物等。挪臊坡儿：妇女生小孩满月后带上孩子回娘家住。在丧葬方面，譬如，以不中了代指刚刚断气。白事：丧事。不在了、走了：死了。老了：老年人去世。枋子、老屋儿：棺材。老盆：用来祭奠亡人焚纸的瓦盆。幔鞋、张鞋：亲属在穿的鞋上缝层白布，以悼念去世的长辈老人。谢孝：家人在亡者安葬后到亲戚家送上礼品，表示谢意。捂火、沤火：点燃柴草及柴禾渣滓，并让其慢慢地燃烧（迷信者认为以此可以驱除鬼怪，保护死者）。②

　　在南阳方言中，还可以看出男女的分工。南阳民间大多称男人为"外头人"，称丈夫为"当家的"，称女人为"屋里人"，称妻子为"做饭的"，桐柏的一些乡村称妻子为"后头人"。③

　　七是谚语熟语习俗。谚语是汉水流域广大人民群众在长期的生活、生产中归纳、提炼出来的精粹语言。从内容上讲，有的是揭露旧社会官场黑暗的，如"衙门深似海，弊病大如天"等；有的是宣扬乡邻亲情的，如"美不美，家乡水；亲不亲，故乡人"等；有的说明了一种处世哲学，如"你有千条计，我有老主意"；也有的反映了一种社会弊病，如"王八有钱出气粗，侄娃有钱不喊叔"等。譬如：儿不嫌娘丑，狗不嫌家贫。穷死是家，丑死是妈。金窝银窝，离不了穷窝。在家千日好，出门一时难。远亲赶不上近邻，近邻赶不上对门。美不美，家乡水；亲不亲，故乡人。狗咬提篮的，人敬有钱的。亲帮亲，邻帮邻，天下穷人帮穷人。贪官不嫌民穷，阎王不嫌鬼瘦。饿死不做

①　刘克、徐宛春．南阳民俗文化［M］．河南大学出版社，2003，9
②　刘克、徐宛春．南阳民俗文化［M］．河南大学出版社，2003，9
③　刘克、徐宛春．南阳民俗文化［M］．河南大学出版社，2003，9

贼，屈死不告状。三十年河东，三十年河西。穷不过十载，富不过百年。杀人杀死，救人救活。①

在事理谚语方面，包括思维、真理、实践、知识、技艺、是非、爱憎几个方面，它往往根据某个事实，总结经验或教训，揭示自然规律，告诉人们判断是非正误的标准，比如"有理走遍天下，无理寸步难行"；"真的说不假，假的说不真"，就说明了这样一些道理。譬如：人怕不动，脑怕不用。蠢人多舌，智者动脑。要想公道，打个颠倒。肉伤好治，心伤难医。人心隔肚皮，虎心隔毛衣。人比人，气死人。一聋三分傻。儿大不由爷，撤兵不由将。山上有直树，世上无直人。有理走遍天下，无理寸步难行。不怕先告状，就怕后无理。没有高山，不显平地。秤锤虽小压千斤。麦秸垛怪大，压不死老鼠。② 纸包不住火，雪地埋不住死尸。树挪死，人挪活。要知父母恩，怀里抱子孙。慢工出细活，细活要摸索③。看山跑死马。成才不自在，自在不成才。"瞎话"④ 没有本，露水没有籽。家有万金，不如一技在身。金有价，艺无价。人受憋督⑤武艺高。没有金钢钻，揽不了瓷器活儿。浇花浇根，交人交心。是非不分，终日昏昏。来说是非者，必是是非人。狗眼看人低。⑥

在修养方面的谚语包括思想、德行、胆识、学习、惜时、智慧、谦逊诸多种内容。比如"人过留名，雁过留声"说明了一个人名声好坏的重要性；比如"养儿不教如养驴，养女不教如养猪"说明了教育子女的重要性；比如"一日之计在于晨"则说明了清晨计划一天行动的重要性。再譬如：有志不在年高，无志空长百岁。人争一口气，树争一张皮。不怕路远，只怕志短。英雄气短，儿女情长。马好不在叫，人好不在貌。不怕脸丑，就怕心丑。坏人眼前得势，好人死后留名。树怕伤根，人怕伤心。学好千日不足，学坏一日有余。为人不做亏心事，半夜敲门心不惊。哑巴蚊子咬死人。三虎出一豹，三鹰出一鹞。没有过不去的河，没有爬不上的坡。门前车马不为贵，家有书生不为贫。竖起脊梁做事，放开眼光读书。积钱不如教子，闲坐不如看书。早起三光，晚起三慌。一招鲜，吃遍天。⑦

汉水流域自然谚语非常丰富，这类谚语有的可以告诉人们关于时令变化

---

① 杨郧生：郧阳风俗文化［M］. 湖北人民出版社，2010，12

② 怪大：很大

③ 摸索：干活动作慢，效率低

④ 瞎话：故事

⑤ 憋督：故意使人作难受气

⑥ 刘克、徐宛春. 南阳民俗文化［M］. 河南大学出版社，2003，9

⑦ 刘克、徐宛春. 南阳民俗文化［M］. 河南大学出版社，2003，9

的规律，如"热六月，沤七月，不冷不热在八月"等；有的可以告诉人们气象与农事的关系，如"立夏不下，高挂犁耙"等；有的则告诉人们天文与昼夜长短的必然联系，如"吃了冬至饭，一天长一线"等。再譬如：四月八，仰板叉①。吃过端阳酒，扇子不离手。夏至没到别说热，冬至没到别说寒。天河南北，西瓜凉水。八月暖，九月温，十月还有个小阳春。冷在三九，热在三伏。三九天不冷也打颤。有钱难买五月旱，六月连阴吃饱饭。早看东南，晚看西北。早烧不出门，晚烧行千里。月亮外带圈，定是刮风天。风是雨的脚，风止雨就落。雨加雪，下半月。一九二九不出手，三九四九冰上走。五九六九，沿河看柳。七九花开，八九燕来。九九加一九，耕牛遍地走。头伏萝卜二伏芥，三伏里头种白菜。七月核桃八月梨，九月柿子红了皮。②

正如高尔基所说的那样，"谚语和诗歌总是简短的，然而在它们里面却包含着可以写出整部书来的智慧和感情"。汉水流域生活谚语也是一笔宝贵财富。譬如：千里去做官，为的吃和穿。人误地一时，地误人一年。夏天锄层皮，强似冬天犁两犁。麦收八、十、三场雨。③ 麦盖三层被，头枕蒸馍睡。庄稼活，不用学，人家咋着咱咋着④。棉花锄八遍，结桃如蒜瓣。粪后不浇水，庄稼噘着嘴⑤。麦熟一晌，蚕老一时。庄稼一枝花，全靠肥当家。做官凭印，种地靠粪。在商业方面谚语也让人别有所得：人不得外财不富，马不得夜草不肥。冬卖酒，夏卖醋，不出三年就会富。腰里没铜⑥，不敢胡行。货卖当时值。小本生意怕吃，大本生意怕赔。生意好做，伙计难搁⑦。种田人望八月，生意人望腊月。买卖不成仁义在。谨慎庄稼，消停⑧买卖。好马出到腿上，好生意出到嘴上。和气生财。官修衙门客修店。卖菜不湿水，买家儿噘着嘴。漫天要价，就地还钱。好账算不折⑨。坑人如坑己，坑来坑去坑自己。隔行如隔山。⑩

八是语言禁忌。对"死"的语言禁忌：一般情况下，不能直接称死，称谓一般按年龄、辈分、地位有所区别。老人特别是直系长辈死了叫"过世"

---

① 仰板叉：指天暖和时人晒太阳的姿势
② 吕农 . 安康民俗文化研究［M］. 陕西师范大学出版社有限公司，2011，12
③ 八、十、三：农历八月、十月、三月
④ 咋着：怎么样
⑤ 噘着嘴：不高兴的样子
⑥ 铜：铜钱，代指货币
⑦ 搁：共事合作
⑧ 消停：不慌不忙
⑨ 折：亏损
⑩ 刘克、徐宛春 . 南阳民俗文化［M］. 河南大学出版社，2003，9

或"逝世";文化人对威望高的老人或长辈死了,或称其为仙逝,或叫"作古了";见了旁人家死了人,多称其为"老了"或"老人了";同辈人死了,多称为"走了"或"病故了",或"到远处去了",或"享福去了";已婚人不够六十岁的非正常死亡,多称其为"背盐去了";未成年人的夭折死亡,叫"丢了"。"死人"多称其为"亡人"。节日期间,特别是春节,无论是大人或小孩,为图吉利,语言中都不能出现一个"死"字。①

疾病的语言禁忌:得病了,对外人多不说"病了",而叫"不好过"或叫"打坐工"。病倒了,常称为"倒床了"或"倒了千斤了"。②

节日的语言禁忌:年夜饭必须有一盘鱼,"鱼""余"同音,象征"年年有余"。初一早晨吃饺子,寓意于形中,不称饺子叫"元宝",希望在新的一年里发大财。

生产的禁忌:水运无论坐船还是行船,不能说"沉、打、翻、淹、颠、到"等字眼,如船开到了,不能说"到了",要说"拢了"或"船靠岸了",因为"到""倒"同音,"倒"有翻船的意思;如果烟熏人,只能是"烟秋人",不能说"烟死人",因为"烟""淹"同音;称船上的帆为"蓬",因"帆"和"翻"谐音。③

生意场的禁忌:"舌头",做生意的人忌讳一个"折"字,"舌"和"折"同音,所以将"舌头"改称"转头",因为"转"和"赚"同音,听起来吉祥。

# 四、民间游艺民俗

游艺民俗是一种以消遣休闲、调剂身心为主要目的,而又有一定模式的民俗活动。它是人类在具备起码的物质生存条件基础上,为满足精神的需求而进行的文化创造。从简单易行、随意性较强的游戏,到竞技精巧、有严格规则的竞技;从因时因地、自由灵便的戏耍,到配合各种特殊需要的综合表演,都属于游艺民俗的范围。从明代以来,汉水流域的游艺民俗就包括民间游戏与竞技、民间文艺、民间曲艺、民间工艺等。④

---

① 吕农. 安康民俗文化研究 [M]. 陕西师范大学出版社有限公司,2011,12
② 刘克、徐宛春. 南阳民俗文化 [M]. 河南大学出版社,2003,9
③ 吕农. 安康民俗文化研究 [M]. 陕西师范大学出版社有限公司,2011,12
④ 黄元英. 商洛民俗文化述论 [M]. 三秦出版社,2006,12

一是民间游戏与竞技。汉水流域民间竞技的形式很多，其中包括：踢毽子、跳绳、打秋千、挠羊赛、滑冰、放风筝、拔河、穿砣砣、打岗、抓子、滚铁环、黄鼠狼吃鸡等等。这些活动样式大多带有技巧和体力的竞赛性质，不仅可以强身健体，增进感情；而且不受场地限制，或街头巷尾，或田间地头，简便易行，广为流传。

　　在汉水流域也有春天放风筝的习俗。风筝不仅是一种民间玩具，而且是一种传统的民间工艺品，在当今更发展成为一种体育竞赛形式。

　　滑冰亦称"冰嬉"，在汉水流域部分地区也十分流行。这种活动早在宋代就有记载，《宋史·礼志》称："幸后苑观花作冰嬉。"清人宝竹坡的《冰戏》诗更有入细的描绘："朔风卷地河水凝，新冰一片如砥平。何人冒寒作冰戏，炼铁贯韦作膝行。铁若剑脊冰若镜，以履踏剑磨镜行。其直如矢矢逊疾，剑脊镜面刮有声。"①

　　踢毽子是汉水流域一项传统的冬季民间体育活动，它可以使腿、脚、臂、腕、手、眼等身体各部位都得到锻炼。毽子分毽铊和毽羽两部分，毽铊多用铜钱或圆形的铅、锡、铁片制成，毽羽多用翎毛、羊皮、羊毛制成。

　　汉水流域踢毽子活动多姿多彩，套数达二十多种，计有：旭（里外廉）、踢、把、丁、拐、鼓（过海）、拦子（拖抢）、站、跪、端、骗、的、二板、漏窟、顶灯、点灯、翻终、开弓、乎、盘等。此外还有其他难度较大的花样，如金鸡转弯、将军大上马等。每到冬季来临，到处可以看到结伴成群的青少年在校园、街头巷尾、场院踢玩，踢毽子可以计次数、赛花样、比技巧，其间韵味尽在。②

　　跳绳在汉水流域民间也流传已久。唐代有"透索为戏"的说法，明代称"跳百索"，清代称"绳飞"。清代的《有益游戏图说》曰："用六尺许麻绳，手执两端，使由头上回轮于足下，且转且跃，以为游戏，是谓绳飞。"跳绳有长绳、短绳之分。长绳可集体跳，短绳则可单人跳或双人跳。跳法有前甩、后甩、前交叉、后交叉、多人跳双绳、双摇飞、多摇飞、计时跳绳、集体八字形编花等，近年来跳绳的花样又有发展。

　　行酒令是我国特有的宴饮侑酒的娱乐形式，这种娱乐形式在汉水流域不仅历史悠久，且广为流行。

　　猜拳行令是古已有之的一种佐酒助兴的娱乐形式，至今在汉水流域各地依旧流行。其最初的形式，是在酒宴上由一人手握瓜子、松子一类的东西，

---

①　黄元英．商洛民俗文化述论［M］．三秦出版社，2006，12
②　刘克、徐宛春．南阳民俗文化［M］．河南大学出版社，2003，9

让其他的人猜数目或猜颜色，猜对者为胜，猜错者罚酒一杯。唐诗中"城头击鼓传花枝，席上持拳握松子"，写的就是这种场面。后来，这种形式已不能使饮酒者尽兴，于是进而发展成两人相对各伸出若干手指，并同时各选叫一个数字，数字与两人所伸手指之和相符者为胜。明朝李日华《六研斋笔记》云："俗饮，以手指屈伸相搏，谓之豁拳。"所以，这种猜拳又叫"豁拳"或"拇战"。再往后，又逐步加入了以赋诗、联句定胜负的方法，使猜拳逐步发展为行酒令。①

打麻将牌在汉水流域民间流传很久，是群众喜闻乐见的一种文化娱乐活动。其玩法简便，变幻莫测，趣味无穷。闲暇之刻，亲朋至友聚集一起，桌上竞技一番，可谓良好的文化式的休息。②

麻将牌，又称麻雀牌，简称雀牌。是从一种古代博戏"彩选"到唐代的"叶子戏"至明朝中叶的"马吊牌"及清代的默和牌渐次演变而成的。其质地也由石、木、竹、纸、骨发展到今天的赛璐璐、塑料、有机玻璃等。麻将牌由"万子、索子、筒子"（即原来的文钱）三门，每门一至九色，每色四张；"中、发、白"三箭十二张和"东、西、南、北"四风十六张，共一百三十六张组成。在有的地方则又加入四张季花和四张混子（蕙）或百搭，共成一百四十四张。同时，尚备有两粒骰子用来掷点数。打麻将牌由四人同玩。其完成规则是参加者把自己抓来的十三张牌（若带混于或百搭为十六张），通过摸、吃、碰尽快调整组合成几副碰子或顺于及对子，首先完成者即为"和牌"（成功），一轮结束。若将全部牌起完没有能够"和牌"者称为"和局"，一轮也告结束。打牌程序包括：班位、定庄、洗牌、叠牌、开门、起牌、理牌、行张、开和、和局、算番计点、牌局结束并宣布连庄或轮庄等，可周而复始。③

陀螺，是一种普及型的儿童玩具，南北城乡均多见。用木头削成圆柱形，下尖，尖脚安一粒钢珠；再用一杆小鞭子的鞭梢缠住陀螺腰身，用力一拉陀螺就旋转起来，再用鞭子不断抽打，陀螺即旋转不停。抽陀螺多取冬季，在冰面上尤为适宜。抽打时，活动量较大，对臂、腰、腿各部均有锻炼作用。陀螺之所以引人并得以广泛流行，原因有三：一是材料易得，工艺简单。各种木头都可以用来制作陀螺，专门制作陀螺的民间艺人则用"旋床"旋制成形，并绘画各式纹样，售价极便宜。所以，在旧日中国，没有玩过陀螺的孩

---

① 刘克、徐宛春. 南阳民俗文化［M］. 河南大学出版社，2003，9
② 柳长毅. 郧阳文化论纲［M］. 湖北人民出版社，2012，11
③ 刘克勤. 文化襄阳［M］. 湖北人民出版社，2009，5

子是极少的。二是游戏过程极为有趣。陀螺转动后，抽打时具有较强的"进攻性"，尤其适应男孩子的心理要求。抽打不及时或不准确，陀螺就有可能停转或歪倒，在抽打过程中造成了游戏者的紧迫感，执鞭的孩子往往怀着紧张兴奋的心情置身游戏中，对少儿心理是一种较强的刺激。三是陀螺具有较强的竞技性，多以转动速度快、时间长为佳，相互比较中，往往能激发儿童的竞争兴趣。清代《北京风俗杂咏》中有咏陀螺的诗句说："嬉戏自三五，乐莫乐兮鞭陀螺。"①

陀螺至迟在宋代已十分流行，宋人留下的绘画作品中已能见到陀螺和小鞭子，证明了那时陀螺与现在的形制已基本相同。宋代周密《武林旧事》卷六载：

"若夫儿戏之物，名件甚多，尤不可悉数，如相银杏、猜糖、吹叫儿、打娇惜、千千车、轮盘，每一事率数十人，各专籍以为衣食之地，皆他处之所无也。"

清人翟灏在《通俗编》中认为这城所说的"千千车"即为陀螺之属。翟灏还引用《道古堂集》中记载的"妆域"，说明妆域也与陀螺相类似，书上说：

"妆域者，形圆圌如壁，径四寸，以象牙为之，当背中央凸处置铁针，仅乃寸，界以局，手旋之，使针卓立，转如轮也。复以袖拂，则久久不能停，输局者有罚。相传为前代宫人角胜之戏，如宋人所谓千千也，此皆陀螺之类。"

根据此处的描写，"妆域"即宋代的千千车，很像现在我们的"捻捻转儿"，主体是一个圆片，中央贯轴，常在桌面上玩，不用鞭抽。翟灏将其归入陀螺一类是有道理的，直到现在，有些地方仍称捻捻转为陀螺。

明代晚期陀螺的形制已与今日陀螺无异，《帝京景物略》中说：

"陀螺者，木制如小空钟，中实而无柄，绕以鞭之绳而无竹尺。卓于地，急掣其鞭，一掣，陀螺则转，无声也，视其缓而鞭之，转转无复往，转之疾正如卓立地上，顶光旋旋，影不动也。"这里把陀螺比作"小空钟"、"而无柄"非常形象。这里所说的小空钟实际上是指地轴而言，"中实而无柄"的地轴，实在就是陀螺了。

汉水流域民间还有踏青、远足、放风筝、端午龙舟竞渡、泛舟、击球、射柳、九九重阳登高、野游、朝（木兰）山等，春节舞龙、旱船、平台、竹

---

① 刘克、徐宛春. 南阳民俗文化［M］. 河南大学出版社，2003，9

马等游戏活动。

二是民间文艺。

"小场子"——汉水流域二人转。小场子是类似于神农架的堂戏、汉川的善书一类的，融歌、舞、剧于一体的小型歌舞剧。小场子的活动多在山区，由一丑一旦在一米见方的桌面上表演，不可能有大的跳动，动作幅度较小，以说唱和手中变幻莫测的草帽道具表演为主，因而就形成了它独有的风格和特点。① 也正是由于这种独特的演出形式，诙谐风趣的说唱，尤其是丑角手中的草帽圈，在艺人手中可随心所欲，二十几种帽花可转身即变。丑角要求动作收敛，双腿屈膝下蹲（俗称"扎矮桩"），形态憨厚，表情幽默，风趣活泼甚至有些滑稽。旦角过去多为男扮女装，以唱为主，动作优美，以双膝向下微闪的"小颤步"为基本动律，手中舞动着花扇和手绢，边唱边舞。丑旦两者在节奏上、动律上、表演上，形成了一高一矮，一丑一美，一刚一柔，一屈一伸的鲜明对比。除了丑旦各自的基本动作外，以双人舞组合为主，基本组合有"三缠腰"、"三见面"、"三碰头"、"三戏水"等。小场子流传于秦巴山区、汉江两岸的安康、旬阳、汉阴、石泉、紫阳、宁陕等地，以安康市恒口、五里、大河等农村乡镇为普遍和活跃。过去每逢春节、灯节、庙会或群众办喜事时，常由会首或办事的主家邀请几班小场子艺人进行表演，以增添喜悦欢乐的气氛。②

根据传统习惯，丑角以逗为主，旦角以唱相配。两人常用说、唱、演等手法，表演有情节的故事，有人物形象的"花鼓子"。常演的节目有《西楼会》《卖翠花》《送香茶》《迎春》《拜年》《看花园》等。表演时丑角诙谐、夸张、风趣，动作幅度大，可转桌子三个角；旦角表演含蓄、羞涩，只在桌子一角扭动。就其表演风格上有以下特点：一是两人须在桌子上表演，即一男一女，女角必须由男性扮演，相互配合。二是唱地方民间小调；七岔、八岔、花鼓子、大同子等，即带有完整故事情节的民间小戏。三是属鼓乐型歌舞，无弦乐伴奏。四是载歌载舞，有固定套路，唱一段，舞一段，如此循环，引人入胜。同时也形成了独有的动作组合，如"半边月"、"黄龙缠腰"、"矮椿"、"三缠腰"、"双蝴蝶"等是二人相互配合的典型动作。为了丰富表演，旦角身穿戏曲衣裙，一手持扇，一手拿手帕。丑角身穿短式衣服，手拿一个直径不到二尺的草帽圈。这草帽圈变化多端，奇异多彩，既是手中的一个道

---

① 陈心鸣、徐启芬《丰富多彩的竹山花鼓》，载十堰日报 2002 年 12 月 22 日二版

② 夏德森《竹溪山二黄的历史与现状》，载《竹溪文史资料》（第三集），1995 年编印

具，又可成为标志人物身份的帽子。因此，形成了小场子表演的一种独特风格。①

狮子舞流传很广，是舞遍汉水流域上下的群众性民间舞蹈。狮子形象威武雄壮，人们借寓狮子来表现我们民族的勇敢和力量，认为狮子可以驱魔、避邪、保平安。②

狮子舞的表演分"文耍"、"武耍"两类："文耍"一般是布狮子表演。其特点是以拟人化的手法，栩栩如生地表现了狮子戏绣球的各种神情和姿态，在引狮人（大头和尚打扮）的挑逗下，使狮子做欲毛、搔痒、转、翻、爬、卧，以及抖毛、摇头、摇尾等有趣动作，来表现狮子灵、巧、温、顺的可爱性格。"武耍"多是用龙须草制作的狮子，引狮人扮武士形象，要求有较深的武术功底，会翻能打，用手中的绣球，通过抛、扔、夺等招式，挑逗狮子做扑、纵、跃、直立等动作来表现狮子英武豪壮的气势。每逢灯节耍狮时，到处均有烧花的习惯。"烧花"分"满架"和"半架"。"满架"多是单狮表演，在地上玩不上高台。舞狮者赤身，身抹鸡蛋清，头扎英雄巾，住户或单位用鞭炮接来后，从狮子舞时开始烧花、焰火飞溅直至狮子舞毕。③

"半架"是说有"草狮子"和"布狮子"两个或两个以上的狮子组成一队，草狮耍武，布狮耍文，上高台，人们便知这是烧"半架"，光是几个狮子在地上玩时烧花，待人们把方桌摆好，另一"布狮子"开始登桌时烧花即停止。④

狮子舞的表演，最精彩的要算狮子上高台了，所谓"高台"就是用36张老式方桌（八仙桌），垒成等腰三角形（A字型），最顶端一张桌子倒放（桌腿朝天）。传统的摆桌很有讲究，必须是同样尺寸的桌子共摆八层。先顺长摆八张，桌与桌的间隙为桌面的二分之一。第二层摆七张，二层以上每张桌腿下要垫一小块皮纸，以防桌子打滑，以此类推，每层递减一张，直至顶端。引狮人手执"拂帚"与狮子从高台的一角，一层层台阶边攀台阶边表演，直到顶端表演后，再从高台的另一端下来。⑤

龙灯舞，又称龙舞。耍龙灯是流传汉水流域民族民间舞蹈之一。每逢春节期间，城乡都有玩龙灯的习俗。龙舞一般由一舞者手持长杆，杆上镶着一

①　吕农．安康民俗文化研究［M］．陕西师范大学出版社有限公司，2011，12
②　《房县志》，中国文史出版社1991年版
③　夏德森《竹溪山二黄的历史与现状》，载《竹溪文史资料》（第三集），1995年编印
④　吕农．安康民俗文化研究［M］．陕西师范大学出版社有限公司，2011，12
⑤　陈心鸣、徐启芬：《丰富多彩的竹山花鼓》，载十堰日报2002年12月22日二版

个能够转动的实心花球，象征宝珠的引龙人。龙体均用竹篾编成，分龙头、龙身、龙尾均用彩纸或各种红、黄、白布糊后再画上龙鳞。龙身长短不一，有三节、五节、九节、十一节为单数。龙灯舞多在夜晚玩耍，每节龙体均点小油灯或蜡烛，可焖焖发亮。火龙一般用纸糊成，每节用绳子连接。用布糊成的龙体称布龙，龙体用布连接后绘画成各种颜色，如白色布上画红龙鳞，称之"白龙"，黄布画上红鳞的称"金龙"，红色的称"赤龙"，绿色的称"青龙"。众龙汇聚，气势宏伟，色泽鲜艳。灯节期间玩耍的龙灯舞种类较多，"火龙"、"布龙"、"板凳龙"均有。多以十一节为主，玩龙者以年轻人居多，在打击锣鼓声中表演龙腾飞跃的气势。引龙人武生打扮，动作豪爽，担任领舞和指挥。表演动作常有"龙打滚"、"龙盘尾"、"老龙盘旋"、"龙翻身"、"波浪游"、"金龙跳水"、"双过龙门"、"龙戏珠"、"彩虹飞架"、"龙行云"等。耍火龙时，鞭炮焰火齐发，舞龙者步履一致，快慢有序，起伏跌宕，对比鲜明，加上强烈的锣鼓和呐喊声，场上金光闪烁、气势磅礴，大有翻江倒海、腾云驾雾之感。

羊角鼓舞流传于宁强县境大巴山区，是由端公（巫师）表演的一种祭祀性舞蹈。据汉中市群众艺术馆副研究馆员吴宝恒先生在《羊角鼓概述》（原载《中国民间舞蹈集成·陕西卷》）中介绍：羊角鼓舞是端公跳神仪式中的一种祭祀舞蹈。端公跳神，又称"跳坛"，分"文坛"、"武坛"两种。"文坛"以唱为主，"武坛"以舞为主。"武坛仪式中包括舞蹈、歌唱、民间小戏，以及木壳面具表演的摊舞帷戏。"每逢山民家事不顺，多灾多难，或庄稼不收，人畜不安，便要请端公前来斩妖除怪，驱除妖邪。具有强烈的消灾避难的功利目的。一些富户人家家道顺畅，祭祀家神，或老人寿诞，做生意获利，邀端公前来"跳坛"，酬谢神灵的恩德，向神还愿。此类跳坛有喜庆、祝贺之意，又兼有娱神娱人之意。举办"武坛"仪式，载歌载舞，热闹非常，活动往往可连续三至五天，且通宵达旦地表演。端公则根据主家（邀请之家）的目的，决定选择"文坛"、"武坛"。并在表演的形式、内容、场合、规模大小上各有取舍和侧重。但以神的面目贯穿活动始终却是共同的。[①]

羊皮鼓舞是羌族具有代表性的舞蹈之一，广泛流行于羌族地区。在陕南，主要流行嘉陵江上游的略阳、宁强一带。这一带亦是"春秋为氐羌所居"、"古为白马氏之东境"（白马氏即古代羌族之一支）。羊皮鼓以舞者每人手拿一用羊皮蒙制而成的蒲扇形鼓道具而得其名。鼓形有如东北的"单鼓"、河北

---

① 吕农. 安康民俗文化研究［M］. 陕西师范大学出版社有限公司，2011，12

"扇鼓"、北京的"太平鼓"。鼓形虽如是，但其表现的内容，舞蹈的目的及道具的装饰、舞者的服饰却大有分别。

据吕波、田耘指出："羊皮鼓舞是羌族祭祀活动的主要表现形式。其活动分上坛、中坛、下坛三种固定程式，内容为祭神、还愿、驱邪、祈福等。"①

正如所说，陕南羊皮鼓舞的程式和内容与之大同小异。据昊宝恒、吕福生二位先生在《羊皮鼓概述》中介绍：羊皮鼓舞是旧时秦巴山区的端公在民间祭祀活动"开坛"时表演的一种舞蹈形式，可在多种场合和情况下表演。第一，庄户人家家道不顺、多灾多难，认为是鬼邪作祟，曾向仔神许愿：待灾免病除，亨运亨通，即择良日请端公前来请神下界，以"还愿"。此活动多在冬腊月农闲之时进行。届时，主家在院场内搭建起席棚，安放"神位"，供奉香火和供品，由请来的端公打羊皮鼓。鼓手少则一对，多则三四对。在一大锣的伴奏下，载歌载舞，反复轮换跳打多遍。此中，每对鼓手打一遍称为一"坛"。若是大户人家举办此种仪式，则亲朋朝贺，摆酒设宴，歌舞数日，通宵达旦，场面十分阔绰，活动颇具娱乐性。第二，家中有人久病不愈，认为是妖邪缠身。也曾许愿请神灵保佑，但终不灵验，只有请神下界擒拿妖邪，方可逢凶化吉。这种坛或设在堂屋，只请一对跳羊皮鼓的端公，在夜间进行。这时的羊皮鼓舞则包含在一系列巫术活动程序之中。开坛后，先跳一段羊皮鼓舞，然后请"神"下界。连续地进行着请水、吞刀、吐火、念咒等一系列程序后，当神灵"附体"时，端公们分别拿宝剑、刀开始跳跃着斩妖除邪，并将鬼邪驱逐于荒野，斩杀妖鬼于刀下方回。再跳羊皮鼓舞以安慰神灵。这种坛式的羊皮鼓艺人的装扮却有讲究：一般头戴"马头纸"，腰系红色八卦裙，佩系八宝铜铃十二个，再加上司刀、宝剑等足以震慑妖魔鬼怪。第三，在庙会（城隍庙会）和春节期间作为一种表演性娱乐活动进行演出。这时的羊皮鼓舞完全成为娱乐性表演节目，毫无祭祀活动中的那种神秘、肃穆之气氛，而充满了热烈、喜庆之气。可作群舞，也可双人舞。并不拘泥人数。表演前，在原地先打一通固定套路的鼓点，既可酝酿情绪，又起着烘托气氛和招徕观众的作用。表演时，两人边击边舞，在"嗜嚓！哮嚓"的鼓场、环声中表演着"攘鼓"、"揉麻窝子"、"单腿跳"、"凤凰三点头"、"线艳子"、"镶星辰"、"勾腿跳"及"躺凳"、"跳凳"、"踩凳"、"跨凳"等粗犷、热烈的舞蹈技巧动作，同时在鼓环声的伴奏下配以曲调高亢具有浓郁地方色彩的唱腔，给人一种别致、独特的韵味。在《民舞集成》中，昊宝恒、吕福生二

---

① 吕波、田耘《四川宗教祭祀舞蹈考实》

人曾数次深入基层，搜集和整理了羊角鼓、羊皮鼓鼓点的打法、舞蹈基本动作、唱腔曲调和唱词等，使这一珍贵的舞蹈文化遗产完整地、系统地保存下来。①

彩船又称花船、彩莲船。明朝由外地流民带来，经多年演变，成为本地较有名的地方舞蹈之一，在湖北全省独具特色。彩船的角色旧时有太公1人，后摇婆（男扮女装）1人，坐船姑娘1人，丫环1至2人，共4至5人表演，均为男扮女装；到后来成为4个丫环，共7人表演，男女分扮，但后摇婆仍男扮女装。彩船的核心道具是一条繁花似锦的彩船，船身有小彩旗、大莲花，有坐船姑娘的假腿脚，船棚上有棚帘，四角吊有彩灯，有剪贴图案，还有姹紫嫣红的鲜花。②

彩船通常在元宵节前后表演。传统曲调是行进时用"二棚子"戏主琴"蛤蟆翁"与民间打击乐同奏"过街调"，演出时奏"浪板"。该舞是一个热烈欢快、幽默风趣的情绪舞。太公是个勤劳朴实的老生扮演，后摇婆是诙谐风趣的老丑旦扮演，坐船姑娘花容月貌，是老两口的掌上明珠，丫环们个个流光溢彩，是船上精明能干的佣人。其艺术风格和动作特征为"划、摇、撬、跷"。即太公要划得好，碎步领船；后摇婆要摇得巧，俏而不荡；坐船姑娘要撬得匀，碎步走"水波浪"；丫环要跷得妙。碎步要"水波浪"，十字步加小踏跳，轻快微颤，略带弹性。③

太公是引船领舞者，其他6人以坐船姑娘为核心，按既定的各种队形，表演跑船，扎四门（也叫拜四门），原地划唱，调篙头，跑风，上滩，摇橹，卧滩，下滩等。表演有唱有白。中间有两次原地划船演唱，用郧县四六句或其他灯歌小调，编演各种内容的唱词，其中尤以四六句运用最多。第一次是"拜四门"，以后主要唱"奉承歌"，还有"讨赏歌"、"四头歌"等。第一次演唱以太公为主，信口拈词，后摇婆、坐船姑娘、丫环也可编词帮唱；第二次是"下滩"后，主要唱小段，谓之灯歌，有四门灯、小观灯等，可唱历史人物、故事、戏出，以后摇婆为主，太公，坐船姑娘、丫环帮唱。④

蚌壳舞又名和尚戏蚌、白鹤戏蚌、渔翁捕蚌，在每年春节元宵节表演。人物是一个渔翁（老生），一个蚌壳精（武旦）。旧时蚌壳精为男扮女装，后男女扮演均可。

① 吴宝恒、吕福生．汉中地区《民舞集成》编辑部《"概述"汇编》
② 陈心鸣、徐启芬《丰富多彩的竹山花鼓》，载十堰日报2002年12月22日二版
③ 夏德森《竹溪山二黄的历史与现状》，载《竹溪文史资料》（第三集），1995年编印
④ 吕农．安康民俗文化研究［M］．陕西师范大学出版社有限公司，2011，12

道具除一个篾扎纸糊的彩色的蚌壳外，还有双剑、鱼网、鱼篓等。表演过程基本按捕鱼撒网进行。动作顺序与寓意，一是拖蚌上岸（出场），渔翁双手后背领蚌壳走一个圆场。二是蚌拜四方，寓意是蚌壳精摆脱渔翁自得自矜，煽动双壳，朝拜四方。表演者在前后左右分别作"低凤架"、"高凤架"四个亮相造型。三是双剑起舞，由蚌壳精单独表演，程式和长度自由，简单复杂均可。其寓意是在静谧的河湾，蚌壳精舒心习武，且耍且舞，舞剑动作有下腰、探海、卧云、射雁、朝天蹬等。四是渔蚌重逢，蚌壳精余兴未尽，突遇老渔翁身背鱼篓，手持鱼网再次上场，渔翁惊喜异常，兴致勃勃再行捕捉；蚌壳精惊慌甫定，机智躲闪。五是渔蚌相搏，这是本舞的高潮。[①]

　　蚌壳精躲开渔翁的捕捉，回到壳内紧闭不出，老渔翁绾裤卷袖下浅水，决心把蚌捉住，蚌窥见对手乃是老翁，顿生藐视，与之逗趣周旋，老渔翁摸蚌、掰蚌无效，用力掰动掀翻蚌壳，蚌壳精伺机分别夹住老翁的头、手、脚，放开后离而不去，煽动双翼，轻踏舞步，故意戏弄渔翁，老渔翁屡屡扑空，又气又急，但毫不气馁，抖擞精神一次次追赶，决心捕获"宝物"。此段表演两人动作互相关联，场面调度若即若离，加上文武场面交替，轻重缓急转换的音乐伴奏，令观者凝神注目。最后老渔翁几经周折，拿起鱼网连撒三网，终将蚌壳网住，蚌壳精脱壳而逃，但已无法逃脱，只得上岸就范。最后二人欢喜亮相结束。渔翁捕蚌是一个民间神话舞蹈，也是一个反映水上渔家劳动生活的舞蹈。其动作特征是偏头扭射，对视行动；扇壳开合，哈腰伸缩；绞腿轻踏，浪步左右；时紧时缓，若戏若舞。表演具有一定任意性，但变中有宗，活而不乱。另一个显著特色是舞性侧重表现于蚌壳精这个角色上，老渔翁则多哑剧动作。渔翁捕蚌没有道白和唱词，伴奏乐曲与彩船舞曲基本相同，用地方戏"二棚子"曲调，由主琴"蛤蟆翁"主奏，民间打击乐同奏，曲调亦多采用彩船舞中的浪板，在逐步演变中乐器加进了唢呐，增添热烈欢快气氛。[②]

　　三是民间曲艺。

　　二棚子，湖北郧县地方民间戏曲剧种，自明成化七年形成以来，已有500多年历史。琴子、八岔、采腔是二棚子戏的三大声腔，八岔与采腔统称为"打腔戏"，琴子称为"调子戏"，同时又融入了"汉水流域花鼓调"、"汉水流域四六句"、"汉水流域八岔子"等地方曲艺的音乐元素，琴子为主要声腔，八岔由曲牌体系发展而形成板腔体系，采腔属曲牌音乐体系，形成了比较完

---

① 刘克勤．文化襄阳［M］．湖北人民出版社，2009，5
② 刘克勤．文化襄阳［M］．湖北人民出版社，2009，5

整的二棚子戏曲音乐。"汉水流域二棚子戏"现保留有传统剧目 109 本，具有鲜明的地方戏曲艺风。①

四六句是汉水流域具有鲜明地方特色的曲艺品种。汉水流域四六句相传源于明代，由郧县起源，现流传于丹江口、郧西及陕西、河南等与湖北毗邻地区。它是由当地传统的锣鼓曲和灯歌演变而成的曲艺形式，它的一种还保留着锣鼓曲和灯歌的特色，另一种则向着曲艺形式发展，成为现在作为曲艺形式流传的"汉水流域四六句"。②明末清初汉水流域二棚子（汉水流域花鼓戏）盛行，"四六句"的曲调被吸进二棚子戏的"花腔"部分，故而也把"四六句"列入花鼓调。"汉水流域四六句"在其长期发展演变中，保留了锣鼓戏的欢快部分，在说唱中发展了具有曲艺特色的抒情部分，并从过去由大鼓、大锣、大钗、小锣、马锣伴奏，发展为由唢呐、二胡、扬琴、低胡、三弦等共同伴奏；由过去单人表演发展为三人以上皆可表演，还加上了伴唱和合唱。③

四是民间工艺。

汉水流域的刺绣曾经名动一方。刺绣过去又叫"女红"。汉代刺绣已达到很高的水平，唐宋至明清更加发达。刺绣在民间曾广泛流行。《宁陕厅志》载："纺棉绩麻人人能之。刺绣多未娴也。"在盛产蚕丝、棉花的汉水流域，刺绣是广大城乡妇女极为喜爱的手工艺。几千年男耕女织的传统风俗，促使女孩子从小就在母亲的教习下穿针引线、挑花绣朵。姑娘出嫁，总不免要挑绣一些日用品作"陪嫁"，在寓意爱情幸福美满之时，也展示新娘的心灵手巧，以博取左邻右舍的称赞。故汉水流域有"无女不绣花"之说。绣手云集的乡镇，往往被冠以"绣"名，如汉口的"绣花街"、洪湖的"绣花堤"、石首的"绣林镇"等。④

汉水流域民间刺绣内容多以花卉鸟兽为主，色彩讲究饱和鲜明，造型强调夸张洗练。绣品中的纹样都有一定的"说头"：或祈求人寿年丰，吉祥如意；或憧憬爱情幸福，家庭美满和睦；或寓意家族兴旺，子孙万代绵延，充分反映了人民的善良愿望。

汉水流域刺绣的底料多为乡村家织土布、麻布。除本色布，还有用靛青染的毛蓝布。解放后多用洋布。刺绣用的线多为棉线和丝线。染料有靛青、

① 《郧县志》湖北人民出版社 2001 年出版
② 荣萱、罗中流《郧阳"四六句"概述》，载《十堰文史》（第二集）1994 年编印
③ 《郧县志》湖北人民出版社 2001 年出版
④ 刘克、徐宛春. 南阳民俗文化［M］. 河南大学出版社，2003，9

紫草、石榴子、红花等植物染料。民间刺绣的题材多为山水、人物、走兽、飞禽、花卉、虫鱼等。民间刺绣的针法主要有：十字绣，按底布的经纬格路每两针十字交叉。若干十字的连续和不同排列，构成具有丰富变化的形象。编花，类似编织。高绣法，在绣底铺贴一层棉花，然后在上面绣一层丝线或金银线，具有浮雕效果。①

汉水流域刺绣品主要有：第一，绣花枕片。在汉水流域随处可见。过去使用的枕头，呈长方形，内置棉絮、谷壳之类充填物，两端绣花，四片为一组，常以"渔樵耕读"、"梅兰竹菊"等为题，以求相互对应。第二，绣花鞋垫。以汉水中上游最多最好，十堰、安康民俗，姑娘出嫁前要绣上多达数十双的鞋垫，择其最好的给意中人作信物，余为嫁妆。第三，江汉平原一带的凤凰绣。江汉平原一带是楚文化的发祥地，民间刺绣在一定程度上依然保持着楚文化的传统。楚人崇凤，故民间绣品中的凤凰姿态万千。有的雄健威武，有的轻盈飘逸；硕大的冠，五彩缤纷的羽毛，一尾、二尾、三尾，甚至无尾，全凭艺人以浪漫遐想，信手拈来。用于喜庆场面的民间绣品，多取大红或深红底色；而日常生活用品，则多取黑色或深蓝色。这固然是从实用出发：红色吉利红火，黑色耐脏耐用，但也与楚先民偏爱红、黑两色的传统有内在联系。此外，还有披肩（又称云肩）、枕顶、手帕、围裙、坎肩、包单、门檐、帐檐、床檐、床单、围嘴、肚兜、眼镜盒、钱包、搭链、裹肚、绣鞋、笔插、袜底等。②

汉水流域建筑木雕现在保存下来的，多是明清以来的祠堂公馆、神……山道观建筑群民居窗格。汉水流域家具木雕，多用产于鄂西北高山峻岭的荆棘藤蔓制作根雕家具和手杖的材料。艺人们巧妙利用自然形态，随势出形，略加雕饰，便具淳朴之美。汉水流域木雕业在近代属于小木行业，民间俗称"细木工"、"雕花匠"。据调查，汉水流域木雕业的鼎盛时期是在明清至抗日战争前。当时湖北地区的木雕行业，以长江为界，分为文武两帮。文帮由汉口、汉阳、黄陂、孝感等汉水流域一带的艺人组成；武帮由武昌、蒲圻、咸宁一带的艺人组成。艺人按帮承接建筑上的木雕工程，相互竞争。在技艺素以"一打、三修、七分掐"的传统工艺和流畅奔放、粗犷古朴的风格著称于湖北地区。③

竹藤的丰富促进了汉水流域民间编织工艺与生产的长久发达。如安康的

①　潘世东：汉水文化论纲［M］. 湖北人民出版社，2008，5

②　刘克、徐宛春. 南阳民俗文化［M］. 河南大学出版社，2003，9

③　吕农. 安康民俗文化研究［M］. 陕西师范大学出版社有限公司，2011，12

竹、藤、棕、龙须草、麦秆、柳条等编织材料十分丰富。主要的编织品有：背篓、箩筐、晒席、提篮、竹扇、斗笠、竹椅、挎篮、棕箱、棕叶扇、棕毯、藤椅、藤篮、藤箱、草帽、蓑衣、草垫、草墩、草鞋等。另外还有编织玩具。这些民间编织工艺品，一般是由分散在民间的手工艺人编织的。解放后一些县城或乡村集镇还组织了手工企业。如岚皋竹藤工艺厂、安康棕革制品厂等。随着商品经济的发展，民间编织工艺更加发达。编织工艺的"编"，是用一根或几根原料，按一定规律或格式进行盘绕、掩压，以构成无明显经纬分别的形体。"织"是先立经，然后逐步编纬，构成各种形体。编和织两种工艺经常结合运用。主要方法有：编辫（如麦草编辫，然后用线连成草帽）；平编（经纬交织，相互掩压。常见的有挑一压一，挑一压二等）；绞编（两条纬线交错穿插于经桩内外，依次循环绕行）；勒编（以细线为径，以柳条等条类材料为纬编织而成。如柳条簸箕）。编花（在平编的基础上通过经纬变化，主要是纬线的盘、绕、扣、结等方法，编成各种花纹）。编织图案主要是：二方连续、四方连续、适合纹样、点缀式花纹。①

五是木版年画、剪纸、皮影。

木版年画、剪纸、皮影等是遍布汉水流域上下的一种极为广泛和普及的艺术形式，几乎各个地方都有知名的匠师和作坊，都有独特的技艺和悠久的传统。

首先，版年画从宋至清，汉水全流域几乎都有作坊出品。汉水流域木版年画虽不及天津杨柳青、苏州桃花坞、山东潍坊、广东佛山的产品那样闻名遐迩，但其历史地位及影响不可忽视，无论绘画、刻工、印刷还是题材、形式，都具有很高的技艺水平。汉水流域木版年画品种繁多，可分为门神、单幅年画、中堂、四条屏、斗方、灶画、灯笼画等。并依据房屋建筑、门庭规格等实际需要，确定纸张的不同开本，那时每个作坊雕刻的印版最少的也有几十个品种，每个品种有五个套版；逐年增刻的新版，堆起来似小山，可见其繁盛景象。②

其次，汉水流域民间剪纸有剪、刻两种。民间剪纸的历史渊源可追溯到商代。当时虽没有纸，但已出现镂花金箔，用金银箔和彩帛剪成花鸟贴于鬓角作为装饰，成为古代妇女的一种风尚。这就是剪纸最早的雏形。汉代有了纸以后，出现了真正的剪纸艺术。汉水流域民间剪纸有窗花、门笺、灯花、顶棚花以及刺绣作品的底样。剪纸在民间的用途非常广泛。一方面它用于各

---

①　刘克、徐宛春. 南阳民俗文化［M］. 河南大学出版社，2003，9

②　刘克、徐宛春. 南阳民俗文化［M］. 河南大学出版社，2003，9

种民间风俗活动。春节或其他喜庆日子，贴窗花贴门笺（安康称门吊子）贴喜字，以增加喜庆吉祥的气氛。另一方面，民间剪纸在群众中是一种实用装饰图案，如装饰顶棚的顶棚花。剪纸还可以贴于布帛，作为刺绣的底样。剪纸图案也常贴于彩灯、礼品盒上作装饰。民间蓝印花布是用剪纸镂空版（厚纸或羊皮镂空）印制的。刻皮影也常采用剪纸手法。①

汉水上游鄂西北及陕南地区以剪为主，自剪自用，广泛应用于民俗生活。样式有窗花、灯花、喜花以及鞋垫花。而在近代江汉平原地区，由于商业的发展，装饰刺绣进入千家万户，一剪一纸已不能满足市场需求，因此，更多的是使用刀具，以刻代剪，从而逐渐发展成一种小规模的手工业生产作坊，成批生产雕花剪纸进入市场。雕花剪纸又名"花样"，主要是供给妇女刺绣使用的图案底稿，多是和民众日常生活关系。一、板上用小刻刀雕镂，再用细针在纸面上刻扎许多针孔线路，提示绣法和重点。民间剪纸的传承，过去一般是母传女。农村女孩，一般在六七岁或七八岁就跟母亲学剪纸绣花。安康农村过去有不少剪纸能手。现在比较著名的有安康恒口的罗崇珍。她擅长剪蝴蝶、花卉、瓜果等。她曾于 1989 年获陕西省艺术节民间美术传统特色奖。1993 年她的作品曾送澳大利亚展出。安康李再芬的剪纸于 1989 年获陕西省民间美术技艺奖。平利县的张月清（1919—1990 年），擅长剪花卉、动物。②

再次，皮影由剪纸衍变而来，二者的刻制及表现手法同出一源，但审美情趣和艺术追求又各有不同。汉水流域皮影有两种，一种是久负盛名的江汉平原地区的"荆州影"，另一种是汉水中上游的谷城、竹山、宜城、均县、保康的"小影子"。"荆州影"高约 2 尺 2 寸，造型上讲究"圆"，表现手法夸张浪漫，富于装饰性，并按虚实需要、突出重点的原则，将人物造型处理得头大手小。皮影敷色主要用红、绿、青三色，再加牛皮本身的黄色和镂空的白色，色彩艳丽，光影夺目。"荆州影"多用 3 岁左右的牛皮雕成，也有用驴皮、纸板的，近来云梦还有采用有机塑料、赛璐路等材料制作的。以谷城为代表的"小影子"高约 1 尺多，人物造型生动，小巧玲珑，纹饰图案雕刻精美，多用驴皮雕成。竹山皮影有一类以现实生活为依据，模拟现代人物，造型别具一格。这类皮影主要以彩绘为主，其精神面貌全靠勾勒填彩表现，同样收到很好的效果。③

汉水流域北有秦岭东沿的武当山、大别山、桐柏山，西接荆山，东南是

① 吕农. 安康民俗文化研究 [M]. 陕西师范大学出版社有限公司，2011，12
② 刘克、徐宛春. 南阳民俗文化 [M]. 河南大学出版社，2003，9
③ 柳长毅. 郧阳文化论纲 [M]. 湖北人民出版社，2012，11

宽阔的江汉平原。山区产石料，为石雕提供了丰富的用材；平原烧泥土制砖瓦，镌以图案美化建筑。汉水流域民间石雕、砖雕的分布，与其地形大体一致。

保康石雕题材广泛，大致可分为日常生活、伦理教化、神话传说、戏文故事、花鸟虫鱼、书文楹联六类。其中尤以表现日常生活的石雕最具活力。

万寿塔坐落在荆州市荆江大堤内侧古观音矶上，是 16 世纪中叶，"外除玉雕佛完坐佛外，还有两千多块砖雕。艺人以浮雕和线刻手法塑造了神态各异的佛像、动物、花鸟图案。砖雕两侧，还以汉、满、蒙、藏、回五种文字刻有捐资者姓名、捐资数目。砖雕凝重大气，是研究汉水流域民间砖雕艺术的宝库，也是研究明代建塔风格、宗教文化及长江航运水文的重要实物见证。

汉水流域河南南阳的镇平县，玉雕加工业历史悠久。据出土文物考证，玉雕生产起源于西汉时代，距今已有 2000 余年的历史，宋、元两代玉雕生产开始渐具规模，明、清以来已成为本县的一大产业，且有出口业务。[1]

镇平玉雕（即玉器）又称镇平玉刻。自古以来，镇平玉雕工艺品以其质地优良，设计新颖，工艺精湛，做工细腻，造型逼真，栩栩如生而驰名中外，成为中国乃至世界最美、最珍贵的瑰宝。从玉雕产品的风格上讲，镇平玉雕博采南北之长，既有京津派的雄浑豪放，也兼苏扬派的婉约细腻。造型生动逼真、雕刻精细入微，从而形成自己独有的中部风格。其代表作有国家级珍品翠玉《九龙花熏》，现陈列于人民大会堂河南厅；独玉《鹿鹤同春》，已被中国美术馆收藏；双层大型转动翡翠花熏《哪吒闹海》巧用浮雕、透雕、镶嵌技术，玲珑剔透，荣获轻工部工艺美术百花奖。[2]

玉器的原料使用方面，以国产岫岩、岫玉，南阳独玉为主，还有白玉、孔雀石、水晶、紫晶、兰红宝石、绿松、紫英、金星、人造金星等。还有巴西、加拿大、缅甸、俄罗斯、马来西亚等国家的之地优良玉料。


# 五、宗教禁忌风俗

受"万物有灵"的原始宗教和明代以来道教在汉水流域泛化的影响，在漫长的历史进程中，神灵崇拜、鬼神信仰、吉凶趋避等文化意识不仅没有冲淡，反而渐染渐深地得到潜移默化，形成许多民俗事象，固化为汉水流域的

① 吕农．安康民俗文化研究［M］．陕西师范大学出版社有限公司，2011，12
② 吕农．安康民俗文化研究［M］．陕西师范大学出版社有限公司，2011，12

宗教禁忌风俗。其主要表现为：

一是祈神求雨。除了平常祭奠土地、春神等神祇之外，每遇大旱，各地乡绅民众都要到龙王庙烧香礼拜，祈求龙王下雨，有的还抬着龙王神像游乡，有的请和尚、道士设坛祈雨，以保丰年。①

二是请端公、信过阴。家户每遇病疾灾害，认为是冲撞了神灵，要请端公或巫婆到家，摆上香烛神坛，请他们作法驱鬼。端公杠神往往手舞桃木剑，口中念诀，四方搜寻，直到降伏鬼魅。巫婆过阴，亦叫"下码脚"。穿上红绿衣服，载上法冠，头上蒙一块红布，口中念诀，坐在堂屋之中，双脚悬空不停地奔走，说是已到了阴间，见到了病者已逝的亲人，或是变声说话，已逝亲人阴魂附体，斥说病者或主人家以往有些事做得不当，是已逝亲人"使作"的，应按巫婆传达的意见改过。②

三是卜卦算命。时人认为自己的生死祸福，是"八字"命中注定。"八字"是人的出生年、月、日、时，以天干地支表示成八个字。人们每遇困顿逆境或要干某件事之前，就找算命先生算命，算命先生按照来人的"八字"结合五行、时辰、方位、流年、神煞等等因素，追叙和预言吉凶祸福，并告诉趋吉避害的方法。算命可用多种方法，如卜卦、拆字、相面、看手相、掐时等等。迷信的人往往被算命先生套上精神枷锁。③

四是叫魂。儿童身体不适或得病，往往被认为是在外撞见了神灵鬼怪，吓掉了魂，傍晚时分，由母亲领孩子到门外或路口，喊孩子的名字问："回来没？"家人答"回来了！"一直喊到屋内，让孩子安魂入睡。④

五是武当朝圣禁忌。每逢农历三月三、九月九，都是郧阳民众到武当山进香朝拜真武大帝的日子。人们穿上整洁的衣装，备上香裱贡品，神情肃穆地到武当山各宫观拜祖师爷，许愿还愿，祈求神灵保佑。杨立志教授对武当朝山进香民俗作了深入的考察和研究，对武当朝圣民俗的兴起和兴盛，范围和地域、朝山线路与方式等均作了详细阐释和描述。武当朝山进香民俗从宋元开始播衍到全国范围，明代大为兴盛。主要涉及北京、山东、山西、河北、河南、陕西、安徽、江西、江苏、浙江、湖南、广东、广西、四川、云南、福建、台湾等省市。朝山进香大多以本地信士组成香会，由香会组织一年一度的朝山活动。朝山有严格的仪式，选择黄道吉日，确定人选队伍，一般都

① 刘克、徐宛春．南阳民俗文化［M］．河南大学出版社，2003，9
② 柳长毅．郧阳文化论纲［M］．湖北人民出版社，2012，11
③ 吕农．安康民俗文化研究［M］．陕西师范大学出版社有限公司，2011，12
④ 杨郧生：郧阳风俗文化［M］．湖北人民出版社，2010，12

是 20 多人至 100 多人，祭会旗七日，筹备朝山仪仗和资金。朝山仪仗队用五色旗，前面是会旗，均为彩缎镶边，后擎万民伞，上面绣有本地进香人的姓名、鼓乐随行演奏。起程前会众要集体祭告天地，设宴或斋醮祈祷送行。沿途所遇宫观均要焚香拜祭。明代江苏一带香众还乘船朝山，每年进香船约百十艘，这些船在无锡县北门外集合，于二月中起航，由大运河进长江，溯汉水上至均州起岸陆行，全程约 3300 华里。还有许多道教信徒为祈求父母康健延寿的"苦行进香"，朝山者到了武当山脚下，即用五寸长的银簪对穿两颊锁口，称为"上锁口剑"，由旁人搀扶登顶，在祖师爷面前许愿还愿后，由主持道人拔下锁口剑。朝山进香的民俗至今也仍在流传。①

汉水流域明代社会存在于民俗中的禁忌，主要是对神圣的、不洁的、不祥的或危险事物的规避或忌讳。这种消极的、防范性的信仰行为广泛地存在于汉水流域城乡民众日常生活中。对此，袁绍北先生有过详细的描述，在供奉神像和祖宗牌位的庙观祠堂不能随意喧哗和指划，不能对着太阳和月亮小便等，是对神圣事物的尊崇，小孩子在供奉神灵和先祖的地方讲了不吉利的话，大人要赶紧赔不是，并申言"童言无忌"。忌在坟地上建房。若正对"丁"字路口建房，忌被"路箭"所伤，要在墙上砌一块刻有"泰山石敢当"的石碑，以化解危厄。对年岁逢九认为是"关口"，民谚说"明九不算九，暗九是关口"，意即二九一十八岁、四九三十六岁等"暗九"，更胜于 9 岁、19 岁等"明九"，逢这些生日忌张扬，要小心提防，以避过灾祸。年节、老人寿诞、婚娶等喜庆日子，忌打破器皿，若打破了东西，要赶紧说"打发打发，越打越发"加以破解。穿衣服忌纯白和纯黑，因为这两种颜色与丧服、孝纱相关。行船忌妇女坐船头，晾衣忌从女裤下走过，认为妇女有时身子不洁，会给船主和行人带来霉运。吃饭忌把筷子在碗口平放或筷尖搭在碗沿上，或把筷子竖插在饭中，这是祭奠亡人或鬼魂的方式。忌见到双蛇交尾，说这会带来不祥，要立即用双手梳头发，认为这可以化解祸患。忌在山林和深巷听见声音叫自己的名字，认为这是鬼在摄魂魄，不能答应，不要回头。忌雀屎落在头上，认为这会给人带来灾祸，因"屎"与死音相关联。禁忌的思想根源仍然是鬼神崇拜，它往往与卜巫迷信活动连在一起。②

禁忌型林业民俗具有警戒、约束、限制人们某些语言、某些行为、某些心理的作用。表现在农事生产、生育、婚丧嫁娶、日常起居、语言、祭祀和人们的其他行为中。譬如大树、古树禁忌：对枝繁叶茂的大树、古树，民间

① 柳长毅.郧阳文化论纲［M］.湖北人民出版社，2012，11

② 袁绍北.郧阳民俗文化［M］.湖北人民出版社，2012，11

常常认为是仙家的藏身之所，对此有许多禁忌。汉水流域民间历来将桃、柏、槐等树种视为神树，丝毫不能亵渎。平时，任何人不能走进"龙树"，不能进入"龙林"，孕妇、产妇、有月经的妇女更不能进去。牛马牲畜也不能放进去。龙林中树木、花草、土石都不能随便乱动，更不能砍伐、伤害龙树的枝叶。否则、便认为是冒犯了龙神，是不祥的预兆。平时，人们则尽量不去惊动这里的神灵，以免惹恼了神而遭到报应。对这些大树，一不能污言秽语相加，二不能砍伐。因为人们朴素地认为，树龄一旦久远，不仅树上住有仙家（鬼神），而且自身亦会成精，任何猥亵性的举动便会有冒犯神灵之嫌。此外，婚丧民俗禁忌在树木的使用上民间也有很多禁忌。①

林业禁忌，还延伸到我国民间素有的厚生重死的传统上。生，源自生命的孕育；死，终于墓穴棺椁的营造。所以，在人生两极，民间在用木上有许多讲究。榆木虽然材质优良，纹理细致，坚硬耐用，本为制作家具和棺木的上好材料，但终因其条理不顺，木质顽硬而受到民间的摒弃。在汉水流域有"榆木疙瘩不开窍"一俗语的说法，故而世人唯恐下辈人不聪明不知理，心理深处拒斥用该木种制作的结婚家具或棺材。况且，榆木之叶、皮可以食用，味微甘滑，易遭虫蛀，民间对榆木的禁忌便更易理解了。正因为树木与鬼神命运有如此密切的关系，所以随着武当道教在汉江流域的兴旺发达，明代在坟地种植一些树木如松、柏、银杏、桂等以安慰亡灵。在对树种的选择及种植处所上，亦有禁忌。民间除了忌讳在墓地种植棕树等树种外，还有"前不栽桑，后不插柳，院子里不栽鬼拍手（小叶杨树）"的禁忌。棕与终、桑与丧音近，墓地种棕为墓地种终，门前栽桑即为门前栽丧，声音难听，故忌之。鬼拍手又名小叶杨，遇风时啪啪作响，如同有人拍手。若天气阴霾沉重，听起来更觉吓人，故常为陵园墓地树种，种在院中则深为人们所忌讳。②

林业禁忌也在日常生活的方方面面得到反映。譬如有些地方则禁止小孩参加栽竹，认为竹子长大后要被砍伐，小孩若参加种竹，日后命运将跟竹子一样，很不吉利。砍伐树木时应砍老留嫩，砍倒后还要抓一根树枝插在树根的斧口上，表示祈其再度生长。禁用斧头再劈这些树根。有些地方因"桐"与"童"谐音而忌伐桐子树。此俗今仍存在。林业禁忌也延伸到语言行为上，譬如结伴上山打柴，严禁"死"、"伤"、"血"、"鬼"、"臭"等语出口，否则受众人谴责。遇到受伤流血，只能讲"红"字，不得说血；闻到臭气要讲

① 刘克、徐宛春. 南阳民俗文化［M］. 河南大学出版社，2003，9
② 吕农. 安康民俗文化研究［M］. 陕西师范大学出版社有限公司，2011，12

香，以防不利。传说山神听到不吉利的话就愤怒，人就会摔下山崖或受伤。①

明代大多数林业民俗是俗信而非迷信。这些民间信仰从本质上来看，是从远古原始思维世世代代传袭下来的神奇思考和朴素行事。从无神论的观点审视，它们几乎都是货真价实的迷信。但是，从文化史的发展观点出发考察它们，科学地分辨它们，就会发现许多信仰形式和手段与人们的日常生产生活结合得十分紧密，使它们早已脱离了古老的巫术活动，转化为朴素的日常俗信了。林业民俗中对人的身心健康和环境保护有积极作用的部分属于人类的非物质文化遗产，是人类古老的生命记忆和活态文化基因库，代表着民族普遍的心理认同和文化基因传承，代表着民族智慧。非物质文化在现代化浪潮中正经受巨大冲击，很多文化遗产处于濒危状态，有的正在消失，有的已经消失。林业民俗，是我们发展文化产业、文化旅游和社会主义新农村建设的宝贵资源。对林业民俗中的有益成分的吸纳、保护和传承，是紧迫而必要的。②

① 刘克、徐宛春．南阳民俗文化 ［M］．河南大学出版社，2003，9

② 黄元英．商洛民俗文化述论 ［M］．三秦出版社，2006，12

# 第四编　明代汉江流域著名的历史英杰

# 第十八章　嘉靖皇帝与钟祥

　　明正德十六年（公元 1521 年），从汉水中游的钟祥，走出了一位统治全中国的人物。他以藩王身份入继大统，早期整顿朝纲、减轻赋役，一扫武宗时期的弊政；也曾征剿倭寇，整顿边防，使"天下翕然称治"。他深受汉水流域发达的孝道文化的影响，上位不久便与杨廷和等朝臣在议父王尊号的问题上发生"大礼议"之争；他把在汉水流域生活时就形成的的道教信仰带到北京，推向全国，不仅本人信道，还要全体臣僚崇道，晚年二十年不上朝，专事斋醮祭祷，搞得朝廷乌烟瘴气，民间民不聊生。他就是统治明朝 45 年的嘉靖皇帝。

## 一、大礼议与汉水孝道

　　嘉靖皇帝名朱厚熜，其父朱祐杬，明宪宗朱见深第四子，生母宸妃邵氏。成化二十三年（1487 年）受封兴王。弘治七年（1494 年）就藩湖广安陆州（今钟祥市）。按照明朝制度规定，藩王既享有优厚的经济待遇，又受到政治上的严格控制。成祖以后，藩王只能衣食租税，无行政之权，甚至不能和其他藩王和地方官吏见面。朱祐杬到了安陆，远离故乡，虽生活优越，但内心难免空虚无聊。所以他寄情山水，研习经史，将毕生精力用在文化建设上，兴献王的文化素养及对文化的重视在明代藩王中比较罕见，他不仅著有《含春堂稿》《恩纪诗集》等诗文集，甚至组织良医周文采等编写《本草食品便览》《本草考异》等医学著作。他生活节俭，每遇灾荒之年，必设常厂施粥赈济灾民，在当地赢得了良好的口碑。相比那些穷奢极欲、仗势欺人的藩王，朱祐杬遵纪守法，乐善好施，无疑是藩王的楷模。

　　兴献王在安陆生活了 26 年，和王妃蒋氏生了四个孩子，朱厚熜生于正德二年八月初十（1507 年 9 月 16 日），是四子中最小的一个，也是唯一存活的一个。兴献王夫妇对朱厚熜的重视和溺爱可想而知。朱厚熜长到五岁，父亲就开始教他读书写字，幼年的朱厚熜十分聪明，父亲"口授以诗，不数过辄成诵"。年龄稍长，朱佑杬更亲自为他讲解《孝经》，使他"通《孝经》大意"，后来嘉靖为父母的封号问题不惜与群臣翻脸，杀死 18 人，与幼年在安陆的孝道教育是分不开的。

正德十四年（1519 年），兴王薨，享年四十四岁，葬于钟祥市东北的松林山（嘉靖十年敕封为纯德山）。朝廷谥号：献，故后人称之兴献王。此时朱厚熜年仅十三岁，孤儿寡母孤独无助的凄凉心境可想而知。幼年丧父自然是人生的大不幸，但两年之后，幸运之神偏偏降在这位十五岁的安陆少年身上。他的堂哥，中国最不守礼法的荒淫皇帝，明朝有名的无道昏君明武宗朱厚照崩于豹房，终年仅三十一岁。武宗荒淫一生却无子嗣，他的去世，留下了最高权力的真空。首辅杨廷和、皇太后张氏根据传统宗法制度和《皇明祖训》中"兄终弟及"的原则，决定立宪宗之孙，孝宗之侄，武宗堂弟朱厚熜为皇帝。就这样，这位十五岁的安陆少年幸运地成为中国的最高统治者。

武宗朱厚照荒淫暴戾，怪诞无耻，是少见的无道昏君，他统治时期朝中宦官干政，政治腐朽，地方土地兼并十分严重，贪污腐败之风横行。随着朝政的日益腐败，藩王叛乱，倭寇入侵，一朝撒手人寰，留给堂弟的是个千疮百孔的乱摊子。好在当时朝廷首辅杨廷和是一位精明干练的政治家，他设计剪除宦官势力，使一度紧张的局势迅速稳定。为新皇帝举行登基仪式，颁布《即位诏书》，这份长达 80 条的政治纲领将武宗朝的弊政悉皆厘清，给新皇即位带来了焕然一新的气象。

然而嘉靖初年的政治改革只是昙花一现。嘉靖即位不久，就因为兴献王的尊号问题引起一场旷日持久的政治斗争——"大礼议"。朱厚熜即位刚六日，下令群臣议定武宗的谥号及生父的主祀及封号。以内阁首辅杨廷和为首的朝中大臣援引汉朝定陶王（汉哀帝）和宋朝濮王（宋英宗）先例，认为世宗既然是由小宗入继大宗，就应该尊奉正统，要以明孝宗为皇考，兴献王改称"皇叔考兴献大王"，母妃蒋氏为"皇叔母兴国太妃"，祭祀时对其亲生父母自称"侄皇帝"。另以益王次子崇仁王朱厚炫为兴献王之嗣，主奉兴王之祀。五月初七，礼部尚书毛澄和文武群臣 60 余人将此议上奏皇帝，并声称朝臣中"有异议者即奸邪，当斩"。世宗十分不悦，质问礼部："父母可移易乎?"下令再议。于是朝臣一百九十余人次先后抗旨上疏，支持杨廷和的主张。

正当皇帝孤立无援之际，从官僚集团下层冒出几个支持者来。他们的领袖是观政进士张璁和南京刑部主事桂萼。张璁上《大礼疏》，首树异帜，提出，"继统"与"继嗣"不同，"子无自绝父母之义。故谓皇上为继统武宗而得尊崇其亲则可，谓嗣孝宗以自绝其亲则不可"，不能"强夺此父子之亲，而建彼父子之号"。"母以子贵，尊与父同，兴献王不失其为父，圣母不失其为母"。就是说，一世宗只继武宗皇位，而不继孝宗宗嗣，而且要加尊父母封号。

世宗见此疏如获至宝，高兴地说："此论一出，吾父子获全矣。"随即降下手敕，令尊其父为"兴献皇帝"，母为"兴献皇后"，祖母（宪宗贵妃邵氏）为皇太后。杨廷和毫不示弱，说了句"不敢阿谀顺旨"，便把手敕封还驳回。世宗以"避位归藩"相要挟，群臣惶惧，杨廷和不得不作出让步。世宗决定"追尊本生父兴献王为兴献帝"，"本生母兴献王妃为兴献后"；称孝宗为"皇考"，慈寿皇太后为"圣母"。兴献王及妃的封号虽然提高为"帝"、"后"，但无"皇"字，还不是"皇帝"、"皇后"。虽然得以称父母，但在其前却冠以"本生"二字，还需称孝宗为"皇考"，仍是死去之父。因此御札屡下，必欲加"皇"，去"本生"，改称孝宗为"皇伯考"，父亲为"皇考"而后已。

议礼之争日趋激烈。南北两京二百五十余名官员上了八十余道奏章，攻击张璁、桂萼，抵制皇帝谕旨。张、桂一派人数虽少，但有皇帝作后台，因此冲锋陷阵，锐不可当。嘉靖帝不仅坚持己见，而且开始斋醮修仙，滥派织造，杨廷和见"中兴"无望，于嘉靖三年二月疏请归乡。嘉靖帝早已嫌这位顾命元老碍手碍脚，遂顺水推舟，准其致仕。杨廷和离朝是大礼议的一个转折点。多数派失去领袖，逐渐失去优势。嘉靖帝以议礼态度为标准，顺旨者昌，逆旨者亡。（此语似乎不妥）继杨廷和之后，大学士蒋冕、毛纪，礼部尚书汪俊，吏部尚书乔宇等先后罢官。而擢升张璁、桂萼为翰林学士，方献夫为侍讲学士，充身边顾问；席书为礼部尚书，主持议礼。又亲下手敕，追尊其父为"本生皇考恭穆献皇帝"，其母"本生母章圣皇太后"，实现了加"皇"，称"皇考"的愿望。但是"本生"二字犹在，在"本生皇考"之外还有一位"孝宗皇考"，这样便形成了"两考"并存，"两父"并尊的滑稽局面，议礼仍不能结束。

朝廷两派宗法理论之争迅速上升到党派政治之争。张、桂少数派攻击杨廷和及其拥护者为"奸权"、"朋党"、"不道"。他们还积极谋求勋戚贵族的支持和保护，昌国公张鹤龄、武定侯郭勋等都是他们的有力"内助"。杨廷和多数派也攻击张、桂派是"奸邪小人"，"曲学阿世"，甚至策划待机将其

"毙之于庭"。一场严重的冲突酝酿成熟。嘉靖三年七月，嘉靖帝命令礼部照旨立即更改尊号，朝臣抗争，群情激昂。吏部侍郎何梦春、修撰杨慎（杨廷和之子）等号召百官伏阙请愿。于是群臣二百二十余人跪伏左顺门，高呼："高皇帝""孝宗皇帝!"并且一齐哭号，声震阙廷。嘉靖帝决心粉碎臣下的对抗行为，命令锦衣卫将参加者的姓名全部登记在册，先将为首者八名逮捕入狱，接着又将一百三十四名五品以下官员逮捕入狱，其他待罪遣散。几天之后，对参加这一事件者作了判处：为首者戍边；四品以上者夺俸；五品以下一百八十余人廷杖。其中编修王相等十七人惨死在廷杖之下。议礼反对派跪哭左顺门的悲壮之举，被一顿重棍打的烟消云散。在一片恐怖的政治气氛中，嘉靖帝宣布：去掉"本生"二字，改称孝宗为皇伯考，慈寿皇太后为皇伯母；恭穆献皇帝为皇考，章圣皇太后为圣母。兴献王成功称宗附庙，嘉靖帝如愿以偿。皇权的淫威战胜了道德的坚守，小皇帝胜利了。

三年的大礼议，最后以群臣血溅左顺门悲剧结束，现代史家常常把大礼之争描述成皇帝与内阁的权力之争。诚然，小皇帝由议礼的过程学会了如何行使皇权的无上威严，促成了朱厚熜独断专行、刚愎自用的政治作风。但这一切并非蓄谋已久。议礼开始的时候，朱厚熜只是一个毫无政治经验的十五岁的少年，从未接受过政治训练，更未曾与内阁产生政治分歧，世宗在赴京途中每一思母"辄垂泣"，故即位三日就派人赴藩迎母，其母进京因礼节受阻城外，世宗乃涕泣欲奉母归藩。完全是出于对父母的真挚感情，对孝道的至诚信仰而做出了许多让今天的我们感到匪夷所思的举动。大礼议的实质，无非是宗法制度和孝道的冲突，杨廷和一派从维护传统宗法制度和朱明皇统出发，强调嘉靖皇位合法性的来源；张璁则以孝道为武器，抓住"孝为忠之本"儒学的这一基本观点支持议礼。后者迎合了朱厚熜为父母争地位的急切心理，最终借助至高无上的皇权以高压手段取得了胜利。值得注意的是，朱厚熜的家乡人一直是他坚定的支持者。议礼之初，嘉靖支持者寥寥，继张璁之后第二个站出来支持的是襄府枣阳王朱祐楎，第三个才是桂萼。最早13位议礼支持者中有两位藩王，除朱祐楎以外，另一位是同在汉水流域的楚王朱荣滅。湖广总督席书也曾草拟奏疏，赞成张璁的意见，称兴献帝宜定号"皇考兴献帝"。这在当时的地方督抚中是绝无仅有的。中国二十四孝中汉水流域独占其五，无愧为"孝道之渊薮"，汉水流域王公大臣的意见如此一致，正说明孝道在汉水流域悠久的传承和深远的影响。孝道至上的独特地域文化塑造了朱厚熜的道德信仰，也造成了这场旷日持久的"大礼议"之争。嘉靖皇帝不是一个称职的好皇帝，但他的确是个孝子。

## 二、嘉靖崇道

明朝统治者对道教多采取尊崇的态度。开国皇帝朱元璋崇佛，但并不反对道教。他的儿子朱棣却与太祖大异其趣，变得极为崇道。成祖从北京起兵，靖难之役夺得皇位，因此特别尊崇北方的守护神真武大帝。他在位时期大兴土木建设武当，使武当山建筑群至今仍是世界最大最壮丽的道教建筑群。善男信女纷至沓来，汉水中游的武当一跃成为全国道教中心。他在北京建有天坛，关帝庙，甚至在宫内建道观，亲自斋醮拜祭。明成祖崇奉道教成了后世皇帝的榜样。明代中期的几个皇帝基本上都崇奉道教，只是程度不同而已。而嘉靖皇帝对道教的痴迷达到登峰造极的地步，是明代甚至中国历史上空前绝后的道教皇帝。世宗的崇道主要表现在以下几个方面：

### 1. 宠信道士，频建斋醮

嘉靖皇帝对道士的恩宠到了无以复加的地步，他执政时期，有两位道士官至礼部尚书。一位是邵元节，龙虎山上清宫达观院正一道士。嘉靖三年（1524 年）征入京，以"立教主静"之说得世宗嘉纳，令拜雨雪，有验。嘉靖五年（1526 年）封为致一真人，统辖京师朝天、显灵、灵济三宫，总领道教。嘉靖十五年（1536 年），加号长达 18 字的封号"清微妙济守静修真凝元衍范志默秉诚致一真人"，赐玉带冠服，又以其祷祀皇太子生有功，拜为礼部尚书，赐一品文官服。邵元节八旬而终，嘉靖帝流下了眼泪，葬以伯爵之礼，谥"文康荣靖"。①

另一位是受邵元节举荐的陶仲文，湖北黄冈人，曾为黄梅小吏，喜好神仙方术。嘉靖中为辽东库大使，任满回乡途中在北京拜访老友邵元节，遂被举荐给嘉靖皇帝。据说陶仲文降服了皇宫里的妖气，还治好了皇子的水痘，得到了皇帝的信任。嘉靖十九年（1540 年），为世宗祷病有功，进封礼部尚书，特授少保，食正一品俸禄。嘉靖二十三年（1544 年），刘玘在边境擒获叛降蒙古的王三，嘉靖帝亦归功于陶仲文，并加授少师，仍兼少傅，少保，史评"一人兼领三孤，终明之世，惟仲文而已"。好在"仲文得宠二十年，位极人臣，然小心缜密，不敢恣肆"，② 因此没有造成太大危害。

嘉靖皇帝享尽荣华富贵，自然想长生不老。可他又偏偏体弱多病，不免

---

① 参见《明史》（卷307）《邵元节传》
② 参见《明史》（卷307）《陶仲文传》

时时感到死亡的威胁。因此在宫中广建斋醮以求长生。自明世宗于嘉靖二年（1523年）"帝用太监崔文言，建醮宫中，日夜不绝"，晚年对斋醮的迷信日甚一日，最后干脆"经年不视朝"，"专司祷祀"，搞得整个后宫大殿烟雾缭绕，道乐喧天，犹如道家宫观一般。

### 2. 迷恋丹药，摧残宫女，最终引发"壬寅宫变"

朱厚熜为求长生不老药，命方士炼丹。他相信灵芝可以延年，派人到处采集，耗费财力，惊扰人民，更为荒唐的是竟然相信用处女的月经炼丹可保长生不老，因此大量征召十三四岁宫女，并命方士利用她们的经血来炼制丹药。宫女备受摧残，实在忍受不了，决定杀死嘉靖皇帝。嘉靖壬寅年（1542年）10月21日深夜，不堪忍受嘉靖皇帝折磨的宫女们，合谋要把这个残暴的皇帝勒死。嘉靖皇帝正在乾清宫西暖阁熟睡，宫女杨金英领着十几个年轻柔弱的宫女，溜进了皇帝的寝室。"咱们下手吧！强如死在他手里！"她们有的蒙面，有的按腿，有的拉胳臂，另几个把绳子套在嘉靖皇帝的脖子上使劲勒。由于一时慌乱，绳子结成死扣，无法勒紧，嘉靖皇帝被勒得气绝，但没有死。一个叫张金莲宫女见事态不妙，为顾全自己性命，急匆匆到皇后处报信，想以此得以宽恕。皇后立即带人救下了气息奄奄的嘉靖帝。嘉靖皇帝大难不死，宫女们全部被捕，几天后连同两位后妃全部凌迟处死。这就是明朝历史上著名的"壬寅宫变"。朱厚熜经受这次沉重打击后并无丝毫忏悔之意，相反，更变本加厉，干脆移居西内，专司祷祀，十多年不上朝。长期服用含有大量毒素的丹药，嘉靖皇帝不仅没能长生不老，反而身体越来越差。无论是道士们的斋醮，还是甘露、丹药、房中术，都没能"强健"他那本就羸弱的身体。过度的纵欲与滥服所谓"丹药"，最终只能加速他的生命衰亡。嘉靖四十四年（1565年），朱厚熜重病不起，次年十月去世，结束了他寻神弄仙、希望长生不老的一生。

### 3. 爱好青词，加封道号

青词又称绿章，是道教举行斋醮时献给上天的奏章祝文。一般为骈俪体，因为是用朱笔写在青藤纸上，所以称为青词。这种道教祈祷之章产生于唐代，在宋代已很流行，由于只要求形式工整和文字华丽而无实在内容，在正统的儒家学者看来是不登大雅之堂的。然而世宗"日夜斋醮"，"青词"就成了廷臣们阿谀奉承、投靠钻营的敲门砖了。据《明史·宰辅年表》统计显示，嘉靖十七年后，内阁14个辅臣中，有9人是通过撰写青词起家的，夏言、严嵩、徐阶等人便是大名鼎鼎的"青词宰相"。到嘉靖中年以后，世宗专事焚修，内阁辅臣、朝廷九卿、翰林院的学士们率皆供奉青词，为皇帝撰写玄文，

"工者立超摧，卒至入阁"。嘉靖帝移居西内后，在西苑设置了直庐，钦定几名侍从大臣在无逸殿值班，晚上就睡在直庐内，不得随意回家，以备皇帝一旦要撰写青词时随叫随到。① 世宗崇道最甚的时候，连朝政大事也由乩仙来决定。世宗还仿效宋徽宗故事，为自己和父母加封道号，其父为"三天金阙无上玉堂都仙法主玄元道德哲慧圣尊开真仁化大帝"，母为"三天金阙无上玉堂总仙法主玄元道德哲慧圣母天后掌仙妙化元君"，自号"灵霄上清统雷元阳妙一飞玄真君"，后加号"九天弘教普济生灵掌阴阳功过大道思仁紫极仙翁一阳真人元虚玄应开化伏魔忠孝帝君"，再加号"太上大罗天仙紫极长生圣智昭灵统元证应玉虚总掌五雷大真人玄都境万寿帝君"。在嘉靖皇帝心目中，道教尊号要比皇帝称号神圣得多，后世史家评他为"道君皇帝"，倘若世宗泉下有知，定不以为耻，反以为荣。

### 4. 大建宫观，兴道抑佛

嘉靖帝大建宫观，耗费巨大。嘉靖二十一年（1542 年）他采纳陶仲文等道士的建议，在泰享殿、大高玄殿尚未竣工时，又开始兴建"祐国康民雷殿"，工程庞大。时任工部员外郎的刘魁冒死谏劝却被逮系诏狱。对家乡附近的武当山，他更是不惜巨资，完成了明朝历史上最大规模的修葺和扩建。明成祖建武当山宫观已极尽奢华，紫霄宫房间总数达 160 间，嘉靖帝还嫌不够，扩大至八百间。嘉靖帝营建宫观名目繁多，耗费惊人，难以赘述。在崇道的同时，世宗打击佛教，"凡释氏必尽废之为快，如大慈恩寺，先朝最盛梵刹，宪孝武历朝法土国师居停者万人"，嘉靖初完全革去驱逐，二十二年，"毁之，寸椽片瓦不留"。② 嘉靖年间，世宗下令拆毁孝宗敕建皇姑寺，毁禁中金银佛像一百六十九座，焚佛牙、佛骨一万三千余斤；又禁京师参禅礼佛集会。嘉靖四十五年秋，"严禁僧尼至戒坛说法。仍令厂卫巡城御史通查京城内外僧寺，有仍以受戒寄寓者，收捕下狱。四方游僧悉听所司递回原籍当差这一禁令一直执行到明末，对佛教的发展影响甚大"。③

朱厚熜迷信道教，一心斋醮，造成了十分严重的后果，在他的工作日程里，斋醮是头等大事，军国大事退居其次。斋醮期间，兵部有紧急军务也不敢及时上奏。"壬寅宫变"以后，世宗移居西苑，二十年不上朝，几乎与群臣完全隔绝，只与少数入值大臣和道士得以相见，最高层的权力真空，加速了朝政的腐败；大建宫观以及频繁的斋醮活动，耗费之巨，难以赘述。《万历野

① 胡凡．嘉靖传。人民出版社 2004
② 张廷玉．明史．5 北京：中华书局，1974
③ 程志强．明世宗崇道研究．南京晓庄学院学报 2002（3）

获编》卷二《嘉靖青词》条云："每一举醮，无论他费，即赤金亦至数千两"。原因是嘉靖斋醮活动极尽奢靡，用黄金泥撰写青词，每斋醮一次，"屑金为泥，凡数十碗"。这一切造成了空前严重的财政危机。朝臣们对嘉靖的斋醮崇道活动只能迎合奉承，绝不能提出反对意见，否则轻则贬谪流放，重则廷杖杀戮。太仆卿杨最以谏监国议且直言求仙之荒谬，竟被廷杖致死。此后"廷臣震慑，大臣争诣媚取容，神仙祷祀日亟"。倒是一群卑鄙无耻，擅长阿谀奉承的奸佞之徒如严嵩、胡宗宪等凭借青词、祥瑞加官进爵，权倾天下。这不仅使得朝纲败坏，政治腐败，而且对明朝乃至中国的世风都是沉重的打击。可是无论嘉靖如何残忍杀戮，仍有仗义执言的英雄。名臣海瑞就是其中的典型。嘉靖四十五（1566年）年二月，海瑞买棺材，别妻子，散童仆，以死上疏，批评嘉靖"二十余年不视朝，纲纪驰矣。数行推广事例，名爵滥矣"。还说："嘉靖者言家家皆净而无财用也。"皇帝大怒，将海瑞下狱论死。幸好嘉靖不久就一命呜呼，海瑞才捡回了一条命。

嘉靖皇帝崇道时间之长、程度之剧，影响之恶劣，可谓空前绝后。有人认为，世宗"好道不好佛，盖天性也"。[1] 这种说法有失偏颇。众所周知，儿童时期受到的影响能够凝结为人的行为方式，并能在很大程度上解释成年人的活动。嘉靖尊道教、敬鬼神，与从小生长的环境关系密切。明朝皇室素有崇道传统，他的父亲朱佑杬就是一位非常虔诚的道教徒，朱佑杬自号大明兴国纯一道人，经常在王府进行斋醮活动，还曾将书堂设为奉道之所。甚至相传嘉靖出生也有异象，据《钟祥县志》记载，"正德年间，纯一道人居玄庙观，道行甚高，兴王常与之游，一日假寐，见纯一入宫中，及觉，问左右曰：'纯一来此乎？'俄抱宫中生世子矣！"[2] 纯一道人梦中入府，世子降生恰在此时，兴王认定世子的出生是神仙所赐。斋醮祷告的耳濡目染，自身身世的离奇传说，少年丧父却又突然由普通藩王成为九五之尊，人生的大悲大喜使嘉靖皇帝越来越相信自己经历的一切冥冥之中有上天的安排。而生他养他的汉水流域本就是巫术和道教的源头，这里风行巫祭活动，不仅祭祀的名目繁多，对象也相当广泛，楚人"信巫不信医"，自古就有尊巫术、敬鬼神的传统。明成祖动用朝廷力量投入巨资大修武当，正式敕封武当山为"大岳太和山"，使武当一跃成为"亘古无双胜境，天下第一仙山"，信道之徒纷至沓来如过江之鲫。每到春天二三月间，都有江汉平原甚至江南一带的百姓成群结队，浩浩荡荡朝武当山进香。安陆地处交通要道，是江南香客朝拜武当的必经之路，

---

① 《宪章外史续编》（卷2）

② 参见同治《钟祥县志》（卷6），《陵墓》（和卷20），《杂识》

对幼年朱厚熜耳濡目染，影响不言而喻。明世宗在《御制重修太和山纪成之碑》中解释了他与武当道教的渊源，"朕皇考封藩郢邸，实当太和灵脉蜿蜒之胜，岁时崇祀惟谨"。[①] 也就是说，其父封藩安陆崇祀真武神，久沐武当灵脉风水，他能够"以臣绍君，以弟承兄"继为大统，是崇祀真武得到真武保佑的结果。嘉靖认为国家安定也是真武保佑的结果"肆朕入继大统以来，仰荷垂佑，游赐麻祥"。[②] 也正是因为这个原因，他设置承天府，大修武当山。由于皇帝崇道，在下层便形成崇道的社会风气。使道教呈现超过佛教的强劲势头。这也大大地促进了武当道教香会和朝香风俗的延续和发展。

　　值得一提的是朱厚熜虽对斋醮、炼丹十分狂热，却不是一个合格的道教信徒，他对道教的理解仅仅停留在灵验与否的功利层面，从未深入钻研道教义理。他对朝中大臣稍不如意就廷杖施威，对道士也是灵则重赏不灵严惩，入宫的道士是飞黄腾达还是身首异处全看运气。就连他的三位皇后也因他的喜怒无常先后死于非命。可见这个刚愎自用、薄情寡义的昏君从未认真修身养性，他对道教"慈爱度人""天道承负"的基本精神缺乏最起码的领悟。世宗的崇尚道教基本属于个人嗜好，对于道教发展影响不大。虽然他本人是个狂热的蹩脚道徒，但对道教依然奉行明朝一代的限制政策。他曾谕礼部尚书方献夫曰"僧道盛者，王道之衰也，所言良是。今天下僧道无度牒者，其令有司尽为查革，自今永不许开度及私创寺观庵院，犯者罪无赦"。[③] 所以终明一代，虽崇道皇帝甚多但道教教义教理始终没有突破性的发展，只是更加世俗化、民间化了。

# 三、嘉靖皇帝和他的家乡

　　嘉靖皇帝在安陆生活了 15 年，对生之养之的故土自然怀有一份特殊的感情。嘉靖十年八月，湖广归州南逻口巡检徐震请于安陆州建立京师。嘉靖将奏折交礼部议处，礼部认为在安陆建京师于典礼无据，况且太祖朱元璋发迹于濠州，也只是改州为府，安陆之事与此正相同，应该把安陆由州升为府。

　　① 凌云翼，卢重华．大岳太和山志［M］杨立志．明代武当山志二种．武汉：湖北人民出版社 1999

　　② 凌云翼，卢重华．大岳太和山志［M］杨立志．明代武当山志二种．武汉：湖北人民出版社 1999

　　③ 《典故纪闻》（卷17）

既然太祖都是如此，嘉靖也不好再说什么。于是"乃定府名曰承天，附郭县曰钟祥。割荆州之荆门州，当阳、潜江二县及沔阳州景陵县隶之。①就这样，安陆由于出了个嘉靖皇帝，地位大大提升，变成了承天府，位列明朝三大府之一，取得与北京顺天府、南京应天府相同的地位。嘉靖还把家乡安陆单独置县，取"钟聚祥瑞"之意，赐名"钟祥"，归承天府管辖。基本奠定了今日的行政区划。

钟祥不仅是嘉靖魂牵梦绕的家乡，也是他父亲的坟茔所在。世宗事亲至孝，几次准备把父亲的灵柩迁往北方，终因群臣谏阻而作罢。嘉靖十七年（1538年），嘉靖皇帝生平最爱的母亲蒋氏逝世了。在如何安葬母亲这一问题上嘉靖长时间犹豫不决：究竟是把显陵北迁还是把母亲的梓宫南葬显陵呢？他多次召集群臣商议，可是群臣的意见也不统一，反使事情更加复杂。皇帝日思夜想，最后命令锦衣卫指挥赵俊星夜驰赴显陵视察再做决定。赵俊北归后奏报说发现地宫有水，这引起了嘉靖帝的担忧，于是他决定南巡承天，亲自去显陵看个究竟。

经过二十五天的长途跋涉，嘉靖十八年（1539年）3月11日，朱厚熜终于回到了阔别18年的故乡。看到淳朴的家乡人民，听着悦耳的乡音，看着修葺一新的兴王府旧邸，旅途的劳累顿时跑到了九霄云外。久别故土的游子按捺不住内心的激动，当即赋七言律诗《麦浪》一首：

> 故国瞻依纯德山，礼制亲裁肃驾还。
> 途边遮马禾苗长，道畔拂舆麦穗斑。
> 迎风激叠苍云合，向日明堆翠雾间。
> 成实愿饱吾民腹，须得灵膏自帝颁。

回承天府的第二天，嘉靖帝登上了他少年时常去的松林山，由于长眠此山的兴献王被追封为皇帝，山名也变成了纯德山。这里四面环山，林木葱郁，山势起伏宛若巨龙奔腾，显陵的黄屋丹瓦，掩映在松柏之间若隐若现。此虎踞龙盘之势，实为难得的风水佳壤。嘉靖皇帝更加相信这里是天造地设的风水宝地，不逊于任何一处皇陵。自己能从藩王跃居九五，可能正是这风水宝地的庇护。大臣常言"陵气不可泄"看来所言不虚。凝望着父亲长眠的风水宝地，朱厚熜诗兴大发，遂作了一《初阅纯德山喜而自得》：

---

① 《明世宗实录》（卷一二九），第5页

南幸湖襄地，陵寝切衷肠。

周视亲园内，回旋四五岗。

茂茂铺茵厚，森森列障长。

龙高生意广，虎伏世传昌。

抱环罗玉砌，缭绕布金墙。

黝黑土色状，允矣称玄乡。

拔峰戒夷险，平坦免蹉防。

镇静资山祇，尊安奉先皇。

自是神灵悦，屡致朕心量。

为此自得吟，庶几永不忘。

　　众多随从纷纷称赞，纯德山上一片欢声笑语。朱厚熜终于下定决心，将父母合葬于显陵。17 日，嘉靖帝和去显陵祭告睿宗献皇帝、面对阔别十八年的故园草木，想起英年早逝的父亲，嘉靖悲从中来，又作了一首《再谒显陵之歌》，歌曰："只有思亲独苦心，几番血泪洒黄袍。"孝子拳拳思亲之痛，惹得群臣无不动容。

　　3 月 19 日，嘉靖帝召见故乡的父老乡亲共叙乡情，并赐予酒食。他再次表示自己要以孝治天下，希望家乡父老子侄做天下的楷模。"尔辈我故里人，我与尔言：我二亲分封此地，积德累仁，爱生我身，承受大位。今日我为亲来此，尔辈有昔年故老，有与我同时者，得一相见。但只是我无大德行，我父母俱已仙去，我情甚苦，尔辈知否？我今事完回京，说与尔几句言语：尔各要为子尽孝，为父教子，长者抚幼，幼者敬长，勤生理、作好人，依我此言。我亦不能深文，以此喻尔，欲彼不知文理者易省也，尔等其记之。"① 这番宣谕情真意切、言简意赅，充分表达了他对故乡父老的桑梓深情。同日还颁布诏书，免去承天府 3 年的赋税。南幸途中多有打扰，特减免湖广明年田租五分之二，直隶、河南明年田租三分之一，以示体恤。

　　经过这趟故国之旅，嘉靖皇帝彻底打消了迁徙显陵的念头，决心将母亲的灵柩运往钟祥与父亲合葬。这便有了今天钟祥的显陵。其实今日显陵是从正德十四年（1519 年）至嘉靖四十五（1566 年），历时 47 年花费 46 万两白银扩建而成的。正德十四年（1519 年）朱祐杬病逝的时候只是亲王，故选定松林山按亲王规制修建陵寝。随着大礼议的发展，兴献王被追封为皇帝，嘉

---

① 《明世宗实录》（卷二二二），第 8 — 9 页

靖二年，王坟原覆黑瓦换为黄琉璃瓦，并修筑神路桥等；嘉靖三年，王坟更名为显陵。嘉靖六年，"命修显陵如天寿山七陵之制"，修葺宝城、宝顶并重建享殿，增建方城明楼、睿功圣德碑楼、人红门，并在龙凤门前的神路两侧建置瞭望柱和 12 对石像生等，开始大规模的改建。这次重建一直持续到嘉靖四十五（1566 年）年，已近迟暮的朱厚熜正式更碑题曰："大明睿宗献皇帝之陵"，显陵工程才宣告完成。

如今的明显陵坐落在湖北省钟祥市东北的纯德山（松林山）山坳中，整个陵园双城封建，红墙黄瓦，蜿蜒于山峦起伏之中，坐北朝南。显陵规划占地 183 公顷，其中陵寝部分占地 52 公顷，在这广阔的区域内，所有的山体、水系、林木植被都作为陵寝的构成要素来统一布局和安排。陵区后部的自然山丘为祖山，作为陵寝的依托，两侧的山体作为环护，中间台地安排建筑、九曲河婉蜒其间，前面山丘为屏山，构成前朱雀、后玄武、左青龙、右白虎的风水格局，体现了"陵制与山水相称"的原则。建筑物从南至北依次为：松林山碑亭、敕谕碑亭、下马牌、新红门、外明塘、九曲御洞、旧红门、睿功圣德碑楼、华表、石像生群、棂星门、龙形神道、内明塘、棱恩门、东西配殿、棱恩殿、陵寝门、二柱门、石五供方城明楼、前宝城、瑶台、后宝城。明显陵布局齐整，气势恢宏，在平面布局上继承了中国古典皇家陵墓的美学意蕴，九曲御河上并列建造五座桥梁隐喻"九五至尊"之意，显示出帝王无上权威和王者气派，由于明世宗崇信道教，"道法自然"的精神也被融入到显陵的建筑规制中，道教追求天人合一的自然境界，因此显陵特别注重建筑和自然山水的协调相称，多利用自然山体，靠山而建，使建筑与自然环境融为一体；明楼是整个陵区的制高点，登高可俯瞰全陵景色，湖光山色尽收眼底。根据传统的"天圆地方道在中央"，方城平面呈正方形，隐喻为地，宝城为圆形，象征着天，死者位在其中，形成一个"上接之天，下验之地，中审之人"天地人相通、相感的构成模式。各建筑掩映于山环水抱之中，相互映衬形成了人文景观与自然景观和谐统一的美，实为建筑艺术与环境美学相结合的天才杰作。1988 年明显陵被国务院公布为全国重点文物保护单位，2000 年明显陵以其优美的环境风貌、宏大的建筑规模，独特的陵寝结构，传奇的历史背景列入《世界文化遗产名录》，成为全人类共同的文化遗产。

朱厚熜继皇位后，还曾大规模修建兴王宫旧邸，仿照武当道观的建筑风格敕建元佑宫。"元佑"者，取玄元天佑之意，以示纪念。这两座建筑也曾穷极壮丽，光彩夺目。只可惜历经战火，早已无复当年风采。如今的兴王宫位于钟祥市王府大道南端东侧，只留有嘉靖皇帝出生的后宫凤翔宫一座旧时王宫内院，时时传出书声琅琅。元佑宫在明末李自成起义中损毁大半，重建之后又经日寇、"文革"两度浩劫，留下些许断壁残垣，经过多次维修，如今已成为钟祥博物馆馆址，收藏六千多件文物，展示着钟祥悠久的历史和灿烂的文化，诉说着曾经的辉煌。

# 四、"蟠龙菜"的来历

朱厚熜一生的传奇经历引起家乡人民无尽的遐想，以至于钟祥的民间文化处处留下了这位传奇天子的神秘痕迹。这其中最引人注目的当属钟祥特产"蟠龙菜"了。蟠龙菜色美味鲜，油而不腻，名列《中国菜谱》。关于它的由来，在当地始终流行着一个与嘉靖有关的传说：

相传明武宗死时，因自己无子，便留下遗诏："不管哪个亲王世子，先进京者为君，后进京者为臣。"当时住在钟祥的献王世子朱厚熜离京城最远，可他又非常想当皇帝，为掩人耳目，朱厚熜决定乔装成钦犯进京，一定要神不知鬼不觉地抢到诸王前头。

可是朱厚熜自幼长在养尊处优的王府里，吃的是山珍海味，现在要扮作钦犯，只能吃粗茶淡饭，他咽不下去怎么办？于是他下令，限全城的厨子连夜做出一种吃肉不见肉的食品，否则就要统统杀头。

这一来可急坏了满城的厨子。有一位厨子一夜未睡，老伴给送两个红薯充饥，他顿时眼前一亮，有办法了：把鱼、肉剔骨，去皮剁碎，挤去血水，再用上红色的蛋皮裹起来蒸熟，用手拿着吃，不就和红薯一样？他连夜做了几只，果然美味无穷，送去给朱厚熜品尝，朱厚熜夸赞不已。于是他装成钦犯，一路上就吃这种用鱼、肉做的"红薯"，抢先进京当了皇帝。

谁知嘉靖皇帝吃这种"红薯"吃上了瘾，要把它定为宫廷"皇家菜"。可是皇帝怎么能啃红薯呢？嘉靖就把这种"红薯"改名为"蟠龙菜"，并切成片，如龙形盘在碟子里用筷子夹着吃，再也不用拿在手上啃了。

以上传说与史实大相径庭，肯定是后人附会。俗话说"好酒也怕巷子深"，也许是后人为了打开蟠龙菜的市场，故意抬出这位大名鼎鼎、九五至尊的老乡以获取广告效应。蟠龙菜发明的确切时间如今已很难考证。但其色美味鲜，香嫩可口却是名不虚传。如今这道宫廷菜以其鲜美的味道，极高的营养价值受到越来越多的欢迎，这也算是朱厚熜对家乡人民的一点无心插柳的贡献吧。

　　朱厚熜少年时代深受汉水文化的熏染，因奉行孝道而掀起"大礼议"，因笃信道教而沉湎斋醮、炼丹，为人行政无处不反映汉水文化的特征。他一生刚愎自用，固执己见，致命的性格缺陷决定他不能成为一位称职的皇帝，但谁也不能否认他是一个真正的、彻底的孝子，也是一个为家乡做出巨大贡献的钟祥老乡！

# 第十九章　一代宰相之杰张居正

　　张居正在我国历史上，是位叱咤风云的人物。他虽出身寒微，但经过自身努力和官场历练，最终成为力挽狂澜的救时宰相，名噪一时。明代大思想家李贽称他为"宰相之杰"，清人称"明只一帝，太祖高皇帝是也；明只一相，张居正是也。"① 梁启超先生也认为："明代有种种特点，政治家只有一张居正。"无论是同时代的人，还是清代的人，抑或是现代的人，都对张居正给予极高的评价，其历史地位可见一斑。生前的无限荣耀和死后的悲剧结局，成为当时历史上的一大焦点。他的人生无疑是波澜壮阔的。

## 一、是非荣辱集于一身的人生历程

### （一）少年神童，蜚声乡里

　　张居正，字叔大，号太岳。嘉靖四年（1525 年）生于湖北江陵，故时人又称其张江陵。张居正出身于军户之家，祖上虽然曾为千户长，但是张居正出生时，江陵张家当时的处境已经十分寒微了。在"学而优则仕"的时代里，只有通过走科举道路才能一步登天，改换门庭。虽然明制军户有一名子弟应考，但是这也是张家子弟出人头地的唯一希望。因此，张居正的叔祖父张钺、父亲张文明，都是苦读半生，但最终都只是个落第秀才。因此，祖父、父亲等长辈，更是把希望寄托在张居正身上。张居正原名其实是叫张白圭，此名与他的出生有关。关于张居正的出生，却有种种不凡传说。其一则说生之夕，曾大父东湖公梦有大水骤至，流溢庭下。大父大惊，问奴属所从来，奴属口对状，言水自张少保纯地中流出者，是夜会怀葛公亦梦有月坠水瓮中，流光

---

　　① 刘献廷：《广阳杂记》，引蔡瞻岷语

发色，化为白龟，浮水上曳。有顷，太师生。①

今天看来，这可能是穿凿附会之说，但也在一定程度上反映了张家望子成龙的心态。因此故，给他取名张白圭，就是张居正的本名。"张居正"这个名字，是他十二岁投考秀才时，知府李士翱见到他，对他非常器重，并说："白圭，不足名之，子他日当为帝者师"，遂更其名为张居正。

张居正在年少时被乡里誉为"神童"。据说两岁时已识得"王曰"二字。张居正五岁入学，十岁就已熟读经书，在当地小有名气。难能可贵的是，张居正不仅阅读广泛，而且善于思考，能洞悉大义。十三岁时，张居正参加乡试，由于才华横溢，得到主考官湖广巡抚顾璘的极大赏识。初见张居正，顾璘就呼他为小友，并断言他日后必定能身佩玉带（明代礼制，玉带是一品大员才能拥有的饰物），成为将相之才。关于此段历史记述颇多。顾璘还作诗相赠："麟子凤雏难可见，碧蹄卅喙定堪夸。词源莫倚翻三峡，经笥还须富五车。"② 就在大家都认为张居正毫无疑问会中举之时，结果令人大跌眼镜。他落第了，顾璘故意让他落选。虽然顾璘认为张居正是不可多得的少年英才，但是害怕他年少气盛，中举过早，反而自负有经世之才，不思进取。顾璘以"他山有砺石，良璧逾晶莹"相鼓励。果然，遭受挫折的张居正收敛锋芒，回乡继续攻读，三年后再度赴试，一举成名。时年张居正，仅 16 岁！由此可见顾璘的良苦用心。顾璘可以算得上是张居正人生中第一个贵人，也是他人生的第一个"伯乐"。

## （二）初登政坛、崭露头角

嘉靖二十六年（1547 年），张居正考中二甲进士，被选为庶吉士，开始步入仕途。翰林院本是最高学府和国史修撰中心，但是由于日益成为国家大员的储备军，而职权日重。明中后期的阁臣，几乎都是出自翰林院。庶吉士虽然没有官品，却是进入内阁的必经之路，因此被人视为"储相"。当别的进士们在沉迷于歌台舞榭、舞文弄墨的日子里，张居正显示了他与众不同的一面。他闭门谢客，遍阅历代典章制度，潜求治国兴邦之道。据记载其时的张居正："默默潜求国家典故与政务之要切者。"③ 正因为如此，在张居正入仕的第三年，即嘉靖二十八年（1549 年），张居正被授以翰林院编修，给了他更多参与政事的机会。看到皇帝不理朝政，恣意斋醮，尤其是严嵩大肆弄权，

① 《张文忠公行实》，《张居正集》第四册，（卷四七），附录一
② 顾璘：《赠寄张童子》，《息园存稿诗》（卷一四）
③ 王世贞：《嘉靖以来首辅传》卷，《张居正传》

贪赃枉法，朝廷上下乌烟瘴气的局面，渴望理乱兴邦的张居正，于当年就向世宗皇帝上了一篇《论时政疏》。他认为当时主要的问题"其大者：曰宗室骄恣、曰庶官瘝旷、曰吏治因循、曰边备不修、曰财用大匮"五大弊端。在这篇奏疏中，他还提出了其应对举措。他认为要想革除这五大弊端，就要抑制宗藩、整顿吏治、修缮边备、整顿财政和处理好上下沟通的问题。并且委婉劝谏世宗要亲近大臣，而不是一味斋醮："自古圣帝明王，未有不亲近文学侍从之臣，而独能治者也。"① 张居正这篇奏疏是很值得一说的。给皇帝上疏建议革新时政者不乏其人，在张居正之前，翰林院编修扬名、太仆寺卿杨最、河南监察御史杨爵都给世宗皇帝上疏，但是分别落得个流放千里、廷杖致死、长期囚禁的结局。但是张居正没有重蹈覆辙，因为张居正避开了对道士和世宗斋醮指责的这一大忌，而是着重强调是要解决"壅阏不通"的局面，以求"通上下之志"。不难看出，张居正此时虽只有二十四岁，却已善于揣摩人意，这也是张居正的过人之处。也正是如此，张居正才能做到："严嵩为首辅，忌（徐）阶，善阶者皆避匿，居正自若，嵩亦器居正。"仅是个二十多岁的年轻人，能够在两大敌对势力之间应付自如、左右逢源，在当时的朝局里，张居正绝对是无人出其右。胸怀凌云壮志，一心想施展抱负而又无门，又看到世宗不听劝谏、日日斋醮，严氏父子卖官鬻爵、狼狈为奸，再加上妻子顾氏于嘉靖三十一年（1552 年）溘然逝世，诸重打击而至，张居正心灰意冷，在混迹了几年官场之后，于嘉靖三十三年（1554 年）黯然而退，告病还乡。

　　从嘉靖三十三年到三十八年（1552—1559 年），张居正除了短暂的回京赴职外，基本都是蛰居乡里。远离尔虞我诈、明争暗斗的官场，张居正开始寄情山水，以娱身心，世外桃源的生活使他得到了暂时的解脱。从他这段时间所写的诗文来看，张居正确实是有一段悠闲自得的生活。不过由于父亲的一再敦促，张居正于嘉靖三十六年（1557 年）回京赴职。然而依然无用武之地，因为世宗一如既往的斋醮、不朝，严嵩更加肆无忌惮，徐阶还是毫无作为。于是，张居正借到汝宁册封端王袭封的机会，又回到家乡，直到两年后才重新回京。在老谋深算的徐阶与精明强干的高拱的斗争下，张居正又处于风口浪尖之下。隆庆元年（1567 年）张居正升为礼部右侍郎，为东阁大学士，进入内阁。张居正当时只有 42 岁，是几位阁臣中年龄最小的，前途无可限量。隆庆二年（1568 年），张居正向穆宗上书，提出"省议论、重纲纪、

　　① 《论时政疏》，《张居正集》第一册，（卷一二），第 496 页

重诏令、核名实、固邦本、饬武备"六项建议，这就是历史上非常著名的《陈六事疏》。"江陵相业，见于六事。按其言徵之，靡不犁然举也。"① 这也成为了他在万历年间改革的前奏。

## （三）十年首辅，身后荣辱

隆庆六年五月（1572 年），穆宗死后，其子朱翊钧即位，这就是历史上非议诸多的神宗皇帝。高拱去位后，张居正按序升为内阁首辅，又由于和太监冯保达成默契，故而"朝廷政务悉归阁中，江陵得行一意，无阻挠者矣"。② 由于朱翊钧即位时年仅十岁，所以，其时的张居正是有着两种身份：首辅兼帝师。神宗皇帝和太后对于张居正是非常器重，全权委任。神宗一即位，就封张居正为左柱国，兼中极殿大学士，这也是文官的最高品级。身为顾命大臣的张居正，也是尽心竭力地辅佐年幼的神宗皇帝。③ 逐步开始他大刀阔斧的改革。后有详言，此不赘述。张居正对小皇帝的教育是非常严格的。他不让小皇帝沉迷于书法中，而是寻求治国之道。根据以往兴衰之乱的君臣故事，写成《帝鉴图说》一书。书名取自唐太宗的名言："以古为鉴，可见兴替"之意。书中讲了 117 个帝王故事，其中有 81 件"圣哲芳规"，记载圣明君主的佳言美行；36 件"狂愚覆辙"，阐述暴君的恶行劣迹。此书浅显易懂，并配有插图，文后附有解读。张居正进荐此书的目的不言而喻，他是希望神宗皇帝能够体会"圣哲芳规"，励精图治，做一代圣君。此时的神宗皇帝对于张居正是非常尊重和敬畏的。对张居正不是以一般君臣之礼相待，而是尊称"张先生"、"元辅张先生"，下旨也是"谕元辅"。万历八年（1580 年），十八岁的朱翊钧参加了"耕藉礼"和"谒陵礼"，标志着已经成年，由他自己治理朝政的条件成熟了。张居正深感"高位不可以久窃，大权不可以久居"，是年三月，上"归政乞休"的奏疏，乞求退休。由于神宗皇帝极力挽留，张居正提出折中方案：只请假，并非辞职，国家或有大事，皇上一旦召唤，朝闻命而夕就道。神宗心动了，但是如此重大的人事变更他做不了主，得请示皇太后。但是皇太后态度非常明确，让神宗向张居正转达"张先生受先帝付托，岂忍言去！待辅尔到三十岁，那时再作商量。先生今后再不必兴此念"。作为"古来帝王之孝所稀有也"的神宗，自然不敢违背。神宗告示张居正："务仰体圣母与朕倦倦倚毗至意，以终先帝凭几顾命，方全臣节大义。"迫于

---

① 谈迁：《国榷》（卷六五），第 4095 页
② 申时行：《赐闲堂集》（卷四十）
③ 《明史》（卷二一三），《张居正传》

先帝顾命且全臣节大义，张居正也不便再执意乞休，只有鞠躬尽瘁了。

万历十年（1582 年）二月，张居正旧病复发。神宗皇帝十分重视，批假让张居正"慎加调摄"，并派司礼监太监张鲸赴张府探视病情。至三月底，张居正的病情仍不见好转："脾胃虚弱，不思饮食，四肢无力，寸步难移。"①张居正久病不愈，朝中官僚上至六部尚书、翰林、言官，下至冗散官吏，无不设斋醮于寺庙，为之祈祷。更有甚者，抛弃本职工作，一味去做佛事、摆道场。感到时日不多的张居正数次向神宗上疏乞休，但神宗皆不允，并亲笔手谕张居正："朕自冲龄登极，赖先生启沃佐理，心无不尽。迄今十载，海内升平。朕垂拱受成，先生真足以光先帝顾命。朕方切永赖，乃屡以疾辞，忍离朕耶！朕知先生竭力国事，致此劳瘁。然不妨在京调理，阁务且总大纲，令次辅等办理。先生其专精神，省思虑，自然康复。庶慰朕朝夕倦倦至意。"②六月二十日，噩耗传来，太师张居正病故，享年五十八岁。对于张居正之死，神宗给予最高的礼遇。给他谥号文忠，赠上柱国衔，荫一子为尚宝司丞，并遣官造葬。但是好景不长，张居正去世的当年，陕西道御史杨四知弹劾张居正十四大罪。杨四知的这篇奏疏大多系捕风捉影、颠倒黑白之说。由于长期受到张居正压制的神宗皇帝想早日树立自己的威信，也开始否定张居正。"居正朕虚心委任，宠待甚隆，不思尽忠报国，顾乃怙宠行私，殊负恩眷。念系皇考付托，待朕冲龄，有十年辅佐之功，今已殁，姑贷不究，以全始终。"③神宗对张居正态度的极大转变，也拉开了众多官僚弹劾张居正的序幕。云南道御史羊可立上奏："已故人大学士张居正隐古废辽府第田土，乞严行查勘。"此论一出，久欲伺机翻案的辽王家属以为时机已到，已故辽王的次妃王氏立即向神宗呈疏弹劾张居正，并说查抄辽王府时"金宝万计，悉入居正府"。素有敛财癖好的神宗皇帝，"早就对张居正的家财有所垂涎，抄没了冯保财产后，就想对张家动手，只是找不到合适的理由"。④ 他立即下令司礼监太监张诚与刑部侍郎丘橓等前往江陵查抄张府，这无异于对张居正在政治上彻底否定。神宗对张居正的盖棺定论"诬蔑亲藩，侵占王坟府第，钳制言官，蔽塞朕聪……专权乱政，罔上负恩，谋国不忠，本当断棺戮尸，念效劳有年，姑免尽法追论。伊属张居易、张嗣修、张顺、张书都着永戍烟瘴地面，永远充

---

① 《明神宗实录》（卷一二二），万历十年三月乙酉
② 《明神宗实录》（卷一二五），万历十年六月庚子
③ 《明神宗实录》（卷一三一），万历十年十二月戊戌
④ 樊树志：《万历传》，人民出版社，1993 年，第 195 页

军。"① 张、丘二人还没有赶到江陵，就命令地方官登录张府人口，封闭房门，一些老弱妇孺来不及退出，"比门启，饿死者十余辈"。查抄家产更是锱铢必较，共计抄出黄金2400两，白银107700两，金器3710两，银首饰10000两等。这与神宗估计的200万两相去甚远。于是丘便大加拷问，穷迫硬索。张居正的二子张懋修经不起拷掠，屈打成招。长子张敬修（原任礼部主事）实在受不了如此折磨自缢身亡。昔日声名显赫的内阁首辅，最终落得人亡旬而抄家、子孙永远充边的结果，让人唏嘘不已！由于潘季驯、申时行等人一再上书为其求情，再加上抄家时的惨剧引起极大轰动，神宗不得不降旨："居正大负恩眷，遗祸及亲。既伊母垂毙失所，诚为可悯，其以空房一所，田地十顷资赡养。"② 去年还是位极人臣，权倾一时，而今家破人亡，名誉扫地，命运的纷繁、人事的代谢让我们难以捉摸，或大喜大悲，或哑口无言。尽管死后被清算，但是我们应该看到，张居正在十年首辅任期里，实行的一系列的改革，确实起到了富国兴邦的良好效果。史评："起衰振隳，纪纲修明，海内殷阜，皆居正之力也。"③ 神宗对于张居正"专权乱政，罔上负恩，谋国不忠"的评价显然是不中允的，甚至是诋毁性质的。但是《明神宗实录》中对于张居正的评价还是基本可靠的："居正沉深机警，多智数。为史官时，常潜求国家典故及政务之切时者……海内肃清，四夷詟服，太仓粟可支数年，同寺积金至四百余万。成君德，抑近幸，综名实，清邮传，核地亩，洵经济之才也。使其开诚布公，容贤逮佞，持止足之戒，惇宽大之风，虽古贤相，何以加焉？"④ 当然，史官也不避其讳："惜其偏衷多忌，小器易盈，钳制言官，倚信佞，方其怙宠夺情时，本根已断矣。威权震主，祸萌骖乘。何怪乎身死未几，而戮辱随之。识者谓，居正功在社稷，过在身家"，可谓一语中的。"威权震主，祸萌骖乘"，这也是导致张居正悲剧的最终原因。但是过不掩功，张居正迟早会被平冤昭雪。天启二年（1622年），明熹宗下令恢复张居正原官，给予祭葬礼仪，张府房产没有变卖的一并发还。崇祯二年（1628年），明思宗给还张居正后人官荫与诰命。当明王朝行将衰亡之时，皇帝"抚髀思江陵，而后知，得庸相百，不若得救时相一也"⑤。人们有感于此，在江陵张居正故宅题诗抒怀，其中有两句这样写道：

① 《万历邸钞》，（万历十二年甲申卷）
② 《明神宗实录》（卷一四九），万历十二年五月癸卯
③ 《皇朝经世文统编》（卷四八），外交部三，《遣使》
④ 《明神宗实录》（卷一二五），万历十年六月丙午
⑤ （清）《经世文编》（卷十四），《江陵救时之相论》

恩怨尽时方论定，

封疆危日见才难。

可惜，世间已无张居正！已经没有像张居正这样挽大厦之将倾的一代英豪来挽救明王朝的败亡了，着实让人不胜感慨！

## 二、受任危难之际，推行旷世改革

张居正得以名垂青史，更多还是要归功于他在万历年间大刀阔斧的改革。但是在隆庆年间，张居正的一些改革思想已初露端倪，也对他后来万历年间的改革产生了重大影响。

### （一）《陈六事疏》和俺答封贡

#### 1. 《陈六事疏》

诸葛亮在《出师表》中说道："受任于败军之际，奉命于危难之间"，以此表达他出山辅佐刘备时的境遇。张居正的情况，虽与之不尽相同，却有异曲同工之妙。世人关注的张居正改革，一般是指其在万历年间出任首辅之后的一系列改革。其实，在隆庆年间，张居正已经提出了一些改革措施，也反映了他的改革思想。隆庆二年（1568 年），大学士张居正上《陈六事疏》："一省议论，一振纪纲，一重诏令，一核名实，一固邦本，一饬武备。"① 这是一篇针砭时弊的奏疏。张居正在"省议论"的建议中，主张"凡事不贵无用之虚词，务求躬行之实效。欲为一事，须审之于初。及计虑已审，即断而行之"，② 意即做事果断，谋定一事时，就要执行下去，不得动摇。即使遇到阻挠，也要"如唐宪宗之讨淮、蔡，虽百方沮之而不为摇。欲用一人，须慎之于始。既得其人，则信而任之，如魏文侯之用乐羊，虽谤书盈箧而终不为之动。"不难看出，张居正在用人、做事方面，他的原则就是：做事要谋定后动，义无反顾；任人要慎挑细择，自始至终。从后来张居正在万历时期做首辅的种种所为来看，张居正这种做事风格也很符合这样的表现。针对当时政府部门办事效率低下的弊端，张居正认为是"官不久任，事不责成，更调太繁，迁转太骤，资格太拘，毁誉失实"造成的。因此，他主张"核名实"。这

---

① 夏燮：《明通鉴》（卷六四），北京：中华书局，2009 年，第 2281 页

② 谷应泰：《明史纪事本末》（卷六一），北京：中华书局，1977 年，第 935 页

对他在万历年间的考成法的实施起到了推动作用。张居正这篇奏疏的最重要的一条建议就是"饬武备"。针对当时大多数官员认为的兵员不足、军粮不多问题，张居正发表了自己的看法。"今议者皆曰：兵不多，食不足，将帅不得其人。臣以为此三者皆不足患也。"① 在他看来，现在众臣所认为的军备不足问题都不足为虑。他建议隆庆皇帝："夫兵不患少而患弱。今军从虽缺，而粮具存。若能按籍征求，清查冒占，随宜募补，从实训练，何患无兵！捐无用不急之费，以抚养战斗之士，何患无财！悬重赏以劝有功，宽文法以伸将权，则忠勇之夫孰不思奋，又何患于无将！"张居正认为，兵并不患少，而是患弱。要改变兵弱的局面，就要按籍征兵，随宜募补，并且切实做到加强训练，何至于会害怕无兵！为解决军费不足，他也建议"捐无用不急之费"，用这些费用来补贴战士，就不会担心军费不足的问题了。针对将帅不得其人的问题，张居正建议主张"悬重赏以劝有功，宽文法以伸将权"。张居正正是看出了这种矛盾以及这种政策的危害性，所以建议隆庆皇帝应该适当地给予武将们更多的权力，以调动他们的积极性。在固守边疆方面，张居正在这道奏疏中也向隆庆皇帝提出了建议。他建议："至于目前自守之策，莫要于选择边吏，团练乡兵，并守墩堡。"他认为固守边疆首要的也是最重要的莫过于选择边吏。有贤能的边吏镇守，也要勤于操练乡兵，协助卫所士兵守土固疆。张居正认为士兵无论是在京师内外，都应该坚持操练，以不断提高将士的素质。"臣考前代及吾祖宗，俱有大阅之礼，以习武事而戒不虞。今京师内外，守备单弱，伏乞敕戎政大臣，申严军政，设法训练。每岁农隙之时，恭请大阅，以试将帅之能否，军士之勇怯。"他考证祖宗成法，建立隆庆皇帝每年都应该举行大阅之礼。虽是只在农闲之时才得以举行，但是也在一定程度上能够加强将士对于训练的重视。毕竟是天子亲阅，所以广大将士也会得到鼓舞。在最后，张居正总结了加强武备的目的："注意武备，整饬戎事，亦足以伐外寇之谋，销未萌之患。"② 张居正向皇帝强调整饬武备不仅能够起到抵御外寇的效果，而且还可以"销未萌之祸"。张居正之所以把整饬武备说的那么重要，是因为他想要引起隆庆皇帝对于武备的重视。其实，与其说是要皇帝重视武备，不如说是张居正把整饬武备看的非常重要。虽然最终没有全部付诸实施，但是"饬武备"在一定程度上达到了预期目标。

## 2. 俺答封贡

隆庆年间参与机务后，由于首辅高拱的支持，其他大学士如李春芳、陈

---

① 谷应泰：《明史纪事本末》（卷六一），北京：中华书局，1977 年，第 936 页
② 谷应泰：《明史纪事本末》（卷六一），北京：中华书局，1977 年，第 936 页

以勤不愿过问军事事务，张居正实际上成为边防事务的领导者。在张居正的竭力支持下，穆宗"悉以兵事季（谭）纶"，"谭纶获得独立的指挥权，开创了有明一代提高地方将领社会地位的先例"。① 明制以文制武，在"法祖"的社会里，张居正此举是需要非凡魄力的。明代中期以来，北方鞑靼、瓦剌经常南下掳掠，甚至发生皇帝被俘（明英宗）的现象。北方胡虏一直都是明廷的心头大患，边界战事不断、烽火连天，百姓生灵涂炭、苦不堪言。隆庆四年（1570 年），鞑靼俺答之孙把汉那吉投降明朝。王崇古、方逢时原只打算以此为战利品，交换投降鞑靼的汉人赵全、邱富。在俺答派出强兵强行索要把汉那吉之时，张居正运筹帷幄，力排众议，主张封贡通市。他认为"封贡事乃制虏安边大机大略"，反对之人目光短浅，是"计目前之害，忘久远之利"。② 正是由于张居正的极力促使，俺答封贡才得以顺利进行。由于边境安宁，官市、民市、大市、月市等贸易兴旺，南北物资交流频繁，使边境出现了物阜民安的和平局面。魏源在《圣武记》中给以高度评价，他认为张居正等人促成的俺答封贡，意义重大，影响深远："张弛驾驭，因势推移，不独明塞息五十年之烽燧，且为本朝开二百年之太平。"③

## （二）力挽狂澜的旷世改革

史家认为明代官场有诸多弊病，比较明显者有三：一是党同伐异，二是玩忽职守，三是贪赃枉法。作为一个独具慧眼的改革家，张居正对这种情况当然是了然于胸。以前虽有心挽救时弊，但没有掌握大权，即使有改革思想，各项举措亦不能付诸实施。但是此时作为内阁首辅的张居正，终于可以大展拳脚了。

### 1. 考成法

万历元年（1573 年），张居正上《请稽查章奏随事考成以修实政疏》。"言官议建一法，朝廷曰'可'，置邮而传之四方，则言官之责已矣，不必其法之果便否也。部臣议厘一弊，朝廷曰'可'，置邮而传之四方，则部臣之责已矣，不必其弊之果厘否也。"在张居正看来，当朝政治的主要问题是诏令不行，有法不循。这样只能导致："某罪当提问矣，或碍于请托之私，概从延缓；某事当议处矣，或牵于可否之说，难于报闻。征发期会，动经岁月，催督稽验，取具空文。"经过几十年的官场历练和政治思考，张居正提出了这种

---

① 刘志琴：《张居正评传》，南京大学出版社，2006 年，第 94 页
② 《与王鉴川议坚封贡之事》，《张居正集》第二册，（卷一五），第 183 页
③ 魏源：《圣武记》（卷一二）

问题的解决方法——考成法。考成法的具体措施是：

> 凡六部、都察院，遇各章奏，或题奉明旨，或复奏钦依，转行各该衙门，俱先酌量道里远近，事情缓急，立定程期，置立文簿存照，每月终注销。除通行章奏不必查考者，照常开具手本外，其有转行复勘，提问议处，催督查核等项，另造文册二本，各注紧关略节，及原立程限。一本送科注销，一本送内阁查考。该科照册内前件，逐一附簿候查，下月陆续完销，通行注簿，每于上下半年缴本，类查簿内事件，有无违限未销。如有停阁稽迟，即开列具题候旨，下各衙门诘问，责令对状。次年春、夏季终缴本，仍通查上年未完，如有规避重情，指实参奏。秋、冬二季亦照此行。

政令颁布下去之后，张居正进一步指出具体的考核方法："若各该抚、按官，奏行事理，有稽迟延阁者，该部举之。各部、院注销文册，有容隐欺蔽者，科臣举之。六科缴本具奏，有容隐欺蔽者，臣等举之。"① 张居正进行吏治改革的目标就是要达到"月有考，岁有稽，不惟使声必中实，事可责成，而参验综核之法严，即建言立法者，亦将虑其终之罔效，而不敢不慎其始矣。"考成法的实施，严格了各级官员的考核程序，确实提高了政府部门的办事效率，诸多史书均可为证"江陵立考成法，以为制治之本。向着因循玩愒，至是始中外淬砺，莫敢有偷心焉。要详兼举，张弛共贯，宰相一身，周流天下，不过如此，遂无循情矣。"② "考成之法一立，数十年废弛丛积之政，渐次修举。"③ "自是，一切不敢饰非，政体为肃。"④ "居正之为政……万里之外，朝下而夕奉行，如疾雷迅风，无所不披靡。"⑤ 可见考成法的成效还是得到诸多肯定和赞扬的。

张居正改革的核心是在经济方面。而经济改革以整顿赋役制度、扭转财政危机为重点。早在嘉靖、隆庆年间，国库几乎年年亏空。时至万历朝，明廷的财政危机已经废弛严重。在隆庆三年张居正就向隆庆皇帝提出朝廷每年收入不过250余万两，而支出却高达400余万两，亏空很多，无力填补。鉴于汉代桑弘羊的"民不益赋而天下用"的观点，张居正提出"不加赋而上用足"的方针，主要措施包括"惩贪污以足民"、"理逋赋以足国"，"整治贪官污吏化公为私，整治世豪奸滑拖欠赋税，以增加他们的非法收入所得为手段，

① 《明神宗实录》（卷一九），万历元年十一月庚辰
② 谈迁：《国榷》（卷六八），第 4227 页
③ 《明神宗实录》（卷七一），万历六年
④ 《明史》（卷二一三），《张居正传》
⑤ 王世贞：《嘉靖以来首辅传》（卷七），《张居正传》

增加国家财政收入。"①

## 2. 清丈田粮和一条鞭法

（1）清丈田粮

明朝中叶，明朝遭遇越来越严重的财政危机，主要表现在国家的征粮日渐萎缩，税源枯竭。张居正认为这是赋税的不均、土地隐没不实的结果。因为土地兼并严重，地方豪强用"飞诡、影射、挂虚、投献"等方式，使得豪民有田无粮（税），而穷民无田有粮（税），赋税自然无法收纳。他对田赋的侵欺拖欠现象极为不满，认为仅仅依赖考成法已经难以解决了，必须采取重大的举措，重新清丈田粮。所以张居正认为要解决财政困难的问题，首要前提就是勘核各类土地，下令清查全国土地。他在给福建巡抚耿定向的信中写道："丈地亩，清浮粮，为闽人立经久之计。"② 在张居正的筹划之下，神宗于万历六年（1578 年）十一月"以福建田粮不均，偏累小民，命抚安着实清丈"。③ 在福建进行清丈田粮的举措，此时只是一种尝试。万历八年（1580 年）九月，福建的丈量地亩、清理浮粮的工作完成。由于清丈的效果明显，张居正同众阁臣、各部等人商议后，决定将之推广，把清丈田粮的政策在全国范围内施行。在朝廷的大力支持下，从万历八年到万历十一年（1580—1583 年）五月云南清丈田粮工作的结束，在全国范围内的清丈工作基本完成。清丈田粮取得了显著成效，清丈之后，田有定数，赋有定额，部分改变了税粮负担不均的状况。同时，清丈出不少隐匿田地，使政府所掌握的、承担税粮的耕地面积增多。此外，清丈田亩还统一了亩制，一律以二百四十步为一亩，改变了当时大亩、小亩相差悬殊的局面。在清丈田亩时，各级政府重新编修了鱼鳞图册，这也直接促进了赋税的征收。

史书记载，丈量后全国的田数有七百多万顷，比明中叶弘治朝统计的四百多万顷，多出近三百万顷。

（2）一条鞭法

万历八年（1570 年）九月，福建清丈田亩工作的顺利完成，给张居正打了一注强心剂。赋税不均的问题的初步克服，为全面的赋役改革准备了条件，张居正立即于明年在全国推行一条鞭法。

鞭法由来已久。弘治、正德年间已经出现将徭役折合成银两，由政府雇人充役的现象。银差的出现，是徭役全面货币化的开端，为一条鞭法以雇役

---

① 樊树志：《晚明史》，复旦大学出版社，2003 年，第 281 页
② 《张文忠公全集》，《答福建巡抚耿楚侗言理财安民》
③ 《明神宗实录》（卷八一），万历六年十一月丙子

代替差役、统征银两奠定了基础。而嘉靖九年户部尚书梁材在桂萼的影响下，对于赋役的改革更进一步："合将十甲丁、粮总于一里，各里丁粮总于一州一县，各州县丁粮总于一府，各府丁粮总于一布政司。而布政司通将一省丁粮均派一省徭役，内量除优免之数，每粮一石编银若干，每丁审银若干，斟酌繁简，通融科派。"在万历年间之前，已有一部分地区不约而同地实行着类似一条鞭法的改革，如嘉靖十八年（1539 年）应天巡抚欧阳铎和苏州知府王仪在苏州创设征一法；有的地区是已经在实行一条鞭法，如隆庆三年（1569 年），海瑞在任应天巡抚时，将均徭、均费等银，俱一条鞭征银，在官听候分解。"十甲丁、粮总于一里，各里丁、粮总于一州县，州县总于府，府总于布政司，通计一省粮，均派一省徭役。"① 作为"通识时变"的政治家，张居正早就关注一条鞭法的施行情，并于万历四年（1576 年）在湖广地区试行。后来得到很多人的称道，由湖广推向北方，在清丈田粮工作完成以后，就决意推行全国。《明史·食货志》关于一条鞭法的定义：

> 一条鞭法者，总括一州县之赋役，量地计丁，丁粮毕输于官。一岁之役，官为金募。力差，则计其工食之费，量为增减；银差，则计其交纳之费，加以增耗。凡额办、派办、京库岁需与存留、供亿诸费，以及土贡方物，悉并为一条，皆计亩微银，折办於官，故谓之一条鞭。②

一条鞭法就是总括一个州县的赋税，丈量土地，计算人丁徭役，人丁徭役和粮税全部输入官府。一年的徭役，官府出钱帮助招募役工。力役差，便计算工钱的费用，衡量增加减少；银差，计算其交纳的费用，加以省耗。凡是规定承办、分派办理、京城仓库每年需要存留、按需要供应等费用，以及土贡方物，全都并成一条，都按田亩征收银两，由官府折合办理，故称为"一条鞭法（法）"。

对于一条鞭法的推广，时人也给予了高度评价："江陵相当国，复下制申饬海内通行者将百年。"③ 顾炎武也评价道："一条鞭法，最称简便直捷。"④ 一条鞭法施行，将徭役归入田赋，以银代役，使人身束缚关系得到一定程度上的解放，这在封建社会中是之前没有过的举措，在实践中大大超出了均赋

---

① 乾隆《苏州府志》（卷一一），《田赋·役法》
② 《明史》（卷七七），《食货志》
③ 孙承泽：《春明梦余录》（卷三五），《户部·一条鞭》
④ 顾炎武：《天下郡国利病书·苏松》

役的意义。以银代役政策的实施，使得不愿服徭役的只要出钱就可以免除力差，减轻了人身依附，同时也扩大了货币流通，这对明后期商品经济的发展和资本主义萌芽的成长都起到了积极的促进作用。同时，由于以银代役政策的推行，促进了市镇经济的发展，也在一定程度上提高了商人的社会地位。

在政治、经济改革之外，张居正改革的措施还涉及军事、水利等方面。

### 3. 军事措施

为了防御蒙古鞑靼入寇边关，张居正派戚继光守蓟门，李成梁镇辽东，又在东起山海关，西至居庸关的长城上加修了"敌台"3000 余座。从此，北方的边防更加巩固，在二三十年中，明朝和鞑靼没有发生过大的战争，使北方暂免于战争破坏，农业生产有所发展。万历七年（1579 年），张居正又以俺达汗为中介，代表明朝与西藏黄教首领达赖三世（索南坚错）建立了通好和封贡关系。在广东地方，先后任殷正茂和凌云翼为两广军备提督，先后领兵剿灭了广东惠州府的蓝一清、赖元爵，潮州府的林道乾、林凤、诸良宝和琼州府的李茂等叛乱分子，岭表悉定。这对安定各地人民的生活和保障生产正常进行，发挥了积极作用。

### 4. 水利兴建

万历六年（1578 年），张居正推荐、起用先前总理河道都御史潘季驯治理黄河、淮河，并兼治运河。潘季驯在治河中贯串了"筑堤束沙，以水攻沙"的原则，很快取得了预期的效果。万历七年二月，河工告成，河、淮分流。计费不足 50 万两，为工部节省资金 24 万两。徐州、淮安之间 800 余里的长堤平等蜿蜒，河水安流其间。因而，"田庐皆尽已出，数十年弃地，转为耕桑"。黄河得到治理，漕船也可直达北京，"河上万艘得捷于灌输入大司农矣"。

张居正改革的成效是举世瞩目、彪炳史册的，但是，我们在盛赞张居正改革成功一面的同时，也应该探讨其不足之处。

（1）荒政重视不足

到张居正改革时期，明朝已经面临着紧迫的荒政衰落形势。然而张居正对于荒政问题不够重视，更加剧了荒政的衰落。主要表现在两个方面：一是各地为备荒的预备粮仓不仅破败，而且备荒的谷物与所需相差甚远，难以起到赈荒作用。地方官对于备荒、救荒不能尽心尽力。预备仓备荒积谷严重不足；而是朝廷在灾荒发生时，处理手段因循守旧，消极应对，更加剧了荒政的没落。

（2）民族政策失误

张居正改革实行的民族政策主要为重点防御蒙古，完善北边军事防御体系；与周边少数民族开展茶马互市，调整对西南少数民族的贡赋制度；"以夷制夷"，对蒙古、女真采取分化瓦解政策。这些政策在当时确实取得了很大的效果。但是，张居正改革的民族政策中，过于强调以蒙古为重点，而忽视了女真族的兴起，最终也导致了明王朝的灭亡；虽然已军事防御和贡市贸易相结合，但又始终怀着"以贡市为羁縻，以战守为实事"的态度，扩充军队，军费骤增，遂增加赋役，百姓负担加重，导致社会动荡；最为严重的是，民族政策中带有浓厚的民族歧视。有些学者认为张居正改革时期，之所以未能相对彻底解决民族问题，是因为其带有歧视的民族观。张居正等人最终还是无法摆脱传统的大汉族主义思想，继承"内中国而外夷狄"的传统，对少数民族始终持有一种歧视、怀疑甚至敌对的态度。此外，也没有采取有效措施，发展少数民族地区经济；也存在着忽视发展少数民族地区的文化教育事业，仍然是老一套的"以夏变夷"的思想，而不发展少数民族的文化；没有制定有效的民族政策，缓和各民族之间的矛盾和危机。

（3）禁毁天下书院

张居正对于书院的禁毁是尤其值得我们注意的。万历三年（1575 年）五月初三，张居正上《请申旧章饬学政以振兴人才疏》，建议神宗皇帝禁讲学、毁书院。他说："圣贤以经术垂训，国家以经术作人。若能体认经书，便是讲明学问，何必又别标门户，聚党空谈。"教官生儒应该"着实讲求，躬行实践，以需他日之用"。因此，他认为要实行教育改革，遏制空谈的局面，必须"不许别创书院，群聚徒党，及号召他方游食无行之徒，空谭废业。因而启奔竞之门，开请托之路。违者，提学御史，听吏部督察院考察奏黜，提学按察司官，听巡按御史劾奏，游士人等，许各抚按衙门访拿解发"。① 此举遭到许多官员和生儒的反对，但张居正对此充耳不闻。更甚者，万历七年，张居正借助常州知府施观民以创建书院，被人告发科敛民财之机，加大对书院的打击，由"不许别建书院"升级到"诏毁天下书院"。万历五年至十二年间因为张居正而遭毁废改卖的书院多达 46 所，但是实际禁毁的书院，甚至还要超过史志所记的 64 所，分布在今冀、鲁、晋、豫、江、浙、闽、赣、皖、湘、粤、桂、川等 13 个省区，范围极广，其危害决不应低估！此外，张居正禁毁的矛头主要是指向讲学，张居正厌恶讲学而大毁书院的历史资料和文献，在讲学事业发达而遭受重点打击的赣粤两省等都存在大量的文献记载。对于这种以禁书院来重振官学，尤其是以拆毁书院而封杀天下讲学、清谈议政自由

---

① 《张太岳文集》（卷三十九）

的举动，在当时就遭到很多人的反对、抵制。无论如何，张居正禁毁天下书院，禁锢学术自由的错误策略，是应该受到批判的，这点毋庸置疑。

## 三、不拘一格的用人之道

　　张居正在万历年间的改革，是一场剔除积弊、推陈布新的改革运动。改革必然会触动一批既得利益者，会遭到他们的强烈反对。针对时弊，张居正认为非得"磊落奇伟之士，大破常格，扫除廓清，不足以弥天下之患。"① 针对"卓荦奇伟之才，若不从科目出身"就不能荣登高官的局面，他主张"立贤无方，唯才是用"。他认为重视出身、资格等选拔人才的传统观念，已经成为选拔优秀人才的障碍，过于重视这些，很难以达到人尽其才的效果。在选才上，张居正认为应该不拘资格，不计品流，"既使越在万里，沉于下僚，或身蒙昔垢，众所指嫉，其人果贤，亦皆剔涤而简拔之"。② 甚至下层平民，包括和尚、道士、衙卒都可以破格提拔重用。"无问是谁亲故乡党，无计从来所做省过，但能办国家事，有礼于君者，即举而录之"。③ 在对待人才上，张居正反对责全求备，主张："毋以一事概其生平，毋以一眚掩其大节。"他认为对于人才的任用，"要在权利害之多少，酌长短之所宜"，扬长避短，人尽其才。张居正的人才思想，力图对明朝选才用人方面的种种弊端有所更张，适应了改革的需要。这不仅表现出张居正崇尚实际，有所作为的精神境界，也使他由此获得了大批杰出俊才。正如谈迁在《国榷》中所说"一时才臣，无不乐为之用，用必尽其才，或推毂至通显"。

　　的确，张居正在用人方面，确实是不拘一格、很有见地。被委以清丈田粮重任的张学颜，曾是张居正政敌高拱的门下；礼部尚书马自强，也因为与张居正有隙对入阁不报有希望，但张居正仍然推荐他入阁办事，连马自强自己也未能想到。历史上关于张居正不拘一格用人才的美谈，具体表现在张居正对潘季驯、戚继光、李成梁的重用。戚继光是明代中后期一位难得的将才，张居正慧眼识珠，对戚继光非常赏识。戚继光由南方初调蓟州镇守，许多人怀疑他人地不宜，未必胜任，议论纷起。张居正说："戚之声名虽著于南土，然观其才智，似亦非泥于一局而不知变者。"为了让他施展才华，就必须"调

　　① 《答西夏直指耿楚侗》，《张居正集》第二册，（卷二八），第 1284 页
　　② 《张太岳集》（卷二七），《答刘虹川总宪》
　　③ 《张太岳集》（卷二五），《答同卿李渐庵用人才》

适众情，消弭浮议，使之少得展布，即有惮于国家多矣"。[1] 史书记载："居正尤事与商榷，欲为继光难者，辄徙之去。"[2] 在议筑敌台时，流言四起，一些嫉才妒能者，群起攻击，"欲因此中以奇祸"。在此时刻，张居正"孤独一人，力持不顾"，使继光最终得以取得成功，在北疆立下卓著功勋。为了能够保护李成梁，"阁部共为蒙蔽，督抚、监司稍忤意，辄排去之，不得举其法"。[3] 为了能够使良将忠心为朝廷效力，镇守边疆，督抚这样的高官，也不惜罢免去职，可见张居正对于良将的态度！

据《万历野获编》记载：

（嘉兴同知黄清）貌寝而眇一目，然才智四出，应变无穷，能持短长。郡县邑令，稍不加礼，即暴其阴事相讦，人畏之如蛇蝎。及高宝诸河议筑内堤，久不就，江陵公谓非（黄）清不可，乃改衔为淮安府，甫岁余，成功者已半，江陵大喜，加两淮运司同知。……是时用人能破格如此。[4]

明末大文豪钱谦益，在经历明亡前的混乱政治时，也不禁感慨："江陵所用之人，良马也；江陵之后所用之人，雄狐也，黠鼠也。"[5] 张居正慧眼识珠，用人唯才，时人无不钦佩。正所谓："江陵素留心人才，胸中富有所品骘。"大破常格的用人之道，也为万历初年国富民强局面的出现奠定了坚实的基础。

## 四、刚毅品格与风雷魄力

张居正改革彪炳史册，其行乃非常之事，其人自然也是非常之人。在改革中遇到重重困难，但凭借着刚毅的品格和风雷魄力，张居正直面反对涛浪，似中流砥柱，虽万千艰难险阻，依然岿然不倒。万历五年的"夺情"风波，把张居正非常之人的一面，表现得淋漓尽致。

任何改革大都不是一帆风顺，而是有个一波三折的过程。张居正改革也是如此。自张居正开始实行改革后，就饱受非议，朝野多有流言蜚语。在万历三年，就有余懋学、傅应桢、刘台等人相继上疏攻击新政"时政苛猛"，并含沙射影指责张居正以"三不足"误导神宗皇帝，双方斗争不断。万历五年

---

① 《张太岳集》（卷二一），《答凌参政》

② 《明史》（卷二一二），北京：中华书局，1974 年，第 5631 页

③ 《明史》（卷二三八），北京：中华书局，1974 年，第 6190 页

④ 沈德符：《万历野获编》（卷一一），《吏部》

⑤ 钱谦益：《牧斋初学集》（卷三十）

的"夺情"风波，将双方的斗争推向高潮。

万历五年（1577年），张居正之父张文明去世。"对于一般人来说，老父的去世不过是一家私事。然而对于张居正这样众目睽睽的首辅大臣而言，如何处理亡父的丧事蒙上了一层浓烈的政治色彩。"① 在张父病重时，张居正思父心切，本想请假省亲，但由于要筹备神宗皇帝大婚之事，一直未能成行。本打算万历六年回乡探望老父，却不料九月收到老父去世的噩耗，一时悲痛、悔恨、愧疚不已，并上书神宗以求回乡葬父。按照明朝"丁忧"制度，在职官员自闻丧月日为始，回乡丁忧，时长为不计闰月的二十七个月。待到服丧期满后，再出来视事，谓之起复。但是遇有特殊情况，经皇帝批准，可以穿素服办公，不必解职回乡，或提前复职，称为"夺情"。但明朝在万历之前，也是有特列的。宣德年间的杨溥、成化年间的李贤都是由皇帝夺情起复。因此，时任内阁辅臣的吕调阳与张四维上疏神宗，希望神宗引用前朝杨溥、李贤等"夺情"故事，请求神宗挽留张居正。其时，改革措施正在逐步实施，内阁吕、张二位辅臣害怕张居正丁忧离职后，难以维持朝局；神宗皇帝也深感"顷刻离卿不得"。神宗接到吕、张二人奏疏后，顺水推舟，手谕张居正："朕览二辅所奏，得知先生之父弃世十余日了，哀痛良久……今宜以朕为念，勉抑哀情，以成大孝。朕幸甚，天下幸甚。"② 张居正闻诏后，悲痛欲绝，再次上疏请求丁忧，但神宗态度坚决："元辅必不可离，朕即百疏不允。"其实，当时的张居正并不想真的丁忧守制，改革措施正在有条不紊地进行，各项政策也都由他悉心炮制。他要坐镇朝廷，统筹规划。此时离开，无疑是前功尽弃，改革有可能就此终结。张居正也意识到一旦离职的严重后果："自以握权久，恐一旦去，他人且谋己。"③ 这是张居正绝对不愿看到的。但碍于传统的伦理纲常，张居正又不敢冒天下之大不韪，只能一再请求丁忧，以表姿态。反对派趁机而起，以恪守礼制大造舆论，让张居正先入进退两难的境地。为了应付舆论，张居正于九月底正式像神宗上疏乞恩守制。其中有几句话颇耐人寻味："臣在忧苦之中，一闻命下，惊惶无措。臣闻非常之恩者，宜有非常之报。夫非常者，非常理所能拘也。"④ 既然皇上对臣子有非常之恩，臣子当然要对皇上有非常之报。在这样错综复杂的局面里，张居正的非常之报，不言自明，就是不会被常理所拘，愿意听从神宗的安排，夺情起复。反对派对

① 樊树志：《晚明史》（1537—1644年）（上卷），复旦大学出版社，2003年，第263页
② 《张文忠公全集》（卷六），《闻忧谢降谕宣慰疏》
③ 《明通鉴》（卷六六），万历五年九月
④ 《张文忠公全集》（卷六），《乞恩守制疏》

张居正笔诛口伐，攻讦不断。有的痛骂他贪图高位、为子不孝，有的甚至骂其为禽兽。张居正毫无畏惧，他说"苟有以成臣之志，而行臣之忠，虽被恶名，不难受也"。他只是要做到进志进忠，至于什么辱骂、恶名之类，他视之如浮云，不拘泥于小节。刚毅可见一斑！《明史》称张居正"勇敢任事，豪杰自许"，果不其然。最终，双方采取"在官守制"的折中方案："元辅朕切倚赖，其岂可一日离朕！父制当守，君父尤重，准过七七，照旧入阁办事。"①虽然张居正和神宗就夺情一事达成一致，但此举却在朝中激起轩然大波。翰林院编修吴中行、检讨赵用贤、刑部员外郎艾穆、主事沈思孝反对最为激烈。吴中行在奏疏上说："国家令甲丁忧守制二十七个月满，虽庸人小吏匿丧有律……而未尝以介胄之士处辅弼之臣，即有往例，亦三年未终，而非一日不去之谓也，且当时净之后世讥之。"② 艾穆、沈思孝的奏疏更为严厉，他们指出"陛下之留居正也，动曰为社稷故。夫社稷所重莫如纲常，而元辅大人者，纲常之表也，纲常不顾，何社稷之能安?"③ 张居正借助神宗对自己的庇护，对四人进行惩戒：命令锦衣卫逮捕吴、赵、艾、沈四人到午门前廷杖。其中吴、赵二人各杖六十，发回原籍为民，永不叙用；艾、沈二人各杖八十，发极边充军，遇赦不宥。四人遭到廷杖后，刑部办事进士邹元标再次上疏弹劾张居正"夺情"。在这篇奏疏里，他不但严词批评张居正，而且还否定张居正新政，以为张居正不堪重用，批评神宗"夺情"挽留张居正是失误之举。邹元标指责张居正"才虽课为，学术则偏；志虽欲为，自用太甚。诸所施设，乖张者难以数举"。并进一步说"居正之不归，无情可夺，无复可起，远非贤之俦矣"。④ 邹元标的结局也如同前面几人，廷杖八十，发谪极边卫所充军。看似神宗对于反对"夺情"进谏诸人严惩不贷，实际上是张居正在利用神宗的皇权威严，打压反对派。反对派遭此严重打击，从此一蹶不振，再也没有公开地反对夺情者了。在惩罚反对者之际，礼部尚书马自强、翰林院掌院学士王锡爵都极力向张居正求情，希望张居正能够宽恕，但都遭到张居正的婉辞拒绝。张居正深切知道，在此紧要关头，他必须将反对派以强硬手段打压下去。只有这样，才能继续手握大权，改革才能得以继续进行。为了达到这个目的，他只能不去过多在意同僚们的质疑和非议，甚至不惜采用暴力手段进行打压。

---

① 《明神宗实录》（卷六一），万历五年九月乙卯
② 吴中行《赐余堂集》（卷一），《植纲常疏》
③ 《明史》（卷二二九），《艾穆传》
④ 《邹忠介公奏疏》（卷一），《论辅臣回籍守制疏》

# 五、张居正之失

虽然我们在正面评论张居正时，给予他极高的评价。说他为人机警，果敢用事，品格刚毅，但是我们也应该看到他身上的不足之处。张居正死后的悲惨结局，跟他的这些不足有着莫大的关系。

## （一）未能处理好与神宗的关系

由于神宗即位时年仅十岁，还没有能力处理政务。因此，他主要依靠首辅张居正辅佐朝政。另外，张居正作为帝师，又肩负起教导神宗的使命。张居正对于神宗的教导是尽心尽力的，这在前面已经提到。起先神宗对张居正是非常尊重的，对张居正不是以一般君臣之礼，而是尊称"张先生"、"元辅张先生"。张居正致力于把神宗培养成一代明君，但是有些举措未免显得过于苛刻。一次，明神宗在读《论语》时，误将"色勃如也"之"勃"字读作"背"音，张居正厉声纠正："当作勃字！"吓得神宗惊慌失措，在场的官员们也无不大惊失色。其强硬态度可见一斑！小皇帝对"张先生"当然是又敬又怕。张居正忘了，这个少年不仅仅只是他的学生，他还是大明王朝的皇帝，合法的最高统治者。高拱就是因为一句"十岁安能治理朝政"的缘故，被迫辞官致仕的。而且，随着神宗年龄的增大，阅历的增多，对于本该属于他的至高无上的统治权已经有着强烈的渴望。到万历八年（1580 年），神宗参加"耕藉礼"后，标志着他已经成年，可以自己独立处理朝政了。血气方刚的神宗也是跃跃欲试，毕竟在张居正的教导下，他也想一展自己的聪明睿智，让这位严师刮目相看。张居正也确实想到应该将权力交还给神宗，因此上疏乞休。神宗对于亲操柄权，也是迫不及待。但是李太后"待辅尔到三十岁，那时再作商量"的懿旨，让神宗如当头一棒，失望至极。张居正犹如一座大山一样，阻挡了他亲政的道路。幼时如有过错，李太后总是用一句"使张先生闻，奈何？"来警告神宗；神宗已经成年，却还有让张居正辅佐他到三十岁才让他亲政，这是任何一个帝王都无法容忍的。正因为如此，神宗对于张居正的态度也有了明显的变化，由敬畏变成怨恨。

## （二）对言官和阁臣的打压

夺情风波中，张居正对于反对他"夺情"的余懋学、傅应桢、刘台等给予了严厉的处罚。不仅如此,与他们相关的人员也遭到了一定程度的打击。对科道官毫不手软的压制,也造成了极大的弊端。一方面,我们承认决策权统一到首辅手中,有利于统筹规划,保证政务的顺利进行;另一方面,也容易形成其专断的作风,过于自满。与张居正同时代的于慎行在谈到张居正之败时,不无感慨地评价道"万历初年,江陵(张居正)用事,与冯保相倚,共操大权,于君德挟持,不无为益……江凌之所以败,惟操弄之权,钤制太过饵。"①《明神宗实录》里也说他"小器易盈,钳制言官"。②由于言官与张居正存在着尖锐的矛盾,因此在张居正死后,神宗对张居正清算时,言官上疏弹劾张居正者众多。这是仅对于张居正本人来讲的。更为重要的是,张居正在处理与其他官员关系问题上的失误,产生了极为严重的后果。张居正对于反对改革者,或者是反对夺情者,或者是在其他事情上与他相左者,都采取了打压措施。这不仅体现在对反对者的严厉惩罚上,还体现在使惩处反对者的范围过广。正是由于张居正在任首辅期间,没有处理好统治集团内部的团结工作,使得明朝统治集团出现了几种矛盾:第一,张居正对反对派处理过于严厉,形成了朝臣与张居正之间的矛盾。由于张居正大权独揽,无人能够撼动,但是群臣的不满情绪日益高涨,形成了朝臣间的分化。第二,张居正对待其他辅臣的方式,形成首辅张居正与其他辅臣之间的矛盾。张居正在担任首辅期间,对于其他辅臣压制太过,"视同列蔑如也"。政务不与其他阁臣参与,都决于自己。其他阁臣虽然"侍之恭谨若下属",但是内心的不满早已不言而喻。也正是因为如此,他们对"张居正的改革未能达成很好的认同,为张居正卒后改革的终止、政治的纷乱等形成一定的推力"。③这些矛盾错综复杂,张居正离世后,在神宗皇帝清算张居正时,彻底爆发激化。倒张运动之所以声势浩大,与张居正没有处理好这些关系是有直接关系的。也正是由于倒张运动的日益扩大,朝臣之间相互攻伐,明朝开始逐渐陷入纷乱的党派纷争的泥潭中。这在一定程度上,也加剧了明王朝政治的腐败,加速了明王朝的覆亡。

---

① 谈迁:《国榷》(卷七一),万历十年六月丙午
② 《明神宗实录》(卷一二五),万历十年六月丙午
③ 南炳文、庞乃明主编:《"盛世"下的潜藏危机——张居正改革研究》,南开大学出版社,2009 年,第 233 页

# 第二十章　陈士元的经世之学

## 一、陈士元生平事略

明代学者陈士元，湖北应城西乡陈岭人，字心叔，号养吾、归云，别号江汉潜夫，又称环中迁叟，生于正德十一年（1516 年），初生时，其父梦见孟子至家，故其小名孟卿。士元天资聪颖，垂髫之年即勤奋好学，受学于余胤绪，得问为学之要。二十二岁中"嘉靖十六年丁酉科举人"，尔后游历各地。二十九岁登嘉靖二十三年（1544 年）进士，翌年奉命任滦州知州，治内"有能声"，"政成民安，百废俱举。"① 年轻时期的陈士元很想在事业上有所作为。他看到当时朝政腐败，便向皇帝上书，要求严肃整顿吏制和财政。他的这些举措，招致当朝大奸臣严嵩等人的反对，并对其进行谗言陷害，使他的身心受到严重打击，愤然于嘉靖二十八年（1549 年）三月辞去官职，结束了四年的士宦生涯，此后再不曾踏入仕途。归里隐居后的陈士元绝少交游，埋首经史，专心致志地著书立说四十余年。万历二十四年（1596 年）终老家乡，享寿八十一岁。

陈士元一生博览群书，涉猎其广。他精通经学，著有《易象钩解》《易象汇解》《五经异文》《论语类考》《孟子杂记》等书。又通小学，著《韵苑考遗》，依 106 韵分部，部各为段。又补《韵府群玉》未收之字。另著有《古俗字略》《俗用杂字》《汉碑用字》《俚言解》《诸史夷语音义》《荒史》《梦林元解》《姓汇》《楚故略》《楚志》等书。未刊行者有《新宋史》《新元史》百余卷，《史纂》10 卷；散佚不传者 400 余卷。他的著述深得后人推崇，《四库全书总目》评价其人："士元撰述之富，几与杨慎、朱谋㙔相埒"，清代李

---

① 张居正：《滦州志·序》，转引自胡鸣盛著《陈士元先生年谱》，北京图书馆出版社 1998 年版，第 613 页

鼎赞道："士元天资超迈，学问渊博，一代著述之富。自杨升庵、朱郁仪外，首推士元"。① 只可惜其著作多毁于明末战火，近半不复传世。

## 二、陈士元经学研究的不凡业绩

陈士元博学多才，著述颇丰，据传世著作观之，陈氏之学以经学研究为主，陈氏研经注重考究，兼及义理。陈士元幼年受学于应城名儒余胤绪，而余胤绪是湛若水的学生。故从思想渊源上看，陈士元早期思想属于甘泉心学一派，注重学问、思、辨、行的统一，注重考证成为陈士元研经方法的一大特色。

### 1. 陈士元的《论语》研究

陈士元对《论语》的考释研究成果，集中体现在《论语类考》中，士元著作此书，背后有着非常强烈的现实关怀："明兴，设科举，士初试七义，《论语》居先。而世之学子，幼时即承斯业，及从政为邦，则目为筌蹄，不复省览，予于是益病焉。昔人有言：《论语》始于不温，终于知命、为君子儒、洙泗为仁之方、一贯之秘具于此，可终身违乎？予素梼昧，有一得辄出入口耳，四寸之间玉卮无当也。见社童暨舍子弟即喜与谈字义，越旬季，复询之，忘矣，乃著此编，贮之右塾。……云于乎《论语》八十策，较六经之策三居二，《聘礼》疏可稽也，传录者误为八十宗，徐遵明曲为之解，为王应麟所诋诮。予兹曲解，不但八十宗三言耳，其不免览者诋诮哉？"② ——明初，朱子学说成为官学，朱子经注成为科考的标准，学者们谨守门户，少有发明。中期以后，王阳明建立以致良知为主要目的"心学"，讲求内心体悟，轻视书本，许多学者抛弃儒家经典和注疏，致使学风日益败坏。陈士元正是怀着"为往圣继绝学"的强烈责任感，编著这部工具书，方便后学者研习经典。

此书凡二十卷，对《论语》一书中的名物制度进行了分门别类的详细考证，故取名为"类考"。士元把这些名物制度共分成十八类，包括天象、时令、封国、邑名、地域、田则、官职、人物、礼仪、乐制、兵法、宫室、饮食、车乘、冠服、器具、鸟兽和草木等。而每一大类下又列诸多名目，共四百九十四条。几乎将《论语》中的有关名物典故收罗殆尽。在考证过程中，陈士元不专己守残，而是尚博求实，言之有据；每条考释，必详列古今诸家

① 《光绪应城县志》之（卷10）"儒林"
② 陈士元：《论语类考》，中华书局1991年版，第1页

之说，互相参订，然后得出自己的结论。如《论语类考》卷十三对"八佾"的考证，陈士元写道：

马融氏曰："佾，列也。天子八佾，诸侯、六卿、大夫四，士二。八人为列，八八六十四人。鲁以周公故，受王者礼乐，有八佾之舞。季桓子僭舞于家庙，故孔子讥之。"

服虔氏曰："每佾八人，天子用八，八八六十四人；诸侯用六，为六八四十八人；大夫用四，为四八三十二人；士用二，为二八一十六人。"

元按：《左传》隐公问羽数于众仲。对曰："天子用八，诸侯用六，大夫四，士二。夫舞所以节八音而行八风，故自八以降。"服虔云每佾八人，自上及下，行皆八人也。何休、杜预、孔颖达注《春秋》皆云惟天子得尽物数，故以八为列。诸侯则不敢用八，故六六三十六人，大夫为四四十六人，士为二二，乃四人。盖以舞势宜方，行列既减，则每行人数亦宜减也，且以服虔为非。而孔融、邢昺解《论语》亦同何休、杜预之说。朱子《集注》并引前二说曰"未详孰是"，以愚论之，舞者所以节八音也，八音克谐，然后成乐，故乐必以八音为列，自天子至士降杀以两两者，减其二列耳。若每列递减，至士止余四人，则八音不具，岂复成乐？襄公十一年，郑伯赂晋悼公女乐二八，晋以一八赐魏绛，此乐以八人为列之证也。①

——在这里陈士元先后征引了马融、服虔、何休、杜预、孔颖达、孔融、邢昺、朱子的注释，针对诸儒的争论，陈士元认为，"舞者，所以节八音也，而《书》曰八音克谐，故乐必以八音为列"。如此，则每列应具八人之数，否则"若每列递减，至士止余四人，则八音不具，岂复成乐？"陈氏又引《左传》襄公十一年郑伯赂晋悼公以女乐之例证之。最后定为"八人为列"，得出令人信服的结论。士元学问之广博，思维之缜密，由此可见一斑。

士元为学，虽以朱学为宗，但从无门户之见，对朱熹"承用旧文、偶失驳正"之处，他不讳言，不曲解，明确指陈其非。如"比干"，朱子认为比干是"纣诸父"，陈士元经过考证则认为比干是纣庶兄。《论语类考》卷七说：

元按：《宋世家》云："王子比干者，纣之亲戚，直言谏纣，纣怒杀之，剖其心。"《家语》亦云"比干是纣之亲"，而马融以比干为纣之诸父，微子

---

① 程树德：《论语集释》，北京，中华书局，1990年，第136—137页

为庶兄。然孟子云："以纣为兄之子，且以为君，而有微子启、王子比干。"是微子、比干皆诸父矣。夫孟子以微子、比干并称，微子之为纣庶兄，确乎有明征也，而比干岂得为诸父哉？故金履祥谓孟子所谓兄之子者，兄当做乙，谓均是帝乙之子也，言一时一家而善恶之相远也。若然，则比干非纣诸父，乃庶兄矣。①

——类似的考证，还有很多。如对《论语》的编撰问题、子夏为魏文侯之师的问题、颜渊的死岁问题、桓公弑兄问题、子见南子之争论等，士元皆详加考证、论辩，并屡有创见。其驳正朱注之处，虽未能得到后人的广泛赞同，但在程朱理学十分盛行的明代，敢于指陈朱注，实为不易。这既表现出陈氏不畏权威的学术勇气，又体现其深厚的学术功力。且他的注释广搜博取，考究博洽，一切均依据儒家典籍而来，有理有据，实为明代经学考据的典范。②

### 2. 陈士元的《孟子》研究

陈士元的人生经历，总与孟子有扯不断的神秘联系。在他出生前夕，其父梦见孟子"款户而入"，故取小名"孟卿"。据陈士元自述，他出任滦州知州时，在一次祭孔活动中，孟子神位忽然仆倒。其后不久他便被免官。③ 在那个普遍相信天人感应的时代，这种巧合无疑具有巨大的心理暗示力量。他自号"养吾"，还把自己的书房命名为"浩然堂"，不仅在那里养浩然正气，还著有《孟子杂记》四卷，此书内容广泛，在考证方法上多有创新。可谓是明代《孟子》考据学的扛鼎之作。

《孟子杂记》第一卷叙述孟子事迹，后三卷发明孟子之言。其内容大致可细分为校勘、训诂、考辨、辑佚四类。其校勘类又可细分为两种：一是将《孟子》书中引文与原文对照参证，如"稽书"、"睽礼"、"准诗"三部分内容；二是将他书所引《孟子》内容与《孟子》原文相比对，如"校引"、"引误"等内容。这种方法类似于后人总结的"他校"法，是明朝校勘方法的重要创新。经过两次校正，进一步提高了校勘内容的精确性。此书还做了不少辑佚工作，独辟"逸文"一条，有很高的学术价值。在明代《孟子》考据学史上，陈士元是当之无愧的领军人物。

《孟子杂记》是孟子学史上具有划时代意义的著作。陈士元详细考辨孟子

---

① 陈士元：《论语类考》，中华书局 1991 年版，（卷七）

② 参见唐明贵：《陈士元的〈论语类考〉探微》，《齐鲁文化研究》第九辑

③ 陈士元：《孟子杂记》，商务印书馆 1937 年版，第 1 页

生平事迹，对《孟子》考据史上有争议的议题大都有所涉及。关于孟子的生平问题，《史记》仅寥寥十数语，对孟子游历邹、滕、薛、鲁、宋诸事皆略而不书。南宋以后，《孟子》地位虽然不断上升，但对孟子生平的考证，直到朱熹所处的时代也没有太大进展。士元以《孟子》一书为基据，博览群书，详加考证，使孟子生平研究获得重大突破。如孟子生卒年代，他疑"定"或为"安"，认为孟子生于安王初年而非定王初年，卒于赧王初年，虽缺乏足够的证据，但其独到思维对后人多有启发。关于"孟子师承"的问题，历史上多有争论，司马迁认为，孟轲受业于子思的门人，后世学者如高似孙等依据《孔丛子·记问篇》载子思与孔子问答之事，断定孟子直接授业于子思。陈士元从年代上详加推算，认定《孔丛子》所记之事定系伪托，此书是伪书无疑。接着又从子思和孟子的年龄记载入手，得出了孟子授业于子思门人的结论，让数千年的历史悬案从此了结：

"元又疑《孔丛子》乃后人缀集之言，而诸书所载子思寿年，亦不足信。况伯鱼卒于哀公十二年戊午，至穆公元年壬申，凡七十五年，而子思当生于哀公、定公之世。伯鱼未卒之先，安得谓子思寿止六十二年耶？不然，则孟子受业于子思不在穆公初年，而在元公悼公之世矣。夫赧王元年，齐伐燕，孟子所亲见者，谱谓孟子卒于赧王二十六年，鲁文公之六年也。自文公六年，上距穆公元年，凡一百二十一年。是穆公元年，孟子未生，况上而元公，又上而悼公之世耶？若然，则谓孟子亲受业于子思之门人也亦宜……自敬王壬午至赧王辛亥百七十年，辛亥去伯鱼之卒，百七十有四年，以百八九十、二百年间所生人物，而谓其前后相待、共处函丈、传道授业，何子思、孟子之俱寿考而至是也？子思、孟子之寿考或谓亦有可言者，安王二十五年甲辰……是时子思无恙也，孟子魏惠王时已称……安王甲辰，伯鱼卒百有七年……子思乃尚存邪？[①]

——陈氏对前人较少涉猎的内容，亦进行了有益的考证，如对孟子母亲、妻子、儿子的研究。陈氏遍采前说，补正诸家之不足，撰写了长达千言、比较完备的孟子传记。一定程度上弥补了司马迁《史记》的缺憾，这无疑是孟子学史上的一座重要里程碑。

### 3. 陈士元的《易经》研究

在陈士元庞杂的学术思想体系中，易学研究是非常重要的组成部分，他

---

① 陈士元：《孟子杂记》（卷一），《丛书集成初编》第500册，中华书局，1985年，第7页

对易象的研究成果，主要集中在《易象汇解》和《易象钩解》这两大著作中。二书可相互印证，但在注解风格和研易路向上又有明显的差异。《易象汇解》主要是对易经中的繁复易象进行分梳和归类，侧重于对易象进行概括性的解释，故曰《汇解》。而《易象钩解》属于随经注疏之类，侧重于对经文的易象进行条分缕析，力图以易象引发经意，故名《钩解》。

明代易学沿袭宋元，朱元璋颁布科举定式，以程朱理学为正统，使以理学讲《易》成为明代易学的主流。但明代中叶以后，王阳明"不必尽合于先贤，聊写其胸臆之见"的解经方式，发展到后来不仅穿凿附会、曲解经义，更甚者流于明心见性之禅学，经典的原貌完全被扭曲。这种纯任心性、抛弃经典的治学方法无疑是博学多才、注重考证的陈士元所鄙视的。陈氏治易，主张由显明的易象而通几微之道，坚决反对不言象数而空论义理。在《易象钩解》一书的序言中，陈氏严厉驳斥舍弃象数、占筮而奢谈虚玄义理的诠释理路，并提出了自己恢复汉学，回归经典的治学主张：

> 昔者伏羲则河图为六十四卦，是为先天易。文王系象辞，周公系爻辞，是为后天易。孔子曰："易之兴也，其于中古乎？作易者其有忧患乎？"今观泰、否、剥、复、损、益、夬、姤之相次也，阴阳消长治乱存亡之几微矣。先儒传注，论义理不论祸福，虑人以卜筮浅易也；发明象爻，非不显著，而取象之由则略而不论。夫文、周系辞观象以阐吉凶，占者玩辞稽象以定趋避。朱晦庵、张南轩善谈《易》者，皆谓互体、五行、纳甲、飞伏之类，俱不可废，岂不豁然于蓍变而歉然于传注哉？盖文、周象爻，虽非后世纬数琐碎，拘拘互体、五行、纳甲、飞伏也，而道则无不冒焉。传注者惟以虚玄之旨例之，有遗论矣。……钩，曲也，转取也，本无所见，引物而旁通者也。若夫阴阳消长、治乱存亡之几，其何能解哉？①

——从上述引文可以看出，陈士元对《周易》的研究，基本沿袭了朱熹的理路，他认为从《易》之起源和成书过程上看，先天易先于后天易而存在，而先天之易又本于象数，研易者如果仅仅依据后天之易奢谈义理，无疑是舍本逐末的做法。在《周易》性质这个根本问题上，士元也继承了朱熹对此书性质的判定，认为易经是卜筮之书，相对于义理探究，卜筮功能更为重要。若不通过象数而空谈虚玄之道，或只谈义理而不论卜筮，那就是偏废了圣人

---

① 陈士元：《易象钩解·自序》，商务印书馆 1936 年版

作《易》的根本目的，忽视了《易》之功能和意义。

陈士元注释《易经》，非常注重从整体上对易象进行了分梳和归类。他依据《周易》，把易象归纳为天象、地象、人象、身象、兽象、木象、宫室象、衣象、食象、器象、政学象、《说卦传》象、《大象》、数象等诸类。保证取象体例的确定性和精简性。士元注《易》，讲究"比类明义，象理互通"。① 如注《需》之九三曰："《需》与《渐》皆有待义。需于郊、于沙、于泥，由平原而水际，水际非人所安也。渐于干、于磐、于陆，由水际而平原，平原非鸿所安也。皆以三为危地，需三近坎，故曰寇至；渐三互坎，故曰御寇。坎为盗，不其然乎？"② 他把需、渐二卦贯通起来，归为一类，并且因据坎象对此两卦文辞进行释解，精简而令人信服。在《易象钩解》中，陈氏坚持他作为考据经学家的一贯特点。多次征引《左传》《礼》《书》《诗》诸经，如其注《屯》之六三曰："三杰从汉，因虞得鹿也。项羽霸楚，即鹿无虞也。知此几者，其惟君子哉？"③ 甚至有时融合三教，以道家经典注释儒经，如注《易》之《蒙卦》初六曰："夫人心有私欲，如罪人之有桎梏，庄子所谓解其桎梏，与此同意。"④ 这种"以经注经，以史证经"的研究方法，充分体现了陈士元渊博的学识和厚实的功底，对后世考据学家也产生了重要的影响。⑤

陈士元治易的理路和方法，得到了后世易学名家的推重。如四库馆臣就对陈氏易学大力肯扬易之卜筮功用给予了很高的评价："然其谓易以卜筮为用，卜筮以象为宗，则深有合于作易之本旨。"⑥ 潘雨廷先生亦非常肯定陈氏易学的价值，认为陈氏所取之象十九本自《说卦》，皆合于义；全书解经之法甚正，可作为研究汉象的阶梯。⑦

## 三、陈士元的小学研究

所谓小学，即是中国传统学术内容中的文字、音韵、训诂方面的学问。

---

① 潘雨廷著、张文江整理：《读易提要》，上海古籍出版社 2003 年版，第 308 页
② 陈士元：《易象钩解》，商务印书馆 1936 年版，第 8 页
③ 陈士元：《易象钩解》，商务印书馆 1936 年版，第 5 页
④ 陈士元：《易象钩解》，商务印书馆 1936 年版，第 6 页
⑤ 参见刘体胜《晚明陈士元易学思想探绎》，《华南师范大学学报》2010 年第 4 期
⑥ 永瑢等《四库全书总目》，中华书局 1965 年版，（卷五）
⑦ 潘雨廷著、张文江整理：《读易提要》，上海古籍出版社 2003 年版，第 308 页

陈士元的经学造诣是有目共睹的，但是经学的研习是需要扎实的小学功底作为支持的。陈士元的学术成就，主要是体现在《归云集》与《归云别集》这两部著作中。其中《古俗字略》一书，《四库全书总目》与《归云书目记》著录 7 卷，《中国丛书综录》著述 9 卷。《五经异文》一书，《归云书目记》与《中国丛书综录》著述 11 卷。《音苑考遗》一书，《归云书目记》4 卷。王重民编著《中国善本书提要》中录北京大学藏万历刻本《归云外集》又有《江汉丛谈》2 卷，《诸史夷语音义》4 卷。在《中国风土志丛刊》《明清俗语丛书集成》等丛书中收录了《俚言解》一书，而此书与《诸史夷语音义》《古俗字略》《古今韵分注撮要》当是陈士元小学成就的代表著作。

通过对陈士元著作内容及其思想系统的归纳，可以了解到陈士元主要是在方言俗语、字类归纳整理、音韵训诂这三个方面对小学做出了显著的贡献。而这三个方面的贡献分别体现在其著作《俚言解》《古俗字略》《五经异文》《诸史夷语音义》《古今韵分注撮要》中。陈士元的这些贡献不仅仅为后人保留了大量的明代社会生活史料，同时也为汉语音韵研究提供研究材料与研究思路，并且因为对于俗体字与简化字的整理与归纳，对于中国历史上的汉字发展做了清晰的梳理，对后世汉字简化的工作提供历史文化依据。而陈士元的音韵训诂学方面的成就主要是对于经学学术的支持，将典籍中的文字、音韵进行整理和训诂，并且对于夷语等在历史上多不为学者注重的方面进行研究，填补这些研究的空白与欠缺。

**1. 对于方言俗语方面的研究与成就**

对于方言俗语方面的研究著述，主要是体现在《俚言解》《古俗字略》这两部书中，而尤其以《俚言解》一书最为显著。而《古俗字略》一书主要是对于文字的整理，特别是俗语字以及异体字的归纳，故而不在此多做讨论。

关于《俚言解》一书的成书缘起于宗旨，陈士元在本书的序中有所交代。其中可见作者并未完全完成著作，只是将其中三百余章付梓出版。

乡俗常语，多有证据。听者玩熟而茫无考辨，则古圣察尔言何为哉。尝读《方言》与今时所言颇不类，而《通俗文》并《释常谈》等书又指引不广。余暇日著《俚言解》六百八十八章。庶乎陪佳客之诙谐、共鸿儒而博论，不至面墙云尔。兹未能尽梓，聊录三百余章梓之。

在本书中，作者首先是对于方言俚语的词源进行考证，全书也贯穿了他的考证源流的思想。而且作者以其广博的学识，对于方言俚语进行考订与注解。通过对于诗文典籍的征引，自然而然地就表现出词语的源流本末。一方面，为经史典籍中的俗体字与异体字的明辨提出材料依据；另一方面，对各方言俚语中的俗体字与异体字进行归纳整理，使之形成体系，一目了然。韩佳琦《〈俚言解〉研究》一文中对此作举例概括，其内容大致如下：

　　陈士元先从条目的一般意义谈起，进而追溯其源头，认为"包弹"源于包孝肃的弹劾，被宋时的人们称作"包弹"，流传至今而呈现现在的形态。以上是作者对条目意义的考证，词源考证并不限于意义，还包括字、字形、字音，对此作者同样给予了高度关注。如书中提到的"骨董"作"谷董"，还有"姑息"："狎昵曰姑息之爱。檀弓姑息注苟容取安也，字义殊未明。按吕览先识篇：纣辟远箕子爱近姑与息，以姑息二字分言，则姑即母，姑息即子息，今人称子妇曰：媳，古字。媳与息同，谓之姑息者言相亲昵不离也。息之事姑唯承顺无犯而已，故以小人爱人者比之。"

　　在本书中，同时也记录和保留了很多关于民俗以及民间俗语。作者在此基础上进行进一步的研究，将相似意义的方言词汇在不同地域的不同用法进行列举比较，注意考察方言词汇的应用区域与范围。又如韩佳琦先生言道：

　　各个地方习俗与方言的不同造成了民俗语汇的地方特色，民俗的地方差异和方言差异交织在一起，相互对应地紧密联系起来。……还有作者以"江东"、"吴"等小区域来进行的区域性训释……

　　《俚言解》一书中保留了大量的方言俗语资料，而且作者是江汉人士，对于江淮方言的内容涉猎尤多。江淮方言是北方中原官话与西南官话的过渡地带，因为所出的地理位置，因此也较多地体现兼收南北的特征。本书着重汉水流域的方言俗语的采纳，则与整个江淮方言片区相比，是可以触类旁通的。在陈士元《俗用杂字》一书中可见一些在河南信阳以及安徽合肥地区的一些方言词汇，正是可以证实这一点。①

　　水道小穿曰刡音楼　　《广韵》平声侯韵落侯："刡，小穿"

　　矮短曰矬　　《广韵·戈韵》咋禾切。矬，短也

　　去渣曰滗，音泌。《玉篇·水部》"滗，芡去汁也"。《广韵》入声质韵鄙密切。

---

　　①　邵则遂．《陈士元〈俗用杂字〉中的应城方言词》［J］．语言研究．2008，28（4）

身肿曰𩩍，音泡。《篇海类编·肉部》"𩩍，肿也，匹到切。"

……

因此，不但对于汉水流域的方言俗语研究提供实际的参考，也为处于相同方言片区的语言研究提供切实的历史资料。陈士元将收录的方言俗语进行词源学意义上的考证，使一些知其音而不知其形的方言语素得到音形义上的对应，使得方言训字免于混乱，对于规范方言记录和方言训诂的研究都是成效显著，值得后人效法传承的。

**2. 对于汉字整理归纳方面的研究与成就**

陈士元在汉字的字形字类的整理与归纳方面，与其小学方面的其他成果相比，贡献是最大的。而陈士元在此方面的成就，主要是体现在《古俗字略》与《俗用杂字》一书中。虽然俗用杂字的成果主要是以方言学为基础，但是在对方言文字等进行整理的过程中，陈士元也对一些异体字、俗体字以及不常见的地方表述文字进行归结整理。《古俗字略》收字分属 106 韵，依韵四声分为五卷：平声分上平、下平两卷，上声、去声、入声各一卷。同韵中字依音排列，先列韵目字，同音字列其后；其他字按《四声篇海》的五音三十六字母排列。在共和国颁布的繁简字表以及异体字表中，也可见陈士元所归纳的三种部类类型。杨正业先生《简论〈古俗字略〉——兼及〈汉语大字典〉疑难字》中认为"全书收字 25465 个，归纳为 9000 多个异体字组，一组为一条，以正体为目，注音、释义，后附异体。在正字下附载异体，早见于其他辞书；然而将这种格式一以贯之编成异体字字典的，陈士元也许是第一个。"①

作者将古今俗体字和异体字进行归纳与整理，使正体字与俗体字、异体字在今人面前一目了然。这是在《干禄字书》之后，在文字归纳与整理方面的又一成就，也是在文字辞书方面的创新。陈士元花了三十年时间，编纂了异体字典《古俗字略》，这部书收录了当时社会上使用的大量异体字，将文字部类归结为"同""古"以及"俗"三种类型。作者取材于《广韵》《篇海》等著作中的音韵训诂资料，更是可为其他字书的整理与校勘工作提供重要的参考资料。作者之宗旨，在《古俗字略》的体例中有着比较清晰的叙述。

余辑字略，盖三十佘年矣字画古俗同者不书；字画不同而义同者，则注同上，自二字以上则注并同上；有见古文者则注古，自二字以上则注并古；时俗改作者则注俗，自二字以上则注并俗。

---

① 杨正业. 简论《古俗字略》——兼及《汉语大字典》疑难字［J］. 辞书史研究 . 127—130

——作者对于文字的归纳与整理，不但在小学方面成就显著，同时对于后来的汉字简化也提供历史依据和实际的材料依据。作者将繁简字的演化过程在此进行梳理。而且在异体字与俗体字的整理方面，将之归结为"同""古"以及"俗"三种类型。依据陈士元的解释，则"古"的意义就是"其所谓古，乃楷书之旧，非籀篆之古法也。"陈士元将古体字4700余古今字进行整理，这就自然可明辨汉字字形流变。"俗"的意思就是"其所谓俗，则楷书之变，乡俗误用而不察耳"。也就是乡人运用此前的常用字日久原字变化而民不知之，用之如故而已。陈士元整理出俗字1200余个。"同"的意义是"字画不同而义同者。"这也就是今天意义上的异体字，是在汉字成分中所占分量最多的，陈士元整理出11000多个。而杨正业先生提出："简化字132个和简化偏旁14个，而我们上面列出的见于《古俗字略》的一表字和二表字分别为50个（含近似者8个）和28个（含近似者4个），所占比例分别为14.3%和21.2%，这个比例应当说是很高的。"①

作者对于汉字在历史过程中的发展与演变的认识是非常清楚的。本书的宗旨也是以记录当时习用的汉字为主，以考成汉字流变即正俗字体为辅的。作者对待汉字的态度也具有正俗观念，这不可不说是与时俱进的。陈士元对于汉字整理工作进行梳理与整理，对于异体字、俗体字进行整理。在辞书编纂和文字工具书方面的工作也具有借鉴意义。我们可以从中学习作者在整理文字辞书过程中所运用的方法并且以这些为基础对其进行理论上的考察与探讨，无疑会很大促进辞书研究方面的学术进步。

### 3. 对于典籍音韵训诂方面的研究与成就

陈士元对于小学学术的另一项贡献就是在音韵学方面的成果。《古今韵分注撮要》和《诸史夷语音义》是其在此方面的代表著作，另外也有一些关乎此方面者则散见《归云集》等专著中。此书名为《撮要》，则是以简明扼要的手法，梳理古今韵部韵类，这是他在今韵学方面的成就。《诸史夷语音义》一书主要是对诸史中所记录关涉少数民族语言的音义进行训诂，作者将史书中的词汇整理出来，以类相从。然后对其训诂解释，对于注释典籍，特别是对少数民族历史资料方面的考明是有很好的辅助意义的。研究经学小学者自古而今，不胜枚举，创见极多。然而陈士元研究小学音韵诸科，则是多注意前人之未多着意处，或者看前人之未看，学前人之未学者。在典籍音韵训诂方面，陈士元的宗旨是方便典籍语言材料的学习与掌握，而并不像一般的学

① 何茂活. 从古俗字略看汉字简化的历史基础—兼论该书的辞书学价值 [J]. 辞书研究 . 2012. 1. 68—73

者那样，转为考据而考据。所以从这一点可以看出，陈士元的学术特点是活泼实用的。但是陈士元在此方面的成就与前两个相比，则不如之影响显著，故不多赘述。

因此，陈士元在小学方面的成就和其历史影响主要是以汉语言文字学为主的，其次则是在音韵训诂方面。陈士元对汉字中的俗体字、异体字进行不遗余力的整理与归纳，使后人面对繁简字以及异体字、俗体字的产生于发展变化过程一目了然。而这些对于今日汉字的辞书编纂、汉字规范与推广整理工作铺垫了前期的准备工作，可以说是在汉学方面迈出一大步，在汉字工作上迈出一大步。表现明显的就是在《汉语大字典》中收录的关于异体字与俗体字方面的内容，可以在陈士元的著作中发现很多相合之处。其整理梳理文字的方法与体例，对于汉语文字工作者来说，是有许多地方值得学习与参考。另外，陈士元对于方言俗语的整理，虽然立足于乡土，而其考订之精细，征引之确当，确为后人做出铺垫之工作。然而古今学者并没有太多人对陈士元的著作投入太多的关注，这是比较遗憾的。因此，对于陈士元在小学方面的成果进行研究，是必要的，也是必需的。其学术研究宗旨则是方便学人对于地方文化的研究与学习，方便阅读文献典籍是对于一些生僻的语言词汇的理解与认知。一方面说明他心系桑梓，具有浓厚的乡土情结，另一方面则可见陈士元在学术研究方面敢于另辟道路，自成结果，这是值得后人学习的。

# 第二十一章 "穷经巨擘"郝敬

## 一、郝敬生平及仕宦经历

郝敬，字仲舆，号楚望，晚明汉水流域著名经学家和思想家。因世居湖北京山，故称"郝京山先生"。其父郝承健，字惟顺，号玉吾，生于嘉靖九年（1530 年），嘉靖四十年（1561 年）中举，后核授四川嘉定州学正。任职期间清正廉明，曾将官员聚敛的"河坝税"用于贩济贫寒学子。由于他个性率真耿直，郝承健的仕途并不平坦，最高官职只做到直隶河间府肃宁县知县。后因母丧归乡，终老田园。郝承健对《诗经》《春秋》颇有研究，曾与同乡才俊组建诗社，与后来成为文坛领袖的李维祯相交甚好，曾命郝敬从李维桢受业。郝父的性格和学识，对郝敬产生了重要的影响。

### 1. 坎坷少年

郝敬是郝承健次子，生于嘉靖三十七年（1558 年），郝敬天资聪颖，少时即有神童之誉，五岁即随父学习时文及经书。有明一代，程朱理学是科举取士的标准，可是郝敬自小就对朱熹注解的四书五经保持一种怀疑的态度，这种态度导致童子试四试不第，后得其父至交李维桢相助，25 岁才得传诸生籍。可是也就在这一年，父亲郝承健病殁，自己又被诬作杀人犯身陷囹圄。郝敬在晚年所撰的《生状死制》详细记载了此事的经过；"比府君丧，而邻有病叟，与家奴善，过而饮食之。醉饱，一夕暴亡。其子来殡，有嗾之者曰：'盍讼诸？'又有嗾之者曰：'讼奴不如讼主，奴主方失怙，不赂我辈，得免乎？'余闻而诮之，逢其怒，其党峰起。诬告余杀人。"①

《明史》所载郝敬"幼称神童，性跅弛，尝杀人系狱。"② 指的就是这件

---

① 郝敬《小山草》（卷九），崇祯年间《山草堂集》本
② 张廷玉等：《明史·文苑四》（卷二百八十八），中华书局 1974 年版，总第 7386 页

事情。父亲的去世加上冤案的拖累，郝敬穷困潦倒，幸得李维桢不负郝父所托，不仅为郝敬洗清罪责，还为郝家提供居所，在经济上给予极大的帮助。在李维桢的关怀下，郝敬从此"折节读书"，万历十六年（1588 年）中举，次年进士及第。在郝敬的这段生活中，李维桢扮演了举足轻重的角色。晚年郝敬在《心丧记》中写道："先生贤我亲我者至矣，幼而多难，微先生则为釜中之鱼，机上之肉矣。"可以说如果没有李维桢的帮助，就没有后来的"穷经巨擘"。

## 2. 坎坷仕途

万历十八年（1590 年），郝敬被任命为浙江缙云县知县，但任期仅一年即改调他地。对此，郝敬自己解释道："缙云故岩邑，有要人焉，余以方刚试宰，政小急，要人不便。"① 从此中可以看到，郝敬因施政严切而导致人际关系紧张。改调到温州府永嘉县任县令后，郝敬吸取教训，不仅政绩颇佳，与地方名流士绅也建立了良好的关系，故三年后升任礼科给事中，郝敬在此任上一年，即因家事告假归家。回乡后在李维桢的帮助下建造房屋，安顿家小，又京山西郊十里之外购得一块土地，名为"康乐坂"。这次归乡历时三年，直到万历二十五年（1597 年）回京，复补户科给事中，在这个职位上，郝敬极尽谏净及纠察之责，屡屡陷入政治争斗，直到万历三十二年（1604 年）挂冠而归。

郝敬担任户科给事中时正值万历皇帝因屡屡受挫而消极怠工之际，倭寇侵扰，财政混乱，郝敬不负纠察之责，曾在十个月内连上谏书十二份弹劾奸臣。

万历二十四年（1596 年），山东税监宦官陈增贪横，为益都知县吴宗尧所奏，神宗并没有加罪于陈增。朝堂诸公噤若寒蝉，唯独郝敬却挺身而出，他在弹劾陈增的奏章中写道："开采不罢，则陛下明旨不过为愚弄臣民之虚文。乞先停止，然后以宗尧所奏下抚按勘核，正增不法之罪。"神宗置之不理。不久，山东巡抚尹应元也上书指陈陈增的不法行为，惹得昏庸的万历皇帝勃然大怒，非但没有降罪陈增，反而重责尹应元，斥吴宗尧为民。面对这颠倒是非的裁决，郝敬再上言曰："陛下处陈增一事，甚失众心。"② 郝敬指出："开采一事，诸臣百言而皇上百不听"，"开采之役不停，内臣之差遣不罢，虽禁其勿扰，而实教之扰也"，甚至提出"乞将臣疏与宗尧所奏一并批发，臣言是，陛下鉴其直而有其死，臣言非，则诛戮之、斥逐之，亦足以毕

---

① 郝敬《小山草》（卷九），崇祯年间《山草堂集》本
② 张廷玉等：《明史·文苑四》（卷二百八十八），中华书局 1974 年版，总第 7386 页

臣之言责，彰陛下之英断。倘一概含糊留中不发，忠欸徒勤，天听愈远，疾痛呼而不应，蟊贼猖而不诛，日积月累以致天变人离，虽遍大地为黄金，尽河沙为珠玉，而瓦解之势成，天下之事去矣。然后取臣今日之言，追思之取今日败坏天下之小人而族灭之，亦何补于危亡之数哉？"① 这些言辞激烈、咄咄逼人，矛头直指万历皇帝的奏疏让神宗如鲠在喉，也许是自知理亏，也许是良心发现，他没有对郝敬施以"廷杖"，郝敬也算幸运，只受到罚俸一年的处罚。

郝敬任职礼科与户科给事中期间，日本入侵朝鲜，明朝派兵援助，但出师三年，国用耗尽却徒劳无功。为解决军费问题，朝廷实行通货膨胀政策，为救民于水火，郝敬"数有所论奏"，《钦定续文献通考》收有郝敬《条议钱法敬条议》及请铸大钱等奏疏，可以看出他对钱法、理财亦有独到的见解。明朝的钱法朝令夕改，货币管理制度极为混乱，郝敬上疏条议钱法，提出了切实可行的货币方案：其一，责专官。明确提出根据国家钱法行事，选廉干属官分理监铸，并每年差督钱御史巡视，以法行滞注各官能否。其二，定规则。有司征税除政府规定进照旧收银外，其余存留支放银钱各半，不许只收银不收钱钞；规定纳户可赴各铸局换钱，纹银一钱换 85 文，官给钱与铺户变卖按 83 文，铺户卖出限 81 文，百姓互相交易限 80 文；而交纳银一钱折合钱 83 文。如此，"民有微息无不悦从矣"。而国家支付薪俸，银钱各半，赃罚纸赎亦银钱兼收，或全收钱。郝敬提出，"有司若敢有勒要全银，希图收耗者，巡按参究"。其三，广铸局。郝敬提出要量州县之数作为建冶钱炉多寡的根据，规定各冶局铸钱铜锡比例，规定铸钱重量。三年后铸钱多时再量议减局。其四，采铜矿。郝敬提出选择干练廉洁官员赴云南、陕西、四川、广东等地专理采铜矿事宜，禁缉私贩。由各省派遣人员领回所需官铜，回省转给各府铸造。其五，处工本。即规定铸钱成本，防止铸钱成本过大而亏损。其六；算岁息。按照铜一斤铸钱 130 文，85 文卖银一钱计算，各冶局按年将所获利息解送京师，以充实国库。其七，听贩卖。郝敬认为国家严禁民间囤钱贩卖，是因为制钱少，民不足用的原因。而一旦广开铸局，则制钱多，贩卖者自然停息，因此不必严禁制钱贩卖。② 郝敬的提议不但周密详细，而且充分考虑到具体操作的复杂与难度，具有切实可行性。但万历皇帝虽然同意他的意见，却未依计行事，以致银钱钞问题越演越烈，以致难以收拾。

与每一个青年一样，年轻的郝敬也有一番治国平天下的雄心壮志，他刻

---

① 《湖广通志》（卷九十一）《劾内官陈增再请停开矿疏》
② 汤勤福《明缙云县令郝敬考论》，载《黄帝文化研究》山西古籍出版社 2005 年

苦钻研经世之学，严格遵守言官"侍从规谏，补阙拾遗"的职责，不畏强权，不顾生死，竭力维护朝廷法纪，提出了很多切中时弊的建议。时人曹学佺对郝敬的奏疏给予了高度的评价："言某事，则中某事之窾，机宜晰矣。必能行焉而后言之，区书当矣，有所忌焉而敢言之，丰采凛矣。上已示意，下已见隙，而始终言之，执持坚矣。"① 准确地概括了郝敬奏疏的因时制宜，远见务实的特质。如果在政治清明的时代，郝敬很可能成为一位治世能臣。但在万历年间的政治环境，忠直之臣很难有所作为。再说郝敬的性格过于率直，他曾经公开弹劾首辅赵志皋，多次指陈皇帝的过失，次次锋芒毕露，处处不依不饶，逐渐为当权者所不容。那些凝聚着他的心血的奏疏多被留中不发，让他对时局越来越失望。他在《省中遣怀》中写道："未信忠为诟，言多数转穷。忧时空有泪，补阙竟无功。"可见其内心的彷徨与苦闷。另一首《省中寄王不疑》谓："病骨衰残难报主，微躯捐尽总成疑。……寄语墙东高隐士，青春作伴是归期。"② 已经流露出辞官归隐的念头。

万历二十七年（1599 年）郝敬在京官春考中被评为"浮躁"，降为宜兴县丞，次年改任江阴知县。面对昏乱的时局，郝敬痛心疾首地写道："祖宗养士二百余年来，未有阘然无气息若今日者。上既贱士，士亦自贱。不知天下后世，谁执其咎。方今国家多事，根本未植，忠正之心瞀日退，小民之膏血日枯。"③ 士风日益沉沦，郝敬深感痛心和无奈，他只能独善其身，用自己的行动做螳臂当车般的努力。即使在贬官江阴期间，他仍念念不忘教化民众，亲自口授父老子弟"圣谕俗解"。但期满后的"下下"考评及再降的官职让郝敬彻底失望，万历三十二年（1604 年），47 岁的郝敬"挂冠而归"，从此潜心学术，再未涉足官场。位卑未敢忘忧国，直到天启二年（1622 年），这位家居京山的一介布又撰《天山评》，讨论应对辽东危机之策，其拳拳爱国之心，天日可鉴。

### 3. 名士风流

中国知识分子讲究"三不朽"，辞官还乡意味着"立功"的大门永远关闭了。对自己忠君报国却屡遭贬抑的仕宦生涯，郝敬以坦然替代了怨恨："余少壮有志恢弘先业，而中道颠蹐，不能立功显扬所生，天也。其立德立言为贤人君子，以不辱其先，此自不关天。子孙有志，亦为之而已矣。"④ 由"立

---

① 郝敬：《谏草》，曹学佺：《旧刻谏草序》，第5页
② 郝敬：《啸歌》崇祯年间《山草堂集》（本卷二）
③ 郝敬《小山草》（卷七），崇祯年间《山草堂集》本
④ 《郝氏族谱》，《小山草》（卷八）

功"转向"立言"，这是政治上的退却，也是文化上的崛起。从万历三十二年（1604 年）辞官回乡到崇祯十二年（1639 年）终老田园，郝敬最后 35 年的生活可以以"筑园著书，不通宾客"① 八字来概括。他在"康乐坂"的基址上建造"康乐园"，在那里开始谈道读书的田园生活，以另一种途径恢弘先王之业。《明书》中这样描述他对学术的痴迷："堂不设宾席，几点窜涂抹纸札，压匣中，每岁除夕，辄令侍儿以楮囊示客，衡之中石，相与大笑，曰：'聊以为豪永日也'。"因号"术痴"自嘲。邑令至不识其面。婢侍圉仆，秃裙敝履，操作户外。枕籍图史，虽幽忧疾痛中不暂辍。② 在这远离政治文化中心的乡野里，他也曾感到空虚寂寞："迩年考槃在涧，一乡之士，既不能友；远方之朋，又不能来。风力弱，不能扶一羽，扬之水，不能流一刍。德孤而邻寡，内无佳子弟，外无三益友，离群索居，吾谁与并为仁乎！"③ 他也曾因不被人理解而心怀愤懑："知我者惟鱼鸟，好我者惟泉石已焉哉！世弃予，予亦弃世。"④ 晚年妻儿相继离世，著书立说成为他派遣凄凉孤寂的唯一途径。不管境遇多么悲惨，郝敬始终以传承先人之道为己任，化悲愤为力量，把自己的一腔热血挥洒在解经注经、传承文明的名山事业上。

随着年龄的增长，他感到自己将不久于人世。在 74 岁的时候，他召集家人为自己择日卜地，自题"明给事中郝敬之墓"。崇祯十二年（1639 年）的冬天，郝敬离开了人世，时年 82 岁。《湖北旧闻录》所记其临终行状也极富传奇色彩：

> 早起衣冠，脯忽不怪，命内外埽，沐浴隐几，连草八札别友人。亲旧咸来视，危坐榻，拱手称别，语止，笑乘鲭车至西山，索笔题别墅柱云："升沉难定，但深壑藏舟，夜半凭谁有力；来去自由，如惊风飘瓦，天公于我何心。"少顷色变，属纩绝而卒。⑤

纵观郝敬的一生，他少称神童但命途多舛，25 岁险成刀下冤魂；年过而立混迹官场十余年，虽立志报国但为世不容，最终未成大器；后 35 年勤学苦思，笔耕不辍，终成"穷经巨擘"。他性格耿直、嫉恶如仇，路见不平即拔剑

① 《小山草》（卷五）

② 查继佐：《明书》，载《二十五别史》2537 页，齐鲁书社，2000 年出版

③ 《生状死制》，《小山草》（卷九）

④ 《康乐园记》，《小山草》（卷五）

⑤ 陈诗《湖北旧闻录——文献七》，湖北人民出版社 1999 年版，第 1733 页

而起，直言清议连皇帝和首辅也不留面子。他身上有十分浓烈的书生意气，这种气息在别人眼里就是狂狷、浮躁。他也曾想在政治舞台上践行孔孟之道，但十余年的宦海生涯让他对官场彻底失望，于是毅然挂印归家，从此笔耕不辍，用另一种形式拯救日益沉沦的世风。即使在学术研究中，郝敬仍不失狂生本色，阐释义理，不以阳明为宗，注经解经，剽削朱子之道。不拘成说，锐意创新成为郝敬著作的基本特征。"唯大英雄能本色，是真名士自风流"，此谚可谓郝敬人生的真实写照。

## 二、郝敬的主要著述和儒学思想

### 1. 郝敬的学术渊源

在郝敬的学术生涯中，有三个人对他影响巨大，一是他的父亲郝承健，也许是血缘的关系，也许是言传身教的影响，郝敬不仅继承了父亲耿直不羁的性格，也继承了家学，在父亲的潜移默化下接受了最早的学术启蒙；第二个是他的老师李维桢，郝敬在他的指导下学习词章制义，顺利获得功名，踏入仕途。如果没有他在生活上的帮助和经济上的接济，就没有后来的郝敬。郝敬对他的老师十分崇敬，称"先生高才博学，为一代文章宗盟"、"德行道谊尤为一代词林人物之孤表也"，甚至说"自孔孟没而六经义理曲畅旁通者百不得一焉，经术与文章浑融一贯者万不得一焉，惟吾师兼之"。① 学生对恩师的赞颂，不免有溢美之嫌。李维桢曾直言自己对郝敬的学术研究没有多大启发："余卤钝面墙，仲舆徙游久，于经无半字发明指授。"② 这句话显得过于自谦，但确有合理的成分：李维桢的成就集中在文学领域，而郝敬毕生研习儒家经典，经学成就远高于自己的老师。第三个是郝敬在永嘉任知县时结识的良师益友鲍观白。两人初次见面，"倾盖片语，相视而笑，莫逆于心，遂成忘年之好"。③

鲍观白，字士龙，浙江省归安县人，曾师从阳明弟子王畿学良知之学，又从唐一庵主致良知。其学术思想以承袭王阳明良知学为主，但无门户之见。

① 《明文海》（卷四百三十八）《心丧记》
② 李维桢：《旧刻攟经解序言跋》，郝敬：《谈经》上海：上海古籍出版社，1995 年《续修四库全书》本，（卷首），第四页
③ 郝敬：《时习新知》台南：庄严文化事业出版有限公司，1995 年《四库全书存目丛书》本，（卷首），第三页

万历十九年（1591 年）郝敬任永嘉县令时，鲍士龙为温州教授，郝敬慕名拜访，相互视为知己，郝敬在《时习新知序》中如此介绍他与鲍氏的相交："簿书暇日，相与谪求性命宗旨，言必称宋朱陆、近代王陈语录，和以柱下、西竺之义，提耳而示余。余空空鄙夫，如力士暴虎，不赍寸铁，袒裼而膺之，是多忆中语。"

　　郝敬中进士前后，以撰写制文见长，他的八股文一度广为流传，成为士子的范文。与其同年进士的探花陶望龄对他的八股造诣给予极高的评价："吾同年郝楚望诸作，能投弃绳检，恣心横口，枯者必腴，死者必活，直透此机，何题可缚？"① 可是郝敬与鲍观白相交后，兴趣发生了根本性的变化，他们的论学遍及三教，无所不包，让年轻的郝敬视野一开，俗情一扫，学问体系逐渐完善，治学方向随即从应试八股转向经学和理学。《明史·艺文志》载鲍观白有《易说》二卷，郝敬也对其《易》学成绩评价颇高："余宰永嘉时，吴兴鲍观白士龙，为郡博士，治《易》，尝从先辈讲良知，善谈名理。余就而问《易》，手书所言于册见示，卑之无甚高论，忽以为老生常谈耳。乾坤而后，遂阙如。罢官归来，下帷覃思，取鲍子言复之，旁薄通理，导繁批郁，豁然四解，深恨当年未究其蕴也。余晚岁学《易》，三益之友如鲍子，真空谷之足音已。"②

## 2. 郝敬的经学著述

　　鲍观白的出现，促成了郝敬学术方向的转向。二人切磋砥砺，不但迸发思想火花，郝敬当时对鲍氏之论不以为然，专注学术以后，才发现其立论之高妙。可见当时的论学为郝敬辞官后的研究打下了良好的基础。万历三十二年（1604 年），47 岁的郝敬"挂冠而归"以后专注学术，35 年笔耕不辍，成为著作等身的一代宗师。其著作数量惊人，价值极高，经史子集无不涉猎，但主要集中在经学方面，其中《九部经解》是他穷二十年之力完成的得意之作。之所以名为九经而非传统所言的五经，是因为郝敬认为，"三《礼》皆礼也，《论》《孟》皆传也，犹之五也，五用九，天则也"，③ 因此他在五经之外加上《仪礼》《周礼》《论语》《孟子》，合为九经，其书目为：《周易正解》二十卷、《尚书辨解》十卷、《毛诗原解》三十六卷、《周礼完解》十二卷、《仪礼节解》十七卷、《礼记通解》二十二卷、《春秋直解》十五卷、《论语详解》二十卷、《孟子说解》十四卷，合计九部共一百六十六卷组成。在各经解

① 陶望龄：《歇庵集》台北：伟文图书出版有限公司，1976 年，（卷16），15 页
② 郝敬：《学易枝言》，万历至崇祯间刻《山草堂集》本
③ 郝敬：《谈经题辞》，《谈经》，北京图书馆藏万历崇祯间《山草堂集》本

的卷前分别有归结其要旨的论文《读易》《读书》《读诗》《读周礼》《读仪礼》《读礼记》《读春秋》《读论语》《读孟子》各一卷，以上总计达一百七十四卷一百六七十万余言。

郝敬学问非常广博，著述相当宏富，在明代汉水流域诸学者中，著作数量仅次于陈士元。除《九部经解》外，还有《山草堂集》，此书分为内编十五种和外编十二卷，内篇有《谈经》九卷、《易领》四卷、《问易补》七卷、《学易枝言》四卷、《毛诗序说》八卷、《春秋非左》二卷、《四库摄提》十卷附录一卷、《时习新知》六卷、《闲邪记》二卷、《谏草》二卷、《小山草》十卷、《啸歌》二卷、《艺圃论谈》四卷、《史汉愚按》八卷、《四书制义》六卷、《读书通》二卷，外篇多为史学和唐诗品评著作，有《批点左氏新语》二卷、《批点史记琐琐》二卷、《批点前汉书琐琐》四卷、《批点后汉书琐琐》四卷、《批点晋书琐琐》、《批点三国琐琐》、《批点南史琐琐》、《批点北史琐琐》四卷、《批点旧唐书琐琐》四卷、《批选杜诗琐琐》四卷、《批选唐诗琐琐》二卷、《蜡谈游艺之怀》六卷，合计达一百五十二卷。

### 3. 郝敬的主要思想倾向与学术创新

郝敬曾这样总结自己的思想发展历程："早岁出入佛老，中年依傍理学，垂老途穷，乃输心大道。"① 中年之前，他醉心于佛老之学，曾在给朋友的书信中说：昔我堕无明障，轮回七道中，垂十五年，阅历众生多矣。惟有老兄一人，妙净不染，每蒙慈诲，拔济弘多。别后二载，嚼铁吞针，以日为岁。② 随着对理学研究的日益深入，他对佛学的态度由笃信到怀疑，最后转向彻底的批判。他撰写《驳佛书》阐述佛教对世道人心的损害，说："浮屠所以害道者，不始于灭伦，而始于苦空，惟其以众生为苦，故并父母君师，皆谓之魔。惟其以世界为空，故举天地万物，皆谓之幻。如此，又焉知有人伦礼法？败常乱俗，自此始矣。"③ 这种思想转变可能因为他宦游期间目睹官场腐败又无力改变，进而把世风日下归咎于佛学。中年他曾一度专注于理学，但随着研究的日益深入，郝敬渐渐对诸家学说皆不满意，遂决心致力于解经注经，"输心大道"，自成一家之言。这正是他晚年专注经学的原因。当《九部经解》这部集多年心血的大成之作完成的时候，他在《送九经解启》中写道：

经教之衰，亦无如今日者矣！三百年来，雕龙绣虎，作者实繁，而含经

---

① 纪昀：《四库全书总目提要·时习新知六卷》，《四库全书总目》，中华书局1965年版

② 《小山草》（卷七）

③ 《四书摄提》，郝敬撰，明万历至崇祯间郝氏《山草堂集》刻本，（第1卷），第2页

味道，羽翼圣真，寂乎无闻。是子矜之羞，历代之阙典也。某一介腐儒，有志未酬，十年闭户，揣摩粗就，而瓠落无用，抱璞求沽。盖道有宗盟，非关私请，如百川望海，岂辞未同？①

上述之"一介腐儒"、"揣摩粗就"只不过是谦辞而已，抨击先儒，标榜自身才是郝敬的本意。他自视甚高，认为三百年来只有他真正理解孔孟之言，圣人之道。如今"为往圣继绝学"之大任普天之下非他莫属。然而事实上，佛老之学的思想影响并未随其理学研究的确立而完全消逝，其晚年"输心大道"的经学研究也始终没有脱离理学的影响。郝敬的理学思想，可以概括为以气与理原本无二亦无先后为基本观点，认为"性善又岂有二"，"离才情无复有性"，主张天理与人欲、心与身的相互依存、统一。又在继承阳明知行合一思想的基础上，倡导"先行后知"说，突显行的价值和地位。

理气关系是中国哲学的基本命题之一。二程以后，"理"或"天理"的概念被提升为最高哲学范畴。在这个问题上，郝敬的观点与二程、朱熹明显不同。他认为，宇宙万物包括人身皆属于气，"天地之间惟气，人身亦惟气，人与天地相通亦惟气；无气，则两间为顽虚。"② 既然天地万物一切皆气，气是世界的本源乃至全部，那么离"气"自然无"理"。再者理本身也属于气的一部分，只有通过对气的观察，才能得出"理"。郝敬认为气与理浑沦为一，不分先后，不可将二者人为割裂：

宇宙间浑是气，而理就气上会出。谓气生形，则可；谓理生气，必不可。形气有先后，理气无先后也。气有形，理无形。气通于有无之间。气之可见者，即理之可见也，气通有无，即理之一贯也。③

理气既不是对立的关系，也无先后的顺序，郝敬的这种思想其目的显然在于指出没有虚空玄妙的理，真正的理落在人情事物之中，理无形无状，只有在对日用寻常事物的体勘、践履中才能体验到理的存在。

程朱理学认为性分为天命（理义）之性与气质之性，前者源于理，故是纯善的，后者源于气，故良莠不齐有善有恶。而在郝敬的思想中，由于理气原本为一，自然不能把性做二元划分，"性善又岂有二？"他认为性只是一个

---

① 《小山草》（卷七）
② 《时习新知》（卷一）第 14 页
③ 郝敬：《时习新知》，《四库全书存目丛书》子部·第 90 册，齐鲁书社 1997 年版，第 16 页

善，人类社会的不善行为，皆是习所致，于性无关。那么怎么才能避免不善的思想和行为呢？郝敬又提出以性化习、反习归性的主张。让纯善的性成为有善有恶的习的主宰，使习远离不善而成为善，从而导向性习二者的和合为一。

沿着理气为一的逻辑发展下去，郝敬认为，心也没有人心与道心的分别。身与心之间是相互依存的关系。"舍身亦复无心"，一个真正意义上的人，既不是徒有其心，亦不是空有其身，而是身心这两方面的统一。鉴于当时大多数儒者重心轻身的观念，郝敬尤其强调身对于人的重要。他曾感叹道："自家的心，不安顿在自家躯壳里，却放在天涯海角，可怪！"① 关于心，他说："人生惟一片气，气中藏一点灵为心。"② 而身则分为作为躯壳的血肉之身和作为性命、天心的真身。没有性命、心的内涵，身只是个血肉之躯；没有躯壳的存在，身则无处安顿。所谓身，便是合外与内、有形与无形、宅所与性命于一体。有鉴于此，郝敬尤其强调养身。由于身具有这两层涵义，养身也相应包涵养血肉之身与养真身。前者满足人的欲望，后者树立人的道德。郝敬谓养身曰："养身者，将天地万物，无边光彩，一齐收摄向身来酝酿停毓，然后发生。有身而后有天地万物，无己是无天地万物也。"③ 养身即在于让身成为它的全部涵义，让身成为一个中心。一方面天地间一切生生之物向这个中心汇聚凝结，一方面又由此中心向外生成一切，最终使宇宙万物的一切均在身这个中心往来循环，生生不息。尤其难能可贵的是，郝敬的养身观没有单纯强调养真身，而是提出两者兼养，不可偏废。躯体不存，又何言养真身？在郝敬看来，"毁形灭情苦节"④ 从来都不是合理的养身，人的欲望也有合理的成分，只能调停节制，而不是完全杜绝，天理和人欲之间不是完全对立的关系，而是相互依存，对立统一的矛盾共同体。

在知行关系上，郝敬认为，知是每个人心中与生俱来的道德良知，知不可离开行，唯有付诸行的知才可谓真知；同样，行亦不可离开知，行要以知作为内在依据。因此知行两者在根本上是同一的。知行合一的基础即在于，一方面知包含了行，即它是所谓的真知；一方面行以知为自身的起始而涵盖了知，它表现为德行。因此，知行合一的过程便成为一个不断化知为行，由行明知的过程。从这种思想出发，郝敬格外重视道德践履之中的修养问题，

---

① 郝敬：《时习新知》，《四库全书存目丛书》子部·第 90 册，齐鲁书社 1997 年版，第 10 页
② 郝敬：《孟子说解》（卷三）
③ 黄宗羲：《诸儒学案》下三，明儒学案（卷五十五），北京：中华书局 1985，1332 页
④ 郝敬：《孟子说解》（卷十一）

亦即为学的问题。为此，他提出学贵时习、时习新知、温故而知新、下学而上达等一系列为学主张。毫无疑问，这种对孔子教育思想的发挥正是其知行思想的具体表述。在知行先后问题上，郝敬解释道："行出于知而先知，犹阳生于阴而尊阳也。无阳则阴不开，无行则知不彻"，① 即只有行能够让本然、潜在形态的知转化并呈现出来，使之成为明觉、现实形态的知。知是圣人、常人皆有、与生俱来的天赋，但是圣人能够生知安行，常人却不能。正所谓"圣人知在行前，天道也；学者行而后知，人道也"。② 学者和常人的心常常为无明所遮蔽，必须通过后天的学习行为才能将被遮蔽的灵心重新呈现出来。因此对于我们常人而言，行先于知，行的价值和地位与知同样重要。基于对行的重要性的肯定，郝敬提出了力行的主张，所谓"士必力行，然后知之"，"即在寻常日用中践行孔子所言'入则孝，出则悌，谨而信，泛爱众，而亲仁'等具体行为，让人潜在的道德良知在日常生活中自觉地呈现出来。这种思想，无疑是对王阳明"不离日用常行内，直造先天未画前"的进一步发展。

郝敬的学术研究，无论是理学思想还是经学思想始终都贯穿着一条主线：依循圣人之道而倡实事、实践。他说："盖大道无隐秘，六经无奥义，惟是日用子臣弟友之常，身心视听言动之间而已。"③ 其反复阐述论证的不过是入孝出悌、与人忠信这些儒家基本的伦理准则。因此，郝敬的思想实际上非常单纯。他用简单的、基本的，甚至是常识性的伦理道德知识去批判整个宋明理学，又以对这种常识性的伦理道德的践行去应对晚明思想中存在的烦琐、支离以及空疏等不良现象。正因为如此，郝敬的思想又不免缺乏系统性、深刻性，亦因此缺乏必要的理论说服力。所以在某种意义上，与其说他是位哲学家倒不如说他是道德家。④ 然而，郝敬后半生是因为仕途受阻，才将理想寄托于学术，并试图突破前人之谬，自成一家之言。他究竟是科举出身的普通文人，其思想依然相对守旧，注定无法走在时代的最前端，引领当时的学界潮流。因此，他所创立的学说只是为了矫枉，最终没有形成完备的，可以让后人沿袭发扬的思想体系，连他自己也未完全按照这套思想去做事、做人、做学问。不过，郝敬对经典的钻研，以及他所提出的新观点，都使沉寂一时的经史之学焕发新的生机与活力，让人们看到，一股新的学风从浮泛的气氛中脱颖而出。

---

① 郝敬：《四书摄提》，明万历至崇祯间郝氏《山草堂集》刻本，（卷八）
② 郝敬：《四书摄提》，明万历至崇祯间郝氏《山草堂集》刻本，（卷五）
③ 郝敬：《生状死制》，《小山草》（卷九）
④ 董玲：《郝敬思想研究》，中国社会科学出版社 2011 年版，第 201 页

# 三、郝敬的学术成就与身后评价

郝敬的学术成就，主要集中在经学和理学两个领域。实际上这两者相互依存、相互阐释，很难做明确的区分。郝敬晚年致力于"输心大道"的名山事业，所谓"大道"就是圣人的精神。这种精神潜藏在儒家经典之中，只有通过解经注经才能完整准确地表达出来。这样，解经注经便有了非同一般的意义。其目的不在于疏通训诂字句，而在于揭示经之中的孔孟思想，在于传承圣人的精神。进而通过对这种精神的发扬解决人生、社会中的种种问题。

郝敬在选择注释文本时，突破了"四书"、"五经"的传统注经体系，他在五经之外加上《仪礼》《周礼》《论语》《孟子》，合为九经，做《九部经解》。这在朱子《四书章句集注》占主导地位的情况下，无疑具有与宋儒立异的特色。之所以如此，在于郝敬对于宋儒将经典文本隐秘化、深奥化的现象极为不满。他曾比较"四书"中的各部经典：

> 学惟《论语》为正宗，荡荡平平，所谓若大路然也；《孟子》七篇较精深，《大学》又深于《孟子》，《中庸》又深于《大学》，始终本末，微显高卑，下学而上达，底蕴尽矣。宋人理学又高于《中庸》，近代诸儒讲良知，又高于宋人，大都被浮屠空寂之说汩没，以明心见性为断然不易，将天命人性在日用寻常者，搬弄成鬼道，使人不可知、不可能，以为秘。圣学荒芜久矣，不可不亟反。①

## 1. 郝敬的《论语》注释

郝敬认为，《论语》在众经中地位最高，他说，检视《论语》"二十篇中，子所雅言，惟孝弟、忠信、礼乐、言行、政学居多，性与天道，实是罕言"。② 圣人虽未言性与天道，但性与天道尽在所言之日用常行、文行忠信、《诗》、《书》执礼之中。所以"盖圣学无事外之理，凡《论语》言道无偏上之学"。③ 故郝敬于九经最推崇《论语》。在他看来，"《论语》是孔子精神所寄，《论语》未通，六经不可领略。心不开明，耳目手足无所禀受。六经如

---

① 郝敬：《时习新知》（卷二），《四库全书存目丛书》，济南：齐鲁书社，1997
② 郝敬：《论语详解》卷五，《续修四库全书》，上海古籍出版社
③ 郝敬：《论语详解》（卷二），《续修四库全书》，上海古籍出版社

律,《论语》如例。例熟则五刑之属三千,皆可引附;《论语》熟,则六经之言,迎刃解矣"。① 他认为《论语》为九经之精华所在,是理解其他经典的前提。

既然《论语》为众经之首,那么注释《论语》自然是"输心大道"之关键。在郝敬看来,历代大儒的注释都未能准确阐释圣人的精神,他的老师李维桢在其书《谈经》卷首这样解释郝敬解经的目的:"病汉儒之解经,详于博物而失之诬,宋儒之解经,详于说意而失之凿。而自为解。"② 郝敬注经解经,也确有自己的特色,他不拘成说,对包括朱熹、王阳明在内的先儒提出很多率直的批评。如《学而》"贤贤易色"章,朱子认为"贤贤易色"、事父母、事君、与朋友交,"四者皆人伦之大者",③ 而郝敬则认为四者不能并列,"贤贤易色"为后三者之出发点。他说:"贤贤易色,即好仁者无以尚之,此忠信之心,制行之本。事亲竭力,事君忘身,交友有信,皆自此一念流形。朱注配列为四皆人伦之事,非也。"④ 对于与自己有师承关系的王阳明及心学后进,郝敬也不留情面。如对"温故而知新,可以为师矣"一句,郝敬注曰:"或曰:'温故离文字',非也。焉往非学,何况文字?天下义理,尽归六经,合古训空谈良知,则殆矣。凡圣人言知即是行。义理著于经籍,良知根于天性。外资诸经籍,内合诸良知,不昏而置之,不强而索之,潜玩而徐思之,顾諟而存养之,日用作止语默,有惺然会心处便是知所未知,孟子云'有事无正无忘无助',此之谓也。"⑤ 这显然是对良知学的批判。在批驳朱子学和阳明学的基础上,郝敬经常提出自己的思想主张。如他在解释《公冶长》"我不欲人之加诸我"章时,指出"行恕是心上事,在默识躬行"。⑥ 在解释《雍也》"哀公问弟子"章时,指出"圣门学者,聪明才辨,笃实躬行,两等不乏人"。⑦ 借注经阐发义理,也可谓郝敬的注经特色之一。如《卫灵公》"知及之,仁不能守之,虽得之,必失之。知及之,仁能守之,不庄以涖之,则民不敬。知及之,仁能守之,庄以涖之,动之不以礼,未善也"章,《集解》引包咸曰:"知能及治其官,而仁不能守,虽得之,必失之。不严以临之,则民不敬其上。"朱子《集注》曰:"知足以知此理,而私欲间之,则无以有之于

① 郝敬:《论语详解·读论语》,《续修四库全书》,上海古籍出版社
② 郝敬:《谈经》,《四库全书存目丛书》,济南:齐鲁书社,1997
③ 程树德:《论语集释》,第31页
④ 郝敬:《论语详解》(卷一),《续修四库全书》,上海古籍出版社
⑤ 郝敬:《论语详解》(卷二),《续修四库全书》,上海古籍出版社
⑥ 郝敬:《论语详解》(卷五),《续修四库全书》,上海古籍出版社
⑦ 郝敬:《论语详解》(卷六),《续修四库全书》,上海古籍出版社

身矣。……知此理而无私欲间之，则所知在我而不失矣。然犹有不庄者，盖气习之偏，或有厚于内而不严于外者，是以民不见其可畏而慢易之。"① 而郝敬认为，此章的本意是"论居上治民之道"，他指出：

君子不患无位，患所以立。章内十一"之"字，皆指民言。知仁为运治之本，庄敬为修身之要，礼为化民之准。数者始于君心，而达于天下者也。民伪难知，见理明而后谙练深，授政能达，是知及之也。民情至涣，居上宽而后容蓄众，体元长人，是仁能守之也。民志易玩，观瞻肃而后体统尊，有威有仪，是庄以涖之也。民风难移，教化行而后习俗美，兴仁兴让，是动之以礼也。四者缺一不可，苟知及矣，仁不能守，是管商之知也。愚民以术，箝民以法，宽不足以容之，恩不足以结之，虽约而易散，虽成而易败，可暂而难久。知及矣，仁能守矣，能哲而惠，则本立矣。苟君身不端，举止不庄。则体统衰，而冠履之分不辨。所谓仁守者，过于宽，而伤于纵，民有慢易之心，而不敬其上，可与兴治乎？仁守矣，庄涖矣，本诸身者，内外交修，而征诸民者，又必有转移变动之方。动，如《书》云四方风动，《记》云明则动，动则变，而礼为化民成俗之本，动民以礼，鼓之舞之，使迁善敏德，变其故而易其新，乃称善治。不然，有贤君而无善俗。所谓庄涖者，不过猛以纠其不率，刑以齐其无耻，去动之化远矣。教化不兴，即是君道未粹，故曰未善也。

郝敬注经解经，与其说是注释，不如说是借注经之名表达自己的思想。他从未把研究重点放在训诂考据上，也没有满足于批驳朱王空疏、玄虚之弊，而是强调由虚返实，回归经典的治学理路，继而提出重实践、重实事的思想精神，并突出利用经典解决当下问题的现实意义。这种治学理路，无疑为晚明日益走向玄虚的学界注入一股清新的学术风气，让经典因顺应时代潮流而散发出新的生机与活力。

### 2. 郝敬的《诗经》研究

《诗经》对郝敬来说有特别的意义。他的父亲就是靠《诗经》通过乡试，获取功名的。可以说《诗经》学是郝家的家学。郝敬本人也认为五经当中《诗经》处于最为重要的位置，但先人的解释太过肤浅，有待进一步深化。郝敬当仁不让，他关于《诗经》研究的著述有《毛诗原解》三十六卷，《毛诗

---

① 郝敬：《论语详解》（卷二），《续修四库全书》，上海古籍出版社

序说》八卷以及《谈经》卷三中的"《毛诗》凡五十四条"。由于明朝科举制度的原因，郝敬早年只能接触朱熹的《诗集传》的观点，中年以后，开始接触到《诗序》、毛《传》等不同的解说，思想发生了根本性的变化。他在《毛诗序说题辞》中开宗明义地写道：

夫说《诗》与说他文字异，他文字切直为精核，《诗》含蓄为温厚。《古序》得其含蓄，朱《传》主于直切，反以含蓄为凿空，三百、《古序》，无一足解颐者矣。人非赐、商，未可与言《诗》。余幼承师说，守功令，何敢自异？偶阅《古序》，觉食芹美。人各有心，问之同学，可则与众共之，若其否也，野人无知，博一笑而已，其敢有它？

可见郝敬在青年时期就对《诗集传》心存疑惑。专致学术以后，他极力批驳朱子的《诗集传》，呼吁学界回归经典，重新认识《古序》的价值。这首先表现在对《诗》的功能作用的认识上，郝敬认为："诗皆古贤达闻人感事托兴，劝善遏恶而作。苟不关法戒，则圣人不录。《三百篇》皆治乱兴衰之迹，不独为歌舞之节而已。"诗固然可以和于乐舞，并以乐舞的形式咏唱流传，但是《诗》的根本功能绝非娱乐而在于劝善遏恶。朱熹"专以乐舞论诗，遍改《古序》"，[1] 无疑极大地贬低了《诗》的价值，因此《诗集传》在出发点上就已经偏离了正确的方向。鉴于此，郝敬主张摈弃《诗集传》，重新回到以《序》明《诗》的轨道。

由于朱子解《诗》不尊《诗序》，主张纯就《诗》的本文来论《诗》，因此望文生义，提出《国风》中有多篇"淫奔之诗"。郝敬认为这种说法不仅贬抑了神圣经典，而且败坏了学风："朱元晦于《国风》诸篇，语稍涉情致，即改为淫奔，遂使圣人经世之典，难以谐讲，初学血气未定，被卷生邪思，环席听讲，则掩口而笑，致使蒙师辍讲，父兄不以授其子弟，甚违圣人雅言之意，其关系岂浅浅哉！"郝敬认为朱子所谓的"淫奔之诗"实际上是"和勤之音，性情之始，非发男女之事也"。其意在因情利导，使正常的感情得以宣泄。因此孔子"思无邪"之论，才是真正道出了《诗》的真谛。郝敬对朱熹的有力批判，对《诗经》后期的解读和传播产生了重要的影响。

对于赋、比、兴的解释，郝敬也有不同于前人的见解，朱熹总结历代关于赋、比、兴解释，将三者定义为："兴者，先言他物以引起所咏之词也。赋

---

① 　郝敬：《毛诗原解·读诗》，《续修四库全书》第 58 册，上海古籍出版社 2003 年版

者，敷陈其事而直言之者也。比者，以彼物比此物也。"① 朱子以此为依据将各篇分门别类。对这种做法，郝敬也不以为然。他说：

> 诗言微婉，托物为比，陈辞为赋，感动为兴，三义合而诗成。朱子断以某诗为赋，某诗为兴，某诗为比，非也。诗有无比者，未有无赋与兴者。兴不离比，比兴不离赋。古注未达，而朱子以兴为先言他物，兴起所咏之事，则兴比何别？子云："诗可以兴"，岂谓先言他物与？舛误难通，各章旧分赋、比、兴，今尽削之，学者自以义求耳。②

郝敬认为赋、比、兴是不可分割的，"一诗三体"，应合而观之。因此，他将前人所标的三义，完全删除，要学者自我探究。以《关雎》为例，郝敬说："《关雎》本比，而其所兴之情与所赋之事，已寓于雎鸠二语中。"③ 可以说，正是因为一诗三义说的存在，我们才可以一方面以《诗序》作为解《诗》的依据，一方面又能从《诗》本文中观诗人之志，从而将这两者统合起来。与此同时，又正是因为一诗三义说的存在，还使得《诗》成为与其他经书不同的文本存在样式，这也决定了说《诗》者必须寻找到一种适合说《诗》的诠释原则和方法。④

郝敬的《诗经》研究，指出了朱熹《诗集传》存在的诸多问题，他所提出的以《序》明《诗》，一诗三义等观点，很有独到之处。尤其是他对朱熹"淫诗说"的批判，一定程度上具有思想解放的意义。但是他过于拘守《序》说，难免"以经就传"，有的地方刻意反对朱子《诗集传》，以至不能平心议论。他的《诗经》研究著作，是经学史上的一朵奇葩。

### 3. 郝敬的文学理论和史学成就

中外学者研究郝敬，多着眼于其经学和理学著作，其实他在文学理论和考据学上也有独到的见解。郝敬毕生研究四书五经，不仅不遗余力地注经解经以光大孔孟之道，对经典的语言、文字之美，郝敬也情有独钟。他认为经典之所以能广为流传，垂范后世，一个重要的原因是文字简单，语言通俗，妇女儿童都能看懂，读书人的文章创作，应该学习经典的文风。

明代后期，以"前七子"、"后七子"为代表的复古派垄断文坛，倡言

---

① 朱熹：《诗集传》（卷一）
② 郝敬：《毛诗原解》（卷一），《续修四库全书》第 58 册，上海古籍出版社 2003 年版
③ 郝敬：《毛诗原解·读诗》，《续修四库全书》第 58 册，上海古籍出版社 2003 年版
④ 董玲：《郝敬思想研究》，中国社会科学出版社 2011 年版，第 169 页

"文必秦汉，诗必盛唐"，在散文创作中抛弃了唐宋以来文学发展的既成传统，走上复古的道路。郝敬坚决反对这种理论，他认为汉唐文辞根本不值得师法："夫子之文章，较古书易，尤为平雅。然而含蓄蕴藉，深思隽永。孟子之文，光风霁月，疏快明爽，而义理日新。至于汉唐以来，泛滥敷衍，温丽华婉之尚。而名理废为刍狗，则衰世浮薄之习矣。"① 也就是说恰恰是汉朝以后，文章慢慢地脱离了经书平易通俗的特征，流于华美的形式，失去了"文以载道"这一文学创作的根本目的。

再说对汉唐文章的刻意模仿必然使文章丧失了新鲜感，从而使创作变得毫无价值。对经典作品的继承，不能仅仅局限于形式，而要继承经书中具有深远底蕴的本质内涵。综合郝敬的文学理论，大概有以下三点：首先，文贵简易，秦汉文辞晦涩奇险，不值得学习，先秦四书五经及受其影响的诸子之文才是文章的典范，他对古文辞派在现实社会中所产生的影响深感忧虑，认为韩愈、苏轼的文章较好地继承了经典的文风，是科举士子应该学习的对象："韩、苏二子生千载后，起而鼎新。事难功倍，谈何容易。今士子薄唐宋为庸浅，远托（司马）迁、（扬）雄，竞趋奇险。此古文之习气，而时文效之大病也。盖韩、苏二子，于时文近。迁、雄、相如，于时文远。韩、苏二子之文清畅，迁、雄、相如之文沉着也；② 其次，文以载道，"经术制义，原为圣贤传心，国家以此程士。"③ 时文写作不是单纯的科举考试答案，阐释义理，光大孔孟之道才是文章灵魂所在；再次，文必创新："创始则新，已陈即故。白天为膏雨，落地成混潦。即使阳春白雪，一唱再唱三唱，市人皆效之，不足听矣。"④ 拟古复古让才智平庸之辈徒事剽窃，所创造的全是文字垃圾。要赋予文章新的生命，必须推陈出新。

郝敬对历史学也有比较深入的研究。例如他研究《史记》的《史汉愚按》和《批点史记琐琐》两部著作，既在疏解字词，考订史实，辨析取材方面用力甚深，也对司马迁的思想观念，《史记》的体例和写作特色有很多颇有新意的评论。我们从中可以感受到郝敬渊博的学识。如《史记琐琐》卷二《楚世家》："熊咢子熊仪，称若敖。若敖子熊坎立，称霄敖。楚文王熊赀囏子熊翰立，称杜敖。康王子员立，称郏敖。按：贵人称敖，楚语也。楚庄王时，灭若敖之族，即熊仪之族越椒，官为令尹，非楚令尹通称若敖也。韩信在楚，

---

① 郝敬：《艺圃伧谈》（卷四·杂文）

② 郝敬：《艺圃伧谈》（卷四·间燕语）

③ 郝敬：《艺圃伧谈》（卷四·论制义）

④ 郝敬：《艺圃伧谈》（卷二·辞赋）

为连敖。""敖"字的意义，至今未有定论。杜预在《左传》注释中以"莫敖"等为楚国官名或封号。郝敬自己便是楚人，他利用家乡方言反驳杜预的说法，认为这个字在当地用于指称位尊之人，这种解释确实比杜预的可信。关于孟子师从的问题，由于《孟子》语焉不详，导致后世众说纷纭。司马迁说孟子受业于子思门人，刘向认为孟子是子思弟子。后学班固、赵岐、韩愈、施德操等皆附议于刘向。陈士元又从子思和孟子的年龄记载入手，得出了孟子和子思不在同一时代的结论，认为孟子师从子思门人。郝敬对孟子师从子思或师从子思之门人两种观点都予以反对，在陈士元考证基础上，提出孟子"学无专师"的观点。古来主张孟子师从子思门人的多依据《孟子·离娄下》"予未得为孔子徒也，予私淑诸人也"。之语，孟子认为这种观点同样是错误的：

> ……或谓孟子私淑子思之门人，非也。夫以伯夷、伊尹、颜闵、游夏犹曰，舍是此，何人而能以孔子之道开来，岂在尹、夷、颜闵下？而孟子顾没其师使后世无传乎？则其人可知也。善无常主，学无专师，前章以庶民造端，此章以诸人结毅，盖道惟人为付讬，惟几希为私淑。故自任继孔子而不言其事，即无言之述，点识之旨也。几希抉其微伦物指，其实仁义挈其领旨，酒善言四事，博其趣，故孔子亦不言事，而但举春秋，以正人伦。七篇之言仁义，即春秋也，所以为私淑也。①

　　郝敬一生的学术研究精力主要集中于理学和经学。他站在传统学者的角度，认为史学是经学的附庸，以史求故之学是愚者所为。也许正是这种立场偏见，致使他虽广读史书，却少有精诣。但他以其渊博的学识，引经据史，经史互证，往往发先儒所未发，让人耳目一新。尤其是对孟子"学无专师"的考证，拓宽了考证思路，对后人很有启发。在明末玄虚空疏的学术氛围下，郝敬善用材料，搜罗毕具，以资考证，实为清代考据学开风气之先。然而郝敬在经学上造诣太深，名声太大，以至于其史学成就多为经学所淹没。

　　郝敬学识渊博，涉猎广泛，其著述之富，在汉水流域明代学者中仅次于陈士元。对这样一位学富五车、著作等身的大儒，学界理应给予高度重视。但事实却并非如此。对其文学和史学著作，由于流传不广，没有引起足够的关注。对其倾注一生的经学事业，后世评价却呈现两极化的倾向。这种现象

---

① 郝敬：《孟子说解》（卷八），齐鲁书社，1997年，第42页

在其作品刚刚刊刻时就已存在，如黄宗羲的《明儒学案》赞扬他："发先儒所未发"，"疏通证明，一洗训诂之气。明代穷经之士，先生实为巨擘。"① 对其经学成就推崇备至。而同时代的钱谦益却对其著作造成的影响相当不满："近代之儒，肤浅沿习，缪种流传，尝见世所推重经学，远若季本，近则郝敬，蹖駮支蔓，不足以点兔园之册，而当世师述之。"② 尽管钱谦益认为郝敬的著作肤浅到连做学童启蒙课本的资格都没有，但其言语中也透露出时人取法郝敬者也不在少数，这说明在明末清初时，郝敬的经学研究至少得到了一定范围的认可和赞誉。但随着学风的转变，郝敬著作所受非议越来越多，清代乾隆年间修纂《四库全书》，对其著作一概不录，《四库全书总目提要》虽有介绍、评价，亦完全是严苛的批评，如谓《尚书辨解》曰："其说多与先儒异，盖敬之解经，无不以私意穿凿，亦不但此书为然也"；谓《礼记通解》："得者仅十一二，失者乃十之八九"；又谓《孟子说解》："书中所解，往往失之粗犷，好议论而不究其实，盖敬之说经，通坐此弊，不但此书矣。"③ 总之，自作聪明、滥发议论、主观臆断、穿凿附会成为对郝敬解经的评语，而这种评语亦成为清乾隆朝之后学者们对郝敬思想的共识。自此以后，郝敬的经学著作连同儒学思想逐渐湮没无闻。

经过乾隆以来长时间的湮没，近年来，郝敬的著述及思想渐渐浮出水面。首先关注郝敬学术思想的是日本学者。如冈田武彦在《王阳明与明末儒学》一书中将郝敬列为与湛门派、东林学相并列的批判与复古派人物。他认为郝敬是以"复归古学而立论，并从这一立场出发彻底批判了宋明的理（性理）学"，④ 其为学之纲领可归纳为"实事实践"。进而指出"程朱性学是以事理之切要教导吾人，而陆王心学是以心之切要教导吾人，与此相反，吴苏原、郝楚望的气说则是以实践之切要教导吾人。"⑤ 新世纪前后，台湾学界也对郝敬产生了浓厚的兴趣。如张晓生在《郝敬儒学思想述论》一文中指出郝敬的儒学思想重视现实、强调践履，是与时代对话的结果，具备"反映时代"及"反省时代"的特质。蒋秋华对郝敬的《诗经》研究给予了高度评价，也对郝敬身后评价的两极化现象做了合理的解释："在明末希望突破传统的风潮下，郝敬敢于提出新见的注经方式，自然容易受到称誉。而清代乾嘉时期兴

① 黄宗羲：《诸儒学案下》三，《明儒学案》（卷五十五），中华书局1985年版第1314页
② 钱谦益：《初学集》上海古籍出版社，1985年，（卷79），1707页
③ 参见《四库全书总目》
④ 冈田武彦：《王阳明与明末儒学》，上海古籍出版社2000年版，第284页
⑤ 冈田武彦：《王阳明与明末儒学》，上海古籍出版社2000年版，第11—12页

起的考据学风，解经重尚实据，对于抒发一己之见，以义理见长的经解，便很难受到他们的青睐。郝敬就在这种学术风潮的转变下，接受颂扬与唾弃的起伏对待，其间的落差，确实令人怅叹。"① 在中国大陆，郝敬家乡学者也开始关注这位被黄宗羲尊为"穷经巨擘"的明末大儒，如董玲认为"郝敬本人不仅充当了晚明思想的批判者角色，亦充当了明末清初返虚入实的努力者的角色。同时，他的思想不仅是对宋明理学进行反思的体现，亦未尝不是明末清初学术思想的先声。"② 对郝敬承前启后，开风气之先的学术地位给予高度的评价。总体看来，近年中外学者对郝敬的研究越来越多，评价也日趋客观。相信随着研究的深入，这位大儒的深邃思想和学术地位将得到更加广泛的认可。

后人对自己的是非毁誉，郝敬似乎早有预感，他曾谓："知我者惟鱼鸟，好我者惟泉石已焉哉！世弃予，予亦弃世。"③ 自己著述的目的是"锲之家塾，椟而藏之，诒我子孙。"④ 无论是非毁誉，对郝敬而言都是多余。世人不理解他并不要紧，因为他根本不需要世人的理解。

---

① 蒋秋华：《郝敬的诗经学》，《中国文哲研究集刊》第 12 期，中研院文哲研究所 1998 年版
② 董玲：《郝敬思想研究》，中国社会科学出版社 2011 年版，第 202 页
③ 《康乐园记》，《小山草》（卷五）
④ 郝敬《小山草》（卷八）

# 第二十二章　李维桢与晚明文学

## 一、李维桢生平事迹述略

### 1. 李维桢其人其德其风

李维桢（1547—1626 年），字本宁，号翼轩，自称角陵里人、大泌山人，湖北京山人，为"末五子"之一，是公安派、竟陵派的前辈。李维桢一生历经嘉靖隆庆万历泰昌天启五朝，足迹遍布大江南北，交游广泛，生活阅历丰富。他亲身经历了晚明社会政治文化的种种变迁，对于当时不同地域阶层流派的思想既有深入全面的接触与了解，又有兼容并蓄的碰撞化合。对于李维桢的生平志趣，可供参考的文献较少，较为完整的是张维任的《太史公李本宁先生全集序》及《小草三集自序》，均见于《大泌山房集》（一百三十四卷）卷首，另《明史·文苑四》有李维桢本传，钱谦益的南京礼部尚书赠太子少保李公墓志铭大致记载了其生平活动。通过对其生平志趣的粗浅考察，期望能为诸君全面认识李维桢提供一个线索。

李维桢天生聪慧，过目不忘，从小即受到良好的教育，十三岁中秀才，十八岁中举人，二十二岁时，考中进士，选庶吉士，授编修在史馆，其学识受到同僚的肯定与称赞，将他与同馆许国齐称："记不得，问老许；做不得，问小李。"[①] 在翰林院期间，李维桢为仁圣皇太后修胡良巨马桥撰写的碑文受到首辅张居正的赏识。万历三年，《穆宗实录》修成，李维桢由编修升为修撰。当时李维桢年仅二十九岁，如能以此趋势发展，他似乎有入阁拜相的可能。然而，就在升修撰不久后，李维桢被外放为陇西右参议。虽是由从六品之修撰升为从四品之参议，但其发展前景却远不及在翰林院。在赴陕西的途

---

① 李维桢：大泌山房集，四库全书存目丛书本

中，两个儿子又相继夭亡。如此厄运，令李维桢对以后的仕途深感恐惧。正如他所预感到的，他的宦途从此出现了极大的转折，不再如年少时的一帆风顺，而是屡遭挫折。在其后四十余年间，李维桢辗转于大江南北，所至之处，危险重重。

万历三年二月，李维桢参议陇西时，吐蕃的军队常常入塞抢掠，突袭洮岷阶文等地，而边塞却缺乏能够抵御吐蕃侵略的将领，甚至于守备范延武也被敌人俘虏。李维桢由繁华的京城来到这荒凉战事频繁的边塞，其心境的落差可想而知。幸而于同年八月，总督石茂华与副使刘伯庆颇有才干，以抚赏诱之，而后分兵密剿，平息了这场战事。

万历二十六年，李维桢由江西参政升四川参政，督办朝廷采木事宜。嘉靖以来，宫殿几次失火，而重修宫殿的大木则产于楚、蜀、黔等地的荒山野谷中，须派大臣监督。这是一个苦差，在深山野林中随时会有危险，因此人人自危，不敢前往。李维桢一到其驻地夔门，即拜祭江神。作为一个有责任心的官员，李维桢看到了当地百姓在采木事兵事旱疫等的重重包围下，已经是困苦不堪了。想到自己此行目的，只能是加重他们的痛苦，李维桢万分无奈，情难自禁，在墨池上写下："惟寂惟寞，自投于阁；爱清爱净，无作符命"，① 透露出不愿做官的情绪。

好友于慎行对于他的遭遇报以深切的同情，在其《赠李本宁歌》中描绘深切："李君李君，汝今坎何甚哉！七命藩臣二十载，朝天又奉除书回，忆昔蓬莱开内院，翩翩二九凌霄汉。大者为相小乃卿，君乎铩羽来何晏。"② 于慎行，字可远，更字无垢，东阿人，与李维桢同为隆庆二年进士，后迁至礼部尚书，加太子少保兼东阁大学士，隆庆二年，有三十位进士被选为庶吉士进入翰林院。除李维桢外，他们中大多数没有离开史局而晋升较快，大者为相小乃卿。据《万历野获篇》记载，与李维桢同榜进士中，赵志皋、张位陈、于陛、沈一贯、王家屏、朱庚、于慎行等七人均登阁拜相，而李维桢却被放诸江湖，高高挂起。

从万历三年开始，李维桢七命藩臣，历经陇西右参议、陕西副使、秦督学使、河南左参政、江西右参政、四川左参政、浙江按察使等职位，走过烽烟四起的戈壁荒漠，也踏过瘴疠弥漫的深山老林，从万历九年到万历二十七年十八年间，李维桢官只升了一级，由从三品之参政升到正三品之按察使。按明代迁官规则，必九年升二级，李维桢升官速度为普通官员的负倍数，可

① 《明史》，（卷一百十八）
② 《明史》，（卷五）

谓举步维艰。然而，就在升迁的两年后，李维桢又因谤而被降级，直到万历三十五年才重新升为按察使。从万历九年到万历三十五年，李维桢当了二十七年的参政，在《丙午晋中除夕》诗中他感叹说："河西赐履又河东，蒲坂平阳古帝宫。二十八年尧作相，参知行省可能同。"

对于李维桢的宦途如此坎坷的原因，有人总结为二：其一是声誉过隆，遭人嫉妒。李维桢在史馆斐然号良史，[①] 其才华又受到首辅张居正的赏识，而当时文坛领袖王世贞对他也是赞誉有加，将他列入末五子之首，对他寄予厚望："雄飞岂复吾曹事，狎主凭君异日盟。"[②] 尽管李维桢屡遭弹劾而辞官归田，但声誉反而比以前更盛。在王世贞、汪道昆相继谢世后，李维桢成为文坛新一代的领袖。如此盛誉令海内谒文者趋走如市，但同时也惹恼了某些当朝权贵。

辛丑上计即是一场忌贤妒才的政治阴谋，据《万历野获篇》记载："至今上辛丑外察延津李太宰三原温御史为政，乃建议：外吏亦岂无负才而轻佻者，亦宜增入浮躁，为不谨之次其降级亦视罪之大小为轻重。上允之。其年拾遗即以浮躁处李本宁宪使，降一级矣。"李维桢被看成是负才而轻佻者，以浮躁的罪名被降官一级。李维桢对此有清醒的认识，在《复徐惟得使君》一书中说："读足下书，用王司寇相比许，询虚名满天下，足下复乃逐臭尔。仆之拙宦正坐此不虞之誉，非所愿闻于足下。"[③] 然而，此不虞之誉却伴其一生，在他七十八岁时还遭排挤，据《明史》记载："维桢缘史事起用，乃馆中诸臣惮其以前辈压己，不令入馆，但超迁其官。"钱谦益《南京礼部尚书赠太子少保李公墓志铭》云："久之，起南京太常寺卿，稍迁南京礼部右侍郎，升尚书，名曰录用，实不令与史事。"

其二是正直敢言，不阿权贵。李维桢深受其父及岳父影响，为人处事不畏权势。其父李淑性情耿直，不愿攀附当朝权贵，曾拒绝重相严嵩的召见："江西重相严曰：闻楚有才士李某者，吾乡人也，能一见我乎？公逡巡谢，弗肯往。"[④] 李淑祖籍江西吉水，是严嵩的同乡，本可借此同乡之谊投靠严嵩，作为获取升迁的捷径。可是李淑不屑与之为伍，拒绝了严嵩的示好。此后严嵩利用权势，处处压制李淑，以至于李淑虽精明能干却无法升迁，被迫辞官归田。其岳父王宗茂是嘉靖朝有名的直臣，与杨继盛、沈链、徐学诗等一起

---

① 《明史》，（卷七）
② 《明史》，（卷十七）
③ 《明史》，（卷十三）
④ 《明史》，（卷九十七）

弹劾严嵩，嘉靖三十一年被贬为平阳县丞，不久辞官归隐。李维桢为人处事类此，如万历十年，沈懋孝主考南京，不慎取中张居正的亲戚，遭人诽谤而被谪。此时张居正已败，然而李维桢并没有害怕卷入张居正事件，毅然上书为沈懋孝鸣冤。此外，李维桢为人阔达，不拘小节，一些言论在某些有心人士的刻意传播下，易得罪当朝权贵。据《明史·卷二十》刘台上疏劾辅臣张居正文》中曰："编修李维桢偶谈及其豪富，不旋踵即外斥矣。"李维桢当不至于在公开场合议论当朝首辅的家事，然而这却成为他乙亥外放的起因，由此可以看出他遭人蜚语中伤的处境。对于李维桢这种直言不讳、无所顾忌的个性，妻子曾多次劝诫他说："君与人交浅而言深，荡佚简易，猜防绝疏，属有所思，或废揖让。"① 好友陈于陛也规劝他慎言寡交，但他却从来不放在心上，终导致仕途几经挫折，或外放，或降职或辞官。②

**2. 李维桢对待山人特殊的情怀**

在一个非常注重名分、等级的社会，李维桢终其一生都没有囿于门户之见及传统士大夫的等级观念，交友范围非常广泛，就隆庆万历间文坛而言，前辈如王世贞、汪道昆、张九一、张佳胤、吴国伦、王世懋等，同辈如于慎、行焦、汤显、祖屠隆、胡应麟等，后进如袁宏道、钟惺、谭元春等，与李维桢均交情匪浅。除此之外，特别值得推重的是李维桢对待山人和布衣特殊的情怀。在李维桢的交游中占较大比重是山人等布衣之辈。后人评价他宾客杂进，交游猥杂，即源于此。

有明一代，随着人口的增长，科举制度的发达，读书人日渐增多，但科举的录取名额却缺乏相应的增加。在僧多粥少的环境下，大量士子或在科举中失利，或不满于科举制度，于是弃举学诗，这些人自然成为迅速膨大山人队伍。到万历之季，甚至出现了山人遍天下的奇特社会现象。李维桢为人乐易阔达，重气轻财，与人交往不论其身份地位，因此山人多愿与之结交。李维桢对待山人的态度着重表现在以下四个方面：

一是奖掖提携山人。李维桢宦迹遍布大江南北，每至一处，均与当地的山人结交，在其《大泌山房集》中，收入了大量为山人而作的诗序、寿序、墓志铭、象赞、题跋等。

二是李维桢出于思想上的独立，对山人有其自己的评价标准。在李维桢看来，布衣崛起，无所因籍，方是山人本色，而一些博士弟子太学生自称山人，则名不副实，不伦不类。李维桢对于混迹于山人中的败类深恶痛绝，认

---

① 《明史》，（卷十七）
② 徐利英：《李维桢生平志趣述考》，《作家》，2009

为他们既无文才，又无品德，为人虚诞放肆，拨弄是非，导致士大夫讳与山人交。但真正的山人如汪明生之辈与他们则截然不同："所居炉香茗碗胡床皮几，载酒抱琴而过者，非问学则赏音之朋也。不殉名亦不逃名，不避俗亦不忤俗，不谄上交亦不渎下交（卷二十四）。"① 由此描述可知，真正的山人生活是雅致的，精神是自由的，人格是独立的。

三是李维桢非常乐意与人格独立、闲雅自适的山人交往。当他晚年漂泊异乡，与当地名流山人交往则成为一种慰藉。《陆无从集序》云："己酉以急难侨寓广陵，始奉无从杖履也。广陵人言：肩吾罢相，折简召无从，无从谢不往。其方轨如此。而独曲节下余，恨相见晚，招余入淮南社，相唱酬已。"（卷十三）。陆弼，又名君弼，字无从，江都人，有《正始堂集》。能得到这位敢于拒绝辅相、沈一贯邀请的高士的青睐，李维桢颇感自得。

四是李维桢一生中结识了大批大江南北有才华的山人，并成为更让他引以为豪的乐事，他们分别是：江南北逢掖之士，以文名者，江都陆无从，吴门张伯起、王百，新都汪仲嘉，余皆与之游。吴兴吴允兆相闻久而相逢晚。顷者余客金陵，允兆买舟过访，聚谈三月而去（卷三十五）。张凤翼，字伯起，长州人，嘉靖四十三年举人，有处实堂集等。王稚登，字伯百，擅词翰之席者三十余年，有《王百集》等。汪道会，字仲嘉，歙人，汪道昆从弟，有《小山楼稿》；吴梦阳，字允兆，归安人，禀性强直，不避权贵，有《射堂诗抄》。这些人均才华横溢，闻名于世，李维桢能皆与之游，可谓是非常难得。

沈德符《万历野获篇》对李维桢好与山人交游的原因有所揣测："此辈率多儇巧，善迎意旨，其曲礼善承，有倚门断袖所不逮者，宜仕绅溺之不悔也。"沈德符认为李维桢愿与山人交，其原因并非如李所言是为了使他们能以文墨糊口，而在于山人擅长奉承，能投人所好。其实，沈德符误解了李维桢。在李维桢所交山人之中曾有人批评过他："公（李维桢）才不逊古人，亦落言州太函窠臼耶！对此批评，本宁拱手叹服。"② 此批评者为程可中，字仲权，休宁人。当程可中去世后，其子因家贫向李维桢求助，李维桢割润笔之资为助，可见其胸襟气度，并非好谀之人。李维桢在戴瞻侯诗题辞中说："亿兆之人，无官者十居其九，岂皆高士哉？今之所谓高士者皆名山人，而山人多以诗自高，要以冀荐绅唇齿为糊口计（卷一百二十九）"③。

<hr />

① 李维桢：《大泌山房集》，四库全书存目丛书本
② 沈德符：《万历野获篇》
③ 李维桢：《大泌山房集》，四库全书存目丛书本

李维桢正是因为欣赏山人的才情以及同情山人的困境，方才提携山人。李维桢非常重视与山人间的真挚友情，晚年客居金陵时，他在《赠陆无从一诗》中说："幸托布衣交最贵，罢官殊胜上扬州。"尽管他的仕宦之途颇以此受人诬染，却从不介意。

### 3. 李维桢的平实豁达人生

达则兼济天下，穷则独善其身，这几乎是中国古代知识分子的不二选择。万历中后期，政治日益腐败，上下隔绝，矿税横征，缙绅树党，明王朝走向它最黑暗迷乱的时期。儒家兼济天下的社会环境已经消失，大量士人不再愿为了微薄的俸禄而远离故土亲人，卷入官场的纷争，忍受官场种种繁文缛节的束缚。他们开始追求一种自适的生活，有的专注于适情适性，有的专注于适时适世，以期把自我与社会相对隔离开来，达到自我满足，自我实现的目的。譬如著名的公安三袁之袁中道所追求的是适意："人生贵适意，胡乃自局促。欢娱极欢娱，声色穷情欲（卷二）！"[①] 他的适意，在于感性生命的追求，纵情享乐，放纵欲望，极一时之欢娱。袁宏道则更羡慕适世之人，在《与徐汉明书》中说："其人甚奇，然亦甚可恨。以为禅也，戒行不足；以为儒，口不尧舜周孔之学，身不行羞恶辞让之事，于业不擅一能，于世不堪一务，最天下不要紧人。"[②] 袁宏道向往这种完全不问是非、与世推移，随波逐流，放弃社会责任，超脱自由的生活方式。在写给友人的信中，他每每述说当县令之苦，后终辞官。

而李维桢却大大不同。对于仕途的不顺，李维桢不无委屈和伤痛："金紫参藩二十余，白头林下奉除书。少年颜驷空成老，圣主恩深汉不如"。[③] 一个空字蕴涵了万千感慨与委屈，述说出了无限的无奈和哀伤。作为馆阁文人，李维桢的可贵在于：当儒家兼济天下的理想破灭后，他能怨而不怒，顺其自然地转而向道家、佛家寻求心理慰藉，他畅游天下名山，在佛教圣地五台山的暮鼓晨钟中体悟到"心自清凉境自幽"的禅境。

与三袁有所不同，尽管他也有时想超越礼法的束缚，但儒家教义对他一生都有着坚韧的约束力。有时因种种缘故解职了，获得了暂时的自由，但一旦朝廷征用，他必然放下闲雅自适的生活去完成其社会责任。[④] 因此，他只能在个体生命的满足与社会责任承担之间寻求一个平衡点。而这个平衡点的坚

① 袁中道：《珂雪斋前集》，《续修四库全书本》
② 袁宏道：《钱伯城笺校》，《袁宏道集笺校》，上海古籍出版社，1992
③ 李维桢：《大泌山房集》（卷六），四库全书存目丛书本
④ 徐利英：《李维桢生平志趣述考》，《作家》，2009

定则昭示出李维桢道德精神境界的本相与高度。对此，有明一代文化大家王世贞称赞他"进而不夺其才，退而不夺其志，"① 做官时则在其位谋其政，政务之余则专心著述，悠游山林。李维桢从不自持为翰林学士的身份而轻视吏事，也不因命运多舛而荒于政务，而是兢兢业业做好本职工作。事实上，李维桢拥有经世致用的才干早在阁试时的策论如《春和赈贷议》《闽广善后事宜议》等文中即显现出他治世的才华。

李维桢的平实体现在他人生不同阶段的方方面面。在他浮沉外僚的几十年间，他认真做好刑名钱谷版筑甲兵等与著书立说完全不同的工作。万历三年，参议陕西，驻扎和昌，为抵御吐蕃的入侵，增筑城墙北部，开东西北三门，并建楼其上。万历六年，督学关西，视察宁夏之儒学时，发现宁夏诸生无廪食，乃提出创议，希望能改善诸生的待遇。万历二十八年，任浙江按察使，时逢浙妖赵一平、陈天宠、王氏叛乱，在其他官员互相推诿之际，李维桢挺身而出，与徐淮备兵使互通有无，平定了叛乱。万历三十四年至万历三十七年间，李维桢在山西任参政按察使，以断案才能及爱护百姓受到当地百姓的称赞。期间，他选拔人才，编纂《山西通志》，并亲自加以考核，得到了很高的评价。《山西通志·卷八十六》中记载："李维桢字本宁，湖广京山进士，由庶吉士授给事中，历提学副使，所至有声。万历间升山西按察使，明断如神，不事苛刻。每以弼教明刑为心，敦请耆儒纂修《山西通志》，亲加考核，当时称为信书。"此外，李维桢曾多次入闱比试，为朝廷选拔人才。因为能公正无私，唯才是举，其门生大多闻名一时，如陈长祚、叶向高、顾起元等。在《小草三集自序》中，李维桢自述了将文集命名的原因："名之小草，云'处则远志，出则小草'，取晋人语自嘲尔。草自小耳，不出山与出山何异？"远志、小草本是一种药草的两种名称，'处则远志，出则小草'的典故出于《世说新语》，李维桢以小草自喻，自比于东晋不愿出仕的谢安，愿隐居山林，专心著述，以此成一家言，传声名于后。对于官位权势，他并不眷恋，反而认为这些会妨碍著述，阻碍传声名于后世的理想。当他解甲归田时，不同于一般不得志之文人才子浸淫酒色，而是"帘阁据几，焚膏秉烛，捃摭旧闻，钻穴故纸"，② 精心钻研学问。他在《小草三集自序》中叙述家居生活："独不胜杯酌，不善博弈，不问家人生产作业，……取家中藏书，校雠讽诵。"因此他的文名日重，即使杜门在家，也有许多文人特意到其家乡向他请教。③

---

①　李维桢：《大泌山房集》（九十七），四库全书存目丛书本

②　李维桢：《大泌山房集》（九十七），四库全书存目丛书本

③　徐利英：《李维桢生平志趣述考》，《作家》，2009

当年，为李维桢带来最大荣耀和声名的是其弘大有才气的文章，据传海内外来求他文章的人无日不有。他也尽量满足别人的要求。他的文章有的被铭刻于碑石上，有的被雕版付印，传至各地，一时被奉为可居奇货。其门人招富商大贾，受取其金钱，代为请求，李维桢总是孜孜不倦地为他们撰写，名声日高，并持续四十年而不衰。令人遗憾的是，这些文章大多是应酬文章，格调不高。①

豁达无累是李维桢人生超迈洒脱的标志。在政务之余，李维桢也忘情畅游山水的时候。他的足迹遍及大江南北之名山胜水，"东吊鹦鹉，歌黄鹤，陟匡庐，泛彭蠡，宿黄山白岳，下钱唐，泛太湖，循洞庭，升衡岭，度大庾而谋宿罗浮"。② 甚至在七十岁时还入岭南，"览羊城、龙编、魏沱、陆贾、安期生、葛洪诸胜迹而归"。③ 即使是闭门在家，也将读书处修建于环境清幽的观音崖，古木峭壁，高瀑竟响，李维桢与乡中隐士"优游其间，敲棋呼卢，相与酣饮，或踞石而卧，掬泉而浣，倚杖放歌"。④ 远离尘世的喧嚣，忘记世俗的纷争，忘情于山水之间，岂不乐哉！⑤

李维桢的真正传世之作和对传统文化的贡献是他的文学批评、文学思想和诗歌创作。

## 二、李维桢的文学批评

### 1. 李维桢对竟陵诗派和公安派的正面肯定

张惟任《太史公李本宁先生全集序》以复古为中轴，将明代文学的杰出代表称为"五宗"：李梦阳、李攀龙、王世贞，李维桢。⑥ 作为被认为是后七子派"一宗"的他，公开情况下对竟陵派和公安派也似乎没什么不满，这似乎很有些文如其人的印记。在《大泌山房集》（卷二）的《郭原性诗序》中他说："《三百篇》亡，而楚人《离骚》出，自我作祖，不傍门户。迩日公安、江（应为竟）陵诸君子称诗，能于《三百篇》外自操机轴，无论汉、魏、六朝、三唐。今得原性羽翼接响。维楚有材，讵不信哉！"似乎赞赏两派

① 《中华全二十六史白话文版》，中国华侨出版社，2002. 10
② 李维桢：《大泌山房集》（卷四十七），四库全书存目丛书本
③ 李维桢：《大泌山房集》（卷三十五），四库全书存目丛书本
④ 李维桢：《大泌山房集》（卷八十七），四库全书存目丛书本
⑤ 徐利英：《李维桢生平志趣述考》，《作家》，2009
⑥ 见《四库全书存目丛书》本《大泌山房集》（卷首）

能不随人后，并为楚地人才众多高兴。在卷一三二《二陵杂著跋》中，他称赞李贽、袁宏道"两公才高一代，识贯三才"，又批评效法之者，说："后世好事者，无晋江之奥衍，一袭其僻；无公安之新丽，仿其率。初犹东家效颦，久乃逢蒙射羿矣"。似又能将李贽和公安派的特点和缺点分开，并未一棍子打死，而将批判的锋芒指向了弃长学短的末流，显见得他对末流的切骨之恨。在卷九《宋元诗序》中，他将曾为《宋元诗选》作序的袁宏道和王世贞、胡应麟等后七子派人士合称为"二三大家"，也主张"一代之才即有一代之诗，何可废也"，提出他"宋诗有宋风，元诗有元风"的观点。在他看来，尖锐对立的公安派和后七子派似乎又有了些共识。

　　《董文岳诗序》也提到了袁宏道，不过是引用他人的说法："先生既没，其子长驱与其友周公含始行之，而公舍为之序曰：'越徐文长者有隽才，厄穷以死。吾楚袁中郎亟称其集，传其事。世必有中郎能知先生如知文长者。夫中郎诗自力一格，不祖述而亲风雅，方为天下标帜，见先生诗，定亟称不下文长，'然文长为人，倜荡不备，数罹奇祸，而先生驯谨，口无择言，身无择行，拟文长殆非其伦：第以两人诗论，有意无意之间，复与杨廷秀评近似。先生不为李、杜，乃其能为李、杜者也。可以叩会中郎乎？"（卷二一）

　　李维桢引用杨万里的评价，是巧妙地在说明对学古所应采取的态度：既不能不学古，又不能泥于学古，即他前文所言的，要"学无常师，而后庶几风雅"。他要以此"叩会中郎"，当然也有和袁宏道讨论正确的做诗之法的意味，但并未撕破面皮，而只是旁敲侧击，至于将董和徐渭的为人、作诗比较，认为"非伦"，似乎也无贬义。但也有一次例外。在《徐文长诗选题辞》中，对袁宏道极推徐渭诗为明人第一的做法，他大加嘲讽，借"大雅之士"之口称其是"逐臭嗜痂，不可为训"。接着阐明他的诗文主张："夫诗文自有正法，自有至境，情理事物，孰有不经古人道者，而取古人所不屑道，高自标帜，多见其不知量也。"[1]在这里，其旗帜鲜明的尖锐已经是掩抑不住了。

　　李维桢的文学批评往往都是温文尔雅、大度温和的。他对年辈更晚的竟陵派，其正面提到的文字也都很理性客观，并无突兀的恶词。《大泌山房集》卷二一《玄对斋集序》乃为钟惺作，他赞赏钟惺能真复古，"而汉、魏、六朝、三唐人语，若起其人于九京，口占而腕书者"。又赞赏其不愿以文人终生的志向，字里行间奖掖推重后辈之意的昭然若见。

　　在《谭友夏诗序》中他表现出与谭友夏的同调，表达了对李攀龙的赞赏：

---

　　①　李维桢，《大泌山房集》（卷一三二）

"友人谭友夏尝序钟伯敬诗,谓:'子亦口实历下生耶?'不知者河汉其言,而余窃以为独知之契也。轮扁不云乎,古之人与,其不可传也,死矣;今所读书,古人之糟粕耳。取糟粕而为诗,即《三百篇》、汉魏、六朝、三唐清言秀句,皆若残津余沫,而何有于历下。"① 对谭友夏求新的倾向表示赞赏,同时又称赞其作品,"友夏诗无一不出于古,而读之若古人所未道"。并概括其理论为学古而能求新,师古而不泥古,相反是别创一格,古为今用:"友夏持论类此,宜其诗之不为今人为古人,不为古人役而使古人若为受役也。" 如此看,他又似乎能抓住竟陵派作诗的特点,而不用七子派的习惯方式来评论与之不同类的竟陵派,而能尊重他人的特点。难能可贵的是,他居然能对批判("口实")李攀龙的钟、谭有所欣赏,看来,其宗派学门情绪是比较淡薄的。"因此,仅从李维桢正面提到公安派、竟陵派的文字,不大能看出他的厌恶,反而能看见他的欣赏"。②

### 2. 李维桢对当世文学的批评

从为人处世看,毫无疑问李维桢更多的是淡然自处、外柔内刚,而从其文学批评的尖刺看,有时却恰恰相反,虽不好说锋芒毕露,但却也刚肠嫉恶、掩抑不住。特别是对于群体性的文坛恶劣现象,他常常疾言厉色,多次批判。

难能可贵的是,李维桢往往敢于将批评的锋芒指向自己所在的阵营,勇于自我解剖。大约在公安派未起之前,李维桢批判的对象主要是后七子派的模拟末流和日渐其多的山人,又常常将他们并论,认为他们搅乱了诗坛。因为此两者都与李维桢本人身处的后七子派有关,所以后人将他对此的批判称为"自我"批判。③

李维桢的批评集中在三个方面:

一是对当代诗歌泛滥和诗人泛滥进行尖锐批评。他对遍地皆称诗人的局面,不以为"盛",反以为"衰",体现了他深刻的洞察力和思想理论上的清醒。"盖今之能为诗者,所在而有。其法取嘉、隆以来诸公,上及三唐而止,不能求诸六朝、汉魏,安问《三百》?其材取诸一诗而止,不能求诸史与子与经;其体五七言律而止,不能求诸乐府、骚、雅;其人则游大人以成名,或广引俦类,互相标帜,而酒人博徒,跳浪忿詈,迫胁士大夫以张其声誉。诗道之衰,莫斯为甚矣。"④ 这是批判后七子派的末流守法虽严,却只是取法当

---

① 李维桢,《大泌山房集》(卷二三)
② 冯小禄,《明代诗文论争研究》,湖南人民出版社,2006,7
③ 冯小禄,《明代诗文论争研究》,湖南人民出版社,2006,7
④ 李维桢,《大泌山房集》(卷二三),《鸾啸轩诗序》

代名人，不能远而上引；学识浅薄，不能博极其趣；才具贫乏，只能做应酬的律诗，不能为真正的古文辞。在《董文岳诗序》中，他也批评了后七子派末流这种拘守做法，"韵必沈休文，格必大历以上，事必无使宋以后，卒不能自振拔，与李杜并驱。此无他，学李杜而失之者也"。这些本是七子派首领向大众推行的诗歌理念，但真到了大众、到了末流那里，就手舞鸡毛当令旗，变本加厉，吹毛求疵，以致首领们也觉得难堪。

二是针对文坛的拉帮结派、沽名钓誉，以及欺世盗名等卑劣行径，对当代诗人的人品与文品进行了尖锐的批评。最让李维桢难以沉默的是一大帮人的卑劣人品，他们为了张扬声势，求名求利，不计手段，让他们这帮有名的"士大夫"也觉得难以对付。

当"诗学李、杜，即三尺童子知之"时，诗歌进入了日常化时代，诗歌对很多人所起的作用就是交流应酬，本就谈不上多高的诗学追求。于是也就有了李维桢所批判的一个出钱、一个出古文辞的丑恶现象，以为正是他们导致了"诗道陵迟"："夫缙绅布衣之交为尤难。缙绅治举子业，经术通明而不暇为诗；布衣不习举子业而为诗，经术缺如。缙绅折节布衣，以取好士声，耻于见短，而时假手布衣以文其陋；布衣贫困，好为游，或以其长傲缙绅，不然者，行卷充赞，冀脂膏余润而已。盖上者殉名，下者殉利，追趋逐嗜之意多，匠心师古之指少。诗道陵迟，无惑其然。"①

在这里，文坛早已不是一块净土，而是蝇营狗苟之徒追名逐利之所。图利的布衣自然不会"匠心师古"，有钱的缙绅要的也仅仅是能古文辞的名声。在李维桢这样的诗坛大佬看来，正是无耻的缙绅和贫穷的布衣联手搅混了清澄的复古诗坛。

其实，他们比无耻的缙绅稍好一点的是，他们能自己写古文辞，不需求助布衣，但他们也需要布衣为之摇旗呐喊，造成文坛声势。② 试观七子派大家的文集，有多少序文是为这些人写的，难道他们笔下的人物真如他们所说，超出了他们所抨击的布衣群体吗？

试看他对潘之恒的描述，活脱脱的就是一个靠游走大人门下以成名的布衣，与他所抨击的布衣群体实在难分高下，都是科举路上的失败者，不得不

---

① 李维桢，《大泌山房集》（卷二二）《桃花社集序》
② 沈德符："先达如李本宁、冯开之两先生，俱喜与山人交"，所谓"菩萨普度法"，只是遮人耳目，"非诚言"，究其实，是因为"此辈率多儇巧，善迎意旨，其曲体善承，有倚门断袖所不逮者"。此说虽是从反面来批判山人，但也能说明山人与士大夫各取所需的关系。见《万历野获编》（卷二三）《山人》

出的人生下策。据李维桢《大泌山房集》卷二三《鸾啸轩诗序》中所记载的潘之恒个案，就知道当时文人呼朋引类、互相吹捧、四处游历、以广名声的投机取巧行径。"潘之恒的游踪在'已游吴越，游燕，久客白下'之后，又'登匡庐，诉武昌，入郢，谒太和'。"潘之恒《亘史》杂篇卷五《筝侠》云："余己丑岁至燕京"，《亘史》杂篇卷二《醼昆》云："辛卯自北返金陵，仲嘉以次公讣来，相向哭。"辛卯为万历十九年（1591 年），潘之恒已返南京，万历二十二年在武昌与中道订交。

三是反映对山人诗人的冷静认识，为明代诗坛败象敲响警钟。"大江以南，山人诗人多如云"，① 他抨击的对象其实主要就是这些日渐其盛的山人。他从极度繁盛之中，见到"衰兆"："诗于今无一体不具，诗人于今无一地不有，号为极盛，而衰相已兆矣。其人才小识偏，心粗气浮，涉猎卤莽，间有所窥，遂自以为得秘密正印，前无古人，而古人诗法从此败坏。余日与二三作者谈，未尝不有隐忧也。"②

王世贞也曾对大批不学无术的欺世盗名之徒进入诗坛："大抵世之文章，有挟贵而名者，有挟科第而名者，有挟他技如书画之类而名者，有中于一时之好而名者，有依傍先达，假吹嘘之力丽名者，有务为大言，树门户而名者，有广引朋辈，互相标榜而名者。要之，非可久可大之道也。迩来狙狯贾胡，以金帛而买名，浅夫狂竖，至用詈骂滂讪，欲以挟持士大夫而取名。唉，可恨哉！"③ 但把诗道之坏全归结为山人，又明显渗透出作为文化权力的既得利益者的优越意识。④

### 3. 李维桢对公安派的批评

在激烈的文坛交锋中，虽然李维桢本人没有成为公安派攻击的对象，但他身属的后七子派那个群体的末流和领袖们，都遭受了有史以来最猛烈的批判，而且是来自同乡后辈的。对此，李维桢本人当有深刻感觉。正如冯小禄先生所指出的："虽然他愿意自觉地把自己和末流分开，但他无法割开与后七子派领袖的联系。他们曾亲密交往，彼此有深厚感情，在文学上也抱有大体相同的复古志向，而且这些领袖曾对他寄予厚望，视他为后七子派事业的接班人。对此，李维桢不可能像潘之恒、梅蕃祚、皇甫仲璋等人那样，弃置原有的身份认同和风格崇尚，而追随像公安派这样新起的诗文时尚。潘之恒辈

---

① 李维桢，《大泌山房集》（卷二一）《俞羡长集序》
② 李维桢，《大泌山房集》（卷二三）《汪文宏诗序》
③ 王世贞参《艺苑卮言》（卷八）
④ 冯小禄，《明代诗文论争研究》，云南人民出版社，2006，7

则大不然。譬如，潘之恒曾从游王世贞、汪道昆之门，有后七子派的诗文好尚。后从游公安派，弃其旧习，而有公安派的诗文作风。这也许与他的布衣身份和在后七子派中的地位不高有关：对他来说，幡然改辙也许不难。梅蕃祚乃吴中青年后生，据袁宏道讲，即使宏道批评他的"旧师友"，他也不以为忤，而"的然以为是"；皇甫仲璋是皇甫访之子，有很深的吴中传统，对七子派的模拟剽剥本自不满，能与公安派同路，却不算太稀奇。

但李维桢却不能置身事外。

所以当公安派崛起之时，他一方面对后七子派末流继续猛烈批判，其目的自然是要保持复古派在组织上的纯洁性；另一方面，也对公安派的猛烈进攻发动同样猛烈的反击。"① 这种情形在《邵仲鲁诗草序》中可以见出端绪。李维桢指出，"嘉隆间称诗者必则古昔，如故国旧家，守其先世之遗，无敢失坠，故诗与开元、大历相上下。自顷好奇者学怪于李长，学浅于白居易，学僻于孟郊，学涩于樊宗师，学浮艳于《西昆》，而诗之体敝矣。"②

这里的"好奇者"显然是指公安派，认为他们怪、浅、涩和浮艳的追求，导致了"诗之体敝"。强调学诗要像邵氏，得"师承正"，而所谓正的"师承"，是"语不袭古，法不拘今。高华而不浮艳，如布帛有幅，如木从绳，盖开元，大历之支流、余裔，而嘉、隆诸子之羽翼也"。即要作七子派宗法的护持者和继承人。在《吴韩诗选题辞》中，李维桢又说："七子没垂三十年，③而后生妄肆诋诃，左祖中晚唐人，信口信腕，以为天籁元声。殷丹阳（墦）所胪列野体、鄙体、俗体，无所不有。寡识浅学，喜其苟就，靡然从之。诗道陵迟，将何底止？"④ 李维桢批评的内容，在袁宏道《雪涛阁集序》中都能找到语源。他将"诗道陵迟"之罪，归咎于公安派。不仅此此，他甚至称公安等人为"妖孽"，是"大雅罪人"："今为诗者，仿古人调格，摘古人字句，残膏余沫，诚可取厌。然而诗之所以为诗，情景事理，自古迄今，故无二道。惟才识之士，拟议以成变化，臭腐可为神奇，安能离去古人，别造一坛宇耶？离去古人而自为之，譬之易四肢五官以为人，则妖孽而已矣！……盖近日有自号作祖以倡天下者，私心非之，不敢讼言。比得邹彦吉（迪光）先生序朱修能诗，雅与愚意合。修能选体法汉魏，律体法唐大历以前。古人成法，得

① 冯小禄，《明代诗文论争研究》，云南人民出版社，2006，7
② 李维桢，《大泌山房集》（卷23）．《邵仲鲁诗草序》
③ 以王世贞没于万历十八年（1590年）计，后推三十年，则该文约作于万历四十八年（1620年）前：然据张惟任序，该集所收之文应在万历辛亥前，则"三十"或为"二十"之误，若然，该文作于万历三十八年（1610年）前
④ 李维桢，《大泌山房集》（卷一三二）

修能而益见其精，修能韵致得古人而善用其长。死鬼之常辞，为贤哲之话言。彼恣心信腕，偷取一时之名，庸夫俗子，岂不甚快，而卒为大雅罪人。下乔木入幽谷，亦不善变者矣。……窃附同声相应之谊焉。"①

李维桢对公安派的批评核心有四个方面：一是无"古"，所谓"离去古人，别造一坛宇"；二是无"法"，所谓"冶金自跃，要驾自骋"；三是敝体，所谓"怪""浅""僻""涩""浮艳"；四是语俗，所谓"抑或取里巷语，不加修饰润色"。② 李维桢对公安派的批评可谓要言妙道，精准地击中了要害。对此冯小禄指出，"虽说对复古末流之病他也讨厌、痛恨，称他们败坏了诗坛复古的良好氛围，但毕竟和对公安派的态度不同。对复古派表现出来的病症，他以为不是师古的错，而是学习者学非得法，流于剽剥，或者是学习者动机不纯，只为迫名逐利。如此认识复古派末流，颇有点自家的孩子再丑也可爱的味道，二也有划分阵线的意思，表明这是复古派内部的事情，由不得他人来干涉，更别说改变。看来他是宁愿"正确"的臭腐，也不要'错误'的新奇。即使学古表现出了很多'可厌'的病症，也不准他人寻觅新的出路，而只希望人们在"拟议以成变化"的复古方法中打转。他喜欢时人在古人死鬼和古书糟粕中做活计，所谓'死鬼之常辞，为贤哲之话言'，其实质即是如此。"③

在李维桢看来，胆敢背叛作为"明诗正宗"的七子派，不去做七子派之"羽翼接武"，其实就是"自号作祖"，"恣心信腕"，没有师承，不讲来历，是"偷取一时之名"的"庸夫俗子"所为，其弊将至不可收拾。这种态度颇有一点蛮不讲理的味道。此时的李维桢，完全撕开了泛爱容众的假面具，露出的是学门宗法分子的狭隘面目；这恐怕就是一个门户意识极浓的学者和诗人的悲哀。难怪后来钟惺在批判后七子派及其末流时会顺带把他囊括在内，称"他"是在教导人们回到"向之极肤极狭极套"中去。所以，在李维桢并列师古和师心的病症时，其潜在的态度是绝不一样的。比如他说："今诗之弊约有二端：师古者排而献笑，涕而无从，甚则学步效颦矣；师心者冶金自跃，窔驾自骋，甚则驱市人野战，必败矣。"④ 总之，前伤自然，后伤无"法"。因此，他又说："为文而必欲古人所不道，与为文而必欲古人所已道，皆非

---

① 李维桢，《大泌山房集》（卷一二九）《朱修能诗跋》
② 李维桢，《大泌山房集》（卷一九）《绿雨亭诗序》
③ 冯小禄，明代诗文论争研究．云南人民出版社，2006 年 07 月第 1 版
④ 李维桢，《大泌山房集》（卷一三一）《书程长文诗后》

也。学焉各得其性之所近，成其才之所宜"，①希望能在古作和创作者之间找到合适的联结——相近的性情和才气。

正如冯小禄先生所指出，因为他既能认识到泥古带来的病症，又能认识到公安派师心引出的末流，所以他建设出来的复古理论，综合来看，虽仍然是师古的，但并不僵化、呆板，有时还很灵活、辩证，能有效反映万历时期复杂的文学风尚。②譬如他说："体格法古人，而不必立异于今人；句意超今人，而不必袭迹于古人。"③"格由时降，而适于其时者善；体由代异，而适于其体者善。"④郭绍虞先生说他的理论得益于论争，是很有道理的。⑤其《董元仲集序》表现了他对其时正在运动的当代文学的总体认识："本朝人文极盛。成（化）、弘（治）而上，不暇远引，百年内外，约有三变。当其衰也，几不知有古。（正）德、（嘉）靖间二三子反之，而化裁未尽；嘉（靖）、隆（庆）间二三子广之，而模拟遂繁；万历间二三子厌之，而雅俗杂糅。一变再变，觭于师古，三变觭于师心。……师古可以从心，师心可以作古，臭腐为神奇，而嘻笑怒骂悉成章矣。"⑥"三变"之说概括了由成弘到万历的文学风尚的迁替和变换，由前七子派到后七子派再到公安派、竟陵派，而归结为师古和师心之变也可说非常准确、而用"觭"（偏于一面的意思）来评论前此的师古、师心关系，体现了他融通的思想姿态。

李维桢弟子张惟任继承了他批判公安派的精神。他叙述汪道昆之后的文坛状况是："因此而遂有矫枉、吊诡之弊，缪以空同似椎，历山似棘，莽山似放，黄山似拘，径欲凌驾其上，别出一人间世，而孤骞超诣，品外、真如之说昌矣。若曰偏师间道，直捣中权，卸尽铅华，独存本色，而不知其堕于唉蜡也，空花也，画脂也，拾沈也。所谓皮之不存，毛将焉附，羸军野战，泥淖土崩而已：安能出则堂堂正正，入则萧萧悠悠，军实军容，双美甚盛哉！则在余师太史公矣。"⑦称公安派、竟陵派连"偏师间道"都不如，无味、非真、徒美、不新，不及乃师之"堂堂正正"，表现了其自居正统的宗法意识。

---

①　李维桢，《大泌山房集》（卷一二）《沧浪生集序》

②　冯小禄，明代诗文论争研究．云南人民出版社，2006年07月第1版

③　李维桢，《大泌山房集》（卷二三）《许觉父诗集序》

④　李维桢，《大泌山房集》（卷二一）《亦适编序》

⑤　郭绍虞先生说："在当时，公安竟陵之气焰方张，七子之余风渐泯，是非得失，亦以争辩而渐归论定。"《中国文学批评史》p387

⑥　李维桢，《大泌山房集》（卷一二）

⑦　张惟任，《太史公李本宁先生全集序》，作于万历辛亥（1610年）

# 三、李维桢的诗歌创作

据徐利英、周榆华《李维桢诗歌的辨体批评》一文研究，李维桢诗作流传至今的并不多，早期的文集《新刻楚郢大泌山人四游集》（二十二卷本）并没有收入诗作，仅《大泌山房集》收入六卷。李维桢的诗歌成就并没有达到其诗学理论的高度，诗名也被文名所掩盖。诚然，李维桢诗歌成就不及文章，但同样有较多可观之处，正如陈田所说"本宁诗选，披沙探金，时复遇宝。"① 纵观其诗集，内容丰富，风格多样，创作时大都能遵循"缘机触变，各适其宜"的诗学思想。② 《大泌山房集》中收入的诗歌共六卷，古体、近体，五言、六言、七言，律诗、绝句、长律等体裁一应俱全。卷一收入的是古体诗，包括四言 12 首、古乐府 8 首、五言古诗 21 首、七言歌行 25 首；卷二为五言律诗 88 题、六言律诗 3 首；卷三、四为七言律诗 252 题；卷五收入五言长律 24 首、六言长律 3 首、七言长律 4 首、六言绝句 9 题、五言绝句 26 题；卷六为七言绝句 100 题（李维桢之五七言律诗以及绝句大多为一题数首，故以题论而不以首论）。尽管如多数明代诗人一样，李维桢有着"众体皆备"的理想，但受才情、时代的限制，只能擅长其中几种体裁。在诗集中，古诗中七言歌行最多，律诗中七言律诗的数量远远超过五律，绝句中七言绝句占绝对优势。由此可见，李维桢擅长七言，多用七言抒写情怀，展现学识。③ 这里，我们主要以徐利英、周榆华《李维桢诗歌的辨体批评》一文为基础，着重展开对李维桢诗歌创作的分析。

## 1. 李维桢的七言歌行

歌行体是诗歌中最自由的一体，最能让诗人冲破各种诗律的限制，充分发挥诗人之才情与个性。李维桢指出："歌行伸缩由人，即情才俱胜俱不失体。"④ 胡应麟指出："凡诗诸体皆有绳墨，惟歌行出自《离骚》、《乐府》，故极散漫纵横。歌行大小短长，错综阖辟，素无定体，故极能发人才思。"⑤ 七言歌行以七言为主，或齐言，或杂言长短句，是一种亦歌亦诗、亦文亦赋、

① 陈田：《明诗纪事》，影印文渊阁《四库全书 6 本》
② 李维桢：《大泌山房集》（卷九），《四库全书存目丛书本》
③ 徐利英，周榆华：《李维桢诗歌的辨体批评》，《赣南师范学院学报》，2010，02
④ 李维桢：《大泌山房集》（卷九），《四库全书存目丛书本》
⑤ 胡应麟：《诗薮》，上海古籍出版社，1979

节奏感很强的古代自由体诗歌。其篇幅长短皆宜，语句自由灵活，声韵变化无常，便于叙事、抒情、议论，尤其适宜于感情的率性抒发。李维桢七言歌行数量不多，仅二十五首，按题材可分为四类：

一为感怀身世之作，如《舍舟走宜城薄暮仆马还泞闻偶语作》《别方子谦还永嘉》《六歌》等，多以杜甫的歌行作为模拟的对象，将悲怆无奈之情融入顿挫沉郁的笔调中。以《别方子谦还永嘉》为例，可以窥见此类诗歌风貌一斑：

昔岁共君西入蜀，我鬓渐斑君尚绿。今年忆我来晋阳，将君须已半生霜。晋阳使者衰甚矣，回首十年浑不似。人间光景过隙驹，相见百悲赢一喜。才悲相见复相离，后会前程付流水。六十老翁多病身，三分有二堕风尘。盐车委顿太行陂，敝帷底事烦他人。青鞋布袜何难辨，莫使羊裘骄富春。

与友人十年离别，再次相见时容颜已老，诗人不禁发出"人间光景过隙驹"的感叹。匆匆相聚后又面临离别，此时年已花甲，疾病缠身，再次见面几乎没有可能，诗人情绪转入无奈感伤。最后一句化用杜甫《奉先刘少府新画山水障歌》中诗句："吾独何为在泥滓淖，青鞋布袜从此始"，表达出远离仕途、隐居山林的渴望。全诗用语平易，感情深挚。

二为赠答友人之作，如《答费国聘》《答范生漫翁》《送金明甫归省母》《送屠生还四明》等，多以中唐以来的叙事歌行作为学习的对象，以叙事为主结合抒情。以《答范生漫翁》为例，可以窥见此类诗歌的风采：

范生诗画皆妙手，落魄吴门行寨偶。杖头不半百文钱，典衣取醉金陵酒。金陵朝贵五云居，转日回天力有余。游客但携蒯侯剑，一歌得鱼再得车。咄尔范生何肮脏，贵人不肯通名状。天地岂私贫尔哉，尔笔原非食肉相。昨朝同尔过韩郎，陆机墨迹锦装潢。草草八行半漶灭，尚道千金非所屑。顾谓范生休自轻，古人生无一日欢，死有万世名。尔诗尔画知名入士衡，来生受者即今生。

此诗塑造出一个穷困潦倒，走投无路，却又不愿趋炎附势、阿谀奉承权贵的落魄文人范生的形象。在范生身上，存在着两种力量的张力，即世俗物质力量的贫弱和主体精神智慧力量的强大。它们的失衡与紧张，既充分昭示了社会的黑暗不公，更凸显出范生的铮铮铁骨与睥睨世俗的精神高贵。其中，蕴含着作者旗帜鲜明的社会批判和人文认同，充满了对善诗善画才华横溢范生的同情和褒举，很有一种自我哀怜和感同身受的意味。全诗感情慷慨奔涌，起伏不平，难以自抑；前半部四句一换韵，平仄交替，快速的转韵形式使节奏变得紧促有力，后五句句式有所改变，又使全诗有了一种流动感。

三为聚会之作。如《刘将军招游北郊饮杏花下作》《丘使君招集傅园看花是日雨雪》等。这里我们仅以《刘将军招游北郊饮杏花下作》为例，来感受此类诗歌的风貌：

岁岁江南三月春，杏花狼藉马蹄尘。三月晋阳春薄暮，探春初著杏花新。北郊杏林王孙墅，将军载酒邀宾侣。昨朝雪片如花飞，今日晴暾花正吐。花下歌儿劝巨罗，花外健儿催羯鼓。邂逅东西南北人，君为酒主春谁主？春色自生花自开，迟速同春任领取。青天成幕草成茵，移席移尊无定处。看花酌酒兴方酣，问君酒钱能几许？一花一杯君莫倦，明年花底人应变。纵使旧人续旧游，难将花貌方人面。人面由来不可常，花貌经年才一见。

春的慷慨、花的宝贵、钱的平常鄙贱、岁月生命的易逝，构成了此诗的四大基本意象，凝聚了诗人对自然与人生、世情与物理的深刻思考。其中花、春这两个主题词在诗中屡屡反复，连缀不止，依稀可见初唐刘希夷《代悲白头翁》之迹。然已化用了刘希夷"年年岁岁花相似，岁岁年年人不同"之感叹时光流逝的主题，代以"一花一杯君莫倦，明年花底人应变"之珍惜眼前美好时光的旷达情怀。诗中应用了同字的反复对仗以及顶针的回环句法等修辞手法，同时，此诗三次换韵，随韵成适，由此可见出作者非同凡俗的语言文字驾驭功夫。

四是题书画之作，共十三首，清代陈邦彦编《御定历代题画诗类》选，其中《题画》《题函谷瑶池图》《为李郡伯题喜祝三公图》《五马图歌》《题竹溪图寿竹溪老人》《题玉淙图》等六首。这里且看其《题玉淙图》：

永嘉万山万芙蓉，中有大壑流淙淙。斧凿犹存神禹迹，苍苔碧藓千古衣。蒙茸微飔拖练鱼，落霞散绮霓裳秾。天瓢倩客时为泻，云碓无人夜自舂。并州快刀剪青缣，匡庐瀑布挂白龙。溪谷谽谺，盘石激冲，骤雨注射，跳波衡纵。骇若挝金伐鼓斩蛟浔阳江，怒若胥涛雷行马奔龛赭不能容，疾若三门竹箭秋放溜，缓若武陵桃花春溶溶，大若轩辕帝张咸池之乐洞庭野，细若山玄水苍佩玲珑，众若锡銮和铃千官朝阊阖，微若一琴一咏深林独往无人从。何物王生能好事，自道此物情所钟。寻源进半艇，拄颊任孤筇。洗耳濯缨足，漱齿荡襟胸。鸟歌松籁难属和，游鱼出听口喁喁。钧天九奏枉成梦，安问人间万石钟。呜呼！王生乐此忘饥且忘死，胡不取一丸泥为尔封。龙湫雁荡恐相妒，令尔往来心忡忡。

　　全诗以七言为主，中间夹以骈赋的笔法，句式参差错落。以淋漓酣畅的铺排，开合动荡的气势，转换层叠的结构，自由挥洒。笔调宏肆，章法多变，虽无李白歌行之豪迈飘逸，却也呈现出铺张闳丽、纵横雄放之风。①

### 2. 李维桢的七言律诗

　　相比较五言律诗，七言律诗较难创作。对此，明代大诗人王世贞指出："五言律差易得雄浑，加以二字，便觉费力，虽曼声可听，而古色渐稀。七字为句，字皆调美，八句为篇，句皆稳畅，虽复盛唐，代不数人，人不数首。"② 前后七子普遍擅长七言律诗，且成就较高，因此文坛上形成一股崇尚七律的创作风气。胡应麟曰："嘉、隆一振，七言律大畅。"③ 在此风气影响下，李维桢之七律创作较多，数量远远超过其他诗体。李维桢认为七律"惟杜工部独擅大家"。④ 故在字法、句法、章法等方面多习杜诗之风。在字法上，李维桢善用百、千、万等词来体现雄健壮阔之风。类似情形从以下句摘可见一斑：

　　宗盟磐石千秋固，天路银潢一派通。（《晋王举中子开宴西园应》）

　　六朝山色残春树，万里江声咽海潮。（《报李民部金陵书》）

　　霜飞万树青春晚，云锁千峰白昼寒。（《春暮登城为同人宽旅况作》）

　　安堵百城连紫塞，寻源万里尽黄河。（《于文若中丞出抚三秦寄赠》）

　　含情砧杵千门月，极目风霜万树秋。（《清源诸公出饯留别》）

　　紫陌烟花千地起，黄图云物万灵朝。（《城南登眺》）

---

① 　徐利英，周榆华：《李维桢诗歌的辨体批评》，《赣南师范学院学报》，2010，02
② 　王世贞：《艺苑卮言》（卷一），《历代诗话续编》. 中华书局，1983
③ 　王世贞：《艺苑卮言》（卷一），《历代诗话续编》. 中华书局，1983
④ 　李维桢：《大泌山房集》（卷一百二十九），《四库全书存目丛书本》

在句法上，杜甫七律句式多样，常打破上四下三的七律常用句式。李维桢七律也有一些突破常规的句式，如"银光纸'养'芙蓉粉，金缕衣'薰'豆蔻香"，"胭脂井'腻'佳人色，烽火楼'销'候骑尘"，"五十里将天共远，一孤舟与雪争寒"等，其中第一句被清代诗论家吴景旭评为"比偶中佳语"。① 在章法上，李维桢常用组诗形式表现复杂的思绪。七律的组诗形式称为七律联章诗，杜甫最为擅长，如《咏怀古迹五首》《诸将五首》《秋兴八首》等诗以组诗形式将单篇零散的作品组成一个完整严密的作品群，使它们各自独立，脉络清晰，又结构完整，承接如一。李维桢此类诗作较多，兹录《南都》以作一斑窥貌：

旧邦偏霸一隅雄，帝命维新自不同。再辟乾坤清朔漠，双悬日月启鸿濛。春开仓震青阳后，斗直黄旗紫盖中。率土王臣修职贡，江流万里亦朝东。

亲提三尺渡江来，宇宙东南帝业开。不尽风云生沛泽，方升海日见蓬莱。河山两戒朝宗地，草昧诸臣将相才。高庙神灵时出王，龙文五色正昭回。

旌旗剑佩拥椒除，尚想戎衣革命初。绿草不侵雕辇路，红云常护紫宸居。金银宫阙三山外，烟雨楼台六代余。谁谓长江天作堑，八荒今日共车书。

钟山龙跃大江前，六位时乘起御天。述作圣明三纪度，本支孙子万人传。黄图汉室诛秦定，苍箓周京卜镐先。即有新都开洛水，忧勤莫忘肇基年。

南都指金陵（今南京），是明朝开国之地。四首诗结构严谨，逻辑严密。第一首追述明太祖朱元璋的创国之功，意象宏大豪迈，气势遒劲奔放。第二首描绘了朱元璋所创造的繁荣盛世：山河壮丽，人才济济。第三首诗人思绪由追忆历史回到现实。颔、颈两联对仗工整，声调和谐，浓墨重彩地描绘眼前繁华的景象。第四首上承前三首之气势，笔调渐入平实，最后一句"忧勤莫忘肇基年"，点出本诗主旨，劝诫统治者莫忘江山来之不易。这并非无的放矢。万历年间，神宗荒于朝政，耽于逸乐，在繁荣盛事外表掩盖下的是政治腐败，宦官横行，党派林立，叛乱频起，外敌入侵，内忧外患交加，社会动荡不安。对此，李维桢忧心忡忡，希望统治者能及时醒悟，重振朝纲，再创盛世。清代朱彝尊《明诗综》仅选前三首，显然没有完全把握全诗的整体结构。②

---

① 吴景旭：《历代诗话》（卷七十九）．京华出版社，1998，
② 徐利英，周榆华：《李维桢诗歌的辨体批评》，《赣南师范学院学报》，2010，02

### 3. 李维桢的七言绝句

绝句是最精萃的诗体，是律诗中精品中的精品。绝句最大的优势就是短小精悍，最贵含蓄，要求以意为主，意在言外，从而达到以小见大、尺幅天涯的效果。李维桢认为："绝句意在笔先，韵在言外，春容警策，短长合度。"① 在此理论的指导下，李维桢七言绝句多以意为主，意兴而辞工，有些诗作达到"清水出芙蓉，天然去雕饰"的自然之境。如《赠人游吴中》二首就是这类诗典型的代表：

> 芦白枫丹菊正黄，客衣何处染秋霜。家家砧杵敲寒夜，回首闺人在一方。

> 朱实丹苞橘柚秋，吴侬镇日洞庭游。西风摇落寒林叶，作意飞来揽客悲。

全诗无对仗，有一意贯通，行云流水之感。两首诗均以第三句作为情绪的转折点，暗合了"平直叙起为佳，从容承之为是，至如宛转变化工夫，全在第三句，若第四句如顺流之舟"的绝句之法，② 达到一种无意于工而无不工的境界，音调和谐，咏叹悠远，清丽流畅。又如《赠顾生》：

> 廉吏无家子食贫，天涯风雪梦中身。不知何度逢优孟，双泪时时向故人。

此诗声调流畅，兴象玲珑，句意深婉。钟惺评之曰："作盛唐诗，不独声调浑融，而浑融中要有可思处，要愈淡愈深，味之不尽。本宁太史诗声调逼入盛唐，而予独爱此，虽读百遍不厌也。"③ 绝句篇幅短小，适合表现瞬间的感触，唐代许多诗人为了表达复杂的感情和纷繁的思绪，则大量采用组诗形式以扩大绝句的容量及表达范围。李维桢沿袭了此方式，其七言绝句多为一题数首，以组诗形式出现。如《舟雪》（五首）就是这样：

> 家人指数入秦期，十日舟横汉水湄。莫恨石尤能滞客，由来拙宦事偏迟。
> 白发星星敝缊袍，风餐水宿坐皋牢。一官何物关生死，羊角哀先左伯桃。
> 谁谴辞家逐宦游，泠然雨雪系孤舟。太冲招隐诗能好，清夜长吟百不休。
> 不因风雪泣穷途，暝踏孤舟独钓翁。官舫无端为鹢首，退飞真与宋都同。

---

① 李维桢：《大泌山房集》（卷二十），《四库全书存目丛书本》
② 胡震亨：《唐音癸签》，上海古籍出版社，1981
③ 钟惺，谭元春《明诗归》（卷五），《四库全书存目丛书本》

从知入汉有胶舟，雪亦为胶苦逗留。何所水滨君莫问，长天一色使人愁。

此诗作于李维桢五十九岁时，在里居三年后，重新被任命为陕西省鄜延地区（今延安附近）主管军事的小官。此前，他一直仕途不顺，迁调频繁却无法担当大任，壮志难酬的落寞心情尤为沉重。此诗以情动人，细致刻画了对前途的忧虑无奈之情。诗人在诗中运用恨、哀、泣、苦、愁等带有强烈感情色彩的词语，将抱怨、悲伤、孤独、寂寞、飘零等情绪一泻而出。

又如《王使君东征凯歌》共十四首，描绘了战争中十四个精彩瞬间，豪放激越，浑雄高华。试举两例：

赤甲青羌部下兵，长驱万里事东征。衔枚枕席从容过，惟有风翻大旆声。（第二首）

熛焰张天五火攻，星躔东壁应东风。射波鱼眼浑难辨，为染淋漓战血红。（第十一首）

前一首描绘了大军气势雄迈、万里出征的威严场景。起句气势逼人，"赤甲青羌"带来了非同寻常的战争的气息，"长驱万里"是一种势不可挡的豪迈战争激情。第三句声调舒缓，由闹趋静，写出行军的迅捷和队伍的威严自信，结句写景，人马寂静，仅有风吹得军旗飒飒作响，显得韵味悠长。后一首再现了烽火连天、火烧敌船的血腥场景，将人带入了惨烈的战争氛围中。

此外，一些咏史感怀之作如《晋阳宫》（四首）、《彭城览古有感》（四首）等怀古叹今，抑郁深沉。[①] 作为后七子派末期的领袖，李维桢对诗歌体制有深入的研究，他主张"体各有宜而才各有合，度材量力，自足以成一家言"，[②] 认为创作时既应遵循诗歌诸体的体式规范，又应根据自身的才情学识选择适合的体裁。从自身才情出发，李维桢大多用七言来抒写眼前之景和胸中之情。其中，七言歌行出入三唐，章法多变，挥洒自如；七言律诗在字法、句法、章法等方面多以杜甫七律为学习对象，风格大多浑雄壮阔；七言绝句以意为主，声调浑融，善用组诗来表达纷繁思绪及壮阔场景。总之，李维桢诗歌体制皆备、七言居多，具有一定的审美价值，也体现出当时的一些创作

---

① 徐利英，周榆华：《李维桢诗歌的辨体批评》，《赣南师范学院学报》，2010，02
② 李维桢．大泌山房集．四库全书存目丛书本

风尚。尽管存在一些率意的应酬之作，但优秀之作不胜枚举，许多诗篇被选入《明诗综》《御选明诗》《粤西诗载》《御定历代题画诗类》《明诗归》等诗歌选本中，在明诗史上的价值不容忽视。①

---

①　徐利英，周榆华：《李维桢诗歌的辨体批评》，《赣南师范学院学报》，2010，02

# 参考文献

［1］章开沅，张正明．湖北通史．华中师范大学出版社，1999，6．

［2］张正明．楚史．湖北教育出版社，1995，7．

［3］蔡靖泉．楚文学史．湖北教育出版社，1996，8．

［4］刘玉堂．荆楚文化志．人民出版社，2006．

［5］冯天瑜．汉水文化研究论文集．中国音像广播出版社，2007，12．

［6］刘玉堂．楚文化研究丛书．湖北人民出版社，2005 年．

［7］刘克．汉水流域民俗文化．海南大学出版社，2003．

［8］杨立志．武当山道教史略．宗教出版社，2000．

［9］冯天瑜．中国文化史．上海文艺出版社，1996．

［10］黄元英．商洛民俗文化述论．2006．

［11］左鹏．汉水．中州书局，1998．

［12］张正明．楚文化史．上海人民出版社，1995．

［13］张伟然．湖北历史文化地理研究．湖北教育出版社，2000．

［14］夏鲁奇．古代汉水流域城市的形态与空间布局．中华书局，2011．

［15］陈良民．明清川陕大移民．中国文联出版社，2009．

［16］匡裕从．十堰移民史．长江出版社，2010．

［17］刘大祥．汉水流域汉文化．河南大学出版社，2003．

［18］杨郧生．郧阳民俗文化［M］．湖北人民出版社，2012，（8）．

［19］王生铁．荆楚文化普及丛书．湖北长江出版集团，2007．

［20］潘世东．汉水文化论纲．［M］．湖北人民出版社，2008，（8）．

［21］潘世东，王道国．汉水文化概论．湖北人民出版社，2010．

［22］许钢伟，杨树喆．"民俗"———一个处于历史过程阐释中的概念［J］．
铜仁学院学报，2011，（1）．

［23］巫其祥．汉水流域的民居和民居风俗说略［J］．汉中师院学报（哲学社
会科学版），1991，（1）．

［24］景圣琪．"改火说"与唐代寒食诗的兴盛——中国古代民俗与文学关系的个案研究［J］．扬州大学学报（人文社会科学版），2009，（5）．

［25］梁中效．汉水流域历史文化的和谐特色［J］．陕西理工学院学报（社会科学版），2006，（2）．

［26］张会鉴．历史的活化石与文化的代码——安康风土民俗探幽［J］．安康师专学报，1996，（2）．

［27］桑俊．贺雅琼．论民俗与文学研究［J］．长江大学学报（社会科学版，2012，（2）．

［28］樊忠涛．民俗旅游开发过程中存在的问题与对策研究［J］．河北旅游职业学院学报，2009，（4）．

［29］杨静如．民俗文化开发价值探析［J］．前沿，2010，（24）．

［30］张勃．民俗学视野下历史民俗文献研究的意义［J］．民俗研究，2010，（2）．

［31］桂榕．民俗研究的人类学视角［J］．曲靖师范学院学报，2011，（2）．

［32］林河．民俗研究要有先进的方法［J］．广西梧州师范高等专科学校学报，2001，（3）．

［33］罗晓非．民俗与文学魅力［J］．云南民族大学学报（哲学社会科学版），2007，（5）．

［34］黄万英．民俗与艺术［J］．雅安职业技术学院学报，2007，（3）．

［35］孟向荣．评．唐帝国的精神文明——民俗与文学［J］．文学评论，1998，（3）．

［36］张静．浅谈文学作品中的民俗现象［J］．苏州职业大学学报，2003，（4）．

［37］赵素珍．王新建．谈民俗文化的地域性、民族性、融合性、封建性［J］．和田师范专科学校学报（汉文综合版），2008，（3）．

［38］喻斌．十堰历史文化十四讲［M］．湖北人民出版社，2009，（8）．

［39］冯天瑜．汉水文化研究论文［M］．中国国际广播音像出版社，2006，（11）．

［40］潘世东，饶咬成，聂在垠．汉水文化研究论文集（2）［M］．中国出版集团，2012，（11）．

［41］云声，星明．萦绕故乡的那条河［M］．长江文艺出版社，2012，（8）．

［42］梅洁．大江北去［M］．十月文艺出版社，2007，（1）．

［43］刘克勤．文化襄阳［M］．湖北人民出版社，2009，5．

［44］王美英．明清长江中游地区的风俗与社会变迁［M］．武汉大学出版社，2007．

［45］黄元英．商洛民俗文化述论［M］．三秦出版社，2006，12．

［46］吕农．安康民俗文化研究［M］．陕西师范大学出版社有限公司，2011，12．

［47］刘克，徐宛春．南阳民俗文化［M］．河南大学出版社，2003，9．

［48］柳长毅．郧阳文化论纲［M］．湖北人民出版社，2012，11．

［49］周积民．湖北文化史［M］．湖北人民出版社，2006，2．

［50］章开沅，张正明，罗福惠．湖北通史［M］．1999，6．

［51］杜棣生，杜汉华．汉江文化研究［A］．河南文艺出版社，2006，12．

［52］王继胜，王明新，王李云．陕南端公［M］．陕西科学技术出版社，2009，9．

［53］王学范．王世贞抚郧诗文集［M］．长江出版社，2010，9．

［54］李学勤，徐吉军．黄河文化史［M］．江西教育出版社，2003，5．

［55］郭旭阳．张三丰全集合校［M］．长江出版社，2010，8．

［56］魏昌．楚国历史文化读本［M］．湖北人民出版社，2009，12．

［57］周政．平利方言调查［M］．中华书局，2009，4．

［58］张义明．汉水文化研究集刊［A］．西北大学出版社，2013，11．

［59］鲁西奇，潘晟．汉水中下游河道变迁与堤防［M］．武汉大学出版社，2004，9．

［60］张晓红．文化区域的分异与整合［M］．上海书店出版社，2004，4．

［61］赵国平，潘彦文．向坝民歌集［M］．中国文联出版社，2003，7．

［62］牛天伟．汉画神灵图像考述［M］．河南大学出版社，2009，2．

［63］郑先兴．汉代思想史专题论稿［M］．河南大学出版社，2009，2．

［64］冯建志，吴金宝，冯振琦．汉代音乐文化研究［M］．河南大学出版社，2009，2．

［65］曾祥旭．论西汉后期的文学与儒学［M］．河南大学出版社，2009，2．

［66］刘太祥．张仲景中医文化研究［M］．河南大学出版社，2009，2．

［67］郑先兴．汉画像的社会学研究［M］．河南大学出版社，2009，2．

［68］马卉欣．盘古学启论［M］．中国社会科学出版社，2003，2．

［69］马卉欣．盘古之神［M］．上海文艺出版社，1993，2．

［70］郑德宏．盘王大歌［M］．岳麓书社，1987，3．

［71］鲁西奇．城区内外［M］．中华书局，2011，1．

［72］鲁西奇．汉中三堰［M］．中华书局，2011.11.

［73］黄祖玮，贺维周．中州水利史话［M］．河南科学技术出版社，1991，7.

［74］李法惠，杜青山．南阳文学［M］．河南大学出版社，2003，9.

［75］王连生．南阳思想文化［M］．河南大学出版社，2003，9.

［76］刘霄，贺宝月，尹永德．南阳教育文化［M］．河南大学出版社，2003，9.

［77］周旗，李瑞，王兴春．南阳旅游文化［M］．河南大学出版社，2003，9.

［78］刘太祥．南阳汉文化［M］．河南大学出版社，2003，9.

［79］陆宜新．南洋科技文化［M］．河南大学出版社，2003，9.

［80］李世桥，高梓梅．南阳艺术文化［M］．河南大学出版社，2003，9.

［81］刘克，徐宛春．南阳民俗文化［M］．河南大学出版社，2003，9.

［82］邹观禄．郧西文萃［M］．郧西县文学艺术联合会，2004，9.

［83］王一军．明清郧阳历史文献笺注稿［M］．当代中国出版社，2004，12.

［84］杨中水．荆州水文化［M］．长江文艺出版社，2008，12.

［85］郭琦，史念海，张岂之．陕西通史（明清卷）［M］．陕西师范大学出版社，1997，3.

［86］陈宏斌．民间唱本［M］．珠海出版社，2009，2.

［87］陈劳生．武当诗韵［M］．中国文联出版社2003，8.

［88］冷遇春．郧故串珠［M］．湖北省鄂十内（2009）第06号，2012，7.

［89］房县志［M］．中国文史出版社1991年版.

［90］刘志琴．张居正评传［M］．南京大学出版社，2006年，9.

［91］南怀瑾．中国道教发展史略［M］．复旦大学出版社，1996，12.

［92］（明）郑晓．今言卷四［M］．北京：中华书局1984年，184.

［93］范文澜．中国通史简编［M］．人民出版社，1952，6.

［94］王美英．明清长江中游地区的风俗与社会变迁［M］．武汉大学出版社，2007.

［95］孙希清．房陵史话［M］．鄂房图内字第200011号，2000，10.

［96］程明安．武当山游记校译［M］．合肥工业大学出版社，2013，9.

［97］康平．武当山民间文化抢拾述论［M］．湖北人民出版社，2013，7.

［98］赖家度．明代郧阳农民起义［M］．湖北人民出版社，1956，5.

［99］仲富兰．中国民俗文化学导论［M］．浙江人民出版社，1998.

[100] 朱英，郑成林．商会与近代中国［M］．华中师范大学出版社，2005，5.

[101] 马敏．近十年中国的商会史研究与展望［A］．章开沅．近代史研究学刊（第一集）［A］．华中师范大学出版社，2001，5.

[102] 马敏．商人精神嬗变［M］．华中师范大学出版社，2001，5.

[103] 马敏．官商之间：社会巨变中的近代绅商［M］．天津人民出版社，1995，5.

[104] 问杨春．襄阳成语典故［M］．中国文联出版社，2011，10.

[105] 冷小平，冷遇春．郧阳抚治两百年［M］．湖北人民出版社，2004，12.

[106] 程少瑛．汉水听涛［M］．长江文艺出版社，2000，11.

[107] 屈儆．赊店风云［M］．中国广播电视出版社，2003，12.

[108] 尹汉宁，刘玉堂，张硕．湖北武汉读本［M］．湖北人民出版社，2012，8.

[109] 刘玉堂．楚学论丛［M］．湖北人民出版社，2011，12.

[110] 何光岳．汉源流史［M］．江西教育出版社，1996，12.

[111] 胡崇俊．黑暗传［M］．长江文艺出版社，2002，4.

[112] 张歌莺，杜明亮．房县民歌集［M］．长江出版社，2007，7.

[113] 师永学，李相斌．房县民间故事集［M］．长江出版社，2007，7.

[114] 王启云，肖鸿．房县民间歌曲集［M］．长江出版社，2007，7.

[115] 潘彦文，王一军．郧阳府志［M］．长江出版社，2007，7.

[116] 潘彦文．十堰历史建制考［M］．长江出版社，2011，12.

[117] 潘彦文．十堰文物志［M］．长江出版社，2007，6.

[118] 叶孟理．汉水文化研究集刊［M］．西北大学出版社，2006，10.

[119] 王立新．汉水文化研究集刊（2）［M］．西北大学出版社，2009，1.

[120] 张社民．汉水文化研究［M］．西北大学出版社，2011，11.

[121] 王雄．汉水文化探源［M］．中国青年出版社，2007，8.

[122] 徐少华．荆楚历史地理与考古研究．［M］．商务印书馆，2010，11.

[123] 刘玉堂，张硕．长江流域服饰文化［M］．湖北教育出版社，2005，7.

[124] 王齐洲．长江流域文章风格的流变［M］．湖北教育出版社，2005，7.

[125] 陈文华．长江流域茶文化［M］．湖北教育出版社，2005，7.

[126] 夏日新．长江流域岁时节令［M］．湖北教育出版社，2005，7.

[127] 肖汉明．道教与长江文化［M］．湖北教育出版社，2005，7.

［128］徐吉军．长江流域的丧葬文化［M］．湖北教育出版社，2005，7.

［129］顾久幸．长江流域的婚俗文化［M］．湖北教育出版社，2005，7.

［130］姚伟均．长江流域的饮食文化［M］．湖北教育出版社，2005，7.

［131］赵殿增，李明斌．长江流域的巴蜀文化［M］．湖北教育出版社，2005，7.

［132］刘绍军．楚地精魂［M］．湖北教育出版社，2001，11.

［133］谢开云．安康旅游文化［M］．西北大学出版社，2010，7.

［134］潘世东，喻斌．中国文化的自然精神［M］．中国科学文化出版社，2002，8.

［135］李厚之，张会鉴．安康宗教文化研究［M］．中国文史出版社，2007，8.

［136］方孝文．魅力汉中［M］．华夏出版社，2008，10.

［137］杨光才，崔德锐，平贺，生辉．南阳宗教文化［M］．宗教文化出版社，2010，12.

［138］戴承元，蔡晓林．壬辰文存［M］．中国国际文学艺术出版社，2003，1.

［139］余海章，戴承元．紫阳民歌文化研究［M］．西北大学出版社，2008，5.

［140］赊店历史文化研究会．赊店［M］．大象出版社，2005，9.

［141］逯富太，鲜文涛．南阳楚文化史考［M］．中国炎黄文化出版社，2009，11.

［142］李光富．张三丰传说［M］．长江出版社，2012，7.

［143］肖儒彪．武当道教医药［M］．中国地图出版社，2006，11.

［144］欧阳学忠，程培兰［M］．中国地图出版社，2006，11.

［145］张良皋．武当山建筑［M］．中国地图出版社，2006，11.

［146］李发平．大岳武当［M］．中国地图出版社，2006，11.

［147］陶真典，范学锋．武当山明代志书集注［M］．中国地图出版社，2006，11..

［148］刘洪耀，陶真典．武当山武术精粹［M］．中国地图出版社，2006，11.

［149］陶真典．武当山神仙大观［M］．中国地图出版社，2006，11.

［150］张华鹏，张富民．武当官山文明［M］．中国地图出版社，2006，11.

［151］张明义，柯尊勇．武当山100个为什么［M］．湖北科学技术出版社，

2009，6.

[152] 江敏，李征康．吕家河民歌村民俗与研究［M］．长江出版社，
2010，10.

[153] 熊万里．襄音无改［M］．华夏文化艺术出版社，2009，10.

[154] 陈锷．襄阳府志［M］．湖北人民出版社，2009，1.

[155] 广博物志［M］．古籍出版社，1960，5.

[156] 王充．论衡［M］．古籍出版社，1982，1.

[157] 吕思勉．中国民族史［M］．东方出版中心，1987，7.

[158] 赵济，陈传康．中国地理［M］．高等教育出版社，2001.

[159] 董想明．孝感之名［M］．社会科学文献出版社，1999，9.

[160] 越楚．风雅武汉［M］．

[161] 倪建中．人文中国［M］．中国社会出版社，1996，5.

[162] 傅广典．房陵文化生成模式与发育模式［A］．长江出版社，2007，7.

[163] 王雄．阴阳碑［M］．工人出版社，2000，11.

[164] 沈伯俊．三国文化概念初探［A］．中华文化论坛，2007，1.

[165] 梁中效．论汉水流域的历史文化特征［J］．汉中师范学院学报，
2003，2.

[166] 爱德华．B. 费梅尔．清代大巴山地开发研究［M］．中国历史地理论丛
［C］，1991，2.

[167] 王国维．观堂集林［M］．商务印书局，1946，4.

[168] 卢坤．秦疆治略［M］．古籍出版社，1960，11.

[169] 张南琼．游内乡县衙赏匾恋文化［M］．

[170] 谢皮诺娃．文艺学概论［M］．人民出版社，1992，4.

[171] 卡顿．文学术语词典［M］．上海文艺出版社，1998，1.

[172] 叶舒宪．诗经的文化阐释［M］．长江文艺出版社，1997，8.

[173] 刘守华．黑暗传［M］．长江文艺出版社，2002，4.

[174] 胡哲．武当方圆［M］．中国旅游出版社，2005，6.

[175] 白虎通［M］．商务出版社，2000，9.

[176] 司马贞．史记．补三皇本纪［M］．安徽教育出版社，199，7.

[177] 葛洪．神仙传［M］．文史出版社，1979，8.

[178] 陶弘景，真诰．樱神枢［M］．华文出版社，1996，9.

[179] 吕伯凌．孝感文化研究［M］．社会科学文化出版社，1999，9.

[180] 胡献蜎，邱久钦．荆楚百项非物质文化遗产［M］．湖北教育出版社，

2007，11.

［181］中国民间文学论文选．［M］．上海文艺出版社．1980，7.

［182］王前程．三国演义与传统文化［M］．华中师范大学出版社，2007，8.

［183］王海峰，周斌慧，彭育波，林流放，刘芳．从．黑暗传》看神农架的文化位置［A］．华东师大学报［J］，1996，6.

［184］苏轼．东坡先生诗集注［M］．人民出版社，2001，8.

［185］吕氏春秋［M］．商务出版社，2000，8.

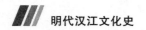
# 附　录

明代仇英款《江汉揽胜图》，又称《武汉三镇图》，画为绢本，现在收藏于武汉博物馆。《江汉揽胜图》的传世，为我们留存了四百多年前武汉三镇相对真实的图像记忆，为我们回首江汉交汇、朝宗于海的历史变迁传递了重要信息。画的中心内容为江汉二水交汇及水上船只交通景色，与汉阳晴川阁及隔江相望的黄鹤楼，表现的是汉口包揽江山、气吞云梦、水天苍茫、沿江帆樯如林的壮观景象。

画面右下部近景，为新兴的城镇汉口。只见江上帆樯林立，岸边房屋鳞次栉比。幅面虽小，然汉口沿河地带的繁华景象尽显无遗。两江交汇之处，有一艘装满大批货物的大船尤为醒目，仿佛在告诉人们此处商贸往来的繁盛，也显示了武汉九省通衢交通枢纽的重要地位。明初的汉口一带，还是无人居住的芦苇荒滩。明宪宗成化年间，汉水故道淤塞，主河道在龟山之北形成，并由此入江。主河道移至龟山之北后，原先的汉阳一分为二，形成南、北两岸，南岸一侧仍称汉阳，北岸一侧则称之为"汉口"。因汉江在此处河口一段的江流向北岸凹进，风浪较小，宜于商船停泊，因而自然形成了船泊码头。同时，又因这里共有长江、汉江的地理优势，"占水道之便，擅舟楫之利"，汉口迅速崛起。嘉靖年间，汉口的人口增多，已有城镇居民区"坊"的出现。汉口也在此时正式设镇，并设置有汉口巡检司对市镇进行管理，标志着汉口镇的形成和初具规模。万历年间，湖广地区的漕粮均在汉口交兑，同时运销湖广的淮盐也以汉口为转运口岸。来自徽州、山西、陕西、江西等各帮商人纷纷前来经营，以盐、米、木材、棉布、药材、典当为六大行业，物资集散、贸易频繁，商业、交通运输业、金融业迅速发展，汉口发展到上下二十里的规模，主要街道汉正街上起硚口、下到堤口（四官殿）。至明末，汉口与朱仙镇、景德镇、佛山镇同称天下"四大名镇"，成为"楚中第一繁盛"之地，是全国性水陆交通枢纽，享有"九省通衢"的美誉。这里货物山积，居民填溢，商贾辐辏，明末清初诗人吴淇中描绘："十里帆樯依市立，万家灯火彻宵明。"

——摘自夏建建《丹青妙笔传神，三镇风貌再现：〈江汉揽胜图赏析〉》

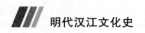

# 附录1：明朝帝王世纪更替表

| 明朝（1368年—1662年） | | | | |
|---|---|---|---|---|
| 庙号 | 谥号 | 姓名 | 在位时间 | 年号 |
| 太祖 | **高皇帝** | 朱元璋 | 1368年—1398年 | 洪武 |
| 惠宗 | **惠皇帝** | 朱允炆 | 1398年—1402年 | 建文 |
| 太宗成祖 | **文皇帝** | 朱棣 | 1402年—1424年 | 永乐 |
| 仁宗 | **昭皇帝** | 朱高炽 | 1424年—1425年 | 洪熙 |
| 宣宗 | **章皇帝** | 朱瞻基 | 1425年—1435年 | 宣德 |
| 英宗 | **睿皇帝** | 朱祁镇 | 1435年—1449年 | 正统 |
| | | | 1457年—1464年 | 天顺 |
| 代宗 | **景皇帝** | 朱祁钰 | 1449年—1457年 | 景泰 |
| 宪宗 | **纯皇帝** | 朱见深 | 1464年—1487年 | 成化 |
| 孝宗 | **敬皇帝** | 朱祐樘 | 1487年—1505年 | 弘治 |
| 武宗 | **毅皇帝** | 朱厚照 | 1505年—1521年 | 正德 |
| 睿宗（追尊） | **献皇帝** | 朱祐杬 | | |
| 世宗 | **肃皇帝** | 朱厚熜 | 1521年—1567年 | 嘉靖 |
| 穆宗 | **庄皇帝** | 朱载垕 | 1567年—1572年 | 隆庆 |
| 神宗 | **显皇帝** | 朱翊钧 | 1572年—1620年 | 万历 |
| 光宗 | **贞皇帝** | 朱常洛 | 1620年 | 泰昌 |
| 熹宗 | **悊皇帝** | 朱由校 | 1620年—1627年 | 天启 |
| 思宗/毅宗 | **烈皇帝** | 朱由检 | 1627年—1644年 | 崇祯 |

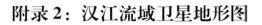

# 附录2：汉江流域卫星地形图

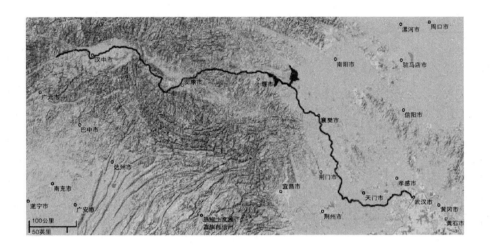

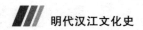

# 附录3：汉江流域主要支流特征数据

### 表1 汉江及其主要支流的流域特征数值

| 河名 | 流域面积<br>（平方公里） | 流域长度<br>（公里） | 河流长度<br>（公里） | 流域不对<br>称系数 | 流域完整<br>系数 | 流域完整<br>系数 |
|---|---|---|---|---|---|---|
| 汉江 | 174000 | 873 | 1500 | 0.57 | 0.23 | 4.39 |
| 任河 | 7998 | 160 | 205 | 1.16 | 0.31 | 3.20 |
| 堵河 | 11725 | 174 | 340 | 0.71 | 0.39 | 2.58 |
| 洵河 | 6540 | 148 | 200 | 0.22 | 0.30 | 3.35 |
| 甲河 | 5250 | 164 | 210 | 0.90 | 2.25 | 4.05 |
| 丹江 | 15994 | 276 | 310 | 0.64 | 0.21 | 4.76 |
| 南河 | 5780 | 146 | 170 | 0.67 | 0.27 | 3.67 |
| 唐白河 | 26400 | 200 | 310 | 0.13 | 0.66 | 1.52 |
| 涢水 | 12866 | 206 | 266 | 0.17 | 0.30 | 3.30 |

# 附录4：汉江流域城市及水系分布

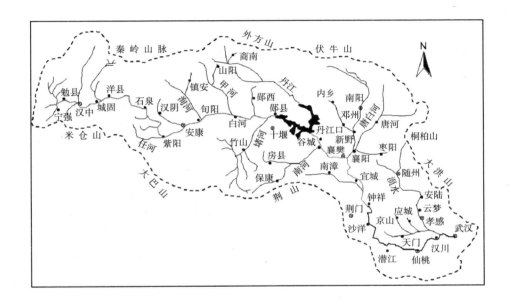

# 后　记

　　著作《明代汉江文化史》源于我 2006 年申报的一个国家社科项目"汉水文化史"。当时我首次担任湖北省政协委员，和我同室的是省社科院文学研究所所长黄南珊研究员。得知我研究的是汉水文化，他高度赞赏并热忱鼓励，并毫无保留地向我传授研究成功秘诀，一起拟定研究大纲，推敲项目细节。可能是由于积累不足，或功力不逮，此次申报无果而终。而黄所长古道热肠、成人之美、奖掖后进的高风亮节却让我久久无法忘怀。时隔三年以后，在新一届湖北省政协委员中我又与省社科院副院长刘玉堂教授结识了，不仅一起被划入社科界别，而且他被任命为我们界别小组第一召集人。作为一代楚辞学术研究大家张正明先生的关门弟子，刘玉堂院长在楚文化研究上苦心孤诣，著作等身，不仅独树一帜，享名遐迩，而且非常关心省会城市以外的地方文化研究发展，乐于在地方广交朋友，培植新人，普洒阳光雨露。适值他也申报成功了"汉水文化史"系列丛书的省级重大项目，得知我早已属意这个课题，自然便将我纳入了课题组，真是机缘巧合、风云际会，自此我便开始了"汉水文化史"的研究和写作。2014 年，我又成功获得了湖北省社科基金资助项目，更为研究平添了助力，使得研究得风得雨，进展顺利。值此书出版在即，回顾研究路途经历的点点滴滴，首先，我要感恩一路走来随时随地垂顾关爱我的各路福星和师长，感恩我工作单位的领导和同事，是他们的热情鼓励、主动担当和大力支持给了我写作的时间和信心。

　　由于我兼任十堰市政协副主席、汉江师范学院校领导和中国民主促进会十堰市委主委等多重行政管理事务和党派社会职务，精力时间几乎要分配 90% 以上付之主业，写作过程真正是夙兴夜寐，只有充分利用周六、周末了。为在规定时间内完成本课题，因此特让我的外甥左攀和女儿潘龚凌子参与项目其中。左攀是兰州大学历史文化学院博士生，耕读诗书传家，苦读勤学精研，早有名山后世之志，年纪轻轻就在《清史研究》等权威核心期刊公开发表专业学术论文数十篇，实为一代有为学术青年。他参与了本书大多章节的研讨与写作，碍于学校要求在读博士学术成果重质轻量的要求，他不仅放弃了与我联合署名的初约，而且不少章节他放弃参与署名。为人治学如斯，不能不令人感佩而别有寄望！本书中《明代汉水上游的水利事业与水利文化》《嘉靖皇帝与钟祥》《"穷经巨擘"郝敬》三章皆由他执笔。本书《武当道教》章节和《郧阳抚治》章节的写作，直接或间接采用了王光德与杨立志、匡裕从与柳长毅等人《武当道教史略》和《郧阳文化论纲》的研究成果，在此特别申明并诚挚致谢。

在此，我还要特别向前湖北省政协主席王生铁、湖北省人大常委会周洪宇副主任、湖北省政协副主席兼十堰市委书记张维国、前湖北省社科院党委书记赵凌云、前湖北省社科院院长曾成贵、湖北省社科院院长宋亚平、湖北省社科院党委书记张忠家、湖北省文化厅厅长雷文洁、湖北省社科院副院长刘玉堂、前湖北省社科联党组书记陈昆满、前湖北省社科联副院长张武、湖北省社科联副主席刘宏兰、北京师大已故教授钟敬文（已故）、武汉大学石泉教授（已故）、中国民间文化协会副主席刘锡诚、冯骥才、中国诗经研究会会长夏传才、中国地域文化研究委员会主任傅光典、北京师大教授萧放、北京大学教授陈连山、北京音乐学院教授李月红、武汉大学冯天瑜教授、武汉大学周积明教授、武汉大学晏昌贵教授、徐少华教授，著名历史小说作家姚雪垠（已故）、二月河先生、著名汉水文化报告文学作家梅杰女士、著名汉水文化散文作家碧野、著名汉水文化小说作家贾平凹和王雄、李绍六先生，华中师大刘守华教授、华中师大张正明教授（已故）、华中师大王齐洲教授、陈建宪教授、王玉德教授、姚伟均教授、刘固胜教授、刘绍军教授、肖汉明教授，华中科技大学张良皋教授、雷家宏教授、中南民族大学的杨万娟教授、湖北大学张国光教授（已故）、湖北省社科院黄南珊研究员、夏日新研究员、张笃勤研究员、张硕研究员、尹红兵研究员、湖北大学吴成国教授、张敏教授、湖北音乐学院杨匡民教授、孙晓辉教授等国家、省文化社科界的领导专家致以崇高的敬意，没有他们的关注支持、指导和鼓励，没有他们开辟的学术道路和铺垫的坚实的地方文化研究基础，没有他们提供的便利的平台和数代人百余年的文化积累，就没有我们今天的收获。

同饮一江水，终是一家人。因为研究汉水文化的关系，我几乎走遍了汉江流域的各个县市和知名文化历史要地，了解结识了方方面面的同仁、师长和宿儒，从他们那里，不仅获得了宝贵的知识与经验，更确立了自己人生事业的标杆和精神品格的丰碑，沉淀积累了奋斗创造的力量，真切感受到了冥冥之中知音友谊和惺惺相惜的无上宝贵。因而，在这里我更要诚挚感谢汉江流域所有的地方文化研究的知名学者，他们其中的突出代表分别是陕西理工大学张社民书记与何宁校长、叶孟理教授、巫其祥教授、马强教授、梁中效教授、张西虎教授、李青石教授、蔡云辉教授、李大庆教授、王利民教授、陈辉博士、王吉清博士、姚璞先生、刘莉女士、闫向莉女士、蒋丽女士，安康市和安康学院的戴承元教授、杨春清先生、张宣强先生、徐山林先生、赵书鼎先生、丁文先生、李发林先生、姚敬民先生、杜文涛先生、刘永强教授、刘继鹏教授、周政教授、余海章先生、张会鉴先生、李佩今先生、周邦基先生、黄平安先生，商州市和商洛学院的黄元英教授、雷家炳先生、余良虎先生、刘全军先生、李继高先生、刘克先生等，南阳市和南阳师范学院的郑先兴教授、刘克教授、徐宛春教授、牛天伟教授、冯建志教授、吴金宝教授、冯振琦教授、曾祥旭教授、刘太祥教授、李法惠教授、杜青山教授、王连生教授、刘霄教授、贺宝月教授、尹永德教授、李世桥教授、高梓梅教授、逯富太先生、鲜文涛先生，荆州市和长江大学的魏昌教授、殷满堂教授，荆门市和荆楚理工学院的杜汉华教授、梁小青教授、全展教授、湖北第二师院的杨昌江教授、孝感学院的吴崇恕教授、叶继宗教授、湖北省孝文化的王勇、彭汉庆、万由祥和田寿永先生，湖北土家文化研究会的胡茂成会长，襄阳市和湖北文理学院的黄有柱教授、熊万里教授、朱运海教授、魏平柱、毛运海教授、张斝教授、刘克勤先生、李治和先生、李秀桦先生，荆楚文化研究会的陈心忠会长、王善国副会长、神农文化研究会的陈人麟会长、十堰市汉水文化和文学艺术界的杨立志教授、匡裕从教授、喻斌教授、廖延堂教授、杨洪林教授、程明安教授、周进芳教授、王一军教授、郑春元教授、聂在垠教授、罗耀松教授、饶咬成教授、王道国教授、王洪军教授、徐永安教授、计毅波教授、杨郧生先生、杨启国先生、袁绍北先生、李征康先生、陈志忠先生、常怀堂先生、闫进忠先生、冀丹丹女士、华赋桂先生、陈劳生先生、胡哲先生、邢方贵先生等先生，他们有的给了我们直接的指导、指示和帮助，有的给了我极大的鼓励和关切，而他们的探索和成果，既给了我极多的营养和启发，也极大程度地丰富了本书的内容；借此机会，让我向他们致以崇高的敬意和深深的谢意！

我还要特别感谢的是一大批默默坚持和奋斗在传统文化抢救和保护第一线的领导和专家，他们分别是十堰市的各级主管或热爱民间文化的领导，政协主席师永学、人大副主任张歌莺、市委统战部长沈学强、前十堰市委宣传部长吴世杰，还有王雪峰、周哲兵、王太宁、黎桂英、潘彦文、杨宝昌、胡崇峻、陈仁麟、陈吉炎、袁正洪、高飞、李征康、李相斌、陈宏斌、赵天禄、邹观禄、华赋桂、王素冰、王成贵、张伟成等各级领导，没有他们的支持和帮助，我们就无法进入汉水文化的广阔天地和沃野丛林，更无从谈起广泛收罗、深耕细作了。

潘世东于汉江师范学院稻香园 405 室

二〇一八年四月二十八日